Platon

Die großen Dialoge

Übersetzt von Rudolf Rufener
Mit einer Einführung und Erläuterungen
von Thomas Alexander Szlezák

Bibliothek der Antike
Deutscher Taschenbuch Verlag
Artemis Verlag

Oktober 1991
Deutscher Taschenbuch Verlag GmbH & Co. KG,
München

Umschlaggestaltung: Celestino Piatti
Gesamtherstellung: C. H. Beck'sche Buchdruckerei,
Nördlingen
Printed in Germany · ISBN 3-423-02265-5

Über dieses Buch

Alle europäischen Philosophien, so lautet ein berühmtes Diktum, sind nur Fußnoten zu Platon. Tatsächlich hat wohl kein zweiter Denker die Geistesgeschichte dieses Kontinents auf ähnliche Weise beeinflußt. Platon (427–347 v. Chr.), der in Athen geboren wurde und lebte, hat sein Werk gegen die Krisen seiner Zeit verfaßt, gegen Irrationalismus und Subjektivismus, gegen den Zerfall metaphysischer und intellektueller, auch politischer Ordnung. Beharrend auf dem normativen Anspruch der Vernunft, hat er den Kosmos der Ideen geschaffen, in dessen Scheitelpunkt die Idee des Guten steht, das oberste Prinzip des Seins. Von ihm führen zahlreiche Verbindungslinien zu wesentlichen Bereichen des europäischen Denkens bis auf unsere Zeit: zur Staatslehre und Theologie, zur Psychologie und Ästhetik, sogar zu den Naturwissenschaften.

Es ist ein Philosophieren, das sich zugleich als Dichtung begreift. Nie wieder sind Gedanken mit so leichter, eleganter Hand geschrieben worden wie hier, wo es um Probleme der Moral, um die Liebe und die Unsterblichkeit der Seele geht. Denn Platon bedient sich der überaus lebendigen Form des Dialoges, des philosophischen Streitgespräches, als dessen Hauptperson bei ihm stets sein Lehrer Sokrates auftritt, Meister einer Ironie, die ebenso nachsichtig wie lehrhaft ist und auf der Überzeugung vom grundlegenden Nichtwissen des Menschen beruht.

Literatur · Philosophie · Wissenschaft

Bibliothek der Antike
Herausgegeben von Manfred Fuhrmann

EINFÜHRUNG

Platons Dialoge sind den homerischen Epen darin vergleichbar, daß sie, am Anfang einer langen Tradition stehend, nicht als unvollkommene erste Versuche gelten, sondern als Vollendung ihrer Gattung, die von Späteren im Glücksfall erreicht, kaum aber übertroffen werden kann. So wie die Schöpfer von ‹Ilias› und ‹Odyssee› unbewußt den Maßstab setzten, an dem in der westlichen Kultur künftig Dichtung von Rang gemessen werden sollte, so gab Platon dem Abendland den Philosophiebegriff und legte in seinen Werken zugleich das Niveau des Fragens fest, an dem sich philosophisch relevante Versuche bis heute zu orientieren haben. Während er aber hinsichtlich der Intensität des Fragens durchaus würdige Nachfolger fand – von Aristoteles über Thomas und Descartes bis zu Hegel, Wittgenstein oder Heidegger (um nur wenige zu nennen) –, blieb er hinsichtlich der Meisterschaft der literarischen Gestaltung in der Philosophie unerreicht.

Einen absoluten Anfang bezeichnet in historischer Perspektive freilich weder Homer noch Platon. Die frühe mündliche Epik, auf der die schriftlich konzipierten Großepen aufruhten, ist für uns so gut wie vollständig verloren. Von den Vorsokratikern, die man besser Vorplatoniker genannt hätte, sind uns immerhin kürzere und längere Zitate erhalten, zum Glück in hinreichender Zahl, um uns einen gewissen Einblick in ihre Denkweise zu gewähren. Aber zusammenhängende Gedankenentwicklungen in authentischer Gestalt besitzen wir aus diesem Bereich nicht. Der Grund für den Verlust dürfte, wie bei der Dichtung, in der überragenden Qualität des auf die frühen Stufen Folgenden liegen – also bei Platon selbst und den von ihm beeinflußten späteren Denkern; im Vergleich mit ihnen galt in de noch nicht radikal historisch denkenden Antike das Früher nicht im gleichen Maße als erhaltungswürdig.

Doch nicht nur die Vorplatoniker wurden von Platon und Aristoteles und der von ihnen geprägten Tradition verdrängt, sondern auch der ganze Komplex der mit Platons Dialogen gleichzeitig entstandenen sokratischen Literatur (bis auf Xenophon, dessen sokratische Schriften jedoch bereits unter dem Einfluß Platons stehen). Da den Werken der übrigen Schüler des Sokrates in der Antike mitunter ein sehr hoher Grad an sokratischer Authentizität nachgesagt wurde, ist ihr Verlust ein klarer Hinweis darauf, daß die schon früh feststellbare Dominanz Platons nicht einfach durch das sokratische Element in seinem Werk erklärt werden kann.

Eine gründliche Analyse der späteren Entwicklung müßte gewiß als einen wesentlichen Faktor den Zeitgeist der Spätantike herausarbeiten, der Epoche also, in der Vorsokratik (Vorplatonik) und hellenistische Philosophie endgültig an Gewicht verloren und Platon und Aristoteles als allein bestimmende Größen übrigblieben. Indes würde eine solche Analyse nichts daran ändern, daß der entscheidende Grund eben bei Platon selbst zu suchen ist, in der Radikalität seines Ansatzes, in seiner für alle Epochen gleichermaßen anstößigen Unzeitgemäßheit, und nicht zuletzt in der faszinierenden philosophisch-literarischen Eigenart seiner Dialoge.

Im folgenden soll daher, nach einem kurzen Blick auf Leben und Person Platons, einiges zum Dialog als Form der literarischen Gestaltung von Philosophie gesagt werden, bevor dann versucht wird, die Hauptgedanken der platonischen Philosophie zu skizzieren.

1. Platons Leben

Die frühen Jahre

Als Platon 428/7 v. Chr. geboren wurde, stand Athen im vierten Jahr des Peloponnesischen Krieges. Perikles, der den Krieg in nüchterner Kalkulation als unabwendbar akzeptiert hatte und der ihn vielleicht erfolgreich hätte zu Ende führen können – so urteilte jedenfalls eine Generation später Thukydides –, war seit einem Jahr tot. Als der Kampf gegen Sparta um die Macht in Griechenland 404 v. Chr. mit der totalen Niederlage Athens endete, war Platon ein junger Mann von 23 Jahren, der vermutlich mehrere Jahre aktiven Kriegsdienst hinter sich hatte. Die konkreten Angaben bei Diogenes Laërtios (3. Jh. n. Chr.) über drei Feldzüge, an denen er teilgenommen haben soll (3,8), scheinen allerdings Verwechslungen mit den über Sokrates erhaltenen Angaben zu enthalten.

Verläßlicher klingen die Nachrichten über Herkunft, Erziehung und erste politische Erfahrungen. Die Familie zählte zum alten athenischen Adel: Väterlicherseits führte man sich auf den mythischen König Kodros zurück, mütterlicherseits auf einen Verwandten des Gesetzgebers Solon (frühes 6. Jh.). Sich selbst in den Dialogen zu charakterisieren hat Platon vermieden, seine Familie betreffend war er weniger zurückhaltend: mit sichtlichem Wohlgefallen verweilt er bei der im Krieg bewährten Tapferkeit seiner Brüder Glaukon und Adeimantos, zitiert dabei aus einem Preislied auf «das göttliche Geschlecht des berühmten Ariston», dem er selbst angehörte (Staat 368 a). Familienstolz drückt sich auch in der Schilderung der sozialen Stellung der Familie des Charmides aus (Charmides 157 e–158 a): Dieser Charmides war ein Onkel Platons und seinerseits ein Vetter des glänzend begabten Schriftstellers und Politikers Kritias. Der Vorfahr Solon vollends wird gepriesen als ein Dichter von Format, den nur seine politischen Verpflichtungen daran hinderten, den Ruhm eines Hesiod oder Homer zu erreichen (Timaios 21 cd).

Bei diesem gesellschaftlichen Hintergrund kann man annehmen, daß Platon von Kindheit an eine sehr sorgfältige Erziehung zuteil wurde, zu der selbstverständlich auch die sportliche Betätigung gehörte (nach einer alten Quelle soll er an den Isthmischen Spielen als Ringer teilgenommen haben: Dikaiarchos fr. 40 W.). In seiner Jugend soll er Tragödien gedichtet haben, die er jedoch nach seiner Begegnung mit Sokrates verbrannt habe (Diog. Laert. 3, 5). Aristoteles' Bericht über die geistige Formung des frühen Platon klingt so, als sei der Herakliteer Kratylos sein erster philosophischer Lehrer gewesen (Metaphysik, 987 a32); die nähere Bekanntschaft des Sokrates soll er erst mit zwanzig Jahren gemacht haben (Diog. Laert. 3, 6). Das ist nicht unglaubwürdig, wenn man bedenkt, daß seine älteren Verwandten Kritias und Charmides, die selbst anfänglich Schüler des Sokrates waren, sich später von ihm abwandten und so vielleicht Platon davon abhielten, die Bekanntschaft mit Sokrates zu suchen.

Im Kontakt mit diesen drei Männern – Sokrates, Kritias und Charmides – muß Platon auch seine ersten einschneidenden politischen Erfahrungen gemacht haben. Kritias und Charmides wurden zu Feinden der Demokratie und gehörten zu den «Dreißig Tyrannen», die nach der Niederlage Athens eine blutige Willkürherrschaft ausübten (die Zahl der politischen Morde wird auf 1500 innerhalb weniger Monate geschätzt); Kritias war selbst unter den dreißig noch der radikalste. Nach Platons Siebtem Brief – einem längeren autobiographischen Dokument aus der Zeit um 353 v. Chr., dessen Echtheit immer wieder angezweifelt wird, bisher freilich ohne durchschlagende Argumente – versuchten die beiden älteren Verwandten Platon für ihre Sache zu gewinnen; ihre Willkür und Gewalttätigkeit stieß ihn ab, er konnte sich dem Ansinnen entziehen (Brief 7, 324 c ff.). Zu diesem Zeitpunkt stand er schon mehrere Jahre unter dem Einfluß des Sokrates. Vermutlich hatte er aus der Nähe erlebt, wie dieser das Recht der Angeklagten im Arginusenprozeß gegen eine erregte Volksmenge verteidigte; jetzt konnte er sehen, wie er auch unter der weit schärferen Bedrohung durch die Oligarchen standhaft blieb und sich nicht in schuldhafte Handlungen (Verhaftung eines Unbeteiligten) verwickeln ließ.

Die politische Mäßigung der ab 403 v. Chr. wiederhergestellten Demokratie hat Platon ausdrücklich anerkannt. Ein neuer Anlauf zu einer politischen Laufbahn schien möglich. Was ihn diesmal hinderte, war der Tod des Sokrates im Jahr 399 v. Chr. Die Verurteilung seines Lehrers durch ein Volksgericht von 500 Geschworenen hat Platon zeitlebens als Justizmord in einem politischen Prozeß gewertet. Der Siebte Brief gibt dieses Ereignis als Grund an, der athenischen Politik fortan fernzubleiben, und stellt zugleich die biographische Verbindung zur Politikkonzeption des ‹Staates› her (325 b–326 b).

Unmittelbar nach dem Tod des Sokrates begab sich Platon nach Megara zu Eukleides, einem älteren Schüler des Sokrates. Vermutlich fühlte er sich als Anhänger des hingerichteten Außenseiters in Athen nicht mehr sicher.

Mit noch nicht 30 Jahren hatte Platon also einschneidende Erfahrungen erworben unter drei Aspekten des staatlichen Lebens, die auch sein späteres politisches Denken sichtlich beeinflußten: es ging ihm stets um die Rolle der gesellschaftlichen Elite (in die er hineingeboren war), sodann um die Rolle des unabhängigen Philosophen (die er an Sokrates erlebte) sowie drittens um die Vermeidung von Gewalt und politischem Unrecht, zu dem nicht nur die absolute Herrschaft des Tyrannen, sondern auch die orientierungslose, oft an ihre eigenen Gesetze nicht mehr gebundene Demokratie athenischen Typs neigte.

Diese Beobachtung möchte nicht mißverstanden werden. Es geht nicht darum, die politische Theorie Platons in ihrem konkreten Gehalt geradlinig aus seiner Biographie «abzuleiten». Daß jedoch sein Haß auf tyrannische Gewaltherrschaft und seine Verachtung für (athenische) Demokratie eine emotionale Komponente besitzen, die aus rein theoretischem Raisonnement schwer zu erklären wäre, wird kein Kenner bestreiten.

Akademie

Nach der zweifach erfahrenen Unmöglichkeit, in Athen politisch tätig zu sein, ohne als Täter oder Opfer in den Umkreis des Unrechts zu geraten, wäre Platon ein gänzlich ungefährdetes, politikfreies Leben durchaus noch möglich gewesen, allerdings nur um den Preis ausschließlicher Konzentration auf praxisferne Theorie etwa in Mathematik und Kosmologie. Solange Ethik für ihn, wie für Sokrates, das zentrale Feld blieb, konnte er nie ganz unpolitisch sein, nie ganz ohne Unruhe und Bedrohung leben.

Immerhin war der athenische Demos ungeachtet seiner politischen Sprunghaftigkeit und seiner ethischen Orientierungslosigkeit liberal genug, politisch-ethische Lehrtätigkeit zuzulassen, solange keine antidemokratischen Aktivitäten daraus resultierten. Auch Platon entschied sich für diese Lebensform: von etwa seinem 40. Lebensjahr bis zu seinem Tod hat er einer eigenen «Schule» vorgestanden. Unweit der Stadt besaß er ein Grundstück beim Hain des Heros Akademos, von dem sich der Name «Akademie» herleitet; hier versammelte er die wissenschaftlich und philosophisch Interessierten um sich. Im Gegensatz zu anderen Lehrern ließ er sich den Unterricht nicht bezahlen: offenbar reichte sein Vermögen für den Unterhalt der Schule aus.

Das wissenschaftliche Ansehen der Akademie wuchs schnell. Bald gehörten ihr nicht nur Studierende an (unter ihnen auch Frauen), sondern auch selbständig forschende Mathematiker, Astronomen, Philosophen. Neben anderen bedeutenden Männern wie Eudoxos, Speusippos, Xenokrates und Herakleides wirkte hier zwei Jahrzehnte lang auch der junge Aristoteles, der die Schule erst nach Platons Tod 347 v. Chr. verließ.

Vorlesung ‹Über das Gute›

Im Alter erwuchs Platon aus dem politischen Anspruch seiner Lehre doch noch einmal eine wenn auch nur vorübergehende Bedrohung. Jedenfalls läßt sich die Tatsache, daß er bereit war, eine Vorlesung ‹Über das Gute› zu halten, mit einiger Plausibilität so deuten. Denn diese Vorlesung fand, so berichtet unser Gewährsmann Aristoxenos (Harmonica 2, p. 30 Meibom), vor Leuten mit gängigen unphilosophischen Vorstellungen vom Guten statt, die auf Platons metaphysisch fundierte These, das Gute sei das Eine, mit Verständnislosigkeit und Enttäuschung reagierten. Es muß sich demnach um eine *öffentliche* Vorlesung gehandelt haben. Nun paßt es schlecht zu Platons Einschätzung der Schwierigkeiten philosophischer Kommunikation (wozu weiter unten mehr zu sagen sein wird), öffentlich vor ungeschulten Hörern über den «höchsten Punkt» seiner Philosophie zu reden. Wenn er es dennoch tat, so wahrscheinlich unter dem Druck der öffentlichen Meinung, die ihn in einer Zeit innenpolitischer Spannungen, wohl am Ende der 50er Jahre des vierten Jahrhunderts, verdächtigte, seine bekanntermaßen nicht vor allen diskutierte Theorie des Guten ziele letztlich auf antidemokratische Umtriebe. Diesen Verdacht zu zerstreuen, hätte Platon sich entschlossen, auch vor nicht hinreichend vorgebildeten Hörern über das Gute zu sprechen. So die sehr ansprechende Deutung dieses Vorfalls durch K. Gaiser (Phronesis 25, 1980, 5–37).

Sizilien

Doch die größte Beunruhigung und Bedrohung, die Platon nach dem Tod des Sokrates widerfuhr, kam nicht von der athenischen Demokratie. Sie war eine Folge seiner eigenen Gedanken über den besten Staat.

Vor Gründung der Akademie unternahm Platon im Jahr 389/8 eine Bildungsreise, die ihn nach Ägypten, nach Kyrene und nach Unteritalien zu den Pythagoreern, insbesondere zu dem auch politisch einflußreichen Archytas von Tarent, führte. Nach einem Aufenthalt beim Tyrannen Dionysios I. von Syrakus, wo er durch seine Freimütigkeit Anstoß erregte, wurde er auf der Rückreise in Aigina 387 auf den Sklavenmarkt gebracht, angeblich auf Betreiben des Tyrannen. Er hatte indes Glück: ein Mann namens Annikeris kaufte ihn frei.

Doch dies war nur die geringere Bedrohung, die aus der Reise resultierte. In Syrakus hatte er Dion kennengelernt, einen jungen Mann von außergewöhnlicher Begabung, der von seiner Person und Philosophie fasziniert war. Die Faszination war von Dauer: Als Dionysios I. mehr als zwanzig Jahre später starb, insistierte Dion, Platon müsse kommen und den jungen Tyrannen Dionysios II., der selbst großes Interesse an Philosophie habe, dazu bringen, seine Herrschaft in ein Regiment der Vernunft zu verwandeln im Sinne der platonischen Vorstellungen vom idealen Staat. Trotz stärkster Bedenken gab Platon um des Freundes willen nach und fuhr 366 v. Chr. nach Sizilien. Anfangs schien alles gut zu gehen. Dann aber überzeugten Nutznießer des tyrannischen Regimes Dionysios davon, daß Dion mit Hilfe Platons lediglich die Macht für sich selbst sichern wolle. Dion wurde verbannt; ein intensiverer philosophischer Umgang zwischen Platon und Dionysios kam nicht zustande. Nur mit Mühe konnte Platon seinen Abschied im Jahr darauf erwirken. Das war indes nicht das Ende seiner Verwicklung in die sizilische

Politik. Dion lebte als einflußreicher Emigrant in der Akademie. Um ihn mit Dionysios auszusöhnen und weil der junge Tyrann abermals Interesse an Philosophie und an politischen Reformen bekundete, begab sich Platon 361 noch einmal nach Syrakus. Die Aussöhnung mit Dion wurde von Dionysios wiederum verzögert, bis es zum Zerwürfnis mit Platon kam. Die am Erhalt der Tyrannis interessierten Söldner, in deren Nähe Platon zu wohnen gezwungen wurde, waren eine Bedrohung für sein Leben. Nur durch Vermittlung des Archytas konnte er aus seiner prekären Lage befreit werden (360).

Platons sizilische Mission war gescheitert. Dion aber setzte den Kampf fort, nunmehr ohne die moralische Unterstützung seines Freundes. Es gelang ihm, die Tyrannis zu stürzen; Sizilien innenpolitisch neu zu ordnen gelang ihm nicht. Er wurde abermals verdächtigt, selbst nach der Macht greifen zu wollen, schließlich durch Kallippos, einen Angehörigen der Akademie, ermordet. Das Ende dessen, was als Verwirklichung einer besseren Zeit mit Hilfe der Philosophie begonnen hatte, in Aufruhr und Gewalt muß für Platon eine unsäglich bittere Enttäuschung gewesen sein. In dieser Stimmung verfaßte er den Siebten Brief (dem die obige Skizze folgte), in dem er sizilischen Freunden gegenüber sein Verhalten verständlich zu machen versucht.

Die politische Ausstrahlung der Akademie war mit der sizilischen Tragödie indes nicht beendet. Angehörige der Akademie wirkten an verschiedenen Orten als Berater in Verfassungsfragen und als Gesetzgeber. Noch bevor der begriffliche Reichtum seiner Gedanken über den Staat philosophisch aufgearbeitet war, hatte die Praxis den Anschluß an seine Theorie gesucht. Platon aber schrieb in seinen letzten Jahren bereits an einer neuen Staatsutopie, den ‹Gesetzen›, die nach seinem Tod (347 v. Chr.) von seinem Schüler Philippos von Opûs ediert wurden.

2. Schriftlicher Dialog und mündliches Philosophieren

Literarische Qualitäten der Dialoge

Wie erwähnt, beruht die Faszination, die vom platonischen Œuvre ausgeht, nicht zuletzt auch auf der dialogischen Darstellungsform und dem hohen literarischen Rang eines großen Teils der Dialoge.

Die dialogische Präsentierung der Gedankenentwicklung ermöglicht zunächst eine dynamische Lebendigkeit, die unmittelbar anspricht. Nie hat der Leser das Gefühl (wie so oft bei späterer philosophischer Dialogliteratur von Cicero bis Leibniz), er habe es mit der nachträglichen Dramatisierung abstrakter Positionen zu tun. Die Charakterzeichnung der Gesprächspartner ist so lebhaft und treffend, die Figurenkonstellationen sind so naheliegend und glaubwürdig, der zeitliche und örtliche Rahmen wird so unauffällig und unkompliziert in das Gespräch verwoben, daß der Eindruck perfekter Natürlichkeit entsteht: Wirkliche Personen, Menschen, wie wir sie auch heute glauben antreffen zu können, geraten wie von selbst, aus ihrer je eigenen Situation heraus, in die Erörterung philosophischer Fragen.

Diese literarisch meisterhafte Personalisierung und Dynamisierung der Argumentation hat eine starke Appellfunktion. Wir fühlen uns hineingezogen ins Gespräch, weil wir in dessen Personen unseresgleichen erkennen. Wenn eine spannende Auseinandersetzung vollends ohne Lösung bleibt, fühlt der Leser den Zwang, nicht abzulassen, bis er die Lösung des Problems für sich gefunden hat.

Selbstverständlich beruht der Eindruck vollkommener Natürlichkeit auf überlegter Kunst. Mit meisterlicher Sicherheit spielt Platon mit den Stilebenen, den dramatischen Motiven, den Argumentationsformen und den charakterlichen Reaktionsweisen. Man kann nicht genug staunen über seine stilistische Vielseitigkeit. Wäre es nicht sicher aus der Antike überliefert, so hätte wohl niemand die Kühnheit zu behaupten, so verschiedene Texte wie der mehrstündige wissenschaftliche Monolog im ‹Timaios›, die spritzige Persiflage eristischer Fangschlüsse im ‹Euthydemos› und die von verhaltener Emotionalität geprägte Beschreibung des würdevollen Sterbens des Sokrates im ‹Phaidon› könnten aus derselben Feder stammen.

Unter den literarischen Mitteln, die Platon einsetzt, sind vor allem zu nennen die durchdachte Dramaturgie (die meisten Dialoge haben eine durchgehende Handlung) und der stete Gebrauch von Metaphern, Bildern und Gleichnissen. Bemerkenswert ist auch die gezielte Entgegensetzung von Argumentation («Logos») und Erzählung («Mythos»), deren Grenzen aber auch absichtlich verwischt sein können. Am meisten Bewunderung hat vielleicht die platonische Ironie auf sich gezogen, die in unendlich feinen Abstufungen (vom beißenden Sarkasmus im ‹Euthydemos› und in den ‹Hippias›-Dialogen bis zu verstehender Milde im ‹Phaidon› und im ‹Staat›) auftritt. Bei aller spielerischen Virtuosität im Gebrauch dieser Mittel erweckt die platonische Darstellung gleichwohl stets den Eindruck einer großen Strenge des Denkens.

Primat der Mündlichkeit

Die Bewunderung für die literarischen Qualitäten der Dialoge ist eines, etwas ganz anderes ist die Einschätzung ihrer Leistung für die philosophische Erkenntnisvermittlung. Während wir Heutigen ihnen auch in dieser Hinsicht höchstes Lob zu zollen bereit sind, überrascht uns Platon mit einer radikalen, für moderne Leser zunächst befremdlichen Abwertung alles Geschriebenen, in die er unzweifelhaft auch die eigenen Werke einbezieht. Auf den letzten Seiten des Dialogs ‹Phaidros›, in der sogenannten Schriftkritik, führt er folgendes aus:

Durch die Schrift erwirbt man nicht Weisheit, sondern allenfalls die Einbildung derselben. Was immer geschrieben vorliegt, leidet nämlich unter dem dreifachen Mangel, daß es auf Fragen nicht eingehen, sondern immer nur denselben Wortlaut wiederholen kann, daß es nicht weiß, zu wem es reden und zu wem es schweigen soll, und daß es sich gegen Angriffe nicht zur Wehr setzen kann und auf die Hilfe des Verfassers angewiesen bleibt. Der Schrift weit überlegen ist die lebendige Rede des Wissenden, die all dies kann: auf Fragen antworten, reden oder schweigen, wo Reden oder Schweigen erfordert ist, schließlich bei Angriffen sich selbst zu Hilfe kommen. Gewiß kann auch der «Wissende», das heißt der Philosoph oder «Dialektiker», zur Feder greifen. Doch kann das für ihn nur ein Spiel sein. Keineswegs wird er das, worum es ihm eigentlich zu tun ist, im Ernst der Schrift anvertrauen – ebensowenig wie ein Bauer Saatgut, von dem er einen Ertrag erhofft, in «Adonisgärtchen» (Tonschalen für eine schnell zu erzielende Blüte ohne Früchte) säen wird. Der Ernst des Philosophen verwirklicht sich allein in mündlicher Dialektik. Von Wert können allenfalls solche Schriften sein, die der bereits Wissende für sich selbst und solche, die seiner Spur folgen, als Erinnerungshilfen anlegt. Den Namen *philósophos* verdient nur, wer das, was er schrieb, im Wissen um die Wahrheit und im Besitz der Fähigkeit schrieb, dem Geschriebenen zu helfen und es durch seine mündliche Stellungnahme als von geringem Wert zu erweisen. Wer hingegen nichts Wertvolleres hat als das, was er in mühsamer Arbeit schriftlich verfaßte, mag Dichter oder Redenschreiber oder Gesetzesschreiber heißen (Phaidros 274 b–278 e).

Wenn Platon den Anspruch erhob, *philósophos* zu sein, so verkündet er durch diese Äußerung zugleich den Anspruch, seine eigenen Schriften mündlich durch «Wertvolleres» überbieten zu können, dergestalt, daß die Schriften im Vergleich mit dem mündlich Vorgebrachten als «von geringem Wert» (*phaula*, hier wohl mit der Nuance «nichtfachmännisch, nichttechnisch, einfach») erscheinen würden. Daß jenes «Wertvollere» (*timiṓtera*) als «bessere Argumente und bedeutendere Inhalte» zu verstehen ist, ergibt sich zweifelsfrei aus Parallelen mit sinnverwandten Wendungen im selben Dialog (Phaidros 234 e, 235 b–d, 236 b, 279 a).

Mit seiner mündlichen Dialektik war Platon also nach seiner eigenen Einschätzung inhaltlich entschieden über sein Schriftwerk hinausgekommen. Ausdrücklich behält er sich das Recht vor, über seinen «Ernst» vor Ungeeigneten zu *schweigen*. Und da Geschriebenes nach seinen Worten grundsätzlich nicht schweigen kann, scheidet die Schrift als Medium der Mitteilung seiner «wertvolleren Dinge» (seiner *timiṓtera*) aus. Alles mitteilen hieße so viel wie alles Saatgut auf Adonisgärtchen vergeuden.

Der Bewunderer der Dialoge könnte hier leicht das Gefühl bekommen, gleichsam betrogen worden zu sein: War denn, was ihm das Höchste schien, für Platon nur Spiel? Ist der Leser nicht vom Besten ausgeschlossen?

Indes wäre das eine etwas voreilige und unreife Empfindung, der sich ein nüchterner Betrachter nicht überlassen sollte. Gleichwohl besteht der Verdacht, daß es nicht zuletzt dieser psychologisch durchaus verständlichen Reaktion zu verdanken ist, daß sich die antiesoterische Grundhaltung der modernen Platonrezeption so zäh behauptet. Von ihr ist jetzt zu handeln.

Versuche zur Elimination der Schriftkritik

Obwohl die Schriftkritik, wie wir noch sehen werden, voll bestätigt wird durch die Struktur der Dialoge, durch das Zeugnis des Siebten Briefes, durch die Berichte des Aristoteles, des Theophrastos und anderer über Platons mündliche Philosophie, war man im 19. und 20. Jh. durchaus nicht bereit, ihre einfache und klare Aussage zu akzeptieren. Bis heute halten sich die Versuche, die Dialoge von Platons prinzipieller Kritik alles Schriftlichen auszunehmen.

Die Kritik richte sich, so wurde immer wieder versichert, nur gegen eine bestimmte Form der Darstellung philosophischer Gedanken, nämlich gegen die systematische Lehrschrift. Das griechische Wort dafür sei *sýngramma.* Da die Dialoge keine *syngrámmata* seien, seien sie von der Abwertung nicht betroffen. Um dieses Argument, das vor kurzem noch immens beliebt war und auch von bedeutenden Interpreten wie K. Jaspers, H.-G. Gadamer und I. Düring bemüht wurde, ist es stiller geworden, seit von philologischer Seite gezeigt wurde, erstens, daß *sýngramma* im Griechischen nicht die Bedeutung «systematische Lehrschrift» hatte, zweitens, daß die platonischen Dialoge von den Griechen problemlos als *syngrámmata* bezeichnet wurden und drittens, daß Platon nicht eine bestimmte Form des Schriftgebrauchs kritisiert, sondern die Schrift *(graphé)* schlechthin.

Ein weiteres Argument lautet folgendermaßen: Als indirekte Mitteilungsform – es werden nicht fertige Ergebnisse direkt weitergegeben, vielmehr soll aus dem Suchen der Personen indirekt etwas erschlossen werden – ist der Dialog mehrschichtig angelegt. Insofern er nun seine «tieferen» Schichten erst bei wiederholter Lektüre erschließt, sage er auf Fragen nicht immer nur das gleiche, sondern gebe «neue» Antworten; insofern ungeeignete Leser die tieferen Schichten gar nicht erst erfassen, «schweige» der Dialog zu ihnen und «wähle» sich den richtigen Rezipienten selbst; und insofern der tiefere Sinn von einem Angriff auf den vordergründig verstandenen Wortlaut gar nicht getroffen wird, könne er sich auch «helfen». Kurzum, der Dialog wird zu einem aktiven Partner des Lesers gemacht, der all das vollbringt, was nach Platon keine Schrift, sondern allein die «lebendige Rede des Wissenden» vermag. Der Dialog ist, so wird erklärt, «die einzige Form des Buches, die das Buch selber aufzuheben scheint» (P. Friedländer).

So schön die Vorstellung vom «aktiven» Dialogbuch auch sein mag, sie beruht lediglich auf einer Reihe von Metaphern: denn das «Antworten», «Schweigen», «Wählen» und «Sichhelfen» sind nicht Dinge, die der Dialog selbst tun oder auch lassen kann, sondern alles Dinge, die ihm ohne sein Zutun passiv widerfahren, wenn er neu und besser verstanden, oder nicht verstanden, oder begeistert ergriffen, oder in unpassender Weise kritisiert wird. Platon hingegen meint mit dem Antworten auf Fragen, dem Schweigen gegen Ungeeignete, mit der Wahl des Partners und der «Hilfe» des Verfassers für seinen Text ein aktives Handeln, für oder gegen das sich nur ein freies Subjekt – nicht aber ein Text – entscheiden kann. Ferner geht bei Annahme des methaphorischen Verständnisses die behauptete Sonderstellung des Dialogs verloren: in *diesem* Sinne kann auch manch eine andere literarische Form «antworten», «sich helfen», ihre Leser selbst «wählen» usw.

Die soeben in aller Kürze skizzierte Theorie des platonischen Dialogs geht auf Friedrich Schleiermacher, genauer auf die programmatische ‹Einleitung› zu seiner Platonübersetzung von 1804, zurück. Es wäre freilich ungerecht, die neueren Auswüchse der Theorie dem großen Hermeneutiker anzulasten. Schleiermachers Ansatz war neu und richtungweisend: Von der Schriftkritik im ‹Phaidros› ausgehend, suchte er Aufschluß zu gewinnen über Zielsetzung und Eigenart der platonischen Schriftstellerei. Die Durchführung dieses Ansatzes war nicht eben glücklich, und zwar vor allem deswegen nicht, weil Schleiermacher sich von der Vorstellung leiten ließ, angesichts der Mängel der Schriftlichkeit sei Platon bestrebt gewesen, mittels einer besonderen Kunst des Schriftgebrauchs im Literaturdialog doch noch die Vorzüge der Mündlichkeit zu erreichen; daher habe er eine Angleichung der Fähigkeiten des schriftlichen Dialogs an die der mündlichen Gesprächsführung gesucht. Für Platon aber stand eine Angleichung oder gar Gleichstellung der Schrift mit der lebendigen Rede von vornherein nicht zur Debatte, sah er doch die Mängel der Schrift als *prinzipielle,* nicht aufhebbare Mängel an.

Warum aber wollte Schleiermacher die Schrift letztlich dem Wort gleichstellen? Zum Glück ließ er die polemische Stoßrichtung seiner Dialogtheorie deutlich genug erkennen: Mit ihr glaubte er W. G. Tennemann widerlegen zu können, der wenige Jahre zuvor Platons Praxis der philosophischen Kommunikation zutreffend als eine «esoterische» beschrieben hatte. Indem nun das geschriebene Wort die gleichen Fähigkeiten zuerkannt bekommt wie das gesprochene, entfällt der Grund für eine esoterische Handhabung der Erkenntnisvermittlung. Seit ihrem Urheber ist die moderne Dialogtheorie als Waffe gegen die esoterische Platonauffassung gemeint gewesen und wird bis heute vielfach in diesem Sinne verwendet.

Da aber schon Schleiermacher den Begriff der Esoterik gründlich mißverstand und seine heutigen Erben meistenteils die alten Irrtümer weiterpflegen, ist es an der Zeit, ein Wort über den Sinn der restriktiven Haltung Platons in der Frage der Erkenntnisvermittlung durch die Schrift zu sagen.

Der Sinn der platonischen Esoterik

Zunächst: Esoterik ist nicht dasselbe wie Geheimhaltung. Geheimhaltung der Lehre war charakteristisch für den Bund der Pythagoreer, die in eins mit dem besonderen Wissen auch die politische Macht in den unteritalischen Städten beanspruchten. Ein Mitglied des Bundes, das die Lehre verriet, handelte gegen die gemeinsamen Interessen und hatte mit Folgen zu rechnen: Ächtung durch die Gruppe und Strafe der Götter für seinen

Frevel – die Pflicht zur Geheimhaltung war offenbar durch Eid besiegelt. (Man vergleiche die Geschichte von der Profanierung der Lehre durch Hippasos, siehe Diels-Kranz, Die Fragmente der Vorsokratiker, 1951[6], I 108).

Eine ganz andere Haltung läßt der Siebte Brief erkennen: Platon zürnt zwar dem Dionysios II. wegen der Publikation von Dingen, über die er mit ihm nur mündlich gesprochen hatte; doch wirft er ihm weder die Verletzung von Gruppeninteressen vor, noch kündigt er die Ächtung durch die Akademie an, noch redet er von einer Strafe der Götter – er ist lediglich zutiefst enttäuscht, daß Dionysios als Autor verantwortungslos handelte. Denn die Dinge, um die es hier ging, sind von solcher Bedeutung, zugleich aber so diffizil und so sehr dem Mißverständnis und der übelmeinenden Verdrehung ausgesetzt, daß ein vernünftiger Mann darauf verzichten wird, sie der Schrift anzuvertrauen und damit potentiell auch ungeeigneten und böswilligen Rezipienten auszuliefern (Brief 7, 341 b–345 c, bes. 341 b–e, 344 a–d).

Das treibende Motiv hinter der platonischen Esoterik ist also die *Verantwortung für die Sache,* um die es geht. Sie soll nicht grundlos von Unkundigen verächtlich gemacht werden. Zugleich fühlt Platon *Verantwortung auch für den Rezipienten:* Die Mißverständnisse und die Geringschätzung der wichtigsten Dinge, die sich bei unzureichender Vorbereitung notwendig einstellen, sind nicht vorteilhaft für ihn, da sie ihn an ernsthafter Bemühung hindern. Platon hätte nichts dagegen, die wichtigsten Einsichten allen mitzuteilen, wenn man sie allen auch *verständlich* machen könnte (vgl. Brief 7, 341 de). Solange aber nicht gesichert ist, daß die Mitteilung mit einer adäquaten Rezeption einhergeht – und das ist bei schriftlicher Mitteilung grundsätzlich nicht zu sichern –, hält er sie für zwecklos und angesichts der Bedeutung dieser Einsichten für unzulässig.

Es ist leicht zu sehen, daß diese Haltung durchaus dem Bild entspricht, das uns die Dialoge bieten. Es ist oft beobachtet worden – gerade auch von Leugnern der platonischen Esoterik –, daß Platon für den «göttlichen» Bereich der Ideen eine fast religiös zu nennende Verehrung empfindet. Dem entspricht im Siebten Brief der Vorwurf gegen Dionysios, er habe die fraglichen Gegenstände nicht so «verehrt» *(esébeto,* 344 d 7), wie Platon selbst es tat. Daß die Verbreitung der entscheidenden Erkenntnisse ein «gemeinsames Gut für so ziemlich alle Menschen wäre», lesen wir im ‹Charmides›, im gleichen Dialog aber auch, daß die Vergabe eines «Heilmittels» (der Ausdruck steht metaphorisch für «Erkenntnis») ohne hinreichende Vorbereitung «keinen Nutzen» für den Rezipienten brächte (Charmides 166 d, 155 e – vgl. Brief 7, 341 de). In diesem Sinne läßt denn auch Sokrates im ‹Staat› die Bitte des Glaukon nach genauerer Unterweisung über die Arten und Wege der Dialektik unbeantwortet mit dem schlichten Hinweis, daß Glaukon hier nicht mehr folgen könnte (533 a). In diesem Sinne zeigen aber auch alle anderen Dialoge stets ein abgestuftes Vorgehen des Sokrates, der dem jeweiligen Partner nur so viel an Förderung und Belehrung zuteil werden läßt, als seinem Naturell, Bildungsstand und Aufnahmevermögen angemessen ist. Die bewußte Beschränkung der philosophischen Reichweite des Gespräches wird an den sogenannten «Aussparungsstellen» (von denen gleich mehr zu sagen sein wird) auch explizit kenntlich gemacht.

Die Dialoge selbst zwingen uns also, eine inhaltlich weiterreichende mündliche Dialektik bei Platon anzunehmen, die *den* Bereich der philosophischen Forschung abdeckte, den die Dialoge ihrerseits bewußt nicht abdecken. Es ist dies die Theorie der Prinzipien *(archaí)* und der «Zurückführung» der verschiedenen Seinsbereiche auf sie. Nach der analytischen Reduktion der Körperwelt auf die sogenannten Elementardreiecke sagt Timaios: «Die noch höheren *archaí* kennt Gott und von den Menschen der, der ihm lieb ist» (Timaios 53 d) – die Zurückführung der Wirklichkeit auf ihre Prinzipien geht also weiter, als sie im schriftlichen Dialog ausgeführt ist. (Der Mensch, der «Gott lieb ist», ist der *philósophos* oder *dialektikós.*)

Dieses Ergebnis wird voll bestätigt durch das Platonbild, das wir bei Aristoteles, Theophrastos und einer Reihe von weiteren Zeugen finden (die relevanten Stellen sind gesammelt bei Konrad Gaiser, Platons ungeschriebene Lehre, 1967[2], S. 441–557: Testimonia Platonica). Aristoteles beruft sich einmal auch explizit auf Platons «ungeschriebene Lehrmeinungen», griechisch: *ágrapha dógmata* (‹Physis› 209 b 14–15: *en tois legoménois agráphois dógmasin* – die übliche Übersetzung «in den *sogenannten* ungeschriebenen Lehren» ist unrichtig – gemeint ist: «in dem, was man als *ágrapha dógmata* bezeichnet»). Aus der Gesamtheit dieser «indirekten Überlieferung» geht zweifelsfrei hervor, daß Platon eine ausgearbeitete Theorie der Prinzipien hatte, von der nur einige wenige Reflexe in die Dialoge gelangt sind – warum das für Platon so sein mußte, macht die Schriftkritik klar. (Der Versuch von H. Cherniss, Aristotle's Criticism of Plato and the Academy, vol. I 1944, die Berichte des Aristoteles als bloße Mißverständnisse zu erklären, kann als gescheitert gelten.)

Schriftkritik und Struktur des Dialogs

Wie erwähnt, fiel Schleiermachers Ausführung seines im Grund richtigen Ansatzes nicht eben glücklich aus. So sehr war er beschäftigt mit seiner verfehlten Polemik gegen «Esoterik», daß es ihm nicht einmal gelang, den Schlüsselbegriff der Schriftkritik herauszuarbeiten. Dieser Schlüsselbegriff heißt «dem Logos helfen» *(boētheîn tôi lógōi):* Der Philosoph ist derjenige, der imstande ist, seinem geschriebenen Logos mündlich zu «helfen» und ihn hierbei als vorläufig und gering zu erweisen. Auch nach

Schleiermacher hat man nicht erkannt, daß eine authentische Deutung der Schriftkritik nur möglich ist, wenn es gelingt, aus Platons Texten selbst abzulesen, was er unter einer «Hilfe» für einen Logos versteht.

Zum Glück ist das ohne Schwierigkeiten möglich. Die Dialoge sind voll von Beispielen für solches Helfen; oft wird der Vorgang auch mit diesem Wort *(boētheîn)* bezeichnet, in anderen Fällen tritt ein der Gesprächssituation angemessenes Synonym dafür ein. Im ‹Phaidon› etwa stoßen die ersten, unzureichenden Beweise des Sokrates für die Unsterblichkeit der Seele auf Skepsis; Simmias und Kebes bringen Gegenargumente vor. Die mit Spannung verfolgte Frage ist, ob Sokrates seinem Logos helfen kann (Phaidon 88 de). Ähnlich im ‹Staat›: Sokrates hat im ersten Buch den Begriff der Gerechtigkeit gegen die Angriffe des Thrasymachos hochgehalten; zu Beginn des zweiten Buches bringen Glaukon und Adeimantos neue Gegenargumente vor – Sokrates ist aufgefordert, der Gerechtigkeit (und damit zugleich seinem ersten Logos für die Gerechtigkeit) zu helfen (Staat 368 bc). Selbstverständlich ist Sokrates in der Lage, seinem Logos zu helfen, und er tut es in beiden Fällen nicht dadurch, daß er das ursprüngliche Argument wiederholt und im Detail abstützt, vielmehr dadurch, daß er zu neuen, sachlich umfassenderen und philosophisch bedeutenderen Theorien ausholt: Im ‹Phaidon› führt er die Ideenhypothese ein, von der aus die Unsterblichkeit der Seele als ein Spezialfall erscheint, der durch die umfassendere Theorie schon beantwortet ist, im ‹Staat› holt er noch weiter aus, redet über die beste Verfassung, über die Struktur der Seele, über Ideen- und Erscheinungswelt, über die Idee des Guten und über Dialektik, um von diesem umfassenden Horizont aus die von ihm geforderte Hilfe für die Gerechtigkeit schließlich mühelos ins Ziel zu führen.

Man sieht sofort, daß diese Fälle von Hilfe genau das verwirklichen, was man, von der Schriftkritik her kommend, erwarten muß: die Hilfe wird erbracht nicht von irgendeiner Dialogfigur, sondern von Sokrates, in dem der Typus des *philósophos* porträtiert ist; und die Hilfe bleibt nicht auf dem Niveau des ersten Logos stehen, sondern bringt neue, anspruchsvollere Denkmittel ein und argumentiert mit philosophisch bedeutenderen Gedanken. Kurz, die beiden Fälle zeigen, wie der *philósophos,* seinem eigenen Logos helfend, auf *timiṓtera,* (inhaltlich) «Wertvolleres», zurückgreift.

Dieselbe Struktur findet sich nun aber in *allen* Dialogen. Der Dreischritt von (erstens) einem unzureichenden Logos, auf den (zweitens) ein Angriff erfolgt, der (drittens) mit überlegenen Denkmitteln pariert wird, ist ohne Zweifel das zentrale Strukturprinzip des platonischen Dialogs. Die Dialoge *illustrieren* also das, was in der Schriftkritik abstrakt als auszeichnende Fähigkeit des Philosophen angegeben ist, und eben diese ihre Funktion, die philosophische Dialektik annäherungsweise zu illustrieren, erklärt, daß sich Platon überhaupt dazu bereit fand, zu dem in seinen Augen gefährlichen Medium Schrift zu greifen und Dialoge zu verfassen.

Und so, wie Sokrates *innerhalb* eines Gesprächs seinen unzureichenden ersten Logos im Bedarfsfall – das heißt dann, wenn ein für weitere Belehrung hinreichend vorgebildeter Partner Auskunft verlangt – durch eine gehaltvollere und gewichtigere Darlegung überbieten kann, so muß der platonische *philósophos* grundsätzlich sein Geschriebenes durch mündliche «Hilfe» überbieten können.

Die Dialoge bieten also schriftliche Modelle und Nachbildungen mündlicher Hilfe. Die Kette der Hilfeleistungen kann im Dialog begonnen, nicht aber zu Ende geführt werden, da sich die schriftliche Darstellung der *archaí* aus den genannten Gründen verbietet. Kein Dialog kann die Hilfe, auf die er als Schriftwerk angewiesen ist, selbst enthalten. Das «Helfen» innerhalb des Dialogs (und im Verhältnis zweier Dialoge zueinander) hat notwendig eine Grenze; der platonische Dialog ist nicht als autarkes Werk konzipiert, weist vielmehr über sich hinaus.

Dies folgt nicht nur abstrakt aus der Schriftkritik. Vielmehr läßt es sich mit aller Deutlichkeit den «Aussparungsstellen» der Dialoge entnehmen. Immer wieder finden wir an inhaltlich zentralen und strukturell herausgehobenen Stellen die klare Aussage, daß es weiterführende, grundlegende Fragen gibt, deren Behandlung sachlich zwar nötig wäre, hier und jetzt aber nicht erfolgen wird. Stellen dieser Art sind die bereits erwähnten Hinweise auf «noch höhere *archaí*» im ‹Timaios› (53 d) und auf die für Glaukon unerreichbare Darstellung der Arten und Wege der Dialektik im ‹Staat› (533 a). Hierher gehören auch die Versicherung im ‹Timaios›, daß der Demiurgos schwer zu bestimmen, die gefundene Bestimmung aber allen mitzuteilen unmöglich ist (28 c) oder die sehr bestimmten Feststellungen des Sokrates zu Beginn und am Ende des Sonnengleichnisses, daß das Wesen des Guten hier nicht bestimmt werden soll (obwohl das die entscheidende Frage wäre und obwohl er eine Ansicht darüber hat) und daß er gar viel von dem, was er zum Thema des Gleichnisses zu sagen hätte, weglassen werde (Staat 506 de, 509 c). Es gibt keinen wichtigeren Dialog, der nicht in dieser oder ähnlicher Form auf die bewußte Limitierung der philosophischen Reichweite seiner Erörterungen hinweisen würde. Mit den Aussparungsstellen erinnert uns Platon immer von neuem daran, daß er jenseits des schriftlich Fixierten weitere, grundlegendere Theoreme bereithält. Warum er als *philósophos* diese *timiṓtera* nicht niederschrieb, sagt er uns in der Schriftkritik.

3. Die Philosophie der Dialoge

Mag auch Platon selbst seine mündliche Theorie der Prinzipien höher gewertet haben als das «Spiel» seiner Schriften, so ergibt sich doch für uns Heutige daraus ganz gewiß keine Abwertung der Dialoge. Die mündliche Prinzipientheorie ist uns in ihrer authentischen Gestalt für immer verloren. Die indirekte Überlieferung ist zwar reicher im Detail und kohärenter im Inhalt, als ihr gewöhnlich zugestanden wird, als Ersatz für das Studium der Dialoge kann sie aber nicht dienen. Im übrigen war es nie die Absicht der esoterischen Platondeutung, die Dialoge abzuwerten und die indirekte Überlieferung an ihre Stelle zu setzen; die inhaltliche Konvergenz der beiden Überlieferungszweige aufzuweisen ist jedoch eine wichtige Aufgabe künftiger Platonforschung.

Einen Beitrag dazu wird man an dieser Stelle nicht erwarten. Was folgt, will lediglich einen knappen Überblick geben über die Probleme, die Platon bewegten, und über die Antworten, die er in den Dialogen anbietet.

Ausgang von Sokrates

Sokrates' Forschen und Fragen richtete sich ganz auf ethische Probleme. In einer Zeit, in der die frühere Sicherheit der ethischen Orientierung verloren gegangen war – teils infolge der Kritik der herkömmlichen Werte durch die Sophistik, teils auch infolge der gesellschaftlichen und moralischen Zerrüttung, die der Peloponnesische Krieg mit sich brachte (vgl. Thukydides 3, 82, 3) –, versuchte er den Sinn der fragwürdig gewordenen Wertprädikate wieder eindeutig festzulegen. Die Fragen, mit denen er sich und andere in Atem hielt, hatten etwa die Form «Was ist Gerechtigkeit?», «Was ist Besonnenheit?» usw., wofür man im Griechischen auch sagen konnte «Was ist das Gerechte (das Besonnene, das Tapfere, das Fromme, das Gute)?» Als Antwort war eine eindeutige Begriffsbestimmung angestrebt. Die Erwartung war, daß einer, der eine klare Erkenntnis vom Wesen eines ethischen Wertes hat, auch unmittelbar in der Lage sein wird, ihn zu verwirklichen. «Tugend ist Wissen», so lautet die Formel des sokratischen Intellektualismus.

Fragen der Form «Was ist x?» (wobei x für eine «Tugend», eine *aretḗ*, steht, oder auch für einen Begriff wie «das Schöne») bestimmen den Gang einer Reihe von platonischen Dialogen, so des ‹Laches› (Tapferkeit), ‹Charmides› (Besonnenheit), ‹Euthyphron› (Frömmigkeit), ‹Lysis› (Freundschaft), ‹Hippias maior› (das Schöne). Regelmäßig werden mehrere Definitionen vorgeschlagen und eine nach der anderen verworfen – diese Dialoge enden in der Aporie, wobei auch Sokrates behauptet, gleich den anderen ratlos zu sein. Genauere Betrachtung seiner Gesprächsführung zeigt jedoch, daß er die Partner gezielt in die Aporie hineinführt – *sicher* am Ziel vorbeiführen kann freilich nur, wer das Ziel kennt (wie Sokrates im ‹Hippias minor› selbst darlegt).

Wenn Tugend Wissen ist, so muß sie lehrbar sein. Die Lehrbarkeit der Tugend – ein zentrales Problem seit dem Auftreten der sophistischen Tugendlehrer – wird zum Thema im ‹Protagoras› und im ‹Menon›. Im ‹Protagoras› werden die Tugenden einzeln mit der *sophía*, der Weisheit, identifiziert, womit sie vom Wissen abhängig gemacht werden; die Einheit der Tugenden besteht darin, daß sie alle im Wissen gründen. Im ‹Menon› wird die Frage der Lehrbarkeit nicht entschieden (es sei unmöglich, zu sagen, wie beschaffen die Tugend ist, solange nicht beantwortet ist, *was* sie ist: Sokrates insistiert auf dem methodischen Vorrang der «Was ist x?»-Frage, um den Dialog aporetisch enden zu lassen), hingegen erhalten wir hier eine Antwort auf die Frage, was das Lernen eigentlich ist: Es ist Wiedererinnerung (Anamnesis) an Dinge, die die Seele vor der Geburt geschaut hat. Als philosophischen Kern der Wiedererinnerungsthese sah man meist die Entdeckung des Apriori an. Das ist indes nur ein Aspekt der Sache; die These impliziert auch die Existenz einer unsterblichen Seele und von an sich existierenden Gegenständen, die diese in ihrem vorgeburtlichen Dasein unmittelbar erfassen konnte: von Ideen.

Idee und Erscheinung

Mit Fragen «Was ist gerecht (fromm, tapfer usw.)?» suchte Sokrates ursprünglich wohl nur eine Verständigung darüber zu erzielen, wie wir ethische Prädikate verwenden sollten und wie nicht. In der Form «Was ist das Gerechte?» scheint die Frage allerdings bereits etwas Spezifischeres zu suggerieren, nämlich daß sie auf ein vom menschlichen Sprechen und Urteilen unabhängiges Etwas, auf so etwas wie ein selbständiges Objekt, zielt.

In der Tat sucht Platon in dieser Richtung nicht nur die Lösung ethischer Fragen, sondern eine philosophische Erklärung der Wirklichkeit überhaupt. Jeder Frage «Was ist x?» – wobei nun die Stelle von x nicht nur von einem Wertprädikat ausgefüllt sein kann, sondern von jeder nichtindividuellen Bezeichnung (wie «Mensch», «Bett», «Gleichheit»), die wir als identische auf eine Vielzahl gleichartiger Gegenstände anwenden – entspricht ein Gegenstand besonderer Art, den er «Idee» (*idéa* oder *eidos*) nennt. Soch ein «Gegenstand» ist nicht gegenständlich zu verstehen im Sinne der sinnlich wahrnehmbaren Einzeldinge. Er ist nur durch das Denken erfaßbar – aber Platon würde nicht sagen, daß er nur im (menschlichen) Denken existiert: er ist kein Produkt der Abstraktion, in seiner Existenz nicht abhängig davon, ob es Menschen gibt, die Abstraktionen bilden oder nicht. Die Ideen sind vielmehr objektiv gegeben, die Aufgabe des menschlichen Geistes ist es, ihre Realität zu entdecken.

Die Erkenntnis durch die Sinne betrachtet Platon als wechselhaft, unsicher, widersprüchlich. Dem entspricht die ontologische Beschaffenheit dessen, was auf diese Weise erkannt wird: das Wahrnehmbare ist für Platon nicht in vollem Sinne wirklich. Es hat bald diese bestimmte Eigenschaft, bald die gegenteilige; oder es hat gleichzeitig in einer Hinsicht diese Eigenschaft, in einer anderen die gegenteilige. Dieses Oszillieren zwischen So-sein und Nicht-so-sein legt Platon zugleich als ein Oszillieren zwischen Sein und Nichtsein aus. Vom wahrnehmbaren Einzelgegenstand ist keine sichere, bleibende Erkenntnis möglich, denn während sich der Erkennende auf ein Urteil festlegt, hat sich der Gegenstand schon geändert. Dem zwielichtigen ontologischen Status des Veränderlichen und Werdenden entspricht als Erkenntnisweise das bloße Meinen.

Eine entsprechende Korrelation zwischen dem ontologischen Status des Gegenstandes und der ihm zugeordneten Erkenntnisweise sieht Platon auch beim Denkbaren: Sichere, widerspruchsfreie Erkenntnis ist nur möglich von der Idee, die uneingeschränkt ist, was sie ist, was für Platon zugleich bedeutet, daß nur sie in vollem Sinne wirklich ist. Der wahrnehmbare Einzelgegenstand, den wir als gerade sehen, kann gleichzeitig in anderer Perspektive auch ungerade sein und wird jedenfalls zu einer späteren Zeit durch Veränderung ungerade werden – ewig sich selbst gleich, ausschließlich gerade und in keiner Weise oder Hinsicht ungerade, ist allein die Idee des Geraden. Das gerade Einzelding möchte zwar sein wie die Idee, erreicht aber deren festgegründete unzerstörbare Identität nicht: Das wahrnehmbare Gerade ist ein bloßes Abbild des urbildlichen, nur denkbaren «Geraden selbst» – wie Platon die Idee des Geraden auch bezeichnet. (Grundtexte zur Ideenlehre sind u. a. Phaidon 99 d–102 a, Symposion 210 a–212 a, Phaidros 247 c–250 c, Staat 474 b–480 a.) Die ontologische Verschiedenheit der selbstidentischen Idee vom in sich widersprüchlichen Einzelding versucht Platon auch durch den Gebrauch räumlicher Metaphern verständlich zu machen: Die Ideen befinden sich, so lesen wir in der großen mythischen Eros-Rede im ‹Phaidros›, am «überhimmlischen Ort» (*hyperouránios tópos*, 247 c) jenseits der Grenze des Kosmos. Die Seelen, die die Ideen erkennen wollen, müssen im Gefolge der Götter zum Himmelsrand *hinauf*fahren und in den jenseitigen Raum *hinaus*blicken. Der Weg zur Erkenntnis der Ideen ist auch im ‹Staat› als ein *Aufstieg* aus der Tiefe einer Höhle an die obere Welt symbolisiert, hier in Verbindung mit der Metaphorik von Licht und Dunkel (Höhlengleichnis 514a–517c). Das Erkennen der Ideen wird immer wieder als ein «Einblicken» und «Schauen» gedeutet (Phaidros 247 c ff. passim, Symposion 210 e, Staat 516 b u. ö.), das nur durch eine prinzipielle Wendung der Blickrichtung, durch eine «Umwendung der Seele» möglich wird; die entscheidende Erkenntnis erfolgt als «plötzliche» Erleuchtung (Symposion 210 e). Ob Platon durch diesen ebenso ausgedehnten wie intensiven Gebrauch der Verben des Schauens impliziert, daß die Idee durch eine besondere «noëtische», nichtdiskursive Erkenntnisweise (im Sinne einer intellektuellen Anschauung) erfaßt wird, ist neuerdings umstritten (in der Tradition des Platonismus ist es nie angezweifelt worden).

Seele

So verschieden die beiden Welten, die der sinnlich erfahrbaren Dinge und die der allein dem Denken zugänglichen Ideen, auch sein mögen, sie werden doch von ein und demselben Subjekt erkannt. «Subjekt» und «Bewußtsein» sind allerdings Begriffe, die der neuzeitlichen Isolierung der erkenntnistheoretischen Problematik angemessen sind – Platons Wort für das Erkennende ist *psyché*, «Seele»; die Seele aber ist nicht allein Erkenntnissubjekt, sondern zugleich Lebens- und Bewegungsprinzip.

Daher analysiert Platon das Phänomen Seele nicht allein unter gnoseologischem Aspekt, sondern zugleich im Blick auf ihre Kraft des Verlangens und Strebens, des Wollens und Veränderns. So gewinnt seine «Psychologie» zentrale Bedeutung, außer für seine Erkenntnistheorie auch für seine Kosmologie, Anthropologie, Ethik und Staatstheorie. (Die wichtigsten Texte zur Theorie der Seele sind Staat 435 a–445 e, 608 c–612 a, Phaidon 78 b–84 b, 102 b–107 b, Phaidros 245 c–250 c; ferner Timaios 34 b–37 c, 41 d–43 a, 90 a–d und Nomoi, Buch X).

Ausgehend vom Phänomen des innerseelischen Konfliktes weist Platon nach, daß die Seele nicht etwas in sich vollkommen Einheitliches sein kann (Staat 435 a ff.). Zumindest drei Kräfte oder Seelenteile sind zu unterscheiden: das Begehrungsvermögen (das *epithymētikón*), der «zornmütige» oder «muthafte» Teil (das *thymoeidés*) sowie der überlegende und denkende Teil (das *logistikón*). Platon geht hier nicht von einem einfachen Gegensatz zwischen einem unvernünftigen und einem vernünftigen Seelenteil aus, vielmehr gilt ihm das affektiv, also vernunftlos reagierende *thymoeidés* als natürlicher Verbündeter des rationalen Seelenteils gegen die schwer zu bändigenden Begierden.

Diese dreiteilige Seelenstruktur dient Platon als Grundlage für die Bestimmung seines ethischen Zentralbegriffs, der «Gerechtigkeit»: sie ist nicht so sehr ein Merkmal der äußeren Handlungen des Menschen als vielmehr seines inneren Zustandes. «Gerecht» ist der Mensch, wenn in seiner Seele das *logistikón* die Herrschaft ausübt und zwischen ihm und den anderen beiden Seelenteilen Übereinstimmung besteht, daß dies der natürliche und damit erstrebenswerteste Zustand der Seele ist. Nur in diesem Zustand kann der in sich zerrissene Mensch zu innerer Einheit gelangen (Staat 443 c–e). Die Herrschaft gebührt dem *logistikón,* weil es sich seiner Natur nach als *Denk*vermögen auf die unvergänglichen Wesenheiten der Ideenwelt richtet. Um diese erfassen zu können, muß es selbst unvergänglich sein. Unter ontologischem Aspekt kommt so doch noch die Zweiteilung zum Tragen, die in der phänomenologischen Analyse vermieden wurde: denn da die anderen Seelenteile sich wesensmäßig auf Vergängliches und Wandelbares richten (das *epithymētikón* auf Lust und Genuß, das *thymoeidés* auf Ehre und Ruhm), sind sie selbst sterblich. Die allein unsterbliche Denkseele aber betrachtet Platon als «die wahre Natur» der Seele, als den Kern, an den infolge der Verbindung mit dem Körper die anderen Seelenteile als ein störender, letztlich aber vorübergehender Zusatz angewachsen oder «angebaut» sind.

Dieser ursprüngliche Seelenkern ist von gleicher Wesensart wie die göttliche Weltseele (vgl. Timaios 41 d), die der Ursprung aller physikalischen Bewegung im Kosmos ist (Phaidros 245 c–246 c). Anders als die menschliche Seele vermag jedoch die Weltseele den ihr zugeordneten Weltkörper vollkommen zu beherrschen, da sie in ihrem Wirken von keinem sterblichen Zuwachs behindert wird. Die Weltseele wurde geschaffen vom Weltbaumeister, dem Demiurgos, zu dessen Wesen es gehört, gut zu sein (Timaios 29 e). Deshalb ist sie selbst gut, wie auch der von ihr umfangene und durchwirkte Kosmos – sie sind so vollkommen (Timaios 92 c) und so gut, als es für Dinge möglich ist, die an Vielheit und Bewegung oder gar (im Falle des Kosmos) an Materie teilhaben. Die ontologische Abwertung der wahrnehmbaren Welt als bloßes «Abbild» der intelligiblen hindert Platon nicht, ihre Vollkommenheit, ja Göttlichkeit – die Welt als «sichtbaren Gott» – anzuerkennen.

Staat

Anders als die Weltseele kann die menschliche (Denk-)Seele den Körper und die niedrigen Seelenteile wohl nie restlos beherrschen. Indes gibt es große Unterschiede im Grad ihrer Beherrschung, mithin der «Gerechtigkeit». Da die Gerechtigkeit, mag sie auch primär als ein Modus der inneren Verfaßtheit des Menschen definiert sein, zugleich die Tugend ist, die das Zusammenleben der Menschen regelt, muß die Gestaltung der staatlichen Ordnung darauf bedacht sein, erstens die Gerechtigkeit der Allgemeinheit zu erhöhen und zweitens jenen höchsten Grad von Gerechtigkeit, den einige ungewöhnliche Individuen erreichen, für das Ganze der Polis nutzbar zu machen.

Das entscheidende Manko der athenischen Demokratie sieht Platon darin, daß sie zu beidem nicht fähig ist. Der Wettlauf der Redner um die Gunst der Abstimmenden verhindert, daß sie auch nur versuchen, die Bürger «gerechter» zu machen, also beherrschter, rationaler, weniger von Begierden und Ehrgeiz abhängig. Wer die Emotionen der Menge gekonnter manipuliert, bekommt ihre Zustimmung. Selbst in den großen Gestalten der athenischen Politik des 5. Jahrhunderts sieht Platon nur Männer, die es um des jeweiligen Augenblickserfolges willen versäumt haben, die politische Kultur langfristig zu verbessern. Daher waren die Athener, als endlich einer kam, dem es wirklich um die Gerechtigkeit zu tun war, nicht fähig, ihn zu ertragen: sie ermordeten Sokrates, um seine Mahnungen nicht hören zu müssen.

Eine Besserung der verbreiteten ethikfeindlichen Grundhaltung in der Politik aus den bestehenden staatlichen Ordnungen heraus erhofft sich Platon nicht. Es müßte vielmehr etwas gänzlich Unerwartetes geschehen, wenn das politische Unheil ein Ende finden sollte – es müßten entweder die Philosophen die Macht bekommen oder die Könige und Machthaber sich ganz der Philosophie ergeben. Die Schwierigkeiten, die dieser sogenannte «Philosophenkönigssatz» (Staat 473 cd u. ö.) mit sich bringt, sieht Platon sehr wohl. Man traut den Philosophen nicht zu, daß sie die Macht verwalten könnten. Indes hält sich diese Meinung nur dank einer falschen Beurteilung sowohl der Philosophen als auch der Macht. Die wahren Philosophen könnten die Macht gerade deswegen am besten verwalten, weil sie sie nicht für das Höchste halten. Und der Staat, in dem sie regierten, wäre ganz anders als die bis jetzt bekannten Staaten: er müßte strukturiert sein wie die Seele, also aus drei «Teilen» oder Schichten ungleicher Stärke bestehen. Der zahlenmäßig stärkste Stand der Bauern und Handwerker würde für die wirtschaftliche Grundlage sorgen; Privatbesitz und Familie könnten die Angehörigen dieses Standes haben, von höherer Bildung und politischen Funktionen wären sie jedoch ausgeschlossen. Umgekehrt hätten die Mitglieder der zwei oberen Stände zwar Anrecht auf Bildung und Führungsfunktionen, nicht aber auf Besitz und individuelle Familien. Vielmehr würde die mittlere Schicht der militärischen «Helfer» als eine einzige Großfamilie leben; kein Kind würde seine leiblichen Eltern kennen, alle ungefähr Gleichaltrigen wären ihm «Geschwister», alle um eine Generation Älteren «Eltern». Aufgabe der «Helfer» wäre die Verteidigung des Staates gegen äußere Feinde, aber auch die Aufrechterhaltung der Odnung im Inneren. Die sorgfältige militärische und geistig-musische Erziehung der «Helfer» würde zeigen, welche von ihnen die Begabtesten und charakterlich Verläßlichsten sind – nur diese würden die volle philosophische Ausbildung erhalten und schließlich zur Herrschaft berufen werden, die sie indes, eben als Philosophen, nur als unabdingbare Pflichterfüllung und nicht als persönliches Privileg betrachten würden.

Die strikte Analogie zwischen der Dreiteilung der Seele und der gesellschaftlichen Struktur des utopischen «besten Staates» ist evident und durchaus problematisch für beide Seiten: Von der Seelentheorie her ist es unklar, ob nicht die Unterteilung des irrationalen Teils in zwei Kräfte (*epithymētikón* und *thymoeidés*) eine bloße Imitation der Struktur des künftigen Staates ist, in dem die Philosophen auf eine Schicht von «Helfern» zur Beherrschung des Volkes allerdings nicht werden verzichten können; von der staatlichen Struktur her ist es fragwürdig, ob die strikte Unterordnung der «niederen» Teile, wie sie bei den Seelenteilen vertretbar sein mag (obwohl auch das nicht unproblematisch ist), bei den gesellschaftlichen Schichten sinnvoll und wünschenswert ist. Die Voraussetzung dieser Konstruktion ist, daß der größte Teil des Staatsvolkes so wenig zur Selbstbestimmung und Verantwortung für die eigenen Angelegenheiten fähig ist wie in der Seele der begehrliche und der affektive Seelenteil. Hier setzte denn auch die zum Teil mit großer Leidenschaftlichkeit vorgebrachte moderne Kritik an Platon an: Was er wollte, sei eine totalitäre «geschlossene» Gesellschaft, während er von der «offenen» demokratischen Gesellschaft nur Unheil erwarte (K. Popper).

Der Vorwurf des Totalitarismus ist sicher unbegründet: Es geht nicht um Macht um der Macht willen, sondern im Gegenteil um die endgültige Unterordnung der Macht unter die Vernunft. Richtig ist allerdings, daß wirklich frei in Platons utopischem Staat allein die Philosophenherrscher wären. Platon selbst hätte hierauf wohl geantwortet, daß nicht Zwangsmaßnahmen und Unterwerfung seine Ziele seien, sondern freiwillige Eingliederung des Einzelnen in das Gefüge des Staates auf Grund der Einsicht, daß die ihm zugewiesene Aufgabe seinen Anlagen entspricht. Das mag allzu optimistisch klingen. Indes sind wir nicht berechtigt, wegen solcher Zweifel Platon zu unterstellen, die Unfreiheit einer Mehrheit sei für ihn Ziel gewesen.

Statt dessen werden wir, sofern wir den utopischen Charakter des Staatsentwurfs gebührend in Rechnung stellen, vor allem zwei Dinge festhalten: Freiheit und Vernünftigkeit fallen letztlich zusammen, weswegen im «besten Staat» die politischen Entscheidungen denen überlassen bleiben, die zu einem vollgültigen Gebrauch ihrer Vernunft herangereift sind. Und zweitens: Politik sollte nicht das Spiel der partikularen Interessen sein, sondern verantwortliches Handeln, das heißt ein Handeln, das an Werten und Zielen orientiert ist, die der Relatitvität der jeweiligen gesellschaftlichen Perspektive enthoben sind. In diesem Sinne ist das Handeln der Philosophen nicht an ihren Standesprivilegien orientiert, sondern an der Idee des Guten selbst, und ihre Legitimation zur Herrschaft besteht darin, daß sie diejenigen sind, die bis zur Erkenntnis nicht dieses oder jenes Guten, sondern des Guten an sich gelangt sind.

Idee des Guten

Die inhaltliche Bestimmung der Idee des Guten gab Platon im Rahmen seiner mündlichen Lehre in der Akademie und in der Vorlesung ‹Über das Gute›. In einem schriftlich vorliegenden Dialog darauf einzugehen hat er, wie wir sahen, vermieden. (Die neuerdings öfter zu hörende Ansicht, eine inhaltliche Bestimmung des Guten selbst fehle deshalb, weil sie sachlich gar nicht möglich sei, ist mit dem platonischen Text nicht vereinbar.)

Trotz dieser Zurückhaltung erfahren wir einiges zumindest über die Stellung des Guten in der Welt der Ideen. Das Gute ist das Prinzip (die *archê*) der intelligiblen Welt, ähnlich wie in der sichtbaren Welt die Sonne letzter Ursprung ist. Denn die Dinge dieser Welt verdanken dem Licht der Sonne nicht nur, daß sie gesehen werden können, sondern auch, daß sie entstehen und wachsen. So ist die Idee des Guten nach dem sogenannten Sonnengleichnis (Staat 509 b) nicht nur Ursache der Erkennbarkeit der anderen Ideen, sondern auch von deren Sein. Die Ursächlichkeit des Guten beschränkt sich aber nicht auf das Intelligible, vielmehr ist die Sonne selbst als erhaltendes Lebensprinzip der sinnlichen Welt ein «Abkömmling» des Guten, den dieses als die Entsprechung seiner selbst im Wahrnehmbaren «zeugte» (508 b).

Schwer erreichbar ist die Erkenntnis dieses letzten Prinzips. Der bloße Versuch, zu seiner Erkenntnis zu gelangen, bedarf jahrelanger Vorbereitungen und kann nur von den Besten gewagt werden.

Der Mensch, der zur Erkenntnis der *archaí* gelangt, ist «von Gott geliebt» (*theophilḗs, tō theṓ phílos:* Symposion 212 a, Timaios 53 d). Er erreicht die einem Menschen mögliche «Angleichung an Gott» (homoíōsis theṓ: Staat 500 c, 613 b, Theaitetos 176 b, Timaios 90 d, vgl. Phaidros 253 a b). Die «Angleichung» vermag freilich die Differenz zwischen Gott und Mensch nicht aufzuheben: «weise», *sophós,* ist allein der Gott, der Mensch kann bestenfalls «weisheitsliebend», *philó-sophos,* sein (Phaidros 278 d).

Diese Abgrenzung sollte freilich nicht mißverstanden werden im Sinne der neuzeitlichen, spezifisch romantischen Konzeption der Philosophie als eines unendlichen Strebens, dem an ein Ziel zu gelangen grundsätzlich versagt ist. Immer wieder sagt Platon unmißverständlich, daß ein «hinreichender», das heißt das Erkenntnisstreben befriedigender Ziel- und Endpunkt erreichbar ist (Staat 511 b, 517 c, 532 c, 540 a, Phaidon 107 b, Symposion 210 e, Phaidros 249 c). Die Differenz von Gott und Mensch besagt vielmehr, daß der Gott «weise» ist, insofern er in dauernder Ausrichtung auf das Intelligible verharrt und somit im unverlierbaren Besitz des «Wissens» ist, während der Mensch nach Erreichen des Ziels infolge seiner endlichen Natur und der Eingebundenheit in den Körper wieder zurücksinkt in das Besorgen «sterblicher» Belange. Das Nichtverharrenkönnen bringt den Zwang mit sich, den Aufstieg immer neu zu wagen.

Platon teilt also nicht die moderne Überzeugung von einer wesensmäßigen inhaltlichen Vorläufigkeit oder gar Vergeblichkeit des philosophischen Bemühens. Der dynamische Charakter seiner Konzeption von Philosophie kommt vielmehr von der Vorstellung eines nie endenden liebenden («erotischen»)

Verlangens nach der Schau des Intelligiblen und von der steten Bereitschaft, die dem Menschen mögliche Bewegung «von hier nach dort» (*enthénde ekeíse,* ‹Phaidros› 250 e, ‹Staat› 529 a, 619 e u. ö.) auch wirklich zu vollziehen.

«Von hier nach dort» – in meisterhafter sprachlicher Verdichtung ist es Platon gelungen, seine Vision vom Menschen in eine Formel zu bannen. Die dem Menschen gemäße Existenz kann nicht darin bestehen, dort und so zu verharren, wo und wie er gerade ist, sondern schließt das immer von neuem nötige Transzendieren der «sterblichen» Komponente seiner Natur ein.

Solange die Formel «von hier nach dort» als Appell gehört wird, können die platonischen Dialoge ihre Aktualität nicht verlieren – mag auch jede Zeit die metaphysischen Grundfragen, die Platon bewegten, anders und mitunter sehr unplatonisch beantworten.

DIE GROSSEN DIALOGE

APOLOGIE

EINLEITUNG

Die Verurteilung des Sokrates durch ein Geschworenengericht im Jahr 399 v. Chr. brachte den Athenern durchaus nicht, wie manche vielleicht gehofft hatten, ein Ende der seit Aristophanes' Komödie ‹Die Wolken› (423 v. Chr.) nachweisbaren Diskussion um den unbequemen Mann. Die zahlreichen Schüler des Sokrates hielten die Frage nach der Rechtmäßigkeit des Urteils wach. Auch die Gegner formulierten ihren Standpunkt neu: Um 394/92 publizierte ein Rhetor namens Polykrates eine «Anklageschrift» gegen Sokrates, aus der eine Anzahl von Argumenten durch den spätantiken Autor Libanios auf uns gekommen sind. «Verteidigungen» des Sokrates verfaßten Xenophon, Platon und Lysias. Das zeitliche Verhältnis dieser Schriften läßt sich nicht mit Sicherheit bestimmen, außer daß es für die ‹Apologie‹ des Lysias (die nicht erhalten ist) feststeht, für die des Xenophon sehr wahrscheinlich ist, daß sie auf Polykrates antworten. Daß hingegen Platon nicht alle Anschuldigungen bei Polykrates berücksichtigt, ist kein eindeutiger Beweis, daß er dessen Schrift nicht kannte.

Nicht wenige Interpreten wollten allerdings in der ‹Apologie› Platons frühestes Werk sehen, das bald nach dem Tod des Sokrates noch unter dem frischen Eindruck des unerhörten Ereignisses die selbst miterlebten Reden bei der Verteidigung mit möglichster historischer Treue wiedergebe. Daß Platon bei der Verhandlung in der Tat zugegen war, ist dem Text selbst zu entnehmen (34 a, 38 b). Weniger klar ist die Historizität seiner Darstellung. Brauchbare Kriterien für die Beurteilung dieser

Frage haben wir nicht, ebensowenig für die Datierung: Mindestens gleiche Plausibilität wie die frühe Datierung hat die Ansicht, daß der durch und durch «platonische» Charakter des Werkes auf einen hinsichtlich seiner philosophischen Positionen ausgereiften, also vielleicht nicht mehr ganz jungen Autor weist.

Historisch zutreffend dürfte immerhin Platons Schilderung der Haltung des Sokrates gegenüber seinen Richtern sein – zu dieser Auffassung scheint jedenfalls die grundsätzliche Übereinstimmung in diesem Punkt mit der sonst sehr verschiedenen ‹Apologie› des Xenophon zu berechtigen. Der Angeklagte war keinen Augenblick bereit, sein Lehren und Wirken von den Geschworenen moralisch werten zu lassen und sich ihrem Urteil zu unterwerfen. Sokrates unternahm nichts, der drohenden Verurteilung zu entgehen. Offenbar wollte er seinen Tod. Hierin gründete seine Überlegenheit über seine Richter, und in der suggestiven Wiedergabe dieser Todesbereitschaft gründet die starke Wirkung der ‹Apologie›.

Als einzige der Schriften Platons (außer den Briefen, die sich nicht an eine allgemeine Leserschaft richten) ist die ‹Apologie› nicht als Dialog gestaltet – die fingierte Gerichtssituation ließ diese Form nicht zu. Dialogische Elemente sind aber auch hier eingeflossen, so in der Befragung des Klägers Meletos (24 c–28 a) oder in der unterschiedlichen Weise, in der im zweiten Teil die Richter, die für Freispruch stimmten, und die, die ihn verurteilten, angesprochen werden (38 c–42 a). Der in Athen damals übliche rhetorische Stil von Gerichtsreden ist durchwegs vermieden: Sokrates bleibt auch vor Gericht er selbst, spricht in seinem üblichen Gesprächston.

Die Schrift müßte ihrem Titel nach eine Verteidigungsrede sein; das ist sie indes nur formal, insofern Sokrates vor einem Gremium, dem die Entscheidung über sein Leben zusteht, die Anschuldigungen Dritter gegen ihn behandelt. Was für eine wirkliche Verteidigung wesentlich wäre, hier aber fehlt, ist die Absicht, im eigenen Interesse zu sprechen. Sokrates spricht es wörtlich aus, daß er nicht für sich selbst eintritt, sondern im Gegenteil für seine Richter – *sie* will er vor einem verhängnisvollen Fehler bewahren (30 d). Damit sind in Wahrheit die Rollen vertauscht; zur Verhandlung steht die moralische Wertung des Tuns der Richter, nicht des Angeklagten.

Diese Umkehrung der Ausgangssituation hat religiöse, philosophische und politische Aspekte.

Die religiöse Dimension verdankt die ‹Apologie› dem zweifellos historischen Orakel aus Delphi, das Sokrates für den weisesten Menschen erklärt hatte (21 a). Sokrates leitet aus dem Orakel einen göttlichen Auftrag zu eben der Form des philosophischen Fragens und der moralischen Prüfung seiner Mitbürger ab, an der die Ankläger und weite Teile der Öffentlichkeit Anstoß nahmen. Wenn die Geschworenen solches Philosophieren ablehnen, bringen sie sich in einen Gegensatz zum Gott von Delphi. Sokrates aber wird durch den Auftrag gleichsam der Stellvertreter Apollons: er hat den Athenern zu sagen, was not tut, nicht sie ihm.

Inhaltlich gesehen beruft sich Sokrates indes nicht auf überlegenes philosophisches Wissen. Sein Problem besteht im Gegenteil darin, die verbreitete Vorstellung abzuwehren, er besitze eine wundersame (und gefährliche) Weisheit. In Wirklichkeit weiß Sokrates nur dies, daß er nichts weiß. Doch dieses Wissen des Nichtwissens hat sich im prüfenden Gespräch mit den Vertretern aller wichtigen Gruppen in der Stadt, die glaubten, über die «Tugend» *(aretḗ)* Bescheid zu wissen, als überlegen erwiesen. Es bedeutet nicht ein neues Wissen, sondern eine grundsätzlich neue philosophische Orientierung, die zur sokratischen «Sorge für die Seele» *(epiméleia tē̂s psychē̂s)*, die Sorge um die eigene und die fremde Seele, führt. Als Philosoph verlangt Sokrates von den Athenern, daß sie seine bisherigen Widerlegungen ihrer Ansichten akzeptieren und sich mit ihm auf eine Suche begeben, die ihnen die alte (scheinbare) Sicherheit im Umgang mit ethischen Problemen raubt, ohne ihnen mehr zu versprechen als die Gewißheit, sich nunmehr ernsthafter um ihre Seele gekümmert zu haben.

Aus dem religiösen Anspruch des delphischen Auftrags und aus der philosophisch-moralischen Überlegenheit des sokratischen Nichtwissens ergibt sich unmittelbar der politische Konflikt. Denn wer in dieser Weise doppelt legitimiert ist, kann sich nicht dem moralischen Diktat des durchschnittlichen Bewußtseins beugen. Nun gehörte es aber zum athenischen Verständnis von Demokratie, daß allein der souveräne Demos zu entscheiden hat, was in der Stadt als Rechtens und zulässig zu gelten habe, und zwar mit einfacher Mehrheit und von Fall zu Fall (d. h. ohne solche Regulative wie Grund- und Menschenrechte, Schutz der Gewissensfreiheit, Minderheitenschutz, Zweidrittelmehrheit bei Änderung prinzipieller Orientierungen). Sokrates' Weigerung, sein Philosophieren dem Urteil der Stadt zu unterwerfen oder es auf ihr Geheiß einzustellen, bedeutet mithin eine radikale Herausforderung für die athenische Auffassung von «Volks-Herrschaft»: denn für sie gibt es keinen Bereich, den das Volk nicht mit voller Kompetenz beurteilen könnte.

Die Errichtung der ersten funktionierenden Demokratie durch das Volk von Athen war eine Leistung von welthistorischer Bedeutung. Die Korrektur ihres zur Totalität neigenden Anspruchs durch Sokrates' Berufung auf ein der jeweiligen politischen Willensbildung nicht unterworfenes moralisches Gebot war ein Ereignis, dem wir aus heutiger Sicht gleiche Bedeutung beimessen müssen. Die Grundsätzlichkeit der hier aufeinander treffenden Ansprüche sichert der ‹Apologie› ihre philosophische und politische Aktualität.

DIE APOLOGIE DES SOKRATES

I

Die Verteidigungsrede

Was für einen Eindruck meine Ankläger auf euch gemacht haben, ihr Athener, weiß ich nicht; was mich betrifft, so habe ich jedenfalls bei ihren Worten beinahe meiner selbst vergessen. So überzeugend klang, was sie sagten. Und doch haben sie sozusagen kein wahres Wort gesprochen. Am meisten aber wunderte ich mich bei dem vielen, das sie dahergelogen haben, über eines: über die Stelle, ihr müßtet euch hüten, von mir getäuscht zu werden, weil ich ein höchst gewandter Redner sei. Daß sie sich davor nicht scheuten, von mir sogleich dadurch widerlegt zu werden, daß ich mich jetzt gar nicht als großer Redner erweise, das schien mir das Dreisteste von allem, was sie sagten, falls sie nicht etwa den einen guten Redner nennen, der die Wahrheit sagt. Denn wenn sie das damit meinen, dann muß ich freilich zugeben, ein Redner zu sein, wenn auch nicht einer nach ihrer Art. Sie haben also, behaupte ich, so gut wie kein wahres Wort gesagt; von mir aber sollt ihr die ganze Wahrheit hören. Allerdings werden es, bei Zeus, keine schön gesetzten Worte sein, Athener, wie ihr sie von diesen da gehört habt, herausgeputzt mit feinen Ausdrücken und Redensarten. Ihr werdet schlichte Worte zu hören bekommen, wie sie mir gerade einfallen. Denn ich vertraue darauf, daß das, was ich sage, gerecht ist. Keiner von euch soll etwas anderes erwarten. Es würde sich nicht gut machen, ihr Männer, wenn ich in meinem Alter vor euch hinträte wie ein junger Mensch, der gedrechselte Reden erdichtet. Eines aber, ihr Athener, bitte ich mir aus und ersuche euch sehr darum: wundert euch nicht und gebt nicht euren Unwillen kund, wenn ihr mich meine Verteidigung mit den gleichen Worten führen hört, die ich auf dem Markt, bei den Tischen der Geldwechsler, wo viele von euch mich gehört haben, oder anderswo zu gebrauchen pflege. Denn es verhält sich so: im Alter von mehr als siebzig Jahren stehe ich heute zum erstenmal vor Gericht; die hier übliche Redeweise ist mir also völlig unbekannt. Stände ich als ein Ausländer hier, dann würdet ihr es mir gewiß nachsehen, wenn ich in der Sprache und auf die Art redete, in der ich auferzogen wäre. So bitte ich euch nun (wie mir scheint, billigerweise), daß ihr mich auf meine Weise sprechen laßt – vielleicht ist sie schlechter, vielleicht aber auch besser – und daß ihr eure Aufmerksamkeit einzig darauf lenkt, ob das, was ich sage, gerecht ist oder nicht. Denn darin zeigt sich die Tüchtigkeit des Richters, die des Redners aber darin, daß er die Wahrheit sagt.

Zunächst, ihr Athener, muß ich mich gegen die falschen Anklagen, die früher gegen mich erhoben worden sind, und gegen die früheren Ankläger verteidigen, dann erst gegen die späteren Anklagen und Ankläger. Denn schon lange, vor vielen Jahren schon, habe ich bei euch zahlreiche Ankläger gehabt, die alle nichts Wahres sagten. Sie scheue ich mehr als die Leute um Anytos, obschon auch diese zu fürchten sind. Jene aber, ihr Männer, sind gefährlicher; denn sie gewannen auf die meisten von euch schon in eurer Kindheit Einfluß und redeten euch zu meinem Nachteil ein, es sei da ein gewisser Sokrates, ein Sophist, der denke über die Himmelskörper nach und wolle auch alles das erforschen, was unter der Erde sei, und er mache die schlechtere zur besseren Sache. Die Männer, die dieses Gerücht verbreitet haben, ihr Athener, sind die Ankläger, die ich fürchten muß; denn die Leute, die das hören, sind der Meinung, wer nach solchen Dingen forsche, der glaube auch nicht an Götter. Dazu kommt, daß diese Ankläger zahlreich sind und daß sie ihre Beschuldigungen seit langer Zeit erheben; außerdem redeten sie zu euch, als ihr in dem Alter standet, da ihr am vertrauensseligsten waret und einige von euch noch Knaben oder Jünglinge waren. Auch klagten sie einen Abwesenden an, den niemand verteidigte. Das Unsinnigste aber ist, daß man nicht einmal ihre Namen wissen und nennen kann, außer wenn es sich dabei zufällig um einen Komödiendichter handelt. Die aber, die euch mit verleumderischer Mißgunst beschwatzt haben – sie taten das, nachdem sie selber beschwatzt worden waren –, die alle sind für mich die schwierigsten Ankläger. Denn es ist nicht möglich, einen von ihnen hier auftreten zu lassen und ihn zu widerlegen, sondern ich muß bei meiner Verteidigung ganz wie gegen Schatten kämpfen und sie zur Rede stellen, ohne daß einer darauf antwortet. Nehmt nun einmal selbst an, daß es, wie gesagt, zweierlei Ankläger gibt: die einen, die mich gerade jetzt beschuldigt haben, die anderen aber jene, die das, wie ich soeben sagte, schon lange tun. Dann werdet ihr verstehen, daß ich mich zuerst gegen sie verteidigen muß. Denn auch ihr habt zuerst und viel mehr von diesen Anklägern gehört als von den späteren.

So sei es also. Ich muß mich verteidigen, ihr Athener, und den Versuch machen, die schlechte Meinung, die ihr so lange Zeit in euch gehegt habt, in so kurzer Zeit wieder zu beseitigen. Wohl möchte ich, daß mir das gelänge, soweit es für euch zugleich und für mich von Vorteil ist, und daß ich durch meine Verteidigung etwas ausrichten kann. Doch glaube ich, daß das schwierig ist, und ich täusche mich gewiß nicht über den wirklichen Sachverhalt. Gleichwohl mag es so ausgehen, wie es Gott gefällt. Meine Pflicht ist es, dem Gesetz zu gehorchen und mich zu verteidigen.

Gehen wir denn zum Anfang zurück, und fragen wir, was das für eine Beschuldigung sei, aus der die Verleumdung entsprungen ist, auf die sich auch Meletos bei der Abfassung seiner Klageschrift stützte. Wohlan: was warfen mir meine Verleumder vor? Gehen wir so vor, wie wenn eine richtige Anklage eingereicht und beschworen worden wäre, deren Text, wenn ich ihn verlesen müßte, etwa so lautete: *Sokrates tut Unrecht und treibt törichte Dinge; denn er forscht nach dem, was unter der Erde und am Himmel ist; die schlechtere Sache machte er zur besseren, und zudem unterrichtet er noch andere in diesen Dingen.*

So etwa lautet die Anklage, und so saht ihr es auch selber in der Komödie des Aristophanes: Dort brachte man einen Sokrates auf die Bühne, der behauptete, er könne in der Luft gehen, und noch viel anderes possenhaftes Zeug redete, von dem ich nichts, weder im ganzen noch im einzelnen, verstehe. Ich sage das nicht etwa, weil ich derartige Kenntnisse für gering achte, wenn einer wirklich etwas davon versteht, und nicht, damit ich nur nicht selbst von Meletos mit so schweren Anschuldigungen verfolgt werde, sondern weil ich, ihr Athener, mit solchen Dingen wirklich nichts zu tun habe. Die meisten von euch kann ich dafür als Zeugen aufrufen, und ich bitte euch, es einander zu sagen und euch gegenseitig aufzuklären, ihr alle, die ihr mich jeweils habt reden hören, und derer sind viele unter euch. Sagt jetzt einander, ob einer unter euch mich jemals, wenig oder viel, über solche Dinge hat sprechen hören. Daraus mögt ihr dann ersehen, daß es sich auch mit dem übrigen so verhält, was die große Menge von mir behauptet.

Damit ist es also nichts, und auch damit nicht, wenn ihr etwa von irgend jemandem gehört habt, daß ich versuche, Menschen zu erziehen und Geld dafür nehme –, auch das ist nicht wahr. Allerdings dünkt mich auch das etwas Schönes, wenn einer imstande ist, Menschen zu erziehen, wie der Leontiner Gorgias oder Prodikos von Keos oder Hippias aus Elis. Denn diese alle, ihr Männer, können in diese oder jene Stadt gehen und dort die Jünglinge, die doch bei jedem ihrer Mitbürger, bei wem sie nur wollten, kostenlos in die Schule gehen könnten, durch Überredung dazu bringen, daß sie den Umgang mit jenen Mitbürgern aufgeben, um sich ihnen anzuschließen, daß sie Geld dafür bezahlen und ihnen auch noch Dank dafür wissen. Noch einen anderen gelehrten Mann kenne ich, einen aus Paros, der sich gegenwärtig hier aufhält, wie ich erfahren konnte. Ich traf nämlich zufällig einen Bekannten, der den Sophisten schon mehr Geld gegeben hat als alle anderen zusammen, Kallias, den Sohn des Hipponikos. Diesen fragte ich – er ist nämlich Vater von zwei Söhnen –: «Mein lieber Kallias», sagte ich, «wenn deine beiden Söhne Fohlen oder Kälber wären, dann fänden wir für sie gewiß einen Aufseher, den wir anwerben würden und der dann erreichen könnte, daß sie sich ihrer eigenen Natur nach recht und tüchtig entwickeln. Das wäre wohl ein Bereiter oder ein Bauer. Da sie nun aber Menschen sind, was willst du ihnen für einen Aufseher geben? Wer versteht sich darauf, die menschliche und bürgerliche Tüchtigkeit zu entwickeln? Da du Söhne hast, wirst du dir das gewiß schon überlegt haben? Gibt es so einen», fragte ich, «oder nicht?» «Jawohl, es gibt einen», gab er zur Antwort. «Wen denn», fragte ich, «woher kommt er, und was nimmt er für seinen Unterricht?» – «Er heißt Euenos, Sokrates», erwiderte er, «kommt aus Paros und lehrt um fünf Minen.» – Da pries ich den Euenos glücklich, wenn er tatsächlich diese Kunst besitzt und sie so gewissenhaft und geschickt zu lehren weiß. Ich wenigstens würde mich preisen und brüsten, wenn ich das verstünde: aber ich verstehe es eben nicht, ihr Athener.

Vielleicht könnte nun einer von euch entgegnen: «Aber, Sokrates, womit beschäftigst du dich denn? Wie sind diese Beschuldigungen gegen dich entstanden? Wenn du nichts anderes tätest als die anderen Menschen auch, dann wäre gewiß dieses Gerücht nicht entstanden, und man würde, lebtest du wie andere Leute, nicht so von dir reden. Sage uns doch, was es ist, damit wir nicht voreilig über dich urteilen.»

Dieser Einwand scheint mir gerechtfertigt, und ich will versuchen, euch darzulegen, was mir diesen schlechten Ruf und diese falsche Anklage eingetragen hat. So höret denn. Vielleicht werden einige von euch glauben, ich scherze. Ich sage aber die volle Wahrheit. Ich habe diesen Ruf, ihr Athener, infolge einer bestimmten Weisheit bekommen. Was für eine Weisheit ist das denn? Wahrscheinlich ist es ein Wissen menschlicher Art; denn das besitze ich in der Tat. Die aber, die ich eben erwähnt habe, besitzen wohl übermenschliche Weisheit, oder ich weiß nicht, was ich sagen soll. Ich verfüge über solche Weisheit ja nicht, und wer sie mir trotzdem zuschreibt, der lügt und versucht, mich zu verleumden.

Erhebt jetzt keinen Lärm, Athener, auch wenn ihr den Eindruck habt, daß ich prahle. Denn was ich euch jetzt sage, kommt nicht aus mir. Ich kann mich dafür auf jemanden berufen, der völlig glaubwürdig ist. Als Zeugen für meine Weisheit, wenn es denn eine ist, kann ich euch den delphischen Gott stellen.

Ihr kanntet ja alle den Chairephon. Er war mein Freund von Jugend an und ein Freund auch der meisten von euch und der Demokratie, ging kürzlich mit in die Verbannung und kehrte mit euch auch wieder zurück. Ihr wißt ja, was für ein Mann er war und wie ungestüm er sich für eine Sache einsetzen konnte. Das tat er auch, als er nach Delphi kam. Er erkühnte sich, dem Orakel folgende Frage zu stellen – aber jetzt keine Protestrufe, ihr Männer, was ich auch sagen werde! Er fragte also, ob jemand weiser sei als ich. Die Pythia antwortete, daß niemand weiser sei. Diese Antwort wird euch sein Bruder bezeugen können; denn Chairephon selber ist ja gestorben.

Überlegt nun, weshalb ich euch das sage; ich möchte euch erklären, woher die schlechte Meinung über mich entstanden ist. Als ich den Orakelspruch gehört hatte, überlegte ich folgendermaßen hin und her: «Was meint wohl der Gott, und was ist der Sinn seines rätselhaften Ausspruchs? Denn ich bin mir doch weder im Großen noch im Kleinen einer besonderen Weisheit bewußt. Was meint er denn, wenn er behauptet, ich sei der Weiseste? Er lügt doch nicht; denn das ist ihm nicht erlaubt.» Und lange Zeit war ich im unklaren, was er meine. Dann aber stellte ich, wenn auch sehr ungern, folgende Untersuchungen an: Ich ging zu einem der Männer, die als weise gelten, in der Meinung, daß ich, wenn überhaupt irgendwo, dort die Weissagung widerlegen und dann zum Orakel sagen könne: «Dieser da ist weiser als ich; du aber hast *mich* als den Weisesten bezeichnet.» Diesen Mann prüfte ich nun genau, seinen Namen brauche ich nicht zu nennen; es war einer unserer Staatsmänner. Ich machte dabei diese Erfahrung, ihr Athener: in der Unterredung mit ihm bekam ich den Eindruck, er werde wohl von vielen Menschen und am meisten von sich selbst für weise gehalten, er sei es aber nicht; und ich suchte ihm dann klarzumachen, daß er zwar meine, weise zu sein, daß er es aber nicht sei; damit machte ich mich bei ihm und bei vielen Anwesenden verhaßt. Beim Weggehen aber sagte ich zu mir: «Verglichen mit diesem Menschen, bin ich doch weiser. Wahrscheinlich weiß ja keiner von uns beiden etwas Rechtes; aber der glaubt, etwas zu wissen, obwohl er es nicht weiß; ich dagegen weiß zwar auch nichts, glaube aber auch nicht, etwas zu wissen. Um diesen kleinen Unterschied bin ich also offenbar weiser, daß ich eben das, was ich nicht weiß, auch nicht zu wissen vermeine.» Von da ging ich zu einem andern, den man für noch weiser hält als jenen. Ich bekam dort genau denselben Eindruck und machte mich auch bei diesem und dann noch bei vielen anderen unbeliebt.

Daraufhin fuhr ich nun der Reihe nach fort und merkte dabei mit Betrübnis und Erschrecken, daß ich mir immer mehr Feinde machte. Trotzdem schien es mir nötig, dem Götterspruch größtes Gewicht beizulegen. Ich mußte darum zu all denen gehen, die etwas zu wissen schienen, um zu sehen, was das Orakel meine. Und beim Hund, ihr Athener – denn ich muß euch die Wahrheit sagen –, ich erlebte dabei in der Tat etwa folgendes: Diejenigen, die im größten Ansehen standen, schienen, als ich sie im Sinne des Gottes prüfte, beinahe am dürftigsten zu sein; andere dagegen, die geringer geachtet wurden, machten mir eher den Eindruck von vernünftigen Leuten. Ich muß euch eben erzählen, was ich alles erlebte und welche Mühen ich auf mich nahm, des Orakelspruchs sicher zu sein. Von den Politikern ging ich also zu den Dichtern, zu den Tragödien- und zu den Dithyrambendichtern und den anderen, um mich dort gewissermaßen auf der Tat zu überführen, daß ich unwissender sei als sie. Ich nahm von ihren Werken jene vor, die nach meiner Meinung am besten gearbeitet sind, und bat sie, mir diese zu erklären; ich wollte damit gleichzeitig etwas von ihnen lernen. Ich schäme mich nun, euch die Wahrheit zu sagen. Und doch muß sie gesagt werden. Denn wenn ich so sagen darf: fast alle von euch würden über diese Werke wohl besser sprechen, als es die Verfasser selber imstande waren. So sah ich auch bei den Dichtern in kurzer Zeit, daß sie ihre Werke nicht aus Weisheit schufen, sondern aus einer gewissen natürlichen Anlage und in göttlicher Begeisterung, ähnlich wie die Seher und Orakelsänger; auch diese reden viel Schönes, verstehen aber nichts von dem, was sie sagen. Etwas Ähnliches scheint mir auch bei den Dichtern der Fall zu sein. Zugleich merkte ich, daß sie meinten, wegen ihres Dichtens auch in allen übrigen Dingen die weisesten Leute zu sein, was sie aber nicht waren. Auch von dort ging ich also weg in der Überzeugung, ihnen ebenso überlegen zu sein wie den Politikern. Schließlich ging ich zu den Handwerkern. Denn ich war mir bewußt, daß ich selbst sozusagen nichts verstehe, daß ich aber in ihnen Leute finden würde, die viel Schönes können. Und darin täuschte ich mich nicht; sie verstanden sich auf das, wovon ich nichts verstand, und waren in dieser Hinsicht weiser als ich. Aber, ihr Athener, diese guten Handwerker schienen mir denselben Fehler zu haben wie die Dichter: weil er seine Fertigkeit geschickt ausübt, glaubt ein jeder, auch in den anderen, selbst den höchsten Dingen der gescheiteste zu sein, und dieser Irrtum verdunkelte jene Weisheit, so daß ich mich im Namen des Orakels fragte, was mir wohl lieber wäre: so zu sein, wie ich bin, weder ihres Wissens kundig, aber auch frei von ihrem Mangel an Einsicht – oder dann beides so zu haben wie sie. Da antwortete ich mir und dem Orakel, daß ich wohl besser so bleibe, wie ich bin.

Infolge dieser Prüfungen, ihr Athener, sind mir zahlreiche Feindschaften entstanden, und zwar sehr schlimme und heftige, denen viele Verleumdungen entsprangen und auch dieser falsche Ruf, ich sei ein Weiser; denn jedesmal meinen die Zuhörer, daß ich in den Dingen, worin ich die anderen widerlege, selbst weise sei. In der Tat, ihr Männer, scheint aber nur Gott weise zu sein, und mit seinem Orakelspruch will er sagen, daß die menschliche Weisheit wenig oder nichts wert ist. Offenbar nennt er Sokrates in diesem Sinne und bedient sich meines Namens, um ein Beispiel zu geben, als wolle er sagen: «Der ist der weiseste von euch, ihr Menschen, der wie Sokrates erkannt hat, daß er, was die Weisheit betrifft, tatsächlich nichts wert sei.» So gehe ich auch jetzt noch umher und prüfe und erforsche dem Gotte gemäß, wen ich unter den Bürgern der Stadt und den Ausländern für weise halte; und wenn ich dann den Eindruck bekomme, daß er es doch nicht sei, dann helfe ich dem Gott und überführe ihn, daß er nicht weise ist. Und infolge dieser Tätigkeit blieb mir keine Zeit mehr, um in der Öffentlichkeit oder zu Hause etwas Rechtes zu leisten, sondern ich lebe wegen dieser Dienstbarkeit bei dem Gotte in unendlicher Armut.

Dazu kommt nun, daß junge Leute, vor allem Söhne der Reichen, die am besten Zeit dazu haben, mich aus freien Stükken begleiten und mir gerne zuhören, wenn ich die Leute prüfe, und daß sie mich von sich aus sogar nachahmen und versuchen, selbst andere auf die Probe zu stellen; offenbar finden sie dann eine Menge Leute, die zwar meinen, etwas zu wissen, in Wirklichkeit aber wenig oder nichts wissen. Die Leute, die von ihnen geprüft worden sind, zürnen dann mir und nicht sich selbst und sagen, Sokrates sei ein ganz unausstehlicher Mensch und verderbe die Jugend. Wenn sie dann jemand fragt, was er denn tue und was er lehre, haben sie nichts vorzubringen und wissen nichts; damit es aber nicht den Anschein hat, als ob sie in Verlegenheit seien, sagen sie das, was man gegen alle Philosophierenden zur Hand hat: *Er beschäftigt sich mit den Dingen am Himmel und unter der Erde. Er glaubt nicht an die Götter. Die schwächere Sache macht er zur stärkeren.* Die Wahrheit dürfen sie ja nicht sagen, nämlich, daß sie überführt worden sind, sich zwar den Anschein zu geben, als wüßten sie etwas, während sie eben doch nichts wissen. Weil sie nun, wie ich glaube, ehrgeizig, energisch und auch zahlreich sind, und weil sie eindringlich und überzeugend von mir zu reden wissen, haben sie euch mit ihren hartnäckigen, heftigen Verleumdungen schon lange die Ohren gefüllt. Von diesen sind nun Meletos, Anytos und Lykon gegen mich vorgegangen: Meletos, weil er sich im Namen der Dichter gekränkt fühlte, Anytos im Namen der Handwerker und Politiker und Lykon für die Redner. Ich müßte mich darum, wie ich schon anfangs sagte, wundern, wenn es mir gelänge, diese falsche Meinung über mich zu beseitigen, nachdem sie einmal so mächtig geworden ist. Das, ihr Athener, ist die Wahrheit; ich habe euch nicht das geringste verschwiegen oder unterdrückt. Und doch bin ich fast gewiß, daß ich mich gerade dadurch verhaßt mache, und eben dies ist ein Beweis dafür, daß ich die Wahrheit sage, daß darauf die Verleumdungen gegen mich beruhen und daß das die Ursachen dafür sind. Und wenn ihr das – jetzt oder später – prüft, so werdet ihr es finden, wie ich sagte.

Zu dem, was meine ersten Ankläger gegen mich vorgebracht haben, mag euch das zu meiner Verteidigung genügen. Jetzt aber will ich mich gegen Meletos, den vortrefflichen und, wie er sich selbst bezeichnet, patriotisch gesinnten Mann, und gegen die späteren Ankläger zu verteidigen versuchen. Da es sich dabei um neue Ankläger handelt, wollen wir wiederum den Text ihrer Anklage vornehmen. Diese lautet etwa so: *Sokrates tut Unrecht; denn er verdirbt die Jugend und glaubt nicht an die Götter, welche die Stadt verehrt, sondern an neue, dämonische Wesen.* So etwa lautet ihre Klage, und wir wollen sie nun Punkt für Punkt prüfen.

Er behauptet also, daß ich mich vergehe, indem ich die Jugend verderbe. Ich aber, ihr Athener, behaupte, daß sich Meletos vergeht, weil er mit ernsten Dingen Scherz treibt und leichtfertig Leute vor Gericht bringt und sich den Anschein gibt, er beschäftige und bemühe sich ernstlich um Dinge, um die er sich noch niemals gekümmert hat. Daß dem aber so ist, will ich euch darzulegen versuchen.

Nun wohlan, Meletos, sage mir:

Nicht wahr, du legst doch großen Wert darauf, daß die jungen Leute möglichst gut erzogen werden?

«Allerdings.»

So sage nun diesen Richtern, *wer* sie besser macht. Du mußt es ja wissen, da dir doch so daran liegt. Denn du behauptest, den Verderber habest du gefunden, nämlich mich, und du bringst mich nun deshalb auch vor Gericht und klagst mich an; so nenne nun auch den, der die Jünglinge besser macht; sag den Richtern, wer das ist! – Siehst du, Meletos, du schweigst und kannst nicht antworten. Scheint dir das nicht beschämend zu sein und ein genügender Beweis für das, was ich sage, daß dir nämlich an dieser Sache gar nichts gelegen war? Aber sage nun, mein Guter, wer macht die Jünglinge besser?

«Die Gesetze.»

Nein, das meine ich nicht mit meiner Frage, mein Bester, sondern ich meine: welcher Mensch – der dann freilich vor allem auch die Gesetze kennt.

«Diese da, Sokrates, die Richter.»

Wie, Meletos? Diese da sind imstande, die Jugend zu erziehen und besser zu machen?

«Gewiß.»

Sie alle; oder nur die einen, die anderen aber nicht?

«Alle.»

Bei Hera, das klingt erfreulich und deutet auf einen großen Vorrat von Leuten hin, die uns nützen können. Und weiter: machen auch diese Zuhörer da die Jünglinge besser, oder nicht?

«Ja, auch diese.»

Und etwa auch die Ratsherren?

«Ja, auch die Ratsherren.»

Aber dann, Meletos, verderben nicht etwa die Leute in der Volksversammlung, die Ekklesiasten, die jungen Menschen? Oder machen auch diese alle sie besser?

«Ja, auch sie.»

So hat es also den Anschein, daß sämtliche Athener sie gut und edel machen, außer mir; ich allein verderbe sie. Meinst du es so?

«Genau so meine ich es.»

Ich bin, nach deinem Urteil, also ein recht unglückseliger Mensch. – Doch antworte mir: meinst du, daß es bei den Pferden auch so sei, daß alle Menschen sie besser machen, aber ein einziger sie verdirbt? Oder ist es nicht ganz im Gegenteil so, daß nur ein einziger imstande ist, sie besser zu machen, oder doch nur sehr wenige, die erfahrenen Reiter nämlich, während die meisten die Pferde verderben, wenn sie mit ihnen umgehen und sich ihrer bedienen? Ist es nicht so, Meletos, bei den Pferden und auch bei allen anderen Tieren? Ja, sicher ist es so, mögen du und Anytos es leugnen oder zugeben. Denn das wäre ja freilich ein großes Glück für die Jugend, wenn nur einer sie verdürbe, die anderen aber sie förderten. Aber du, Meletos, beweisest zur Genüge, daß du dich niemals um die Jugend gekümmert hast. Du offenbarst ganz deutlich, daß dir an den Dingen, deretwegen du mich vor Gericht bringst, in keiner Weise gelegen ist.

Sage uns, bei Zeus, Meletos, aber doch auch, ob es besser ist, unter guten Bürgern zu wohnen oder unter schlechten? Antworte doch, mein Lieber; ich stelle dir ja keine schwierige Frage. Denn erweisen nicht die Schlechten denen, die immer in ihrer Nähe sind, Schlechtes, die Guten aber Gutes?

«Allerdings.»

Gibt es aber einen, der es vorzieht, daß die, mit denen er zusammenlebt, ihn schädigen statt fördern? Antworte, mein Guter; denn auch das Gesetz schreibt dir vor, zu antworten. Gibt es einen, der geschädigt werden will?

«Natürlich nicht.»

Wohlan denn: bringst du mich hierher vor Gericht, weil ich die jungen Menschen absichtlich oder unabsichtlich verderbe und schlechter mache?

«Absichtlich, behaupte ich.»

Wie denn, Meletos, bist du in deiner Jugend so viel weiser als ich in meinem Alter, daß du zur Erkenntnis gekommen bist, daß die Schlechten ihren Nächsten stets etwas Schlechtes zufügen, die Guten aber Gutes? Und ich bin so unerfahren geblieben, daß ich nicht einmal weiß, daß, wenn ich einem in meiner Umgebung etwas Schlechtes zufüge, ich auch Gefahr laufe, von ihm wieder etwas Schlechtes zu erleiden, und daß ich demnach, wie du behauptest, diese große Schlechtigkeit absichtlich begehe? Das glaube ich dir nicht, Meletos, und das glaubt dir, denke ich, auch kein anderer Mensch. Sondern entweder verderbe ich die Jugend nicht, oder, wenn ich sie verderbe, dann tue ich das unabsichtlich. Du lügst also in beiden Fällen. Wenn ich sie aber unabsichtlich verderbe, dann schreibt das Gesetz vor, man dürfe einen wegen solcher unabsichtlicher Vergehen nicht vor Gericht ziehen, sondern man solle ihn beiseite nehmen, belehren und zurechtweisen; denn es ist klar, daß ich, wenn ich belehrt werde, von dem ablasse, was ich unabsichtlich tue. Du aber vermiedest es, mit mir zusammenzukommen und mich zu belehren und wolltest das nicht. Dafür schleppst du mich aber hierher, wohin man den Gesetzen gemäß jene bringen muß, die bestraft werden sollen, nicht aber jene, die der Belehrung bedürfen.

Doch das, was ich sagte, ihr Athener, ist wohl bereits klar: daß dem Meletos niemals weder viel noch wenig an diesen Dingen lag. Gleichwohl sage uns nun, Meletos, wie ich deiner Meinung nach die Jünglinge verderbe? Nach der Klageschrift, die du verfaßt hast, offenbar so, daß ich lehre, nicht an die Götter zu glauben, an welche die Stadt glaubt, dafür aber an andere neue, dämonische Wesen. Durch solche Lehren, behauptest du doch, verderbe ich sie?

«Ja, das behaupte ich mit allem Nachdruck.»

Bei ebendiesen Göttern, Meletos, von denen jetzt gerade die Rede ist: erkläre es mir und diesen Männern noch deutlicher. Ich kann mir nämlich über eines nicht ganz klar werden: sagst du, ich lehre den Glauben an gewisse Götter (dann glaube ich also selber, daß es Götter gibt, und bin nicht ganz und gar gottlos und vergehe mich also in dieser Hinsicht nicht), nur seien dies nicht die Götter, an welche der Staat glaubt, sondern andere, und du verklagst mich also deswegen, weil ich an andere glaube – oder behauptest du, daß ich an gar keine Götter glaube und das auch andere lehre?

«Das eben behaupte ich, daß du überhaupt nicht an Götter glaubst.»

O du seltsamer Meletos! Was willst du damit sagen? Glaube ich denn etwa auch nicht, daß die Sonne und der Mond Götter seien, wie das alle anderen Menschen glauben?

«Nein, bei Zeus, ihr Richter; er behauptet nämlich, die Sonne sei ein Gestein, der Mond aber sei Erde.»

Mein lieber Meletos, willst du etwa den Anaxagoras anklagen? So gering schätzest du diese Männer hier ein und hältst sie für so wenig bewandert in der Literatur, daß sie nicht wüßten, daß die Schriften des Anaxagoras aus Klazomenai voll sind von solchen Theorien? Aber natürlich lernen auch das die jungen Leute von mir, während sie es bei Gelegenheit in der Orchestra für höchstens eine Drachme kaufen und dann Sokrates auslachen können, wenn er es als eigene Lehren ausgäbe – ganz abgesehen davon, daß es noch so ungereimtes Zeug ist. Bei Zeus, meinst du wirklich, daß ich so sei und glaube, es gebe keinen Gott?

«Ja, bei Zeus, du glaubst ganz und gar nicht daran.»

Davon kannst du niemand überzeugen, Meletos, nicht einmal dich selbst, wie mir scheint. Ich habe den Eindruck, ihr Athener, daß dieser Mann sehr unbeherrscht und zügellos ist und daß er diese Anklageschrift aus jugendlichem Übermut und Mutwillen geschrieben hat. Denn es ist ganz so, wie wenn er ein Rätsel aufgeben und fragen wollte: «Merkt wohl der weise Sokrates, daß ich scherze und gegen meine Überzeugung rede, oder kann ich ihn und die übrigen Zuhörer hinters Licht führen?» Denn offenbar widerspricht er sich in seiner Klageschrift selber, wie wenn er sagte: «Sokrates tut unrecht, weil er an keine Götter, sondern an Götter glaubt.» Und das kann man doch nur zum Scherz sagen.

Untersucht nun mit mir zusammen, ihr Männer, wieso ich finde, daß er dies behauptet. Du aber, Meletos, steh uns Antwort. Ihr aber, denkt bitte an das, worum ich euch schon zu Beginn gebeten habe, und werdet nicht unruhig, wenn ich in der mir gewohnten Weise rede.

Gibt es wohl einen Menschen, der zwar daran glaubt, daß es menschliche Dinge, nicht aber, daß es Menschen gibt? Er soll antworten, ihr Männer, und nicht ein um das andere Mal bloßen Lärm machen. Gibt es jemanden, der zwar nicht an Pferde glaubt, wohl aber an Dinge, die sich auf Pferde beziehen? Oder der nicht an Flötenbläser, wohl aber an Dinge glaubt, die das Flötenblasen angehen? Nein, das gibt es nicht, du Bester unter den Männern. Wenn du nicht antworten willst, dann rede ich zu dir und zu diesen Männern da. Aber antworte mir wenigstens auf die Frage: Ist es möglich, daß einer daran glaubt, daß es dämonische Dinge, nicht aber, daß es Dämonen gibt?

«Nein, das ist nicht möglich.»

Wie gütig, daß du endlich, gezwungen durch die Gegenwart dieser Richter, geantwortet hast! Du sagst also, daß ich an dämonische Dinge glaube und das auch lehre, ob sie nun neu oder alt seien. Nach deiner Behauptung glaube ich also an dämonische Dinge, und das hast du auch selber in der Anklageschrift beschworen. Wenn ich aber an Dämonisches glaube, dann muß ich doch notwendig auch an Dämonen glauben. Oder nicht? Es ist wirklich so. Ich nehme an, daß du zustimmst, da du keine Antwort gibst. Glauben wir denn aber nicht, daß die Dämonen Götter seien oder Kinder von Göttern? Bist du einverstanden oder nicht?

«Natürlich.»

Wenn ich also an Dämonen glaube, wie du sagst, und wenn die Dämonen selber Götter sind, dann bekommen wir eben das, warum ich behaupte, daß du in Rätseln sprichst und Scherz treibst, indem du nämlich sagst, daß ich nicht an Götter glaube und wiederum doch an Götter glaube, weil ich nämlich an Dämonen glaube. Und wenn andererseits die Dämonen Kinder von Göttern sind, etwa aus einer unebenbürtigen Verbindung mit Nymphen oder, wie auch etwa behauptet wird, mit anderen Wesen, so frage ich: wer unter den Menschen würde dann wohl glauben, daß es zwar Kinder von Göttern, nicht aber Götter gebe? Das wäre gleich widersinnig, wie wenn einer meinte, es gebe zwar Junge von Pferden und Eseln, die Maulesel nämlich, aber nicht glauben wollte, daß es Pferde und Esel gibt. Nein, mein Meletos, es ist nicht anders möglich: entweder hast du diese Klageschrift verfaßt, um uns auf die Probe zu stellen, oder aus Verlegenheit, was für ein wirkliches Vergehen du mir vorwerfen solltest. Wie du aber einen Menschen, der nur ein klein wenig Verstand hat, überreden willst, daß es nicht dasselbe ist, an Götter oder an Dämonen zu glauben und wiederum dasselbe, weder an Dämonen, noch an Götter, noch an Heroen zu glauben – das kann ich mir ganz einfach nicht denken.

Daß ich kein solches Unrecht begangen habe, wie Meletos in seiner Anklage behauptet, das, ihr Athener, bedarf wahrlich keiner längeren Verteidigung mehr; das bereits Gesagte genügt schon.

Wenn ich aber vorhin gesagt habe, daß ein grimmiger und weitverbreiteter Haß gegen mich entstanden sei, so wißt ihr wohl, daß das wahr ist. Und das wird es auch sein, was mich zu Fall bringt, wenn ich zu Fall gebracht werde, und nicht Meletos und nicht Anytos, sondern die Verleumdung und die Mißgunst der Menge; diese haben ja auch schon viele andere treffliche Männer zu Fall gebracht und werden, glaube ich, noch mehr zu Fall bringen; denn es ist kaum anzunehmen, daß sie bei mir haltmachen werden.

Vielleicht wird nun aber jemand sagen: «Schämst du dich eigentlich nicht, Sokrates, eine Lebensweise geführt zu haben, die dich nun in Gefahr bringt, sterben zu müssen?» Dem dürfte ich wohl mit Recht folgendes antworten: Es ist eine falsche Ansicht, mein Lieber, wenn du glaubst, ein Mann, der auch nur einigermaßen etwas wert ist, dürfe Gefahr um Leben oder Tod in Rechnung ziehen und müsse in seinem Handeln nicht allein darauf schauen, ob er recht oder unrecht und wie ein guter oder wie ein schlechter Mann handelt. Denn was sollten wir dann von jenen Halbgöttern halten, die vor Troja gefallen sind? Was vor allem von dem Sohne der Thetis, der die Gefahr im Vergleich zu der Schande so gering achtete? Denn als er ausziehen wollte, um Hektor zu töten, sagte seine Mutter, die doch eine Göttin war, ungefähr folgendes zu ihm: «Mein Sohn, wenn du den Tod deines Freundes Patroklos rächst und Hektor tötest, wirst du selber sterben; denn», so sagte sie, «bald nach Hektor ist dir das Todesschicksal bereitet.» Er aber achtete, als er das hörte, Tod und Gefahr gering; viel mehr fürchtete er das Leben eines Feiglings, welcher seine Freunde nicht rächt, und sagte: «Möchte ich doch gleich sterben, wenn ich den Frevler bestraft habe, damit ich nicht hier bleibe, verlacht bei den geschnäbelten Schiffen, eine unnütze Last der Erde.» Glaubst du etwa, *er* habe sich um Tod und Gefahr gekümmert?

So steht es damit in Wahrheit, ihr Athener: An dem Platze, an den man entweder sich selbst hingestellt hat, in der Meinung, es sei so am besten, oder an den man von seinem Vorgesetzten gestellt wurde, da, glaube ich, muß man bleiben und die Gefahren auf sich nehmen und weder den Tod noch irgend etwas anderes in Rechnung stellen ausser der Schande.

Ich hätte nun aber gewiß übel gehandelt, ihr Athener, wenn ich damals bei Poteidaia, bei Amphipolis und bei Delion, auf dem Posten, den die Befehlshaber, die ihr über mich gesetzt hattet, mir anwiesen, wie jeder andere standgehalten und die Todesgefahr bestanden hätte, wenn ich dann aber da, wohin mich, wie ich glaubte und annahm, der Gott hinstellte, damit ich im Streben nach Weisheit leben und mich und die anderen prüfen solle, wenn ich da aus Furcht vor dem Tode oder irgend etwas anderem meine Aufgabe im Stiche gelassen hätte! Das wäre arg, und da könnte mich dann tatsächlich von Rechts wegen einer vor Gericht führen und mich anklagen, daß ich nicht an die Götter glaube, da ich ja dem Orakel ungehorsam sei und vor dem Tode Angst habe und mich für weise halte, obwohl ich es nicht sei. Denn vor dem Tode Angst zu haben, das ist nichts anderes, als wenn einer den Anschein erweckt, weise zu sein, trotzdem er es nicht ist: bedeutet es doch den Wahn, zu glauben, man wisse etwas, was man nicht weiß. Weiß ja doch niemand, was der Tod ist und ob er nicht vielleicht für den Menschen das höchste Gut ist; und doch fürchtet man ihn, wie wenn man ganz genau wüßte, daß er das größte Übel sei. Ist aber das nicht gerade die schmählichste Unwissenheit, wenn man glaubt, man wisse etwas, was man nicht weiß?

Ich aber, ihr Männer, unterscheide mich vielleicht dadurch und in diesem Punkte von den meisten Menschen, und wenn ich mich möglicherweise in einer Hinsicht für etwas weiser halten darf, dann darin, daß, wenn ich über das Reich des Hades nichts Sicheres weiß, ich auch nicht glaube, etwas zu wissen. Aber unrecht tun und dem Besseren, sei es ein Gott oder ein Mensch, nicht gehorchen, davon weiß ich, daß es schlecht und schimpflich ist.

Mehr nun als die Übel, von denen ich weiß, daß sie Übel sind, werde ich niemals das fürchten oder fliehen, von dem ich nicht weiß, ob es nicht vielleicht auch gut sei. Nehmen wir einmal an, ihr sprächet mich frei und folgtet dem Anytos nicht, der sagt, entweder hätte ich überhaupt nicht vor Gericht gestellt werden sollen oder, nachdem es einmal geschehen sei, müsse man mich hinrichten. Er gibt euch als Grund an, daß, wenn ihr mich jetzt freisprächet, alle eure Söhne nach meinen Lehren lebten und dadurch ganz und gar verdorben würden. Und wenn ihr mir dann sagtet: «Sokrates, wir folgen dem Anytos nicht, sondern sprechen dich frei, unter der Bedingung aber, daß du dich nicht mehr mit dem Suchen nach Wahrheit abgibst und nicht mehr philosophierst. Wenn du aber noch einmal darüber betroffen wirst, mußt du sterben» – wenn ihr mich, wie gesagt, unter diesen Bedingungen freiließet, dann würde ich zu euch sagen: «Ich verehre und liebe euch sehr, ihr Athener. Aber ich will lieber dem Gotte als euch gehorchen, und solange ich atme und die Kraft dazu habe, nicht ablassen, zu philosophieren, euch zu mahnen und jeden von euch, den ich antreffe, zu überführen, indem ich in meiner gewohnten Art zu ihm sage: ‚Mein Bester, du bist doch ein Athener, ein Bürger der größten und an Bildung und Macht berühmtesten Stadt. Schämst du dich nicht, daß du dich zwar darum bemühst, wie du zu möglichst viel Geld, zu Ruhm und Ehre kommst, um die Einsicht aber und um die Wahrheit und darum, daß deine Seele möglichst gut werde, dich weder sorgst noch kümmerst?' Und wenn einer von euch widerspricht und behauptet, er bemühe sich darum, dann lasse ich ihn nicht gleich frei und gehe nicht einfach weiter, sondern ich frage und prüfe und forsche ihn aus. Und wenn ich dann den Eindruck bekomme, daß er keine Tugend besitzt, trotzdem er das behauptet, so tadle ich ihn, daß er das Wertvollste am geringsten, das Minderwertige aber höher schätze. So will ich es mit jedem halten, dem ich begegne, mit jung und alt, mit Fremden und Bürgern, vor allem aber mit euch Bürgern, die ihr mir von Natur ja näher steht. Denn das, wisset es wohl, befiehlt mir der Gott, und ich glaube, daß euch in der Stadt noch keine größere Wohltat widerfahren ist als dieser Dienst, den ich dem Gotte leiste. Denn, wenn ich umhergehe, tue ich nichts anderes, als euch, jung und alt, zu überreden, nicht mehr so sehr für den Leib zu sorgen noch für das Geld, sondern mehr um die Seele und darum, daß sie möglichst gut werde. Dabei sage ich dann, daß nicht aus dem Reichtum Tugend kommt, sondern aus der Tugend Reichtum und alle anderen Güter, für die einzelnen Menschen wie für die Allgemeinheit. Wenn ich durch diese Reden die Jugend verführe, dann müssen sie ja allerdings schädlich sein. Wer aber behauptet, daß ich etwas anderes sage als das, der lügt. «Unter diesen Umständen, ihr Athener», würde ich sagen, «ob ihr dem Anytos gehorcht oder nicht, und ob ihr mich freisprecht oder nicht: ich werde auf keinen Fall anders handeln, und wenn ich den Tod noch so oft erleiden müßte.»

Unterbrecht mich nicht, ihr Athener, sondern bleibt mir bei dem, worum ich euch gebeten habe: nicht unwillig zu werden über das, was ich sage, sondern zuzuhören. Ich glaube, ihr werdet sogar Nutzen davon haben, wenn ihr zuhört. Denn ich will euch jetzt noch manches sagen, wogegen ihr vielleicht protestieren möchtet; doch tut das bitte nicht. Denn wisset wohl: wenn ihr mich tötet, einen Mann also, wie ich ihn euch jetzt beschreibe, dann schadet ihr euch selber mehr als mir. Mir wird wohl weder Meletos noch Anytos einen Schaden zufügen. Sie könnten es auch gar nicht. Es kann ja nicht sein, dünkt mich, daß ein schlechterer Mensch einem besseren zu schaden vermag. Natürlich kann er mich hinrichten lassen oder in die Verbannung schicken, oder er kann mir die bürgerlichen Ehren nehmen. Das alles wird er oder ein anderer vielleicht für ein großes Übel halten. Ich aber halte es nicht dafür, sondern ein viel größeres Übel sehe ich in dem, was dieser Mann jetzt tut: zu versuchen, ungerechterweise einen Menschen ums Leben zu bringen. Darum, ihr Athener, bin ich weit davon entfernt, mich um meiner selbst willen zu verteidigen, wie man vielleicht glauben möchte. Ich tue das für euch, damit ihr euch durch meine Verurteilung nicht an der Gabe versündigt, die der Gott euch geschenkt hat. Denn wenn ihr mich tötet, dann findet ihr schwerlich einen anderen, der – mag das auch recht lächerlich klingen – von dem Gott der Stadt beigegeben ist wie einem großen und edlen Pferde, das seiner Größe wegen ein wenig träge ist und mit einer Bremse angetrieben werden muß. Denn so etwa hat mich offenbar der Gott unserer Stadt auf den Hals geschickt, als einen, der nicht müde wird, den ganzen Tag und überall beharrlich aufsitzend, Mann für Mann euch aufzurütteln, zu überzeugen und zu tadeln. Einen solchen Menschen werdet ihr kaum wieder finden, ihr Männer, und deshalb werdet ihr mich schonen, falls ihr mir Glauben schenken wollt.

Vielleicht aber seid ihr verärgert wie Leute, die man aus dem Schlummer weckt und die nun zuschlagen und sich von Anytos leicht überreden lassen, mich ums Leben zu bringen; dann würdet ihr wohl euer übriges Leben schlafend zubringen, wenn euch nicht etwa der Gott, aus Sorge um euch, einen anderen zuschickt, der euch aufweckt. Daß ich aber in meiner Art ein Mann bin, der von dem Gotte der Stadt geschenkt wurde, das könnt ihr daraus erkennen: es ist doch nicht Menschenart, daß ich mich um meine eigenen Angelegenheiten nicht kümmere und schon so viele Jahre die Vernachlässigung meiner häuslichen Dinge auf mich nehme und mich nur mit euch beschäftige, mich wie ein Vater oder älterer Bruder an jeden einzelnen von euch wende und ihn ermahne, er solle sich um Tugend bemühen. Hätte ich einen Vorteil davon und bekäme ich für meine Ermahnungen einen Lohn, dann wäre mein Tun noch einigermaßen erklärlich. Aber nun seht ihr ja selber, daß meine Ankläger, die mir doch sonst bedenkenlos alles mögliche vorwerfen, nicht imstande sind, unter Berufung auf einen Zeugen auch die dreiste Behauptung aufzustellen, daß ich jemals Bezahlung entgegengenommen oder verlangt hätte. Daß ich da die Wahrheit sage, dafür stelle ich, dünkt mich, einen vollgültigen Zeugen: meine Armut.

Eines könnte nun vielleicht unfaßlich scheinen: daß ich, umhergehend, Einzelnen meine Ratschläge gebe und mich in vielerlei Dinge mische, es aber nicht wage, öffentlich in eurer Volksversammlung aufzutreten und dem Staat meinen Rat zu erteilen.

Der Grund dazu liegt in dem, was ihr mich oft und an manchem Ort habt sagen hören: daß etwas Göttliches und Dämonisches in mir vorgeht – Meletos hat es in seiner Klageschrift höhnend erwähnt. Schon von Kindheit an habe ich das: irgendeine Stimme, die mich jedesmal, wenn sie sich hören läßt, von dem abmahnt, was ich gerade tun will, die mich aber nie zu etwas auffordert. Das ist es, was mich daran hindert, mich mit Politik zu befassen, und ich glaube, es ist sehr gut, daß es mich daran hindert. Denn ihr wißt ganz genau, ihr Athener: wenn ich mich schon früher mit Politik eingelassen hätte, dann wäre ich auch schon längst umgekommen und hätte weder euch noch mir selber etwas genützt.

Seid mir nicht böse, wenn ich die Wahrheit sage: kein Mensch kann mit dem Leben davonkommen, der euch oder einer anderen Volksmenge freimütig entgegentritt und Ungerechtigkeit und Gesetzwidrigkeit in seiner Stadt verhindern will. Wer wirklich für die Gerechtigkeit kämpft, der muß notwendigerweise, wenn er auch nur für kurze Zeit sein Leben erhalten will, ein zurückgezogenes Leben und nicht eines in der Öffentlichkeit führen.

Doch ich kann euch auch schlagkräftige Beweise dafür anführen, nicht nur Worte, sondern, was ihr besonders schätzt, Tatsachen. Höret also, was mir widerfahren ist, damit ihr seht, daß ich keinem einzigen Menschen aus Furcht vor dem Tode wider das Recht nachgeben würde, daß ich aber, weil ich nicht nachgäbe, wohl auch sogleich zugrunde gehen müßte. Was ich euch jetzt erzählen werde, klingt zwar pedantisch und anmaßend, ist aber wahr.

Ich habe, ihr Athener, in unserer Stadt nur ein Amt ausgeübt: ich war Mitglied des Rates. Zufällig führte gerade unsere, die antiochische Phyle den Vorsitz, als ihr die Absicht hattet, die zehn Feldherren, welche in der Seeschlacht die Schiffbrüchigen nicht geborgen hatten, alle miteinander zu verurteilen, auf gesetzwidrige Weise also, wie ja auch ihr später alle eingesehen habt. Damals widersetzte ich mich euch als einziger von den Prytanen, daß ihr nichts Gesetzwidriges tun solltet, und stimmte dagegen. Und obschon die Redner sich entschlossen zeigten, Klage gegen mich zu erheben und mich sofort verhaften zu lassen und auch ihr das lärmend verlangtet, glaubte ich doch, auf der Seite des Gesetzes und der Gerechtigkeit den Kampf ausstehen zu müssen, statt aus Furcht vor Gefängnis und Tod in eurem ungerechten Vorhaben auf eure Seite zu treten.

Das geschah zu jener Zeit, als die Stadt noch eine demokratische Verfassung hatte. Als aber die Oligarchie eingeführt war, da ließen die Dreißig mich selbst mit noch vier anderen in die Tholos kommen und gaben uns den Auftrag, den Salaminier Leon aus Salamis herzubringen, um ihn zu töten. Solche Befehle erteilten sie ja auch noch vielen anderen in der Absicht, möglichst viele mit Schuld zu beladen. Bei diesem Anlaß zeigte ich wiederum nicht mit Worten, sondern durch die Tat, daß ich mich nicht im geringsten um den Tod kümmere – mag das auch etwas derb klingen –, daß mir aber alles daran liegt, nichts Ungerechtes oder Gottloses zu tun. Auch jene Regierung, so gewalttätig sie war, versetzte mich nicht derart in Schrecken, daß ich etwas Unrechtes getan hätte, sondern als wir aus der Tholos herauskamen, ging ich nach Hause, während die vier anderen nach Salamis fuhren und den Leon holten. Und vielleicht hätte mich diese Sache das Leben gekostet, wenn nicht jene Regierung bald gestürzt worden wäre. Das werden euch viele Zeugen bestätigen.

Aber glaubt ihr wohl, daß ich so viele Jahre hätte leben können, wenn ich Politik getrieben und wenn ich dabei als redlicher Mann das Recht verteidigt und dies – wie es sich gebührt – allem anderen vorangestellt hätte? Weit gefehlt, ihr Athener; und auch kein anderer hätte es auf so viele Jahre gebracht. Mein ganzes Leben hindurch, in der Öffentlichkeit, wenn ich je dort tätig war, und auch in meinem Privatleben, wird man mich stets als den gleichen finden: als einen Mann, der nie jemandem in irgend etwas gegen das Recht nachgegeben hat, nicht einmal einem von jenen, von welchen meine Verleumder behaupten, sie seien meine Schüler.

Ich bin indessen nie jemandes Lehrer gewesen. Wenn jedoch einer, mochte er jung oder alt sein, gerne zuhören wollte, wenn ich redete oder wenn ich meinen Beruf ausübte, dann habe ich das nie jemandem verwehrt. Und ich unterhalte mich auch nicht nur mit denen, die mir Geld dafür geben, mit den andern aber nicht, sondern ich stelle mich dem Reichen wie dem Armen gleichermaßen zur Verfügung, zum Fragen oder, wenn er lieber will, zum Antworten, damit er hören kann, was ich sage. Ob aber dadurch einer besser wird oder nicht, dafür kann ich gerechterweise keine Verantwortung übernehmen, da ich ja weder irgendwem je Belehrung versprochen habe noch je jemandes Lehrer gewesen bin; wenn aber einer behauptet, daß er von mir einzeln etwas gelernt oder gehört habe, was nicht auch alle anderen lernen und hören konnten, dann wißt, daß er nicht die Wahrheit sagt.

Aber warum bringen Leute denn so gern ihre Zeit in meiner Gesellschaft zu? Ihr habt es gehört, ihr Athener. Ich sagte euch die ganze Wahrheit: Sie hören gerne zu, wenn die Leute geprüft werden, die glauben, weise zu sein, es aber nicht sind. Denn das ist nicht ohne Reiz. Mir aber ist dies, wie gesagt, von dem Gotte zu tun befohlen, durch Weissagungen, durch Träume und auf jede Weise, mit der jemals eine göttliche Berufung einem Menschen irgend etwas aufgetragen hat.

Dies alles, ihr Athener, ist wahr und leicht zu beweisen. Denn wenn ich wirklich die einen Jünglinge verderbe, andere schon verderbt habe, dann müßten doch einige von ihnen, reifer geworden, eingesehen haben, daß ich ihnen in ihrer Jugend einst Schlechtes riet. Sie müßten jetzt vor Gericht auftreten und mich anklagen, um sich so Genugtuung zu verschaffen. Wenn sie das aber nicht selber tun wollten, dann würden ihre Verwandten, ihre Väter oder Brüder oder andere Angehörige, falls den Ihrigen von mir etwas Übles widerfahren wäre, sich nunmehr daran erinnern und es mir heimzahlen. Hier sind jedenfalls viele solche Angehörige als Zuschauer: vor allem Kriton, mein Altersgenosse, der aus derselben Gemeinde stammt, der Vater des Kritobulos hier, dann Lysanias aus Sphettos, der Vater des Aischines, aber auch Antiphon aus Kephisia, der Vater des Epigenes. Und andere sind da, deren Brüder mit mir verkehrt haben, Nikostratos, der Sohn des Theozotides und Bruder des Theodotos – Theodotos ist gestorben, so daß er ihn wohl kaum durch Bitten zum Schweigen gebracht haben wird –, und hier Paralos, der Sohn des Demodokos, dessen Bruder Theages war; und Adeimantos, der Sohn des Ariston, der Bruder des Platon hier, und Aiantodoros, dessen Bruder der Apollodoros da ist. Und noch viele andere kann ich euch nennen, von denen Meletos doch gewiß den einen oder anderen in seiner Rede hätte als Zeugen anrufen müssen. Wenn er das aber damals vergessen hat, so soll er ihn jetzt noch anrufen – ich habe nichts dagegen – und sagen, wenn er etwas Derartiges vorzubringen hat. Aber ihr werdet gerade das Gegenteil davon erleben, ihr Männer: alle sind bereit, mir zu helfen, mir, dem Verderber, dem Übeltäter an ihren Verwandten, wie Meletos und Anytos behaupten. Die Verführten selber könnten ja vielleicht Grund haben, mir zu helfen. Ihre Verwandten aber, die nicht verführt und schon ältere Männer sind, was für einen anderen Grund haben sie, mir zu helfen, als den echten und gerechten, daß sie wissen, Meletos lügt, während ich die Wahrheit sage?

Genug denn, ihr Männer; was ich zu meiner Verteidigung etwa sagen könnte, ist ungefähr das oder vielleicht noch derartiges mehr.

Möglicherweise könnte nun aber einer von euch unwillig werden, wenn er daran denkt, wie er sich, auch wenn er einen harmloseren Prozeß durchfocht als diesen da, aufs Bitten verlegte, die Richter unter vielen Tränen anflehte und seine Kinder vorführte oder eine ganze Schar Verwandte oder Freunde, um dadurch möglichst viel Mitleid zu erregen, während ich nichts derartiges tue und das, trotzdem ich mich offenbar in der äußersten Gefahr befinde. Vielleicht wird der eine oder andere, wenn er das erwägt, um so rücksichtsloser gegen mich gestimmt sein und, gerade darüber aufgebracht, seine Stimme im Zorn gegen mich abgeben. Wenn einer unter euch so denkt – was ich übrigens nicht glauben kann –, wenn es aber doch zutrifft, dann darf ich wohl mit gutem Recht zu ihm sagen:

«Auch ich, mein Bester, habe so etwas wie Verwandte. Auch für mich gilt das Wort Homers: ‚*Ich stamme nicht von der Eiche ab oder vom Felsen*, sondern von Menschen', so daß also auch ich Verwandte habe und sogar Söhne, ihr Athener, drei an der Zahl; einer ist schon ein Jüngling, die beiden anderen sind noch Knaben. Und doch lasse ich keinen von ihnen hier auftreten, um euch um meine Freisprechung zu bitten.»

Warum tue ich nun nichts dergleichen? Nicht aus Anmassung, ihr Athener, und auch nicht aus Geringschätzung gegen euch. Ob ich dem Tod gegenüber mutig bin oder nicht, das ist eine andere Sache; aber es scheint mir, meine Würde und die Ehre der ganzen Stadt verlangen es, daß ich dergleichen unterlasse, zumal in meinem Alter und bei meinem Ruf, mag dieser auf Wahrheit beruhen oder nicht. Jedenfalls ist es nun einmal eine eingewurzelte Meinung, daß sich Sokrates von den anderen Menschen irgendwie unterscheidet. Wenn nun die unter euch, die sich durch Weisheit, ihre Tapferkeit oder einen anderen Vorzug unter euch hervorzutun scheinen, so sich aufführen wollten, dann wäre das doch schmählich. Gerade solche habe ich hin und wieder gesehen: Leute, die hohes Ansehen genossen, wenn sie aber vor Gericht standen, gebärdeten sie sich recht wunderlich, in der Meinung, sie erlitten etwas ganz Furchtbares, wenn sie sterben müßten. Als ob sie dann unsterblich wären, wenn ihr ihnen das Leben schenkt! Mir will scheinen, daß diese Leute der Stadt Schande machen. Denn ein Fremder muß dann ja vermuten, daß die Männer, die sich vor den Athenern durch Tüchtigkeit auszeichnen und denen ihre Mitbürger selbst in Ämtern und Ehrenstellen den Vorzug geben, daß diese sich in nichts von Weibern unterscheiden.

Dergleichen also, ihr Athener, dürft ihr, die ihr ein gewisses Ansehen genießt, nicht tun, noch dürftet ihr es dulden, wenn ich dies täte, sondern müßtet zeigen, daß ihr einen, der solch ein Theater aufführt und damit die Stadt lächerlich macht, viel eher verurteilt als einen, der sich gelassen benimmt.

Aber abgesehen von dem Rufe der Stadt, ihr Männer: es scheint mir nicht recht, den Richter anzuflehen und durch Bitten einen Freispruch zu erlangen, sondern man soll ihn belehren und überzeugen. Denn nicht dazu ist der Richter eingesetzt, daß er das Recht nach Gunst verschenkt, sondern daß er urteilt, was Rechtens ist. Er hat ja einen Eid abgelegt, nicht gefällig zu sein, wie es ihm beliebt, sondern nach den

Gesetzen Recht zu sprechen. Darum dürfen wir euch nicht daran gewöhnen, falsch zu schwören, noch dürft ihr es euch selber zur Gewohnheit machen; sonst würden wir beide nicht fromm handeln.

Mutet mir also nicht zu, ihr Athener, daß ich euch gegenüber tun soll, was ich weder für schön noch für gerecht noch für fromm halte, zumal ich ja – bei Zeus! – von Meletos gerade wegen Gottlosigkeit angeklagt bin. Denn das ist doch offenbar: wenn ich euch überredete und euch durch meine Bitten gegen euren Eid etwas abnötigte, dann lehrte ich euch glauben, daß es keine Götter gebe, und durch meine Verteidigung klagte ich recht eigentlich mich selber an, daß ich nicht an Götter glaube. Aber so verhält es sich ja bei weitem nicht; denn, ihr Athener, ich glaube an sie wie keiner von meinen Anklägern, und ich lege es euch und dem Gotte anheim, so über mich zu urteilen, wie es für mich und für euch am besten ist.

II

Die Rede des Sokrates nach der Schuldigsprechung

Wenn ich nicht unwillig darüber bin, ihr Athener, daß ihr mich schuldig gesprochen habt, dann trägt dazu neben manchem anderen Umstand bei, daß mir das Geschehene nicht unerwartet gekommen ist. Ich wundere mich vielmehr über die Zahl der Stimmen, die sich für und gegen mich ergeben haben. Denn ich dachte keineswegs, daß es so knapp zugehen werde, sondern erwartete eine große Mehrheit gegen mich; nun aber wäre ich offenbar davongekommen, wenn nur dreißig Stimmen anders abgegeben worden wären. Allerdings: von der Klage des Meletos bin ich offenbar auch jetzt freigesprochen worden und nicht bloß freigesprochen, sondern es ist jedem ganz klar, daß er, wären nicht auch Anytos und

Lykon als Kläger gegen mich aufgetreten, tausend Drachmen hätte bezahlen müssen, weil er den fünften Teil der Stimmen nicht erreicht hat.

Der Mann beantragt also die Todesstrafe gegen mich. Gut denn; was soll nun aber ich für einen Gegenantrag stellen, ihr Athener? Doch gewiß das, was ich verdient habe? Was soll das sein? Was für eine Strafe oder Buße verdiene ich dafür, daß ich mir in den Sinn kommen ließ, mich in meinem Leben nicht ruhig zu verhalten, daß ich mich vielmehr um all das, was der Menge wichtig ist, nicht kümmerte, nicht um den Gelderwerb oder die Verwaltung des Haushaltes, nicht um Feldherrnstellen oder um das Reden in Volksversammlungen, nicht um Ämter oder um die Teilnahme an politischen Klubs und revolutionären Umtrieben, die sich in der Stadt abspielten, weil ich meine Aufgabe nicht darin sah, auf diesem Wege mein Heil zu suchen. Ich schlug also nicht den Weg ein, auf dem ich voraussichtlich weder euch noch mir selber irgendwie von Nutzen sein konnte; vielmehr war ich darauf bedacht, wie ich jedem von euch einzeln die nach meinem Dafürhalten größte Wohltat erweisen könne, indem ich jeden von euch zu bewegen versuchte, sich nicht eher um irgendeine seiner Angelegenheiten zu kümmern, bevor er sich nicht um seine eigene Person gekümmert habe, darum nämlich, wie er möglichst gut und verständig werden könne, daß er auch nicht früher um die Angelegenheiten der Stadt als um die Stadt selber besorgt sein dürfe und daß er auch bei seiner Beschäftigung mit den anderen Dingen nach demselben Grundsatz verfahren solle. Was verdiene ich nun für dieses Verhalten? Gewiß etwas Gutes, ihr Athener, wenn man wirklich gerecht sein will, und zwar etwas Gutes solcher Art, wie es mir angemessen ist. Was also schickt sich für einen Wohltäter, der arm ist und der freien Muße bedarf, um euch zu ermahnen? Nichts kommt einem solchen Manne mehr zu, ihr Athener, als daß er auf Staatskosten im Prytaneion speisen darf. Sicher verdient er dies weit eher, als wenn einer von euch mit dem Rennpferd oder mit dem Zwei- oder Viergespann in Olympia gesiegt hat. Denn dieser verschafft euch nur ein scheinbares Glück; ich dagegen mache euch tatsächlich glücklich; auch hat er die Speisung gar nicht nötig, ich aber wohl. Wenn ich also einen Antrag nach Recht und Billigkeit stellen soll, dann beantrage ich die Speisung im Prytaneion.

Wenn ich nun das sage, so scheine ich euch vielleicht mit ähnlichem Eigendünkel zu reden wie damals, als ich vom flehentlichen Bitten und vom Erregen von Mitleid sprach. Dem ist aber durchaus nicht so, ihr Athener, sondern es verhält sich damit vielmehr so:

Ich habe die feste Überzeugung, daß ich nie einem Menschen absichtlich Unrecht tue; aber davon kann ich euch nicht überzeugen, haben wir doch zu kurze Zeit miteinander gesprochen. Wenn ihr ein Gesetz hättet, wie man es andernorts hat, daß man über ein Todesurteil nicht bloß einen Tag zu Gericht sitzen darf, sondern viele, dann wäret ihr wahrscheinlich überzeugt worden. Nun ist es aber recht schwierig, sich in so kurzer Zeit von so schweren Verleumdungen zu reinigen. Wenn ich nun also die Überzeugung habe, daß ich niemandem Unrecht tue, so werde ich doch wahrlich auch nicht mir selber ein Unrecht tun und selbst gegen mich aussagen, daß ich etwas Schlimmes verdiene und etwas Derartiges gegen mich beantragen! Denn was soll ich fürchten? Etwa, daß ich erleiden muß, was Meletos gegen mich beantragt, und von dem ich doch sage, daß ich nicht weiß, ob es etwas Gutes oder Schlimmes ist? Oder sollte ich an dessen Stelle eines von den Dingen wählen, von denen ich weiß, daß sie ein Übel sind, und es gegen mich vorschlagen? Etwa eine Gefängnisstrafe? Aber welchen Wert hätte wohl ein Leben im Gefängnis, wo ich der jeweiligen Behörde, den Elfmännern, ausgeliefert wäre? Oder soll ich eine Geldbuße beantragen und in Haft bleiben, bis ich sie bezahle? Aber das kommt ja genau auf dasselbe hinaus, was ich jetzt eben sagte; denn ich habe kein Geld, womit ich zahlen könnte. Aber ich könnte doch Verbannung beantragen; denn vielleicht würdet ihr mir die zuerkennen. Aber da müßte ich wahrhaftig sehr am Leben hängen, wenn ich so unbedacht wäre, daß ich nicht berechnen könnte: ihr, die ihr doch meine Mitbürger seid, waret nicht imstande, meinen Umgang und meine Gespräche zu ertragen, sondern sie waren euch so unerträglich und lästig, daß ihr euch ihrer jetzt zu entledigen sucht. Und da sollten andere sie wohl leicht ertragen können? Gewiß nicht, ihr Athener. Das wäre mir ein schönes Leben, in meinem Alter auszuwandern und von einer Stadt zur andern gejagt zu werden. Denn ich weiß wohl: wohin ich auch komme, wird die Jugend mir lauschen wie hier. Und wenn ich sie wegweise, dann überreden sie ihre Eltern, mich zu vertreiben. Schicke ich sie aber nicht weg, dann tun es ihre Väter und Verwandten um ihretwillen.

Vielleicht wird nun einer sagen: «Kannst du denn nicht in die Verbannung gehen und dort still und ruhig leben, Sokrates?» Das läßt sich nun einigen von euch am allerschwersten begreiflich machen. Denn wenn ich euch sage, daß dies Ungehorsam gegen den Gott bedeutet und daß ich mich deshalb unmöglich ruhig verhalten kann, dann werdet ihr mir nicht glauben und meinen, ich versteckte mich unter einem Vorwand. Sage ich aber, es sei das größte Glück für einen Menschen, wenn er Tag für Tag über die Tugend nachdenken und reden darf und über die anderen Dinge, über die ihr mich, mich selber und andere prüfend, sprechen hört, daß dagegen ein Leben ohne Selbsterforschung nicht lebenswert sei: wenn ich dies sagte, dann würdet ihr mir noch weniger glauben. Und doch ist es so, wie ich sage; aber es ist nicht leicht, euch das glaubhaft zu machen. Und außerdem bin ich nicht gewöhnt, selbst etwas Schlimmes gegen mich zu beantragen. Ja, hätte ich Geld, dann würde ich eine Buße gegen mich vorschlagen, so hoch ich sie bezahlen kann; denn das würde mir dann nichts ausmachen. Nun aber habe ich keines – wenn ihr mir nicht gerade soviel als Buße auferlegen wollt, wie ich bezahlen kann. Etwa eine Silbermine könnte ich allenfalls entrichten; soviel beantrage ich also.

Doch Platon da, ihr Athener, und Kriton und Kritobulos und Apollodoros reden mir zu, eine Buße von dreißig Minen gegen mich vorzuschlagen. Sie selber wollten Bürgschaft dafür leisten. Also gut, ich beantrage diese Summe, und sie werden euch für das Geld zuverlässige Bürgen sein.

III

Die Rede des Sokrates nach der Verkündigung des Todesurteils

Nur um einer kleinen Zeitspanne willen, ihr Athener, werdet ihr nun von denen, die unsere Stadt schmähen wollen, gescholten und beschuldigt werden, weil ihr den Sokrates umgebracht habt, einen weisen Mann – denn wer euch tadeln will, der wird behaupten, ich sei weise, wenn ich es auch nicht bin. Hättet ihr aber nur kurze Zeit gewartet, so wäre euer Wunsch von selber in Erfüllung gegangen. Denn ihr seht ja, daß ich alter Mann schon weit auf der Bahn des Lebens fortgeschritten und dem Tode nahe bin. Das sage ich aber nicht zu euch allen, sondern nur zu denjenigen, die für die Todesstrafe gegen mich gestimmt haben.

Aber noch etwas sage ich diesen selben Leuten: Vielleicht, ihr Athener, glaubt ihr, ich sei deshalb erlegen, weil es mir an den Worten gefehlt habe, mit denen ich euch hätte überreden können, wenn ich der Ansicht gewesen wäre, man müsse in Wort und Tat nichts unversucht lassen, um der Bestrafung zu entgehen; doch dem ist ganz und gar nicht so. Sondern ich bin allerdings infolge eines Mangels zu Fall gekommen, aber nicht an Worten, sondern an Waghalsigkeit und Dreistigkeit, und weil ich euch das nicht sagen wollte, was ihr am liebsten gehört hättet: wenn ich nämlich gejammert und geklagt und sonst getan und gesagt hätte, was meiner – wie ich glaube – unwürdig ist, was ihr aber von den anderen zu hören gewohnt seid. Aber ich war in der Verhandlung vorhin der Meinung, daß man auch dann, wenn man sich in Gefahr befindet, nichts Würdeloses tun dürfe. Ich bereue meine Art der Verteidigung auch jetzt nicht, sondern will mich viel lieber so verteidigt haben und sterben, als auf jene andere Art und leben. Denn weder ich noch ein anderer darf – sei es vor Gericht oder im Kriege – nur darauf bedacht sein, wie man mit allen Mitteln dem Tode entrinnen könne. Auch in der Schlacht geschieht es ja oft, daß einer dem Tode entrinnen könnte, wenn er die Waffen wegwirft und sich flehend an die Verfolger wendet; und noch manchen anderen Ausweg gibt es in allen Gefahren, um dem Tode zu entgehen, wenn sich einer zu jeder Tat und zu jedem Wort entschlossen zeigt. Nicht dies dürfte schwierig sein, ihr Athener, dem Tode zu entrinnen, sondern viel schwerer ist es, die Schlechtigkeit zu vermeiden; denn sie läuft schneller als der Tod. Nun aber hat mich, weil ich langsam und alt bin, das Langsamere von den beiden, nämlich der Tod, eingeholt; meine Ankläger aber, kräftig und flink, wie sie sind, wurden von dem Schnelleren, der Schlechtigkeit, ereilt. Und nun gehen wir so von dannen: ich des Todes schuldig gesprochen, diese von der Wahrheit der Schlechtigkeit und der Ungerechtigkeit schuldig erklärt; und bei diesem Urteil bleiben wir beide. Vielleicht mußte das so sein, und ich glaube, daß es so richtig ist.

Und nun möchte ich euch, die ihr mich verurteilt habt, gerne das Kommende prophezeien; denn ich stehe ja schon da, wo die Menschen zu weissagen pflegen, an den Pforten des Todes. So sage ich euch denn, ihr Männer, die ihr mich umgebracht habt, daß euch bald nach meinem Tode eine viel schlimmere Strafe ereilen wird, bei Zeus, als die, die ihr mir mit dem Todesurteil angetan habt. Denn damit glaubt ihr nun, euch von der Pflicht zu befreien, über euer Leben Rechenschaft abzulegen. Das aber wird sich für euch gerade ins Gegenteil wenden, glaube ich; denn es werden ihrer nur noch mehr sein, die euch zur Rechenschaft ziehen. Bis jetzt hielt ich sie zurück, so daß ihr sie gar nicht bemerktet. Und da sie jünger sind, werden sie euch um so lästiger sein, und ihr werdet euch um so mehr über sie ärgern. Denn wenn ihr glaubt, durch Hinrichtungen verhindern zu können, daß jemand euch den schlechten Lebenswandel vorwirft, so täuscht ihr euch. Denn diese Art, sich der Kritiker zu entledigen, ist gar nicht durchführbar, sie ist auch nicht vornehm. Nur die ist die schönste und zugleich die leichteste: nicht den anderen Einhalt zu tun, sondern sich so einzurichten, daß man selbst möglichst gut ist. Dies möchte ich euch, die ihr gegen mich gestimmt habt, geweissagt haben, und damit nehme ich Abschied von euch.

Mit denen aber, welche zu meinen Gunsten gestimmt haben, möchte ich gerne noch über das Geschehene reden, solange die Beamten beschäftigt sind und ich noch nicht dorthin gehen muß, wo ich sterben soll. So haltet denn noch solange bei mir aus, ihr Männer; denn nichts hindert uns, miteinander zu reden, solange es möglich ist. Euch als meinen Freunden will ich zeigen, was für einen Sinn ich in dem sehe, was mir jetzt geschehen ist.

Denn mir ist etwas Seltsames widerfahren, ihr Richter – euch darf ich ja mit Recht «Richter» nennen. – Die warnende Stimme meines Daimonion, die sich jeweils in mir regt, ließ sich in der ganzen letzten Zeit sehr häufig vernehmen und trat mir auch in ganz unbedeutenden Angelegenheiten entgegen, wenn ich irgendwie unrichtig handeln wollte. Jetzt aber ist mir, wie ihr hier ja selbst seht, etwas widerfahren, was man wohl für das allergrößte Unglück halten könnte – und es wird auch wirklich dafür gehalten. Aber das göttliche Zeichen stellte sich mir nicht entgegen, weder als ich heute früh aus meinem Hause ging, noch als ich hier vor das Gericht trat noch an irgendeiner Stelle meiner Rede, wenn ich dies oder jenes sagen wollte, während es mich doch in anderen Reden oftmals mitten im Sprechen aufhielt. Während dieses Prozesses aber trat es mir in keinem Augenblick entgegen, weder bei irgendeinem Tun noch bei irgendeinem Wort. Worin soll ich den Grund dafür sehen? Ich will ihn euch nennen: was mir hier geschehen ist, muß offenbar gut sein, und wir täuschen uns sicher, wenn wir glauben, daß das Sterben etwas Schlimmes sei. Dafür ist mir das Geschehene ein großer Beweis. Denn es ist gar nicht möglich, daß mir das gewohnte Zeichen nicht entgegengetreten wäre, wenn das, was ich vorhatte, nicht gut gewesen wäre.

Aber auch auf folgende Art wollen wir erwägen, wie sehr wir hoffen dürfen, daß der Tod etwas Gutes sei. Er ist nämlich eines von beiden: entweder wie ein Nichts-Sein, so daß der Tote auch keine Wahrnehmung mehr von irgendeiner Sache hat; oder dann ist er, wie die Überlieferung sagt, ein Übergang und eine Übersiedelung der Seele von dieser Stätte an eine andere. Wenn nun gar keine Empfindung mehr vorhanden und wenn der Tod wie ein Schlaf ist, wo der Schläfer nicht einmal träumt, dann wäre er wohl ein wunderbarer Gewinn. Denn ich glaube, wenn einer die Nacht, in der er so tief geschlafen hat, daß er nicht einmal träumte, aussuchen und sie den übrigen Nächten und Tagen seines Lebens gegenüberstellen und dann prüfen und sagen sollte, wie viele Tage und Nächte seines Lebens er besser und angenehmer verlebt habe als diese eine Nacht, dann, glaube ich, würde nicht nur ein gewöhnlicher Mann, sondern sogar der Perserkönig finden, daß solche Tage und Nächte rasch gezählt wären im Vergleich zu den übrigen. Wenn nun der Tod ein solcher Zustand ist, dann nenne ich ihn einen Gewinn; denn die ganze Folge der Zeit scheint dann nicht länger zu sein als *eine* Nacht.

Ist dagegen der Tod gewissermassen eine Reise von hier an einen anderen Ort und stimmt das, was man sagt, daß dort alle Verstorbenen versammelt sind, was könnte es dann für ein größeres Glück geben als dies, ihr Richter? Denn wenn einer in den Hades kommt und, der Leute ledig, die sich hier «Richter» nennen, die wahren Richter findet, die, wie man sagt, dort Recht sprechen, Minos und Rhadamanthys, Aiakos und Triptolemos und die übrigen Halbgötter, die auf Erden ein gerechtes Leben geführt haben: würde sich diese Übersiedelung nicht lohnen? Was würde wohl mancher unter euch darum geben, wenn er mit Orpheus und Musaios, mit Hesiod und Homer zusammentreffen dürfte? Ich will gern mehr als einmal sterben, wenn das wahr ist; denn für mich wäre es ein wunderbarer Aufenthalt dort, wenn ich den Palamedes und Aiax, den Sohn des Telamon, anträfe oder wer sonst noch von den Alten einem ungerechten Urteil zum Opfer gefallen ist. Wenn ich dann mein Geschick mit dem ihrigen vergleichen könnte, so wäre es, glaube ich, nicht ohne Reiz. Das Höchste aber wäre es, die Leute dort unten ebenso zu prüfen und auszuforschen, wie ich es hier tat, wer von ihnen weise sei und wer sich zwar für weise hält, es aber nicht ist. Was würde man nicht darum geben, ihr Richter, wenn man den ausfragen könnte, der das große Heer nach Troja geführt hat, oder den Odysseus oder den Sisyphos oder noch viele andere, die man da aufzählen könnte, Männer und Frauen? Sich mit diesen zu unterhalten, mit ihnen zusammenzuleben und sie zu prüfen, das wäre wohl eine unbeschreibliche Glückseligkeit. Sicher werden sie dort auch niemanden deswegen hinrichten. Denn dort sind sie überhaupt glücklicher als hier, und außerdem sind sie für alle Zukunft unsterblich, sofern wahr ist, was man erzählt.

Aber auch ihr sollt dem Tode gegenüber zuversichtlich sein, ihr Richter, und müßt vor allem das als wahr erkennen, daß es für einen guten Menschen kein Übel gibt, weder im Leben noch im Tod, und daß auch die Götter seinem Schicksal gegenüber nicht gleichgültig sind. Auch das meinige hat jetzt nicht zufällig diese Wendung genommen, sondern es ist mir ganz klar, daß es nun am besten für mich ist, zu sterben und die Sorgen los zu werden. Deshalb hat mich auch das Zeichen nirgends gewarnt, und so zürne ich auch denen, die mich verurteilt haben, und auch meinen Anklägern nicht. Freilich haben sie mich nicht in dieser Absicht verurteilt und angeklagt, sondern in der Meinung, mir zu schaden; das muß man ihnen zum Vorwurf machen.

Um eines aber bitte ich sie: an meinen Söhnen, ihr Männer, übt Vergeltung, wenn sie ins Jünglingsalter treten, und plagt sie ebenso, wie ich euch geplagt habe. Wenn ihr den Eindruck habt, daß sie auf Reichtum oder etwas anderes mehr bedacht sind als auf die Tugend, oder wenn sie sich für etwas halten, was sie nicht sind, dann tadelt sie, wie ich euch getadelt habe, weil sie sich nicht um das kümmern, worum sie sich kümmern sollten, und weil sie sich einbilden, etwas zu sein, während sie doch nichts wert sind. Wenn ihr das tut, dann werdet ihr an mir und auch an meinen Söhnen gerecht gehandelt haben.

Aber nunmehr ist es Zeit, daß wir gehen, ich, um zu sterben, ihr, um zu leben. Wer von uns dem besseren Los entgegengeht, das weiß niemand als der Gott allein.

KRITON

EINLEITUNG

In der ‹Apologie› erlebte der Leser Sokrates als einen Mann, dem der sichere Tod als das geringere Übel erschien im Vergleich mit dem Verrat an seiner Lebensaufgabe, den die Athener von ihm verlangten. Der ‹Phaidon› wird ihn in derselben gefaßten Haltung in den Stunden unmittelbar vor Einnahme des Giftes zeigen. Die Handlung des ‹Kriton› fällt in die Zeit zwischen dem Todesurteil und seinem Vollzug; der kleine Dialog zeigt, daß Sokrates auch in der Zeit des langen Wartens an seinem Entschluß nicht irre wurde. Durch ihre Rahmenhandlungen erweisen sich die drei Werke als eine einheitliche Sequenz von der Unbeirrbarkeit des Philosophen (vgl. hierzu auch die Einleitung zum ‹Phaidon›). Von der hohen politischen bzw. philosophischen Spannung der Prozeßreden und der Argumente in der Sterbezelle hebt sich der ‹Kriton› in reizvoller Weise ab durch seine Schlichtheit und seine intime Atmosphäre.

Sokrates ist mit seinem alten Freund Kriton allein in der Zelle. Kritons Anliegen ist geeignet, den Leser für ihn einzunehmen: er will Sokrates zur Flucht verhelfen. Alles ist vorbereitet – es ist die letzte Gelegenheit, den offenkundigen Justizirrtum der Athener zu korrigieren.

Kritons Argumente sind einfach und klar: er mahnt Sokrates, seine Söhne nicht zu Waisen zu machen; sich selbst dürfe Sokrates nicht aufgeben und so das Geschäft seiner Feinde betreiben; er seinerseits möchte den einzigartigen Freund nicht verlieren; und welche Schande wäre es für ihn, wenn es später von ihm hieße, er habe den Freund in der Not im Stich gelassen, nur weil er das für die Befreiung aus dem Gefängnis nötige Bestechungsgeld nicht aufbringen wollte.

Sokrates kann ihm, insbesondere angesichts des zuletzt erwähnten Argumentes, leicht zeigen, daß er ganz in den Bahnen des Durchschnitts denkt. Nicht auf die Menge muß man hören in ethischen Fragen, sondern im Zweifelsfall die Meinung eines einzelnen, sofern er ein Wissender wäre, höher stellen (48 a). Daß Sokrates dieser *eine* ist, der beurteilen kann, was gerecht ist und was nicht, wird nirgends ausgesprochen, wohl aber durch den Verlauf des Dialogs deutlich gemacht.

Die Flucht aus dem Gefängnis wäre für Sokrates ein Unrecht gegen Athen. Ein Recht des einzelnen, sich dem Anspruch des Staates zu entziehen und eine rechtlich gültige Entscheidung nach eigenem Gutdünken zu korrigieren, gibt es nicht – auch dann nicht, wenn diese Entscheidung inhaltlich ungerecht ist. Im zweiten Teil des Dialogs werden die Gesetze als redende und fordernde Vertreter der Stadt eingeführt (50 a ff.). Ihre mit starken emotionalen Mitteln arbeitende Argumentation führt aus, daß der einzelne der Stadt alles verdankt und folglich nicht das Recht hat, sie durch seinen Ungehorsam, soweit es an ihm liegt, aufzuheben.

Aus der Sicht unseres Jahrhunderts, in dem eine kontinuierliche Stärkung der Rechte des Individuums gegen den Staat erreicht wurde, halten die Begründungen für die vollständige Unterordnung des Bürgers einer rechtsphilosophischen Prüfung nicht stand (vgl. die Kritik bei A. D. Woozley, Law and Obedience. The Arguments of Plato's Crito, 1979). Da der Staat, für den die übermächtige Position vindiziert wird, das *demokratische* Athen ist und Sokrates so seine eigene Verurteilung zu stützen scheint, wurde der Dialog mitunter auch für unecht erklärt (H. Thesleff, Studies in Platonic chronology, 1982, 208).

Eher könnte man sich fragen, ob nicht einerseits die Betonung der Gesetzestreue des Sokrates der Rechtfertigung des ungerecht verurteilten Philosophen vor den Athenern dient, andererseits der überhöhte Anspruch des Staates auf Gehorsam und Leben des Einzelnen bereits von Platons eigener Konzeption eines künftigen Staates her gedacht ist. Daß der Dialog mehr voraussetzt, als er explizit entwickelt, macht er selbst durch den Verweis auf früher erzielte Übereinstimmungen (49 a) deutlich. Die im ‹Gorgias› ausführlich begründete Ablehnung jeder Form des Unrechttuns (des *adikeín)* erscheint hier in knapper Zusammenfassung (49 b). Für die Etablierung dieser kühnen Position wählte Platon im ‹Gorgias› einen aggressiven Gegner, den Sokrates in einem zähen Kampf der Argumente niederringen muß. Dem gutwilligen Kriton ist die emotionale Intensität des Appells der personifizierten Gesetze besser angemessen. Sprache, Argumentation und Charakterdarstellung sind meisterhaft aufeinander abgestimmt – am Ende ist nicht nur Kriton, sondern auch der moderne Leser von der Richtigkeit der Entscheidung des Sokrates überzeugt, mag er auch dem Anspruch des Staates prinzipiell skeptischer gegenüberstehen.

KRITON

Die Personen des Dialogs: SOKRATES, KRITON
Ort: Das athenische Gefängnis

SOKRATES: Was bist du so zeitig gekommen, Kriton? Oder ist es nicht noch sehr früh am Tag?

KRITON: Doch, gewiß.

SOKRATES: Wie spät ist es denn eigentlich?

KRITON: Es ist noch ganz früher Morgen.

SOKRATES: Ich wundere mich, daß der Gefängniswärter dir aufmachte.

KRITON: Er kennt mich bereits, Sokrates, weil ich so oft hierher komme; er hat auch schon etwa eine Kleinigkeit von mir erhalten.

SOKRATES: Kommst du eben, oder bist du schon lange da?

KRITON: Schon ziemlich lange.

SOKRATES: Wieso hast du mich denn nicht gleich geweckt, statt neben mir zu sitzen, ohne ein Wort zu sagen?

KRITON: Nein, Sokrates, bei Zeus. Möchte ich doch selber nicht in so schlimmer Lage sein und nicht einmal schlafen können. Ich wundere mich aber schon die ganze Zeit über dich, wenn ich sehe, wie ruhig du schlafen kannst. So habe ich dich absichtlich nicht geweckt, damit du die Zeit noch so angenehm wie möglich zubringen kannst. Schon früher, ja dein ganzes Leben lang, habe ich dich wegen deines Charakters oft glücklich gepriesen; ganz besonders aber jetzt, wo du das bevorstehende Unglück so leicht und gelassen trägst.

SOKRATES: In meinem Alter, Kriton, wäre es doch ganz verkehrt, wenn ich darüber unwillig wäre, daß ich nun sterben muß.

KRITON: Auch andere werden in diesen Jahren von solchen Schicksalsschlägen betroffen, Sokrates; und doch hindert sie ihr Alter keineswegs daran, über ihr Los unwillig zu sein.

SOKRATES: Das stimmt. Warum bist du aber so früh hierhergekommen?

KRITON: Ich bringe dir eine schlimme Botschaft, Sokrates; schlimm nicht für dich, wie mir scheint; für mich aber und für alle deine Freunde ist es eine böse und schwere Nachricht, und ich trage wohl mit am schwersten an ihr.

SOKRATES: Was denn für eine? Ist etwa das Schiff, bei dessen Ankunft ich sterben muß, aus Delos zurückgekommen?

KRITON: Es ist noch nicht da; aber ich glaube, es kommt heute an, wenigstens nach den Meldungen, die einige von Sunion brachten, wo sie es verlassen haben. Aus diesen Meldungen geht hervor, daß das Schiff heute kommen wird; morgen, Sokrates, mußt du also dein Leben beschließen.

SOKRATES: So sei es denn, Kriton. Wenn es der Wille der Götter ist, mag es so geschehen. Ich glaube indes nicht, daß es heute schon kommt.

KRITON: Woraus schließest du das?

SOKRATES: Ich will es dir sagen. Ich muß doch am Tage nach der Ankunft des Schiffes sterben.

KRITON: So behaupten es wenigstens die, die darüber zu befinden haben.

SOKRATES: Ich glaube nun aber, daß es nicht am heutigen Tage kommt, sondern erst morgen. Ich schließe das aus einem Traum, den ich eben erst in dieser Nacht gehabt habe; wahrscheinlich war es ganz gut, daß du mich nicht geweckt hast.

KRITON: Was war es denn für ein Traum?

SOKRATES: Mir erschien eine schöne, wohlgestaltete Frau in einem weißen Gewande; sie trat auf mich zu, rief mich an und sagte: «Sokrates,

Wahrlich, am dritten Tage gelangst du zum fruchtbaren Phthia!»

Kriton: Ein seltsamer Traum, Sokrates.

Sokrates: Ich glaube, er ist jedenfalls deutlich, Kriton.

Kriton: Nur allzuklar, will mir scheinen. Doch, du unbegreiflicher Sokrates, folge doch jetzt noch meinem Rat und laß dich retten. Denn wenn du stirbst, so ist das für mich nicht ein einfaches Unglück. Erstens verliere ich an dir einen Freund, wie ich nie mehr einen finden werde; außerdem aber wird mancher, der uns beide nicht genau kennt, der Meinung sein, ich hätte mich nicht um deine Rettung bekümmert, obschon sie in meiner Hand gelegen wäre, wenn ich nur den nötigen Geldaufwand nicht gescheut hätte. Gibt es aber einen schimpflicheren Ruf als den, daß man sein Geld höher schätze als seine Freunde? Denn die Leute werden nicht glauben, du hättest selber nicht von hier weggehen wollen, trotz unseren Bemühungen.

Sokrates: Aber was kümmern wir uns denn so um die Meinung der Leute, mein bester Kriton? Die vernünftigsten darunter, die, auf die man eher Rücksicht nehmen muß, werden glauben, daß alles so vor sich gegangen ist, wie es wirklich geschehen wird.

Kriton: Aber du siehst doch ein, Sokrates, daß man sich auch um die Meinung der Leute kümmern muß. Die gegenwärtigen Ereignisse zeigen ja, daß sie nicht nur etwa ein ganz kleines, sondern daß sie sozusagen auch das größte Unheil anzurichten vermögen, wenn einer bei ihnen verleumdet worden ist.

Sokrates: Wären sie doch wirklich zu den größten Übeltaten imstande, damit sie dann auch zu den höchsten guten Taten fähig wären; das wäre gewiß gut. Sie vermögen aber keines von beiden: weder können sie etwas Vernünftiges noch etwas Unvernünftiges tun. Was sie tun, wird ganz vom Zufall bestimmt.

Kriton: Du magst recht haben. Antworte mir nun aber auf die folgende Frage: nicht wahr, du bist um mich und um deine anderen Freunde besorgt, weil du befürchtest, daß uns im Falle deiner Flucht die Sykophanten Schwierigkeiten bereiten, weil wir dir heimlich von hier fortgeholfen haben, und daß wir dann all unsere Habe oder wenigstens viel Geld verlieren oder noch Schlimmeres erleiden müssen? Wenn du etwa das befürchtest, dann laß es gut sein! Denn es ist nichts als unsere Pflicht, uns dieser Gefahr und, wenn es sein muß, einer noch größeren auszusetzen, um dich zu retten. So laß dich bereden und tue, was ich sage.

SOKRATES: Ja, das befürchte ich in der Tat, Kriton, und noch vieles andere dazu.

KRITON: Sei in dieser Beziehung ruhig; es ist auch gar nicht viel Geld, wofür einige dich retten und von hier fortbringen wollen. Und außerdem: siehst du nicht, wie käuflich diese Sykophanten sind, und daß es für sie gar nicht viel Geld braucht? Mein Vermögen steht dir zur Verfügung, und das genügt, glaube ich. Wenn du aber, aus Rücksicht auf mich, etwa meinst, daß ich nicht mein ganzes Geld für dich opfern dürfe, dann sind deine auswärtigen Freunde hier bereit, es auszulegen; einer von ihnen, Simmias aus Theben, hat auch zu diesem Zweck die nötige Summe mitgebracht; aber auch Kebes und sehr viele andere sind dazu bereit. Gib also deine Rettung ja nicht dieser Befürchtungen wegen auf. Was aber das betrifft, was du vor Gericht erwähnt hast, du wüßtest, wenn du aus dem Gefängnis kämest, nicht, wie du dir weiterhelfen sollst, so mach dir auch darüber keine Sorgen. Denn überall, wo du nur hinkommst, wird man dich freundlich aufnehmen. Willst du nach Thessalien gehen, dann habe ich dort Gastfreunde, die dich über alles schätzen und für deine Sicherheit besorgt sein werden, so daß dir in Thessalien kein Mensch etwas antun wird.

Aber auch sonst halte ich es für falsch, Sokrates, wenn du dich selber aufgeben willst, während du doch gerettet werden kannst. Du unterstützest damit nur, was deine Feinde gegen dich vorhaben und vorhatten, weil sie dich zugrunde richten wollen. Außerdem aber glaube ich, daß du auch deine eigenen Kinder preisgibst. Denn du könntest sie aufziehen und ausbilden, aber du willst von ihnen gehen und sie im Stich lassen, und, soviel an dir liegt, bleibt ihr weiteres Schicksal dem Zufall überlassen. Wahrscheinlich wird ihnen dann das übliche Los von verlassenen Waisen zuteil. Entweder soll man aber überhaupt keine Kinder zeugen, oder man soll sich treu mit ihnen durchkämpfen, sie aufziehen und ausbilden. Du aber scheinst mir den allerleichtesten Weg zu wählen; es gehört sich, daß man wählt, was ein guter und tapferer Mann wählen würde, besonders wenn einer behauptet, daß er sich das ganze Leben lang der Tugend befleißige. Ich schäme mich deshalb für dich und für uns, die wir deine Freunde sind, weil es scheinen könnte, daß deine ganze Angelegenheit von unserer Seite mit einer gewissen Feigheit behandelt worden sei: schon die Einbringung der Klage, die doch hätte vermieden werden können; dann der Verlauf der Gerichtsverhandlung selbst; und schließlich noch, gleichsam als lächerlicher Abschluß der ganzen Sache, wenn nun der Eindruck entsteht, wir hätten nur aus Feigheit und Unmännlichkeit die Gelegenheit entgehen lassen: weder hätten wir dich noch habest du dich selber gerettet, obschon dies durchaus möglich und durchführbar gewesen wäre, wenn wir auch nur im geringsten zu etwas nutz wären. So sieh jetzt du, Sokrates, daß dich und uns außer dem Unglück nicht auch noch Schande treffe. Entschließe dich, oder vielmehr: es ist jetzt keine Zeit mehr zum Überlegen. Der Entschluß sollte bereits gefaßt sein. Es gibt aber nur einen: in der kommenden Nacht muß alles erledigt sein. Warten wir noch länger, dann wird die Sache unmöglich und nicht mehr durchführbar. Folge mir also, Sokrates, und tue, was ich dir sage.

SOKRATES: Mein lieber Kriton, dein guter Wille ist viel wert, solange er mit dem übereinstimmt, was recht ist; im anderen Falle wird er um so bedenklicher, je größer er ist. Wir müssen untersuchen, ob wir das tun dürfen oder nicht; denn ich habe es nicht erst jetzt, sondern schon immer so gehalten, daß ich mich in meinen Angelegenheiten einzig und allein von der Überlegung leiten lasse, die mir beim Nachdenken die beste scheint. Die Grundsätze aber, die ich bisher vertreten habe, kann ich heute nicht einfach über Bord werfen, weil mich dieses Schicksal betroffen hat; sie scheinen mir vielmehr noch ganz die gleichen zu sein, und ich habe dieselbe Achtung und die gleiche Ehrfurcht vor ihnen wie früher; wenn wir also jetzt an ihrer Stelle nichts Besseres vorzubringen haben, so gebe ich dir nicht nach, auch nicht, wenn uns die Macht der Menge wie ein Kind ängstigen wollte und mir noch mehr Schrecknisse als jetzt schon vor Augen führte: Gefängnis und Tod und Vermögensverlust.

Wie können wir nun diese Frage am angemessensten untersuchen? Wohl so, daß wir zuerst den Satz über die verschiedenen Meinungen wieder aufnehmen, den du eben geäußert hast, und uns fragen, ob die stets wieder vertretene Behauptung richtig sei oder nicht, daß man den einen Meinungen Gehör schenken soll, anderen aber nicht. Oder hat dieser Satz nur Gültigkeit gehabt, solange ich noch nicht zum Tode verurteilt war, während es jetzt offenbar geworden ist, daß wir das bloß behauptet haben, um überhaupt eine Meinung zu äußern, daß es aber in Wirklichkeit nur Spielerei und Geschwätz war? Ich möchte nun gerne gemeinsam mit dir, mein Kriton, überdenken, ob mir dieser Satz in meiner jetzigen Lage anders vorkommt, oder ob er sich gleich geblieben ist, und ob wir ihn aufgeben oder uns von ihm leiten lassen sollen. Soviel ich weiß, stellten doch früher Leute, die etwas Rechtes zu sagen glauben durften, bei jeder Gelegenheit die Behauptung auf, die auch ich jetzt äußerte, daß es unter den Meinungen der Menschen solche gibt, aus denen man sich viel, und andere, aus denen man sich nichts machen soll. Bei den Göttern, Kriton: hältst du das nicht für richtig? Denn du bist ja, soweit menschliche Berechnungen reichen, nicht in Gefahr, morgen sterben zu müssen, und was mir widerfährt, kann dich wohl kaum in deinem Denken irremachen. So überlege dir also: hältst du die Behauptung nicht für richtig, daß man nicht alle menschlichen Meinungen anerkennen soll, sondern nur die einen, die anderen aber nicht, und nicht die aller Menschen, sondern nur die der einen, die der anderen aber nicht? Was meinst du? Ist dieser Satz nicht richtig?

KRITON: Doch.

SOKRATES: Sind es aber nicht die guten Meinungen, die wir hochschätzen müssen, im Gegensatz zu den schlechten?

KRITON: Gewiß.

SOKRATES: Stammen die guten Meinungen aber nicht von den Verständigen, die schlechten indes von den Törichten?

KRITON: Wie wäre es anders möglich?

SOKRATES: Nun denn! Wie lautete doch nur unsere Ansicht in dieser Frage? Wird einer, der sich in der Gymnastik übt und sie ernstlich betreibt, auf Lob und Tadel und auf die Meinung eines jeden achtgeben oder nur auf die eines einzigen, nämlich des Arztes oder des Gymnastiklehrers?

KRITON: Ja, allein auf dessen Meinung.

SOKRATES: Einzig den Tadel dieses einen muß er also fürchten, und nur dessen Lob wird ihm Freude machen und nicht das der Menge.

KRITON: Das ist klar.

SOKRATES: Er muß sich also in seinem Lebenswandel und in seinen Übungen, beim Essen und beim Trinken einzig nach dem richten, was der Meister und Sachverständige für richtig erachtet, und nicht nach dem, was allen anderen gut scheint.

KRITON: So ist es.

SOKRATES: Gut. Wenn er aber diesem einen nicht gehorcht, wenn er sich nichts macht aus seiner Meinung und aus seinem Lob, dafür aber das der Menge und derer, die nicht sachverständig sind, hochhält, wird er dann nicht irgendwie Schaden nehmen?

KRITON: Wie könnte es anders sein?

SOKRATES: Was ist das aber für ein Schaden? Worauf bezieht er sich, und worin trifft er den Ungehorsamen?

KRITON: An seinem Körper natürlich. Denn diesen richtet er zugrunde.

SOKRATES: Du hast recht. Nun, Kriton, um nicht auf alles einzugehen: ist es nicht mit anderen Dingen ganz das gleiche, besonders mit dem Gerechten und dem Ungerechten, dem Häßlichen und Schönen, dem Guten und Schlechten, über das wir gerade beraten? Müssen wir da der Meinung der Menge folgen und sie fürchten oder uns von der des einen Sachverständigen leiten lassen, wenn es einen solchen gibt, vor dem wir uns mehr scheuen und fürchten müssen als vor allen anderen zusammen? Und wenn wir ihm nicht folgen, zerstören und verletzen wir dann nicht das, was, wie wir immer annahmen, durch das Gerechte gefördert, durch das Ungerechte aber zugrunde gerichtet wird? Oder gibt es nichts Derartiges?

KRITON: Ich denke doch, Sokrates.

SOKRATES: Wohlan denn: wenn wir das zugrunde richten, das durch das Gesunde gefördert, durch das Ungesunde aber zerstört wird, weil wir nicht der Meinung der Sachverständigen folgten – können wir noch weiterleben, wenn das zugrunde gerichtet ist? Das ist aber doch wohl der Körper, oder nicht?

KRITON: Ja.

SOKRATES: Mit einem zerrütteten und zerstörten Körper können wir also nicht leben?

KRITON: Auf keinen Fall.

SOKRATES: Lohnt es sich aber zu leben, wenn das zugrunde gegangen ist, das durch Unrechttun geschädigt, durch gerechtes Handeln aber gefördert wird? Oder halten wir das für weniger wert als den Körper – was für ein Teil von uns es auch sein mag –, worauf sich Ungerechtigkeit und Gerechtigkeit beziehen?

KRITON: Durchaus nicht.

SOKRATES: Hältst du ihn eher für wertvoller?

KRITON: Für viel wertvoller sogar.

SOKRATES: Mein Bester, wir müssen uns also nicht so sehr um das kümmern, was uns die Menge sagen wird, als um das, was derjenige sagt, der über Gerechtes und Ungerechtes Bescheid weiß, er als der einzige und mit ihm die Wahrheit selber? Darin hast du also von Anfang an unrecht, wenn du erklärst, daß wir uns um die Meinung der Leute über das Gerechte, Schöne und Gute und ihr Gegenteil kümmern müssen. «Die Menge hat ja aber die Macht, uns zu töten», könnte nun einer sagen.

KRITON: Offenbar auch das, Sokrates; ja, das könnte einer wohl sagen.

SOKRATES: Und doch, du wunderlicher Mensch, scheint mir der Satz, den wir eben vertreten haben, noch die gleiche Gültigkeit zu besitzen wie vorher. Überlege dir nun, ob auch der andere für uns in Kraft bleibt oder nicht, daß es nämlich in erster Linie nicht darauf ankommt, daß wir leben, sondern daß wir gut leben.

KRITON: Doch, er bleibt in Kraft.

SOKRATES: Und daß gut leben das gleiche bedeutet wie schön und gerecht leben; bleibt auch dieser Satz bestehen oder nicht?

KRITON: Er bleibt bestehen.

SOKRATES: Wenn wir nun beide darüber einig sind, dann müssen wir jetzt prüfen, ob es gerecht ist, wenn ich versuche, ohne die Erlaubnis der Athener von hier wegzugehen, oder nicht. Und wenn es uns gerecht scheint, dann wollen wir es versuchen; sonst lassen wir es bleiben. Was nun die Bedenken anbetrifft, die du wegen des Geldaufwandes und wegen des Rufes und wegen der Erziehung der Kinder geltend machst, Kriton, so handelt es sich in Wahrheit doch wohl um Gesichtspunkte eben dieser Vielen, die so leichthin zum Tode verurteilen und ebenso ohne Sinn und Verstand wieder zum Leben erwecken würden, wenn sie es nur könnten. Unsere Überlegung nötigt uns nun, einzig darauf Rücksicht zu nehmen, was wir eben gesagt haben: Tun wir recht daran, wenn wir denen, die mich aus dem Gefängnis entführen wollen, mit einer Summe Geldes danken, gleichviel ob wir selbst die Entführung vornehmen oder uns entführen lassen? Oder begehen wir mit dem allem in Wahrheit etwas Unrechtes? Und wenn sich zeigt, daß wir damit etwas Unrechtes tun, dann dürfen wir nicht überlegen, ob ich sterben muß oder sonst etwas zu erleiden habe, wenn wir hier bleiben und uns ruhig verhalten, sondern einzig, ob wir ein Unrecht begehen.

KRITON: Ich glaube, du hast recht, Sokrates. Sieh nun aber zu, was wir tun sollen.

SOKRATES: Gemeinsam, du Guter, wollen wir das prüfen, und wenn du gegen meine Ansicht irgend etwas einzuwenden hast, dann tue es, und ich will mich von dir überzeugen lassen. Wenn aber nicht, dann laß endlich davon ab, mein Bester, mir immer wieder dasselbe vorzuschlagen: daß ich mich gegen den Willen der Athener von hier wegbegeben soll. Es kommt mir nämlich sehr darauf an, in dieser Sache im Einverständnis mit dir zu handeln und nicht gegen deinen Willen. So sieh denn, ob dir der Ausgangspunkt unserer Untersuchung genügt, und versuche, auf meine Fragen so aufrichtig wie möglich zu antworten.

KRITON: Nun denn, ich will es versuchen.

Sokrates: Sind wir nicht der Ansicht, daß man unter keinen Umständen absichtlich Unrecht tun dürfe, oder glauben wir, daß man es in einem Falle tun darf, im anderen aber nicht? Oder ist es niemals gut oder schön, Unrecht zu tun, wie wir ja in letzter Zeit oft gemeinsam festgestellt und eben jetzt auch wieder gesagt haben? Oder ist all das, worüber wir früher gleicher Ansicht waren, in diesen wenigen Tagen zunichte geworden und haben wir wohl, mein Kriton, als Männer unseres Alters, schon die ganze Zeit hindurch nicht gemerkt, daß wir in all unseren eifrigen Gesprächen nichts anderes als Kinder waren? Oder ist die Sache nicht doch eher so, wie wir damals behauptet haben: ob die Leute es zugeben oder nicht und ob wir Schlimmeres oder Gelinderes als das hier erleiden müssen, das Unrecht ist für den, der es tut, in jedem Falle etwas Schlechtes und Schimpfliches? Ist das unsere Meinung oder nicht?

Kriton: Ja, das ist sie.

Sokrates: So darf man also niemals Unrecht tun?

Kriton: Gewiß nicht.

Sokrates: Demnach darf auch der, dem Unrecht geschehen ist, das nicht wieder mit Unrecht vergelten, wie die meisten Leute glauben, da man doch in gar keinem Falle Unrecht tun darf?

Kriton: Offenbar nicht.

Sokrates: Wie nun aber, Kriton: darf man einem anderen Schaden zufügen oder nicht?

Kriton: Das darf man sicher nicht, Sokrates.

Sokrates: Wie nun? Wenn einer, dem Schaden zugefügt wurde, das in gleicher Weise wieder vergilt, wie es die meisten Leute für richtig ansehen, ist das recht oder nicht?

Kriton: Auf keinen Fall ist es recht.

Sokrates: Seinen Mitmenschen Schaden zufügen, bedeutet ganz das gleiche wie Unrecht tun.

KRITON: Das ist wahr!

SOKRATES: Man darf also weder Unrecht mit Unrecht vergelten noch einem seiner Mitmenschen Schaden zufügen, auch nicht, wenn man alles mögliche von ihnen zu leiden hat. Und sieh zu, mein Kriton, daß du mir da nicht etwas gegen deine Überzeugung zugibst; denn ich weiß, daß es nur wenigen Leuten so scheint oder scheinen wird. Die nun, die dieser Meinung sind, und die, die es nicht sind, können niemals zu einer gemeinsamen Stellungnahme kommen, sondern sie müssen im Hinblick auf ihre gegenseitigen Grundsätze einander verachten. So überlege denn auch du dir ganz genau, ob du dich mir anschließen willst und ob du gleicher Meinung bist wie ich und ob wir in unseren Beratungen davon ausgehen können, daß es niemals recht ist, Unrecht zu tun oder zu vergelten oder sich gegen erlittenes Unrecht zu wehren, indem man selbst wieder Böses tut. Oder gibst du diesen Grundsatz auf und teilst ihn nicht mehr mit mir? Denn ich war schon immer und bin auch jetzt noch davon überzeugt. Solltest du aber irgendwie anderer Meinung sein, so sag es und laß es mich wissen. Bleibst du aber bei unserer früheren Ansicht, dann höre, was daraus folgt.

KRITON: Ja, ich bleibe dabei und denke ganz wie du. So sprich denn weiter.

SOKRATES: Ich will dir das Weitere darlegen. Oder vielmehr, ich will Fragen an dich richten. Was jemand einem anderen gegenüber als gerecht anerkannt hat, muß er das auch erfüllen oder darf er seiner Zusage untreu werden?

KRITON: Er muß es erfüllen.

SOKRATES: So betrachte denn die Sache von diesem Standpunkte aus. Wenn wir uns ohne Zustimmung des Staates von hier wegbegeben, tun wir da irgendwem Unrecht, und zwar gerade denjenigen, denen man am wenigsten Unrecht tun darf, oder nicht? Und bleiben wir dem treu, was wir beide eben als gerecht anerkannt haben oder nicht?

KRITON: Ich kann deine Frage nicht beantworten, Sokrates; denn ich verstehe sie nicht.

SOKRATES: So überlege es dir auf folgende Weise. Stelle dir vor, wir wären eben im Begriffe, von hier wegzulaufen, oder wie man dies nennen soll, und da kämen uns die Gesetze und das Gemeinwesen des Staates entgegen, träten auf uns zu und fragten: «Sage mir, Sokrates, was hast du im Sinn zu tun? Hat dein Vorhaben noch ein anderes Ziel, oder willst du damit, so viel in deiner Macht liegt, uns Gesetze und auch den ganzen Staat verderben? Oder hältst du es etwa für möglich, daß der Staat noch weiterbestehen und dem Umsturz entgehen kann, in dem gefällte Urteile keine Kraft mehr besitzen, sondern von Privatleuten einfach ungültig gemacht und umgestoßen werden?»

Was sollen wir auf diese oder ähnliche Fragen antworten, mein Kriton? Denn dazu könnte einer vieles sagen, besonders ein Redner: über die Verletzung des Gesetzes, das vorschreibt, daß erlassene richterliche Entscheide zu Recht bestehen müssen. Oder werden wir ihnen erwidern: «Der Staat tat uns ja Unrecht und hat ein falsches Urteil gefällt?» Wollen wir ihnen das zur Antwort geben, oder was sonst?

KRITON: Das, bei Zeus, wollen wir antworten, Sokrates.

SOKRATES: Wenn nun aber die Gesetze sagten: «Haben wir beide wirklich das zugegeben, Sokrates, oder vielmehr, daß es bei den Entscheiden bleiben soll, wie der Staat sie trifft?» Und wenn wir uns nun über ihre Worte wunderten, dann würden sie uns vielleicht erwidern:

«Wundere dich nicht über unsere Worte, Sokrates, sondern gib uns Antwort. Pflegtest du doch selbst die Methode des Fragens und Antwortens anzuwenden. Wohlan denn! Was wirfst du uns und dem Staate vor, daß du versuchst, uns zu vernichten? Waren nicht wir es, die dir überhaupt erst das Leben gaben? Hast du es nicht uns zu danken, daß dein Vater deine Mutter zur Frau nahm und dich zeugte? Sage uns nun: hast du den Ehegesetzen unter uns irgend etwas vorzuwerfen?»

«Nein», müßte ich antworten.

«Aber vielleicht denen, welche die Auferziehung und die Ausbildung des Kindes regeln, nach welchen du selber erzogen wurdest: Ist es etwa nicht gut, daß die über diese Dinge erlassenen Gesetze deinem Vater vorschrieben, für deine leibliche und geistige Bildung zu sorgen?»

«Doch, das ist gut», würde ich sagen.

«Nachdem du aber geboren, großgezogen und unterrichtet worden bist, kannst du da noch leugnen, daß du unser Sprößling, ja unser Diener bist, wie es auch deine Vorfahren waren? Und wenn dem so ist, glaubst du dann, daß du gegen uns das gleiche Recht hast wie wir gegen dich und daß du das, was wir gegen dich unternehmen wollen, auch deinerseits uns gegenüber tun darfst? Oder warst du etwa deinem Vater oder deinem Herrn gegenüber, falls du je einen solchen hattest, gleichberechtigt, und durftest du alles, was sie dir gegenüber taten, ihnen auch wieder tun: ihnen also jedes böse Wort zurückgeben oder empfangene Schläge erwidern und noch vieles derartiges mehr? Dem Vaterland aber und uns Gesetzen gegenüber soll das erlaubt sein? Wenn wir dich vernichten wollen, weil wir das für richtig erachten, willst du also den Versuch machen, soviel in deiner Macht liegt, auch uns, die Gesetze und das Vaterland, zugrunde zu richten, und dabei noch behaupten, daß du damit etwas Gerechtes tust, du, der du dich doch in Wirklichkeit um Tugend bemühst? Oder ist es dir trotz deiner Weisheit entgangen, daß man das Vaterland höher achten muß als Mutter und Vater und alle anderen Vorfahren, daß es in den Augen der Götter und der verständigen

Menschen ehrwürdiger, heiliger und wertvoller ist und daß man es ehren und sich ihm mehr fügen und dienen muß – auch wenn es uns zürnt – als seinem Vater? Man muß es entweder von seinem Unrecht überzeugen oder tun, was es verlangt, und die Leiden, die es auferlegt, ruhig ertragen, selbst wenn man geschlagen oder gefesselt wird. Es ist Pflicht, ihm zu folgen, wenn es uns in den Krieg führt, wo wir verwundet und getötet werden können, weder zu weichen noch zurückzugehen noch die Schlachtordnung zu verlassen, sondern im Kriege wie vor Gericht und überall entweder das zu tun, was der Staat und das Vaterland befehlen, oder es in gehöriger Weise eines Besseren zu belehren. Es ist aber nicht erlaubt, weder der Mutter noch dem Vater und noch viel weniger dem Vaterland Gewalt anzutun.»

Was sollen wir darauf sagen, Kriton? Daß, was die Gesetze sagen, wahr ist oder nicht?

KRITON: Ich glaube, es ist wahr.

SOKRATES: «So überlege dir denn, Sokrates», würden dann die Gesetze wahrscheinlich fortfahren, «ob wir recht haben, wenn wir behaupten, daß das, was du gegen uns im Schilde führst, etwas Unrechtes ist. Denn wir haben dich nicht nur erzeugt, auferzogen und ausgebildet und dir wie allen anderen Bürgern Anteil an allem Schönen gegeben, soviel wir nur konnten. Wir haben auch jedem Athener, der davon Gebrauch machen will, ausdrücklich freigestellt, wenn er in die Bürgerliste aufgenommen ist und die Verhältnisse in der Stadt und uns Gesetze kennengelernt hat, seine Habe zu nehmen, fortzuziehen, wohin er will, falls wir ihm etwa nicht gefallen. Und wenn jemand von euch in eine Kolonie gehen will, falls wir und der Staat ihm nicht behagen, oder wenn er sonst irgendwohin übersiedeln möchte, dann steht ihm keines von uns Gesetzen im Wege oder verbietet ihm, mit seiner Habe dorthin zu gehen, wohin er will. Wenn aber einer von euch dableibt, nachdem er gesehen hat, wie wir Recht sprechen und die übrigen Angelegenheiten der Stadt regeln, dann behaupten wir von ihm, er habe sich durch die Tat damit einverstanden erklärt, alles zu tun, was wir befehlen. Den aber, der uns dann nicht gehorcht, beschuldigen wir eines dreifachen Unrechts: daß er uns, seinen Erzeugern und seinen Ernährern, nicht folgt und daß er sich wohl damit einverstanden erklärt hat, uns zu gehorchen, jetzt uns aber weder gehorcht, wenn wir etwas tun, was nicht gut ist, noch uns davon überzeugt. Und doch stellen wir es ihm anheim und befehlen es ihm nicht etwa in schroffer Art, unseren Weisungen nachzukommen, sondern wir überlassen es ihm, die eine von beiden Möglichkeiten zu wählen: entweder uns zu überzeugen oder dann zu gehorchen. Er aber tut keines von beiden.

Von diesen Beschuldigungen, behaupten wir, wirst nun auch du betroffen, Sokrates, falls du dein Vorhaben ausführst, und zwar du nicht am wenigsten unter den Athenern, sondern mit am meisten.»

Wenn ich nun fragte: «Warum denn das?», dann würden sie mich wahrscheinlich schelten, und zwar mit Recht, und würden sagen, daß gerade ich mehr als alle übrigen Athener ihnen gegenüber diese Verpflichtung eingegangen sei.

«Sokrates», würden sie sagen, «wir haben starke Beweise dafür, daß wir und die Stadt dir gefielen; denn du hättest nicht so gerne hier gewohnt, lieber als alle übrigen Athener, wenn dir die Stadt nicht ausnehmend gut gefallen hätte. Du bist weder je zu einem Festspiel aus der Stadt gegangen, außer einmal auf den Isthmos, noch sonst irgendwohin, ausgenommen, wenn du in den Krieg zogst. Auch sonst hast du nie eine Reise unternommen, wie es die anderen Leute tun, noch hat dich je das Verlangen nach einer anderen Stadt oder danach ergriffen, andere Gesetze kennenzulernen, sondern wir und unsere Stadt genügten dir vollständig. So eifrig entschiedest du dich für uns und gelobtest, im Gehorsam gegen uns als Bürger in der Stadt zu leben. Außerdem hast du hier auch Kinder gezeugt, weil dir diese Stadt so gut gefiel. Und jetzt, während dieses Prozesses selbst, konntest du ja Verbannung gegen dich beantragen, wenn du gewollt hättest. Was du jetzt gegen den Willen der Stadt unternehmen willst, das hättest du damals also mit ihrer Zustimmung tun können. Du aber brüstetest dich, du seiest nicht darüber unwillig, daß du sterben müssest, sondern zogst, wie du sagtest, den Tod der Verbannung vor. Jetzt aber schämst du dich nicht jener Worte, noch kehrst du dich an uns Gesetze, sondern versuchst, uns zugrunde zu richten, und tust das, was sonst etwa der geringste Sklave tun würde: du willst davonlaufen, unbekümmert um die Vereinbarungen und um die Verpflichtungen, durch die du mit uns übereingekommen bist, als Bürger zu leben. Antworte uns nun vor allem auf folgende Frage: Stimmt es, wenn wir behaupten, daß du dich durch dein Verhalten, nicht nur mit Worten, dazu verpflichtet hast, im Gehorsam gegen uns als Bürger zu leben, oder stimmt es nicht?»

Was sollen wir da antworten, Kriton? Können wir anders, als das zugeben?

KRITON: Wir müssen es, Sokrates.

SOKRATES: «Verletzest du nun aber nicht unsere Vereinbarungen», werden sie sagen, «und die Verpflichtungen, die du uns gegenüber eingegangen bist, und zwar ohne daß man dich dazu gezwungen hat, ohne daß du das Opfer eines Betrugs warst, noch dich genötigt sahst, deinen Entschluß in kurzer Frist zu fassen? Du konntest das im Verlaufe der siebzig Jahre tun, in denen du hättest auswandern können, wenn wir dir nicht gefielen oder wenn dir unsere Vereinbarungen ungerecht schienen. Du aber zogest weder Lakedaimon noch Kreta vor, deren gute Verwaltung du doch immer wieder rühmst, noch irgendeine andere Griechen- oder Barbarenstadt, sondern du gingst sogar seltener von hier fort als die Lahmen und Blinden und die anderen Krüppel. So viel mehr als den übrigen Athenern gefiel dir die Stadt und offenbar auch wir, die Gesetze. Denn wem könnte eine Stadt gefallen, nicht aber ihre Gesetze?

Und jetzt willst du deinen Verpflichtungen untreu werden? Nein, das wirst du nicht, sondern du wirst auf uns hören, Sokrates, und dich nicht durch deine Flucht aus der Stadt der Lächerlichkeit preisgeben.

Denn überlege dir doch einmal, was du dir selber und was du deinen Freunden nützest, wenn du die Vereinbarung mit uns verletztest und dich gegen eine von ihnen verfehltest. Daß deine Freunde Gefahr laufen, selbst fliehen zu müssen, aus der Stadt verbannt zu werden oder ihre Habe zu verlieren, das ist so gut wie sicher. Du selbst aber, wenn du zunächst in eine der benachbarten Städte kommst, nach Theben etwa oder nach Megara – beide erfreuen sich einer guten Verwaltung –, dann wirst du dort als ein Feind ihrer Verfassung aufgenommen, Sokrates; und allen denen, die um das Wohl ihrer Vaterstadt besorgt sind, mußt du verdächtig scheinen, weil sie dich für einen Verderber der Gesetze halten. Und du selbst wirst in deinen Richtern die Meinung bestärken, daß sie dich offenbar mit Recht verurteilt haben. Denn von einem, der die Gesetze zugrunde richtet, glaubt man natürlich leicht, daß er auch die jungen und unverständigen Menschen verdirbt. Wirst du also die gut verwalteten Städte und die ehrenhaftesten Männer meiden? Wird sich dann aber das Leben noch für dich lohnen? Oder du näherst dich ihnen und scheust dich nicht, mit ihnen zu reden – aber worüber denn, Sokrates? Wirst du etwa das gleiche zu ihnen sagen, was du hier gesagt hast: daß der Mensch die Tugend und die Gerechtigkeit, das Recht und die Gesetze höher achten müsse als alles andere? Glaubst du nicht, daß Sokrates dann eine schlechte Figur machen werde? Das muß man doch gewiß glauben.

Du wirst diese Orte also verlassen und kommst dann nach Thessalien zu den Gastfreunden des Kriton. Dort herrscht ja die größte Unordnung und Zügellosigkeit, und wahrscheinlich würden dir dort die Leute mit Vergnügen zuhören, wenn du ihnen erzähltest, auf wie komische Weise du aus dem Gefängnis entflohen bist, in irgendeiner Verkleidung, entweder mit einem Tierfell oder sonst etwas, womit sich die Flüchtlinge zu verkleiden pflegen und womit du deine Gestalt unkenntlich gemacht hast. Daß du dich aber, als alter Mann, dem doch allem Anschein nach nur noch eine kurze Lebenszeit beschieden ist, nicht gescheut hast, so gierig am Leben zu hängen und dafür die heiligsten Gesetze zu übertreten, wird das wohl niemand fragen? Ja, vielleicht, solange du keinen beleidigst; sonst aber, Sokrates, wirst du manches zu hören bekommen, was deiner unwürdig ist. So mußt du denn dein weiteres Leben in knechtischer Unterwürfigkeit gegen alle Leute verbringen, einzig um es dir in Thessalien recht schmecken zulassen, als wärest du des Essens wegen dorthin ausgewandert. Und all deine Reden über die Gerechtigkeit und über die sonstigen Tugenden – wo werden die dann bleiben?

Aber du willst ja deiner Kinder wegen am Leben bleiben, um sie aufzuziehen und auszubilden: Wie aber? Willst du sie nach Thessalien mitnehmen und dort groß werden und unterrichten lassen, also sie zu Heimatlosen machen, damit sie dir auch diese Wohltat verdanken? Oder ist das nicht deine Absicht und sollen sie hier besser erzogen und ausgebildet werden, wenn du zwar noch lebst, aber doch nicht bei ihnen bist? Denn deine Freunde werden ja für sie sorgen; aber werden sie das nur tun, wenn du nach Thessalien, nicht aber, wenn du in die Unterwelt gehst? Wenn wenigstens diejenigen, die deine Freunde sein wollen, nur irgend etwas wert sind, kann man das doch nicht annehmen.

So folge uns, Sokrates, die wir dich aufgezogen haben. Nicht deine Kinder, nicht dein Leben, nichts sonst sollst du höher stellen als das, was recht ist, damit du, wenn du in den Hades kommst, vor denen, die dort herrschen, all das zu deiner Verteidigung vorbringen kannst. Denn wenn du jetzt fliehst, dann machst du damit offenbar hier in dieser Welt deine Sache weder für dich noch die Deinigen besser, gerechter oder ehrwürdiger. Du wirst aber auch keinen Vorteil davon haben, wenn du in jene andere Welt kommst. Im Gegenteil: wenn du jetzt aus dem Leben scheidest, dann gehst du als ein Mann, dem Unrecht geschehen ist – nicht von uns Gesetzen, aber von den Menschen. Wenn du aber auf so schmähliche Weise aus der Stadt entfliehst und damit Unrecht mit Unrecht, Übles mit Üblem vergiltst und dich über deine eigenen Zusicherungen und Verpflichtungen uns gegenüber hinwegsetzest und dich gegen die vergehst, die es am wenigsten verdienen, nämlich gegen dich selber, gegen deine Freunde, gegen das Vaterland und gegen uns Gesetze, dann sind wir schon jetzt, solange du noch lebst, deine Feinde; und auch dort werden dich unsere Brüder, die Gesetze im Hades, nicht gnädig aufnehmen, weil sie wissen, daß du uns, was an dir lag, zugrunde richten wolltest. So folge denn nicht dem Rat des Kriton, sondern dem unsrigen.»

Diese Worte, mein lieber Kriton, glaube ich zu vernehmen, so wie die korybantisch Verzückten Flötenklänge zu hören glauben; und ihr Schall ertönt in meinem Innern und macht mich unempfindlich gegen alle anderen Reden. Was du gegen diese meine jetzige Überzeugung auch sagen magst, wird vergeblich sein. Wenn du indes glaubst, gleichwohl noch etwas ausrichten zu können, dann sprich!

KRITON: Nein, Sokrates, ich habe nichts zu sagen.

SOKRATES: So laß es denn sein, Kriton. Gehen wir den Weg, den der Gott uns führt.

PROTAGORAS

EINLEITUNG

Der ‹Protagoras› ist ein abwechslungsreicher, ja amüsanter Dialog von großer stilistischer Vielfalt und bewegter Dramaturgie.

Der für die Geistesgeschichte Griechenlands so bedeutsame Gegensatz von Sophistik und Sokratik ist hier gleichsam verdichtet auf eine exemplarische Begegnung im Haus des reichen Kallias einige Jahre vor Ausbruch des Peloponnesischen Krieges. Die Hauptrollen in der Diskussion über Lehrbarkeit und Einheit der Tugenden sind dem zu großer Berühmtheit gelangten Protagoras (etwa 490–420 v. Chr.) und dem noch relativ jungen Sokrates zugewiesen, in Nebenrollen nehmen intellektuelle Koryphäen wie Prodikos und Hippias daran teil. Die Zielgruppe sowohl der Sophistik als auch der sokratischen Erziehung, die athenische Jugend, wird repräsentiert durch Alkibiades, der zugunsten des Sokrates ins Gespräch eingreift (336 b).

Der Dialog, den Sokrates einem Freund berichtet – durch die Form des Berichts schafft sich Platon die Möglichkeit kommentierender Zwischenbemerkungen –, wechselt in meisterlicher Beherrschung der Tonlagen und Stilarten von der sokratischen «Sorge um die Seele» im persönlichen Gespräch mit Hippokrates (310 a ff.) zum öffentlichen Vortrag des Protagoras (320 c–328 d), der seinerseits den Bogen vom Mythos zum Logos, vom «Geschichtenerzählen» zum «Argumentieren» spannt, von dort zum konzentrierten Ringen im Elenchos, der prüfenden Befragung, und wieder zur zusammenhängenden Dichterinterpretation (342 a–347 a), die überraschenderweise der vermeintlich auf kurzatmiges Fragen und Antworten festgelegte Sokrates gibt; eingeflochten sind unter anderem eine satirische Schilderung der Sophistenversammlung (314 e ff.), eine humorvolle Wiedergabe der Reaktion des kleinen Mannes auf das ihm unangenehme Treiben der Intellektuellen (314 c–e) und ein lebhaft geführter Methodendisput (334 c–338 e, 348 bc), der die Eitelkeiten der Beteiligten enthüllt.

Im Methodendisput setzt sich – natürlich – Sokrates durch gegen seinen weit älteren und angeseheneren Kontrahenten. Protagoras muß sich dazu bequemen, sich der sokratischen Technik des *dialégesthai,* des Sichunterhaltens, zu beugen. Nicht lange monologisierende Ausführungen sind gefragt; die knappen, gezielten Fragen des Sokrates verlangen ebenso knappe und eindeutige Antworten. Das Wort «Dialektik» ist hier noch nicht eingeführt, die Methode selbst jedoch als Kunst des Fragens und Antwortens klar genug umschrieben.

Der Sieg des Jüngeren im Methodendisput ist die erste Peripetie in dem vor Spannung knisternden Streitgespräch. Da aber platonische Dialektik nie bloße Methode ist, sondern immer Methode und Inhalt zugleich, ist dieser erste Sieg auch schon die Vorwegnahme des Siegs der sokratischen Position in der Frage der Lehrbarkeit der Tugenden. Dieser Sieg wird allerdings hinausgezögert durch eine zweite Peripetie. Nachdem Sokrates bei der Erörterung mehrerer Tugenden die Zustimmung des Protagoras zu seiner These erhielt, ihr Wesen sei *sophía,* «Weisheit» – was natürlich impliziert, daß die Tugenden, als auf «Wissen» beruhend, lehrbar sind –, wird er bei dem entsprechenden Nachweis für die Tugend der Tapferkeit beschuldigt, logisch fehlerhaft zu argumentieren (350 c–351 b). Die bisher siegreiche Methode scheint diskreditiert.

Das Erstaunliche ist, daß Sokrates keine Anstrengung macht, die Logik seiner Argumentation zu klären. Statt dessen führt er ein ganz neues Thema ein, nämlich das der Beziehbarkeit aller Handlungen auf *ein* Ziel, das er im Sinne der Überzeugungen der Menge als die Lust *(hēdonḗ)* bestimmt. Sobald es ein oberstes Ziel gibt, wird die Lebensführung zu einer Frage des «Wissens» (der *epistḗmē),* weil es dann allein darauf ankommt, alles am Maß dieses Zieles sachkundig zu «messen». Die Ethik würde so zu einer philosophischen «Meßkunst» *(metrētikḗ).* Auf dem Umweg über dieses Theorem (das – 354 c ff. – zu einer Vorwegnahme epikureischer Grundgedanken führt) gelingt es Sokrates schließlich unter dem Applaus aller, Protagoras zur Annahme seiner Positionen zu bewegen.

Sokrates' scheinbares Ausweichen ist zweifellos im Sinne der Schriftkritik zu deuten als ein Beispiel für die Fähigkeit des Dialektikers, seinem Logos im Fall des Angriffs durch Rückgriff auf «Wertvolleres» – hier eine umfassendere Theorie des Ziels des Handelns – zu «helfen» (Phaidros 278 b–d). Ob freilich die Lust für Sokrates wirklich das oberste Ziel sein kann? Der «Hedonismus» des letzten Abschnitts (ab 351 b) ist nur hypothetisch eingeführt; entscheidend für die Argumentation ist der Gedanke der «Meßkunst» als solcher, also der Beziehbarkeit allen Tuns auf *ein* Ziel. Worin dies inhaltlich besteht, kann offen bleiben in einem Dialog, der nicht unter Freunden stattfindet, die im gegenseitigen Wohlwollen allein an der Wahrheit interessiert sind, sondern unter Gegnern, die vor einem neugierigen Publikum um die Ehre des Sieges kämpfen und sich daher immer wieder gegenseitig «auf die Probe stellen» (vgl. 341 d; 349 cd). Daß Sokrates hier darauf verzichtet, bis zur letzten Voraussetzung der Problematik weiterzufragen, wird in 357 b, einer typischen «Aussparungsstelle», ausdrücklich erklärt.

Die Datierung des Dialogs ist schwierig. Während manche Interpreten ihn ganz an den Anfang der schriftstellerischen Tätigkeit Platons setzen wollten (gleichsam als Einleitung zu den sogenannten Tugenddialogen), neigt man heute eher dazu, ihn in die Nähe der Werke der «mittleren» Periode zu rücken. Ein plausibler Ansatz wäre um 385 v. Chr. (H. Thesleff).

PROTAGORAS

Personen des Dialogs:

EIN FREUND des Sokrates, SOKRATES

In der Erzählung des Sokrates: HIPPOKRATES, PROTAGORAS, ALKIBIADES, KALLIAS, KRITIAS, PRODIKOS, HIPPIAS

DER FREUND: Wo kommst du her, Sokrates? Natürlich wieder von der Jagd nach der Jugendschönheit des Alkibiades? Fürwahr, als ich ihn kürzlich sah, da schien er mir noch immer ein schöner Mann; aber, unter uns gesagt, Sokrates, eben doch ein Mann, der bereits einen kräftigen Vollbart trägt.

SOKRATES: Und was weiter? Du bist doch ein Verehrer des Homer, der gesagt hat, das sei das lieblichste Alter, wenn eben der Bart sprießt, also gerade das jetzige Alter des Alkibiades?

DER FREUND: Und jetzt? Kommst du gerade von ihm? Und wie stellt sich der junge Mann zu dir?

SOKRATES: Gut, wie es mir den Anschein machte, und ganz besonders am heutigen Tag. Hat er doch manches zu meinen Gunsten gesagt, um mir beizustehen. Und nun komme ich also gerade von ihm. Doch muß ich dir etwas Seltsames gestehen: Obschon er zugegen war, habe ich gar nicht recht auf ihn geachtet, und manchmal vergaß ich sogar, daß er überhaupt da war.

DER FREUND: Wie kann euch beiden denn so etwas passiert sein? Du konntest doch sicher keinem schöneren Menschen begegnen, wenigstens nicht in unserer Stadt?

SOKRATES: O doch, sogar einem viel schöneren.

DER FREUND: Was du sagst! Einem Hiesigen oder einem Fremden?

SOKRATES: Einem Fremden.

DER FREUND: Woher denn?

SOKRATES: Einem Abderiten.

DER FREUND: Und so schön kam dir dieser Fremde vor, daß er dir sogar schöner schien als der Sohn des Kleinias?

SOKRATES: Wie sollte einem denn der Weiseste nicht als schöner erscheinen, mein Bester?

DER FREUND: Einem Weisen bist du also begegnet, Sokrates, und kommst nun zu uns?

SOKRATES: Ja, sogar dem Allerweisesten unter den heutigen Menschen – sofern du auch der Meinung bist, daß Protagoras der Weiseste sei.

DER FREUND: Was sagst du? Protagoras ist im Land?

SOKRATES: Ja, schon seit vorgestern.

DER FREUND: Und eben warst du jetzt mit ihm zusammen, bevor du hieher kamst?

SOKRATES: Gewiß, und ich habe lange mit ihm gesprochen und ihm zugehört.

DER FREUND: So erzähle uns doch von dieser Unterhaltung, wenn du Zeit hast. Setz dich hier zu uns und laß den Sklaven da aufstehen.

SOKRATES: Sehr gern, und ich bin euch dankbar, wenn ihr mir zuhört.

DER FREUND: Und wir sind dir dankbar, wenn du erzählst.

SOKRATES: So wäre also der Dank gegenseitig. Aber nun hört zu:

2. In der vergangenen Nacht, beim ersten Morgengrauen, da schlug Hippokrates, der Sohn des Apollodoros, Phasons Bruder, mit seinem Stock gar heftig an meine Tür, und als ihm jemand öffnete, stürmte er geradeswegs herein und rief mit lauter Stimme: «Sokrates», rief er, «bist du wach, oder schläfst du noch?»

Ich erkannte seine Stimme und sagte: Das bist du, Hippokrates; du bringst doch nicht etwa eine schlimme Nachricht?

«Nein, nur Gutes», erwiderte er.

So laß hören, sagte ich. Was ist's denn, und warum kommst du zu so früher Stunde?

«Protagoras ist da», rief er und stand schon bei mir.

Ja, schon seit vorgestern, versetzte ich. Und du hast es eben erst erfahren?

«Bei den Göttern, erst gestern abend.»

Dabei tastete er sich an mein Bett, setzte sich zu meinen Füßen und sagte: «Gestern abend also, noch sehr spät, als ich aus Oinoe zurückkam. Mein Sklave Satyros war nämlich weggelaufen, und ich hatte denn auch die Absicht, dir mitzuteilen, ich wolle mich auf seine Verfolgung machen; aber aus irgendeinem Grunde vergaß ich es. Nach meiner Rückkehr, als wir dann gegessen hatten und uns eben zur Ruhe legen wollten, da sagte mir mein Bruder: «Protagoras ist da.» Ich machte mich gleich noch auf den Weg zu dir; aber es schien mir dann doch schon zu spät in der Nacht. Sobald ich aber aus dem Schlaf erwachte, stand ich schleunigst auf, und so kam ich nun zu dir.»

Als ich seine Entschlossenheit und seinen Eifer bemerkte, fragte ich ihn: Warum regt dich das so auf? Tut dir Protagoras irgend etwas zuleide?

Da lachte er und sagte: «Jawohl, Sokrates, bei Gott! Er behält nämlich seine Weisheit für sich allein und teilt sie mir nicht mit.»

Nun, beim Zeus, erwiderte ich, du brauchst ihm ja nur Geld zu geben und ihm zuzureden, dann macht er dich auch weise.

«Ja, beim Zeus und bei den andern Göttern», rief er, «wenn es nur an dem läge – ich würde es weder an meinen eigenen Mitteln fehlen lassen noch an denen meiner Freunde. Gerade deshalb komme ich jetzt auch zu dir, damit du bei ihm ein gutes Wort für mich einlegst. Denn einmal bin ich noch zu jung, und zudem habe ich Protagoras weder jemals gesehen noch gehört; ich war ja auch noch ein Knabe, als er das erstemal hier im Lande war. Und doch, Sokrates, loben alle Leute diesen Mann und sagen, er wisse wunderbar weise zu reden. Gehen wir also zu ihm, solang er noch zu Hause ist, damit wir ihn dort antreffen. Er wohnt bei Kallias, habe ich gehört, dem Sohn des Hipponikos. Machen wir uns also auf den Weg!»

Nein, mein Bester, sagte ich, wir wollen lieber noch warten; es ist noch zu früh. Aber stehen wir auf und gehen da in den Hof hinaus; dort können wir hin und her spazieren, bis es Tag wird; dann machen wir uns auf den Weg. Protagoras hält sich ja meistens im Haus drinnen auf; wir werden ihn also sicher antreffen – da brauchst du keine Bedenken zu haben.

3. Auf das hin standen wir auf und gingen im Hof umher. Ich wollte nun die Urteilskraft des Hippokrates prüfen und stellte ihn mit folgender Frage auf die Probe:

Sage mir doch, Hippokrates, du möchtest nun also zu Protagoras gehen und ihm ein Honorar zahlen für den Unterricht, den er dir gibt. Nun, zu wem gehst du da eigentlich, und was willst du von ihm? Nehmen wir an, du hättest im Sinn, deinen Namensvetter Hippokrates aus Kos zu besuchen, den Asklepiaden, und ihm für dich ein Honorar zu bezahlen, und es fragte dich dann jemand: «Sage mir, mein lieber Hippokrates, für welche Eigenschaft willst du Hippokrates Lehrgeld für dich bezahlen?» Was würdest du da antworten?

«Weil er ein Arzt ist, würde ich sagen.»

Und um was zu werden?

«Ebenfalls ein Arzt», erwiderte er.

Und wenn du vorhättest, den Argiver Polykleitos oder den Athener Pheidias zu besuchen und ihnen ein Lehrgeld für dich zu bezahlen, und es fragte dich jemand: «Für welche Eigenschaft willst du diesen dein Lehrgeld bezahlen, dem Polykleitos und dem Pheidias?» Was würdest du da antworten?

«Weil sie Bildhauer sind, würde ich sagen.»

Und was möchtest du selbst dabei werden?

«Natürlich auch ein Bildhauer.»

Nun gut, sagte ich, wir beide, du und ich, gehen also jetzt zu Protagoras und sind bereit, ihm ein Honorar für dich zu bezahlen, sofern uns das Geld dazu ausreicht, ihn damit zu gewinnen; im andern Falle brauchen wir auch noch die Mittel unserer Freunde dazu. Wenn nun jemand sähe, wie eifrig wir uns um diese Sache bemühen, und uns fragte: «Sage mir, Sokrates und auch du, Hippokrates: für welche Eigenschaft habt ihr im Sinn, dem Protagoras ein Honorar zu zahlen?» Was würden wir ihm antworten? Welche Bezeichnung hört man denn sonst noch für Protagoras, wie man Pheidias einen Bildhauer und Homer einen Dichter nennt – was für einen Namen dieser Art hören wir für Protagoras?

«Nun, man sagt, er sei ein Sophist, Sokrates.»

Als einen Sophisten suchen wir ihn also auf und bringen ihm unser Geld?

«Jawohl.»

Wenn dir nun aber jemand noch die weitere Frage stellte: «Was möchtest du selbst denn werden, indem du Protagoras aufsuchst?»

Da errötete er – es wurde nämlich schon ein wenig Tag, so daß man es ihm ansehen konnte – und sagte: «Wenn das Beispiel dem vorigen entspricht, so möchte ich natürlich ein Sophist werden.»

Bei den Göttern, rief ich, du würdest dich also nicht schämen, vor den Griechen als Sophist aufzutreten?

«Doch, Sokrates, das schon, beim Zeus, wenn ich wirklich meine Meinung sagen soll.»

Aber vielleicht nimmst du an, Hippokrates, die Belehrung,

die Protagoras dir erteilt, sei nicht dieser Art, sondern etwa wie sie bei deinem Schullehrer oder beim Musik- oder Turnlehrer war? Denn all diese Fächer hast du ja nicht gelernt, um darin ein berufsmäßiger Meister zu werden, sondern nur deiner Bildung wegen, wie das einem Laien und einem freien Manne zukommt.

«Ja gewiß, eher von dieser Art scheint mir der Unterricht bei Protagoras zu sein.»

4. Weißt du aber auch, was zu tun du im Begriffe stehst, oder bist du dir nicht klar darüber?

«Worüber?»

Daß du also im Begriffe stehst, deine Seele der Pflege eines Mannes anzuvertrauen, der, wie du sagst, ein Sophist ist, wobei ich mich wundern sollte, wenn du weißt, was ein Sophist überhaupt ist. Und doch, wenn du das nicht weißt, dann weißt du auch nicht, wem du deine Seele anvertraust, ob zu einem guten oder schlechten Vorhaben.

«Das glaube ich freilich zu wissen.»

So sag denn, was du unter einem Sophisten verstehst.

«Wie der Name sagt», erwiderte er, «halte ich ihn für einen Mann, der sich auf ein Wissensgebiet versteht.»

Das kann man doch aber auch von den Malern und Baumeistern sagen, versetzte ich: daß sie es sind, die sich auf ein Wissen und Können verstehen. Doch wenn uns jemand fragte: «Was ist es denn für ein Wissen und Können, auf das sich die Maler verstehen?» so sagten wir ihm wohl, es beziehe sich auf die Herstellung von Bildwerken, und so ähnlich auch bei den anderen. Wenn nun jemand fragte: «Und der Sophist? worauf bezieht sich denn sein Wissen?» – was müßten wir ihm zur Antwort geben? Was für ein Werk versteht er zu schaffen?

«Was sollten wir anderes von ihm sagen, Sokrates, als daß er sich darauf verstehe, einen zu einem geschickten Redner zu machen?»

Ja, damit würden wir vielleicht etwas Richtiges sagen, erwiderte ich. Das dürfte aber noch nicht genügen. Diese Antwort ruft nämlich gleich nach der neuen Frage: worüber zu reden uns denn der Sophist geschickt mache. Der Kitharalehrer zum Beispiel setzt doch seine Schüler instand, über das zu reden, worin er sie auch sonst sachverständig macht, nämlich über das Kitharaspiel; oder nicht?

«Ja.»

Also gut. Nun aber der Sophist: worüber zu reden macht er uns geschickt? Offenbar doch über das, worauf er sich selbst versteht?

«Vermutlich.»

Was ist das aber, worauf der Sophist sich selbst versteht und worin er auch seinen Schüler sachverständig macht?

«Beim Zeus, da weiß ich dir nichts mehr zu antworten.»

5. Und ich fragte ihn darauf: Ist dir nun bewußt, was für einer Gefahr du deine Seele aussetzen willst? Wenn du deinen Leib jemandem anvertrauen müßtest, auf die Gefahr hin, daß er entweder gut oder schlecht werden kann, so würdest du wohl genau prüfen, ob du ihn diesem Manne anvertrauen darfst oder nicht; du würdest deine Freunde und Verwandten zu Rate ziehen und ganze Tage lang überlegen. Wenn es nun aber um das geht, was du höher achtest als den Leib, nämlich deine Seele, und wovon dein ganzes Wohl und Wehe abhängt, je nachdem es gut oder schlecht wird – darüber hast du dich weder mit deinem Vater noch mit deinem Bruder gemeinsam besprochen, noch mit einem von uns Freunden, ob du nämlich deine Seele diesem hergelaufenen Fremden anvertrauen darfst oder nicht. Nein, du hörtest, wie du selber sagst, am Abend von seiner Ankunft, und am andern Morgen früh kommst du gelaufen, gibst dir keinerlei Rechenschaft über ihn und fragst auch niemanden um Rat, ob du dich ihm anvertrauen darfst oder nicht, sondern bist ohne weiteres bereit, dein Geld und

auch das deiner Freunde aufzuwenden, ganz so, als wüßtest du schon genau, daß man dem Protagoras völliges Vertrauen schenken kann. Dabei kennst du ihn gar nicht, wie du selber zugibst, und hast auch nie mit ihm gesprochen, bezeichnest ihn aber als einen Sophisten, wobei du gar nicht zu wissen scheinst, was ein Sophist überhaupt ist. Und dem willst du dich anvertrauen.

Als er das gehört hatte, sagte er: «So macht es, nach deinen Worten, freilich den Anschein, Sokrates.»

Nun denn, Hippokrates: handelt der Sophist nicht gewissermaßen wie ein Großhändler oder ein Krämer mit den Waren, von denen die Seele sich nährt? Mir wenigstens kommt er so vor.

«Wovon nährt sich denn aber die Seele, Sokrates?»

Doch wohl von dem, was wir lernen, erwiderte ich. Und daß uns der Sophist nur nicht etwa betrügt, lieber Freund, wenn er uns das anpreist, was er verkauft, wie es jene mit der Nahrung für den Leib tun, der Großhändler und der Krämer. Die wissen von den Waren, die sie führen, selber nicht, was gut und was schlecht ist für den Leib, loben aber alles, was sie verkaufen. Und auch ihre Käufer wissen es nicht, falls nicht einer zufällig ein Turnlehrer oder Arzt ist. Nicht anders ist es mit denen, die ihre Kenntnisse in den Städten herumführen und sie engros und en détail verkaufen: jedem, der kaufen will, loben sie ihre ganze Ware, und doch, mein Bester, wüßten vielleicht auch unter ihnen manche nicht, was von den Dingen, die sie verkaufen, für die Seele gut oder schlecht ist. Und nicht anders steht es mit ihren Käufern, falls nicht auch hier einer zufällig ein Arzt für die Seele ist. Solltest du dich nun etwa gerade darauf verstehen, was auf diesem Gebiet gut und was schlecht ist, dann kannst du ja ohne Gefahr deine Kenntnisse bei Protagoras oder sonst bei irgendeinem erstehen. Andernfalls aber nimm dich in acht, mein Begnadeter, daß du nicht dein Kostbarstes aufs Spiel setzest und gefährdest. Die Gefahr ist ja noch viel größer beim Einkauf von Kenntnissen als bei den Lebensmitteln. Wenn man beim Krämer oder beim Großhändler Speisen oder Getränke gekauft hat, so kann man sie in anderen Gefäßen heimtragen, und, bevor man sie beim Essen oder Trinken in seinen Leib aufnimmt, ist es möglich, sie zu Hause hinzustellen und den Sachverständigen herbeizuziehen und sich mit ihm zu beraten, was eßbar oder trinkbar sei und was nicht, und wieviel und zu welcher Zeit. So besteht also beim Einkauf keine große Gefahr. Kenntnisse dagegen kann man nicht in einem andern Gefäß davontragen, sondern man muß sie, wenn man den Preis entrichtet hat, in seiner Seele selbst aufnehmen und geht dann nach dem Unterricht entweder geschädigt oder gefördert von dannen.

Allein das müssen wir auch mit unseren älteren Freunden zusammen überlegen. Denn wir sind noch zu jung, als daß wir eine so wichtige Sache selbst entscheiden könnten. Indes wollen wir jetzt gehen, wie wir das vorhatten, und uns den Mann anhören, und wenn wir ihn gehört haben, wollen wir auch mit anderen darüber reden. Denn Protagoras ist ja nicht allein da, sondern auch Hippias aus Elis und sogar Prodikos aus Keos, glaube ich, und noch viele andere gescheite Männer.

6. Nachdem wir so beschlossen hatten, machten wir uns auf den Weg. Als wir aber auf dem Platze vor der Tür waren, blieben wir dort stehen und unterhielten uns über eine Frage, die uns unterwegs eingefallen war. Wir wollten nun das Gespräch nicht unbeendet lassen, sondern es abschließen und dann erst eintreten, und deshalb blieben wir vor der Tür stehen und redeten miteinander weiter, bis wir uns einig wurden. Ich glaube nun, der Eunuch, der dort die Türe hütet, hörte uns, und wahrscheinlich ist er wegen der Menge der Sophisten ärgerlich auf alle, die das Haus betreten wollen. Als wir nun an die Türe klopften, öffnete er; doch als er uns sah, rief er: «Ach, da sind schon wieder Sophisten! Mein Herr hat keine Zeit», und zu-

gleich schlug er mit beiden Händen die Tür mit aller Kraft wieder zu. Wir klopften ein zweitesmal an; da rief er durch die geschlossene Tür: «Ihr Leute, habt ihr denn nicht gehört, daß er keine Zeit hat?»

Aber, mein Guter, beschwichtigte ich ihn, wir wollen ja gar nicht zu Kallias, und wir sind auch keine Sophisten. Beruhige dich; wir möchten nur Protagoras besuchen. Geh hinein und melde uns an.

Wir hatten alle Mühe, bis uns der Mann schließlich die Tür öffnete.

7. Als wir eintraten, fanden wir Protagoras im vorderen Säulengang umherwandeln. Neben ihm gingen auf der einen Seite Kallias, der Sohn des Hipponikos, und Paralos, sein Halbbruder von Mutterseite, der Sohn des Perikles, und Charmides, der Sohn des Glaukon. Auf der anderen Seite waren Xanthippos, der andere Sohn des Perikles, und Philippides, der Sohn des Philomelos, und Antimoiros aus Mende, der bekannteste unter den Schülern des Protagoras, der sich berufsmäßig von ihm ausbilden läßt, weil er auch Sophist werden will. Andere gingen hinter ihnen her und hörten zu, was sie sprachen; die meisten von ihnen schienen Fremde, wie sie Protagoras aus allen Städten mit sich bringt, durch die er zieht. Wie Orpheus bezaubert er sie mit seiner Stimme, und sie lassen sich behexen und laufen dieser Stimme nach. Es waren aber auch einige Einheimische dabei. Als ich diesen Chor erblickte, hatte ich großen Spaß, wie sie hübsch aufpaßten, daß keiner je dem Protagoras vor die Füße kam, sondern jedesmal, wenn er mit seiner Reihe kehrtmachte, trennten sich diese Zuhörer fein säuberlich nach beiden Seiten, machten einen kleinen Kreisbogen und schlossen sich hinten wieder in der schönsten Ordnung an.

Dann nach diesem erblickt' ich, wie Homer sagt, den Hippias aus Elis, auf einem Thronsitz in der Säulenhalle gegenüber; auf Hockern rings um ihn saßen Eryximachos, der Sohn des Akumenos, und Phaidros aus Myrrhinus und Andron, der Sohn des Androtion, und unter den Fremden befanden sich auch einige Landsleute des Hippias. Wie es den Anschein machte, stellten sie dem Hippias Fragen aus der Sternkunde, über die Natur des Weltalls und der Himmelskörper. Und er saß auf dem Thronsitz und gab ihnen allen Auskunft und verbreitete sich über die aufgeworfenen Probleme.

Ja, ich erkannte auch Tantalos – Denn es war ja nun auch Prodikos aus Keos in der Stadt. Er hielt sich in einem Gemach auf, das Hipponikos früher als Vorratskammer verwendet hatte, das jetzt aber Kallias wegen der großen Zahl der Gäste geräumt und als Gastzimmer eingerichtet hatte. Prodikos lag noch zu Bett, eingehüllt in Pelze und Decken, und zwar in einer ganzen Menge, wie es den Anschein machte. Auf dem Ruhebett neben ihm saßen Pausanias aus Kerameis und neben diesem ein junger Mensch, noch fast ein Knabe, von edler Anlage, wie mir schien, und von sehr schöner Gestalt. Wenn ich recht gehört habe, war sein Name Agathon, und es würde mich nicht wundern, wenn er der Geliebte des Pausanias wäre. Das war also dieser Jüngling, und weiter waren die beiden Adeimantos da, der Sohn des Kepis und der des Leukolophides, und sonst noch einige, die man da erblickte. Worüber sie sich aber unterhielten, konnte ich von draußen nicht verstehen, so gerne ich auch Prodikos gehört hätte – scheint er mir doch ein überaus weiser und göttlicher Mann zu sein; aber durch seine tiefe Stimme gab es einen dumpfen Widerhall in dem Gemach, und das machte seine Worte unverständlich.

Kaum waren wir eingetreten, da folgte uns Alkibiades – du nennst ihn den *Schönen*, und ich schließe mich dem an –, sowie Kritias, der Sohn des Kallaischros.

8. Wir kamen also herein und blieben zuerst stehen und sahen uns ein wenig um. Dann traten wir zu Protagoras, und ich sagte:

Protagoras, dir gilt der Besuch, den ich mit Hippokrates da mache.

«Möchtet ihr lieber mit mir allein reden oder vor allen anderen?»

Das kommt uns nicht darauf an, erwiderte ich; höre zuerst, was uns herführt, und entscheide dann selbst.

«Was ist es denn, das euch herführt?» fragte er.

Hippokrates da ist ein Hiesiger, ein Sohn des Apollodoros, aus einem angesehenen und reichen Hause, und er selbst macht den Eindruck, als könne er es mit seinen Altersgenossen wohl aufnehmen. Er will sich, glaube ich, in der Stadt einen Namen machen, und er meint, das werde ihm am ehesten gelingen, wenn er bei dir Unterricht nimmt. Du magst nun selbst entscheiden, ob du meinst, du müßest mit ihm allein darüber sprechen oder in Gegenwart der andern.

«Das ist recht, daß du dir Gedanken um mich machst, Sokrates. Denn wenn man als fremder Mann in die großen Städte kommt und dort die besten jungen Leute veranlaßt, den Verkehr mit allen anderen aufzugeben, mit den Angehörigen und mit den Fremden, mit Älteren ebenso wie mit Jüngeren, und sich ihm anzuschließen, um durch diesen Umgang besser zu werden, dann muß man dabei vorsichtig zu Werke gehen; denn daraus ergeben sich mancherlei Eifersüchteleien und andere Mißhelligkeiten und Anfeindungen.

Ich behaupte nun aber, daß die Sophistenkunst zwar schon alt ist, daß aber diejenigen unter den Altvorderen, die sie ausübten, aus Furcht vor der Unbeliebtheit, die ihr anhaftet, sich hinter einem Vorwand und einem Deckmantel verbargen, die einen hinter der Poesie, wie Homer und Hesiod und Simonides, die anderen hinter Weihen und Orakelsprüchen, wie Orpheus und Musaios und ihre Anhänger. Andere sah ich, die sich hinter der Gymnastik versteckten, wie Ikkos aus Tarent und Herodikos von Selymbria, der heute noch als Sophist jedem anderen gleichkommt, der aber ursprünglich aus Megara stammte. Die Musik aber nahm euer Landsmann Agathokles zum Vorwand, ebenfalls ein großer Sophist, und auch Pythokleides aus Keos und viele andere. Wie gesagt: alle diese Männer fürchteten die Eifersucht und gebrauchten diese Künste als Deckmantel. Ich aber bin mit all den genannten Männern in dieser Hinsicht nicht einverstanden; ich bin nämlich der Meinung, sie hätten damit ihren Zweck ganz und gar nicht erreicht. Denn wer in den Städten Macht und Einfluß ausübt, die täuschen sie nicht – und für diese allein brauchen sie doch solche Vorwände, nachdem die große Menge ja sozusagen nichts merkt, sondern einfach den Ton nachsingt, den jene angeben. Aber weglaufen und doch nicht entrinnen können, sondern entdeckt werden, das ist ein Vorgehen von großer Torheit, und zudem muß es die Menschen noch viel mehr gegen einen aufbringen; sie sind dann der Meinung, so einer sei auch sonst zu allem fähig. Ich habe deshalb gerade den entgegengesetzten Weg eingeschlagen: ich gebe offen zu, ein Sophist zu sein und Menschen heranzubilden, und glaube, daß meine Vorsichtsmaßnahme besser ist als jene andere und daß meine Offenheit besser ist als ihr Versteckenspiel. Und außer dieser Vorsichtsmaßregel habe ich noch eine andere getroffen, so daß ich, Gott sei Dank, nichts Unangenehmes dadurch zu erleiden habe, daß ich zugebe, ein Sophist zu sein. Und doch übe ich diese Kunst schon viele Jahre aus; denn ich habe schon eine lange Lebenszeit hinter mir, und es ist keiner unter euch allen, dessen Vater ich meinem Alter nach nicht sein könnte. Wenn ihr also etwas von mir wollt, so ist es mir bei weitem am liebsten, über alles das in Gegenwart der Leute zu reden, die hier drin anwesend sind.»

Da vermutete ich, er wolle sich vor Prodikos und Hippias aufspielen und damit prahlen, daß wir als seine Bewunderer hergekommen seien, und sagte deshalb: Wollen wir nicht auch

Prodikos und Hippias und ihre Freunde herbeirufen, damit sie uns auch zuhören können?

«Ja, sehr wohl», erwiderte Protagoras.

Und Kallias sagte: «Wollen wir nicht einen Kreis bilden und so die Unterhaltung führen?»

Das schien uns zweckmäßig, und wir freuten uns alle, diesen weisen Männern zuhören zu dürfen. Wir nahmen Platz auf den Hockern und Ruhebetten, die man bereits neben Hippias gestellt hatte. In diesem Augenblick kamen Kallias und Alkibiades und führten Prodikos heran, nachdem sie ihn von seinem Bett hatten aufstehen lassen, und mit ihm seine Begleiter.

9. Als wir uns nun alle gesetzt hatten, begann Protagoras: «Nun denn, Sokrates, nachdem wir alle versammelt sind, wiederhole mir doch noch einmal, was du mir vorhin über diesen Jüngling erzählt hast.»

Ich erwiderte: Ich beginne gleich wie vorhin, Protagoras, und lege dir den Zweck meines Besuches dar. Unser Hippokrates da ist also voller Begierde nach deinem Unterricht; doch sagt er, er möchte gerne erfahren, was dabei für ihn herausschaut, wenn er dein Schüler wird. Das ist unser Anliegen.

Nun ergriff Protagoras das Wort und sagte: «Das ist der Gewinn, der dir zuteil wird, junger Mann: schon am ersten Tag, an dem du bei mir Unterricht hast, wirst du besser geworden sein, wenn du nach Hause gehst, und am zweiten ebenso; und so wirst du von Tag zu Tag Fortschritte machen.»

Als ich das gehört hatte, sagte ich: Was du da behauptest, Protagoras, ist gar noch nicht wunderbar, sondern etwas ganz Natürliches; denn auch du, obschon du schon so alt und so weise bist, würdest noch besser, wenn dir jemand etwas beibrächte, was du gerade noch nicht weißt. Gehen wir also anders vor und nehmen wir einmal an, Hippokrates würde plötzlich sein Verlangen ändern und hätte Lust nach dem Unterricht bei dem jungen Mann, der seit kurzem in der Stadt ist, bei Zeuxippos aus Herakleia. Er ginge nun zu ihm, so wie jetzt zu dir, und bekäme von ihm genau dasselbe zu hören wie von dir: daß er jeden Tag, an dem er von ihm unterrichtet wird, besser werde und Fortschritte mache. Wenn er ihn dann fragte: «In welcher Beziehung meinst du denn dieses Besserwerden und diese Fortschritte?», so würde ihm Zeuxippos gewiß antworten: «In der Malkunst.» Nähme er aber bei Orthagoras aus Theben Unterricht und bekäme von ihm dasselbe zu hören wie jetzt von dir und fragte ihn dann, worin er von Tag zu Tag besser werde durch seinen Unterricht, so würde dieser antworten: «Im Flötenspiel.» In gleicher Weise gib nun also auch du diesem jungen Mann Auskunft und auch mir, der ich an seiner Statt frage: Hippokrates da nimmt also bei Protagoras Unterricht und geht schon am ersten Tage, wo er damit beginnt, als ein besserer Mensch nach Hause und wird ebenso an jedem folgenden Tag weitere Fortschritte machen: worin denn aber, lieber Protagoras, und auf welchem Gebiet?

Als Protagoras mich so reden gehört hatte, sagte er: «Du stellst eine sehr geschickte Frage, Sokrates, und Leuten, die auf diese Art fragen, antworte ich auch gern. Wenn also Hippokrates zu mir kommt, wird er das nicht erleben, was er wohl erleben müßte, wenn er bei einem anderen Sophisten Unterricht nähme. Denn die anderen mißhandeln die jungen Leute. Nachdem diese nämlich den Fachwissenschaften entronnen sind, führen sie sie gegen ihren Willen wieder zurück und stürzen sie neuerdings in diese hinein und unterweisen sie im Rechnen und in der Astronomie, in der Geometrie und in der Musik» – dabei warf er einen Seitenblick auf Hippias. «Kommt Hippokrates aber zu mir, so lernt er nichts anderes als nur gerade das, weshalb er kommt. Mein Lehrgegenstand ist die praktische Klugheit, sowohl in den eigenen Angelegenheiten, damit er sein Haus möglichst gut verwalten kann, als auch im öffentlichen Leben, damit er nach Möglichkeit befähigt wird, in den Angelegenheiten der Stadt mitzuhandeln und mitzureden.»

Verstehe ich wohl richtig, was du sagen willst? fragte ich. Ich glaube, du meinst die Kunst der Politik und versprichst, die Männer zu guten Staatsbürgern zu machen.

«Ja, genau das ist es, Sokrates, was ich sagen will.»

10. Das ist fürwahr eine herrliche Kunst, über die du verfügst, sofern du tatsächlich darüber verfügst. Ich werde dir nämlich nie etwas anderes sagen als meine wirkliche Meinung. Ich glaube nämlich nicht, Protagoras, daß das überhaupt lehrbar ist; wenn du aber das Gegenteil behauptest, so kann ich das nicht in Zweifel ziehen. Allerdings bin ich auch verpflichtet zu sagen, woher ich die Überzeugung habe, daß es nicht lehrbar sei und von einem Menschen nicht anderen beigebracht werden könne. Wie die anderen Griechen nehme ich an, die Athener seien kluge Leute. Wenn wir nun aber zur Volksversammlung gehen und wenn es sich um Bauten handelt, die von der Stadt ausgeführt werden sollen, so sehe ich, daß man dann die Baumeister als Ratgeber für die Bauten kommen läßt, handelt es sich aber um Schiffsbauten, so zieht man die Schiffsbaumeister heran, und ebenso auf allen Gebieten, die sie für lernbar und lehrbar halten. Versucht aber irgendein anderer ihnen zu raten, einer, den sie nicht für einen Meister seines Faches halten, mag er auch sonst noch so schön oder reich oder vornehm sein, so wollen sie doch gar nichts von ihm wissen, sondern lachen ihn aus oder johlen, bis der, der zu reden versucht, es von selbst aufgibt, weil man ihn niederschreit, oder bis die Amtsdiener ihn herunterholen oder auf Befehl der Prytanen hinauswerfen. So verfahren sie in den Dingen, die sie für den Gegenstand eines Fachwissens halten. Soll aber über die Stadtverwaltung ein Beschluß gefaßt werden, so steht jeder ohne Unterschied auf und redet über diese Dinge in der Beratung mit, ein Baumeister, ein Schmied oder ein Schuster, ein

Kaufmann oder ein Reeder, reich oder arm, vornehm oder gering, und diesen macht kein Mensch den Vorwurf wie vorhin, er sei nirgends in die Schule gegangen und habe keinen Lehrer gehabt und versuche nun trotzdem, seinen Rat zu geben. Denn sie sind ganz offenbar davon überzeugt, daß diese Dinge nicht lehrbar sind.

Aber nicht nur in den Angelegenheiten der Stadt verhält es sich so, sondern auch im privaten Leben sind selbst die gescheitesten und besten Bürger nicht imstande, die Tüchtigkeit, über die sie verfügen, an andere weiterzugeben. So hat Perikles, der Vater dieser beiden jungen Männer, sie in allem, was Lehrer beibringen können, gut und trefflich unterrichten lassen. Dort aber, wo er selbst weise ist, unterrichtet er sie weder selbst, noch übergibt er sie einem anderen, sondern da irren sie auf eigene Faust umher und weiden wie die Tiere im Freien, ob sie vielleicht von selbst auf die Tüchtigkeit stoßen. Oder wenn du lieber den Kleinias als Beispiel nimmst, den jüngeren Bruder unseres Alkibiades hier: derselbe Perikles, der sein Vormund ist, fürchtete für ihn, er könnte von Alkibiades verdorben werden; deshalb hielt er ihn von diesem fern und gab ihn zur Erziehung in das Haus des Ariphron. Doch bevor noch sechs Monate um waren, schickte ihn dieser zu Perikles zurück, weil er nichts mit ihm anzufangen wußte. Und so kann ich dir noch viele andere nennen, die wohl selber tüchtig waren und doch nie einen anderen besser gemacht haben, weder einen Angehörigen, noch einen Fremden. Ziehe ich diese Beispiele in Betracht, Protagoras, so kann ich meinerseits nicht glauben, daß die menschliche Tüchtigkeit lehrbar sei. Höre ich dich freilich das behaupten, so werde ich schwankend und vermute, es habe doch etwas an sich mit dem, was du sagst, weil ich der Meinung bin, daß du eine große Erfahrung besitzest und vieles gelernt oder auch selber herausgefunden hast. Wenn du uns also genauer nachzuweisen vermagst, daß die Tüchtigkeit lehrbar ist, so enthalte uns das nicht vor, sondern teile es uns mit.

«Nein, Sokrates, ich will es euch nicht vorenthalten. Soll ich es euch in einem Mythos darstellen, so wie ein Älterer zu einem Jüngeren spricht, oder soll ich es euch im Vortrag erläutern?»

Da entgegneten viele aus dem Kreise, er möge so vorgehen, wie er wolle.

«Nun, ich finde es hübscher, euch einen Mythos zu erzählen», sagte er.

11. «Es war also einmal eine Zeit, da gab es schon Götter, aber noch keine sterblichen Wesen. Als nun auch für diese die Zeit gekommen war, die das Schicksal für ihre Entstehung bestimmt hatte, formten die Götter sie im Schoß der Erde aus einem Gemisch von Erde und Feuer und allem, was sich mit Feuer und Erde verbinden läßt. Als sie aber im Begriffe waren, sie ans Licht zu bringen, gaben sie Prometheus und Epimetheus den Auftrag, diese Wesen auszustatten und einem jeglichen die Fähigkeiten zu verleihen, die ihm zukommen. Epimetheus erbat sich von Prometheus, diese Zuteilung selbst vorzunehmen. «Wenn ich damit fertig bin», sagte er, «so prüfe mein Werk». So überredete er ihn und begann mit der Verteilung. Dabei verlieh er den einen Stärke, aber keine Schnelligkeit, und die Schwächeren stattete er dafür mit Schnelligkeit aus. Den einen schenkte er Waffen, den anderen gab er eine wehrlose Natur und dachte für sie eine andere Fähigkeit aus, mit der sie sich erhalten konnten. Denjenigen Wesen, die er in Kleinheit gehüllt hatte, gab er Flügel, mit denen sie fliehen konnten, oder eine unterirdische Behausung; den anderen, die er zur Größe ausdehnte, gab er gerade darin die Möglichkeit zur Rettung, und mit allen Gaben schaffte er so einen Ausgleich. Das aber richtete er ein aus Vorsorge, damit keine ihrer Gattungen vertilgt werde. Nachdem er sie aber hinreichend

vor der gegenseitigen Ausrottung geschützt hatte, dachte er auch einen Schutz für sie aus gegen die Jahreszeiten, die Zeus uns sendet; er umkleidete sie mit dichten Haaren und einer festen Haut, die ausreichten, um die Kälte abzuhalten, die aber auch die Hitze abwehren und, wenn sie zur Ruhe gingen, einem jeden Lebewesen als eigene und selbstgewachsene Decke dienen konnten. Unten an den Füßen versah er die einen mit Hufen, die anderen mit harter und undurchbluteter Haut. Ferner verschaffte er jedem seine besondere Nahrung, den einen Gras aus der Erde, den andern Baumfrüchte, wieder anderen Wurzeln; es gibt auch solche, denen er zur Nahrung andere Tiere zu fressen gab. Diesen verlieh er nur eine geringe Nachkommenschaft, ihren Opfern dagegen eine sehr zahlreiche, um so ihre Art zu erhalten.

Weil nun aber Epimetheus nicht eben sehr gescheit war, hatte er, ohne es zu merken, alle Fähigkeiten für die vernunftlosen Wesen aufgebraucht; so blieb ihm als einziges das Menschengeschlecht, das noch nicht ausgestattet war, und er wußte keinen Rat, was er damit anfangen sollte.

Wie er noch in Verlegenheit ist, kommt Prometheus und will die Verteilung in Augenschein nehmen; er sieht, daß die übrigen Lebewesen mit allem angemessen ausgestattet sind, daß aber der Mensch nackt, ohne Schuhe, ohne Decken und ohne Waffen geblieben ist. Und schon war der schicksalhafte Tag da, an dem auch der Mensch aus der Erde ans Licht treten sollte. In seiner Verlegenheit, welches Mittel zur Rettung und Erhaltung er für den Menschen finden könnte, stiehlt er dem Hephaistos und der Athena ihr kunstreiches Handwerk samt dem Feuer – denn es war unmöglich, es ohne Feuer zu erwerben oder nutzbar zu machen – und schenkt beides dem Menschen. Die Kunst, sein Leben zu führen, erhielt also der Mensch auf diese Weise; die Staatskunst dagegen besaß er noch nicht. Denn diese lag bei Zeus. Prometheus wiederum hatte keine

Möglichkeit mehr, in die Hochburg, die Behausung des Zeus hineinzukommen; abgesehen davon, daß Zeus furchterregende Wachen davor aufgestellt hatte. Doch in die gemeinsame Werkstatt der Athena und des Hephaistos, wo sie ihren kunstvollen Liebhabereien nachgingen, schleicht er sich ein, stiehlt die Handwerkskunst des Hephaistos, die sich des Feuers bedient, und die andere der Athena und schenkt sie dem Menschen. Von da an besitzt der Mensch die nötigen Hilfsmittel zum Leben; den Prometheus aber traf später, so erzählt man sich, die Strafe für seinen Diebstahl.

Nachdem nun der Mensch am göttlichen Los Anteil hatte, begann er erstens wegen dieser Verwandtschaft mit dem Gott als einziges Lebewesen an Götter zu glauben und machte sich daran, Altäre und Götterbilder zu errichten; sodann fing er bald auch an, Laute und Wörter auf kunstmäßige Art zu artikulieren und erfand den Bau von Wohnungen und die Herstellung von Kleidern, Schuhen und Decken und den Gebrauch der Lebensmittel, die die Erde hervorbringt. So versehen, wohnten die Menschen anfangs zerstreut, und es gab noch keine Städte; so kamen sie denn durch die wilden Tiere um, weil sie in jeder Hinsicht schwächer waren als sie und weil das handwerkliche Können, das ihnen für die Gewinnung der Nahrung genügend Hilfe bot, für die Bekämpfung der Tiere nicht ausreichte. Sie besaßen ja die Staatskunst noch nicht, von der die Kriegskunst ein Teil ist. Sie schlossen sich also zusammen und versuchten so ihre Rettung, indem sie Städte gründeten. Doch als sie nun beisammen waren, taten sie einander unrecht, weil sie ja die Staatskunst noch nicht besaßen; die Folge war, daß sie sich wieder zerstreuten und weiter umkamen.

Nun befürchtete Zeus, unser ganzes Geschlecht könnte zugrunde gehen; er schickt deshalb den Hermes, den Menschen sittliche Scheu und Rechtsgefühl zu bringen, damit diese den Städten Ordnung und Eintracht stiftende Bande geben möchten. Hermes fragt nun Zeus, auf welche Weise er den Menschen Recht und Scheu geben solle: «Muß ich sie auch so verteilen, wie die Künste verteilt sind? Bei diesen ist die Verteilung folgendermaßen: ein einziger, der die ärztliche Kunst besitzt, genügt für viele Laien, und ebenso bei den anderen Berufen. Soll ich also auch Recht und sittliche Scheu auf diese Weise den Menschen verleihen, oder soll ich sie an alle verteilen?» – «An alle», erwiderte Zeus, «und alle sollen daran teilhaben; denn es könnten keine Städte entstehen, wenn nur wenige daran teilhätten wie an den anderen Künsten. Und stelle in meinem Namen das Gesetz auf, daß man den, der an Scheu und Recht keinen Anteil haben kann, umbringen soll als eine Krankheit am Leibe der Stadt.»

12. Damit und aus diesem Grunde, Sokrates, glauben also die Athener und alle anderen Völker, daß, wenn es sich um die Tüchtigkeit im Bauen oder sonst um ein Handwerk handelt, nur wenige an der Beratung teilnehmen sollen. Und wenn außer diesen wenigen jemand trotzdem seinen Rat geben will, so lassen sie das nicht zu, wie du sagst, und zwar durchaus mit Recht, wie ich beifüge. Schreiten sie aber zur Beratung über eine Frage, bei der es auf die bürgerliche Tüchtigkeit ankommt, die ganz nur mit Gerechtigkeit und Besonnenheit gelöst werden kann, so anerkennen sie gebührend jedes Mannes Rat, in der Meinung, daß jeder an dieser Tüchtigkeit teilhaben müsse, wenn Städte überhaupt Bestand haben sollen. Das, Sokrates, ist der Grund davon.

Damit du aber nicht glaubst, du erliegest einer Täuschung, so nimm auch noch folgenden Beweis dafür, daß tatsächlich alle Menschen der Meinung sind, es habe jedermann Anteil an der Gerechtigkeit und an der übrigen bürgerlichen Tüchtigkeit. Bei den anderen Fähigkeiten ist es ja schon so, wie du sagst: wenn jemand behauptet, er sei tüchtig im Flötenspiel oder sonst in einer Kunst, von der er aber nichts versteht, so lacht man ihn entweder aus oder ärgert sich über ihn, und seine Angehörigen kommen zu ihm und setzen ihm den Kopf zurecht, als ob er verrückt wäre. Anders bei der Gerechtigkeit und bei der sonstigen bürgerlichen Tüchtigkeit: wenn man von einem weiß, daß er ungerecht ist, und wenn dann dieser selbst öffentlich die Wahrheit über sich sagt, so sieht man das, was man sonst für Selbstbescheidung hält, nämlich die Wahrheit zu sagen, in diesem Falle für Wahnsinn an, und man sagt, es müßten doch alle behaupten, sie seien gerecht, ob sie es sind oder nicht, oder aber, es müsse einer wahnsinnig sein, wenn er nicht Gerechtigkeit vortäuscht. Dermaßen ist es notwendig, daß jedermann irgendwie an ihr teilhat; sonst könnte er gar nicht unter Menschen leben.

13. Daß also die Athener jeden Menschen gebührenderweise dort als Ratgeber anerkennen, wo es auf diese Tüchtigkeit ankommt, weil sie glauben, es habe jeder an ihr Anteil – so lautet meine Behauptung. Die Auffassung aber, daß sie nicht etwas Naturgegebenes oder von selbst Gewordenes sei, sondern etwas Lehrbares, das der Mensch, dem sie zuteil wird, nur durch Anstrengung erwirbt, diese Auffassung will ich dir als nächstes zu beweisen suchen. Denn wegen der Fehler, welche die Mitmenschen nach der Ansicht der Leute von Natur oder durch Schicksal haben, entrüstet sich niemand über jene, denen sie anhaften; man weist sie auch nicht zurecht, noch belehrt oder straft man sie, damit sie anders werden sollen, sondern man hat Mitleid mit ihnen. Wer wäre zum Beispiel so unvernünftig, den Häßlichen oder Kleinen oder Kranken gegenüber so etwas zu versuchen? Denn ich glaube, man weiß doch, daß den Menschen solche Vorzüge und ihr Gegenteil von Natur und durch das Schicksal gegeben werden. Anders aber die Vorzüge, von denen man glaubt, sie werden den Menschen durch Anstrengung und Übung und Belehrung zuteil: wer diese Eigenschaften nicht besitzt, sondern die gegenteiligen

Fehler, gegen den richten sich freilich die Entrüstung und die Strafen und die Zurechtweisungen.

Zu diesen Eigenschaften gehören die Ungerechtigkeit und die Gottlosigkeit und überhaupt alles, was der bürgerlichen Tüchtigkeit entgegengesetzt ist; da entrüstet sich denn auch jeder über den andern und weist ihn zurecht, natürlich in der Meinung, man könne durch Anstrengung und Lernen in deren Besitz gelangen. Denn wenn du dir klarmachst, Sokrates, was es eigentlich bedeutet, wenn man die, welche Unrecht tun, bestraft, so ergibt sich für dich doch gerade daraus die Lehre, daß die Menschen der Ansicht sind, man könne die menschliche Tüchtigkeit erwerben. Denn niemand züchtigt den Übeltäter in dem Gedanken und nur deshalb, weil er unrecht getan hat, es sei denn, daß man unvernünftig wie ein Tier einfach Rache übt. Wer aber mit Vernunft züchtigen will, der straft nicht des begangenen Unrechts wegen (denn das Getane kann er ja doch nicht ungeschehen machen), sondern um des zukünftigen willen, damit dieser selbe Mensch nicht wiederum unrecht tut und auch ein anderer nicht, nachdem er nämlich gesehen hat, wie dieser bestraft wurde. Wer eine solche Überlegung macht, denkt wohl auch, daß die Tüchtigkeit anerzogen werden kann; denn er straft zum Zweck der Abschrekkung. Dieser Meinung sind also alle, die Strafen verhängen, sowohl im privaten wie auch im öffentlichen Leben; alle Menschen aber strafen und züchtigen die, welche nach ihrer Meinung unrecht getan haben, und nicht zum mindesten tun das auch die Athener, deine Mitbürger; nach diesem Gedankengang gehören also auch die Athener zu denen, die der Meinung sind, man könne die Tüchtigkeit erwerben und lehren. Daß also deine Mitbürger mit gutem Grund es hinnehmen, wenn ein Schmied oder ein Schuster in den Angelegenheiten der Stadt seinen Rat erteilt, und daß sie der Auffassung sind, man könne die Tüchtigkeit lehren und erwerben, das, Sokrates, habe ich dir nun wohl klar genug bewiesen, wie mir scheint.

14. Es bleibt nun aber noch eine schwierige Frage, die dich hinsichtlich der tüchtigen Männer beunruhigt: wieso lassen denn diese Männer ihre Söhne in den Fächern, für die es Lehrer gibt, unterrichten und in ihrem Wissen ausbilden, während sie sie dort, wo sie selbst sich auszeichnen, um nichts besser machen, als andere auch sind. Darüber, Sokrates, will ich dir nicht wieder einen Mythos erzählen, sondern einen Vortrag halten.

Überlege dir folgendes: Gibt es das Eine oder gibt es das nicht, an dem alle Bürger teilhaben müssen, wenn anders eine Stadt Bestand haben soll? Hier liegt nämlich die Lösung der Schwierigkeit, in der du steckst, und sonst nirgends. Denn wenn es das gibt, und wenn dieses Eine weder die Baukunst noch die Kunst des Schmieds oder des Töpfers ist, sondern Gerechtigkeit und Besonnenheit und Frömmigkeit, eben das, was ich mit einem Wort die menschliche Tüchtigkeit nenne: wenn es das ist, woran alle Anteil haben müssen und wonach sich ein jeder, was er auch sonst lernen oder tun will, zu richten hat (denn ohne das geht es nicht, und wer keinen Anteil daran hat, den muß man belehren oder züchtigen, Knabe, Mann oder Weib, bis er durch die Strafe besser wird, und wer sich der Strafe und Belehrung nicht unterzieht, den muß man als unheilbar aus der Stadt hinausjagen oder töten): wenn es sich also verhält und wenn angesichts dieser Umstände die tüchtigen Männer ihre Söhne in anderen Dingen unterweisen lassen, hierin aber gerade nicht, so bedenke doch, wie sonderbar sich diese tüchtigen Menschen da verhalten. Daß sie die Überzeugung haben, die Tüchtigkeit sei lehrbar, im privaten Leben ebenso wie im öffentlichen, das haben wir bewiesen; obschon man sie aber lehren und pflegen kann, unterrichten sie ihre Söhne nur in den Dingen, auf denen keine Todesstrafe steht, wenn sie sie nicht verstehen. Auf dem Gebiet aber, wo ihren Söhnen Todesstrafe oder Verbannung droht, wenn sie nichts davon gelernt haben und nicht zur Tüchtigkeit darin erzogen sind, und außer Todesstrafe noch Einziehung des Vermögens und, mit einem Wort, die völlige Vernichtung der Familien – darin sollten sie sie nicht unterrichten und ihnen nicht alle Bemühung zuteil werden lassen? Das müßte man doch erwarten, Sokrates.

15. Und in der Tat: von zarter Kindheit an und ihr ganzes Leben hindurch unterrichten und ermahnen sie sie. Sobald der Knabe versteht, was man ihm sagt, bemühen sich Amme, Mutter, Aufseher und der Vater selbst um die Wette, daß er möglichst gut werden soll; bei jedem Tun und Reden belehren sie ihn und erklären ihm: «Das ist recht und das ist unrecht; dies ist schön und dies ist häßlich; dies ist fromm, aber jenes ist gottlos» und «Tu das, aber tu jenes nicht». Und wenn das Kind freiwillig gehorcht, dann gut; im andern Fall biegen sie es gerade mit Drohungen und Schlägen wie ein verdrehtes Holzstück. Darauf schicken sie es in die Schule und legen dem Lehrer ans Herz, er solle viel mehr um die gute Zucht ihrer Knaben besorgt sein als um Lesen, Schreiben und die Kunst des Kitharaspiels. Die Lehrer bemühen sich darum, und wenn die Knaben lesen gelernt haben und so weit sind, daß sie das Geschriebene verstehen, so wie früher das Gesprochene, so legen sie ihnen auf ihren Bänken die Verse der großen Dichter zum Lesen vor und lassen sie daraus auswendig lernen. Darin finden sie manche gute Lehren und viele Schilderungen, Lobeserhebungen und Verherrlichungen trefflicher Männer der Vorzeit, damit sie der Knabe eifrig nachahmt und sich bestrebt, ebenso gut zu werden. Und ähnlich bemühen sich auch die Musiklehrer darum, daß die jungen Leute anständig sind und nichts Schlechtes tun. Haben sie das Kitharaspiel erlernt, so führen sie sie in die Werke anderer großer Dichter, der Lyri-

ker, ein und unterlegen deren Texte den Gesangesweisen zur Kithara. Sie bemühen sich mit allem Nachdruck, daß Rhythmus und Harmonie in den Seelen der Kinder heimisch werden, damit diese sanftmütiger sind und, innerlich von Rhythmus und Harmonie erfüllt, zum Reden und zum Handeln taugen. Denn das ganze Leben des Menschen bedarf des schönen Maßes und der Harmonie.

Und ferner schickt man die Knaben zum Turnlehrer in die Schule, damit sie in besserer körperlicher Verfassung der edlen Gesinnung zu Diensten sein können und nicht genötigt sind, infolge ihrer leiblichen Unfähigkeit im Krieg und bei anderen Unternehmungen feige zu versagen. Und so halten es vor allem die, welche es am besten vermögen. Am besten vermögen es aber die Reichsten; ihre Söhne fangen denn auch am frühesten an, in die Schule zu gehen, und verlassen sie auch am spätesten. Sind sie aber dann aus der Schule gekommen, so zwingt sie die Stadt, sich die Gesetze einzuprägen und ihr Leben danach zu richten, damit sie nicht nach eigenem Gutdünken handeln. Genau so wie die Schreiblehrer den Knaben, die noch nicht gut schreiben können, mit dem Griffel Linien ziehen und ihnen erst dann die Schreibtafel geben und sie auf diese Weise zwingen, auf den vorgeschriebenen Linien zu schreiben, so hat auch die Stadt Linien gezogen mit ihren Gesetzen, die die trefflichen Gesetzgeber der Vorzeit erfunden haben, und zwingt die Bürger, nach diesen zu regieren und sich regieren zu lassen. Wer sie übertritt, den züchtigt sie, und diese Züchtigung heißt bei euch und an vielen anderen Orten das *Geraderichten*, da nämlich die Strafe etwas wieder geraderichtet. So groß ist also das Bemühen um die Tüchtigkeit, sowohl im privaten wie im öffentlichen Leben, und da wunderst du dich darüber, Sokrates, und zweifelst, ob die Tüchtigkeit lehrbar sei? Da brauchst du dich doch nicht zu wundern; du müßtest es eher, wenn sie nicht lehrbar wäre.

16. Wie kommt es aber nun, daß Söhne tüchtiger Väter manchmal mißraten? Das sollst du jetzt hören. Es ist auch gar kein Wunder, wenn anders ich im vorigen mit Recht gesagt habe, daß in dieser Sache, ich meine die menschliche Tüchtigkeit, niemand seine eigenen Wege gehen darf, wenn eine Stadt überhaupt soll bestehen können. Wenn es sich nämlich so verhält, wie ich sage – und nichts ist gewisser als das –, so nimm in Gedanken irgendeine andere Betätigung oder irgendein anderes Wissen, ganz nach deinem Belieben. Nehmen wir an, eine Stadt könnte nicht bestehen, wenn wir nicht alle Flötenspieler wären, jeder so gut, als er es eben vermag, und jeder würde darin einen jeden zu Hause und in der Öffentlichkeit unterweisen und den schelten, der nicht gut spielen kann, und niemand würde einem anderen diese Kunst vorenthalten, so wie jetzt niemand einem andern die Gerechtigkeit und die Gesetzmäßigkeit vorenthält oder verheimlicht, wie das sonst bei den Kunstübungen der Fall ist – denn ich denke, durch Gesetzmäßigkeit und Tüchtigkeit sind wir uns gegenseitig förderlich, und darum gibt jeder einem jeden bereitwillig Auskunft und belehrt ihn im Gerechten und Gesetzmäßigen –, wenn wir also nun auch im Flötenspiel völlige Bereitwilligkeit und Uneigennützigkeit an den Tag legten, einander zu belehren, glaubst du, Sokrates, die Söhne der guten Flötenspieler werden dann eher zu guten Flötenspielern als die der schlechten? Ich glaube das nicht, sondern wessen Sohn gerade am begabtesten ist zum Flötenspiel, der würde sich auch am rühmlichsten entwickeln; ein unbegabter Sohn hingegen würde unbekannt bleiben. Oft dürfte von einem guten Flötenspieler ein schlechter abstammen und oft von einem schlechten ein guter. Aber alle wären doch wohl leidliche Flötenspieler im Vergleich zu den Laien, die überhaupt nichts vom Flötenspiel verstehen.

So glaube nun auch: wer dir unter denen, die bei gesetzliebenden Menschen aufgewachsen sind, als der allerungerechteste vorkommt, der ist doch noch gerechter, ja sogar ein Meister in dieser Hinsicht, wenn man ihn mit Menschen vergleicht, die überhaupt keine Erziehung haben und auch keine Gerichtshöfe und keine Gesetze und für die kein Zwang besteht, der sie jederzeit nötigt, sich um die Tüchtigkeit zu bemühen, sondern die eine Art von Wilden wären, wie sie im vorigen Jahr der Dichter Pherekrates an den Lenäen auf die Bühne gebracht hat. Ja, wenn du unter solche Menschen gerietest wie die, unter welche die Misanthropen in jenem Chor geraten, dann wärest du froh, einem Eurybatos oder einem Phrynondas zu begegnen, und du würdest voller Sehnsucht nach der Schlechtigkeit der hiesigen Menschen seufzen. Jetzt aber bist du verwöhnt, Sokrates, weil eben alle Leute hier Lehrer der Tüchtigkeit sind, so gut es ein jeder vermag, und es kommt dir vor, als ob keiner es sei. Es ist, wie wenn du einen Lehrer im Griechischen suchtest: da würdest du ja auch keinen einzigen finden. Und nicht besser ginge es dir, wenn du fragtest, wer uns die Söhne der Handwerker in eben der Kunst unterrichten könnte, die sie ja von ihrem Vater gelernt haben, so gut der Vater oder die mit dem Vater befreundeten Kollegen dazu imstande waren – wenn du also fragtest, wer diese noch weiter zu unterrichten vermöchte, dann glaube ich, Sokrates, daß sich schwerlich ein Lehrer für sie zeigen dürfte; sehr leicht dagegen zeigte er sich für die, welche von der Sache noch gar nichts verstehen. So ist es auch mit der Tüchtigkeit und mit allem anderen: wenn wir jemanden finden, der auch nur ein wenig die Überlegenheit besitzt, uns in der Tüchtigkeit zu fördern, so müssen wir schon zufrieden sein.

Zu diesen Menschen glaube ich nun zu gehören und mehr als alle anderen beitragen zu können, daß einer edel und tüchtig wird; ich verdiene das Honorar, das ich bekomme, und noch ein größeres, so sehr, daß sogar meine Schüler dieser Meinung sind. Deshalb habe ich auch folgende Art der Bezahlung eingeführt. Hat jemand meinen Unterricht genossen, so bezahlt er, wenn er einverstanden ist, den von mir festgesetzten Betrag; andernfalls geht er in einen Tempel und legt einen Eid ab, wieviel die Belehrung wert sei, und hinterlegt dann diese Summe.

Durch den Mythos, den ich erzählt habe, Sokrates, und durch diesen Vortrag habe ich dir bewiesen, daß die Tüchtigkeit lehrbar ist, daß die Athener derselben Meinung sind und daß es durchaus nichts Besonderes ist, wenn Söhne von tüchtigen Vätern schlecht oder Söhne von schlechten Vätern gut geraten. Auch die Söhne des Polykleitos, die Altersgenossen des Paralos und des Xanthippos hier, sind ja gar nichts im Vergleich zu ihrem Vater, und so ist es auch mit den Söhnen anderer Meister. Doch wäre es verfrüht, ihnen heute schon Vorwürfe zu machen; sie sind ja noch jung, und man kann noch Hoffnungen auf sie setzen.»

17. Nachdem Protagoras das alles vorgetragen hatte, endete er seine Rede. Ich blickte ihn noch lange Zeit wie bezaubert an, ob er wohl noch etwas sagen wolle, voller Verlangen, noch mehr zu hören. Als ich aber merkte, daß er wirklich am Schluß war, riß ich mich gleichsam mit Mühe zusammen und sagte, den Blick zu Hippokrates gewandt:

Sohn des Apollodoros, wie dankbar bin ich dir dafür, daß du mich hierher gebracht hast; es ist mir nämlich sehr wertvoll, alles das von Protagoras gehört zu haben. Ich war früher immer der Meinung, es könne keine menschliche Bemühung geben, durch die die Guten gut werden; jetzt aber bin ich davon überzeugt. Nur eine kleine Frage macht mir noch Mühe, die aber Protagoras sicher mit Leichtigkeit beantworten kann, nachdem er uns schon über so vieles Auskunft gegeben hat. Wenn nämlich jemand mit irgendeinem unserer Volksredner über eben dieses Problem ein Gespräch führte, so könnte er wohl von Perikles oder sonst einem Meister der Rede ebenso schöne Vorträge hören. Fragt er sie dann aber noch etwas, so sind sie wie die Bücher: sie vermögen weder zu antworten noch selbst Fragen zu stellen, sondern wenn jemand zu dem Gesagten auch nur das Kleinste noch weiter wissen möchte, so wird es ihm folgendermaßen gehen: Wie eherne Platten, die, wenn man sie anschlägt, noch lange dröhnen und nachhallen, bis jemand sie berührt, so halten auch die Redner auf eine kleine Frage hin die längste Ansprache. Unser Protagoras da ist aber nicht nur imstande, lange und schöne Reden zu halten, wie er das eben zeigt, sondern wenn man ihn etwas fragt, so kann er auch mit kurzen Worten antworten oder, wenn er selbst fragt, die Antwort abwarten und sie hinnehmen, was nur wenigen Menschen gegeben ist. Jetzt also, Protagoras, fehlt mir nur noch eine Kleinigkeit; ich bin völlig befriedigt, wenn du mir folgende Frage beantwortest.

Du behauptest, die Tüchtigkeit sei lehrbar, und wenn ich irgendeinem Menschen Glauben schenke, so bist du es. Doch etwas kommt mir in deiner Rede seltsam vor; da solltest du meine Seele noch beruhigen können. Du sagtest nämlich, Zeus habe den Menschen Gerechtigkeit und sittliche Scheu gesandt, und andererseits war in deinem Vortrag mehrfach davon die Rede, daß Gerechtigkeit, Besonnenheit und Frömmigkeit und alle diese Eigenschaften zusammen eine Einheit bildeten, nämlich die menschliche Tüchtigkeit. Gerade diesen Punkt untersuche mir nun genau: ob die Tüchtigkeit eine Einheit ist, während die Gerechtigkeit und Besonnenheit und Frömmigkeit ihre Teile sind, oder ob alles das, was ich eben aufzählte, nur verschiedene Namen für dieses selbe Eine sind; das ist's, was ich gerne noch wissen möchte.

18. «Aber das ist doch leicht zu beantworten, Sokrates, daß nämlich die Tüchtigkeit eine Einheit ist und das, wonach du fragst, ihre Teile.»

Sind sie es denn so, wie die Gesichtsteile Teile sind, Mund,

Nase, Augen und Ohren, oder sind sie wie die Teile des Goldes, die sich voneinander und von dem Ganzen durch nichts unterscheiden als allein durch Größe und Kleinheit?

«Gerade so meine ich es, Sokrates: wie die Teile des Gesichts sich zum ganzen Gesicht verhalten.»

Wie steht es nun aber, fragte ich weiter, mit dem Anteil, den die Menschen an diesen Teilen der Tüchtigkeit haben? Besitzen die einen diesen, die anderen jenen Teil, oder muß jemand, der einen davon hat, notwendig alle zusammen besitzen?

«Keineswegs. Es gibt ja viele, die tapfer, aber ungerecht, oder auch solche, die wohl gerecht, aber nicht weise sind.»

Auch das sind also Teile der menschlichen Tüchtigkeit: Weisheit und Tapferkeit?

«Selbstverständlich; sogar mehr als alle übrigen; die Weisheit ist sogar der bedeutendste von ihnen.»

Jeder dieser Teile ist also etwas anderes als der andere? fuhr ich fort.

«Ja.»

Und hat auch jeder von ihnen seine besondere Funktion, wie die Teile des Gesichts? Das Auge ist etwas anderes als die Ohren und hat auch nicht dieselbe Funktion. Und auch von den übrigen Teilen ist keiner wie der andere, weder in seiner Funktion, noch sonst in einer Hinsicht. Ist nun nicht auch so von den Teilen der Tüchtigkeit keiner wie der andere, weder er selbst, noch seine Funktion? Das muß sich doch offenbar so verhalten, wenn anders es mit unserem Beispiel übereinstimmen soll?

«Ja, so verhält es sich, Sokrates.»

Und ich fuhr fort: So ist also kein anderer Teil der Tüchtigkeit so beschaffen wie das Wissen und keiner wie die Gerechtigkeit und keiner wie die Tapferkeit und keiner wie die Besonnenheit und keiner wie die Frömmigkeit.

«Nein.»

Wohlan denn, sagte ich, so wollen wir gemeinsam untersuchen, wie beschaffen eine jede von ihnen ist. Zuerst folgendes: ist die Gerechtigkeit ein bestimmtes Tun oder ist sie kein Tun? Ich meine, sie sei es; und du?

«Ich auch.»

Wenn nun aber jemand dich und mich fragte: «Sagt mir doch, Protagoras und Sokrates, ist denn dieses Tun, das ihr eben genannt habt, die Gerechtigkeit nämlich – ist das selbst gerecht oder ungerecht?» Ich für meinen Teil würde ihm antworten, es sei gerecht; wofür würdest du stimmen? So wie ich oder anders?

«So wie du.»

Gerechtigkeit bedeutet also dasselbe wie Gerechtsein, würde ich dem Frager zur Antwort geben; und du auch?

«Ja.»

Wenn er uns nun daraufhin fragte: «Ihr nehmt doch auch an, daß es eine Frömmigkeit gibt?», so würden wir das bejahen, denke ich.

«Ja», sagte er.

«Und auch von ihr sagt ihr, sie sei ein Tun?» – Das würden wir doch, oder nicht?

Auch damit war Protagoras einverstanden.

«Und von welcher Beschaffenheit ist dieses Tun? Ist es so beschaffen wie das Unfromm- oder wie das Frommsein?» Über diese Frage würde ich mich entrüsten, und ich gäbe zur Antwort: «Versündige dich nicht, Mann. Es möchte doch schwerlich irgend etwas anderes fromm sein, wenn nicht die Frömmigkeit selbst fromm ist.» Und du? Würdest du nicht auch so antworten?

«Ganz gewiß.»

19. Wenn er daraufhin die Frage stellte: «Wie sagtet ihr doch gerade vorhin – oder habe ich euch nicht recht verstanden? Ich meine, ihr habt behauptet, die Teile der Tüchtigkeit

verhielten sich so zueinander, daß keiner von ihnen gleich sei wie der andere.» Da würde ich ihm antworten: «Alles andere hast du richtig verstanden; wenn du aber glaubst, ich hätte auch das behauptet, dann hast du dich verhört. Protagoras hat diese Antwort gegeben; ich habe nur gefragt.» Wenn er nun erwiderte: «Ist das wahr, was er da sagt, Protagoras? Behauptest du wirklich, kein Teil der Tüchtigkeit sei gleich wie der andere? Ist das deine Aussage?» Was würdest du ihm da antworten?

«Ich müßte ihm natürlich zustimmen, Sokrates.»

Was aber, Protagoras, werden wir ihm nach diesem Zugeständnis antworten, wenn er uns die weitere Frage stellt: «So ist also die Frömmigkeit nicht dasselbe Tun wie Gerechtsein, und die Gerechtigkeit nicht dasselbe wie Frommsein, sondern wie Nichtfrommsein?» – was wollen wir ihm da erwidern? Ich für meinen Teil würde sagen, daß auch die Gerechtigkeit fromm, und ebenso, daß die Frömmigkeit gerecht sei. Und auch für dich würde ich – mit deiner Erlaubnis – genau dieselbe Antwort geben: daß die Gerechtigkeit dasselbe sei wie die Frömmigkeit oder doch etwas sehr Ähnliches, und daß die Gerechtigkeit wie nichts anderes der Frömmigkeit gleicht und ebenso die Frömmigkeit der Gerechtigkeit. Sieh zu, ob du etwas gegen diese Antwort hast oder ob du der gleichen Meinung bist.

«Ich habe den Eindruck, Sokrates, das sei gar nicht so einfach, ohne weiteres zuzugeben, daß Gerechtigkeit fromm und Frömmigkeit gerecht sei, sondern ich glaube, es gibt da doch einen Unterschied. Aber was macht das aus?» fügte er bei. «Wenn du es so haben willst, mag meinetwegen die Gerechtigkeit fromm und die Frömmigkeit gerecht sein.»

Nie und nimmer! rief ich. Denn nicht darauf kommt es mir an, dieses *wenn du willst* oder *wenn es dir gefällt* zu prüfen, sondern mich und dich will ich prüfen. Dieses *mich* und *dich* aber verstehe ich so, daß man nach meiner Meinung einen Gedankengang am besten prüfen kann, wenn man das *wenn* dabei wegläßt.

«Freilich», sagte er, «die Gerechtigkeit ist der Frömmigkeit einigermaßen ähnlich; denn irgendwie sind ja alle Dinge auf die oder jene Weise einander ähnlich. Das Weiße gleicht in gewisser Hinsicht dem Schwarzen und das Harte dem Weichen, und so auch alles übrige, was scheinbar voneinander ganz verschieden ist. So haben auch die Teile des Gesichts, von denen wir seinerzeit sagten, sie hätten eine verschiedene Funktion und es sei keiner wie der andere beschaffen, doch auch eine gewisse Ähnlichkeit, und einer ist wie der andere, so daß du auf diese Weise, wenn du willst, auch von ihnen beweisen könntest, daß sie alle einander gleich sind. Aber es ist nicht richtig, Dinge, die etwas Gleiches an sich haben, nun schon als gleich zu bezeichnen, oder solche, die etwas Ungleiches haben, schon als ungleich, auch wenn die Ungleichheit, die sie haben, nur ganz gering ist.»

Ganz überrascht sagte ich zu ihm: Verhält sich denn nach deiner Meinung das Gerechte und das Fromme so zueinander, daß sie nur eine geringe Ähnlichkeit unter sich haben?

«Nicht ganz so», erwiderte er, «aber doch auch wieder nicht so, wie du offenbar glaubst.»

Nun also, sagte ich, ich habe den Eindruck, diese Frage sei dir unangenehm; wir wollen sie also beiseite lassen und lieber etwas anderes von deinen Aussagen untersuchen. (20.) Gibt es etwas, das du als Unvernunft bezeichnest?

«Ja.»

Ist nicht das genaue Gegenteil davon die Weisheit?

«Ja, das meine ich.»

Wenn nun Menschen richtig und zweckmäßig handeln, scheinen sie dir dann in diesem Handeln besonnen zu sein oder das Gegenteil?

«Besonnen», sagte er.

Und sind sie nicht dank ihrer Besonnenheit besonnen?

«Notwendig.»

Und diejenigen, die nicht richtig handeln, handeln unvernünftig und sind in diesem Handeln nicht besonnen?

«Das dünkt mich auch.»

Das unvernünftige Handeln ist also das Gegenteil des vernünftigen Handelns?

«Ja.»

Und was unvernünftig getan wird, wird mit Unvernunft getan, was aber vernünftig getan wird, mit Besonnenheit?

Er stimmte zu.

Und nicht wahr, wenn etwas mit Kraft getan wird, so wird es kraftvoll getan, und wenn mit Schwäche, dann schwächlich?

Das schien ihm richtig.

Und wenn etwas mit Schnelligkeit getan wird, dann geschieht es schnell, und wenn mit Langsamkeit, dann langsam?

«Ja.»

Wenn also etwas auf eine bestimmte Art getan wird, so geht es aus der entsprechenden Ursache hervor; wird es aber auf die gegenteilige Weise getan, so geschieht es aus dem Gegenteil?

Das bejahte er.

Wohlan denn, fragte ich, gibt es ein Schönes?

Das gab er zu.

Und ist diesem etwas anderes entgegengesetzt außer dem Häßlichen?

«Nein.»

Ferner: gibt es ein Gutes?

«Ja.»

Ist dem etwas anderes entgegengesetzt außer dem Schlechten?

«Nein.»

Und weiter: gibt es ein Hohes in der Stimme?

«Ja», sagte er.

Und ist diesem etwas anderes entgegengesetzt als das Tiefe?

«Nein.»

So gibt es also, sagte ich, für jeden Gegensatz immer nur einen Gegensatz und nicht viele?

Er war einverstanden.

Also gut, fuhr ich fort, so wollen wir noch einmal aufzählen, worüber wir uns einig geworden sind. Wir sind doch übereingekommen, daß es für jegliches nur einen Gegensatz gibt, aber nicht mehrere?

«Ja, das sind wir.»

Und daß, was auf gegensätzliche Weise getan wird, auch von gegensätzlichen Ursachen bewirkt wird?

«Ja.»

Und auch darüber sind wir uns einig geworden, daß das, was auf unvernünftige Art getan wird, das Gegenteil ist von dem, was besonnen getan wird?

«Ja.»

Und daß das besonnene Tun von der Besonnenheit getan wird, das unvernünftige dagegen von der Unvernunft?

Das gab er zu.

Und wenn es auf entgegengesetzte Weise getan wird, so wird es auch vom Gegenteil getan?

«Ja.»

Nun wird aber das eine von der Besonnenheit, das andere von der Unvernunft getan?

«Ja.»

Auf entgegengesetzte Weise?

«Gewiß.»

Also durch Ursachen, die einander entgegengesetzt sind?

«Ja.»

Die Unvernunft ist also der Besonnenheit entgegengesetzt?

«Offenbar.»

Erinnerst du dich, wie wir uns vorhin einig geworden sind, daß die Unvernunft der Weisheit entgegengesetzt sei?

Das gab er zu.

Daß es aber für jegliches nur einen Gegensatz gibt?

«Ja.»

Welche der beiden Behauptungen, Protagoras, sollen wir nun fallen lassen: diejenige, daß immer nur eines der Gegensatz zu einem anderen sei, oder jene, welche lautete, die Weisheit sei etwas anderes als die Besonnenheit, beide zusammen aber seien Teile der Tüchtigkeit, und zudem seien sie nicht bloß etwas anderes, sondern einander auch unähnlich, sie selbst so gut wie ihre Funktionen, gerade so wie die Teile des Gesichts? Welche Behauptung sollen wir also fallenlassen? Denn diese beiden Aussagen verhalten sich keineswegs auf musische Art zueinander; sie stimmen nicht überein und harmonieren auch nicht zusammen. Wie könnten sie auch übereinstimmen, wenn es für *eines* nur *einen* Gegensatz geben kann und nicht mehrere, nun aber doch zu der Unvernunft, die bloß eines ist, sowohl die Weisheit als auch die Besonnenheit als Gegensatz erscheinen? So war doch meine Aussage, Protagoras, oder etwa irgendwie anders?

Er gab das zu, wenn auch sehr ungern.

Demnach wären also die Besonnenheit und die Weisheit eines. Vorhin schien uns aber doch, daß die Gerechtigkeit und die Frömmigkeit ungefähr dasselbe seien. Nun denn, Protagoras, sagte ich, wir wollen nicht müde werden, sondern auch das übrige noch untersuchen. Meinst du, ein Mensch, der unrecht tut, sei besonnen, insofern er unrecht tut?

«Ich für meinen Teil, Sokrates, müßte mich schämen, das zuzugeben, und wenn es auch noch so viele Leute behaupten.»

Soll ich also meine Worte an diese Leute richten, fragte ich, oder an dich.

«Wenn es dir recht ist, so setze dich zuerst mit dieser Meinung auseinander, ich meine mit der der Menge.»

Das kommt mir nicht darauf an, wenn du nur antwortest, mag das dann deine eigene Meinung sein oder nicht. Denn ich prüfe ja vor allem die aufgestellte Behauptung; immerhin mag es dann vorkommen, daß ich dabei sowohl mich selbst als den Fragenden, wie auch den, der Antwort gibt, auf die Probe stelle.

21. Zunächst zierte sich Protagoras noch ein wenig mit der Begründung, das Thema sei zu schwierig; schließlich ließ er sich doch dazu herbei, uns zu antworten.

Wohlan denn, sagte ich, so fange damit noch einmal von vorne an. Bist du der Meinung, es gebe Menschen, die unrecht tun und dabei besonnen sind?

«Das mag vorkommen.»

Unter *besonnen sein* aber verstehst du *vernünftig denken?*

«Ja.»

Und vernünftig denken bedeutet, daß sie sich das, was sie unrecht tun, richtig überlegen.

«Mag es so sein.»

Und was überlegen sie sich, fuhr ich fort: ob sie bei ihrem Unrechttun Erfolg haben werden oder Mißerfolg?

«Ob sie Erfolg haben werden.»

Du behauptest doch, daß gewisse Dinge gut sind?

«Ja.»

Und gut ist doch, fuhr ich fort, was den Menschen zum Vorteil ist?

«Beim Zeus», rief er, «ich nenne auch manche Dinge gut, die den Menschen nicht zum Vorteil sind.»

Ich bekam den Eindruck, Protagoras sei schon ein wenig ärgerlich und gereizt und wenig aufgelegt zum Antworten; als ich diese Stimmung bei ihm wahrnahm, nahm ich mich zusammen und fragte ganz ruhig:

Meinst du, Protagoras, was nur keinem Menschen von Vorteil oder was überhaupt nicht vorteilhaft ist? Nennst du auch solche Dinge gut?

«Keineswegs; aber ich kenne mancherlei Dinge, die den Menschen nicht von Vorteil sind, Speisen, Getränke, Heilmittel und sonst eine Menge, und dann wieder solche, die vorteilhaft sind. Andere wieder sind für die Menschen gleichgültig, nicht aber für die Pferde; wieder andere sind nur für die Rinder nützlich, andere für die Hunde, und wieder andere sind es für all diese Tiere nicht, wohl aber für die Bäume. Ja, manches ist zwar für die Wurzeln des Baumes gut, für die jungen Triebe dagegen schädlich, so zum Beispiel der Mist, der bei allen Pflanzen für die Wurzeln gut ist, wenn man ihn neben sie hinwirft; wolltest du ihn aber auf die Zweige und jungen Schößlinge werfen, so richtet er alles zugrunde. Auch das Öl ist für alle Pflanzen ganz schlecht und auch für die Haare aller anderen Lebewesen sehr schädlich, nur nicht für die des Menschen; für diese aber und auch sonst für seinen Leib ist es ein Stärkungsmittel. Ja, das Gute ist etwas so Verschiedenartiges und Mannigfaltiges, daß sogar eben dasselbe, das dem Menschen für das Äußere seines Leibes gut ist, seinem Inneren schlecht bekommt. Deshalb verbieten alle Ärzte den Kranken den Genuß des Öls außer einem ganz kleinen Quantum in den Speisen, nur gerade so viel, als es braucht, um dem Geruch mancher Speisen und Zugemüse das Widerwärtige zu nehmen.»

22. Nach diesen Worten spendeten die Anwesenden dem Protagoras lauten Beifall. Meinerseits sagte ich:

Protagoras, ich bin nun einmal ein vergeßlicher Mensch, und wenn mir jemand einen langen Vortrag hält, weiß ich bald nicht mehr, wovon eigentlich die Rede ist. Nun denn: wenn ich zufällig schlecht hörte, so wärest du der Meinung, du müßtest mit mir lauter reden als mit den anderen, wenn du dich mit mir unterhalten willst; mach es jetzt ebenso, wo du es mit einem Vergeßlichen zu tun hast: stutze deine Antworten und mach sie kürzer, wenn ich folgen soll.

«Was meinst du mit dieser Aufforderung, ich soll kurz antworten? Soll ich dir etwa knapper antworten als es notwendig ist?»

Keineswegs, erwiderte ich.

«Also gerade so lang, wie es nötig ist?»

Ja, erwiderte ich.

«Sollen meine Antworten nun aber gerade so lang sein, wie es mir oder wie es dir richtig scheint?»

Wie ich gehört habe, sagte ich, bist du freilich imstande und kannst das auch einem anderen beibringen, über dasselbe Thema nach Belieben entweder eine lange Rede zu halten, und zwar so, daß du dabei niemals den Faden verlierst, oder auch wieder so kurz zu sprechen, daß es niemand in knapperen Worten sagen könnte als du. Wenn du dich nun mit mir unterhalten willst, so wende auf mich das zweite Verfahren an, die Kunst der kurzen Rede.

«Sokrates», rief er, «ich habe schon mit vielen Menschen einen Wortstreit ausgefochten; aber wenn ich das getan hätte, was du mir zumutest, nämlich die Unterredung so zu führen, wie mir der Partner es vorschreibt, so hätte ich mich nie einem andern überlegen gezeigt, und der Name des Protagoras wäre unter den Griechen nicht bekanntgeworden.»

Ich merkte wohl, daß er mit seinen eigenen Antworten von vorhin nicht zufrieden war und daß er von sich aus nicht mehr willens war, als Antwortender das Gespräch weiterzuführen. Darum hielt ich dafür, es sei nicht mehr meine Sache, an dieser Zusammenkunft weiter teilzunehmen, und sagte: Auch ich bestehe nicht darauf, Protagoras, daß wir unser Gespräch auf eine Weise führen, die deiner Auffassung zuwider ist. Ich will mich gerne weiter mit dir unterhalten, wenn du dich dazu verstehen willst, so zu diskutieren, daß ich dir folgen kann.

Denn nach dem, was man von dir erzählt und was du selbst von dir behauptest, bist du ebensogut imstande, mit kurzer wie mit langer Rede eine Unterhaltung zu führen; denn du bist ein weiser Mann. Ich aber verstehe mich nicht auf diese langen Reden, so gern ich es auch möchte. Doch du, der du beides beherrschest, hättest mir da entgegenkommen müssen, damit überhaupt etwas aus dem Gespräch geworden wäre. Nun willst du aber nicht, und ich habe nicht länger Zeit; ich könnte darum nicht abwarten, bis du deine langen Reden ausgesponnen hast; ich muß nämlich noch anderswohin und gehe jetzt, obschon ich vielleicht auch das übrige ganz gern von dir gehört hätte.

Mit diesen Worten wollte ich aufstehen und weggehen. Als ich mich aber dazu anschickte, ergriff mich Kallias mit seiner Rechten an der Hand; mit der Linken aber hielt er mich hier am Mantel fest und sagte: «Wir lassen dich nicht fort, Sokrates. Denn wenn du fehlst, wird es nicht mehr dasselbe sein mit unseren Gesprächen. Deshalb bitte ich dich, bei uns zu bleiben; ich möchte niemandem lieber zuhören als dir und Protagoras, wenn ihr miteinander diskutiert. Tu das also uns allen zuliebe.»

Da erwiderte ich (und war dabei schon aufgestanden und wollte weggehen): Sohn des Hipponikos, von jeher bewundere ich deine Liebe zur Weisheit, und auch heute findet sie mein Lob und meine Liebe; ich wollte dir auch gerne den Gefallen tun, wenn du nur mit einer Bitte kämest, die ich erfüllen kann. Jetzt aber ist es gerade so, wie wenn du von mir verlangtest, mit dem Rekordläufer Krison aus Himera Schritt zu halten oder sonst mit einem Langstreckenläufer oder Eilboten um die Wette zu laufen. Ich würde dir dann sagen, daß ich weit mehr als du wünschen möchte, ebenso schnell zu laufen wie diese; aber ich kann es nicht, und wenn du mich und Krison zusammen laufen sehen willst, so mußt du ihn eben bitten, sich mir anzupassen; denn ich vermag nicht so schnell zu laufen, er dagegen kann auch langsam laufen. Wünschest du also, mich und Protagoras zu hören, so bitte ihn, mir so zu antworten, wie er es am Anfang getan hat: nur kurz und immer schön der Frage entsprechend. Was für eine Art von Gespräch wird es aber im anderen Falle sein? Ich war bisher der Meinung, es sei etwas anderes, ob man zusammensitze und miteinander diskutiere, oder ob einer eine Rede an das Volk halte.

«Aber du siehst doch ein, Sokrates», erwiderte Kallias, «daß das, was Protagoras sagt, offenbar doch nicht unbillig ist, wenn er nämlich für sich beansprucht, so zu diskutieren, wie er will, während du so reden darfst, wie es dir paßt.»

23. Da ergriff Alkibiades das Wort und sagte: «Du hast nicht recht, Kallias. Sokrates gibt nämlich zu, daß er sich auf die Kunst der langen Rede nicht versteht, und überläßt darin Protagoras den Vorrang. Kommt es aber auf die Geschicklichkeit im Diskutieren und auf die Fähigkeit an, Rede und Antwort zu stehen, so müßte ich mich wundern, wenn er da irgendeinem Menschen den Platz räumt. Wenn nun aber Protagoras selber zugibt, daß er Sokrates in der Kunst der Unterredung unterlegen sei, so kann sich dieser damit zufriedengeben. Behauptet jedoch Protagoras das Gegenteil, dann soll er sich auch wirklich fragend und antwortend mit ihm unterreden und dabei nicht auf jede Frage hin eine lange Rede ausspinnen. Denn so schiebt er die logischen Einwände einfach beiseite, drückt sich darum, Rede zu stehen und zieht die Sache so in die Länge, bis die meisten Zuhörer vergessen haben, um was sich die Frage überhaupt gedreht hat. Für Sokrates verbürge ich mich, daß er es nicht vergißt und daß er nur einen Scherz macht, wenn er sagt, er sei vergeßlich. Meinerseits glaube ich also, daß der Vorschlag des Sokrates größere Berechtigung hat. Denn jeder soll seine eigene Meinung abgeben können.»

Nach Alkibiades war es, glaube ich, Kritias, welcher sprach: «Lieber Prodikos und lieber Hippias, ich habe den Eindruck, daß Kallias sehr auf der Seite des Protagoras steht; Alkibiades aber ist immer rechthaberisch, wenn er sich für eine Sache einsetzt. Uns dagegen steht es keineswegs zu, Partei zu nehmen, weder für Sokrates noch für Protagoras, sondern wir sollten die beiden gemeinsam bitten, die Unterredung nicht mittendrin abzubrechen.»

Darauf sagte Prodikos: «Ich glaube, du hast ganz recht, Kritias. Denn diejenigen, die bei solchen Gesprächen dabei sind, müssen den beiden Partnern gleichgesinnte Zuhörer, sie brauchen aber nicht gleicher Meinung zu sein. Das ist nämlich nicht dasselbe. Man soll den beiden gleichmäßig seine Aufmerksamkeit schenken, aber nicht jeden gleich wert halten, sondern den Weiseren mehr und den Unwissenderen weniger. Meinerseits bin ich auch der Meinung, Protagoras und Sokrates, ihr solltet einander nachgeben und euch über die Art der Gesprächsführung wohl auseinandersetzen, aber nicht streiten. Denn eine Auseinandersetzung können auch Freunde mit Freunden auf freundliche Art haben; Streit hingegen haben nur Widersacher und Feinde. Und so könnte unser Zusammensein doch denkbar schön werden; ihr als Sprechende würdet so bei uns Zuhörern höchste Anerkennung finden – ich sage nicht Lob. Denn Anerkennung stellt sich in den Seelen der Zuhörer ein ohne Trug; Lob in Worten aber erhält man oft auch von solchen, die gegen ihre Überzeugung lügen. Und wir wiederum als Zuhörer hätten wohl so die größte Freude – ich sage nicht Vergnügen; denn Freude empfindet einer, der lernt und dank dem eigenen Denken an der Einsicht teilhat; Vergnügen aber hat man beim Essen oder sonst bei einer rein leiblichen Annehmlichkeit.»

Diese Worte des Prodikos nahmen die meisten Anwesenden beifällig auf.

24. Nach Prodikos kam der weise Hippias zum Wort: «Ihr Männer», sagte er, «die ihr hier zugegen seid, ich betrachte euch alle als Verwandte und Angehörige und Landsleute – von Natur freilich, nicht nach Gesetz. Denn das Ähnliche ist dem Ähnlichen von Natur verwandt; das Gesetz aber, das ein Tyrann der Menschen ist, erzwingt manches gegen die Natur. Es wäre nun doch eine Schande, wenn wir die Natur der Dinge wohl kennten und dennoch, und obwohl wir die weisesten unter den Griechen sind und uns aus ebendiesem Grunde heute versammelt haben, und zwar in der Hochburg der Weisheit Griechenlands, und erst noch hier im bedeutendsten und reichsten Hause dieser Stadt – wenn wir dennoch nichts herausbrächten, was dieser Würde entspricht, sondern uns wie Menschen geringster Art miteinander herumzankten. Deshalb bitte ich und rate ich, Protagoras und Sokrates, ihr möget euch auf halbem Wege treffen, wobei wir anderen gleichsam die Schiedsrichter sein wollen, die euch zusammenführen: daß du, Sokrates, nicht mehr diese strenge Form des Gesprächs verlangst, deren allzu große Kürze dem Protagoras nicht zusagt, sondern die Reden sich ausdehnen läßt und ihnen die Zügel lockerst, damit sie uns um so großartiger und prächtiger erscheinen. Und andererseits soll Protagoras nicht alle Segel hissen und im vollen Fahrwind auf das Meer der Reden hinausfliehen und das Land aus den Augen verlieren, sondern es sollen beide einen mittleren Weg einschlagen. So möget ihr's halten und mir gehorchen und einen Kampfrichter und Vorsitzenden und Obmann wählen, der darüber wacht, daß euer beider Reden das richtige Ausmaß haben.»

25. Dieser Vorschlag gefiel den Anwesenden, und alle spendeten ihm Beifall. Kallias sagte, er lasse mich nicht fortgehen, und sie forderten mich auf, einen Vorsitzenden zu wählen. Darauf gab ich zur Antwort, es wäre doch schimpflich, einen Schiedsrichter für unser Gespräch zu bestimmen. Wäre näm-

lich der Gewählte schlechter als wir, so sei es nicht richtig, daß der Schlechtere über die Besseren entscheiden könne; wäre er uns ebenbürtig, so sei es wieder nicht richtig; denn einer, der uns gleich sei, werde die Sache auch gleich machen wie wir, so daß seine Wahl überflüssig wäre. Ihr werdet also einen wählen wollen, der besser ist als wir. In Wahrheit ist es euch aber nach meiner Meinung gar nicht möglich, einen Weiseren als Protagoras zu wählen. Wenn ihr schließlich doch einen nehmt, der nicht in Wirklichkeit, sondern nur nach eurer Behauptung besser ist, so bedeutet auch das für Protagoras einen Schimpf, daß man ihm wie einem untauglichen Menschen einen Aufseher voranstellt, während das mir gar nichts ausmacht. Doch will ich es folgendermaßen machen, damit wir nach eurem Wunsch Unterhaltung und Gespräch doch fortsetzen können: Wenn Protagoras nicht antworten will, soll er eben fragen, und ich will Antwort geben und dabei versuchen, ihm zu zeigen, wie man nach meiner Auffassung einem Fragenden antworten muß; wenn ich dann alles beantwortet habe, was er fragen will, so soll er mir seinerseits auf dieselbe Weise wieder Rede stehen. Scheint er dann nicht geneigt, genau auf meine Fragen zu antworten, so wollen wir ihn gemeinsam um eben das bitten, worum ihr mich bittet, nämlich das Gespräch nicht zum Scheitern zu bringen. Dazu ist aber durchaus nicht ein einzelner als Vorsitzender nötig, sondern ihr werdet alle gemeinsam den Vorsitz führen.

Alle waren einverstanden, daß wir es so machen sollten. Nur Protagoras war gar nicht dafür zu haben; aber schließlich sah er sich genötigt, doch seine Zustimmung zu geben, Fragen zu stellen, und wenn er das hinreichend getan hätte, seinerseits mit einer kurzen Antwort Rede zu stehen. Er begann also ungefähr mit folgender Frage:

26. «Ich nehme an, Sokrates, für einen Mann besteht die Bildung zum wichtigsten Teil darin, daß er ein tüchtiger Ken-

ner der Dichtung ist. Das bedeutet, daß er imstande sein soll, die Worte der Dichter zu beurteilen, was daran richtig abgefaßt ist und was nicht, und daß er dann das eine vom anderen auseinanderhalten und Fragen darüber beantworten kann. Und gerade hier wird es sich um das Problem handeln, um das wir beide, du und ich, uns eben vorhin in unserem Gespräch bemüht haben, nämlich um das der menschlichen Tüchtigkeit, nunmehr aber übertragen auf ein Gedicht; darin wird der einzige Unterschied bestehen. Simonides sagt an einer Stelle zu Skopas, dem Sohn des Thessaliers Kreon:

Wahrhaft ein guter Mensch zu werden, ist freilich schwer,
Kraftvoll an Händ' und Füßen und Gesinnung
Und ohne jeden Tadel.

Kennst du dieses Gedicht, oder soll ich es dir ganz aufsagen?»

Ich erwiderte: Das ist durchaus nicht nötig; ich kenne es und habe mich gerade mit diesem Lied schon gründlich beschäftigt.

«Gut», erwiderte er; «bist du nun der Meinung, es sei schön und richtig abgefaßt oder nicht?»

Sehr schön, erwiderte ich, und sehr richtig.

«Hältst du es aber auch noch für schön, wenn sich der Verfasser dabei selbst widerspricht?»

Nein, dann ist es nicht schön, erwiderte ich.

«So sieh es genauer an.»

Aber, mein Bester, ich habe es doch schon genügend betrachtet.

«So weißt du also, daß der Dichter im weiteren Verlauf des Liedes sagt:

Doch nicht für stimmig halte ich das Wort des Pittakos,
Mag es von einem Weisen auch gesprochen sein:
Ein edler Mensch zu sein, behauptet er, sei schwer.

Bist du dir bewußt, daß derselbe Dichter das hier sagt und auch das vorige?»

Ja, ich weiß, sagte ich.

«Findest du nun, daß dies mit jenem übereinstimmt?»

Mir scheint es wenigstens so (gleichzeitig hatte ich freilich schon Bedenken, er könnte doch ein wenig recht haben). Aber was meinst du dazu? fuhr ich fort.

«Wie könnte ich nur der Meinung sein, daß derjenige, der diese beiden Aussagen gemacht hat, mit sich selbst übereinstimmt? Zuerst hat er doch den Satz aufgestellt, *es sei schwer, wahrhaft ein guter Mensch zu werden;* aber etwas weiter unten in seinem Gedicht hat er das schon vergessen und tadelt Pittakos, der doch dasselbe behauptet wie er, nämlich *es sei schwer, edel zu sein*, und erklärt, er lasse das nicht gelten, obwohl jener genau dasselbe sagt wie er selbst. Wenn er aber jemanden tadelt, der dasselbe sagt wie er, dann ist doch klar, daß er damit auch sich selbst tadelt, so daß also entweder das erste oder das zweite, was er sagt, nicht richtig ist.»

Für diese Worte erntete Protagoras bei vielen Zuhörern lautes Lob. Mir wurde zuerst schwarz vor den Augen, als wäre ich von einem tüchtigen Boxer getroffen worden, und ich geriet ins Wanken, als er das sagte und die anderen Beifall lärmten. Ich wollte darauf, die Wahrheit zu gestehen, ein wenig Zeit gewinnen, um zu überlegen, was der Dichter eigentlich meinte; darum wandte ich mich zu Prodikos und rief ihn an:

Prodikos, sagte ich, Simonides ist doch dein Landsmann; da bist du verpflichtet, ihm beizustehen. Mir scheint, daß ich dich nun gerade so zu Hilfe rufen muß, wie das Homer vom Skamandros erzählt, daß er nämlich, von Achill bedrängt, den Simoeis zu Hilfe gerufen habe mit den Worten:

Bruder, wir wollen uns beide der Kraft dieses Mannes erwehren!

Auch ich rufe dich so zu Hilfe, damit uns Protagoras nicht den Simonides *zugrunde richtet*. Denn es ist schon so: zur Rechtfertigung des Simonides braucht es deine Musenkunst, dank der du einen Unterschied machst zwischen *wollen* und *begehren*, daß dies nicht dasselbe ist, und was du uns sonst noch für schöne Dinge vorgetragen hast. Und nun sieh zu, ob du derselben Meinung bist wie ich. Ich glaube nämlich, Simonides widerspricht sich gar nicht. Gib du zuerst deine Meinung kund, Prodikos; glaubst du, daß das *Werden* und das *Sein* dasselbe sind oder etwas Verschiedenes?

«Etwas Verschiedenes, beim Zeus», erwiderte Prodikos.

Hat nun nicht Simonides, fragte ich, in den ersten Versen seine eigene Meinung ausgesprochen, daß es nämlich schwer sei, wahrhaft ein guter Mensch zu werden?

«Du hast recht», erwiderte Protagoras.

Den Pittakos aber, fuhr ich fort, tadelt er nicht deshalb, wie Protagoras glaubt, weil er das gleiche, sondern weil er etwas anderes sagt als er. Denn Pittakos bezeichnet nicht dasselbe wie Simonides als schwer, nämlich nicht das edel *Werden*, sondern das edel *Sein;* das *Sein* und das *Werden*, Protagoras, ist aber nicht dasselbe, wie uns Prodikos hier bestätigt. Ist aber das Sein nicht dasselbe wie das Werden, so ist auch Simonides nicht mit sich selbst im Widerspruch. Vielleicht würden Prodikos und viele andere mit Hesiod sagen, es sei schwer, gut zu werden; denn *vor die Tüchtigkeit hätten die Götter den Schweiß gesetzt; wenn man aber ihren Gipfel erreicht habe, sei es leicht, sie zu besitzen, so schwer es auch sein möge, sie zu erwerben.*

27. Prodikos hörte mich an und lobte meine Worte; Protagoras aber sagte: «Deine Rechtfertigung, Sokrates, enthält einen noch größeren Fehler als den, welchen du verbessern willst.»

Ich erwiderte: So habe ich es offenbar schlecht gemacht, Protagoras, und bin gleichsam ein lächerlicher Arzt; indem ich heilen will, mache ich die Krankheit nur noch größer.

«Ja, so ist es.»

Wieso denn? fragte ich.

«Es wäre doch eine große Torheit, wenn der Dichter behauptete, es sei so eine einfache Sache, im Besitz der Tüchtigkeit zu bleiben, was doch nach der Überzeugung aller Menschen das Schwerste ist, das es gibt.»

Ich erwiderte: Beim Zeus, es trifft sich doch gut, daß Prodikos bei unserer Unterredung zugegen ist. Denn sein Wissen, mein lieber Protagoras, mag wohl ein göttliches sein von alters her; vielleicht stammt es von Simonides oder ist noch älter. Du aber, der sich auf so viele Dinge versteht, scheinst es nicht zu kennen, anders als ich, der ich der Schüler eben dieses Prodikos gewesen bin. Und so habe ich nun den Eindruck, du könntest nicht begreifen, daß Simonides vielleicht dieses Wort *schwer* nicht so verstand, wie du es verstehst, sondern daß es sich da ähnlich verhält wie mit dem Wort *schrecklich*, für das mich Prodikos jedesmal wieder zurechtweist. Wenn ich es nämlich brauche, um dich oder einen anderen Menschen zu loben und sage, Protagoras sei ein schrecklich weiser Mann, so fragt er, ob ich mich nicht schäme, das Gute schrecklich zu nennen. Denn das Schreckliche, sagt er, ist etwas Schlechtes; niemand spricht doch je von schrecklichem Reichtum oder schrecklichem Frieden oder von schrecklicher Gesundheit, sondern nur von schrecklicher Krankheit, von schrecklichem Krieg oder von schrecklicher Armut, weil eben das Schreckliche etwas Schlechtes ist. Vielleicht verstehen nun auch die Leute in Keos und Simonides unter *schwer* entweder *schlecht* oder sonst etwas, das du nicht weißt. Fragen wir also Prodikos; denn es ist recht und billig, wenn wir bei ihm Auskunft suchen über die Sprache des Simonides.

Also denn, Prodikos: was verstand Simonides unter *schwer?*

«Etwas Schlechtes», erwiderte er.

Und darum, Prodikos, fuhr ich fort, tadelt er also auch Pittakos, daß dieser sagt, *es sei schwer, edel zu sein*, als hätte er ihn sagen hören, *es sei schlecht, edel zu sein.*

«Aber was glaubst du, Sokrates, daß Simonides sonst hätte meinen können? Nein, er machte dem Pittakos den Vorwurf, daß er die Wörter nicht richtig zu unterscheiden wisse, weil er eben als Lesbier in einer barbarischen Sprache auferzogen worden sei.»

Nun denn, Protagoras, sagte ich, du hörst, was Prodikos da sagt. Hast du etwas dazu zu bemerken?

Protagoras erwiderte: «Die Sache verhält sich bei weitem nicht so, Prodikos. Sondern ich weiß genau, daß auch Simonides das Wort *schwer* so verstand wie wir andern, nicht als *schlecht*, sondern als das, was *nicht leicht* ist und nur mit vielen Schwierigkeiten zustande kommt.»

Auch ich bin der Ansicht, Protagoras, daß Simonides das meint, sagte ich. Und auch Prodikos weiß es; aber er macht Scherze und will offenbar die Probe mit dir anstellen, ob du in der Lage sein wirst, deine eigene Aussage zu verfechten. Denn dafür, daß Simonides unter *schwer* nicht *schlecht* versteht, ist gleich der folgende Satz ein starker Beweis. Er fährt nämlich fort:

Gott allein besitzt wohl diese Gabe,

und meint dabei gewiß nicht, es sei schlecht, edel zu sein, um dann zu sagen, Gott allein besitze dieses Vorrecht, und diese Gabe einzig Gott zuzuweisen; sonst müßte ja Prodikos den Simonides als einen Frevler und keineswegs als einen Mann aus Keos bezeichnen. Ich will dir aber sagen, welchen Gedanken nach meiner Meinung Simonides in diesem Lied zum Ausdruck bringt, falls du mein Verständnis für die Dichtung erproben willst, wie du das nennst. Doch wenn es dir lieber ist, will ich dir zuhören.

Als mich Protagoras so reden hörte, sagte er: «Sprich nur, Sokrates, wenn du Lust hast.» Prodikos aber und Hippias forderten mich dringend auf.

28. So will ich also den Versuch machen, begann ich, euch meine Meinung über dieses Lied auseinanderzusetzen. Die Liebe zur Weisheit (Philosophie) ist unter allen Griechen nirgends so alt und so verbreitet wie in Kreta und in Sparta, und

es gibt auch in keinem anderen Lande so viele Sophisten wie dort. Aber die Leute verleugnen das und geben sich den Anschein der Unwissenheit, damit nicht an den Tag kommt, daß sie an Weisheit allen Griechen überlegen sind, und halten es wie die Sophisten, von denen Protagoras vorhin erzählt hat. Im Gegenteil, sie erwecken den Eindruck, als seien sie nur im Kampf und in der Tapferkeit überlegen, weil sie fürchten, es würden sich sonst alle darin, nämlich eben in der Weisheit üben wollen, wenn man merkte, daß sie dort überlegen sind. Durch diese Geheimhaltung täuschten sie nun aber ihre ausländischen Nachahmer in den übrigen Städten, und diese zerschlagen sich nun die Ohren, um sie nachzuäffen, binden sich Boxriemen um, treiben mit Leidenschaft Leibesübungen und tragen kurze Mäntel, als ob die Überlegenheit der Spartaner über die anderen Griechen auf diesen Dingen beruhte. Wenn aber die Spartaner mit den Sophisten in ihrem Land ungestört verkehren wollen und ihnen die heimlichen Zusammenkünfte zuwider sind, vertreiben sie ihre ausländischen Nachahmer und die anderen Fremden, die sich etwa dort aufhalten, und kommen dann, ohne daß es diese merken, mit den Sophisten zusammen. Und sie selber lassen, genau wie die Kreter, keinen von ihren jungen Leuten in die anderen Städte ziehen, damit sie das nicht verlernen, was sie ihnen selbst beibringen. Es gibt aber in diesen Städten nicht nur Männer, die auf ihre Bildung stolz sind, sondern auch Frauen.

Daß ich aber die Wahrheit sage und daß die Spartaner für philosophische Gespräche am besten vorgebildet sind, könnt ihr an folgendem erkennen: Wenn man sich mit einem ganz einfachen Spartaner unterhalten will, so wird man im Gespräch zunächst finden, er komme einem recht unbedeutend vor. Dann aber wirft er plötzlich beim Reden wie ein geschickter Speerschütze eine treffende Bemerkung ein, kurz und knapp, so daß sich der Partner nicht besser vorkommt als ein kleine

Kind. Gerade das ist es, was heute und früher schon manche Beobachter gemerkt haben: daß die Nachahmung der Spartaner viel eher eine Liebe zur Philosophie als zur Gymnastik bedeutet, weil sie wissen, daß nur ein vollkommen gebildeter Mensch zu solchen Aussprüchen fähig ist. Zu diesen gehörte Thales aus Milet und Pittakos aus Mytilene, Bias aus Priene und unser Solon, Kleobulos aus Lindos und Myson aus Chen, und als siebenten zählte man den Spartaner Chilon dazu. Alle diese waren Nacheiferer, Liebhaber und Schüler der spartanischen Bildung. Daß ihre Weisheit wirklich von dieser Art war, läßt sich an den kurzen und beherzigenswerten Aussprüchen erkennen, die ein jeder von ihnen geprägt hat. Als sie dann gemeinsam zusammenkamen, brachten sie dem Apollon für den Tempel in Delphi die Erstlinge ihrer Weisheit dar und schrieben jene Inschriften, die in aller Munde sind: *Erkenne dich selbst* und *Alles mit Maß*.

Warum ich das sage? Weil sich darin die Art zeigt, wie die Alten philosophierten, in dieser spartanischen Kürze. Und von Pittakos im besonderen machte jenes Wort die Runde, das von den Weisen gepriesen wurde, dieses *Es ist schwer, edel zu sein*. Simonides nun, auf seine eigene Weisheit sehr stolz, erkannte wohl, welch großen Ruhm er unter den Menschen seiner Zeit gewinnen könnte, wenn er diesen Ausspruch wie einen berühmten Wettkämpfer zu Boden werfen und sich ihm überlegen zeigen könnte. Gegen dieses Wort also und in der Absicht, es zu entwerten, hat er, glaube ich, dieses ganze Lied verfaßt. (29.) Wir wollen nun also alle miteinander untersuchen, ob ich recht habe.

Gleich der Anfang des Liedes müßte uns doch sonderbar vorkommen, wenn der Dichter wirklich sagen wollte, es sei schwer, ein guter Mensch zu werden, und er dabei das Wörtchen *freilich* einsetzte. Denn dieses Wort scheint ganz zwecklos eingeschoben, wenn man nicht annimmt, Simonides sage es, um damit gleichsam gegen den Spruch des Pittakos zu polemisieren. Während Pittakos sagt *es ist schwer, edel zu sein,* setzte er dem entgegen: Nein, sondern *ein guter Mensch zu werden, das ist freilich wahrhaft schwer,* Pittakos. Es heißt also nicht *in Wahrheit gut* und nicht darauf bezieht sich dieses *in Wahrheit,* wie wenn es einige gäbe, die *wahrhaft* gut sind, während andere zwar gut, aber nicht *wahrhaft* gut sind. Das wäre doch wohl einfältig und des Simonides nicht würdig. Sondern man muß vermuten, daß das *wahrhaftig* in diesem Lied an eine andere Stelle gesetzt wurde, und muß das Wort des Pittakos zugrunde legen, als ob wir es so setzten, daß Pittakos selber spricht und Simonides darauf antwortet. Jener würde sagen: «Ihr Menschen, *es ist schwer, edel zu sein*», und Simonides antwortete darauf: «Nein, Pittakos, was du sagst, ist nicht richtig. Denn nicht gut zu *sein,* aber *freilich ein guter Mensch zu werden, kraftvoll an Händ' und Füßen und Gesinnung, und ohne jeden Tadel – das ist wahrhaft schwer.*» So scheint das *freilich* mit gutem Sinn eingeschoben und das *wahrhaft* richtigerweise an den letzten Platz gestellt. Auch alles, was darauf folgt, beweist uns, daß das so gemeint ist. Denn vielfach und auch an jeder einzelnen Stelle des Liedes könnte man nachweisen, wie gut es abgefaßt ist; es ist ein sehr anmutiges und sorgfältiges Werk. Aber es würde zu weit führen, es auf diese Weise zu behandeln; wir wollen nur seinen Typus im allgemeinen und seine Absicht betrachten: daß es sich nämlich vor allem um eine Widerlegung des Pittakos handelt, die sich durch das ganze Lied hindurchzieht.

30. Denn ein kleines Stück weiter sagt er etwas, das man in Prosa ungefähr folgendermaßen ausdrücken könnte: *Ein guter Mensch zu werden, ist freilich wahrhaft schwer,* indes sei es wohl für eine gewisse Zeit möglich; ist man es aber geworden, dann in diesem Zustand zu verharren und *ein guter Mensch zu sein,* wie du behauptest, Pittakos, das ist unmöglich und dem Menschen nicht gegeben, und *nur Gott allein besitzt wohl diese Gabe.*

Undenkbar, daß ein Mensch nicht schlecht sein müßte,
Welchen hilflos ein Unglück niederwirft.

Wen wirft aber nun bei der Führung eines Schiffes ein Unglück nieder, gegen das er keine Hilfe weiß? Gewiß nicht den Laien; denn der liegt immer am Boden. Wie man denn wohl nicht einen zu Boden werfen kann, der schon daliegt; sondern den Aufrechtstehenden stürzt man um und wirft ihn zu Boden, nicht aber den, der schon liegt. So kann doch auch nur den ein Unglück ohne Hilfe zu Boden werfen, der sich sonst zu helfen weiß, nicht aber den, der ohnehin schon immer hilflos ist. Und den Steuermann kann wohl ein großer Sturm, der plötzlich hereinbricht, hilflos machen, und einen Landmann kann ein Unwetter, das über ihn kommt, hilflos machen, und einem Arzt kann dasselbe widerfahren. Denn dem Tapferen kann es geschehen, daß er feige wird, wie das auch von einem anderen Dichter bezeugt wird, der sagt:

Ist doch ein tapferer Mann bald feige und bald wieder tapfer.

Dem Feigen aber geschieht es nicht, daß er feige wird, sondern er ist es notwendig schon immer. Wenn also einen Menschen, der sich sonst zu helfen weiß, einen Weisen und Guten, ein Unglück trifft, dem gegenüber er hilflos ist, so ist es undenkbar, daß so einer nicht schlecht wird. Du aber, Pittakos, behauptest, *es sei schwer, edel zu sein.* Es zu *werden*, ist aber wohl schwer, doch immerhin möglich; es zu *sein* aber ist unmöglich.

Hat er Erfolg, ist jeder Mensch zwar gut;
Mißerfolg aber macht ihn schlecht.

Was bedeutet nun aber dieses *Erfolg haben* beim Lesen und Schreiben, und wer macht einen Menschen auf diesem Gebiet tüchtig? Offenbar doch das Erlernen der Buchstaben. Und worauf beruht der Erfolg, der einen zum guten Arzt werden läßt? Offenbar darauf, daß er lernt, die Kranken zu heilen. *Mißerfolg aber macht ihn schlecht.* – Wer wird nun wohl ein schlechter Arzt? Zunächst offenbar nur einer, der überhaupt Arzt ist, und im weiteren der, der ein guter Arzt ist; denn nur dieser kann doch ein schlechter Arzt werden. Wir dagegen, die Laien in der Heilkunst, können wohl nie erfolglose Ärzte oder Baumeister oder sonst so etwas werden. Wer aber kein Arzt werden kann, weil er keinen Erfolg hat, der kann offensichtlich auch kein schlechter Arzt werden. Auf diese Weise kann also auch der tüchtige Mann untüchtig werden, sei es infolge seines Alters oder durch Not und Krankheit oder sonst durch etwas, das ihn befallen mag. Denn einzig darauf beruht sein schlechtes Handeln: daß er sein Wissen verliert. Der untüchtige Mann dagegen kann doch niemals untüchtig werden; denn er ist das schon immer. Soll er aber untüchtig werden, so muß er zuerst tüchtig und gut geworden sein. So zielt also auch diese Stelle des Liedes darauf hin, daß es nicht möglich ist, ein guter Mensch zu *sein* und es dauernd zu bleiben, daß es aber möglich ist, einer zu *werden*; derselbe kann dann aber auch wieder schlecht werden. *Am besten werden, wen die Götter lieben, und diese bleiben es die längste Zeit.*

31. Dies alles ist also gegen Pittakos gesagt, und die folgenden Verse erhellen das noch mehr. Da sagt der Dichter:

Drum will ich nie versuchen, was nicht geschehen kann,
Und nicht nach leerer Hoffnung, die sich nie erfüllt,
Das Los des Lebens werfen:
Den Menschen ohne Fehl zu finden,
So viele wir die Frucht der weitbewohnten Erde
Verzehren; doch ich werd's euch melden,
Wenn ich ihn finde.

So heftig geht er das ganze Lied hindurch gegen den Ausspruch des Pittakos an:

Doch lobe ich und hab sie alle lieb,
Wer Übles nicht begeht aus freien Stücken.
Doch kämpfen gegen das Notwendige
Sogar die Götter nicht.

Auch das ist gegen denselben Ausspruch gerichtet. Denn Simonides war nicht so unbelehrt, daß er hätte sagen wollen, er lobe jeden, der nicht aus freien Stücken Schlechtes tut, als ob es Menschen gäbe, die freiwillig Schlechtes tun. Denn ich bin so ziemlich der Überzeugung, daß kein einziger unter den Weisen der Meinung ist, ein Mensch verfehle sich freiwillig und begehe freiwillig etwas Schimpfliches oder Schlechtes, sondern sie wissen genau, daß alle, die das Schimpfliche und Schlechte tun, dies unabsichtlich machen. Und so sagt denn auch Simonides nicht, er sei der Lobredner derer, die nicht freiwillig Schlechtes tun, sondern er meint dieses *freiwillig* von sich selbst. Denn er glaubte, daß ein guter und edler Mensch sich oftmals selber Zwang antut, gegen einen anderen freundlich zu sein und ihn zu loben. So kann es zum Beispiel einem Menschen hin und wieder widerfahren, daß Vater oder Mutter oder die Vaterstadt, oder was ihm sonst nahesteht, sich nicht so zu ihm verhalten, wie man es erwarten sollte. Geschähe nun so etwas schlechten Menschen, so sähen sie das gewissermaßen gern und schlügen es breit mit ihrem Schimpfen und führten Klage über die Schlechtigkeit der Eltern oder der Vaterstadt, damit ihnen dann die Menschen keine Vorwürfe machen und sie nicht schmähen, wenn sie sich nicht um jene kümmern. Die Folge wäre, daß sie sie nun erst recht beschimpften und zu den ohnehin schon bestehenden Mißhelligkeiten noch selbstverschuldete hinzufügten. Anders hielten es die Guten: sie versteckten diese Dinge und nötigten sich sogar ein Lob ab, und wenn sie den Eltern oder der Vaterstadt wegen einer ungerechten Behandlung böse wären, so beschwichtigten sie sich selbst und suchten sich zu vertragen, ja, sie täten sich erst noch Zwang an, die Ihren zu lieben und zu loben. Ich glaube, Simonides sah sich selbst hin und wieder in der Lage, einen Tyrannen oder sonst so einen Gewaltmenschen zu loben und zu preisen – nicht aus freien Stücken, sondern weil er dazu genötigt war. Und deshalb sagt er denn auch zu Pittakos: Ich tadle dich nicht deswegen, weil ich Freude habe am Tadeln; denn

Mir ist's genug, wenn einer nicht gerade schlecht
Und allzu träge ist;
Wenn er als Mann gesunder Art nur weiß,
Was seiner Stadt zum Wohle frommt:
Da werde ich nicht mäkeln;
Denn mäkelsüchtig bin ich nicht,
Und das Geschlecht der Toren ist ja zahllos,

so daß einer seine Lust zum Tadeln an ihnen wohl stillen könnte;

Gut ist alles, wo nicht Schimpfliches darein gemischt.

Simonides meint das nicht so, wie wenn er zum Beispiel sagte: Alles ist weiß, dem nicht Schwarzes beigemischt ist; denn das wäre auf vielfache Art lächerlich. Sondern er will sagen, daß er selbst auch das Mittelmäßige anerkennt und es nicht tadelt; *ich suche nicht*, sagte er ja, *den Menschen ohne Fehl zu finden, so viele wir die Frucht der weitbewohnten Erde verzehren; doch ich werd's euch melden, wenn ich ihn finde*. Wegen seiner Vollkommenheit werde ich also keinen loben, *sondern mir genügt es, wenn einer mittelmäßig ist und nichts Schlechtes tut*. So *lobe ich und hab sie alle lieb* – an dieser Stelle verwendet er die Mundart der Mytilener, weil er ja dieses *ich lobe und habe sie alle lieb aus freien Stücken* zu Pittakos sagt (und hier, nach dem *aus freien Stücken*, muß man im Satz absetzen), *wer Übles nicht begeht* – es gibt aber auch solche, die ich gegen meinen Willen lobe und liebe. Wenn du also auch nur einigermaßen etwas Zutreffendes und Richtiges sagtest, Pittakos, würde ich dich nicht tadeln. Nun meinst du aber, recht zu haben, während du doch über die wichtigsten Dinge gänzlich im Irrtum befangen bist, und deshalb tadle ich dich.

In diesem Sinne, Prodikos und Protagoras, – so schloß ich – hat Simonides nach meiner Meinung das Lied verfaßt.

32. Da erwiderte Hippias: «Ich habe den Eindruck, Sokrates,

daß du das Lied richtig gedeutet hast. Indes weiß ich ebenfalls eine interessante Erklärung dafür, die ich euch vorlegen will, wenn ihr einverstanden seid.»

Doch Alkibiades meinte: «Jawohl, Hippias, aber ein andermal; jetzt müssen wir uns billigerweise an das halten, was ihr, Protagoras und Sokrates, miteinander vereinbart habt. Wenn Protagoras noch etwas fragen will, soll Sokrates antworten; möchte er aber lieber dem Sokrates antworten, so soll dieser fragen.»

Da sagte ich: Meinerseits überlasse ich es Protagoras, was ihm besser zusagt. Ist er aber einverstanden, so wollen wir nun die Lieder und Epen beiseite lassen; dagegen möchte ich die Untersuchung über das Thema, zu dem ich meine erste Frage gestellt habe, Protagoras, gerne mit dir zu Ende führen. Denn mit den Auseinandersetzungen über die Dichtkunst verhält es sich offenbar gerade so wie mit den Gastmählern gewöhnlicher und ungebildeter Leute. Weil sich diese beim Trinken nicht selbst unterhalten können und weil sie infolge ihrer mangelhaften Bildung mit der eigenen Stimme und mit ihren Gesprächen nichts zu bieten haben, mieten sie teure Flötenbläserinnen und wenden viel dafür auf, sich die fremde Stimme einer Flöte anzuwerben, und mit deren Hilfe können sie sich dann unterhalten. Wo aber edle und gebildete Trinkgenossen beisammen sind, da kannst du weder Flötenbläserinnen noch Tänzerinnen noch Kitharaspielerinnen sehen; solche Männer sind sich zur Unterhaltung selbst genug, mit ihrer eigenen Stimme und ohne diese Possen und Spielereien. Geordnet gehen ihre Wechselreden reihum, auch wenn sie recht viel Wein getrunken haben. So ist es auch, wenn solche Zusammenkünfte aus Männern bestehen, wie es die meisten von uns sein wollen: da sind dazu keine fremden Stimmen und keine Dichter nötig; diese kann man ja über ihre Worte nicht befragen, und wenn die Leute sie in ihren Reden zitieren, so behaupten die einen, der Dichter meine dies, die anderen, er meine jenes, und sie streiten sich über eine Frage, die sie gar nicht entscheiden können. Kluge Männer unserer Art aber vermeiden solche Gespräche und unterhalten sich aus Eigenem miteinander, indem sie sich in ihren Gesprächen gegenseitig Rede und Antwort stehen. Ich glaube, wir beide sollten eher solche Männer nachahmen; lassen wir also die Dichter auf der Seite und reden wir aus Eigenem miteinander, indem wir die Wahrheit und uns selbst auf die Probe stellen. Und willst du mich noch weiter fragen, so bin ich bereit, dir meine Antwort vorzulegen; andernfalls lege mir deine vor, damit wir die Betrachtung, die wir mittendrin abgebrochen haben, zu Ende führen können.

Ungeachtet dieser und ähnlicher Worte gab Protagoras keinerlei Anzeichen, auf welche Art er es halten wolle. Da sagte Alkibiades, indem er sich an Kallias wandte:

«Kallias, bist du der Meinung, daß Protagoras immer noch recht daran tut, wenn er nicht zu der Erklärung bereit ist, ob er uns Rede stehen will oder nicht? Mir scheint, das sei nicht recht von ihm; entweder soll er die Unterredung fortsetzen oder sagen, daß er das nicht will. Dann wissen wir, woran wir mit ihm sind, und Sokrates oder sonst jemand kann sich unterhalten, mit wem er will.»

Als sich Alkibiades so geäußert hatte und Kallias und die meisten Anwesenden sich aufs Bitten verlegten, da schämte sich Protagoras, wie ich den Eindruck hatte; er wandte sich, wenn auch zögernd, wieder dem Gespräch zu und forderte mich auf, ihn zu fragen, er werde dann antworten.

33. Ich begann also: Lieber Protagoras, du kannst mir glauben, ich verfolge bei meinem Gespräch mit dir keine andere Absicht, als daß ich das Problem erörtern möchte, das mich jedesmal wieder in Verlegenheit bringt. Ich glaube, Homer meint doch etwas sehr Richtiges, wenn er sagt:

Geben zwei miteinander, so sieht es der eine vor jenem.

Denn so sind wir Menschen doch alle geschickter, zu jedem Tun und zu jeder Rede und zu jedem Gedanken; wer aber *als Einzelner kommt zur Erkenntnis*, der geht sogleich herum und sucht, bis er einen anderen findet, dem er das vorlegen und mit dem zusammen er Gewißheit erlangen kann. Und darum führe ich mein Gespräch auch lieber mit dir als mit einem anderen, weil du nach meiner Meinung am allerbesten die Fragen zu erörtern verstehst, mit denen sich ein ordentlicher Mensch beschäftigen soll, vor allem die Frage nach der menschlichen Tüchtigkeit. Wer sollte das auch besser können als du! Nicht nur, daß du dich selbst für einen vollkommenen und tüchtigen Mann hältst, wie es ja auch sonst wackere Leute gibt, die aber nicht imstande sind, andere auch dazu zu machen; du aber bist nicht nur selber gut, sondern auch imstande, andere zu guten Menschen zu machen. Und während andere diese Kunst geheimhalten, ist dein Selbstvertrauen so groß, daß du dich öffentlich allen Griechen empfiehlst, dich einen Sophisten nennst, dich als Lehrer der Bildung und der Tüchtigkeit bekanntgibst und als erster auch ein Honorar dafür in Anspruch nimmst. Wie sollte ich also nicht gerade dich zu dieser Erörterung heranziehen und dich fragen und mit dir meine Gedanken austauschen? Da gibt es doch gar keine andere Möglichkeit.

Und nun möchte ich also von dir über die Fragen, die ich in bezug auf unser Problem zu Beginn gestellt habe, von Grund auf wieder ins Bild gesetzt werden und sie dann mit dir durchbesprechen. Ich glaube, es handelte sich um folgendes: Beziehen sich Weisheit und Besonnenheit und Tapferkeit und Gerechtigkeit und Frömmigkeit, diese fünf Namen, auf ein einziges Tun, oder liegt jedem dieser Namen eine eigene Wesenheit zugrunde und ein Tun, das jedesmal seine eigene Wirkungsweise hat, und ist keines von ihnen so beschaffen wie das andere? Du stelltest nun die Behauptung auf, es seien das nicht nur Namen für Eines, sondern jeder von ihnen beziehe sich auf ein eigenes Tun, alle zusammen aber seien sie Teile der menschlichen Tüchtigkeit, und zwar nicht so wie die Teile des Goldes, die sowohl einander wie auch dem Ganzen gleichen, dessen Teile sie sind, sondern so wie die Teile des Gesichts, die dem Ganzen, dessen Teile sie sind, ebensowenig ähnlich sind wie den übrigen Teilen, wobei jeder seine besondere Funktion hat. Wenn du noch derselben Meinung bist wie damals, so sage es; denkst du aber irgendwie anders darüber, so erkläre uns das, und ich werde dir nicht den geringsten Vorwurf daraus machen, daß du deine Meinung nun geändert hast. Denn ich wäre gar nicht erstaunt, wenn du das damals bloß gesagt hättest, um mich auf die Probe zu stellen.

34. «Aber ich sage dir doch, Sokrates», erwiderte Protagoras, «daß dies alles Teile der Tüchtigkeit sind, und daß vier davon einander ziemlich ähnlich sind, während sich die Tapferkeit sehr stark von ihnen unterscheidet. Und daran kannst du erkennen, daß ich recht habe: du wirst viele Menschen finden, die zwar sehr ungerecht, sehr gottlos, sehr zügellos und sehr unweise sind, aber dabei doch ungemein tapfer.»

Halt, rief ich da, es lohnt sich, genau zu erwägen, was du sagst. Hältst du die Tapferen für kühn oder für sonst etwas?

«Und auch für Draufgänger, und zwar dort, wo die meisten sich fürchten, darauf loszugehen.»

Nun, du erklärst doch die menschliche Tüchtigkeit für etwas Schönes, und weil sie das ist, empfiehlst du dich als ihr Lehrer?

«Ja, sie ist das Allerschönste; sonst müßte ich ja nicht bei Verstand sein.»

Ist denn nun, fuhr ich fort, der eine Teil an ihr unschön, der andere dagegen schön, oder ist sie im ganzen schön?

«Sie ist doch im ganzen so schön wie überhaupt nur möglich.»

Weißt du aber, was für Leute tollkühn in die Brunnen hinabtauchen?

«Ja, die Taucher.»

Weil sie sich darauf verstehen, oder aus einem anderen Grunde?

«Weil sie sich darauf verstehen.»

Und wer ist so kühn, daß er zu Pferde kämpft? Solche, die reiten können, oder die es nicht können?

«Die reiten können.»

Und wer kämpft mit dem leichten Schild? Die mit ihm umzugehen wissen oder die anderen?

«Die mit dem Rundschild umgehen können. Und so ist es auch sonst überall, wenn du das wissen willst: wer sich auf eine Sache versteht, ist kühner, als wer sich nicht darauf versteht, und wer etwas gelernt hat, wird auch kühner, als er war, bevor er es lernte.»

Hast du aber auch schon Leute gesehen, die von all diesen Dingen nichts verstanden und sich doch in jeder dieser Lagen als kühn erwiesen?

«Ja», erwiderte er, «sogar als sehr kühn.»

Und diese Kühnen, die sind doch auch tapfer?

«Dann wäre die Tapferkeit ja etwas Unschönes; denn diese Leute sind ja nicht bei Sinnen.»

Wie nennst du nun aber die Tapferen? fuhr ich fort. Sagtest du nicht, das seien die Kühnen?

«Und ich bleibe dabei.»

Und nicht wahr, fuhr ich fort: diejenigen, die auf diese Art kühn sind, scheinen nicht tapfer, sondern von Sinnen zu sein. Aber wie du oben festgestellt hast, sind andererseits diese Sachverständigsten auch am kühnsten, und indem sie am kühnsten sind, auch am tapfersten? Nach diesem Satz wäre also die Weisheit Tapferkeit?

«Da gibst du nicht gut wieder, Sokrates, was ich gesagt und

dir geantwortet habe. Von dir gefragt, ob die Tapferen kühn seien, gab ich das zu; ob aber auch die Kühnen tapfer seien, diese Frage wurde mir nicht gestellt. Wenn du mich das damals gefragt hättest, würde ich wohl gesagt haben: «Nicht alle.» Dagegen hast du mein Zugeständnis, daß die Tapferen auch kühn seien, nirgends als unrichtig widerlegt. Im weiteren stellst du fest, daß die Sachverständigen kühner sind, als sie sonst eigentlich waren, und als die anderen, die nicht sachverständig sind, und infolgedessen glaubst du, die Tapferkeit und die Weisheit seien dasselbe. Nach diesem Verfahren könntest du aber auch dafür halten, die Körperstärke sei Weisheit. Denn wenn du so vorgehen und mich zuerst fragen wolltest, ob die Starken auch gewandt seien, so würde ich sagen «Ja».

Und auch die weitere Frage: ob die, welche sich auf den Ringkampf verstehen, nicht gewandter seien als die anderen und ob sie nicht selber, wenn sie diese Kunst erlernt haben, gewandter seien als vorher – auch diese Frage würde ich bejahen. Hätte ich aber das zugegeben, so könntest du dich auf eben diese Beweismittel stützen und sagen, daß nach meinem eigenen Zugeständnis die Weisheit Körperstärke sei. Ich bin aber auch in diesem Falle keineswegs einverstanden, daß die Gewandten immer stark sind, während ich freilich zugebe, daß die Starken gewandt sind. Denn ich behaupte, Gewandtheit und Stärke sind nicht dasselbe, denn das eine, die Gewandtheit, ergibt sich auch aus einem Wissen, nicht nur aus Tollheit und Leidenschaft, Körperstärke dagegen aus natürlicher Veranlagung und richtiger Pflege des Leibes.

Und so ist also auch in unserem Falle Kühnheit und Tapferkeit nicht dasselbe. Daraus folgt, daß zwar die Tapferen kühn, sind, nicht aber alle Kühnen auch tapfer; denn Kühnheit ergibt sich für die Menschen auch aus einem Können, nicht nur aus Leidenschaft und Tollheit, gleich wie die Gewandtheit, wogegen sich die Tapferkeit aus natürlicher Veranlagung und aus richtiger Pflege der Seele ergibt.»

35. Protagoras, sagte ich, glaubst du, daß es den einen Menschen im Leben gut geht, den anderen aber übel?

«Ja.»

Und bist du der Meinung, es gehe einem Menschen gut, wenn er sein Leben in Unmut und Schmerzen verbringt?

«Nein.»

Wenn aber jemand nach einem lustvollen Leben stirbt, glaubst du dann nicht, es sei ihm in diesem Leben gut ergangen?

«Doch, das glaube ich.»

Lustvoll zu leben ist also ein Gut, das Gegenteil aber ein Übel?

«Ja, sofern er in seinem Leben am Schönen und Guten Lust empfindet.»

Wie, Protagoras? Hältst du etwa, wie die meisten Leute, gewisse lustvolle Dinge für schlecht und gewisse unangenehme Dinge für gut? Ich meine das so: sind die Dinge, sofern sie lustvoll sind, nicht eben dadurch gut, auch wenn sie etwas anderes zur Folge haben. Und ist nicht umgekehrt in gleicher Weise das Unangenehme schlecht, insofern es eben unangenehm ist?

«Ich weiß nicht, Sokrates, ob ich, entsprechend deiner Frage, auch so schlechthin antworten kann, daß alles Lustvolle gut und alles Unangenehme schlecht ist. Nicht nur im Blick auf diese Frage jetzt, sondern auch auf mein ganzes übriges Leben habe ich den Eindruck, es sei wohl sicherer, so zu antworten: es gibt unter den lustvollen Dingen solche, die nicht gut sind, und umgekehrt gibt es auch unter den unangenehmen solche, die nicht schlecht sind, aber auch solche, die schlecht sind; und drittens gibt es solche, die beides nicht sind, weder schlecht noch gut.»

Lustvoll nennst du aber doch das, sagte ich, was mit Lust verbunden ist oder was Lust hervorruft?

«Gewiß.»

Wenn ich also frage, ob etwas nicht gut sei, insofern es lustvoll ist, so meine ich damit, ob nicht die Lust selbst ein Gut sei.

«Wir wollen das so untersuchen, Sokrates, wie du das immer wieder vorschlägst: wenn wir den Eindruck haben, das Ergebnis entspreche der Vernunft, und wenn das Lustvolle und das Gute wirklich als dasselbe erscheinen, so wollen wir zustimmen; andernfalls erklären wir uns dagegen.»

Ich fragte: Willst du nun die Führung bei der Untersuchung übernehmen, oder soll ich es?

«Dir kommt die Führung zu», erwiderte er; «du stellst ja auch den Satz auf.»

Ich begann also: Vielleicht könnte es uns auf folgende Weise klarwerden. Nehmen wir an, jemand möchte einen Menschen nur nach seinem Äußeren untersuchen, ob er gesund oder sonst körperlich leistungsfähig sei. Wenn er dann sein Gesicht und seine Vorderarme gesehen hätte, würde er ihm sagen: «Wohlan, enthülle mir nun auch deine Brust und deinen Rücken und zeige sie mir, damit ich dich noch genauer untersuchen kann.» Etwas Ähnliches wünsche ich mir auch für meine Untersuchung. Nachdem ich gesehen habe, daß deine Stellung zum Guten und zum Lustvollen so ist, wie du sagst, möchte ich beifügen: wohlan, Protagoras, enthülle mir nun auch noch folgendes aus deinem Denken. Wie stellst du dich zum Wissen? Denkst du so darüber wie die meisten Menschen oder anders? Die Meinung der Leute über das Wissen geht nämlich dahin, daß es weder mit Körperstärke noch mit Führung oder Herrschaft etwas zu tun habe. Und da sie ihm das nicht zusprechen, denken sie, daß das Wissen dem Menschen wohl manchmal innewohnt, daß aber nicht es, sondern etwas anderes über ihn herrsche: bald Leidenschaft, bald Lust, bald Leid, manchmal

Liebe und häufig Furcht. Dabei faßt man das Wissen ganz wie eine Sklavin auf, die von allen anderen Kräften herumgezerrt wird. Hast du nun eine ähnliche Vorstellung von ihm, oder glaubst du, das Wissen sei etwas Gutes und Schönes, das über den Menschen regieren kann? Und wenn einer das Gute und das Böse erkannt habe, lasse er sich durch nichts bestimmen, irgend etwas anderes zu tun als das, was dieses Wissen ihn heißt, sondern dieses sei stark genug, dem Menschen zu helfen?

«Ich bin ganz derselben Meinung wie du, Sokrates. Zudem wäre es ja für mich besonders schimpflich, wenn ich bestreiten wollte, daß Weisheit und Wissen das wirksamste ist von allen menschlichen Dingen.»

Das ist freilich schön und richtig, sagte ich. Nun weißt du aber, daß die meisten Leute dir und mir das nicht glauben, sondern behaupten, daß viele, die das Beste zwar kennen, es doch nicht tun wollen, obschon sie das könnten, sondern ganz etwas anderes machen. Und sooft ich jemanden fragte, was denn daran schuld sei, sagte er, wer so handle, der tue es, weil er von Lust oder Leid überwältigt werde oder sonst von einem der Gefühle, wie ich sie gerade vorhin genannt habe.

«Ich glaube, Sokrates, die Leute behaupten auch sonst noch viel Unrichtiges.»

Wohlan, so versuche denn mit mir zusammen, sie zu überzeugen und darüber zu belehren, was eigentlich mit ihnen vorgeht, wenn sie behaupten, sie würden von den Lüsten überwältigt und machten deshalb nicht das, was für sie am besten ist, obschon sie dieses kennen. Denn wenn wir ihnen vorhielten: «Ihr habt nicht recht, ihr Leute, sondern ihr täuscht euch», so würden sie uns vermutlich die Frage stellen: «Ja, Protagoras und Sokrates, wenn nicht das es ist, was mit uns vorgeht, daß wir nämlich von der Lust überwältigt werden, was ist es denn sonst, und wie nennt ihr es? Sagt uns das.»

«Was brauchen wir aber auf die Meinung der Menge zu schauen, Sokrates, die doch nur sagt, was ihr gerade einfällt?»

Ich glaube doch, erwiderte ich, daß uns das hilft, um herauszufinden, wie sich die Tapferkeit zu den übrigen Teilen der menschlichen Tüchtigkeit verhält. Wenn du nun der Meinung bist, wir bleiben besser bei unserem früheren Beschluß und ich soll das Gespräch so leiten, wie ich glaube, daß uns die Sache am ehesten klar wird, so folge mir. Andernfalls laß ich es bleiben, wenn dir das lieber ist.

«Nein, du hast recht; fahre nur fort, wie du begonnen hast.»

36. Wenn sie, sagte ich, uns nun noch einmal fragten: «Wie nennt ihr also das, was wir als *von der Lust überwältigt sein* bezeichneten?» da würde ich ihnen folgendes zur Antwort geben: «Hört mir zu: Protagoras und ich wollen versuchen, euch das zu erklären. Ihr seid doch auch der Meinung, ihr guten Leute, es widerfahre euch dabei so etwas, daß ihr zum Beispiel hin und wieder von der Lust nach Speise oder Trank oder Liebe, also nach allerhand Genüssen überwältigt werdet und ihr dann diesen nachgebt, obschon ihr wißt, daß sie schlecht sind?»

Das würden sie zugeben.

Dann stellten du und ich ihnen die weitere Frage: «Inwiefern haltet ihr sie denn für schlecht? Etwa weil sie alle nur für den Augenblick Lust gewähren und angenehm sind, oder weil sie für die spätere Zeit Krankheiten und Armut und sonst noch manches dieser Art zur Folge haben? Wenn sie aber auch für später nichts dergleichen bewirken, sondern wirklich nur das Gefühl der Freude hervorrufen, wären sie auch dann schlecht, gleichgültig, worüber und auf welche Weise sie uns Freude bereiten?» – Wir glauben doch, Protagoras, sie würden kaum etwas anderes antworten, als daß diese Dinge nicht deshalb schlecht seien, weil sie für den Augenblick Lust verschaffen, sondern um des willen, was später daraus folgt, eben Krankheiten und anderes.

«Ja», erwiderte Protagoras, «ich glaube, die Menge würde diese Antwort geben.»

Und mit den Krankheiten, die sie verursachen, bringen sie doch auch Unlust, und indem sie Armut verursachen, bringen sie ebenfalls Unlust – ich denke, auch das würden sie zugeben.

«Ja», sagte Protagoras.

«So seid ihr also derselben Meinung wie Protagoras und ich, ihr guten Leute: diese Dinge erscheinen euch nur deshalb als schlecht, weil sie in Unlust ausgehen und uns um andere Lüste bringen?» Würden sie das zugeben?

Wir waren beide davon überzeugt.

Und wenn wir ihnen im weiteren die umgekehrte Frage stellten: «Ihr Leute, wenn ihr andererseits behauptet, gewisse gute Dinge seien auch unangenehm, da meint ihr doch derartiges wie die Leibesübungen und die Kriegszüge und die Heilmethoden der Ärzte mit Brennen und Schneiden, mit Arzneien und Hungerkuren – daß das alles zwar gut, aber unangenehm sei?» Das würden sie doch zugeben?

Protagoras war der gleichen Meinung.

«Nennt ihr nun aber diese Dinge deshalb gut, weil sie für den Augenblick die ärgsten Schmerzen und Leiden verursachen oder weil für die spätere Zeit Gesundheit und leibliches Wohlbefinden daraus entsteht, ja sogar Erhaltung der Städte und ihre Bereicherung und Herrschaft über andere?» Ich denke, sie würden mir zustimmen.

Er war gleicher Meinung.

«Diese sind aber doch nur deshalb gut, weil sie in Lust ausgehen, in Befreiung und Erlösung von Schmerzen? Oder könnt ihr irgendeinen anderen Gesichtspunkt angeben, unter welchem ihr sie gut nennt, als Lust und Schmerz?» Sie würden keinen angeben können, glaube ich.

«Das glaube ich auch», erwiderte Protagoras.

«Und der Lust jagt ihr nach, weil sie ein Gut ist, den Schmerz aber flieht ihr, weil er ein Übel ist?»

Er war gleicher Meinung.

«Das also ist in euren Augen das Schlechte: der Schmerz, und das Gute: die Lust, da ihr ja sogar das Gefühl der Freude nur dann als ein Übel bezeichnet, wenn es euch um Lüste bringt, die größer sind als die, welche es selbst enthält, oder wenn die Schmerzen, die es bereitet, größer sind als die in ihm enthaltenen Lüste. Solltet ihr aber das Gefühl der Freude selbst aus einem anderen Grunde oder im Hinblick auf ein anderes Ziel schlecht nennen, so könntet ihr uns das sagen; ihr werdet es aber nicht können.»

«Auch ich glaube es nicht», sagte Protagoras.

«Und ist es mit dem Gefühl des Schmerzes nicht ebenso? Dann nennt ihr dieses Gefühl selbst ein Gut, wenn entweder die Schmerzen, von denen es euch befreit, größer sind als diejenigen, die es selbst enthält, oder wenn die Lüste, die es bereitet, größer sind als seine Schmerzen. Solltet ihr aber das Gefühl des Schmerzes selbst im Hinblick auf ein anderes Ziel als das von mir genannte ein Gut nennen, so könntet ihr uns das sagen; ihr werdet es aber nicht können.»

«Du hast recht», sagte Protagoras.

Ich fuhr fort: «Und wenn ihr mir nun die Gegenfrage stelltet, ihr guten Leute: Zu welchem Zweck machst du denn eigentlich darüber so viele und komplizierte Worte? so würde ich sagen: Verzeiht mir – aber erstens ist es nicht leicht, zu zeigen, was mit dem gemeint ist, was ihr mit eurem *von der Lust überwältigt werden* bezeichnet, und zweitens beruhen hierauf alle weiteren Beweise. Aber auch jetzt besteht noch die Möglichkeit zu widerrufen, wenn ihr irgendwie sagen könnt, das Gute sei etwas anderes als die Lust oder das Schlechte etwas anderes als die Unlust. Oder genügt es euch, ein angenehmes Leben zu führen ohne Schmerzen? Wenn euch das genügt und wenn ihr einzig das, was auf dies hinausläuft, als das Gute oder das Schlechte bezeichnen könnt, so hört denn weiter. Wenn dem so ist, erkläre ich eure Behauptung als lächerlich, daß der Mensch, auch wenn er das Schlechte erkennt und die Möglichkeit hat, es nicht zu tun, es gleichwohl tue, und zwar weil er von seinen Lüsten getrieben und verwirrt wird. Und ebenso steht es mit der anderen Behauptung, der Mensch erkenne das Gute, aber er wolle es nicht tun, weil er von den Lüsten des Augenblicks überwältigt werde.

37. Daß das wirklich lächerlich ist, wird sich klar erweisen, wenn wir nicht gleichzeitig so viele Benennungen verwenden wie *angenehm*, *unangenehm*, *gut* und *schlecht*, sondern wenn wir, nachdem sich gezeigt hat, daß es nur zweierlei gibt, dafür auch nur zwei Wörter brauchen, erstens *gut und schlecht* und dann wiederum *angenehm und unangenehm*. Nachdem wir das so festgesetzt haben, wollen wir also sagen: obschon der Mensch erkennt, daß das Schlechte schlecht ist, tut er es dennoch. Wenn uns nun jemand fragt: «Aus welchem Grunde?» so werden wir sagen: «Weil er überwältigt wird.» «Von wem denn?» wird jener uns fragen. Wir dürfen nun aber nicht mehr sagen *von der Lust*; denn an die Stelle von *Lust* ist nun ein anderer Name getreten, nämlich *das Gute*. Wir müssen ihm also zur Antwort geben: «Weil er überwältigt wird ...» «Von wem denn?» wird er fragen, und wir, beim Zeus, werden sagen: «Vom Guten». Ist der Frager nun zufällig ein Spaßvogel, so wird er lachend erwidern: «Da stellt ihr wahrhaftig eine komische Behauptung auf: wenn jemand Schlechtes tut, obschon er erkennt, daß es schlecht ist und er es nicht zu tun brauchte, so tut er das, weil er vom Guten überwältigt wird. Ist denn», wird er sagen, «das Gute in euch dem Schlechten nicht gewachsen, so daß es darüber zu siegen vermöchte, oder ist es ihm gewachsen?» Wir werden natürlich antworten, es sei ihm

nicht gewachsen; denn sonst hätte ja der, von dem wir sagen, er werde von den Lüsten überwältigt, keinen Fehler begangen. «Inwiefern denn», wird er vielleicht fragen, «ist das Gute dem Schlechten nicht gewachsen, oder das Schlechte dem Guten nicht gewachsen? Das kann doch nur daran liegen, daß das eine größer und das andere kleiner ist? Oder das eine mehr und das andere weniger? Etwas anderes als das werden wir nicht angeben können. Damit ist klar», wird er sagen, «daß ihr mit dem *überwältigt werden* eben das meint: daß man statt einem kleineren Guten ein größeres Schlechtes wählt.» Das wäre einmal dieser Punkt.

Nun wollen wir für dasselbe wieder die Benennungen *angenehm* und *unangenehm* anwenden und also sagen: Der Mensch tut – vorhin sagten wir *das Schlechte* – nun wollen wir es nennen *das Unangenehme*, obschon er erkennt, daß es unangenehm ist, und zwar tut er das *überwältigt von den Lüsten*, obschon diese offenbar nicht so überlegen sind, daß sie siegen sollten. Mit welchem Mittel sonst kann man aber Lust und Schmerz gegeneinander abwägen, als dadurch, daß man feststellt, daß sie einander entweder übertreffen oder einander nachstehen? Das aber bedeutet nichts anderes, als daß das eine größer oder kleiner ist als das andere, oder mehr oder weniger, oder in größerem oder geringerem Maße. Denn wollte jemand sagen: «Sokrates, das augenblicklich Angenehme ist doch sehr verschieden vom Angenehmen oder Schmerzlichen einer späteren Zeit», so würde ich erwidern: «Doch wohl durch das Maß an Lust und Schmerz – etwas anderes ist ja gar nicht möglich. Mach es doch so wie ein tüchtiger Waagmeister: nimm alles Angenehme zusammen und nimm alles Schmerzliche zusammen und lege dazu das Gewicht des zeitlich Nahen und des zeitlich Fernen auf die Waage und sage mir, was schwerer wiegt. Wenn du Angenehmes gegen Angenehmes abwägst, so mußt du jedesmal das größere und zahlreichere wählen, wenn aber Schmerzliches gegen

Schmerzliches, dann das geringere und kleinere. Wägst du aber Angenehmes gegen Schmerzliches, so mußt du es folgendermaßen halten: wird das Unangenehme vom Angenehmen überwogen, gleichgültig ob das zeitlich Nahe vom zeitlich Fernen oder das Ferne vom Nahen, so mußt du dies tun, wo das der Fall ist. Wird dagegen das Angenehme vom Unangenehmen überwogen, so sollst du dies nicht tun. Anders ist das doch gar nicht möglich, ihr Leute», würde ich sagen. Und ich bin sicher, daß sie kein anderes Verfahren nennen könnten.

Auch darüber war Protagoras gleicher Meinung.

«Wenn dem nun so ist», werde ich sagen, «so antwortet mir auf folgende Frage: Dieselben Größen scheinen eurem Blick doch von nahem größer, von weitem dagegen kleiner, oder nicht?»

«Ja», werden sie sagen.

«Und mit Umfang und Anzahl ist es ebenso? Und auch dieselben Töne sind aus der Nähe lauter, aus der Ferne aber leiser?»

Das würden sie zugeben.

Wenn nun unser richtiges Handeln und unser Wohlergehen darauf beruhte, daß wir das Große tun und wählen, das Kleine aber meiden und nicht tun, worin würde sich uns wohl das Heil unseres Lebens zeigen? In der Kunst des Messens oder in der Einwirkung des bloßen Scheins? Führt uns diese nicht irre und bewirkt, daß wir immer wieder alles miteinander verwechseln und dann unsere Taten und die Wahl des Großen und Kleinen bereuen müssen? Die Kunst des Messens dagegen würde diesen bloßen Schein unwirksam machen, und indem sie die Wahrheit an den Tag bringt, könnte sie bewirken, daß die Seele in der Wahrheit bleibt und so ihre Ruhe findet, und damit würde sie unser Leben erhalten. Müßten die Menschen nicht zugeben, daß uns gegen diese Gefahren nur die Kunst des Messens rettet, oder meinten sie, es könnte auch eine andere sein?

«Nein, nur die Kunst des Messens», gab Protagoras zu.

Wenn nun aber das Heil unseres Lebens von der Wahl zwischen Geradem und Ungeradem abhinge, von der Frage nämlich, in welchem Fall man richtigerweise das Mehr und wann man das Weniger wählen muß, ob man nun eine Zahl mit sich selbst oder eine Zahl mit einer anderen vergleichen soll, und gleichgültig, ob von nahe oder von fern – was könnte da unser Leben retten? Wäre das nicht ein Wissen? Und bestände dieses nicht in einer Art Meßkunst, da ja diese die Kunst des Mehr und des Weniger ist? Und da es sich um Ungerades und Gerades handelt, müßte es nicht die Rechenkunst sein? Würden uns da die Leute zustimmen oder nicht?

Auch Protagoras war der Ansicht, daß sie zustimmen würden.

«Gut denn, ihr Leute. Es hat sich also gezeigt, daß die Rettung unseres Lebens auf der richtigen Wahl von Lust und Schmerz beruht, und zwar in bezug auf das Mehr oder Weniger, des Größeren oder Kleineren und des Ferneren oder Näheren; erscheint uns deshalb diese Wahl nicht zuallererst als eine Kunst des Messens, stellt man doch mit ihrer Hilfe das Mehr oder Weniger oder die gegenseitige Gleichheit fest?»

«Aber gewiß.»

«Ist es aber eine Kunst des Messens, so muß es doch notwendig ein Können und Wissen sein.»

Da werden sie zustimmen.

«Was für ein Können und Wissen sie aber ist, das wollen wir ein andermal untersuchen. Daß es aber ein Wissen ist, das genügt für die Beweisführung, die Protagoras und ich euch über die Fragen geben müssen, die ihr uns gestellt habt.

Wenn ihr euch aber recht erinnert, stelltet ihr eure Frage im Augenblick, da gerade Protagoras und ich übereinkamen, daß nichts wirksamer sei als das Wissen und daß sich dieses, wo immer es gegenwärtig ist, in allen Fällen überlegen zeige, über die Lust so gut als über alles andere. Dagegen brachtet ihr den Einwand vor, daß doch oft die Lust die Oberhand gewinne, sogar über den wissenden Menschen, und als wir euch das nicht zugeben wollten, stelltet ihr uns daraufhin die Frage: «Lieber Protagoras und lieber Sokrates, wenn dieser Vorgang nicht darin besteht, daß man von der Lust überwältigt wird, was ist er denn sonst, und als was bezeichnet ihr ihn? Sagt uns das!» Hätten wir euch nun sogleich geantwortet, es sei Unwissenheit, so würdet ihr uns ausgelacht haben; wenn ihr uns aber jetzt auslacht, dann lacht ihr auch über euch selber. Denn auch ihr habt ja zugegeben, daß man nur aus einem Mangel an Wissen in der Wahl von Lust und Schmerz, das heißt aber: von Gut und Schlecht, Fehler begeht. Und nicht nur am Wissen schlechthin fehlt es, sondern auch an der Kunst des Messens, wie ihr im weiteren zugegeben habt. Wenn aber eine fehlerhafte Handlung geschieht, weil es am Wissen mangelt, so geschieht sie, das ist euch selber auch bekannt, aus Unwissenheit. Somit bedeutet also dieses *von der Lust überwältigt werden* die allergrößte Unwissenheit. Gegen diese aber ein Arzt zu sein, macht sich unser Protagoras da anheischig, und ebenso Prodikos und Hippias. Ihr aber glaubt, es sei etwas anderes als Unwissenheit, und deswegen kommt weder ihr selbst zu diesen Sophisten, noch schickt ihr eure Kinder zu ihnen, den Lehrern in diesen Dingen, in der Meinung, das sei gar nicht lehrbar. Weil ihr aber euer Geld spart, statt es diesen Männern zu geben, geht es euch schlecht, im privaten Leben ebenso wie im öffentlichen.»

38. So etwa würden wir den Leuten geantwortet haben. Gemeinsam mit Protagoras frage ich euch nun, Hippias und Prodikos – denn auch ihr sollt an der Unterredung teilhaben: Findet ihr, was ich sage, sei richtig oder falsch?

Alle hielten das Gesagte für durchaus richtig.

Ihr seid also auch der Meinung, fuhr ich fort, daß das Angenehme gut, das Unangenehme dagegen schlecht ist. Die Art aber, wie unser Prodikos die Benennungen unterscheidet, lehne ich ab. Ob du nämlich *angenehm* oder *erfreulich* oder *ergötzlich* sagst oder wonach und wie es dir sonst Spaß machen mag, die Dinge zu benennen, mein bester Prodikos – gib mir Antwort auf das, worauf es mir bei der Frage ankommt.

Prodikos lachte und gab mir recht, und die anderen ebenfalls.

Wie verhält es sich nun mit dem folgenden, ihr Männer, fuhr ich fort: Sind nicht alle Handlungen, die darauf gerichtet sind, daß wir schmerzlos und angenehm leben, auch schön? Und ist das schöne Werk nicht auch gut und nützlich?

Sie stimmten zu.

Das Angenehme ist also gut, sagte ich. Wenn nun aber jemand weiß oder doch glaubt, es sei etwas anderes besser als das, was er gerade tut, und es sei auch ausführbar – so wird doch niemand das eine tun, während er doch das Bessere tun könnte. Und wenn man sich von sich selbst besiegen läßt, was ist das anderes als Unwissenheit, Weisheit dagegen, wenn man sich selbst besiegt?

Alle waren einverstanden.

Unter Unwissenheit aber versteht ihr etwa das, daß man eine falsche Vorstellung hat und über die wichtigsten Dinge im Irrtum befangen ist?

Auch dem stimmten sie alle bei.

Nun also, fuhr ich fort, zum Schlechten entschließt sich niemand aus freien Stücken und auch nicht zu dem, was er für schlecht hält, und es entspricht offenbar auch nicht der Natur des Menschen, sich für das zu entschließen, was er für schlecht hält, statt für das Gute. Und wenn sich jemand gezwungen sieht, zwischen zwei Übeln zu entscheiden, wird er niemals das größere vorziehen, wenn er auch das kleinere wählen kann.

Alles das fand unsere allgemeine Zustimmung.

Und weiter, fuhr ich fort: ihr kennt doch etwas, das ihr als *Angst* und *Furcht* bezeichnet? Und versteht dasselbe darunter wie ich? Ich sage das zu dir, Prodikos. Ich meine damit die Erwartung eines Übels, ob ihr das nun *Furcht* oder *Angst* nennt.

Protagoras und Hippias hielten dafür, das sei sowohl Angst als auch Furcht; Prodikos dagegen verstand darunter nur Angst, nicht aber Furcht.

Das spielt keine Rolle, Prodikos, sagte ich; wichtig ist nur folgendes: wenn unsere bisherigen Feststellungen richtig sind, wird dann ein Mensch dem gegenübertreten wollen, vor dem er Angst hat, wenn ihm auch das andere freisteht? Oder kommt das nach unseren Ergebnissen nicht in Frage? Denn wir waren uns doch einig, daß man das, wovor man Angst hat, für schlecht hält. Was man aber für schlecht halte, dem wolle niemand gegenübertreten oder es freiwillig hinnehmen.

Auch da waren alle derselben Meinung.

39. Ich fuhr fort: Unter diesen Voraussetzungen, Prodikos und Hippias, muß Protagoras die Richtigkeit seiner ersten Antwort vor uns verteidigen. Ich meine nicht das, was er ganz am Anfang sagte: daß es fünf Teile der menschlichen Tüchtigkeit gebe, daß aber keiner gleich sei wie der andere und jeder seine besondere Funktion habe – nicht das also meine ich, sondern was er später behauptet hat. Da sagte er nämlich, die vier anderen seien sich zwar ziemlich ähnlich, einer aber unterscheide sich sehr stark von den übrigen, nämlich die Tapferkeit, und das könne ich, sagte er, an folgendem Beweis erkennen: «Du wirst nämlich Menschen finden, Sokrates, die zwar sehr gottlos, sehr ungerecht, sehr zügellos und sehr unweise sind, aber dabei doch sehr tapfer. Daran kannst du erkennen, daß sich die Tapferkeit von den anderen Teilen der Tüchtigkeit beträchtlich unterscheidet.» Ich habe mich gleich schon damals über diese Antwort sehr gewundert, und erst recht, nachdem ich dann das mit euch genauer erörtert hatte. Ich

fragte ihn darauf, ob er die Tapferen auch für kühn halte, und er antwortete: «Ja, und auch für Draufgänger.» Erinnerst du dich, diese Antwort gegeben zu haben, Protagoras?

Er gab das zu.

So sag uns denn, fuhr ich fort, was meinst du, worauf die Tapferen losgehen? Auf dasselbe wie die Feigen?

«Nein.»

Also auf etwas anderes?

«Ja», sagte er.

Gehen die Feigen auf das Ungefährliche los, die Tapferen aber auf das Gefährliche?

«Freilich, so behaupten es die Leute, Sokrates.»

Du hast recht, sagte ich. Aber nicht das will ich wissen, sondern worauf nach *deiner* Meinung die Tapferen losgehen. Auf das Gefährliche, und zwar in der Meinung, daß es gefährlich sei, oder auf das Ungefährliche?

«Du hast doch mit deiner Beweisführung soeben gezeigt, daß das erste unmöglich ist.»

Auch damit hast du recht, erwiderte ich. Wenn also dieser Beweis richtig war, so geht niemand auf das los, was er für gefährlich hält, nachdem wir herausgefunden haben, daß es Unwissenheit ist, wenn man sich nicht selbst beherrschen kann.

Das gab er zu.

Vielmehr wagen sich alle an das, was sie für ungefährlich halten, die Feigen so gut wie die Tapferen, und somit gehen also beide, die Feigen und die Tapferen, auf dasselbe los.

«Und doch ist es gerade das Entgegengesetzte, Sokrates, woran sich die Feigen und die Tapferen wagen. Die einen sind ohne weiteres bereit, in den Krieg zu ziehen, die anderen aber nicht.»

Ist es denn schön, wenn man in den Krieg zieht, oder schimpflich?

«Es ist schön.»

Wenn es schön ist, dann ist es doch auch gut – so haben wir uns doch vorhin geeinigt. Wir kamen nämlich überein, daß alle schönen Handlungen gut sind.

«Das stimmt, und ich bin jederzeit dieser Meinung.»

Das ist recht, sagte ich. Aber was meinst du: welche von diesen beiden wollen nicht in den Krieg ziehen, obschon das schön und gut ist?

«Die Feigen», erwiderte er.

Und nicht wahr, fuhr ich fort: wenn schön und gut, dann ist es auch angenehm?

«So wenigstens sind wir übereingekommen.»

Sind denn aber die Feigen trotz besserem Wissen zum Schöneren und Besseren und Angenehmeren nicht bereit?

«Wenn wir das zugeben, stoßen wir wieder um, was wir vorhin übereingekommen sind.»

Wie ist es aber mit dem Tapferen? Wagt er sich nicht an das Schönere und Bessere und Angenehmere?

«Das muß man zugeben.»

Ist es nicht überhaupt so, daß die Furcht, welche die Tapferen haben, wenn sie sich fürchten, nicht schimpflich ist, und wenn sie kühn sind, ist es auch keine schimpfliche Kühnheit?

«Richtig.»

Wenn sie aber nicht schimpflich ist, so ist sie doch schön?

Das gab er zu.

Und wenn schön, dann auch gut.

«Ja.»

Im Gegensatz dazu ist die Furcht, welche die Feigen und die Tollen haben, wenn sie sich fürchten, eine schimpfliche Furcht, und wenn sie kühn sind, ist es eine schimpfliche Kühnheit.

Er gab das zu.

Diese schimpfliche und schlechte Kühnheit hat aber doch keinen anderen Grund als Unkenntnis und Unwissenheit?

«So ist es.»

Nennst du nun das, weswegen die Feigen feige sind, Feigheit oder Tapferkeit?

«Ich wenigstens nenne es Feigheit.»

Sie schienen uns aber doch feige wegen ihrer Unwissenheit darüber, was gefährlich ist?

«Gewiß.»

Infolge dieser Unwissenheit sind sie also feige?

Er gab das zu.

Und das, weswegen sie feige sind, wird von dir als Feigheit erklärt?

Er stimmte zu.

Dann wäre also die Feigheit Unkenntnis über das, was zu fürchten und was nicht zu fürchten ist?

Er nickte zustimmend.

Und andererseits ist die Tapferkeit das Gegenteil der Feigheit.

«Ja.»

Und das Wissen darüber, was zu fürchten und nicht zu fürchten ist, ist doch das Gegenteil von dem Nichtwissen über diese Dinge?

Hier nickte er noch einmal zustimmend.

Die Unwissenheit über diese Dinge aber ist Feigheit?

Jetzt nickte er nur noch ganz zögernd.

Somit ist also das Wissen um die gefährlichen und ungefährlichen Dinge Tapferkeit, indem sie das Gegenteil ist von der Unwissenheit über diese Dinge.

Hier brachte er es nicht mehr über sich, seine Zustimmung zu geben, sondern schwieg.

Und ich sagte: Was ist denn, Protagoras? Sagst du zu meiner Frage weder ja noch nein?

«Mach den Schluß selber», erwiderte er.

Nur eine einzige Frage will ich dir noch stellen, sagte ich:

Glaubst du immer noch wie am Anfang, daß es Menschen gibt, die sehr unwissend, zugleich aber sehr tapfer sind?

«Offenbar bist du rechthaberisch darauf bedacht, Sokrates, daß ich dir antworten soll. Nun, ich will dir den Gefallen tun und sage also, daß mir das unmöglich scheint nach dem, was wir zusammen herausgefunden haben.»

40. Ich stelle alle diese Fragen nur aus dem einen Grunde, sagte ich, weil ich untersuchen möchte, was es denn eigentlich auf sich hat mit der menschlichen Tüchtigkeit und was sie überhaupt ist, diese Tüchtigkeit. Denn ich weiß, wenn uns das einmal klargeworden ist, wird sich ganz gewiß auch jene Frage lösen, über die jeder von uns beiden eine so lange Rede gehalten hat: ich, indem ich behauptete, die menschliche Tüchtigkeit sei nicht lehrbar, du, sie sei lehrbar.

Der Ausgang, den unsere Reden nun soeben genommen haben, kommt mir so vor, als ob er uns wie ein Mensch Vorwürfe machte und uns verspottete und, wenn er Stimme bekäme, zu uns sagte: «Ihr seid doch seltsame Leute, Sokrates und Protagoras: Du mit deiner anfänglichen Behauptung, menschliche Tüchtigkeit sei nicht lehrbar, während du dich jetzt um das Gegenteil bemühst und darzulegen versuchst, daß alles ein Wissen sei, sowohl die Gerechtigkeit als die Besonnenheit und die Tapferkeit, wodurch sich ganz klar erweist, daß die Tüchtigkeit lehrbar ist. Denn wäre sie etwas anderes als ein Wissen, wie nämlich Protagoras behaupten will, so wäre sie ganz gewiß nicht lehrbar. Erweist sie sich nun aber ganz und gar als ein Wissen, wie du behauptest, Sokrates, so müßte es sonderbar zugehen, wenn sie nicht lehrbar wäre. Umgekehrt Protagoras: er ging damals von der Annahme aus, sie sei lehrbar; jetzt aber behauptet er offenbar das Gegenteil, und sie scheint ihm beinahe eher alles andere zu sein als ein Wissen, und damit wäre sie dann auch ganz und gar nicht lehrbar.» Nachdem ich nun sehe, mein lieber Protagoras, wie alles so furchtbar durcheinandergebracht wird, will ich alles daran setzen, daß das aufgeklärt wird, und ich möchte gerne, daß wir nach dieser Erörterung schließlich doch darauf kämen, was eigentlich die menschliche Tüchtigkeit ist, und dann noch einmal die Frage untersuchten, ob sie lehrbar oder ob sie nicht lehrbar sei. Denn ich befürchte, daß uns jener Epimetheus (Nachbedacht) auch in unserer Untersuchung immer wieder irregeführt hat, so wie er uns in der Verteilung der Eigenschaften zu kurz kommen ließ. Im Mythos, den du erzählt hast, gefiel mir auch Prometheus (Vorbedacht) besser als Epimetheus; weil ich es mit ihm halte und für mein ganzes Leben vorausbedacht sein will, beschäftige ich mich mit all diesen Fragen, und wenn du einverstanden wärest, würde ich sie am liebsten, wie ich schon von Anfang an sagte, gemeinsam mit dir durchbesprechen.

Und Protagoras erwiderte: «Ich lobe zwar deinen Eifer, Sokrates, und die Art, wie du das Gespräch führst. Ich bin nämlich, glaube ich, im allgemeinen kein schlechter Mensch; vor allem aber bin ich sicher weniger eifersüchtig als irgend jemand. Habe ich doch schon zu vielen Leuten gesagt, daß ich für dich von allen Menschen, mit denen ich in Berührung komme, weitaus die größte Bewunderung habe, mehr auch als für alle deine Altersgenossen. Und ich erkläre, daß es mich nicht wundern sollte, wenn man dich einst zu den berühmtesten Weisen zählt. Über diese Fragen werden wir uns jedoch ein andermal aussprechen, wenn du willst. Jetzt aber ist es Zeit, sich etwas anderem zuzuwenden.»

Gut denn, sagte ich, so soll es geschehen, wenn du der Meinung bist. Auch für mich ist es ja schon längst Zeit, dorthin zu gehen, wohin ich sagte; nur dem schönen Kallias zuliebe bin ich dageblieben.

Nach diesen Gesprächen verließen wir den Ort.

GORGIAS

EINLEITUNG

Der ‹Gorgias› ist der längste Dialog Platons vor dem ‹Staat›. Mit dem Hauptwerk hat er gemeinsam, daß von dem bisweilen etwas spielerischen aporetischen und elenktischen Umgang mit gegnerischen Ansichten, der für die Tugenddialoge und auch noch für den ‹Protagoras› charakteristisch ist, keine Spur geblieben ist: der Gegner erscheint in einer bisher so nicht fühlbaren Gefährlichkeit, der Sokrates einen neuen Ernst im Positiven entgegensetzt. Unter Verzicht auf aporetische Offenheit oder hypothetische Vorläufigkeit verkündet er mit letzter Bestimmtheit die ethische Maxime, daß Unrecht tun (*adikeín*) für den Täter selbst schädlich und schlecht ist, und zwar unter allen Umständen, auch als Vergeltung fremden Unrechts. Die zugespitzte Formulierung: «Unrecht tun ist schlimmer als Unrecht leiden» mußte für griechische Ohren provokativ, ja widersinnig klingen, galt es doch bisher als ausgemacht, daß «Tugend» oder «Tüchtigkeit» (*aretḗ*) darin besteht, den Freunden zu helfen und den Feinden zu schaden.

Etabliert wird die neue Maxime in Auseinandersetzung mit der «Sophistik», jener bedeutenden geistigen Bewegung des 5. Jahrhunderts, deren Name erst durch Platons schonungslose Analyse den negativen Klang erhielt, der ihm bis heute anhaftet. Die «sophistische» Gegenthese lautet: Das Lob der «Gerechtigkeit» und die Verurteilung des Unrechttuns sind nur ideologische Waffen der von Natur Schwachen, die sich vor den Übergriffen der Starken wenigstens auf diese Weise zu schützen suchen. Das «Gesetz der Natur» (im Gegensatz zu den staatlichen

Gesetzen, die die Schwachen formulierten) befürworte, daß der Stärkere in allem den Vorteil habe vor dem Schwächeren und daß er seine Begierden befriedige und sich hemmungslos auslebe ohne Rücksicht auf die Ansprüche anderer (483 b–484 c).

Der Mann, dem Platon diese Auffassung in den Mund legt, ist allerdings nicht die Titelfigur Gorgias. Der große alte Mann der sophistischen Bewegung wird vielmehr durchaus schonungsvoll behandelt. Er muß allerdings zugeben, daß die von ihm propagierte Kunst der Rede ihre Schüler nicht lehrt, was gerecht ist und was ungerecht – das sollte der künftige Redner schon wissen, wenn er die Redekunst erlernt. Für Sokrates entsteht daraus das Problem, daß die Rhetorik, wenn ihre Adepten zufällig nicht wissen sollten, was gerecht ist, im Dienste der Ungerechtigkeit auch mißbraucht werden könnte; mit Gorgias ist er sich aber einig, daß der Redner seine Kunst nur für Gerechtes einsetzt (460 c–461 b).

Erst als nach Gorgias sein Schüler Polos die Diskussion mit Sokrates übernimmt, und nach diesem Kallikles, kommt es zur radikalen Verschärfung der gegnerischen Position, die die Rhetorik als ein wertneutrales Instrument zur Durchsetzung beliebiger Ziele erweist.

Die Radikalisierung des Gesprächs im Wechsel der Partner enthält Platons historische Deutung der sophistischen Rhetorik: Sie war der Intention nach nicht unmoralisch – Gorgias ist ein ehrenwerter Mann –, doch ihr Versuch, den Gebrauch des Wortes zu instrumentalisieren, statt die Frage nach dem Guten und Schlechten in den Mittelpunkt zu stellen, prädestinierte sie dazu, ethikfeindlichen Haltungen Vorschub zu leisten.

Zugleich dient der Wechsel der Gesprächspartner einer überaus eindrucksvollen dramatischen Steigerung. Spannung und Schärfe der Auseinandersetzung nehmen stetig zu. Im Durchhalten dieser Steigerung bis zur Kapitulation des Kallikles und zur Lösung der Spannung im Jenseitsmythos, den Sokrates zur

Bekräftigung seiner Überzeugungen erzählt, erweist sich der ‹Gorgias› als ein kompositorisches Meisterwerk.

Die Überzeugung, daß Unrechttun als solches schon (und nicht erst über die Bestrafung, der ein vollkommener Gewaltmensch möglicherweise entgehen könnte) gerade für den Täter das größte Unglück ist, ist begründbar nur durch den Glauben, daß der Ungerechte sich an seiner Seele schädigt. Von der Sache her könnte man also erwarten, daß in diesem Dialog die platonische Theorie der Seele entfaltet und begründet wird. Statt desen finden wir wenig deutliche Hinweise auf verschiedene Kräfte in der Seele (493 ab), mit denen Kallikles denn auch nichts anfangen kann. Es wird ihm freilich auch bedeutet, daß er noch keineswegs in der Lage wäre, die wichtigsten Einsichten angemessen zu rezipieren: Kallikles glaube bereits die «Großen Mysterien» zu kennen, bevor er auch nur in die «Kleinen Mysterien» eingeweiht sei (497 c).

Deutlich kommt hier Platons Auffassung von philosophischer Mitteilung zum Ausdruck: Es ist sinnlos, einem unzureichend vorbereiteten Rezipienten die wesentlichsten Dinge anzuvertrauen. Kallikles wird durch seine ungezügelten Begierden daran gehindert, die einfache Botschaft der sokratischen Ethik zu verstehen (vgl. 505 c). So wird ihm die tiefere Begründung dieser Ethik in der Seelenlehre und letztlich in der Theorie des Guten vorenthalten. Auch der ‹Gorgias› zeigt, daß Platon stets nur die Vollzugsform des Philosophierens zur Darstellung bringt, die strikt auf die intellektuelle und moralische Verfassung des Adressaten bezogen bleibt: wenn der Partner nicht reif ist, kann man vom Dialektiker nicht die Darlegung aller ihm zu Gebote stehenden Einsichten verlangen. Die «Großen Mysterien» vor den «Kleinen» mitzuteilen wäre nicht rechtens (*ou themitón*).

GORGIAS

Die Personen des Dialogs:
KALLIKLES, SOKRATES, CHAIREPHON, GORGIAS, POLOS
Ort: Das Haus des Kallikles in Athen

KALLIKLES: Im Krieg und in der Schlacht, heißt es, müsse man es gerade so machen, Sokrates!

SOKRATES: Kommen wir denn nach dem Fest, wie man sagt, und sind wir wirklich zu spät?

KALLIKLES: Und sogar nach einem sehr eleganten Fest. Denn Gorgias hat uns gerade vorhin viel Schönes zum besten gegeben.

SOKRATES: Daran, Kallikles, ist Chairephon schuld; seinetwegen mußten wir auf dem Markte verweilen.

CHAIREPHON: Das macht gar nichts, Sokrates; ich will es wieder gutmachen. Gorgias ist ja mit mir befreundet und wird uns seinen Vortrag noch einmal halten – wenn es recht ist, gleich jetzt, oder später einmal, wenn du willst.

KALLIKLES: Was bedeutet dies, Chairephon: möchte denn Sokrates den Gorgias überhaupt hören?

CHAIREPHON: Gerade deswegen sind wir doch hier.

KALLIKLES: Nun, wenn ihr zu mir ins Haus kommen wollt – Gorgias wohnt bei mir –, wird er euch seinen Vortrag noch einmal halten.

SOKRATES: Schön, Kallikles. Aber wird er auch Lust haben, sich mit uns zu unterhalten? Ich möchte nämlich von ihm erfahren, was seine Kunst leistet und worum es sich bei seinen Ankündigungen und seinem Unterricht handelt. Das andere, den Vortrag, soll er, wie du sagst, später einmal halten.

KALLIKLES: Am besten ist, du fragst ihn selbst, Sokrates.

Dies war nämlich gerade einer der Punkte seines Vortrages: er hat soeben seine Hörer aufgefordert, ihm beliebige Fragen zu stellen. Er werde auf alles antworten, sagte er.

SOKRATES: Schön, was du da sagst. Frag ihn also, Chairephon!

CHAIREPHON: Was soll ich fragen?

SOKRATES: Wer er ist.

CHAIREPHON: Wie meinst du das?

SOKRATES: Wenn er sich zufällig auf die Herstellung von Schuhen verstünde, dann würde er wohl antworten, er sei ein Schuster. Verstehst du, was ich meine?

CHAIREPHON: Ich verstehe es und will ihn fragen. Sag mir, Gorgias, ist es wahr, was Kallikles da sagt, daß du dich erbietest, jede Frage zu beantworten, die einer dir stellt?

GORGIAS: Allerdings, Chairephon. Gerade jetzt habe ich das ja angekündigt; und ich kann dir sagen, daß mich seit vielen Jahren niemand mehr etwas Neues gefragt hat.

CHAIREPHON: Dann kannst du also auch mit Leichtigkeit antworten, Gorgias!

GORGIAS: Es steht dir frei, einen Versuch zu machen, Chairephon.

POLOS: Gewiß, bei Zeus. Doch wenn du willst, Chairephon, mach ihn lieber bei mir. Ich glaube, Gorgias ist müde; er hat vorhin gar viel vorgetragen.

CHAIREPHON: Wieso, Polos? Glaubst du, du könnest besser antworten als Gorgias?

POLOS: Was liegt daran, wenn es nur dir genügt?

CHAIREPHON: Nichts. So gib also du Antwort, wenn du es willst!

POLOS: So frage!

CHAIREPHON: So frage ich also. Wenn Gorgias sich auf dieselbe Kunst verstünde wie sein Bruder Herodikos, wie würden wir ihn da richtigerweise nennen? Doch so wie jenen?

POLOS: Gewiß.

CHAIREPHON: Wenn wir also sagten, er sei ein Arzt, dann hätten wir ihn richtig bezeichnet?

POLOS: Ja.

CHAIREPHON: Verstünde er aber die gleiche Kunst wie Aristophon, der Sohn des Aglaophon, oder wie dessen Bruder, was wäre da die treffende Bezeichnung, die wir ihm geben könnten?

POLOS: Maler, das ist doch klar.

CHAIREPHON: Auf welche Kunst versteht er sich nun aber, und was ist demzufolge der richtige Name, den wir ihm geben können?

POLOS: O Chairephon, unter den Menschen gibt es viele Künste, die auf Grund von Erfahrungen erfunden worden sind. Denn die Erfahrung macht es aus, ob unser Leben nach den Regeln einer Kunst geführt werden kann; Unerfahrenheit aber überläßt es dem Zufall. Unter all diesen Künsten aber haben die einen an diesen, die anderen an jenen Anteil, die einen so, die anderen anders – die Besten aber an den besten. Zu diesen gehört auch unser Gorgias; er hat Anteil an der schönsten der Künste.

SOKRATES: Recht gut, mein Gorgias, scheint Polos im Reden geübt zu sein. Das, was er dem Chairephon versprochen hat, hält er freilich nicht.

GORGIAS: Wieso denn, Sokrates?

SOKRATES: Er antwortet, scheint mir, gar nicht auf die gestellte Frage.

GORGIAS: So frage *du* ihn doch, wenn du willst.

SOKRATES: Nicht doch; sofern du selbst zu antworten Lust hast, frage ich viel lieber dich. Denn schon aus dem, was Polos gesagt hat, ist mir klar geworden, daß er mehr in der sogenannten Redekunst geübt ist als in der Kunst der Unterredung.

POLOS: Wieso denn, Sokrates?

SOKRATES: Weil du, lieber Polos, auf die Frage des Chairephon, welche Kunst Gorgias verstehe, seine Kunst zwar rühmst, gleich als ob sie jemand herabgesetzt hätte, aber nicht darauf geantwortet hast, welche Kunst es ist.

POLOS: Habe ich denn nicht geantwortet, es sei die schönste?

SOKRATES: Gewiß. Aber niemand fragte dich, *wie* die Kunst des Gorgias beschaffen ist, sondern *was* sie ist und wie man den Gorgias nennen müsse. So wie dir vorhin Chairephon einige Beispiele vorlegte, und du ihm gut und mit kurzen Worten geantwortet hast, ebenso sage nun auch, welches die Kunst des Gorgias ist, und mit welchem Namen wir ihn bezeichnen sollen. Noch lieber aber sag du uns das selber, Gorgias: wie sollen wir dich nennen, und auf welche Kunst verstehst du dich?

GORGIAS: Auf die Redekunst, Sokrates.

SOKRATES: So muß man dich also einen Redner nennen?

GORGIAS: Und zwar einen guten, Sokrates, wenn du mich nennen willst wie nach Homer «zu heißen ich mich rühme».

SOKRATES: Das will ich freilich.

GORGIAS: Dann nenne mich so.

SOKRATES: Und sollen wir sagen, du könnest auch andere dazu machen?

GORGIAS: Dazu erbiete ich mich nicht nur hier, sondern auch anderorts.

SOKRATES: Möchtest du, Gorgias, so wie wir jetzt miteinander reden, das Gespräch fortführen, bald fragend, bald antwortend – die langen Reden aber, mit denen auch Polos schon angefangen hat, für ein andermal aufheben? Was du aber versprichst, das lasse nicht unerfüllt, sondern zeige dich bereit, meine Frage in kurzen Worten zu beantworten.

GORGIAS: Es gibt allerdings Antworten, Sokrates, bei denen man ausführlich werden muß. Doch will ich versuchen, mich möglichst kurz zu fassen. Denn gerade das ist ja etwas von dem, was ich von mir behaupte: daß keiner dasselbe in kürzeren Worten sagen kann als ich.

SOKRATES: Das braucht es ja gerade, Gorgias. So gib mir denn eine Probe von der Kürze im Reden – von den langen Reden später einmal.

GORGIAS: Das will ich tun, und du wirst dann zugeben, daß du noch niemanden hast kürzer reden hören.

SOKRATES: Wohlan denn! Du behauptest also, du verstündest dich auf die Redekunst und könntest auch einen anderen zum Redner machen. Auf was für Dinge bezieht sich nun die Redekunst – so wie sich die Weberei auf die Herstellung von Kleidern bezieht; nicht wahr?

GORGIAS: Ja.

SOKRATES: Und die Tonkunst bezieht sich doch auf die Schöpfung von Melodien?

GORGIAS: Ja.

SOKRATES: Bei Hera, Gorgias: ich bestaune deine Antworten, weil du wirklich so kurz als nur möglich antwortest.

GORGIAS: Ich glaube in der Tat, Sokrates, daß ich das recht gut kann.

SOKRATES: Ganz richtig. Wohlan denn, gib mir auf eben diese Weise auch über die Redekunst Antwort: wovon ist sie ein Wissen?

GORGIAS: Von Reden.

SOKRATES: Von was für Reden, Gorgias? Etwa solchen, die den Kranken zeigen, wie sie leben müssen, um wieder gesund zu werden?

GORGIAS: Nein.

SOKRATES: Die Redekunst bezieht sich also nicht auf alle Reden?

GORGIAS: Gewiß nicht.

SOKRATES: Aber sie macht doch fähig, zu reden?

GORGIAS: Ja.

SOKRATES: Und auch, daß man versteht, worüber man redet?

GORGIAS: Natürlich.

SOKRATES: Bewirkt nicht die Heilkunde, die wir vorhin genannt haben, daß man über die Kranken denken und reden kann?

GORGIAS: Notwendigerweise.

SOKRATES: Also bezieht sich offenbar auch die Heilkunst auf Reden.

GORGIAS: Ja.

SOKRATES: Auf die über Krankheiten nämlich.

GORGIAS: Gewiß.

SOKRATES: Auch die Gymnastik bezieht sich auf Reden, nämlich auf die über den guten oder schlechten Zustand des Körpers?

GORGIAS: Freilich.

SOKRATES: Und gewiß ist es auch mit den übrigen Künsten so, Gorgias: jede hat es mit Reden zu tun, welche die Sache betreffen, die gerade das Gebiet dieser Kunst ist.

GORGIAS: Offenbar.

SOKRATES: Wieso bezeichnest du nun die anderen Künste nicht als Redekünste, obwohl doch auch sie mit Reden zu tun haben, wenn du unter Redekunst diejenige verstehst, die sich auf Reden bezieht?

GORGIAS: Deshalb, Sokrates, weil sozusagen bei jeder der übrigen Künste die ganze Kenntnis auf handwerkliche Arbeiten oder dergleichen Verrichtungen geht. Die Redekunst aber hat nichts mit solcher Handarbeit zu tun, sondern ihr ganzes Tun und Wirken vollzieht sich allein durch Worte. Deshalb halte ich dafür, daß sich die Redekunst auf Reden bezieht – und habe mich damit auch richtig ausgedrückt, wie ich behaupte.

SOKRATES: Verstehe ich nun, wie du sie benennen willst? Ich werde es aber bald genauer wissen. Sage mir also: Es gibt doch Künste, nicht wahr?

GORGIAS: Ja.

SOKRATES: Bei einigen unter allen Künsten ist, glaube ich, die Tätigkeit die Hauptsache; Worte brauchen sie nur wenig oder überhaupt nicht, vielmehr könnte ihr Ziel auch unter Schweigen erreicht werden. So etwa bei der Malerei und der Bildhauerei und manchen anderen. Solche Künste meinst du offenbar, wenn du sagst, die Redekunst habe nichts mit ihnen zu tun. Oder nicht?

GORGIAS: Das vermutest du ganz richtig, Sokrates.

SOKRATES: Dann gibt es freilich auch andere Künste, die alles durch die Rede zustande bringen und entweder gar keine oder nur ganz geringe Handarbeit benötigen, wie die Arithmetik und die Rechenkunst und die Geometrie und das Brettspiel und viele andere Künste. Bei einigen von ihnen braucht es etwa ebenso viele Reden wie handwerkliche Arbeit, bei manchen aber bedeutend mehr, und ihre ganze Tätigkeit und Verwirklichung beruht auf Worten. Als eine von diesen scheinst du mir die Redekunst zu verstehen.

GORGIAS: Da hast du recht.

SOKRATES: Und doch glaube ich nicht, daß du eine von diesen als Redekunst bezeichnen willst, wenn du auch dem Wortlaut nach so gesagt hast, daß diejenige, die ihre Verwirklichung durch das Wort finde, Redekunst sei. Falls dir nun jemand beim Disputieren Schwierigkeiten machen wollte, könnte er dir entgegnen: «Du nennst also die Arithmetik eine Redekunst, Gorgias?» – Doch du bezeichnest, glaube ich, weder die Arithmetik noch die Geometrie als Redekunst.

GORGIAS: Du hast recht, Sokrates, und nimmst das richtig an.

SOKRATES: Wohlan, gib mir nun die vollständige Antwort auf meine Frage! Da nun also die Redekunst zu den Künsten gehört, die in weitem Umfange die Rede verwenden, und da es auch noch andere dieser Art gibt, so versuche zu erklären, auf welchen Gegenstand sich die Redekunst bezieht, deren Verwirklichung sich durch Worte vollzieht. So wie wenn mir jemand über irgendeine der Künste, von denen wir eben gesprochen haben, die Frage stellte: «Sokrates, was für eine Kunst ist die Arithmetik?» Ich würde ihm so antworten wie du vorhin: daß sie zu denen zählt, die sich durch die Rede verwirklichen. Und wenn er mich dann weiter fragte: «Durch Reden worüber?», dann sagte ich wohl: «Über das Gerade und das Ungerade, wie groß ein jedes ist.» Wenn er nun neuerdings fragte: «Was für eine Kunst nennst du Rechenkunst?», dann sagte ich, auch sie gehöre zu den Künsten, die sich durch die Rede verwirklichen; und fragte er weiter: «Durch Reden worüber?», dann sagte ich wie die Antragsteller in der Volksversammlung: «Im übrigen verhält es sich mit der Rechenkunst wie mit der Arithmetik. Sie bezieht sich nämlich auf dasselbe, auf das Gerade und auf das Ungerade. Doch unterscheidet sich die Rechenkunst insofern, als sie auch untersucht, wie sich das Ungerade und das Gerade in ihrer Größe zu sich selber und zueinander verhalten.» – Und wenn dann jemand noch nach der Astronomie fragte, weil ich gesagt habe, daß auch sie sich ganz nur durch die Rede verwirkliche, und wenn er sagte: «Sokrates, worauf beziehen sich nun aber die Reden der Astronomie?» – dann gäbe ich zur Antwort: «Auf den Lauf der Sterne und der Sonne und des Mondes und auf ihre gegenseitige Geschwindigkeit.»

GORGIAS: Du erklärst das ganz richtig, Sokrates.

SOKRATES: Nun ist es aber an dir, Gorgias. Die Redekunst gehört also zu den Künsten, die alles durch die Rede durchführen und bewirken, nicht wahr?

GORGIAS: So ist es.

SOKRATES: So sag denn: durch Reden worüber? Was unter allen Dingen bildet den Gegenstand der Worte, deren sich die Redekunst bedient?

GORGIAS: Die wichtigsten Angelegenheiten der Menschen, Sokrates, und die besten.

SOKRATES: Aber, lieber Gorgias, da sagst du wieder etwas, worüber man streiten kann und was noch gar nicht klar ist. Ich denke, du hast doch schon etwa bei Trinkgelagen die Leute jenes Skolion singen hören, wo sie im Liede aufzählen:

Das Beste ist gesund sein,
das zweite schön werden,
das dritte aber, reich zu sein ohne Trug,

wie der Dichter des Skolions sagt.

GORGIAS: Freilich habe ich das gehört. Doch wozu erwähnst du das?

SOKRATES: Weil nun sogleich die Meister in den Gebieten, die der Skolion-Dichter gelobt hat, zu dir herantreten könnten, ein Arzt, ein Gymnastiklehrer und ein Geschäftsmann.

Und zuerst spräche der Arzt: «Sokrates, Gorgias betrügt dich. Denn nicht seine Kunst geht auf das, was für die Menschen das wichtigste Gut bedeutet, sondern die meine.» Wenn ich ihn dann fragte: «Wer bist du denn, daß du das sagen kannst?», dann würde er eben antworten: «Ein Arzt.» «Was meinst du nun: ist das Werk deiner Kunst das höchste Gut?» «Natürlich», würde er vermutlich erwidern: «die Gesundheit ist es. Welch höheres Gut gibt es denn für die Menschen als die Gesundheit?»

Wenn nun nach diesem der Gymnastiklehrer sagte: «Ich würde mich doch selbst wundern, Sokrates, wenn dir Gorgias in seiner Kunst ein größeres Gut aufzeigen könnte als ich in der meinen» – dann sagte ich wohl auch zu ihm: «Wer bist du denn, guter Mann, und was ist das Geschäft, das du betreibst?» – «Ein Gymnastiklehrer bin ich», würde er sagen, und «meine Aufgabe ist es, die Menschen körperlich schön und stark zu machen.»

Nach dem Gymnastiklehrer nähme dann der Geschäftsmann das Wort, und der würde, denke ich, alle anderen gründlich verachten: «Sieh doch, Sokrates, ob dir irgendein Gut wichtiger scheint als der Reichtum – ob er sich nun bei Gorgias oder bei einem anderen findet.» – Wir würden zu ihm sagen: «Wie doch, kannst du denn den hervorbringen?» – Er würde das bejahen. – «Wer bist du denn?» – «Ein Geschäftsmann.» – «Wie nun», werden wir sagen, «nach deiner Meinung ist also der Reichtum für die Menschen das höchste Gut?» – «Natürlich», wird er zur Antwort geben. – «Und doch», würden wir sagen, «wendet Gorgias da ein, daß seine Kunst ein größeres Gut hervorbringe als deine.» Daraufhin würde er natürlich fragen: «Und was ist denn das für ein Gut? Gorgias soll uns antworten!»

Wohlan denn, Gorgias; stell dir vor, du werdest von jenen Leuten und zugleich auch von mir befragt. Antworte also, was das ist, von dem du behauptest, es sei für die Menschen das höchste Gut und du könnest es hervorbringen.

GORGIAS: Es ist das, Sokrates, was in Wahrheit das höchste Gut bedeutet. Die Menschen verdanken ihm nicht nur ihre Freiheit, sondern auch, daß sie über andere herrschen können, ein jeder in seinem Staat.

SOKRATES: Was meinst du damit?

GORGIAS: Daß man imstande ist, mit Worten zu überreden, vor Gericht die Richter, im Rat die Ratsherren, in der Volksversammlung die versammelten Bürger und so bei jeder anderen Zusammenkunft, wo es nur eine politische Versammlung geben mag. Und dank dieser Fähigkeit wird der Arzt dein Sklave sein und der Gymnastiklehrer wird es sein, und bei dem Geschäftsmann wird sich herausstellen, daß er nicht für sich selbst, sondern für einen anderen Geld verdient: für dich, der du reden und die Menge überzeugen kannst.

SOKRATES: Nun, Gorgias, scheinst du mir ganz genau erklärt zu haben, was für eine Kunst du unter der Redekunst verstehst. Wenn ich dich recht verstehe, behauptest du, die Redekunst sei Wirkerin der Überredung, und ihre ganze Tätigkeit gehe in der Hauptsache darauf hinaus. Oder vermag deiner Meinung nach die Redekunst noch mehr, als dass sie in der Seele der Hörer Überredung bewirkt?

GORGIAS: Keineswegs, Sokrates, sondern mir scheint, du bestimmst sie hinreichend; das ist nämlich die Hauptsache an ihr.

SOKRATES: So höre denn, Gorgias. Sei gewiß: wenn es je einen gibt, der bei der Unterhaltung mit einem anderen das, wovon die Rede ist, wirklich verstehen will, dann bin ich überzeugt, einer davon zu sein – und auch dich halte ich für einen.

GORGIAS: Was meinst du also weiter, Sokrates?

SOKRATES: Ich will es dir jetzt erklären. Was die von der Redekunst bewirkte Überredung eigentlich ist, von der du sprichst, und auf welche Gegenstände sie sich bezieht, das, bedenke wohl, weiß ich nicht genau; doch vermute ich, was sie nach deiner Ansicht ist und was sie betrifft. Dennoch will ich dich fragen: Was verstehst du denn unter der Überredung, die von der Redekunst bewirkt wird, und auf welche Gegenstände geht sie aus? Warum stelle ich dir denn aber diese Frage, wenn ich doch eine Vermutung habe, und sage es nicht selber? Ich tue das nicht deinetwegen, sondern um unserer Erörterung willen, damit sie sich so entwickle, daß sie uns das, worüber wir reden, möglichst klarmacht. So sieh denn, ob es dir richtig scheint, wenn ich dich weiterfrage. Hätte ich zum Beispiel gefragt, was für ein Maler Zeuxis sei, und du hättest mir darauf geantwortet, er male Bilder – würde ich dann nicht mit Recht die weitere Frage stellen, was für Bilder er denn male? Oder nicht?

GORGIAS: Doch, mit Recht!

SOKRATES: Und zwar deshalb, weil es noch andere Maler gibt, die auch viele Bilder malen.

GORGIAS: Ja.

SOKRATES: Wenn hingegen kein anderer als Zeuxis malte, dann wäre deine Antwort wohl richtig gewesen?

GORGIAS: Allerdings.

SOKRATES: Wohlan denn, sag mir auch von der Redekunst, ob nach deiner Meinung sie allein Überredung bewirkt oder ob auch andere Künste es tun. Ich meine etwa folgendes: jeder, der über irgendeinen Gegenstand lehrt, überredet wohl zu der Sache, die er lehrt, oder nicht?

GORGIAS: Keine Frage, Sokrates, vor allem überredet er.

SOKRATES: Kommen wir also wieder auf dieselben Künste zurück, von denen wir vorhin sprachen: lehrt uns die Arithmetik nicht, wie groß die Zahlen sind, und ebenso der Arithmetiker?

GORGIAS: Gewiß.

SOKRATES: Überredet sie nicht auch?

GORGIAS: Doch.

SOKRATES: Also ist auch die Arithmetik Wirkerin einer Überredung.

GORGIAS: Offenbar.

SOKRATES: Wenn uns nun jemand fragte: «Welcher Überredung und über welchen Gegenstand?», dann werden wir ihm doch etwa antworten: «Sie bezieht sich auf die Lehre vom Geraden und Ungeraden, wie groß es sei.» Und wir werden zeigen können, daß all die Künste, die wir vorhin genannt haben, Urheberinnen einer Überredung sind, und welcher Überredung und über welchen Gegenstand? Oder nicht?

GORGIAS: Ja.

SOKRATES: Also ist nicht nur die Redekunst Wirkerin einer Überredung.

GORGIAS: Sicherlich nicht.

SOKRATES: Da nun also nicht sie allein diese Wirkung ausübt, sondern auch andere Künste es tun, dürfen wir doch anschließend mit Recht wie über den Maler so an den Sprechenden die weitere Frage richten: was für eine Überredung die Redekunst bewirkt und wozu sie vorgenommen wird. Oder scheint es dir nicht richtig, so weiter zu fragen?

GORGIAS: Doch.

SOKRATES: So antworte denn, Gorgias, da auch du dieser Meinung bist.

GORGIAS: Mich dünkt, Sokrates, sie sei die Kunst der Überredung vor den Gerichtshöfen und vor anderen Versammlungen der großen Menge, wie ich eben schon sagte, und sie befasse sich mit dem, was gerecht und ungerecht ist.

SOKRATES: Ich vermutete schon, daß du diese Überredung meinst und über diese Gegenstände, Gorgias. Doch wundere dich nicht, wenn ich dich bald nach etwas frage, was auf der Hand zu liegen scheint. – Ich frage aber doch. Denn ich tue es, wie gesagt, um unsere Untersuchung folgerichtig zu Ende zu führen und nicht deiner Person wegen, damit wir nicht in die Gewohnheit verfallen, auf Grund von bloßen Vermutungen einander die Worte vorwegzunehmen, sondern damit du die Gedanken ihrer Voraussetzung entsprechend nach deinem Gutdünken entwickeln kannst.

GORGIAS: Mich dünkt richtig, was du sagst, Sokrates.

SOKRATES: Wohlan denn, wir wollen uns auch das überlegen: gibt es etwas, das du als «Gelernt-und-Erkannt-Haben» bezeichnest?

GORGIAS: Ja.

SOKRATES: Und etwas, was man «Auf-Treu-und-Glauben-Hinnehmen» nennt?

GORGIAS: Gewiß.

SOKRATES: Bist du nun der Meinung, es sei dasselbe,

etwas erkannt zu haben und etwas so hinzunehmen oder auch: Wissen und Glauben? Oder ist es etwas Verschiedenes?

GORGIAS: Ich glaube freilich, es sei etwas Verschiedenes, Sokrates.

SOKRATES: Du hast recht. Das kannst du daran erkennen: wenn jemand dich fragte: «Gibt es einen falschen und einen wahren Glauben, Gorgias?» – dann würdest du das doch bejahen, meine ich.

GORGIAS: Ja.

SOKRATES: Gibt es aber auch ein falsches und ein wahres Wissen?

GORGIAS: Sicher nicht.

SOKRATES: Dann ist das offenbar nicht dasselbe.

GORGIAS: Das ist wahr.

SOKRATES: Sind nun beide, die Wissenden und die Glaubenden, zu dem, was sie sind, überredet worden?

GORGIAS: Gewiß.

SOKRATES: Willst du also, daß wir zwei Arten von Überredung annehmen, die eine, die Glauben erzeugt ohne Wissen, die andere aber, die zum Wissen führt?

GORGIAS: Ja.

SOKRATES: Welche von diesen beiden Arten der Überredung bewirkt nun die Redekunst über das Gerechte und das Ungerechte vor den Gerichtshöfen und den anderen Versammlungen? Die, aus der das Glauben ohne das Wissen entspringt, oder die, aus welcher das Wissen kommt?

GORGIAS: Ganz gewiß doch die, aus der das Glauben kommt, Sokrates.

SOKRATES: Die Redekunst ist also offenbar Wirkerin einer das Gerechte und Ungerechte betreffenden Überredung, die auf dem Glauben und nicht auf der Belehrung beruht.

GORGIAS: Ja.

SOKRATES: Der Redner kann also die Gerichtshöfe und die anderen Versammlungen über das, was gerecht und ungerecht ist, nicht belehren, sondern bloß Glauben erzeugen. Er könnte ja auch gewiß so viele Leute in der kurzen Zeit kaum über so wichtige Dinge belehren.

GORGIAS: Allerdings nicht.

SOKRATES: Wohlan denn, sehen wir einmal, was unsere Ansicht über die Redekunst ist. Was mich betrifft, so vermag ich noch nicht klar zu überblicken, was für eine Meinung ich habe. Wenn in der Stadt eine Versammlung stattfindet wegen der Wahl von Ärzten oder von Schiffsbaumeistern oder von irgendwelcher anderen Art von Fachleuten, dann wird doch der Redner bei der Beratung nicht mitwirken? Denn es ist doch klar, daß man bei jeder Wahl den besten Sachverständigen aussuchen muß. Auch nicht, wenn es sich um den Bau von Mauern oder um die Errichtung von Häfen oder von Schiffswerften handelt, sondern da reden die Architekten. Und wenn die Wahl der Feldherren zur Beratung steht oder der Schlachtplan gegen die Feinde oder die Einnahme von gegnerischen Stellungen, da werden doch nur die ihren Rat erteilen, die vom Kriegswesen etwas verstehen, nicht aber die Redner. Oder wie denkst du darüber, Gorgias? Da du ja behauptest, selber ein Redner zu sein und andere zu Rednern zu machen, ist es richtig, alles, was deine Kunst betrifft, von dir zu erfragen. Glaube aber daran, daß auch ich jetzt nur auf deinen Vorteil bedacht bin. Vielleicht möchte einer von den Anwesenden gerne dein Schüler werden, wie ich gerade eine ganze Anzahl bemerke, die aber vermutlich zu schüchtern sind, dich selbst zu fragen. Wenn du jetzt von mir befragt wirst, so nimm an, du werdest auch von ihnen befragt: «Was wird es uns nützen, Gorgias, wenn wir uns dir anschließen? Worüber werden wir dann imstande sein, der Stadt Rat zu erteilen? Nur über das Gerechte und das Ungerechte oder auch über die

Dinge, von denen Sokrates jetzt eben gesprochen hat?» Versuche also, ihnen eine Antwort zu geben.

GORGIAS: So will ich mich denn bemühen, Sokrates, dir die ganze Macht der Redekunst ganz zu enthüllen; du selbst bist mir ja so schön vorangegangen. Du weißt doch wohl, daß diese Schiffswerften da und die Mauern von Athen und die Anlage des Hafens nach dem Rat des Themistokles entstanden sind, zum Teil auch des Perikles, und nicht nach dem der Fachleute.

SOKRATES: Von Themistokles berichtet man das, Gorgias; von Perikles habe ich es sogar selber gehört, als er uns über die mittlere Mauer Vorschläge machte.

GORGIAS: Und wenn eine Wahl von Leuten stattfindet, wie du sie eben genannt hast, Sokrates, dann kannst du sehen, daß es die Redner sind, die als Ratgeber auftreten und mit ihrer Ansicht durchdringen.

SOKRATES: Ich wundere mich auch darüber, Gorgias. Und deshalb frage ich schon lange, welches eigentlich die Bedeutung der Redekunst ist. Wenn ich es nämlich so betrachte, dann scheint sie mir fast übermenschlich groß.

GORGIAS: Wenn du erst alles wüßtest, Sokrates, daß sie sozusagen alle Künste zusammen unter ihrer Macht hält! Ich will dir einen gewichtigen Beweis dafür geben: Schon manches Mal habe ich meinen Bruder oder andere Ärzte zu irgendeinem Kranken begleitet, der ein Heilmittel nicht einnehmen oder sich vom Arzt nicht wollte schneiden oder brennen lassen. Der Arzt konnte ihn nicht überreden; da habe ich es getan, und zwar einzig durch meine Redekunst. Und ich behaupte auch: wenn ein rednerisch Geschulter zusammen mit einem Arzt in eine beliebige Stadt kommt und sie vor der Volksversammlung oder sonst in einer Versammlung zur Entscheidung bringen müssen, wen von den beiden man zum Arzt wählen soll, dann wird der Arzt überhaupt nicht zur Geltung kommen, sondern den, der zu reden weiß, wird man wählen, wenn er nur will. Und ginge der Kampf gegen irgendeinen anderen Fachmann, so erreichte der Redner durch seine Überredungskunst vor jedem anderen, daß er gewählt würde; denn es gibt kein Gebiet, worüber der rednerisch Gebildete vor der Menge nicht überzeugender sprechen könnte als irgendein Fachmann. So groß also und von solcher Wirkung ist die Macht dieser Kunst; man darf indes, Sokrates, von der Redekunst nur auf diese Weise Gebrauch machen wie von jeder anderen Kampfesart auch. Auch andere Kampfesarten darf man nämlich nicht deshalb gegen alle Leute anwenden, weil man so gut boxen, ringen und mit Waffen kämpfen gelernt hat, daß man Freund und Feind überlegen ist; das darf kein Grund sein, auch Freunde zu schlagen, zu mißhandeln und zu töten. Und hat einer die Kampfschule besucht und ist ein körperlich gut trainierter Faustkämpfer geworden und schlägt dann seinen Vater oder seine Mutter oder sonst einen seiner Verwandten oder Freunde, dann darf man doch, bei Zeus, deswegen nicht die Gymnastiklehrer und die Fechtmeister verfolgen und aus den Städten vertreiben. Denn diese haben ihre Kunst den Schülern zum richtigen Gebrauche anvertraut, um sich zu wehren gegen Feinde und Übeltäter, nicht um anzugreifen. Sie aber kehren den Spieß um und machen einen falschen Gebrauch von ihrer Kraft und von ihrer Kunst. Nicht die Lehrer sind also verderblich, und nicht ihre Kunst ist daran schuld oder deswegen schlecht, sondern die, glaube ich, die sie falsch anwenden. Derselbe Satz aber gilt auch für die Redekunst. Der Redner ist zwar imstande, zu allen Leuten und über alles zu reden, so daß er, mit einem Wort, die Menge überreden kann, wozu er nur will; aber darum darf er doch nicht den Ärzten oder den anderen Fachleuten ihr Ansehen nehmen, bloß weil das in seiner Macht stünde, sondern man muß sich der Redekunst auf gerechte

Weise bedienen, wie jeder anderen Kampfesart auch. Ist aber einer ein Redner geworden und verübt dann Unrecht mit seiner Fähigkeit und seiner Kunst, dann, glaube ich, darf man seinen Lehrer nicht verfolgen und aus den Städten vertreiben. Denn dieser hat ihm seine Kunst zum richtigen Gebrauch anvertraut; er aber verwendet sie verkehrt. Wer also einen falschen Gebrauch von ihr macht, der verdient es, daß man ihn verfolgt, vertreibt und tötet, nicht aber der, der ihn unterrichtet hat.

SOKRATES: Ich nehme an, Gorgias, auch du hast schon an vielen Gesprächen teilgenommen und dabei die Beobachtung gemacht, daß es nicht leicht vorkommt, daß die Leute das Thema, über das sie zu diskutieren beginnen, einander klar bestimmen können, sich gegenseitig belehren und belehren lassen und so das Gespräch zu Ende führen. Im Gegenteil: wenn sie über irgend etwas streiten, und der eine behauptet, der andere sage etwas Falsches oder Unklares, dann werden sie böse und meinen, die anderen redeten aus Mißgunst gegen sie, werden rechthaberisch und kümmern sich nicht mehr um das gestellte Thema. Ja, es gibt solche Leute, die zuletzt auf häßliche Art auseinandergehen, indem sie sich gegenseitig Dinge sagen, daß auch die Anwesenden sich darüber ärgern, sich zu Zuhörern solcher Leute hergegeben zu haben. Warum sage ich das nun? Weil ich den Eindruck habe, du behauptest da Dinge, die durchaus nicht folgerichtig sind und auch nicht mit dem übereinstimmen, was du zuerst über die Redekunst gesagt hast. Doch scheue ich mich nun, dich zu widerlegen, damit du nicht auf die Vermutung kommst, ich ereiferte mich nicht so sehr um der Aufklärung der Sache willen, sondern gegen dich persönlich. Wenn nun auch du zu den gleichen Leuten gehörst wie ich, dann möchte ich dich gerne weiterfragen; im andern Falle lasse ich es lieber bleiben. Zu welchen aber gehöre ich? Zu denen, die sich gerne widerlegen lassen, wenn sie etwas Falsches sagen, die aber auch gerne einen anderen widerlegen, wenn er etwas Falsches sagen sollte, die sich aber doch viel lieber widerlegen lassen, als daß sie selber widerlegen. Denn das halte ich für einen größeren Gewinn, wie es ja auch ein viel größerer Vorteil ist, selber von dem schlimmsten Übel befreit zu werden, als einen anderen davon zu befreien. Ich glaube nämlich, es gebe für den Menschen kein so schlimmes Übel wie eine falsche Meinung über die Fragen, von denen wir jetzt reden. Wenn du dich also zu diesen Leuten zählst, wollen wir weiter miteinander reden. Scheint es dir besser, es aufzugeben, dann wollen wir es bleiben lassen und unser Gespräch abbrechen.

GORGIAS: Auch ich, Sokrates, zähle mich zu den Leuten, die du schilderst. Doch sollten wir vielleicht auch auf die Anwesenden Rücksicht nehmen. Denn schon lange bevor ihr kamt, habe ich ihnen viel vorgetragen, und jetzt werden wir vielleicht des Guten zuviel tun, wenn wir unser Gespräch weiterführen. Wir dürfen auch niemand von ihnen aufhalten, wenn er etwas anderes vorhat und etwas anderes will.

CHAIREPHON: Ihr hört ja selber, Gorgias und Sokrates, wie laut diese Männer dem Wunsche Ausdruck geben, euren Reden zuzuhören. Für mich selbst dürfte es keine Beschäftigung geben, die mir so wichtig wäre, daß ich darum auf ein derartiges und derart geführtes Gespräch verzichten und lieber etwas anderes treiben möchte.

KALLIKLES: Bei den Göttern, Chairephon: auch ich war ja schon bei vielen Gesprächen zugegen, und doch weiß ich nicht, ob ich mich je so gefreut habe wie jetzt. Selbst wenn ihr den ganzen Tag disputieren wollt, werdet ihr mir darum einen Gefallen damit tun.

SOKRATES: Nun denn, Kallikles, von mir aus steht dem nichts im Wege, wenn Gorgias einverstanden ist.

GORGIAS: Ich müßte mich ja schämen, Sokrates, wenn ich nicht bereit wäre, nachdem ich selbst verkündet habe, es könne mich jeder fragen, was er will. Wenn es also diesen Männern da recht ist, so disputiere weiter und frage, was du willst.

SOKRATES: So höre denn, Gorgias, was mich bei dem, was du gesagt hast, erstaunt. Möglicherweise hast du doch recht, und ich habe es bloß nicht richtig aufgefaßt. Du sagst doch, du könntest einen zum Redner machen, wenn er von dir lernen will?

GORGIAS: Ja.

SOKRATES: Und zwar auf allen Gebieten so, daß er bei der Menge Glauben findet, nicht indem er lehrt, sondern indem er überredet?

GORGIAS: Gewiß.

SOKRATES: Du sagtest soeben, der Redner vermöge auch in Sachen der Gesundheit mehr Glauben zu finden als der Arzt.

GORGIAS: Ja, das sagte ich: vor der Menge wenigstens.

SOKRATES: Vor der Menge – das bedeutet doch so viel als vor den Unwissenden? Denn bei den Wissenden wird er doch sicher nicht mehr Glauben finden als der Arzt.

GORGIAS: Du hast recht.

SOKRATES: Findet er aber mehr Glauben als der Arzt, dann wirkt er eben überzeugender als der Sachverständige?

GORGIAS: Gewiß.

SOKRATES: Obgleich er kein Arzt ist, nicht wahr?

GORGIAS: Ja.

SOKRATES: Wer aber nicht Arzt ist, versteht doch sicher nichts von den Dingen, die der Arzt versteht.

GORGIAS: Das ist klar.

SOKRATES: Der Unwissende wird also bei den Unwissenden mehr Glauben finden als der Wissende, wenn der Redner überzeugender wirkt als der Arzt. Geht das daraus hervor, oder etwas anderes?

GORGIAS: In diesem Falle ergibt es sich so.

SOKRATES: In gleicher Art verhalten sich doch der Redner

und die Redekunst auch zu allen anderen Künsten? Was es mit den Dingen in Wirklichkeit auf sich hat, braucht sie nicht zu wissen; dagegen muß sie eine gewisse Fertigkeit in der Überredungskunst gefunden haben, mit der sie vor den Unwissenden den Schein erwecken kann, mehr zu wissen als die Sachverständigen?

GORGIAS: Das bedeutet doch aber eine große Erleichterung, Sokrates, wenn man die übrigen Künste nicht zu lernen braucht, sondern nur diese eine, um den Sachverständigen in nichts nachzustehen?

SOKRATES: Ob der Redner unter diesen Umständen den anderen nachsteht oder nicht, das wollen wir prüfen, sobald es unsere Untersuchung fordert. Jetzt wollen wir folgendes überlegen: Verhält es sich mit dem rednerisch Geschulten in bezug auf das Gerechte und Ungerechte, auf das Häßliche und das Schöne, auf das Gute und auf das Schlechte ebenso wie mit der Gesundheit und allem dem, was Gegenstand der anderen Künste ist? Das heißt, braucht er von der Sache selbst nichts zu verstehen, was gut oder was schlecht, was schön oder was häßlich, was gerecht oder was ungerecht ist? Und muß er in diesen Dingen bloß die Überredungskunst ausgeklügelt haben, um bei den Unwissenden den Eindruck zu erwecken, er wisse mehr als die Sachverständigen, obschon er nichts weiß? Oder muß man sich auskennen, und ist es nötig, daß einer diese Dinge zum voraus weiß, bevor er zu dir kommt, um die Redekunst zu lernen? Wenn das aber nicht der Fall ist, wirst du dann als Lehrer der Redekunst den, der zu dir kommt, zwar in diesen Dingen nicht unterrichten – weil es nämlich nicht deine Aufgabe ist –, ihn jedoch so weit bringen, daß er bei der Menge den Anschein erwecken kann, solche Dinge zu wissen, obgleich er sie nicht weiß, und gut zu scheinen, obgleich er es nicht ist? Oder bist du überhaupt nicht imstande, ihn die Redekunst zu lehren, wenn er nicht zum voraus über diese Dinge die Wahrheit kennt? Oder wie verhält es sich damit, Gorgias? Enthülle uns doch, bei Zeus, wie du es vorhin angekündigt hast, die Macht der Redekunst.

GORGIAS: Ich glaube, Sokrates, wenn einer diese Dinge nicht wissen sollte, dann wird er auch das von mir lernen können.

SOKRATES: Halte das einmal fest! Du sagst das ausgezeichnet. Wenn du jemanden zum Redner ausbildest, dann muß er also entweder zum voraus wissen, was gerecht und ungerecht ist, oder dann lernt er es nachträglich von dir.

GORGIAS: Gewiß.

SOKRATES: Wie nun: ist einer, der die Schreinerei gelernt hat, ein Schreiner oder nicht?

GORGIAS: Ja.

SOKRATES: Und wer die Musik gelernt hat, ein Musiker?

GORGIAS: Ja.

SOKRATES: Und wer die Heilkunst, ein Arzt – und dementsprechend auf den anderen Gebieten: jeder, der etwas gelernt hat, ist das, wozu ihn diese Kenntnis macht?

GORGIAS: Gewiß.

SOKRATES: Und auch wer das Gerechte gelernt hat, der ist doch nach diesem Satze gerecht?

GORGIAS: Ohne allen Zweifel!

SOKRATES: Der Gerechte aber handelt gerecht.

GORGIAS: Ja.

SOKRATES: Dann ist doch der Redner notwendig gerecht; der Gerechte aber muß das Gerechte tun wollen?

GORGIAS: Offenbar.

SOKRATES: Der Gerechte wird also niemals Unrecht tun wollen?

GORGIAS: Natürlich.

SOKRATES: Aus diesem Satz muß notwendig folgen, daß der Redner gerecht ist.

GORGIAS: Ja.

SOKRATES: Der rednerisch Geschulte wird also niemals Unrecht tun wollen.

GORGIAS: Offenbar nicht.

SOKRATES: Erinnerst du dich nun an das, was du eben vorhin sagest: man dürfe die Gymnastiklehrer nicht verantwortlich machen und aus der Stadt vertreiben, wenn der Faustkämpfer seine Kunst anwendet, um Unrecht zu tun? Und gleicherweise dürfe man auch, wenn der Redner seine Redekunst auf unrechte Art ausübt, nicht seinen Lehrer verantwortlich machen und aus der Stadt vertreiben, sondern nur den, der das Unrecht begeht und die Redekunst auf unrechte Art anwendet. Ist das so gesagt worden oder nicht?

GORGIAS: Ja, das wurde gesagt.

SOKRATES: Nun erweist es sich aber, daß eben dieser Redner nie Unrecht tun kann. Oder nicht?

GORGIAS: Offenbar.

SOKRATES: Und am Anfang unseres Gespräches, Gorgias, sagten wir doch, die Redekunst beziehe sich auf Reden, und zwar nicht über das Gerade und das Ungerade, sondern über das Gerechte und das Ungerechte. Nicht wahr?

GORGIAS: Ja.

SOKRATES: Als du das damals sagtest, nahm ich an, die Redekunst könne niemals eine ungerechte Sache sein, da ihre Reden ja immer von der Gerechtigkeit handeln. Als du dann aber bald darauf sagtest, daß der Redner seine Kunst vielleicht auch auf unrechte Art anwenden könne, da wunderte ich mich, und in der Meinung, daß diese Behauptungen nicht übereinstimmten, äußerte ich die Ansicht, es hätte nur dann einen Wert, weiterzudisputieren, wenn du, wie ich auch, es als Gewinn betrachtest, widerlegt zu werden; im andern Falle aber wollten wir es bleiben lassen. Im Laufe unserer Untersuchung müssen wir nun, wie du ja selber siehst, nachträglich zugeben, daß der Redner seine Kunst unmöglich auf unrichtige Art anwenden könne und Unrecht tun wolle. Wie sich das nun eigentlich verhält, das genau zu prüfen, Gorgias, ist, beim Hund, nicht die Sache einer kurzen Untersuchung.

POLOS: Wie, Sokrates? Hast auch du selbst die Meinung über die Redekunst, wie du sie jetzt äußerst? Oder glaubst du, weil Gorgias sich scheute, zu bestreiten, daß der rednerisch Geschulte auch über das Gerechte, Schöne und Gute Bescheid wissen müsse, und sagte, daß wenn jemand zu ihm komme, der davon nichts wisse, er ihn selbst belehren werde, und weil dann aus diesem Zugeständnis infolge der merkwürdigen Fragen, wie du sie zu stellen liebst, vielleicht ein Widerspruch sich ergab – wer, glaubst du, wird denn bestreiten, daß er selbst weiß, was gerecht ist, und daß er auch andere dies lehren kann? Aber es zeugt von Mangel an Wohlerzogenheit, auf solche Dinge die Rede zu bringen.

SOKRATES: Mein schöner Polos, eigens aus diesem Grunde schaffen wir uns Freunde und Söhne an, damit, wenn wir selber älter werden und irrend zu Fall kommen, ihr Jüngeren zur Stelle seid und unserem Leben mit Taten und Worten wieder aufhelft. Und wenn jetzt Gorgias und ich in unserem Gespräch irregegangen sind, so bist du nun da, es wieder gutzumachen. Das ist deine Aufgabe. Und wenn du meinst, wir beide hätten etwas zu Unrecht zugegeben, dann bin ich bereit, zurückzunehmen, was du willst, wenn du mir bloß auf eines achtgeben willst.

POLOS: Worauf meinst du?

SOKRATES: Wenn du nur die langen Reden eindämmen kannst, Polos, die du zuerst hast halten wollen!

POLOS: Wie? Es soll mir nicht erlaubt sein zu reden, soviel ich will?

SOKRATES: Da ginge es dir allerdings schlecht, mein Bester: wenn du nach Athen kommst, wo die größte Redefreiheit von ganz Griechenland herrscht, und der diese als einziger nicht solltest genießen dürfen. Stelle dir aber auch vor: wenn du deine langen Reden hältst und auf meine Fragen nicht antworten willst, dann ginge es doch wieder mir schlecht, wenn es mir nicht zusteht, einfach wegzugehen und dir nicht mehr zuzuhören. Wenn dir jedoch an dem Gespräch, das wir geführt haben, etwas liegt und du es wieder in Gang bringen willst, dann nimm, wie ich eben gesagt habe, zurück, was dir beliebt, widerlege mich und laß dich widerlegen, indem du abwechselnd fragst und antwortest, wie ich und Gorgias es gemacht haben. Denn du behauptest doch auch, du verstehest dich auf dasselbe wie Gorgias? Oder ist es nicht so?

POLOS: Doch.

SOKRATES: Also forderst du auch einen jeden auf, er solle dich fragen, was er will, da du darauf antworten kannst?

POLOS: Gewiß.

SOKRATES: Doch tue du nun, was du willst: frage oder antworte!

POLOS: Nun gut, ich will es tun. Antworte mir also, Sokrates: da du den Eindruck hast, daß Gorgias über die Redekunst nicht recht Bescheid weiß – was sagst denn du, daß sie sei?

SOKRATES: Fragst du, welche Kunst sie nach meiner Ansicht sei?

POLOS: Ja.

SOKRATES: Ich glaube, sie ist überhaupt keine Kunst, Polos, wenn ich dir die Wahrheit sagen soll.

POLOS: Doch was glaubst du denn, daß sie sei?

SOKRATES: Etwas, von dem du in deiner Schrift, die ich kürzlich las, behauptest, daß es Kunst hervorbringe.

POLOS: Was meinst du denn damit?

SOKRATES: Eine Art von Fertigkeit.

POLOS: Eine Fertigkeit, meinst du, sei die Redekunst?

SOKRATES: Ja, wenn du nicht etwas anderes sagst.

POLOS: Eine Fertigkeit worin?

SOKRATES: Im Bewirken von Wohlgefallen und Lust.

POLOS: Dann scheint dir doch die Redekunst etwas Schönes zu sein, wenn sie die Möglichkeit gibt, sich den Menschen gefällig zu machen?

SOKRATES: Wie doch, Polos? Hast du denn von mir schon erfahren, was sie, nach meiner Ansicht, ist, daß du daraufhin fragst, ob ich sie nicht schön finde?

POLOS: Habe ich denn nicht erfahren, daß du sie als Fertigkeit bezeichnest?

SOKRATES: Da du das Gefälligsein so hoch schätzest, willst du nicht auch mir einen kleinen Gefallen tun?

POLOS: Gern.

SOKRATES: Frage mich jetzt, für was für eine Kunst ich das Kochen halte.

POLOS: Gut, ich frage also: Was für eine Kunst ist das Kochen?

SOKRATES: Gar keine, Polos.

POLOS: Sondern was? Sprich!

SOKRATES: Also denn: eine Fertigkeit.

POLOS: Worin? Sage mir auch das.

SOKRATES: Also denn: Im Bewirken von Wohlgefallen und Lust.

POLOS: Kochen und Redekunst sind also dasselbe?

SOKRATES: Durchaus nicht, sondern sie sind ein Teil desselben Bestrebens.

POLOS: Welchen Bestrebens?

SOKRATES: Wenn es nur nicht zu unfein ist, die Wahrheit zu sagen. Ich mag es nämlich Gorgias' wegen nicht gern sagen. Sonst könnte er glauben, ich machte mich über seine Tätigkeit lustig. Ich weiß allerdings nicht, ob es diese Redekunst ist, mit der Gorgias sich beschäftigt. Denn aus unserem jetzigen Gespräch ist uns nicht klar geworden, was er eigentlich darunter versteht. Was ich aber als Redekunst bezeichne, ist ein Teil von etwas, das mit dem Schönen durchaus nichts zu tun hat.

GORGIAS: Womit dann, Sokrates? Sag es mir ohne Scheu.

SOKRATES: Ich glaube, Gorgias, sie ist eine Beschäftigung, die zwar keine Kunst ist, aber doch Treffsicherheit, Mut und Geschick im Umgang mit Menschen verlangt. Im ganzen aber bezeichne ich sie als Einschmeicheln. Von diesem Bestreben gibt es, dünkt mich, viele einzelne Teile. Einer davon ist das Kochen. Man hält es zwar auch für eine Kunst; nach meiner Meinung ist es aber keine Kunst, sondern eine Fertigkeit und eine Übung. Auch die Redekunst nenne ich einen Teil von ihr, dann die Putzkunst und die Sophistik, diese vier, auf vier Objekte sich beziehende Teile.

Will mich Polos nun ausfragen, so soll er es tun. Er hat ja noch nicht erfahren, welchen Teil des Einschmeichelns ich mit der Redekunst meine; er hat gar nicht gemerkt, daß ich darauf noch keine Antwort gegeben habe, sondern fährt gleich mit der Frage fort, ob ich sie nicht für etwas Schönes halte. Ich aber werde ihm nicht antworten, ob ich die Redekunst für etwas Schönes oder für etwas Häßliches ansehe, wenn ich nicht zuerst gesagt habe, *was* sie ist. Denn das wäre nicht in Ordnung, Polos. Sondern wenn du es erfahren willst, dann stelle mir die Frage, welchen Teil des Einschmeichelns ich mit der Redekunst meine.

POLOS: Gut denn, ich frage: was für ein Teil ist sie?

SOKRATES: Ob du meine Antwort wohl verstehen kannst? Die Redekunst ist nach meiner Auffassung das Schattenbild eines Teils der Politik.

POLOS: Wie nun? Verstehst du etwas Schönes oder etwas Häßliches darunter?

SOKRATES: Etwas Häßliches; denn das Schlechte nenne ich häßlich, wenn ich dir schon antworten muß, der ja bereits weiß, was ich meine.

GORGIAS: Bei Zeus, Sokrates, nicht einmal ich selber verstehe, was du sagen willst.

SOKRATES: Natürlich, Gorgias; ich habe es ja auch noch gar nicht deutlich erklärt; doch Polos da ist eben noch jung und hitzig.

GORGIAS: Laß ihn nun und sage mir, wie du das verstehst: die Redekunst sei das Abbild eines Teils der Politik.

SOKRATES: Ich will zu erklären versuchen, was mir die Redekunst zu sein scheint; ist sie das nicht, dann wird mich Polos da widerlegen. Du nennst doch etwas «Körper» und etwas «Seele»?

GORGIAS: Selbstverständlich.

SOKRATES: Und du glaubst doch auch, daß es für beide ein Wohlbefinden gibt?

GORGIAS: Ja.

SOKRATES: Doch wie? Nur ein scheinbares Wohlbefinden, das in Wirklichkeit keines ist? Ich meine das etwa so: viele Leute glauben, sich körperlich wohl zu befinden, bei denen vielleicht nur ein Arzt oder ein Gymnastiklehrer feststellen könnte, daß es ihnen nicht gut geht.

GORGIAS: Du hast recht.

SOKRATES: So etwas, was den Anschein erweckt, es gehe gut, gibt es, glaube ich, auch bei der Seele. Es geht ihr aber in Wirklichkeit durchaus nicht gut.

GORGIAS: So ist es.

SOKRATES: Wohlan denn, ich will dir, wenn möglich, noch genauer anzeigen was ich meine. Den beiden Gegebenheiten entsprechend nehme ich zwei Künste an. Die eine, die sich auf die Seele bezieht, nenne ich Politik. Die andere, die sich mit dem Körper befaßt, kann ich dir nicht so mit einem Wort bezeichnen. Ich unterscheide vielmehr bei der Pflege des Körpers, obwohl sie eine Einheit darstellt, zwei Teile, die Gymnastik und die Heilkunde. In der Politik aber nehme ich als Gegenstück zu der Gymnastik die Gesetzgebung an, als Gegenstück zur Heilkunde die Gerechtigkeit. Je zwei dieser Künste haben aber untereinander etwas gemein, weil sich beide auf denselben Gegenstand beziehen, und zwar die Heilkunst mit der Gymnastik, die Gerechtigkeit mit der Gesetzgebung; gleichwohl sind sie aber doch wieder voneinander verschieden.

Daß diese vier Künste mit ihrer Pflege stets auf das Beste bedacht sind, die einen auf das des Körpers, die anderen auf das der Seele, nimmt nun die Schmeichelei wahr – ich sage nicht, sie erkennt es, sie errät es mehr; sie gliedert sich in vier Teile, versteckt sich in jedem davon und stellt sich, als sei sie das, worin sie sich verhüllt hat. Und keineswegs auf das Gute bedacht, macht sie, mit Hilfe der Lust, Jagd auf die Unverständigen und täuscht sie so, daß sie des höchsten Preises wert scheint. In die Heilkunst hat sich die Kochkunst verkleidet und tut, als wisse sie, welche Speisen für den Körper die besten sind. Wenn sich daher vor Kindern oder vor Männern, die so unverständig sind wie Kinder, der Koch und der Arzt darüber streiten sollten, wer von ihnen sich besser auf die guten und schlechten Speisen verstehe, der Arzt oder der Koch, dann könnte der Arzt vor Hunger sterben.

Das nenne ich Einschmeicheln, und ich behaupte, dergleichen sei etwas Schlechtes, Polos – das sage ich nämlich zu dir –, weil sie nach dem Angenehmen zielt und nicht nach dem Besten. Eine Kunst aber nenne ich sie nicht, sondern eine Fertigkeit, weil sie keine Einsicht in die Natur der Mittel hat, die sie anwendet, und also die Ursache eines jeden nicht anzugeben weiß. Das aber nenne ich keine Kunst, was bloß eine unvernünftige Sache ist. Bist du aber darüber anderer Ansicht, so will ich dir Rede stehen.

In die Heilkunde hat sich also, wie gesagt, das kochkundige Einschmeicheln verkleidet, in die Gymnastik aber in entsprechender Weise die Putzsucht. Die ist aber verderblich und trügerisch, unedel und eines freien Mannes unwürdig; mit Formen und Farben, mit Glätte und Bekleidung übt sie einen solchen Trug aus, daß sich die Leute eine fremde Schönheit zulegen und dabei die eigene, die man durch die Gymnastik erlangt, vernachlässigen.

Um nun nicht weitschweifig zu werden, will ich es dir nach Art der Mathematiker erklären – dann kannst du vielleicht folgen: Wie sich die Putzkunst zur Gymnastik verhält, so das Kochen zur Heilkunde. Oder eher so: wie die Putzkunst zur Gymnastik, so die Sophistik zur Gesetzgebung, und wie das Kochen zur Heilkunde, so die Redekunst zur Gerechtigkeit. In dieser Weise unterscheiden sie sich, wie gesagt, ihrer Natur nach, voneinander. Weil sie aber doch einander verwandt sind, geraten Sophisten und Redner in demselben Bereich und bei den gleichen Fragen durcheinander und wissen nicht, was sie mit sich, und die anderen Menschen wissen nicht, was sie mit ihnen anfangen sollen. Denn wenn die Seele nicht über den Körper herrschte, sondern er über sich selber, und wenn nicht sie das Kochen und die Heilkunde sorgfältig prüfte und auseinanderhielte, sondern der Körper selber entscheiden könnte und sich dabei nach dem Reiz richtete, den die beiden auf ihn ausüben, dann würde jener Satz des Anaxagoras – du bist darin ja bewandert, lieber Polos – in weitem Maße Geltung haben: In eines mengten sich alle Dinge zusammen; denn ungesondert wären die Dinge der Heilkunde und der Gesundheit von denen des Kochens.

Du hast nun gehört, was ich unter der Redekunst verstehe: ein Gegenstück zum Kochen, die sich in der Seele auswirkt wie dieses im Körper. Vielleicht war es nun ungeschickt von mir, daß ich dich keine lange Rede halten ließ, aber meinen eigenen Vortrag so weit ausgedehnt habe. Doch darf man mir das wohl verzeihen; denn als ich mich kurz faßte, hast du mich nicht verstanden und warst nicht in der Lage, mit der

Antwort, die ich dir gab, etwas anzufangen, sondern brauchtest eine ausführliche Darstellung. Sollte nun auch ich mit deinen Antworten nichts anfangen können, dann dehne deine Rede ebenfalls aus. Kann ich es aber, dann laß mich gewähren; so ist es dann recht. Und nun mach etwas mit dieser Antwort, wenn du kannst.

POLOS: Was sagst du also? Schmeichelei scheint dir die Redekunst zu sein?

SOKRATES: Ein Teil des Einschmeichelns, sagte ich. Doch weißt du das schon nicht mehr, so jung du bist, Polos? Wie wird das erst später mit dir werden?

POLOS: Dünkt dich denn, man achte in den Städten die guten Redner so gering wie Schmeichler?

SOKRATES: Meinst du das als Frage, oder beginnst du damit eine Rede?

POLOS: Ich frage bloß.

SOKRATES: Ich glaube, man achtet sie überhaupt nicht.

POLOS: Wieso achtet man sie nicht? Haben sie nicht die größte Macht im Staate?

SOKRATES: Nein, wenn du sagst, «Macht» sei für den, der sie besitzt, etwas Gutes.

POLOS: Das sage ich allerdings.

SOKRATES: Dann scheinen mir die Redner von allen Bürgern gerade die allergeringste Macht zu haben.

POLOS: Wieso denn? Gleich wie die Tyrannen können sie umbringen, wen sie wollen, das Vermögen wegnehmen und aus der Stadt vertreiben, wen sie nur wollen.

SOKRATES: Beim Hunde, Polos, ich bin bei allen deinen Worten im Zweifel, ob du sie selbst sagst und damit deine Meinung kundgibst oder ob du mir Fragen stellst.

POLOS: Ich frage dich also.

SOKRATES: Gut, mein Freund, dann stellst du mir gleichzeitig zwei Fragen?

POLOS: Wieso zwei?

SOKRATES: Sagtest du soeben nicht etwa, daß die Redner wie die Tyrannen umbringen können, wen sie wollen, das Vermögen wegnehmen und aus der Stadt jagen, ganz nach Gutdünken?

POLOS: Ja.

SOKRATES: So sage ich dir: das sind zwei Fragen, und ich will dir beide beantworten. Ich behaupte nämlich, Polos, daß beide, die Redner und die Tyrannen, in den Städten die allergeringste Macht haben, wie ich eben behauptete. Sie tun nämlich sozusagen gar nichts von dem, was sie eigentlich wollen, wenn sie auch tun, was ihnen das Beste scheint.

POLOS: Heißt denn nicht gerade das, große Macht haben?

SOKRATES: Nein – so sagt wenigstens Polos.

POLOS: Ich sage nein? Im Gegenteil: ich sage ja!

SOKRATES: Du freilich nicht: du behauptest ja, große Macht sei etwas Gutes für den, der sie besitzt.

POLOS: Das behaupte ich allerdings.

SOKRATES: Meinst du also, es sei etwas Gutes, wenn einer tut, was ihm das Beste scheint, auch wenn er keine Einsicht hat? Und nennst du das große Macht besitzen?

POLOS: Gewiß nicht.

SOKRATES: Du wirst mich also widerlegen und wirst beweisen, daß die Redner Einsicht haben und daß die Redekunst eine Kunst ist und nicht Einschmeicheln? Lässest du mich aber unwiderlegt, so werden die Redner, die in den Städten tun, was ihnen gut dünkt, und die Tyrannen das Gut, das du ihnen zusprichst, durchaus nicht besitzen; denn die Macht ist freilich ein Gut, wie du sagst; aber ohne Einsicht tun zu dürfen, was man will, ist auch nach deiner Meinung ein Übel. Oder nicht?

POLOS: Doch.

SOKRATES: Wie sollten aber nun die Redner oder die

Tyrannen große Macht in den Städten besitzen, wenn Polos Sokrates nicht widerlegt und ihm beweist, daß sie das tun, was sie wollen?

POLOS: Dieser Mann ...

SOKRATES: Ich behaupte, sie tun nicht das, was sie wollen. Doch widerlege mich!

POLOS: Hast du nicht soeben zugegeben, daß sie das tun, was ihnen das Beste scheint?

SOKRATES: Das gebe ich auch jetzt noch zu.

POLOS: Tun sie also nicht, was sie wollen?

SOKRATES: Ich behaupte, nein.

POLOS: Trotzdem sie tun, was ihnen gut dünkt?

SOKRATES: Ja!

POLOS: Unerträgliche und monströse Dinge behauptest du da, Sokrates.

SOKRATES: Schilt mich nicht, trefflicher Polos – um dich nach deiner Art anzureden. Wenn du mich zu fragen verstehst, so beweise, daß ich unrecht habe. Wo nicht, gib selbst Antwort.

POLOS: So will ich denn antworten, damit ich erfahre, was du meinst.

SOKRATES: Glaubst du, die Menschen wollen das, was sie jedesmal gerade tun – oder den Zweck, um dessen wille sie es tun? Die Leute zum Beispiel, die von den Ärzten gegebene Heilmittel einnehmen – meinst du, sie wollen das, was sie tun: nämlich unter Schmerzen das Heilmittel einnehmen, oder das, weshalb sie es nehmen: nämlich gesund werden?

POLOS: Offenbar wollen sie gesund werden.

SOKRATES: Und so doch auch die Kaufleute, die Überseehandel treiben oder sonst auf Gewinn ausgehen: auch sie wollen eigentlich nicht das, was sie gerade tun; denn wer verlangte schon nach Meerfahrt, Gefahr und Mühsal? Wohl aber nach jenem, denke ich, weswegen sie in See gehen, nach dem Reichwerden; denn des Reichtums wegen gehen sie aufs Meer.

POLOS: Gewiß.

SOKRATES: Und ist es nicht ebenso mit allem anderen? Wenn einer aus irgendeinem Grunde etwas tut, so will er eigentlich nicht das, was er tut, sondern jenes, weswegen er es tut.

POLOS: Ja.

SOKRATES: Gibt es nun irgendeine Sache, die nicht entweder gut oder schlecht oder in der Mitte zwischen gut und schlecht ist?

POLOS: Eines von diesen muß sie sein, Sokrates.

SOKRATES: Und sagst du nicht, etwas Gutes seien die Weisheit, die Gesundheit, der Reichtum und derartiges mehr, schlecht aber das Gegenteil davon?

POLOS: Ja.

SOKRATES: Als in der Mitte zwischen gut und schlecht befindlich bezeichnest du aber doch das, was bald am Guten Anteil hat, bald aber am Schlechten und bald wieder an keinem von beiden, wie zum Beispiel das Sitzen, das Gehen, das Laufen und das Seefahren oder dann wieder Dinge wie Steine, Hölzer und derartiges mehr. Meinst du das nicht? Oder verstehst du unter dem, was weder gut noch schlecht ist, irgend etwas anderes?

POLOS: Nein, sondern das.

SOKRATES: Tut man nun dieses in der Mitte Liegende wegen des Guten, wenn man es tut, oder das Gute wegen des in der Mitte Liegenden?

POLOS: Das Mittlere doch wohl um des Guten willen.

SOKRATES: Erstreben wir also auch mit unserem Gehen das Gute, wenn wir gehen, weil wir es für besser halten? Und bleiben wir andererseits stehen, so geschieht auch das aus demselben Grunde, nämlich des Guten wegen, oder nicht?

POLOS: Ja.

Sokrates: Und nicht wahr: auch wenn wir jemanden umbringen, dann bringen wir ihn um oder vertreiben ihn oder nehmen ihm das Vermögen in der Meinung, dies zu tun sei besser für uns, als es nicht zu tun?

Polos: Gewiß.

Sokrates: Wer also so etwas tut, der tut das alles um des Guten willen.

Polos: Ja.

Sokrates: Nun sind wir uns aber doch darüber einig geworden, daß wir nicht eigentlich das wollen, was wir aus irgendeinem Grunde tun, sondern das, weswegen wir es tun?

Polos: Sicherlich.

Sokrates: Wir wollen also nicht einfach nur so abschlachten, aus den Städten treiben und Vermögen wegnehmen, sondern nur dann, wenn es nützlich ist, nicht aber, wenn es schädlich ist. Denn wir wollen das Gute, wie du sagst; was aber weder gut noch schlecht ist, wollen wir nicht, auch nicht das Schlechte, nicht wahr? Dünkt dich richtig, was ich sage, Polos, oder nicht? Warum gibst du keine Antwort?

Polos: Es dünkt mich richtig.

Sokrates: Wenn wir uns darin einig sind und annehmen, es bringe jemand, sei es ein Redner, sei es ein Tyrann, einen Menschen um, vertreibe ihn aus der Stadt oder nehme sein Vermögen weg, alles in der Meinung, es sei so besser für ihn, während es aber im Gegenteil schlechter ist: dann tut dieser Mann doch gewiß das, was ihm richtig scheint?

Polos: Ja.

Sokrates: Auch das, was er eigentlich will, wenn es doch schlecht ist? Warum antwortest du nicht?

Polos: Ich glaube doch, er tut nicht das, was er eigentlich will.

Sokrates: Kann man nun sagen, ein solcher Mensch besitze große Macht in dieser Stadt, wenn doch nach deiner Behauptung große Macht haben etwas Gutes ist?

Polos: Man kann es nicht sagen.

Sokrates: So war es also richtig, wenn ich sagte, es sei möglich, daß ein Mensch, der in der Stadt tun kann, was ihm gut dünkt, keine große Macht besitzt und daß er nicht tut, was er will.

Polos: Du würdest also nicht vorziehen, Sokrates, in der Stadt tun zu dürfen, was dich gut dünkt, als es nicht zu dürfen? Und du wärest auch nicht eifersüchtig, wenn du einen siehst, der nach Gutdünken umbringen oder Vermögen wegnehmen oder gefangensetzen kann?

Sokrates: Meinst du, gerechter- oder ungerechterweise?

Polos: Wie auch immer er es tut – ist er nicht in beiden Fällen zu beneiden?

Sokrates: Pass auf, was du sagst, Polos!

Polos: Wieso denn?

Sokrates: Weil man diejenigen, die nicht beneidenswert oder die unglücklich sind, nicht beneiden soll, sondern Mitleid mit ihnen haben muß.

Polos: Wie? Meinst du, um die Menschen, von denen ich spreche, stehe es so?

Sokrates: Ja, freilich.

Polos: Wer also einen nach Gutdünken umbringt, und zwar gerechterweise umbringt, den hältst du für unglücklich und bemitleidenswert?

Sokrates: Das gerade nicht – freilich auch nicht für beneidenswert.

Polos: Hast du nicht eben behauptet, er sei unglücklich?

Sokrates: Ja, wer ungerechterweise umbringt, mein Freund – und bemitleidenswert dazu. Wer aber gerechter- weise umbringt, der ist bloß nicht beneidenswert.

Polos: Ist denn nicht eher der zu bemitleiden und unglücklich, der ungerechterweise ums Leben kommt?

Sokrates: Weniger als der, der ihn umbringt, Polos; und weniger als der, der gerechterweise sterben muß.

Polos: Wieso denn, Sokrates?

Sokrates: Weil das größte von allen Übeln das Unrechttun ist.

Polos: Ist das wirklich das größte Übel? Ist es nicht ein größeres, Unrecht zu leiden?

Sokrates: Ganz und gar nicht.

Polos: Du wolltest also lieber Unrecht leiden als Unrecht tun?

Sokrates: Ich wollte lieber keines von beiden. Wenn es aber nötig wäre, entweder Unrecht zu tun oder Unrecht zu leiden, dann würde ich das Unrechtleiden dem Unrechttun vorziehen.

Polos: Du möchtest also kein Tyrann sein?

Sokrates: Nein, wenn du unter dem Tyrannsein dasselbe verstehst wie ich.

Polos: Ich verstehe dasselbe darunter wie vorhin: imstande sein, in der Stadt zu tun, was einem beliebt, umzubringen, zu vertreiben und in allem nach eigenem Gutdünken zu handeln.

Sokrates: Mein Bester, laß mich zuerst reden und widerlege mich dann mit deinen Worten. Nehmen wir an, ich käme im Gedränge des Marktes mit einem Schwert unter dem Arm zu dir und sagte: «Polos, mir ist vor kurzem wunderbare Herrschermacht zuteil geworden. Wenn es mir nämlich einfällt, irgendeiner von den Menschen, die du da siehst, müsse sofort sterben, so wird der, den ich meine, tot sein. Und wenn ich der Meinung bin, einem solle der Kopf eingeschlagen werden, so wird ihm auch sofort der Kopf eingeschlagen sein, meine ich, sein Kleid müsse zerrissen werden, so wird es zerrissen sein. So groß ist meine Macht in dieser Stadt.» Wenn du das nun nicht glaubtest und ich dir das Schwert zeigte, dann würdest du bei seinem Anblick vermutlich sagen: «Auf diese Art kann jeder Macht haben, Sokrates. Denn dann könnte nach Belieben auch jedes Haus angezündet werden, und die Schiffswerften der Athener und die Trieren und alle Schiffe, mögen sie dem Staate oder Privaten gehören.» Aber das heißt ja gar nicht Macht besitzen, wenn man tun kann, was einem beliebt. Oder glaubst du doch?

POLOS: Auf diese Art ganz gewiß nicht.

SOKRATES: Kannst du nun sagen, was du an dieser Art von Macht auszusetzen hast?

POLOS: Ja.

SOKRATES: So sag denn, was.

POLOS: Daß der, der so handelt, notwendigerweise bestraft werden wird.

SOKRATES: Und ist das Bestraftwerden nicht etwas Schlimmes?

POLOS: Gewiß.

SOKRATES: Nicht wahr, du Seltsamer: große Macht zu besitzen, hältst du nun doch wieder für etwas Gutes, wenn sich nämlich für den, der nach Belieben handelt, ein Vorteil daraus ergibt; und eben das heißt doch offenbar große Macht besitzen. Andernfalls ist es ein Übel und bedeutet, geringe Macht haben. Wir wollen aber auch das erwägen: sind wir nicht beide der Ansicht, es sei manchmal besser, wenn man das tun kann, wovon wir nun eben gesprochen haben: Menschen umbringen oder vertreiben oder ihr Vermögen wegnehmen – manchmal aber sei es nicht besser?

POLOS: Gewiß.

SOKRATES: Das ist also offenbar ein Punkt, über den du und ich gleicher Meinung sind.

POLOS: Ja.

SOKRATES: In welchem Falle nun, behauptest du, ist es besser, das zu tun? Sag, welche Grenze du da ziehst.

POLOS: Sokrates, antworte du auf diese Frage!

SOKRATES: Wenn es dir lieber ist, das von mir zu hören, Polos, so ist dies meine Ansicht: Tut einer diese Dinge rechtmäßig, dann ist es besser; tut er sie unrechtmäßig, dann ist es schlimmer.

POLOS: Da ist es nun freilich schwierig, dich zu widerlegen, Sokrates. Und doch: könnte nicht jedes Kind dich überführen, daß du nicht recht hast?

SOKRATES: Ich werde dem Kinde sehr dankbar sein und gleichermaßen auch dir, wenn du mich widerlegst und mich von meiner Torheit befreist. Laß es dich also nicht verdrießen, einem Freunde eine Wohltat zu erweisen, und widerlege mich.

POLOS: Um dich zu widerlegen, Sokrates, braucht es wahrhaftig keine alten Geschichten. Was gestern und vorgestern geschah, das genügt, um dich zu widerlegen und um zu beweisen, daß viele Menschen unrecht tun und gleichwohl glücklich sind.

SOKRATES: Was meinst du für Geschichten?

POLOS: Du kennst doch auch Archelaos, den Sohn des Perdikkas, den Herrscher von Makedonien?

SOKRATES: Das nicht, aber ich höre von ihm.

POLOS: Hast du den Eindruck, er sei glücklich oder unglücklich?

SOKRATES: Ich weiß es nicht, Polos. Ich bin nämlich mit dem Mann noch nie zusammengetroffen.

POLOS: Wie? Wüßtest du es, wenn du mit ihm zusammengekommen wärest? Anders aber kannst du von hier aus nicht feststellen, daß er glücklich ist?

SOKRATES: Sicher nicht, bei Zeus.

POLOS: So wirst du gewiß auch behaupten, Sokrates, du wissest nicht, ob der Großkönig glücklich ist?

SOKRATES: Und ich werde damit die Wahrheit sagen; denn

ich weiß ja nicht, wie es mit seiner Bildung und mit seiner Gerechtigkeit steht.

POLOS: Wozu auch? Beruht denn darauf das ganze Glück?

SOKRATES: Nach meiner Ansicht wohl, Polos. Ich behaupte, wer edel und gut ist, Mann oder Frau, sei glücklich, wer ungerecht und schlecht, unglücklich.

POLOS: So ist also nach deiner Ansicht dieser Archelaos unglücklich?

SOKRATES: Ja, falls er ungerecht ist, mein Freund.

POLOS: Aber wie sollte er nicht ungerecht sein? Auf die Herrschaft, die er jetzt inne hat, hatte er ursprünglich gar keinen Anspruch. Er stammt von einer Sklavin des Alketas, des Bruders des Perdikkas, und war also von Rechts wegen ein Sklave des Alketas. Und wollte er recht handeln, so würde er als Sklave dem Alketas dienen und wäre nach deiner Meinung glücklich. Nun ist er aber auf ganz besondere Art unglücklich geworden, indem er denkbar größtes Unrecht begangen hat. Zuerst lud er diesen Alketas, seinen Herrn und Oheim, zu sich ein, angeblich um ihm die Herrschaft zu übergeben, die Perdikkas jenem entrissen hatte. Er bewirtete ihn und machte ihn trunken, samt seinem Sohne Alexander, seinem eigenen Vetter, der fast so alt war wie er. Dann warf er die beiden in einen Wagen, schaffte sie nächtlicherweile weg, brachte sie um und ließ beide verschwinden. Und bei all diesem Unrecht merkte er nicht einmal, daß er der unglücklichste Mensch geworden war, und hat auch keine Reue empfunden. Auch danach wollte er nicht glücklich werden, dadurch, daß er seinen Bruder, den echten Sohn des Perdikkas, einen etwa siebenjährigen Knaben, der rechtmäßigen Anspruch auf den Thron hatte, auf rechtmäßige Weise auferzogen und ihm die Herrschaft übergeben hätte. Er ließ ihn vielmehr in einen Brunnen werfen und ertränken und sagte dann seiner Mutter Kleopatra, der Knabe sei einer Gans nachgelaufen, hineingefallen und so ums Leben gekommen. Weil er die größten Schandtaten in Makedonien begangen hat, ist er nun also der unglücklichste von allen Makedonen und nicht der glücklichste. Und vielleicht gibt es manchen Athener, mit dir angefangen, der lieber irgendein anderer Makedone sein möchte als gerade Archelaos.

SOKRATES: Schon gleich zu Beginn unserer Unterredung, Polos, habe ich dich gelobt, weil mir scheint, du seiest in der Redekunst wohl ausgebildet, während du die Dialektik eher vernachlässigt hast. Und nun, nicht wahr, ist das die Rede, durch die mich ein Kind sollte widerlegen können, und du hast, wie du glaubst, meinen Satz widerlegt, daß der, welcher Unrecht tut, nicht glücklich sei? Wieso denn, mein Guter? Ich gehe ja in gar nichts von dem, was du vorbringst, mit dir einig.

POLOS: Du willst eben nicht, obschon auch du eigentlich meiner Ansicht bist.

SOKRATES: Mein Bester, du suchst mich auf Rhetorenart zu widerlegen, wie die, die vor Gericht etwas zu beweisen meinen. Auch dort glaubt ja die eine Partei, sie widerlege die andere, wenn sie für ihre Behauptungen viele angesehene Zeugen stellen kann, während der Gegner vielleicht nur irgend einen einzigen oder gar keinen beizubringen vermag. Eine solche Beweisführung taugt aber nichts zur Erforschung der Wahrheit; denn manchmal kann wohl einer unter den falschen Zeugnissen der vielen erliegen, die etwas zu sein scheinen. In dem Beispiel, das du anführst, werden dir fast alle Athener und Fremden beistimmen, wenn du gegen mich Zeugen aufstellen willst, daß ich unrecht habe. Wenn du willst, werden für dich zeugen Nikias, der Sohn des Nikeratos, und mit ihm seine Brüder, von denen die Dreifüße stammen, die im Dionysostempel in einer Reihe stehen; wenn du willst, auch Aristokrates, der Sohn des Skellios, von dem das schöne

Weihgeschenk im Heiligtum des pythischen Apollon stammt, und wenn du willst, das ganze Haus des Perikles oder ein anderes hiesiges Geschlecht nach deiner freien Wahl.

Aber ich, auch wenn ich der einzige bin, stimme dir nicht bei. Denn du überzeugst mich nicht durch zwingende Gründe, sondern stellst bloß viele falsche Zeugen gegen mich auf und versuchst, mich so aus meinem Besitz und aus der Wahrheit zu vertreiben. Wenn ich aber nicht dich selber als einzigen Zeugen aufstellen kann, der meiner Ansicht zustimmt, dann glaube ich, in der Sache, über die wir uns unterreden, nichts erreicht zu haben, was der Rede wert ist; ich glaube, aber auch du nicht, wenn nicht ich als einziger für dich zeuge und du alle die anderen Zeugen beiseite lässest. Es gibt nun also die eine Art der Beweisführung, die du mit vielen anderen meinst; und es gibt eine andere, die wiederum ich im Sinne habe. Wir wollen sie jetzt vergleichen und untersuchen, ob sie sich in etwas voneinander unterscheiden. Ist doch das, worüber wir uns streiten, nichts Kleines, sondern eigentlich das, worüber Bescheid zu wissen das Schönste, nicht Bescheid zu wissen das Beschämendste ist. In der Hauptsache geht es nämlich darum, zu wissen oder nicht zu wissen, wer glücklich ist und wer nicht. Zunächst gerade in der Frage, von der jetzt die Rede ist: *du* meinst, ein Mensch könne glücklich sein, wenn er unrecht handelt und ungerecht ist, da du ja dafür hältst, daß Archelaos zwar ungerecht, aber trotzdem glücklich sei. Wir können doch wohl annehmen, dies sei deine Meinung?

POLOS: Gewiß.

SOKRATES: Ich aber sage, das ist unmöglich. In diesem einen Punkt gehen also unsere Meinungen auseinander. Gut denn; wird aber der, der Unrecht tut, auch glücklich sein, wenn er die gerechte Strafe und Vergeltung erfährt?

POLOS: Durchaus nicht. Er wäre ja im höchsten Grade unglücklich.

SOKRATES: Wenn dagegen der Übeltäter keine Strafe erhält, dann ist er deiner Meinung nach glücklich?

POLOS: Ja, das meine ich.

SOKRATES: Nach meiner Ansicht, Polos, ist aber der Übeltäter und der Ungerechte in jedem Falle unglücklich. Besonders unglücklich ist er aber, wenn er für sein Unrecht nicht bestraft wird und der Züchtigung entgeht, weniger unglücklich, wenn er bestraft wird und wenn ihm von Göttern und Menschen Strafe zuteil wird.

POLOS: Etwas Widersinniges versuchst du da zu behaupten, Sokrates.

SOKRATES: Ich möchte es aber dahin bringen, daß auch du mir zustimmst, mein Freund. Denn ich betrachte dich als meinen Freund. Nun ist es also das, worüber wir verschiedener Ansicht sind – überlege es auch selbst: Ich behauptete vorhin, Unrecht tun sei schlimmer als Unrecht leiden.

POLOS: Ja.

SOKRATES: Du aber sagtest, Unrecht leiden sei schlimmer.

POLOS: Gewiß.

SOKRATES: Und ich behauptete, wer Unrecht tut, sei unglücklich, und bin von dir widerlegt worden.

POLOS: Allerdings, bei Zeus!

SOKRATES: Wenigstens wie du glaubst, Polos.

POLOS: Womit ich wohl recht habe.

SOKRATES: Vielleicht. Du wiederum hältst die Übeltäter für glücklich, wenn sie nicht bestraft werden.

POLOS: Ja.

SOKRATES: Ich aber behaupte, diese seien am unglücklichsten. Die dagegen, die bestraft werden, sind es weniger. Willst du mir auch das widerlegen?

Polos: Das ist wohl noch schwieriger zu widerlegen als das erste, Sokrates!

Sokrates: Nicht nur schwierig, Polos, sondern sogar unmöglich; denn die Wahrheit kann niemals widerlegt werden.

Polos: Wie meinst du? Wenn ein Mann widerrechtlich nach der Gewaltherrschaft strebt und dabei ergriffen wird, und wenn man ihn nach seiner Verhaftung foltert, streckt und ihm die Augen ausbrennt und er sonst noch viele schwere Mißhandlungen aller Art erdulden muß, er selber und – vor seinen Augen – auch seine Kinder und sein Weib, und wenn er dann schließlich gekreuzigt oder mit Pech bestrichen und verbrannt wird – ist er dann glücklicher, als wenn er entkommt und Tyrann wird und als Herrscher in seiner Stadt bis zu seinem Tode lebt und dabei tun kann, was ihm beliebt, beneidet und glücklich gepriesen von seinen Mitbürgern und den Fremden? Das sei unmöglich zu widerlegen, sagst du?

Sokrates: Nun machst du mir wieder bange, trefflicher Polos, statt mich zu widerlegen – so wie du vorhin mit deinen Zeugen kamst. Hilf meinem Gedächtnis aber ein wenig nach: du sagtest doch: «wenn er widerrechtlich nach der Gewaltherrschaft strebt»?

Polos: Ja.

Sokrates: Glücklicher wird freilich keiner von beiden jemals sein, weder der, der sich die Gewaltherrschaft widerrechtlich verschafft hat, noch der, welcher bestraft wird; denn von zwei Unglücklichen kann nicht der eine glücklicher sein. Immerhin ist der, welcher der Strafe entgeht und Tyrann geworden ist, unglücklicher. Doch was soll das? Polos, du lachst? Ist das wieder eine neue Art von Beweisführung: wenn der andere etwas sagt, ihn einfach auszulachen, statt ihn zu widerlegen?

Polos: Dünkt dich nicht, du seiest schon widerlegt, Sokrates, wenn du Dinge sagst, die kein Mensch sonst behaupten dürfte? Frag doch einen von denen da!

SOKRATES: Polos, ich gehöre nicht zu den Politikern, und als ich voriges Jahr durch das Los in den Rat kam und meine Phyle den Vorsitz führte und ich abstimmen lassen sollte, da gab ich Anlaß zu einem Gelächter und verstand nicht einmal, die Abstimmung durchzuführen. Darum heiße mich auch jetzt nicht, unter den Anwesenden abstimmen zu lassen. Wenn du keinen besseren Beweis hast als diesen, so gib mir die Möglichkeit der Widerlegung, die ich mir ausbedungen habe, und lerne einen Beweis kennen, wie er nach meiner Ansicht sein soll.

Ich weiß für das, was ich sagen will, nur einen einzigen Zeugen aufzustellen: dich selber, mit dem ich die Unterredung führe. Die Vielen aber laß ich aus dem Spiele. Ich verstehe es, *einen* zur Meinungsäußerung zu bringen. Mit der großen Masse dagegen unterrede ich mich überhaupt nicht. Sieh nun zu, ob du mir zu deinem Teil Rede und Antwort stehen willst, indem du auf meine Fragen antwortest. Ich glaube nämlich, daß nicht nur ich, sondern auch du und die anderen Menschen der Meinung sind, Unrecht tun sei schlimmer als Unrecht leiden, und nicht bestraft werden sei schlimmer als bestraft werden.

POLOS: Ich dagegen glaube das weder von mir noch von einem anderen Menschen. Also *du* wolltest lieber Unrecht leiden als Unrecht tun?

SOKRATES: Auch du und alle anderen.

POLOS: Weit entfernt davon! Weder ich noch du noch sonst jemand!

SOKRATES: Willst du mir nun antworten?

POLOS: Gewiß; ich möchte doch gerne wissen, was du eigentlich zu sagen hast.

SOKRATES: Um das zu erfahren, gib mir denn so Antwort, wie wenn ich mit meinen Fragen erst beginnen würde: Was meinst du, Polos, ist schlimmer: Unrecht tun oder Unrecht leiden?

POLOS: Unrecht leiden, meine ich.

SOKRATES: Und was ist häßlicher, Unrecht tun oder Unrecht leiden? – Gib mir doch Antwort!

POLOS: Unrecht tun.

SOKRATES: Ist es denn nicht, wenn es häßlicher ist, auch schlimmer?

POLOS: Durchaus nicht.

SOKRATES: Ich verstehe. Du bist also offenbar nicht der Meinung, daß das Schöne und das Gute und daß das Schlimme und das Häßliche identisch sind?

POLOS: Gewiß nicht.

SOKRATES: Wie stellst du dich aber zu folgendem? Nennst du all die schönen Dinge: Körper, Farben, Gestalten, Töne oder Tätigkeiten einfach schön, ohne jede Beziehung? Um die schönen Körper als erstes Beispiel zu nehmen: bezeichnest du sie nicht als schön wegen des Nutzens, den ein jeder bietet, oder nach der Lust, wenn sie nämlich bewirken, daß die Betrachter sich bei ihrem Anblick freuen? Kannst du außerdem noch einen anderen Grund für die Schönheit der Körper angeben?

POLOS: Ich wüßte keinen.

SOKRATES: Und auf diese Weise nennst du denn auch alles andere schön, Figuren und Farben? Entweder einer Lust oder eines Nutzens wegen, oder aus beiden Gründen zusammen?

POLOS: Ja.

SOKRATES: Und ebenso auch die Töne und alles, was zur Musik gehört?

POLOS: Ja.

SOKRATES: Was nun aber die Gesetze und die Tätigkeiten betrifft, so kann das, was an ihnen schön ist, auf nichts anderem beruhen als darauf, daß es nützlich oder angenehm oder beides zusammen ist?

POLOS: Ich glaube nicht.

SOKRATES: Und so ist es doch auch mit der Schönheit der Wissenschaften?

POLOS: Gewiß. Und du definierst sehr gut, Sokrates, wenn du sagst, das Schöne werde durch die Lust und durch das Gute bestimmt.

SOKRATES: Also auch das Häßliche durch das Gegenteil, durch den Schmerz und das Übel?

POLOS: Notwendig.

SOKRATES: Wenn nun von zwei schönen Dingen das eine schöner ist als das andere, kommt das doch daher, daß es durch das eine von beiden oder durch beides überwiegt, entweder durch die Lust oder durch den Nutzen oder durch beides?

POLOS: Gewiß.

SOKRATES: Wenn dagegen von zwei häßlichen Dingen das eine häßlicher ist, dann muß seine Häßlichkeit entweder durch den Schmerz oder durch das Schlimme überwiegen. Oder ist das nicht notwendig so?

POLOS: Doch.

SOKRATES: Wohlan denn, was sagten wir doch eben vom Unrechttun und vom Unrechtleiden? Hast du nicht behauptet, es sei schlimmer, Unrecht zu leiden, aber häßlicher, Unrecht zu tun?

POLOS: So sagte ich.

SOKRATES: Nicht wahr, wenn das Unrechttun häßlicher ist als das Unrechtleiden, dann ist es doch wohl auch schmerzlicher, nämlich darum häßlicher, weil es durch den Schmerz oder durch das Übel oder durch beides überwiegt? Auch das muß doch so sein?

POLOS: Allerdings.

SOKRATES: So wollen wir also zunächst prüfen, ob das Unrechttun das Unrechtleiden an Schmerz übertrifft und ob die, die Unrecht tun, mehr leiden als die, denen Unrecht getan wird?

POLOS: Das ist auf keinen Fall so, Sokrates.

SOKRATES: Es überwiegt also nicht durch Schmerz?

POLOS: Durchaus nicht.

SOKRATES: Wenn nicht durch Schmerz, dann kann es doch auch nicht mehr durch beides überwiegen.

POLOS: Offensichtlich nicht.

SOKRATES: Es bleibt also nur: durch das andere.

POLOS: Ja.

SOKRATES: Durch das Übel.

POLOS: Offenbar.

SOKRATES: Wenn es aber durch das Übel überwiegt, dann muß doch wohl das Unrechttun schlimmer sein als das Unrechtleiden?

POLOS: Das ist klar.

SOKRATES: Wurde aber nicht von der Menge und von dir vorhin zugegeben, daß das Unrechttun häßlicher sei als das Unrechtleiden?

POLOS: Ja.

SOKRATES: Und nun hat es sich gezeigt, daß es auch schlimmer ist.

POLOS: Offenbar.

SOKRATES: Wolltest du nun das Schlimmere und Häßlichere dem vorziehen, das beides in geringerem Maße ist? Antworte ohne Bedenken, Polos, du wirst durchaus keinen Schaden davon haben. Vertraue dich getrost der vernünftigen Überlegung wie einem Arzte an und antworte mit «Ja» oder «Nein» auf meine Frage.

POLOS: Ich würde das also nicht vorziehen, Sokrates.

SOKRATES: Aber sonst irgendein Mensch?

POLOS: Ich glaube nicht, wenigstens nach dem Ergebnis unseres Gespräches.

SOKRATES: Ich hatte also recht mit meiner Behauptung, daß weder ich noch du noch sonst irgendein Mensch es vorziehen möchte, Unrecht zu tun statt Unrecht zu leiden, da jenes eben schlimmer ist.

POLOS: Offenbar.

SOKRATES: Du siehst nun also, Polos, daß sich die beiden Beweise, wenn du sie nebeneinander hältst, durchaus nicht gleichen. Dir stimmen alle bei, ausgenommen ich. Mir dagegen genügt es, wenn du als einziger zustimmst und für mich deine Stimme abgibst; dich allein lasse ich deine Meinung sagen und kümmere mich nicht um die übrigen. So mag es sich denn in diesem Punkte verhalten; wir wollen daraufhin aber die zweite Frage untersuchen, über die wir verschiedener Meinung waren: ob es, wie du glaubtest, das größte Übel ist, wenn man für das Unrecht, das man begeht, bestraft wird, oder ob es ein größeres sei, wenn man nicht bestraft wird, wie ich wiederum meinte. Wir wollen das folgendermaßen untersuchen: bezeichnest du als «bestraft werden» dasselbe, wie wenn man für ein Unrecht gerechterweise gezüchtigt wird?

POLOS: Ja.

SOKRATES: Kannst du nun sagen, daß nicht alles Gerechte auch schön sei, insofern es gerecht ist? Überlege es gut und sprich dann.

POLOS: Ich glaube es, Sokrates.

SOKRATES: Überlege denn auch folgendes: wenn jemand etwas tut, dann muß es doch auch etwas geben, das das, was der andere tut, erleidet?

POLOS: Ja, so scheint mir.

SOKRATES: Es erleidet also das, was das Handelnde tut, und zwar in der Weise, wie es das Handelnde ausführt? Ich meine das etwa so: wenn jemand schlägt, dann muß auch etwas geschlagen werden.

POLOS: Notwendig.

SOKRATES: Und wenn der Schlagende heftig schlägt oder

rasch, so muß das, was geschlagen wird, auf eben diese Art geschlagen werden?

POLOS: Ja.

SOKRATES: Das Leiden des Geschlagenen entspricht also der Art des Schlagens?

POLOS: Gewiß.

SOKRATES: Und wenn jemand brennt, dann muß doch auch etwas gebrannt werden?

POLOS: Selbstverständlich.

SOKRATES: Und wenn er heftig und schmerzhaft brennt, dann muß doch das, was gebrannt wird, so gebrannt werden, wie das Brennende brennt?

POLOS: Gewiß.

SOKRATES: Und wenn jemand schneidet, dann gilt das ebenso? Dann wird doch etwas geschnitten?

POLOS: Ja.

SOKRATES: Und wenn der Schnitt groß oder tief oder schmerzhaft ist, dann erleidet eben das, was geschnitten wird, einen entsprechenden Schnitt, so wie das Schneidende schneidet.

POLOS: Offenbar.

SOKRATES: Sieh also, ob du das, was ich eben gesagt habe, allgemein und für alle Dinge anerkennst: wie das handelnde Subjekt handelt, so erleidet das leidende Objekt.

POLOS: Ja, ich bin so einverstanden.

SOKRATES: Darüber sind wir uns also einig. Bedeutet nun «bestraft werden» etwas erleiden oder etwas tun?

POLOS: Natürlich etwas erleiden, Sokrates.

SOKRATES: Und zwar durch einen, der etwas tut?

POLOS: Selbstverständlich; eben durch den, der straft.

SOKRATES: Wer aber richtig straft, straft gerecht?

POLOS: Ja.

SOKRATES: Handelt er damit gerecht oder nicht?

POLOS: Gerecht.

SOKRATES: Dann erleidet also der, der bestraft wird, damit etwas Gerechtes?

POLOS: Offenbar.

SOKRATES: Das Gerechte aber ist zugegebenermaßen schön?

POLOS: Gewiß.

SOKRATES: Von den beiden tut also der eine etwas Schönes, der andere erleidet es, der Bestrafte nämlich.

POLOS: Ja.

SOKRATES: Und nicht wahr, wenn es schön ist, ist es auch gut? Denn entweder ist es angenehm oder nützlich.

POLOS: Notwendig.

SOKRATES: Wer also bestraft wird, erleidet etwas Schönes?

POLOS: Offenbar.

SOKRATES: Er hat also einen Nutzen davon?

POLOS: Ja.

SOKRATES: Ist das der Nutzen, den ich mir vorstelle: daß er an seiner Seele besser wird, wenn er gerechterweise bestraft wird?

POLOS: Wahrscheinlich.

SOKRATES: Wer also bestraft wird, der wird von einer Schlechtigkeit der Seele befreit?

POLOS: Ja.

SOKRATES: Und damit wird er doch vom größten Übel befreit? Überlege es dir so: Kannst du im Vermögensstand eines Menschen ein anderes Übel sehen als die Armut?

POLOS: Nein, nur die Armut.

SOKRATES: Und im Zustand seines Körpers? Da würdest du doch die Schwäche als seine Schlechtigkeit bezeichnen und die Krankheit und die Häßlichkeit und alles Derartige?

POLOS: Ja.

SOKRATES: Und auch in der Seele hältst du doch irgend etwas für Schlechtigkeit?

POLOS: Freilich.

SOKRATES: Meinst du damit nicht Ungerechtigkeit und Unwissenheit und Feigheit und Derartiges?

POLOS: Gewiß.

SOKRATES: Nun hast du doch für die drei, das Vermögen, den Körper und die Seele, drei Schlechtigkeiten genannt: Armut, Krankheit und Ungerechtigkeit?

POLOS: Ja.

SOKRATES: Welches ist die häßlichste von ihnen? Ist es nicht die Ungerechtigkeit oder, allgemein gesagt, die Schlechtigkeit der Seele?

POLOS: Ganz sicher.

SOKRATES: Wenn aber die häßlichste, dann auch die schlimmste?

POLOS: Wie meinst du das, Sokrates?

SOKRATES: So: immer ist doch das Häßlichste das, was den größten Schmerz oder Schaden oder beides zufügt, und darum ist es, gemäß dem, was wir vorhin anerkannt haben, das Häßlichste.

POLOS: Allerdings.

SOKRATES: Wir sind doch jetzt eben übereingekommen, das Häßlichste sei die Ungerechtigkeit und jede Schlechtigkeit der Seele?

POLOS: Ja, das sind wir.

SOKRATES: Sie ist demnach das Häßlichste unter alledem, weil sie das Schmerzlichste ist, also durch ihr Übermaß an Schmerz, oder sie ist es, weil sie das Schädlichste ist oder beides?

POLOS: Notwendig.

SOKRATES: Wäre es also schmerzhafter als Armut und Krankheit, wenn man ungerecht ist und zügellos und feige und unwissend?

POLOS: Das scheint mir daraus nicht hervorzugehen, Sokrates.

Sokrates: Durch ein Übermaß an Schaden und, alles andere durch erstaunliches Übel überragend, ist demnach die Schlechtigkeit der Seele das Häßlichste von allem, wenn sie es nach deiner Meinung nicht durch ihre Schmerzhaftigkeit ist.

Polos: Offenbar.

Sokrates: Was aber mit einem Übermaß an höchstem Schaden verbunden ist, das dürfte doch von allen Dingen das größte Übel sein.

Polos: Ja.

Sokrates: Die Ungerechtigkeit, die Zügellosigkeit und die übrige Schlechtigkeit der Seele sind also das größte Übel, das es gibt?

Polos: Offenbar.

Sokrates: Welche Kunst macht nun frei von Armut? Ist es nicht die, durch welche man Geld erwirbt?

Polos: Ja.

Sokrates: Und welche von Krankheit? Doch die Heilkunst?

Polos: Natürlich.

Sokrates: Und welche von Schlechtigkeit und Ungerechtigkeit? Wenn du so nicht darauf kommst, dann überlege es dir folgendermaßen: Wohin und zu wem führen wir die Kranken?

Polos: Zu den Ärzten, Sokrates.

Sokrates: Und wohin die Übeltäter und die, welche zügellos leben?

Polos: Du meinst, zu den Richtern?

Sokrates: Doch damit sie bestraft werden?

Polos: Ja.

Sokrates: Wer aber auf rechte Art straft, der tut das doch mit Hilfe einer Art von Gerechtigkeit?

Polos: Offenbar.

Sokrates: Die Kunst, Geld zu erwerben, befreit also von

Armut, die Heilkunst von Krankheit, das Recht aber von Zügellosigkeit und Ungerechtigkeit.

POLOS: Offenbar.

SOKRATES: Was ist nun das Schönste davon?

POLOS: Wovon meinst du?

SOKRATES: Von Gelderwerb, Heilkunst und Recht?

POLOS: Weit voran steht das Recht, Sokrates.

SOKRATES: Dann bringt es auch am meisten Vergnügen oder Nutzen oder beides, wenn es am schönsten ist?

POLOS: Ja.

SOKRATES: Ist denn die Anwendung der Heilkunst angenehm, und ist es ein Vergnügen, sich vom Arzt behandeln zu lassen?

POLOS: Das glaube ich nicht.

SOKRATES: Aber es ist wenigstens nützlich, oder nicht?

POLOS: Doch.

SOKRATES: Man wird ja dabei von einem großen Übel befreit; also ist es nützlich, Schmerz zu ertragen, um gesund zu werden.

POLOS: Allerdings.

SOKRATES: Ist man nun wohl hinsichtlich seines Körpers dann der glücklichste Mensch, wenn man sich heilen läßt – oder wenn man von Anfang an gar nicht krank ist?

POLOS: Natürlich, wenn man nicht krank ist.

SOKRATES: Denn das Glück bestünde offenbar nicht in der Befreiung von der Krankheit, sondern darin, daß man von Anfang an nicht von ihr befallen wird.

POLOS: So ist es.

SOKRATES: Wie aber? Wer von zweien, die am Körper oder an der Seele mit einem Übel behaftet sind, ist unglücklicher: der, der geheilt und vom Übel befreit wird, oder der, der damit behaftet ist, aber nicht geheilt wird?

POLOS: Mir scheint der, welcher nicht geheilt wird.

SOKRATES: War denn bestraft werden nicht Befreiung vom größten Übel, von der Schlechtigkeit?

POLOS: Das war es.

SOKRATES: Denn die Strafe macht, daß wir besonnener und gerechter werden, und das Recht ist ein Heilmittel gegen die Schlechtigkeit?

POLOS: Ja.

SOKRATES: Am glücklichsten ist also der, welcher keine Schlechtigkeit in seiner Seele hat; denn das erschien uns als das größte Übel.

POLOS: Dies ist klar.

SOKRATES: Am zweitglücklichsten ist dann der, welcher davon befreit wird.

POLOS: Es scheint so.

SOKRATES: Das war aber der, welcher zurechtgewiesen und getadelt und bestraft wird.

POLOS: Ja.

SOKRATES: Am schlechtesten lebt also der, welcher mit Unrecht behaftet ist und davon nicht befreit wird.

POLOS: Offenbar.

SOKRATES: Das ist aber doch gerade der Mensch, der es durch die größten Übeltaten und mit Hilfe der höchsten Ungerechtigkeit dazu bringt, daß er weder zurechtgewiesen noch getadelt und auch nicht bestraft wird? Wie du ja erzählst, daß Archelaos das erreicht habe und die anderen Gewaltherrscher, Redner und Machthaber.

POLOS: Es scheint so.

SOKRATES: Diese Leute haben es also etwa ebensoweit gebracht, mein Bester, wie wenn einer von den schwersten Krankheiten befallen wäre und es dann erreichte, für die Verfehlungen an seinem Körper bei den Ärzten straflos auszugehen und nicht geheilt zu werden, indem er sich, wie ein Kind, vor dem Brennen und Schneiden fürchtet, weil es weh tut.

Oder dünkt es dich nicht auch so?

POLOS: Doch.

SOKRATES: Offenbar weiß er nicht, wie es mit der Gesundheit und dem Gedeihen des Körpers beschaffen ist. Nach dem, was wir zusammen festgestellt haben, verhalten sich die, welche sich der Strafe entziehen, auch etwa so, lieber Polos: sie sehen nur das Schmerzhafte daran, doch dem Nutzen gegenüber sind sie blind und wissen nicht, wieviel unseliger es ist, mit einer kranken, ja verdorbenen, ungerechten und unfrommen Seele zusammenzuleben als mit einem kranken Körper. In dieser Einstellung tun sie auch alles, um nicht bestraft zu werden und sich vom größten Übel befreien zu lassen: sie verschaffen sich Geld, gewinnen sich Freunde und bemühen sich, möglichst überzeugend reden zu können. Wenn das aber richtig ist, Polos, was wir beide zugegeben haben – merkst du dann, was sich daraus ergibt? Oder willst du, daß wir es zusammenfassen?

POLOS: Wenn du meinst.

SOKRATES: Es ergibt sich daraus doch, daß das größte Übel die Ungerechtigkeit und das Unrechttun ist?

POLOS: Offenbar.

SOKRATES: Und Befreiung von diesem Übel schien uns das Bestraftwerden.

POLOS: Es scheint so.

SOKRATES: Nicht bestraft zu werden aber bedeutet, daß das Übel dableibt?

POLOS: Ja.

SOKRATES: Das Unrechttun ist demnach nur das zweitgrößte Übel; jedoch Unrecht tun und dabei straflos bleiben, das ist das größte und erste von allen Übeln.

POLOS: So scheint es.

SOKRATES: Gerade darüber, mein Freund, waren wir doch wohl verschiedener Meinung? Du priesest den Archelaos glücklich, weil er die größten Übeltaten vollbringt und doch nicht bestraft wird, während ich umgekehrt der Meinung war, daß der, der Unrecht tut und dabei straflos bleibt, sei es nun Archelaos oder sonst jemand, mehr als alle anderen Menschen unglücklich sein müsse. Und der, welcher Unrecht tut, sei immer unglücklicher als der, welcher Unrecht leidet, und der, welcher nicht bestraft wird, unglücklicher als der, der bestraft wird. Das war es doch, was ich sagte?

POLOS: Ja.

SOKRATES: Und es ist nun doch bewiesen, daß ich recht hatte?

POLOS: Ja, offenbar.

SOKRATES: Also gut; wenn das aber richtig ist, Polos, worin besteht dann der große Nutzen der Redekunst? Nach dem, was wir nun zugegeben haben, muß man sich vor allem hüten, Unrecht zu begehen, – weil man sonst großes Übel davon erfährt. Oder ist es nicht so?

POLOS: Gewiß.

SOKRATES: Tut man nun aber entweder selbst Unrecht oder ein anderer, dem man zugetan ist, so soll man aus freien Stücken dorthin gehen, wo man möglichst schnell bestraft werden kann, zum Richter nämlich, gleichsam zum Arzt, aus Sorge, daß sich die Krankheit der Ungerechtigkeit nicht mit der Zeit einwurzle und die Seele unheilbar schädige. Oder was sollen wir sagen, Polos, wenn es bei dem bleibt, was wir vorher anerkannt haben? Muß das nicht in dieser Weise miteinander übereinstimmen, anders aber geht es nicht?

POLOS: Was sollten wir sonst sagen, Sokrates?

SOKRATES: Um also seine Ungerechtigkeit zu verteidigen, sei es die eigene oder die der Eltern oder Freunde oder Kinder oder die des Vaterlandes, wenn dieses ein Unrecht begeht: dazu ist uns die Redekunst nichts nütze, Polos. Es sei denn, daß jemand im Gegenteil annähme, er müsse sich vor allem selbst anklagen und dann auch seine Verwandten und wer sonst von seinen Freunden ein Unrecht tut, und er dürfe es nicht verheimlichen, sondern müsse es ans Licht bringen, damit er bestraft werde und gesunden könne. Und er müsse ferner sich selbst und die anderen dazu zwingen, nicht mutlos zu sein, sondern mit geschlossenen Augen und tapfer hinzustehen, wie beim Arzt zum Schneiden oder Brennen, an das Edle und Gute denkend und ohnc sich um den Schmerz zu kümmern. Und wenn er durch sein Unrechttun Schläge verdient hat, müsse er sich schlagen oder sich fesseln lassen, wenn er die Ketten verdient hat; wenn er aber eine Geldstrafe verdient, soll er sie bezahlen, wenn Verbannung, soll er in die Verbannung gehen, wenn die Todesstrafe, soll er sterben. Und er soll dabei selbst der erste Ankläger sein gegen sich und die Seinen und dafür die Redekunst verwenden, um das geschehene Unrecht aufzudecken und so von dem größten Übel, eben der Ungerechtigkeit, befreit zu werden. Ist das unsere Meinung oder nicht, Polos?

POLOS: Es kommt mir zwar seltsam vor, Sokrates; für dich freilich stimmt es aber wohl mit dem Vorigen überein.

SOKRATES: Muß man also entweder auch jenes zurücknehmen, oder geht dieses da als notwendige Folge daraus hervor?

POLOS: Ja, so ist es damit.

SOKRATES: Andrerseits: wenn es umgekehrt darum ginge, einem Menschen schaden zu müssen, einem persönlichen Feinde oder sonst jemandem (sofern einem nur nicht selbst von dem Feinde Schaden zugefügt wird, denn davor muß man sich hüten): wenn dieser Feind also einem anderen Unrecht tut, muß man im Gegenteil auf jede Weise, mit Handeln und mit Reden, zu erreichen suchen, daß er nicht bestraft wird und nicht vor den Richter kommt. Geschieht es aber trotzdem, so sollte man es dazu bringen, daß der Feind davonkommt und nicht bestraft wird: falls er viel Geld gestohlen hat, daß er es nicht zurückgeben muß, sondern behalten kann und es für sich und die Seinigen auf ungerechte und gottlose Art ausgibt; hat er aber ein todeswürdiges Verbrechen begangen, daß er nicht sterben muß, womöglich überhaupt nie, sondern in seiner Schlechtigkeit unsterblich ist oder doch daß er in diesem Zustande möglichst lange Zeit lebt. Zu solchen Zwekken, Polos, halte ich die Redekunst für brauchbar, während mir für den, der kein Unrecht begehen will, ihr Nutzen nicht groß scheint, wenn sie überhaupt einen hat, wie sich ja in der Untersuchung vorhin nirgends einer gezeigt hat.

KALLIKLES: Sag mir, Chairephon, meint Sokrates das im Ernst, oder scherzt er?

CHAIREPHON: Ich glaube, Kallikles, er sagt es in vollem Ernst; doch am besten fragst du ihn selber.

KALLIKLES: Bei den Göttern, ja, das möchte ich gerne. Sag mir, Sokrates, sollen wir annehmen, daß du jetzt im Ernst sprichst oder daß du scherzest? Wenn es dir ernst damit ist und das, was du sagst, wahr sein sollte, dann müßte doch das Leben von uns Menschen ganz verkehrt sein, und wir tun, wie es scheint, in allem das Gegenteil von dem, was wir sollten.

SOKRATES: O Kallikles, wenn die Menschen, die einen so, die anderen so, nicht die gleichen Erfahrungen machen könnten, sondern wenn jeder von uns sein eigenes, von den anderen verschiedenes Erleben hätte, dann wäre es nicht eben leicht, dem anderen seine eigene Erfahrung klarzumachen. Ich sage das, weil ich mir bewußt bin, daß ich und du jetzt gerade dasselbe erleben. Wir beide sind nämlich zwiefach verliebt: ich in den Sohn des Kleinias, den Alkibiades, und in die Philosophie, du aber in das athenische Volk und in den Demos, den Sohn des Pyrilampes.

Nun bemerke ich immer wieder, daß du, so tüchtig als Redner du auch sein magst, nicht imstande bist, zu widersprechen, sondern dich hin- und herwerfen lässest, was dein Liebling auch sagt und was für eine Ansicht er auch haben mag. Und auch in der Volksversammlung, wenn das athenische Volk die Richtigkeit einer deiner Behauptungen bestreitet, änderst du deine Meinung und sagst, was das Volk will, und mit dem Sohn des Pyrilampes, diesem schönen Jüngling, geht es dir ungefähr gleich. Den Wünschen und den Worten deines Lieblings kannst du nämlich nicht widerstehen. Wenn sich dann über das, was du jeweils um dieser beiden willen vorbringst, jemand wundern wollte, weil es so seltsam ist, dann würdest du ihm, um aufrichtig zu sein, vermutlich erwidern: wenn nicht jemand deinen Liebling von diesen Reden abbringe, werdest auch du nie aufhören, so zu sprechen.

Halte es also für billig und angemessen, wenn du auch von mir solche Dinge hören mußt, und wundere dich nicht über das, was ich sage, sondern bringe zuerst die Philosophie, in die ich verliebt bin, von solchen Reden ab. Denn sie ist es, mein lieber Freund, die das immer sagt, was du jetzt von mir hörst, und sie ist viel weniger unzuverlässig als mein anderer Liebling. Der Sohn des Kleinias nämlich sagt bald das, bald jenes, die Philosophie aber immer dasselbe, und zwar gerade das, worüber du dich nun wunderst: Reden wie die, denen du ja selbst beigewohnt hast. Sie mußt du also in dem, was ich eben sagte, widerlegen und beweisen, daß es nicht das ärgste aller Übel sei, Unrecht zu tun und für das Unrecht nicht bestraft zu werden. Lässest du dies aber unwiderlegt, dann, Kallikles – beim Hunde, dem Gotte der Ägypter –, wird Kallikles selbst nicht mit dir übereinstimmen, sondern das ganze Leben lang mit dir im Zwiespalt sein. Und doch, mein Bester, bin ich der Meinung, es sei besser, daß meine Lyra verstimmt ist und falsch klingt oder ein Chor, den ich ausstatte, und daß die meisten Menschen mit mir nicht übereinstimmen, sondern mir widersprechen, als daß ich einzig mit mir nicht einig wäre und mir selbst widerspräche.

Kallikles: Sokrates, du scheinst mir mit deinen Worten wie ein rechter Volksredner prahlen zu wollen. Auch jetzt führst du uns durch Redekünste irre, nachdem Polos dasselbe erfahren hat, was er dem Gorgias dir gegenüber zum Vorwurf machte. Polos sagte nämlich, als du Gorgias gefragt hattest, ob er jemand unterweisen werde, der zu ihm komme, um, ohne über das Gerechte Bescheid zu wissen, die Redekunst zu lernen, da habe sich Gorgias geschämt und gesagt, er werde ihn auch über die Gerechtigkeit belehren, und zwar deshalb, weil es die Menschen gewöhnlich übelnehmen, wenn man es ablehnt, dies zu tun. Durch diese Zusage sei Gorgias genötigt worden, sich in seinen eigenen Worten zu widersprechen; doch du habest gerade daran deine Freude. Und er machte sich damals über dich lustig, und zwar mit Recht, wie mir scheint. Nun ist ihm aber seinerseits genau dasselbe widerfahren, und ich bin gerade deshalb mit Polos unzufrieden, weil er dir zugegeben hat, daß das Unrechttun häßlicher sei als das Unrechtleiden. Denn durch dieses Zugeständnis wurde er in eurem Gespräch von dir in der Schlinge gefangen und von dir gelenkt, wohin du wolltest; er scheute sich, zu sagen, was er dachte. Indem du nämlich vorgibst, nach der Wahrheit zu streben, Sokrates, bringst du die Rede auf solche ordinären und demagogischen Dinge und hältst dich an das, was von Natur aus nicht schön ist, sondern nur nach dem Gesetz.

Dabei stehen die beiden zumeist miteinander im Widerspruch, die Natur und das Gesetz. Wenn sich nun jemand scheut und nicht zu sagen wagt, was er denkt, wird er genötigt, sich zu widersprechen. Diesen Kunstgriff hast auch du dir gemerkt und wendest ihn auf üble Art in deinen Reden an: wenn einer etwas nach dem Gesetz meint, dann fragst du unvermerkt nach der Natur; spricht er aber von den Dingen der Natur, fragst du nach denen des Gesetzes. Das tatest du eben bei der Frage nach dem Unrechttun und dem Unrechtleiden: als

Polos von dem sprach, was nach dem Gesetz häßlicher ist, hast du das Gesetz angegriffen, als hätte er Naturgemäßheit gemeint. Von Natur ist nämlich alles häßlicher, was auch schlechter ist, so das Unrechtleiden, vor dem Gesetz aber ist es das Unrechttun. Für einen Mann ist das Unrechtleiden ja kein annehmbarer Zustand, höchstens für einen Sklaven, für den es ohnehin besser ist, zu sterben, als zu leben, weil er sich gegen Ungerechtigkeit und Mißhandlung nicht helfen kann, weder sich selbst noch einem anderen, dem er zugetan ist.

Doch die Gesetze, glaube ich, sind von den Schwachen und von der großen Masse gemacht. Zu ihren Gunsten und zu ihrem eigenen Nutzen stellen diese die Gesetze auf, sprechen sie Lob und Tadel aus. Die Stärkeren unter den Menschen und diejenigen, die imstande sind, ein Übergewicht zu erlangen, wollen sie einschüchtern, damit sie nicht mächtiger als sie werden können, und behaupten deshalb, es sei häßlich und ungerecht, einen Vorteil zu suchen, und darin bestehe eben das Unrechttun: daß man mehr haben will als die anderen. Denn da sie weniger wert sind, sind sie, glaube ich, zufrieden, wenn sie nur den gleichen Anteil haben.

Demzufolge wird eben dies vom Gesetz als ungerecht und häßlich erklärt: mehr haben zu wollen als die Menge, und das nennt man Unrecht tun. Die Natur dagegen, glaube ich, beweist selbst, daß es gerecht ist, wenn der Bessere mehr hat als der Geringere, der Stärkere mehr als der Schwächere. Vielerorts zeigt sie uns, daß das so ist, bei den Tieren und bei den Menschen, in ganzen Städten und Geschlechtern, daß es das erklärte Recht ist, daß der Stärkere über den Schwächeren herrscht und mehr hat als dieser. Mit welchem anderen Recht als dem der Natur ist Xerxes gegen Griechenland gezogen oder sein Vater gegen die Skythen? Und man könnte noch unzählige solche Beispiele aufzählen. Ich glaube aber, diese Männer handeln der Natur des Gerechten gemäß und, bei Zeus, fürwahr auch gemäß dem Gesetz der Natur, wenn auch vielleicht nicht nach jenem, das wir willkürlich aufstellen. Wir nehmen ja die Besten und Stärksten unter uns von Jugend an heraus und wollen sie, wie junge Löwen, durch Beschwörung und Zaubermittel untertänig machen, indem wir ihnen sagen, es müsse Gleichheit herrschen, und das eben sei das Schöne und das Gerechte.

Wenn aber einmal ein Mann ersteht mit einer genügend starken Natur, dann wird er, glaube ich, all das abschütteln und zerreißen und zu Boden treten, unsere Fangnetze, Gaukeleien und Zaubersprüche und all die widernatürlichen Gesetze. Und er tritt auf und zeigt sich als unser Herr, er, der unser Knecht war, und da erweist sich das Recht der Natur in seinem Glanze. Was ich da sage, scheint mir auch Pindar zu meinen, in dem Liede, in dem er sagt:

Das Gesetz, der König von allen,
der Menschen und Götter zugleich.

Das Gesetz aber, sagt er weiter,

macht Gewaltsamstes zum Recht,
hilft mit erhabener Hand es vollführen.
Das erschließe ich an des Herakles Taten.
Denn ungekauft ...

So etwa sagt er; ich kenne das Gedicht nicht auswendig. Er meint aber, Herakles habe die Rinder des Geryon weder gekauft noch geschenkt bekommen, sondern sie einfach fortgetrieben, weil das von Natur recht sei, daß Rinder und alles andere Eigentum der Geringeren und Schwächeren dem Besseren und Stärkeren gehören.

So also verhält es sich in Wahrheit. Du wirst es aber selber erkennen, wenn du die Philosophie nun sein läßt und dich dem Höheren zuwendest. Die Philosophie, Sokrates, ist etwas Liebenswürdiges, wenn man sich in jungen Jahren mit Maß damit abgibt; verweilt man aber länger als nötig bei ihr, dann wird sie zur Verderberin der Menschen. Denn ist jemand auch noch so begabt: wenn er über die Zeit hinaus zu philosophieren fortfährt, dann muß er notwendig in all dem unerfahren bleiben, was ein Mann kennen muß, der edel und gut und geachtet sein will.

Denn sie kennen weder die Gesetze der Stadt noch die Mittel der Rede, die man im Verkehr mit den Menschen, in öffentlichen oder privaten Angelegenheiten anwenden muß, weder die Neigungen noch die Leidenschaften der Menschen, und verstehen, mit einem Wort, überhaupt nichts von ihrer Denk- und Lebensweise. Gelangen sie dann zu irgendeiner privaten oder öffentlichen Tätigkeit, so wirken sie lächerlich, wie sich auch die Politiker, denke ich, lächerlich machen, wenn sie sich an euren Unterhaltungen und Diskussionen beteiligen wollen. Da trifft denn das zu, was Euripides gesagt hat:

Darin glänzt ein jeder
und danach strebt er mit ganzer Kraft,
des Tages größten Teil verwendet er darauf,
wo er selbst der Tüchtigste ist.

Worin er aber untüchtig ist, das meidet er und schmäht es, während er das andere aus lauter Eigenliebe lobt, weil er damit sich selber zu loben meint.

Aber am besten ist es, glaube ich, wenn man an beidem Anteil hat. Soweit es der allgemeinen Bildung dient, ist es schön, sich mit der Philosophie zu beschäftigen, und einem Jüngling gereicht es nicht zur Unehre, wenn er philosophiert. Wenn aber jemand in späterem Alter noch philosophiert, dann, Sokrates, wirkt das lächerlich, und bei den Leuten, die philosophieren, habe ich ganz ein ähnliches Gefühl wie bei denen, die kindlich stammeln. Sehe ich nämlich ein kleines Kind in dem Alter, wo es schicklich ist, so zu reden, dann freue ich mich darüber und finde es nett, natürlich und für das kindliche Alter passend. Höre ich dagegen ein kleines Kind mit deutlicher Aussprache reden, dann berührt mich die Sache unangenehm, es verletzt mein Ohr und dünkt mich etwas sklavisch Gezwungenes. Höre ich jedoch einen erwachsenen Mann stammeln, dann erscheint mir das lachhaft und unmännlich und des Prügelns wert.

Genau so ergeht es mir mit den Leuten, die philosophieren. Bei einem jungen Manne sehe ich die Philosophie gern und finde sie durchaus am Platze, und ich schaue ihn für einen freien und gebildeten Menschen an; wer aber nicht philosophiert, den halte ich für unfrei und für einen, der sich selbst keiner schönen oder edlen Sache wert glaubt. Sehe ich aber einen, der schon älter ist und immer noch philosophiert und sich nicht davon trennen kann, dann habe ich den Eindruck, Sokrates, daß dieser Mann Schläge verdient. Denn, wie ich vorhin gesagt habe, dieser Mann wird, wie begabt er auch sein mag, ein unmännliches Wesen zeigen; er wird die Orte mitten in der Stadt und die Marktplätze meiden, wo, wie der Dichter sagt, die Männer sich hervortun, und wird untertauchen und mit drei oder vier Jünglingen in einem Winkel flüsternd den Rest seines Lebens verbringen. Ein freies und starkes und entscheidendes Wort aber wird er niemals sprechen.

Ich aber, Sokrates, meine es gut mit dir. Vielleicht ist es mir nun aber gerade so gegangen wie dem Zethos mit dem Amphion im Stück des Euripides, an das ich eben erinnert habe. Denn auch ich möchte gerne zu dir sagen, was Zethos zu seinem Bruder sagt: «Gerade das versäumst du, Sokrates, worum du dich kümmern solltest, und entstellst die herrliche Natur deiner Seele durch ein kindisches Gebaren; und bei Beratungen über das Recht brächtest du wohl kein rechtes Wort dazu vor, könntest nichts Wahrscheinliches und Überzeugendes sagen und wüßtest auch für einen anderen keinen mutigen Entschluß zu fassen.» Und doch, mein lieber Sokrates (werde mir aber nicht böse; denn ich sage das aus Wohlwollen zu dir): schämst du dich nicht ein wenig, daß es so um dich steht, wie ich es von dir annehme, und von den anderen, die immer weiter philosophieren?

Denn wenn jetzt jemand dich oder einen anderen deiner Art ergriffe und ins Gefängnis abführte mit der Behauptung, du habest ein Unrecht begangen, trotzdem du keines begangen hast – weißt du, daß du dann nicht wüßtest, wie du dich verhalten solltest? Dir würde schwindlig und du ständest mit offenem Munde da und brächtest kein Wort hervor. Und wenn du dann vor Gericht aufträtest und träfest gerade auf einen gemeinen und bösen Ankläger, dann müßtest du wohl sterben, wenn er die Todesstrafe gegen dich beantragen würde.

Aber wie ist das weise, Sokrates, *wenn die Kunst einen begabten Mann übernimmt und ihn dann schlechter macht*, so daß er sich nicht selbst helfen und sich auch aus den größten Gefahren nicht retten kann, weder sich noch einen anderen, so daß die Feinde alle seine Habe plündern können und er in der Stadt geradezu ehrlos leben muß? Einen solchen Menschen kann man ja – mag auch der Ausdruck ein wenig derb sein – ungestraft an die Ohren schlagen.

Nein, mein Guter, folge mir, *höre auf mit deinen Beweisreden, übe dich im Wohlklang schöner Taten* und in dem, wodurch du klug erscheinen kannst; *überlasse den anderen dieses scharfsinnige Geschwätz* und, wenn ich es so nennen soll, diese Possen, *mit denen du nur leere Häuser bewohnen wirst;* eifere nicht den Männern nach, die sich um solche Kleinigkeiten streiten, sondern denen, die Reichtum und Ehre besitzen und viele andere Güter.

SOKRATES: Wäre meine Seele aus Gold, Kallikles – glaubst du nicht, daß ich dann gerne einen von den Steinen fände, mit denen man das Gold prüft, und zwar den besten, an den ich sie nur zu halten brauchte, um, wenn er mir bezeugte, daß sie wohl gebildet ist, genau zu wissen, daß es richtig mit mir steht und daß ich keine andere Prüfung nötig habe?

KALLIKLES: In welcher Absicht fragst du das, Sokrates?

SOKRATES: Ich will es dir sagen. Ich glaube, jetzt einen solchen Glücksfund gemacht zu haben, indem ich dir begegnet bin.

KALLIKLES: Wieso das?

SOKRATES: Ich weiß wohl: wenn du dem zustimmst, was meine Seele meint, dann ist das schon die Wahrheit selbst. Ich sehe nämlich, daß, wer zuverlässig prüfen will, ob eine Seele sich in rechtem Zustand befindet oder nicht, drei Dinge haben muß, die du alle besitzest: Wissen, Wohlwollen und Freimut. Ich komme mit vielen Leuten zusammen, die nicht fähig sind, mich zu prüfen, weil sie nicht weise sind wie du; andere sind zwar weise, wollen mir aber die Wahrheit nicht sagen, weil sie mir nicht zugetan sind wie du. Diese beiden Fremden aber, Gorgias und Polos, sind beide weise und mir freundlich gesinnt, doch fehlt es ihnen am Freimut, und sie sind schüchterner, als sie sein sollten. Wie sollten sie auch nicht? Geht doch ihre Scheu so weit, daß jeder aus lauter Scheu es auf sich nimmt, auch vor vielen Zuhörern sogar sich selbst zu widersprechen, und das in den wichtigsten Fragen.

Du hingegen besitzest alles das, was die anderen nicht haben: du bist hinreichend gebildet, wie viele Athener bezeugen könnten, und mir wohlgesinnt. Welchen Beweis ich dafür habe? Ich will es dir sagen. Ich weiß, Kallikles, daß ihr euch zu viert, im Streben nach der Weisheit zusammengefunden habt, du, Teisandros aus Aphidnai, Andron, der Sohn des Androtion, und Nausikydes aus Cholargos. Einmal hörte ich euch zu, wie ihr darüber berietet, wie weit man sich in der Weisheit üben solle; ich weiß, daß dann etwa die Ansicht bei euch gesiegt hat, daß man es mit der Philosophie nicht bis zur äußersten Genauigkeit treiben dürfe, sondern ihr warntet euch gegenseitig davor, übermäßig weise zu werden und dadurch unvermerkt zugrunde zu gehen. Da ich nun höre, daß du mir denselben Rat gibst wie deinen engsten Freunden, ist mir das ein genügender Beweis, daß du mir wahrhaft wohlgesinnt bist. Daß du aber freimütig und ohne Scheu zu reden verstehst, das sagst du selbst, und die Rede, die du eben vorhin gehalten hast, gibt dir recht.

So verhält es sich also offenbar hiermit; wenn du über irgend etwas in deinen Ansichten mit mir übereinstimmst, dann wird das von mir und von dir schon genügend geprüft sein, und es ist nicht mehr nötig, das noch einer anderen Prüfung zu unterziehen. Denn du würdest es weder aus Mangel an Weisheit noch aus übergroßer Scheu zugestanden haben; und du würdest auch nicht zustimmen, um mich zu täuschen; denn du bist mein Freund, wie du es selbst sagst. In Wirklichkeit wird also Übereinstimmung zwischen mir und dir schon die vollkommene Wahrheit ergeben.

Die schönste Untersuchung aber von allen, die es gibt, Kallikles, ist die über die Fragen, die du mir soeben zum Vorwurf gemacht hast: wie der Mann sein, was er treiben und wieweit er in seinem Alter danach streben soll und wieweit in seiner Jugend. Denn wenn ich irgend etwas in meiner Lebensführung nicht recht mache, dann sei gewiß, daß ich dabei nicht absichtlich fehle, sondern infolge meiner Unwissenheit. Doch wie du begonnen hast, mich zu ermahnen, so höre damit nicht auf, sondern zeige mir so recht, was das ist, womit ich mich beschäftigen soll und auf welche Weise ich es erwerben kann. Und wenn du mich dabei ertappst, daß ich dir jetzt beipflichte, späterhin aber nicht tue, was ich zugestanden habe, dann halte mich für einen Dummkopf und gib mir in Zukunft keine Ermahnungen mehr, weil ich sie nicht verdiene.

Wiederhole mir aber doch noch einmal von Anfang an, wie es sich nach deiner und Pindars Meinung mit dem Naturrecht verhält: so, daß der Stärkere dem Schwächeren gewaltsam Hab und Gut wegführt, daß der Bessere über die Schlechteren herrscht und der Tüchtigere mehr besitzt als der Untüchtige? Verstehst du etwas anderes unter dem Recht, oder habe ich es richtig behalten?

KALLIKLES: Ja, das sagte ich, und das behaupte ich auch jetzt noch.

SOKRATES: Bezeichnest du aber den nämlichen als besser und als mächtiger? Ich konnte nämlich damals nicht ganz begreifen, was du eigentlich meintest. Nennst du die Kräftigeren stärker, und müssen die Schwächeren dem Kräftigeren gehorchen, was du offenbar auch meintest, als du sagtest, die großen Staaten griffen die kleinen nach dem Naturrecht an, weil sie stärker und kräftiger sind, da eben das Kräftigere und das Stärkere dasselbe ist wie das Bessere? Oder kann man besser und zugleich untüchtiger und schwächer, gleichzeitig kräftiger und schlechter sein? Oder gilt für das Bessere und das Stärkere dieselbe Bestimmung? Definiere mir genau, ob das Stärkere, das Bessere und das Kräftigere dasselbe oder verschieden sind.

KALLIKLES: Ich behaupte entschieden, daß es dasselbe ist.

SOKRATES: Ist denn nicht die Menge naturgemäß stärker als der einzelne? Sie gibt ja auch über den einzelnen die Gesetze, wie du eben gesagt hast.

KALLIKLES: Selbstverständlich.

SOKRATES: Die Satzungen der Menge sind also die der Kräftigeren?

KALLIKLES· Ja.

SOKRATES: Also auch der Besseren? Denn die Kräftigeren sind ja nach deiner Meinung auch die Besseren.

KALLIKLES: Gewiß.

SOKRATES: Dann sind wohl ihre Satzungen naturgemäß gut, da sie ja von den Kräftigeren kommen?

KALLIKLES: Ich behaupte es.

SOKRATES: Ist nun aber die Menge nicht der Meinung, die

du soeben auch geäußert hast: gleichviel zu haben, sei gerecht, und Unrecht tun sei häßlicher als Unrecht leiden?

Ist dies so oder nicht? Und laß dich hier nicht etwa darauf ertappen, daß du schüchtern bist! Ist die Menge der Meinung oder nicht: daß es gerecht sei, wenn alle gleichviel besitzen und nicht die einen mehr, und daß das Unrechttun häßlicher ist als das Unrechtleiden? Versage mir deine Antwort nicht, Kallikles; denn wenn du mir zustimmst, darf ich mich durch dich bestärkt fühlen, weil dann ein Mann mit mir einig ist, der zu einem Urteil fähig ist.

KALLIKLES: Ja, das ist freilich die Meinung der Menge.

SOKRATES: So entspricht es also nicht nur dem Gesetz, sondern auch der Natur, daß das Unrechttun häßlicher ist als das Unrechtleiden und daß es gerecht ist, wenn alle gleichviel besitzen. Dann hast du vorhin wohl etwas Unrichtiges gesagt und mir einen ungerechten Vorwurf gemacht, als du meintest, Gesetz und Natur seien Gegensätze, ich wüßte das wohl, wendete aber in den Unterredungen üble Kunstgriffe an und lenkte das Gespräch auf das Gesetz, wenn jemand von der Natur, auf die Natur, wenn jemand vom Gesetz spricht.

KALLIKLES: Dieser Mann wird mit seinen Albernheiten nie aufhören. Sag mir, Sokrates, schämst du dich denn nicht, in deinem Alter Wortklauberei zu treiben, und wenn einer im Ausdruck fehlgreift, dir einen Fund daraus zu machen? Meinst du denn, ich verstehe unter «stärker sein» etwas anderes als «besser sein»? Sage ich dir nicht schon längst, daß nach meiner Ansicht das Bessere dasselbe ist wie das Kräftigere? Oder glaubst du, ich meinte das für den Fall, daß sich ein Haufe von Sklaven und von allerhand Gesindel zusammentut, das sich durch nichts auszeichnet als vielleicht durch seine Körperkraft und nun irgend etwas verfügt, eben das sei gesetzlich?

SOKRATES: Gut denn, mein weisester Kallikles; das willst du sagen?

Kallikles: Ja.

Sokrates: Ich vermutete selbst schon längst, du sonderbarer Mensch, daß du unter dem Kräftigeren so etwas verstehst, und ich setze meine Fragen fort, weil mir sehr daran liegt, deine Meinung ganz präzis zu erfahren. Denn selbstverständlich hält ein Mann wie du nicht zwei für besser als einen, oder deine Sklaven für besser als dich selbst, weil sie kräftiger sind als du. Nein, sage mir noch einmal von Anfang an, was du denn unter den «Besseren» verstehst, wenn nicht die Stärkeren? Doch belehre mich auf etwas freundlichere Art, mein Bester, sonst laufe ich dir weg.

Kallikles: Du spöttelst, Sokrates.

Sokrates: Nein, Kallikles, beim Zethos, den du nun soeben so vielfach bemüht hast, um mich zu verspotten! Doch wohlan, sage mir: wer sind nach deiner Meinung die Besseren?

Kallikles: Die Edleren, meine ich.

Sokrates: Da siehst du ja, du machst selbst nur Worte, ohne damit etwas zu erklären. Willst du nicht sagen, ob du unter den Besseren und Stärkeren die Verständigeren verstehst oder andere?

Kallikles: Ja, bei Zeus, die meine ich allerdings.

Sokrates: Nach deiner Ansicht ist also manchmal ein Verständiger mächtiger als Zehntausende von Unverständigen, und dieser muß herrschen, jene aber müssen beherrscht werden, und der Herrschende soll mehr haben als die Beherrschten? Das, glaube ich, willst du sagen – und ich treibe damit keine Wortfängerei –, wenn du meinst, daß der eine mächtiger ist als Zehntausende.

Kallikles: Gewiß, das ist es, was ich meine. Und das ist, glaube ich, das von Natur Gerechte, daß eben der Bessere und Verständigere herrsche und mehr habe als die Unverständigen.

SOKRATES: Halt ein. Was sagst du denn nun wieder? Nehmen wir an, wir seien, wie jetzt, an dem gleichen Orte in großer Zahl versammelt und hätten in gemeinschaftlichem Haushalt viele Speisen und Getränke, wir wären aber verschieden geartet, die einen stark, die anderen schwach, einer von uns jedoch verstünde sich als Arzt besser auf diese Dinge, wäre aber im übrigen natürlich stärker als die einen und schwächer als die anderen: dann müßte doch er, weil er verständiger ist als wir, in diesen Dingen besser und überlegen sein?

KALLIKLES: Gewiß.

SOKRATES: Soll er nun von diesen Speisen mehr bekommen als wir, weil er besser ist, oder muß er, weil er den Befehl ausübt, alles verteilen und darf im Verbrauch und im Genuß der Speisen für sich selbst keinen Vorteil wahrnehmen, wenn er nicht Schädigungen seines Körpers auf sich nehmen will, sondern muß zwar mehr als die einen, aber weniger als die anderen bekommen? Ist er aber zufällig der schwächste von allen, so wird ihm, dem Besten, am wenigsten zuteil, Kallikles? Ist es nicht so, mein Guter?

KALLIKLES: Du sprichst da von Speisen und Getränken und Ärzten und dummem Zeug. Ich rede aber gar nicht von solchen Dingen.

SOKRATES: Sagst du nicht, der Verständigere sei der Bessere, ja oder nein?

KALLIKLES: Ja.

SOKRATES: Doch soll der Bessere nicht mehr bekommen?

KALLIKLES: Aber nicht von Speisen und nicht von Getränken.

SOKRATES: Ja, ich verstehe; – aber vielleicht von Gewändern, und der beste Weber soll den größten Mantel bekommen und am reichsten und schönsten gekleidet einhergehen?

KALLIKLES: Was sprichst du da von Gewändern!

SOKRATES: Aber mit Schuhen muß doch offenbar der reichlich versehen sein, der am meisten davon versteht und darin der Beste ist. Der Schuster sollte doch wohl in den größten und meisten Schuhen herumspazieren.

KALLIKLES: Was für Schuhe! Du bleibst bei deinem Unsinn!

SOKRATES: Wenn du aber nicht dergleichen meinst, dann vielleicht das: ein Bauer zum Beispiel, der vom Boden etwas versteht und darin tüchtig ist, sollte doch wohl mehr Samen besitzen und möglichst viel davon für sein Land verwenden.

KALLIKLES: Wie du doch immer wieder das gleiche vorbringst!

SOKRATES: Nicht nur das, Kallikles, sondern auch über dieselbe Sache.

KALLIKLES: Bei den Göttern, in einem fort redest du von Schustern und Walkern und Köchen und Ärzten und hörst nicht auf damit, wie wenn davon die Rede wäre.

SOKRATES: Willst du mir denn nicht endlich sagen, wovon der Stärkere und Verständigere das Recht hat, mehr zu besitzen? Oder willst du weder einen Vorschlag von mir annehmen noch es selbst sagen?

KALLIKLES: Ich habe es ja schon längst gesagt. Zum ersten meine ich mit den Stärkeren weder die Schuster noch die Köche, sondern die Männer, die sich auf die Dinge des Staates verstehen und wissen, wie er gut verwaltet werden kann, und die nicht nur verständig sind, sondern auch tapfer und fähig, das zu verwirklichen, was sie sich überlegt haben, und nicht aus Mangel an Energie dabei schlaff werden.

SOKRATES: Siehst du, mein bester Kallikles, daß du mir nicht das gleiche vorwirfst wie ich dir? Du behauptest, ich sage immer wieder dasselbe und tadelst mich deswegen; ich dagegen mache dir den umgekehrten Vorwurf: daß du über eine und dieselbe Sache nie das gleiche sagst: bald bestimmst du die Besseren und Mächtigeren als die Stärkeren, bald aber wieder als die Verständigeren, und jetzt kommst du wieder mit etwas anderem: Tapfer sollen nach dir die Stärkeren und Besseren sein. Doch, mein Guter, sage endlich, wen nennst du denn die Besseren und Stärkeren und in bezug worauf?

KALLIKLES: Aber ich habe es ja gesagt: die in den Angelegenheiten des Staates Verständigen und die Tapferen. Diesen nämlich steht es zu, über die Staaten zu herrschen, und dies ist gerecht, daß die Herrschenden mehr haben als die Beherrschten.

SOKRATES: Wie steht es aber mit ihnen selbst, mein Freund? Herrschen sie oder werden sie beherrscht?

KALLIKLES: Wie meinst du das?

SOKRATES: Ich meine, daß jeder einzelne über sich selber herrsche. Oder muß das nicht sein, daß er über sich selbst herrscht, sondern nur über die anderen?

KALLIKLES: Wie meinst du das: über sich selber herrschen?

SOKRATES: Nichts Besonderes, sondern so, wie es die Menge versteht: besonnen sein, sich selbst im Zügel halten und die Lüste und Begierden in sich beherrschen.

KALLIKLES: Wie naiv du bist! Die Einfältigen bezeichnest du als die Besonnenen.

SOKRATES: Wieso? Es muss doch jeder merken, daß ich nicht das meine.

KALLIKLES: Doch, ganz gewiß, Sokrates. Denn wie könnte ein Mensch glücklich sein, der irgendeinem anderen dienen muß? Das ist vielmehr von Natur das Schöne und Gerechte, was ich dir jetzt mit allem Freimut sage: wer richtig leben möchte, der muß seine Triebe so mächtig als möglich werden lassen und darf sie nicht beschneiden. Und er muß imstande sein, ihnen, wie groß sie auch sind, durch Tapferkeit und Klugheit zu willfahren und das zu befriedigen, wonach jeweils die Begierde in ihm wach wird.

Dazu aber, meine ich, sind die meisten nicht fähig. Und weil sie sich dessen schämen, tadeln sie solche Menschen, verbergen so ihre eigene Ohnmacht und bezeichnen die Zügellosigkeit als etwas Häßliches – ich habe das schon vorhin gesagt –, und sie knechten die Menschen, die von Natur besser sind, und weil sie selber nicht imstande sind, ihren Begierden Erfüllung zu verschaffen, sprechen sie aus ihrer eigenen Feigheit heraus das Lob der Besonnenheit und der Gerechtigkeit. Denn was gäbe es für die, die von Anfang an das Glück hatten, Königssöhne zu sein, oder die von Natur aus imstande sind, sich eine Herrschaft zu erwerben, eine Tyrannis oder einen Königsthron – was gäbe es für solche Menschen in Wahrheit Häßlicheres und Schlimmeres als Besonnenheit und Gerechtigkeit? Während es ihnen frei stände, das Gute zu geniessen, ohne daß sie jemand daran hinderte, sollten sie sich selbst einen Herrn setzen, das Gesetz und die Meinung und der Tadel der Menge? Und wie sollten sie nicht unglücklich sein durch diese edle Gerechtigkeit und Besonnenheit, wenn sie ihren Freunden nicht mehr zuteilen könnten als ihren Feinden, und dies als Herrscher in ihrem Staat?

So verhält es sich mit der Wahrheit, nach der du zu streben behauptest: Luxus, Ungebundenheit und Freiheit, darin bestehen, wenn jemand die Fähigkeit hat, sich zu helfen, Tugend und Glück; das andere aber ist äußerer Putz, widernatürliche, von den Menschen aufgestellte Abmachungen und nutzloses Geschwätz.

SOKRATES: Nicht ohne Mut, Kallikles, ziehst du mit deiner offenen Rede zu Felde. Denn du sagst jetzt ganz frei heraus, was die anderen zwar denken, aber nicht aussprechen wollen. Ich bitte dich, in keiner Weise nachzulassen, damit in der Tat klar wird, wie man leben soll. Sage mir: soll man, nach deiner Ansicht, seine Begierden nicht zügeln, wenn man so sein will, wie man sein soll? Soll man sie so mächtig wie möglich werden lassen und ihnen auf jede Weise Erfüllung verschaffen – und das ist dann die Tugend?

KALLIKLES: Das behaupte ich.

SOKRATES: So stimmt es also nicht, wenn man die glücklich nennt, die nichts bedürfen?

KALLIKLES: Dann wären ja die Steine und die Toten am glücklichsten.

SOKRATES: Aber auch so, wie du es beschreibst, ist das Leben unerträglich. Ich würde mich nicht wundern, wenn Euripides mit seinen Worten recht hat:

Wer weiß, ob unser Leben nicht ein Sterben ist,
das Sterben aber Leben?

Und vielleicht sind wir wirklich tot, wie ich denn auch schon weise Männer habe sagen hören, daß wir jetzt tot seien und unser Leib für uns ein Grab ist. Der Teil unserer Seele aber, in dem die Begierden sind, sei derart, daß er leicht zu überreden sei und hin und her schwanke. Es hat ihn denn auch ein geistreicher Mythenerzähler, ein Sizilier oder ein Italiker vermutlich, mit einem Wortspiel wegen seiner leichten Faßlichkeit und Faßbarkeit ein Faß genannt; die Unverständigen aber bezeichnete er als Uneingeweihte. Bei den Uneingeweihten sei der Teil der Seele, wo die Begierden, das heißt das Ungebundene und Undichte, wohnen, wie in einem durchlöcherten Faß, womit er die Unersättlichkeit verglich. Im Gegensatz zu dir zeigt dieser Mann, daß von denen im Hades – er meint mit diesem Wort das Unsichtbare – diese Uneingeweihten wohl am unglücklichsten sind und daß sie in das durchlöcherte Faß mit einem ebenfalls durchlöcherten Sieb Wasser tragen müssen. Unter dem Sieb aber versteht er, wie mein Gewährsmann sagte, die Seele. Die Seele der Unverständigen aber verglich er mit einem durchlöcherten Sieb, weil sie nichts behalten kann wegen ihres Mangels an Verläßlichkeit und ihrer Vergeßlichkeit.

Das erscheint nun freilich ziemlich merkwürdig; doch macht es das anschaulich, was ich dir zeigen will und wohin deine Ansichten zu ändern ich dich bereden möchte, falls ich dazu imstande bin: statt des unersättlichen und zügellosen Lebens jenes andere, das geordnete, zu wählen, das sich mit dem begnügt und zufrieden ist, was gerade da ist. Aber kann ich dich wohl überreden, deine Meinung dahin zu ändern, daß die Sittsamen glücklicher sind als die Zügellosen – oder könnte ich dir noch so viele Mythen erzählen, ohne daß du dadurch anderer Meinung würdest?

KALLIKLES: Mit dem letzten bist du der Wahrheit näher gekommen, Sokrates.

SOKRATES: Wohlan denn, ich erzähle dir ein anderes Gleichnis aus derselben Schule wie das vorige. Überlege dir, ob du über die beiden Lebensweisen, die maßvolle und die zügellose, etwa folgender Meinung bist. Nehmen wir an, von zwei Männern besitze jeder zahlreiche Fässer; die des einen wären in gutem Zustand und angefüllt, das eine mit Wein, ein anderes mit Honig, ein drittes mit Milch und viele andere mit vielen anderen Dingen; die Flüssigkeiten in allen diesen Gefäßen aber wären rar und schwer erhältlich und nur mit vielen Mühen und Schwierigkeiten zu beschaffen. Dieser eine würde nun, wenn er die Gefäße angefüllt hat, nichts mehr zugießen und sich nicht mehr darum bekümmern, sondern wäre ihretwegen ganz ruhig. Auch der andere könnte sich, wie der erste, die Flüssigkeiten beschaffen, aber nur mit Mühe; seine Gefäße aber wären durchlöchert und verfault, und er müßte sie Tag und Nacht immer wieder auffüllen oder dann die äußersten Beschwerden erleben. Meinst du nun, wenn es sich mit diesen beiden Lebensweisen so verhält, daß die des Zügellosen glücklicher sei als die des Sittsamen? Kann ich dich mit meinen Worten wohl zu dem Zugeständnis bringen, daß das sittsame Leben besser sei als das des Zügellosen, oder kann ich es nicht?

KALLIKLES: Du bringst mich nicht dazu, Sokrates. Denn für den, der seine Gefäße gefüllt hat, gibt es keine Lust mehr, sondern er lebt, wie ich eben gesagt habe, wie ein Stein, wenn er einmal befriedigt ist, und er empfindet keine Freude und keinen Schmerz mehr. Aber das macht doch gerade das Angenehme des Lebens aus: daß möglichst viel hinzufließt.

SOKRATES: Muß denn aber nicht auch viel abfließen, wenn viel hinzufließen soll, und müssen dann die Ausflüsse nicht weite Löcher haben?

KALLIKLES: Allerdings.

SOKRATES: Dann denkst du also etwa an das Leben eines gefräßigen Vogels, aber nicht an das eines Leichnams oder eines Steins. Doch sage mir: denkst du an so etwas wie Hunger haben und dann als Hungriger essen?

KALLIKLES: Ja.

SOKRATES: Oder Durst haben und dann als Durstiger trinken?

KALLIKLES: Das meine ich, und daß man alle anderen Begierden hat, sie befriedigen kann und sich so an einem glücklichen Leben freut.

SOKRATES: Gut denn, mein Bester. Fahre nur fort, wie du begonnen hast, und sei ja nicht schüchtern! Offenbar darf auch ich nicht schüchtern sein. Sage mir nun zuerst: wenn einer aussätzig ist, und es juckt ihn, und er kann sich nun reichlich kratzen und sein ganzes Leben mit Kratzen zubringen – heißt auch das glücklich leben?

KALLIKLES: Wie abgeschmackt du bist, Sokrates, und so recht ein übler Volksredner.

SOKRATES: Gerade deshalb, Kallikles, verblüffte ich auch den Polos und den Gorgias und schüchterte sie ein. Du aber lässest dich sicher weder verblüffen noch einschüchtern; denn du hast ja Mut. Also antworte nur!

KALLIKLES: Ich behaupte also: auch wer sich kratzt, lebt lustvoll.

SOKRATES: Und nicht wahr: wenn lustvoll, dann auch glücklich?

KALLIKLES: Ja.

SOKRATES: Etwa wenn es ihn nur am Kopfe juckt – oder was soll ich dich noch fragen? Sieh zu, mein Kallikles, was du antworten wirst, wenn dich jemand, eins nach dem anderen, nach allem dem fragt. Ist dem so, dann ergibt sich daraus doch, daß das Leben der Wüstlinge nicht abscheulich, schimpflich und unglücklich ist? Oder darfst du wagen, die glücklich zu nennen, wenn sie das in Fülle haben, was sie begehren?

KALLIKLES: Schämst du dich nicht, die Rede auf solche Dinge zu bringen?

SOKRATES: Bring ich sie denn darauf, mein Lieber, oder der, der schlechthin behauptet, daß die, die sich freuen, glücklich seien, gleichgültig, auf welche Art sie sich freuten, und der in der Lust keinen Unterschied macht, ob sie gut oder ob sie schlecht ist? Doch sag mir jetzt noch einmal: behauptest du, daß «angenehm» und «gut» dasselbe seien, oder daß es unter dem Angenehmen etwas geben kann, das nicht gut ist?

KALLIKLES: Damit ich mir in meiner Beweisführung nicht widerspreche, wenn ich behaupte, es sei verschieden, sage ich, es sei dasselbe.

SOKRATES: Du machst deine anfänglichen Äußerungen zunichte, Kallikles, und kannst mit mir nicht mehr recht die Wahrheit erforschen, wenn du gegen deine Überzeugung sprichst.

KALLIKLES: Auch du machst es ja so, Sokrates.

SOKRATES: Dann handle ich nicht recht und du nicht – wenn ich das wirklich tue. Doch, mein Bester, bedenke nun, ob das wirklich das Gute ist: sich auf jede Art zu freuen. Denn wenn das zutrifft, dann scheint sich daraus all das Häßliche zu ergeben, was ich eben angedeutet habe, und noch manches andere.

KALLIKLES: Das glaubst du wenigstens, Sokrates.

SOKRATES: Du beharrst also tatsächlich auf deiner Ansicht, Kallikles?

KALLIKLES: Durchaus.

SOKRATES: Wollen wir also den Satz behandeln, als sei es dir ernst damit?

KALLIKLES: Ja freilich.

SOKRATES: Wohlan denn; da du dieser Meinung bist, entscheide das folgende: bezeichnest du etwas als Wissen?

KALLIKLES: Ja.

SOKRATES: Und sagtest du nicht eben, daß es auch eine mit Wissen verbundene Tapferkeit gibt?

KALLIKLES: Das sagte ich freilich.

SOKRATES: Du sprachst also von diesen beiden, als sei Tapferkeit etwas anderes als Wissen?

KALLIKLES: Allerdings.

SOKRATES: Wie aber? Ist Lust und Wissen dasselbe oder etwas Verschiedenes?

KALLIKLES: Etwas Verschiedenes doch, du weiser Mann!

SOKRATES: Und auch die Tapferkeit etwas anderes als die Lust?

KALLIKLES: Selbstverständlich.

SOKRATES: Wohlan denn, erinnern wir uns daran, daß Kallikles aus Acharnai gesagt hat: angenehm und gut seien identisch, Wissen aber und Tapferkeit seien untereinander und vom Guten verschieden.

KALLIKLES: Sokrates aus Alopeke aber gibt uns das nicht zu. Oder doch?

SOKRATES: Nein, er tut es nicht. Ich glaube, aber auch Kallikles nicht, wenn er sich einmal selbst richtig prüft. Sage mir doch: glaubst du nicht, daß wenn es einem gut geht, das der gegenteilige Zustand davon ist, daß es einem schlecht geht?

KALLIKLES: Das glaube ich.

Sokrates: Wenn das nun Gegensätze sind, dann muß es darum doch stehen wie um Gesundheit und Krankheit? Denn der Mensch ist doch nicht gesund und krank zugleich und wird auch nicht gleichzeitig von der Gesundheit und der Krankheit frei.

Kallikles: Wie meinst du das?

Sokrates: Nimm zum Beispiel irgendeinen Teil deines Körpers und betrachte ihn für sich. Irgend jemand hat zum Beispiel kranke Augen. Das nennt man doch Augenkrankheit?

Kallikles: Freilich.

Sokrates: Dann kann er doch nicht gleichzeitig gesunde Augen haben?

Kallikles: Ganz gewiß nicht.

Sokrates: Wie aber: wird er, wenn er von der Augenkrankheit befreit wird, dann auch von der Gesundheit der Augen befreit, und ist er schließlich beides miteinander losgeworden?

Kallikles: Ganz und gar nicht.

Sokrates: Das wäre auch, meine ich, etwas Seltsames und Widersinniges, oder nicht?

Kallikles: Doch, das wäre es.

Sokrates: Abwechselnd, denke ich, empfängt und verliert er das eine oder das andere.

Kallikles: Ja.

Sokrates: Und so ist es auch mit Kraft und Schwäche?

Kallikles: Ja.

Sokrates: Und mit Geschwindigkeit und Langsamkeit?

Kallikles: Gewiß.

Sokrates: Und auch mit dem Guten und der Glückseligkeit und ihrem Gegenteil, dem Schlechten und dem Unglück, geht es so: abwechselnd empfängt und verliert er das eine oder das andere.

KALLIKLES: Ganz gewiß.

SOKRATES: Wenn wir also zwei Dinge finden, die ein Mensch gleichzeitig verlieren oder besitzen kann, dann wird das offenbar weder das Gute noch das Schlechte sein. Sind wir uns darin einig? Prüfe das genau, ehe du antwortest.

KALLIKLES: Ich bin ganz und gar mit dir einig.

SOKRATES: Kehren wir also zu dem zurück, was wir vorhin zugegeben haben. Meintest du, das Hungern sei etwas Angenehmes oder etwas Unangenehmes? – Ich meine das Hungern selbst.

KALLIKLES: Etwas Unangenehmes, meine ich. Essen aber, wenn man Hunger hat, ist angenehm.

SOKRATES: Ich verstehe; aber das Hungern selbst ist also etwas Unangenehmes. Oder nicht?

KALLIKLES: Doch.

SOKRATES: Und der Durst auch?

KALLIKLES: Ja, freilich.

SOKRATES: Soll ich nun noch weiterfragen, oder gibst du zu, daß jeder Mangel und jedes Bedürfnis unangenehm ist?

KALLIKLES: Ich gebe es zu; du brauchst nicht weiterzufragen.

SOKRATES: Gut denn. Das Trinken aber, wenn man Durst hat, nennst du doch sicher angenehm?

KALLIKLES: Ja.

SOKRATES: Bei dem, was du sagst, bedeutet «wenn man Durst hat» doch etwas Unangenehmes?

KALLIKLES: Ja.

SOKRATES: Das Trinken aber ist Befriedigung des Bedürfnisses und eine Lust?

KALLIKLES: Ja.

SOKRATES: Wenn man also trinkt, meinst du, empfinde man Lust?

KALLIKLES: Gewiß.

SOKRATES: Besonders wenn man Durst hat?

KALLIKLES: So ist es.

SOKRATES: Wenn man also Unlust empfindet?

KALLIKLES: Ja.

SOKRATES: Merkst du nun, was daraus hervorgeht? Du behauptest nämlich, wer Unlust empfinde, freue sich zugleich, wenn du sagst, daß der Dürstende trinke. Oder geschieht das nicht gleichzeitig, am selben Ort und zur selben Zeit, wie du willst: an der Seele oder am Körper? Denn das, denke ich, macht keinen Unterschied. Ist es so oder nicht?

KALLIKLES: Es ist so.

SOKRATES: Aber du erklärst es doch für unmöglich, daß es einem zugleich gut und schlecht gehen kann.

KALLIKLES: Ja, das tue ich.

SOKRATES: Und doch hast du zugegeben, daß einer, der leidet, zugleich Lust empfindet.

KALLIKLES: So scheint es.

SOKRATES: Dann geht es einem also nicht gut, wenn man sich freut, und es geht einem nicht schlecht, wenn man leidet; demnach ist das Angenehme etwas anderes als das Gute.

KALLIKLES: Ich verstehe nicht recht, was für Spitzfindigkeiten du da vorbringst, Sokrates.

SOKRATES: Du weißt es schon, Kallikles; aber du verstellst dich. Doch fahre jetzt fort, damit du siehst, wie weise du bist – du, der du mir Vorwürfe machst. Wird nicht ein jeder von uns vom Durst und gleichzeitig von seiner Lust befreit, wenn er trinkt?

KALLIKLES: Ich weiß nicht, was du meinst; du faselst immerfort.

GORGIAS: Nicht doch, Kallikles, sondern gib Antwort, auch unsertwegen, damit die Unterredung zu Ende geführt wird.

KALLIKLES: Aber Sokrates ist doch immer derselbe, Gorgias. Immer wieder fragt und forscht er nach Kleinigkeiten und nichtigen Dingen.

GORGIAS: Aber was macht dir das aus? Das geht ja durchaus nicht auf deine Rechnung, Kallikles. Laß Sokrates seinen Beweis nur so führen, wie er will.

KALLIKLES: So stell denn deine kleinlichen und armseligen Fragen, wenn auch Gorgias es für richtig findet.

SOKRATES: Glücklich bist du, Kallikles, daß du die großen Weihen eher empfangen hast als die kleinen; ich meinte, das sei nicht erlaubt. Doch wo du stehen geblieben bist, da gib jetzt Antwort: hört nicht für jeden von uns mit dem Durst zugleich auch die Lust auf?

KALLIKLES: Ja.

SOKRATES: Und mit dem Hunger und den übrigen Begierden auch die Lust?

KALLIKLES: So ist es.

SOKRATES: Also hört mit der Unlust gleichzeitig auch die Lust auf?

KALLIKLES: Ja.

SOKRATES: Und doch hört, wie du zugabst, das Gute und das Schlechte nicht gleichzeitig auf. Oder gibst du das nun nicht mehr zu?

KALLIKLES: Doch; was ergibt sich nun daraus?

SOKRATES: Daß demnach, mein Lieber, das Gute nicht dasselbe ist wie das Angenehme und das Schlechte nicht dasselbe wie das Unangenehme. Denn diese hören zusammen auf, jene aber nicht, weil sie etwas verschiedenes sind. Wie könnte nun das Angenehme mit dem Guten oder das Unangenehme mit dem Schlechten identisch sein? Wenn du willst, betrachte es auch so; ich glaube, auch so stimmst du nicht zu. Überlege dir also: Nennst du die Guten nicht gut durch die Gegenwart des Guten, wie du die als die Schönen bezeichnest, bei denen Schönheit gegenwärtig ist?

Kallikles: Ja.

Sokrates: Wie aber? Nennst du die Unvernünftigen und Feigen gut? Gerade vorhin tatest du das nicht, sondern da waren es die Tapferen und Verständigen. Oder sind es nicht diese, die du gut nennst?

Kallikles: Ganz gewiß.

Sokrates: Wie aber: hast du schon ein unvernünftiges Kind sich freuen sehen?

Kallikles: Ja.

Sokrates: Einen unvernünftigen Mann aber hast du noch nie vergnügt gesehen?

Kallikles: Doch, ich glaube wenigstens. Aber wozu das?

Sokrates: Zu nichts; aber gib Antwort.

Kallikles: Also, ja.

Sokrates: Oder aber einen Verständigen, der betrübt war oder sich freute?

Kallikles: Ja.

Sokrates: Welche aber freuen sich mehr, und welche sind betrübter, die Verständigen oder die Unvernünftigen?

Kallikles: Ich glaube, das macht keinen großen Unterschied.

Sokrates: Auch das genügt schon. Aber hast du im Krieg schon einen feigen Menschen gesehen?

Kallikles: Natürlich.

Sokrates: Wer schien sich nun mehr zu freuen, wenn die Feinde abzogen, die Feigen oder die Tapferen?

Kallikles: Beide freuten sich mehr, wie mir schien. Oder dann doch beinahe gleich.

Sokrates: Das macht nichts aus. Jedenfalls freuen sich auch die Feigen.

Kallikles: Ja, sehr.

Sokrates: Offenbar auch die Unvernünftigen.

KALLIKLES: Ja.

SOKRATES: Wenn aber die Feinde heranrücken, sind dann nur die Feigen betrübt oder auch die Tapferen?

KALLIKLES: Beide.

SOKRATES: Etwa in gleichem Maße?

KALLIKLES: Die Feigen vielleicht etwas mehr.

SOKRATES: Wenn sie aber abziehen, freuen sie sich dann nicht mehr?

KALLIKLES: Vielleicht.

SOKRATES: Also empfinden die Unvernünftigen wie die Verständigen, die Feigen wie die Tapferen fast auf die gleiche Weise, wie du sagst, Unlust und Freude, die Feigen aber mehr als die Tapferen?

KALLIKLES: Ja.

SOKRATES: Aber dennoch sind die Vernünftigen und die Tapferen gut, die Feigen und die Unvernünftigen dagegen schlecht?

KALLIKLES: Ja.

SOKRATES: Fast in gleichem Maße also freuen oder betrüben sich die Guten und die Schlechten?

KALLIKLES: Ja.

SOKRATES: Die Guten und die Schlechten sind demnach fast in gleichem Maße gut und schlecht? Oder sind die Schlechten beides, gut und schlecht, in höherem Grade?

KALLIKLES: Bei Zeus, ich verstehe nicht, was du meinst.

SOKRATES: Du weißt doch, daß du sagtest, die Guten seien gut, weil das Gute, die Schlechten aber schlecht, weil das Schlechte bei ihnen gegenwärtig sei? Das Gute aber sei die Lust, das Schlechte die Unlust?

KALLIKLES: Ja.

SOKRATES: Dann ist also bei den Fröhlichen das Gute, die Lust, wenn sie sich freuen?

KALLIKLES: Ohne Zweifel.

SOKRATES: Und die Fröhlichen sind also gut, weil das Gute bei ihnen ist?

KALLIKLES: Ja.

SOKRATES: Bei den Betrübten aber ist das Schlechte, die Unlust?

KALLIKLES: Ja.

SOKRATES: Du behauptest doch, die Schlechten seien schlecht, weil das Schlechte bei ihnen ist? Oder bist du nicht mehr dieser Meinung?

KALLIKLES: Doch.

SOKRATES: Gut sind also, die sich freuen, schlecht dagegen, die betrübt sind.

KALLIKLES: Gewiß.

SOKRATES: Und sie sind es um so mehr, je stärker diese Gefühle sind, um so weniger, je schwächer sie sind, und etwa in gleichem Maße, wenn sie gleich groß sind?

KALLIKLES: Ja.

SOKRATES: Nun sagst du doch, daß die Verständigen und die Unverständigen, die Feigen und die Tapferen etwa in gleichem Maße sich freuen und gleicherweise betrübt sind – oder ist das bei den Feigen etwas stärker?

KALLIKLES: Ja.

SOKRATES: So rechne denn gemeinsam mit mir zusammen, was sich für uns aus dem ergibt, was wir zugestanden haben. Man sagt ja, es sei schön, das Schöne zwei- und dreimal zu sagen und zu betrachten. Wir sagen also, gut sei der Vernünftige und Tapfere, nicht wahr?

KALLIKLES: Ja.

SOKRATES: Schlecht dagegen der Unvernünftige und Feige?

KALLIKLES: Gewiß.

SOKRATES: Gut aber wiederum der Fröhliche?

KALLIKLES: Ja.

SOKRATES: Und schlecht der Betrübte?

KALLIKLES: Notwendigerweise.

SOKRATES: Betrübt aber und fröhlich seien der Gute und der Schlechte gleichermaßen, vielleicht auch der Schlechte etwas mehr?

KALLIKLES: Ja.

SOKRATES: So ist also der Schlechte gleich schlecht und gut wie der Gute, oder sogar noch etwas besser? Das ergibt sich doch daraus, und auch das von vorhin, sofern man die Behauptung aufstellt, «angenehm» und «gut» seien dasselbe? Muß das nicht so sein, Kallikles?

KALLIKLES: Schon lange höre ich dir nun zu, Sokrates, und stimme dir bei, weil ich merke, daß du mit kindlicher Freude daran festhältst, wenn man dir im Scherze etwas zugesteht. Wie wenn du nicht wüßtest, daß ich sowenig wie irgendein anderer Mensch in Abrede stelle, daß die einen Lustgefühle gut, die anderen schlecht sind.

SOKRATES: In der Tat, mein lieber Kallikles, was bist du für ein Hochstapler. Du springst mit mir um wie mit einem Knaben: bald behauptest du das, bald wieder etwas anderes, nur um mich zu täuschen. Und doch war ich, wenigstens am Anfang, nicht der Meinung, daß du mich täuschen wolltest, weil du doch mein Freund bist. Nun aber habe ich mich geirrt, und offenbar muß ich mich jetzt, wie es in dem alten Sprichwort heißt, mit den Umständen abfinden und mich mit dem zufrieden geben, was du mir bietest. Was du mir da sagst, bedeutet offenbar, daß die einen Lustgefühle gut, die anderen aber schlecht sind, oder nicht?

KALLIKLES: Ja.

SOKRATES: Gut sind nun doch wohl die nützlichen, schlecht aber die schädlichen?

KALLIKLES: Gewiß.

SOKRATES: Nützlich aber sind die, welche etwas Gutes, schlecht die, welche etwas Schlechtes bewirken?

Kallikles: Ja.

Sokrates: Du meinst also solche, wie wir sie vorhin als leibliche Lustgefühle im Essen und Trinken erwähnt haben? Die, welche im Körper Gesundheit, Kraft oder sonst ein Gedeihen des Leibes bewirken, sind gut, die das Gegenteil bewirken, schlecht?

Kallikles: Gewiß.

Sokrates: Sind denn nicht auch unter den Leiden die einen nützlich, die anderen dagegen schädlich?

Kallikles: Natürlich.

Sokrates: Dann muß man also die förderlichen Lustgefühle und Leiden wählen und zu betreiben suchen?

Kallikles: Gewiß.

Sokrates: Die schädlichen aber nicht?

Kallikles: Das ist ja klar.

Sokrates: Denn um des Guten willen müsse man alles tun, meinten wir beide, ich und Polos, wenn du dich noch erinnerst. Du bist also auch der Meinung, daß das Ziel allen Tuns das Gute ist und daß alles übrige um seinetwillen getan werden muß und nicht jenes um des anderen willen. Trittst du als der dritte auf unsere Seite?

Kallikles: Ja.

Sokrates: Des Guten wegen muß man also alles übrige und auch das Angenehme tun, und nicht das Gute des Angenehmen wegen?

Kallikles: Sicherlich.

Sokrates: Ist es nun aber jedermanns Sache, selber auszuwählen, was von dem Angenehmen gut ist und was schlecht, oder braucht es für jeden Fall einen Kenner?

Kallikles: Es braucht einen Kenner.

Sokrates: Erinnern wir uns noch einmal an das, was ich zu Polos und zu Gorgias gesagt habe. Ich sagte ja, wenn du dich erinnerst, daß es einerseits Bestrebungen gebe, die nur die

Lust und nichts anderes zum Ziele haben, ohne daß man weiß, was das Bessere und was das Schlechtere ist, auf der anderen Seite aber solche, bei denen man erkennt, was gut und was schlecht ist. Zu denen, die auf die Lust ausgehen, rechnete ich die Erfahrung im Kochen, die eine Fertigkeit, keine Kunst ist; zu denen, die auf das Gute gerichtet sind, die Heilkunst.

Beim Gott der Freundschaft, lieber Kallikles, glaube ja nicht, du dürfest mit mir Scherz treiben und mir eine Antwort geben, die dir gerade in den Sinn kommt und gegen deine Überzeugung geht; fasse aber auch meine Worte nicht so auf, als machte ich Spaß. Denn du siehst doch, daß unsere Gespräche um das gehen, worauf wohl auch ein Mensch mit ganz bescheidenem Verstande größeren Ernst verwenden möchte als auf irgend etwas anderes: nämlich um die Frage, auf welche Weise wir leben sollen, ob auf jene Art, zu der du mich aufrufst, wenn du sagst, ich solle das Werk eines rechten Mannes tun, als Redner vor das Volk treten, die Redekunst üben und auf die Weise Politik treiben, wie ihr es jetzt tut – oder ob man auf meine Art ein der Philosophie gewidmetes Leben führen soll – und worin sich diese von jener Lebensweise unterscheidet.

Vielleicht ist es am besten, die beiden, wie ich das eben versucht habe, auseinanderzuhalten und, wenn wir es getan haben und uns darüber einig geworden sind, ob es diese beiden Lebensweisen gibt, zu prüfen, worin sie sich unterscheiden und nach welcher von ihnen man leben soll. Vielleicht weißt du freilich noch nicht, was ich meine?

KALLIKLES: Ganz und gar nicht.

SOKRATES: So will ich mich dir noch deutlicher erklären. Nachdem ich und du uns einig geworden sind, daß es etwas Gutes und etwas Angenehmes gibt, daß aber das Angenehme etwas anderes ist als das Gute und daß es ferner für beide eine besondere Bemühung und Zurüstung zu ihrem Erwerb gebe:

einerseits die Jagd nach dem Angenehmen, andererseits die nach dem Guten – doch sage mir nun gerade zuerst, ob du da zustimmst oder nicht. Stimmst du zu?

KALLIKLES: Ja.

SOKRATES: Wohlan denn, laß mich wissen, ob dir das, was ich zu Gorgias und Polos gesagt habe, damals richtig schien. Ich sagte ungefähr, das Kochen schiene mir keine Kunst zu sein, sondern bloß eine Fertigkeit – im Gegensatz zur Heilkunde. Ich war dabei der Meinung, die eine, die Heilkunst, habe die Natur dessen, mit dem sie sich beschäftigt, und den Grund ihrer Maßnahmen erforscht und könne über jedes einzelne Rechenschaft geben. Die Kochkunst aber, die nur und in allem auf die Lust ausgeht, gelangt völlig kunstlos zu dem Ziel, der ihr ganzes Bestreben gilt. Sie hat weder die Natur noch den Grund zur Lust erforscht, geht sozusagen auf ganz unvernünftige Art und ohne jede Berechnung vor, indem sie einzig durch die Übung und Erfahrung eine Erinnerung an das bewahrt, was gewöhnlich einzutreten pflegt, und schafft auf diese Weise Lust.

Das prüfe nun zuerst, ob es dir ausreichend scheint und ob es nicht auch in bezug auf die Seele zwei Arten von Tätigkeiten gibt: die einen, die kunstgemäß sind und eine gewisse Voraussicht darin walten lassen, was für die Seele am besten ist, und andere, die sich darum nicht kümmern und, wie die den Körper angehenden, einzig darauf bedacht sind, auf welche Weise der Seele Lust zuteil werden könne. Welche von den Lustempfindungen besser oder schlechter sind, darum kümmern sie sich nicht, und es liegt ihnen auch bloß daran, Gefallen zu erregen, mag das nun besser oder schlechter sein. Nach meiner Ansicht, Kallikles, gibt es solche Tätigkeiten, und ich nenne sie Schmeichelei, ob sie sich nun auf den Körper oder auf die Seele oder sonst etwas beziehen, worin jemand die Lust zu erwecken sucht, unbekümmert um das Bessere oder

Schlechtere. Doch du, teilst du meine Ansicht darüber, oder widersprichst du?

KALLIKLES: O nein, sondern ich stimme ihr bei, damit dein Beweis seinen Abschluß findet und auch, um Gorgias einen Gefallen zu tun.

SOKRATES: Gilt das nun aber nur gegenüber einer einzelnen Seele, jedoch nicht gegenüber zweien oder vielen?

KALLIKLES: Nein, sondern auch bei zweien oder vielen.

SOKRATES: So kann man also auch vielen miteinander zu Gefallen sein, ohne sich um das Beste zu kümmern?

KALLIKLES: Das glaube ich allerdings.

SOKRATES: Kannst du nun sagen, welches die Tätigkeiten sind, die das tun? Oder vielleicht willst du lieber, daß ich Fragen stelle und du dann sagst, welche nach deiner Meinung zu dieser Gattung gehören und welche nicht? Betrachten wir zunächst die Kunst des Flötenspiels; scheint sie dir nicht so etwas zu sein, Kallikles, das nur auf unser Vergnügen ausgeht und sich um nichts anderes kümmert?

KALLIKLES: Ja, ich glaube.

SOKRATES: Und so doch alle derartigen Tätigkeiten, zum Beispiel die Kunst des Kitharaspiels bei den Wettkämpfen?

KALLIKLES: Ja.

SOKRATES: Und scheint dir nicht auch das Einüben von Chören und die Dichtung von Dithyramben zu dieser Art zu gehören? Oder bist du der Ansicht, daß sich Kinesias, der Sohn des Meles, darum bemühe, etwas zum Ausdruck zu bringen, wodurch seine Zuhörer besser werden könnten, oder nur das, wodurch er sich bei der Masse der Zuschauer beliebt machen wird?

KALLIKLES: Ganz offenbar ist dies der Fall, Sokrates, wenigstens bei Kinesias.

SOKRATES: Und meinst du denn, sein Vater Meles sei, wenn er zu der Kithara sang, auf das Beste bedacht gewesen?

Oder ging er nicht einmal auf das Angenehmste aus? Er ärgerte nämlich mit seinem Gesange die Zuschauer. Doch überlege nun: scheint dir nicht der ganze Gesang zur Kithara und die Dithyrambendichtung um der Lust willen erfunden zu sein?

KALLIKLES: Doch.

SOKRATES: Und wie ist es denn mit der so erhabenen und bewunderungswürdigen Kunst der Tragödie? Geht ihr Beginnen und ihr Streben, wie dich dünkt, einzig darauf, den Zuschauern zu gefallen, oder besteht sie auch darauf, etwas nicht zu sagen, wenn es für die Zuschauer zwar angenehm und wohlgefällig, aber verderblich ist, und sagt und singt dafür das, was unangenehm, aber nützlich ist, ob es gefällt oder nicht? Worauf, meinst du, ist die Tragödiendichtung eingestellt?

KALLIKLES: Sicher so, Sokrates, daß sie mehr auf die Lust ausgeht und sich bemüht, den Zuschauern zu gefallen.

SOKRATES: Haben wir denn nicht gerade das als Schmeichelei bezeichnet, Kallikles?

KALLIKLES: Ja.

SOKRATES: Nun also, wenn einer der ganzen Dichtung die Melodie, den Rhythmus und das Versmaß wegnähme – bleibt dann noch etwas anderes übrig als die bloßen Worte?

KALLIKLES: Es ist notwendig so.

SOKRATES: Und diese Worte richten sich doch an den großen Haufen und an das Volk?

KALLIKLES: Ja.

SOKRATES: Die Dichtung ist also eine Art Volksrednerei?

KALLIKLES: Offenbar.

SOKRATES: Und sie hält ihre Reden doch nach Art der Rhetoren. Oder scheinen dir die Dichter in den Theatern nicht Redekunst zu pflegen?

KALLIKLES: Doch.

Sokrates: Nun haben wir also eine Art Redekunst an das Volk gefunden, vor Kindern gleichermaßen wie vor Frauen und Männern, vor Sklaven und vor Freien, eine Kunst, die wir nicht sehr hochschätzen, da sie nach unserer Überzeugung Schmeichelei ist.

Kallikles: Gewiß.

Sokrates: Gut denn. Wie steht es nun aber mit der Redekunst vor dem Volk der Athener und vor den Gemeinden der freien Männer in den anderen Städten, was halten wir von ihr? Hast du den Eindruck, daß die Redner immer im Hinblick auf das Beste sprechen und stets darauf abzielen, daß die Bürger durch ihre Reden möglichst gut werden, oder gehen auch sie nur darauf aus, bei ihren Mitbürgern Wohlgefallen zu erregen, vernachlässigen um ihres eigenen Vorteils willen das gemeine Wohl und gehen mit dem Volk wie mit Kindern um, indem sie ihnen gefällig zu sein suchen, unbekümmert darum, ob sie dadurch besser oder schlechter werden?

Kallikles: Diese Frage ist nicht mehr so einfach. Es gibt nämlich Redner, die alle ihre Reden aus Sorge um das Wohl ihrer Mitbürger halten; es gibt aber auch solche, wie du sie schilderst.

Sokrates: Das genügt. Denn wenn es diese zwei Arten von Redekunst gibt, dann ist eben doch wohl die eine davon Schmeichelei und üble Volksrednerei. Die andere dagegen ist schön: zu bewirken, daß die Seelen der Mitbürger möglichst gut werden, und sich zu bemühen, immer das Beste zu sagen, ob es den Zuhörern angenehm oder unangenehm ist. Aber hast du diese Art von Redekunst je angetroffen? Und wenn du so einen Redner nennen kannst, warum hast du mir nicht gesagt, wer das ist?

Kallikles: Bei Zeus, ich kann dir unter den jetzigen Rednern auch nicht einen nennen.

Sokrates: Aber kannst du denn von den früheren einen

nennen, durch dessen Verdienst die Athener besser geworden sind, nachdem er angefangen hat, vor dem Volke zu reden, während sie in der Zeit vorher schlechter waren? Ich kenne nämlich keinen solchen.

KALLIKLES: Hast du denn aber nicht gehört, was für ein vortrefflicher Mann Themistokles gewesen ist und Kimon und Miltiades und unser Perikles, der vor kurzem gestorben ist und den du selber noch hast reden hören?

SOKRATES: Ja, wenn das die wahre Tugend ist, Kallikles, was du vorhin als solche bezeichnet hast: daß man seine Begierden befriedigt, die eigenen und die der anderen. Wenn aber nicht das Tugend ist, sondern jenes, was wir im späteren Verlauf unseres Gespräches zuzugeben genötigt waren: daß man nämlich *die* Begierden befriedigen soll, die, wenn sie erfüllt sind, den Menschen besser machen, nicht aber die, die ihn schlechter machen, und wenn eben darin eine gewisse Kunst liegt – kannst du mir dann unter den genannten Rednern einen solchen Mann nennen?

KALLIKLES: Ich weiß nicht, was ich sagen soll.

SOKRATES: Doch wenn du recht suchst, wirst du es schon herausfinden. Wir wollen in aller Ruhe sehen und prüfen, ob einer von diesen Rednern so ein Mann gewesen ist. Nicht wahr, der Tüchtige, der bei allem, was er sagt, stets auf das Beste bedacht ist, der wird nicht einfach so planlos daherreden, sondern seinen Blick auf einen bestimmten Zweck richten? So halten es ja auch alle anderen Handwerker, die ihre eigene Arbeit im Auge haben: jeder wählt das, was er für seine Arbeit verwendet, nicht aufs Geratewohl aus, sondern im Hinblick darauf, daß das, was er schafft, eine bestimmte Form gewinnen soll. Schau zum Beispiel auf die Maler oder auf die Zimmerleute oder auf die Schiffsbaumeister oder auf welche von allen anderen Handwerkern du nur willst, dann kannst du sehen, wie jeder jeden einzelnen Teil seines Werkes in einer bestimmten Ordnung anbringt und jeden zwingt, sich dem übrigen einzufügen und anzupassen, bis er das Ganze zu einem wohlgeordneten Ding gemacht hat. Und so ist es auch mit allen übrigen Handwerkern, auch denen, die wir soeben genannt haben und die es mit dem Körper zu tun haben, den Gymnastiklehrern und Ärzten: auch sie bringen irgendwie dem Körper Regelung und Ordnung. Sind wir so einverstanden oder nicht?

KALLIKLES: Das mag so sein.

SOKRATES: Ein Haus, in dem Regelung und Ordnung herrschen, dürfte gut, ein ungeordnetes schlecht sein?

KALLIKLES: Ja.

SOKRATES: Und ist es so nicht auch mit einem Schiff?

KALLIKLES: Ja.

SOKRATES: Und dasselbe behaupten wir doch auch von unserem Körper?

KALLIKLES: Gewiß.

SOKRATES: Doch wie steht es mit der Seele? Wird sie gut sein, wenn sie ungeregelt ist oder wenn in ihr eine gewisse Regel und Ordnung herrscht?

KALLIKLES: Dem Vorhergehenden entsprechend, müssen wir auch dies zugeben.

SOKRATES: Wie nennt man nun im Körper das, was aus Regelung und Ordnung entsteht?

KALLIKLES: Gesundheit und Kraft wirst du es vermutlich nennen.

SOKRATES: Ja. Wie sagen wir aber dem, was in der Seele aus Regelung und Ordnung entsteht? Versuche es herauszufinden und auch ihm einen Namen zu geben.

KALLIKLES: Warum sagst du es aber nicht selbst, Sokrates?

SOKRATES: Wenn es dir angenehmer ist, will ich es sagen. Dünkt dich dann, daß ich recht habe, so stimme mir zu; im anderen Fall widerlege mich ohne Nachsicht. Ich glaube nämlich, man nennt die Regelung des Körpers Gesundheitsregeln; aus ihnen ergibt sich in ihm die Gesundheit und das übrige Gedeihen des Körpers. Ist das so oder nicht?

KALLIKLES: Es ist so.

SOKRATES: Die Regelungen der Seele aber und ihre Ordnungen nennt man Rechtlichkeit und Gesetz; durch sie werden die Menschen sittsam und ordentlich, und das eben ist Gerechtigkeit und Besonnenheit. Ist es so oder nicht?

KALLIKLES: Mag es so sein.

SOKRATES: Wird nun nicht jener Redner, der ein Fachmann und ein guter Redner ist, die Reden, die er hält, und all sein Tun im Hinblick darauf an die Seelen herantragen? Und wenn er ein Geschenk gibt oder etwas wegnimmt, dann hat er beim Geben und Nehmen seine Gedanken stets darauf gerichtet, daß in den Seelen seiner Mitbürger Gerechtigkeit werde, Ungerechtigkeit aber weiche, daß Besonnenheit werde, Zügellosigkeit weiche und übrige Tugend werde, Schlechtigkeit weiche. Gibst du das zu oder nicht?

KALLIKLES: Ich gehe es zu.

SOKRATES: Was nützt es aber einem Körper, Kallikles, der ermüdet und in üblem Zustande ist, wenn man ihm eine Menge Speisen gibt, die süßesten Getränke und sonstige Dinge, von denen er manchmal keinen größeren Nutzen hat als im Gegenteil Schaden oder, um es richtig zu sagen, sogar noch weniger. Stimmt das?

KALLIKLES: Ja.

SOKRATES: Ich glaube nicht, daß es einem Menschen nützt, mit einem Körper zu leben, der sich in schlechtem Zustand befindet; denn mit ihm muß man ja auch ein schlechtes Leben führen. Oder ist es nicht so?

KALLIKLES: Doch!

SOKRATES: Und die Ärzte lassen ja auch in der Regel nur einen Gesunden seine Begierden befriedigen; einen Hungrigen zum Beispiel essen, soviel er will, oder einen Durstigen trinken. Einem Kranken dagegen erlauben sie sozusagen nie, sich mit dem zu sättigen, wonach er verlangt. Gibst auch du das zu?

KALLIKLES: Ja.

SOKRATES: Ist es denn mit der Seele, mein Bester, nicht genau dasselbe? Solange sie schlecht ist, weil sie unverständig, zügellos, ungerecht und gottlos ist, muß man sie von dem abhalten, was sie begehrt, und darf ihr nur das zu tun erlauben, wodurch sie besser wird. Gibst du das zu?

KALLIKLES: Ja.

SOKRATES: Denn so ist es doch besser für die Seele selbst?

KALLIKLES: Gewiß.

SOKRATES: Sie aber von dem abzuhalten, was sie begehrt, das bedeutet doch, sie züchtigen?

KALLIKLES: Ja.

SOKRATES: Gezüchtigt zu werden ist also für die Seele besser als Zügellosigkeit, wie du noch eben selbst meintest.

KALLIKLES: Ich weiß nicht, was du sagen willst, Sokrates; frage doch lieber einen anderen.

SOKRATES: Dieser Mensch kann es nicht ertragen, wenn man ihm einen Dienst erweisen will, und wenn er selbst das erleben soll, wovon wir gerade reden, nämlich gezüchtigt zu werden.

KALLIKLES: Mich kümmert im Grunde auch gar nicht, was du sagst, und ich habe dir überhaupt nur dem Gorgias zuliebe Antwort gegeben.

SOKRATES: Nun also. Was wollen wir jetzt aber anfangen? Sollen wir unsere Unterredung mittendrin abbrechen?

KALLIKLES: Das mußt du selber entscheiden.

SOKRATES: Aber man sagt doch, es sei nicht erlaubt, Mythen in der Mitte im Stich zu lassen; man müsse ihnen vielmehr einen Kopf aufsetzen, damit keiner kopflos umhergeht. Beantworte mir nun auch noch die übrigen Fragen, damit unsere Unterredung einen Kopf bekommt.

KALLIKLES: Wie gewalttätig du bist, Sokrates! Willst du mir folgen, so lässest du dieses Gespräch bleiben oder disputierst mit einem anderen.

SOKRATES: Welcher andere wird dafür aber zu haben sein? Lassen wir doch unsere Erörterung nicht unvollendet!

KALLIKLES: Vielleicht wärest du imstande, den Beweis selber durchzuführen, entweder als Monolog, oder indem du dir selber die Antworten gibst?

SOKRATES: Wenn es mir nur nicht nach dem Satze des Epicharmos ergeht: *Was vordem zwei Männer sagten, das soll ich nun allein leisten*. Doch vielleicht muß das ja gerade so sein. Wenn wir es jedoch so machen wollen, dann halte ich es für notwendig, daß wir uns alle mit ganzer Kraft zu erfahren bemühen, was wahr ist an der Sache, von der wir reden, und was falsch; für uns alle bedeutet es doch einen gemeinsamen Vorteil, wenn das an den Tag kommt. Ich will nun also auseinandersetzen, wie sich nach meiner Meinung die Sache verhält. Wenn aber jemand von euch den Eindruck hat, daß ich mir selber etwas zugestehe, was nicht der Wirklichkeit entspricht, dann soll er eingreifen und mich widerlegen. Denn was ich sage, sage ich nicht, als ob ich selber es sicher wüßte, sondern ich suche es gemeinsam mit euch, und zwar so, daß ich der erste bin, der es zugeben wird, wenn ich glaube, daß mein Gesprächsgegner recht hat. Ich sage dies indes nur für den Fall, daß ihr glaubt, man müsse das Gespräch zu Ende führen; wollt ihr das aber nicht, so wollen wir es bleiben lassen und nach Hause gehen.

GORGIAS: Ich bin aber gar nicht der Meinung, Sokrates, daß wir jetzt auseinandergehen sollten; du mußt vielmehr deinen Gedankengang weitergehen. Das ist, scheint mir, auch die Ansicht der anderen. Und auch ich selbst möchte hören, wie du das übrige erörterst.

SOKRATES: Ich selbst, Gorgias, hätte mich ja gerne mit Kallikles da noch weiter unterhalten, bis ich ihm die Worte des Zethos mit denen des Amphion vergolten hätte. Da du, Kallikles, aber nicht gewillt bist, das Gespräch mit mir zu Ende zu führen, so höre mir zu und greife ein, wenn du glaubst, ich sagte etwas Unrichtiges. Und wenn du mich widerlegen kannst, werde ich dir nicht böse sein wie du mir; du wirst dann für immer als mein größter Wohltäter in mein Herz geschrieben sein.

KALLIKLES: So sprich, mein Guter, und führe die Sache zu Ende.

SOKRATES: Höre denn zu, wie ich unser Gespräch von Anfang an wiederhole:

Ist das Angenehme und das Gute dasselbe? – Es ist nicht dasselbe, wie ich und Kallikles übereingekommen sind.

Muß man das Angenehme um des Guten oder das Gute um des Angenehmen willen tun? – Das Angenehme um des Guten willen.

Angenehm aber ist das, über dessen Vorhandensein wir uns freuen, gut dagegen, durch dessen Gegenwart wir gut sind? – Gewiß. – Aber gut sind wir und alles übrige, was gut ist, doch durch das Vorhandensein irgendeiner Tugend? Das scheint mir notwendig so zu sein, Kallikles. – Nun ist aber die Tauglichkeit eines jeden Dinges, sei es die eines Gerätes oder eines Körpers oder auch die einer Seele oder eines jeden Lebewesens, wie sie einem jeden von ihnen gegeben ist, nicht von selbst vorhanden, sondern durch Ordnung und kunstgemäße Richtigkeit. Ist dem so? – Auch ich bin dieser Ansicht.

Durch Ordnung also wird die Tauglichkeit eines jeden bedingt und gestaltet? – Das möchte ich bejahen.

Wenn also jedem Ding seine ihm zukommende Ordnung innewohnt, dann macht sie alle Dinge gut? – So scheint mir.

Und die Seele, die ihre zugehörige Ordnung besitzt, ist besser als die ungeordnete? – Notwendigerweise.

Die Seele aber, die ihre Ordnung hat, ist wohlgesittet? – Wie wird es anders sein können.

Die wohlgesittete aber ist besonnen? – Ohne jeden Zweifel.

Die besonnene Seele ist also gut? – Ich weiß dagegen nichts anderes zu sagen, mein lieber Kallikles. Weißt du aber etwas, so belehre mich.

KALLIKLES: Sprich nur weiter, mein Bester!

SOKRATES: So sage ich denn: wenn die besonnene Seele gut ist, dann ist die der besonnenen entgegengesetzte schlecht. Das aber war die unbesonnene und zügellose. – Gewiß.

Nun wird doch gewiß der Besonnene seine Pflichten gegenüber Göttern und Menschen erfüllen. Denn er wäre ja nicht besonnen, wenn er diesen Pflichten zuwiderhandelte. – Notwendig muß das so sein.

Erfüllt er aber den Menschen gegenüber seine Pflichten, so wird er gewiß das tun, was gerecht ist; erfüllt er sie den Göttern gegenüber, so tut er das, was fromm ist. Wer aber tut, was gerecht und fromm ist, der muß selbst gerecht und fromm sein. – So ist es.

Und er muß auch tapfer sein. Denn es gehört sich doch für einen besonnenen Mann nicht, daß er etwas erstrebt oder meidet, was er nicht soll; sondern daß er das meidet und erstrebt, was er soll, seien es Dinge oder Menschen, Freuden oder Leiden, und daß er wacker standhält, wo es nötig ist. Demzufolge, Kallikles, muß ohne Zweifel der Besonnene, weil er – wie wir gezeigt haben – auch gerecht, tapfer und fromm ist, ein vollendet guter Mann sein; der Gute aber muß in allen Fällen gut und schön handeln; wer aber gut handelt, der muß auch selig und glücklich, der Schlechte dagegen, der schlecht handelt, unglücklich sein; das aber wäre der, der sich gerade umgekehrt verhält wie der Besonnene, der Zügellose, den du gepriesen hast.

Ich betrachte das so als ausgemacht und behaupte, dies sei wahr. Ist es aber wahr, dann muß offenbar jemand, der glücklich sein will, nach der Besonnenheit streben und sie üben, die Zügellosigkeit dagegen fliehen, so schnell einen jeden von uns die Füße tragen; und vor allem muß er danach trachten, daß er keiner Strafe bedarf. Hat er aber eine Strafe nötig, entweder selbst oder sonst einer von denen, die ihm nahestehen, sei es ein Einzelner oder ein ganzer Staat, dann soll er sich die Strafe auferlegen und sich züchtigen lassen, wenn er glücklich sein will.

Das ist nach meiner Ansicht das Ziel, das wir in unserem Leben vor Augen haben sollen; und danach müssen wir in unserem Tun alles richten, in unserem eigenen und im öffentlichen Leben, damit Gerechtigkeit und Besonnenheit in dem wohne, der glücklich sein will. Auch dürfen wir unsere Begierden nicht zügellos gewähren lassen und sie zu befriedigen suchen – das wäre ein Übel ohne Ende und ein Leben, wie ein Räuber es führt.

Denn ein solcher Mensch könnte weder einem anderen Menschen lieb sein noch einem Gott, weil er zur Gemeinschaft unfähig ist. Wer aber keinen Gemeingeist in sich hat, kann auch keine Freundschaft besitzen. Die weisen Männer behaupten, Kallikles, daß Himmel und Erde, Götter und Menschen durch die Gemeinschaft und die Freundschaft, durch Ordnung, Besonnenheit und Gerechtigkeit zusammengehalten werden, und dieses Ganze nennen sie deswegen Weltordnung, mein Freund, und nicht Unordnung oder Zuchtlosigkeit. Du aber scheinst mir darauf nicht zu achten, und trotz all deiner Weisheit bemerkst du nicht, daß die geometrische Gleichheit bei Göttern und Menschen eine wichtige Rolle spielt. Du meinst, man müsse darauf ausgehen, mehr als andere zu besitzen; denn du kümmerst dich nicht um die Geometrie.

Nun also: entweder müssen wir diesen Satz widerlegen und beweisen, daß die Glücklichen nicht durch den Besitz von Gerechtigkeit und Besonnenheit glücklich und die Unglücklichen nicht durch die Schlechtigkeit unglücklich sind – oder, falls dies doch zutrifft, müssen wir sehen, was daraus folgt. Alles, wonach du mich vorhin gefragt hast, geht dann daraus hervor: ob es mein Ernst sei, als ich sagte, man müsse sich selbst und seinen Sohn und seinen Freund anklagen, wenn er ein Unrecht begehe, und dazu von der Redekunst Gebrauch machen. Und was mir Polos nach deiner Ansicht nur aus Schüchternheit zugegeben hat, war also richtig: daß nämlich das Unrechttun gerade um so viel schlechter sei als das Unrechtleiden, als es häßlicher ist, daß also, wer ein wahrhafter Redner sein will, gerecht sein muß und sich auf das Gerechte verstehen soll, was nach des Polos Meinung Gorgias wiederum nur aus Schüchternheit zugegeben hatte.

Unter diesen Umständen wollen wir nun sehen, was es mit den Vorwürfen auf sich hat, die du mir machst. Ist die Behauptung richtig oder nicht, daß ich nicht imstande bin, weder mir selber noch einem meiner Freunde und Verwandten zu helfen oder sie aus den größten Gefahren zu retten; daß ich vielmehr wie die Ehrlosen in der Gewalt eines jeden bin, ob er mich nun, wie das jugendlich kecke Wort deiner Rede lautete, an die Ohren schlagen, ob er mir mein Vermögen wegnehmen, mich aus der Stadt vertreiben oder ob er mich schließlich gar töten will; und in solcher Lage sein, ist, wie du behauptet hast, das Schimpflichste, was es gibt. Meine Ansicht dagegen – ich habe sie zwar schon oft geäußert, aber es hindert mich nichts, sie noch einmal darzulegen:

Ich behaupte, Kallikles, es sei nicht die größte Schande, wenn ich ungerechterweise an die Ohren geschlagen, noch auch, wenn ich an meinem Körper verletzt werde oder wenn mein Geldbeutel mir weggeschnitten wird; vielmehr ist es schändlicher und schlimmer, mich und das Meinige ungerecht zu schlagen und zu verletzen, mich zu bestehlen oder mich zum Sklaven zu machen oder bei mir einzubrechen; mit einem Wort: jedes Unrecht gegen mich und mein Eigentum ist für den, der es begeht, schlimmer und schimpflicher als für mich, der es erleiden muß.

Was uns schon in den früheren Reden als richtig schien, das bleibt nach meiner Überzeugung fest und ist, wenn ich mich etwas derber ausdrücken darf, mit eisernen und stählernen Beweisgründen gebunden, wie es wenigstens den Anschein hat: wenn du oder ein Kräftigerer als du diese Bande nicht lösen kannst, dann ist es ausgeschlossen, daß jemand, der anders darüber redet als ich, das Richtige trifft. Denn ich sage immer wieder dasselbe: ich weiß zwar nicht genau, wie es sich damit verhält; doch von denen, welchen ich, wie auch jetzt wieder, begegnet bin, ist keiner imstande, etwas anderes zu sagen, ohne lächerlich zu wirken.

Ich behaupte also wiederum, daß sich dies so verhält; verhält es sich aber so und ist die Ungerechtigkeit für den, der sie begeht, das größte Übel, und ist es – falls das möglich ist – ein noch größeres als dieses größte, wenn der Übeltäter nicht bestraft wird – bei welcher Art von Hilfe müßte dann wohl ein Mensch in Wahrheit zum Gespött werden, wenn er sie sich selbst nicht bringen kann? Doch bei der, die den größten Schaden von uns abwenden kann? Das muß doch sicherlich die größte Schande sein, wenn er gerade diese Hilfe weder sich selber noch seinen Freunden noch seinen Verwandten bringen kann. Die zweitgrößte Schande aber ist es, wenn es sich um die Hilfe gegen das zweitgrößte Übel handelt, die dritte, wenn es das dritte betrifft, und so fort. Je größer das Übel ist, desto schöner ist es auch, wenn man sich dagegen helfen kann, und desto schimpflicher, wenn man es nicht kann. Oder ist dem nicht so, Kallikles?

Kallikles: Doch, gerade so.

Sokrates: Von den beiden Übeln, dem Unrechttun und dem Unrechtleiden, ist, wie ich behaupte, das größere das Unrechttun, das geringere das Unrechtleiden. Mit welchem Mittel kann sich nun wohl der Mensch helfen, daß er diese beiden Vorteile genießt, sowohl kein Unrecht zu tun, als auch kein Unrecht zu leiden? Geschieht das durch ein besonderes Können oder einfach durch Willen? Ich meine das so: wird ihm kein Unrecht widerfahren, wenn er das einfach nicht will, oder bleibt er davor bewahrt, wenn er über die Fähigkeit verfügt, kein Unrecht zu leiden?

Kallikles: Offenbar doch, wenn er diese Fähigkeit besitzt.

Sokrates: Wie steht es aber mit dem Unrechttun? Genügt es, um kein Unrecht zu begehen, daß man keines begehen will – denn man wird dann keines begehen –, oder muß man sich auch dazu eine gewisse Fähigkeit und Fertigkeit verschaffen, so daß man eben unrecht tun wird, wenn man diese nicht erlernt und geübt hat? Warum gibst du mir gerade auf diese Frage keine Antwort, Kallikles? Glaubst du, ich und Polos hätten uns in unserem vorigen Gespräch mit Recht zu dem Zugeständnis veranlaßt gesehen oder nicht, als wir übereinkamen, daß niemand mit Absicht ein Unrecht begehe, sondern daß alle Übeltäter gegen ihren Willen Unrecht tun?

Kallikles: Nimm das so an, Sokrates, damit du deine Rede beenden kannst.

Sokrates: Offenbar müssen wir also über eine gewisse Fähigkeit und Fertigkeit verfügen, damit wir kein Unrecht tun.

Kallikles: Gewiß.

Sokrates: Was ist das nun für eine Fertigkeit, durch die erreicht wird, daß man kein Unrecht erleidet oder doch möglichst wenig? Sieh zu, ob du dieselbe meinst wie ich. Mir scheint sie nämlich darin zu bestehen, daß man entweder selbst im Staate regieren oder eine Gewaltherrschaft ausüben oder ein Anhänger der bestehenden Staatsgewalt sein muß.

KALLIKLES: Siehst du, Sokrates, wie gerne ich bereit bin, dich zu loben, wenn du einmal recht hast! Dies hast du, glaube ich, ganz richtig gesagt.

SOKRATES: Erwäge denn, ob ich nach deiner Meinung auch mit dem Folgenden recht habe. Ich glaube, daß jedesmal der am ehesten der Freund eines anderen sein wird, von dem es schon die alten Weisen sagen: der Ähnliche dem Ähnlichen. Meinst du nicht auch?

KALLIKLES: Ja.

SOKRATES: Übt also ein roher und ungebildeter Tyrann die Herrschaft aus und ist einer im Staate viel besser als er, dann wird sich wohl der Tyrann vor diesem scheuen und nie von ganzem Herzen sein Freund werden können.

KALLIKLES: So ist es.

SOKRATES: Und ebensowenig, wenn einer viel schlechter wäre; dann müßte der Tyrann ihn verachten und würde sich wohl nie um seine Freundschaft bemühen.

KALLIKLES: Auch das ist wahr.

SOKRATES: Es kommt also für so einen Menschen ernsthaft als Freund nur noch jener in Frage, der gleichgesinnt ist, der dasselbe tadelt und lobt, und der entschlossen ist, sich vom Herrscher beherrschen zu lassen und ihm untertan zu sein. Dieser wird in dieser Stadt große Macht haben, und niemandem wird es wohlbekommen, ihn zu beleidigen. Ist es nicht so?

KALLIKLES: Ja.

SOKRATES: Wenn sich also in dieser Stadt ein Jüngling überlegen wollte: «Auf welche Art könnte ich zu so großer Macht kommen, daß mir niemand ein Unrecht tun dürfte?» – dann ist offenbar dies der richtige Weg für ihn: sich gleich von

Jugend an daran zu gewöhnen, sich über dasselbe zu freuen und zu ärgern wie sein Herr, und es dazu zu bringen, daß er ihm möglichst ähnlich wird. Ist es nicht so?

KALLIKLES: Doch.

SOKRATES: Dadurch wird er doch wohl das erreichen, daß ihm kein Unrecht getan wird und daß er, wie ihr sagt, in der Stadt große Macht besitzt.

KALLIKLES: Gewiß.

SOKRATES: Aber auch, daß er kein Unrecht tut? Oder fehlt dazu viel, da er seinem ungerechten Herrscher ja ähnlich sein und bei diesem großen Einfluß haben wird? Ich glaube, er wird ganz im Gegenteil all sein Bemühen darauf richten, daß er imstande ist, möglichst viel Unrecht zu tun, ohne dafür bestraft zu werden; oder nicht?

KALLIKLES: Offenbar.

SOKRATES: Es wird ihm also doch das größte Übel zuteil, weil er durch die Nachahmung seines Herrn und durch die Macht an seiner Seele Schaden nimmt und verdorben wird.

KALLIKLES: Ich begreife nicht, Sokrates, wie du immer wieder deine Worte hin und her drehst. Oder weißt du denn nicht, daß der Tyrann, dem man so nacheifert, einen, der das nicht tut, umbringen und sein Hab und Gut wegnehmen kann, wenn er will?

SOKRATES: Ich weiß es, mein trefflicher Kallikles. Sonst müßte ich ja taub sein; denn ich höre es von dir und eben von Polos immer wieder und sonst fast von allen Leuten in der Stadt. Aber höre du auch mich: freilich wird er ihn umbringen, wenn er will; aber als schlechter Mensch wird er das einem guten und edlen antun.

KALLIKLES: Ist nicht das gerade das Empörende daran?

SOKRATES: Nicht für einen Verständigen, wie unsere Untersuchung zeigt. Oder meinst du, der Mensch müsse darauf bedacht sein, so lange als möglich zu leben, und er müsse die

Künste üben, die uns immer wieder aus den Gefahren erretten können, wie eben diese Redekunst, die du mich zu pflegen heißest und die vor den Gerichtshöfen helfen kann?

KALLIKLES: Ja, beim Zeus, und ich rate dir gut damit.

SOKRATES: Wie aber, mein Bester: hältst du auch das Schwimmen für ein erhabenes Wissen?

KALLIKLES: Nein, bei Zeus.

SOKRATES: Und doch rettet auch es die Menschen vor dem Tode, wenn sie in eine Gefahr geraten sind, wo es dieses Können braucht. Wenn es dir aber zu gering scheint, dann will ich dir ein anderes nennen, das bedeutender ist: das Können des Steuermanns. Es rettet nicht nur das Leben, sondern gleich wie die Rhetorik auch Leib und Gut aus den äußersten Gefahren. Und doch bleibt es zurückhaltend und bescheiden und tritt nicht großartig auf und gebärdet sich, als leiste es etwas Außerordentliches, sondern nachdem es dasselbe geleistet hat wie die Gerichtsrede, fordert es, wenn es einen glücklich aus Aigina hierhergebracht hat, zwei Obolen, glaube ich. Hat es uns aber aus Ägypten oder aus dem Pontos hergeführt, dann verlangt es für die große Wohltat, daß es, wie ich eben sagte, uns selbst, die Kinder, die Habe und die Frauen sicher hierhergebracht hat, nach der Landung im Hafen, wenn es hoch kommt, zwei Drachmen. Und er selbst, der über dieses Können verfügt und diese Leistung getan hat, steigt aus und geht am Meere bei seinem Schiff in bescheidener Haltung umher. Denn er kann, glaube ich, berechnen, daß ja niemand wissen kann, wem von seinen Passagieren er genützt und wem er geschadet hat, indem er sie nicht ertrinken ließ, und weiß, daß sie beim Aussteigen um kein Haar besser waren als beim Einschiffen, weder am Leib noch an der Seele. Er sagt sich: wenn einer, der an schweren und unheilbaren körperlichen Krankheiten leidet, nicht ertrunken ist, dann ist das für ihn ein Unglück, daß er nicht sterben konnte, und ich habe ihm gar keinen Dienst erwiesen. Ist aber einer an dem Teil des Ich, das mehr wert ist als der Körper, an der Seele nämlich, mit vielen unheilbaren Krankheiten behaftet – kann für den das Leben lebenswert sein, und wird es ihm etwas nützen, wenn man ihn aus dem Meer oder vor Gericht oder sonst aus einer Gefahr errettet? Nein, er weiß, daß es für den schlechten Menschen nicht besser ist, wenn er am Leben bleibt; er muß ja doch ein elendes Dasein führen.

Deshalb ist es nicht Brauch, daß der Steuermann sich viel darauf einbildet, wenn er uns schon rettet. Und ebensowenig, mein Bester, der Erbauer von Kriegsmaschinen, der ja in manchen Fällen nicht weniger als ein Feldherr, geschweige denn als ein Steuermann, und nicht weniger als sonst irgendeiner Rettung zu bringen vermag; kommt es doch vor, daß er ganze Städte rettet. Glaubst du, er dürfe sich mit dem Anwalt vergleichen? Und doch, Kallikles, wenn er reden wollte wie ihr, und wenn er seinen Beruf herausstreichen wollte, dann könnte er euch mit Worten überschütten und euch sagen und raten, daß man Ingenieur werden müsse, weil alles andere nichts sei, denn an Gründen fehlt es ihm nicht. Aber nichtsdestoweniger verachtest du ihn und sein Können, du würdest ihn nur zum Spott mit seinem Berufsnamen nennen und wolltest weder seinem Sohn deine Tochter zur Frau geben noch selber seine Tochter nehmen.

Und doch: was hast du angesichts der Gründe, mit denen du deinen Beruf lobst, für ein Recht, den Erbauer von Kriegsmaschinen und die anderen, von denen wir jetzt eben gesprochen haben, zu verachten? Ich weiß, du wirst sagen, du seiest besser und stammtest aus besserem Hause. Wenn aber dieses «besser» nicht das ist, was ich darunter verstehe, sondern wenn es schon Tüchtigkeit ist, daß man sich und seine Habe zu retten weiß, mag man sonst sein, wie man will – dann ist deine Geringschätzung für den Ingenieur und für den Arzt und für die anderen Berufe, die um des Rettens willen ausgeübt werden, einfach lächerlich.

Überlege dir doch, mein Lieber, ob nicht das Edle und Gute etwas ganz anderes ist, als nur zu retten und gerettet zu werden. Denn das Leben und seine mehr oder weniger lange Dauer, das soll ein rechter Mann auf sich beruhen lassen, und er soll nicht am Leben hangen, sondern muß die Sorge um diese Dinge der Gottheit überlassen und muß den Weibern glauben, daß «seinem Schicksal auch nicht einer entrinnen wird». Und er soll darauf achten, wie er das Leben, das ihm noch bevorsteht, so gut als möglich verbringen kann, indem er sich der Verfassung des Staates, in dem er lebt, völlig anpaßt; – in diesem Falle mußt du dich also dem Volke der Athener möglichst angleichen, wenn du bei ihm beliebt sein und große Macht in der Stadt besitzen willst. Sieh zu, mein Lieber, ob das dir und mir Vorteil bringt, damit es uns nicht gehe, wie man das von den thessalischen Frauen erzählt, die den Mond herunterholen: Wir erkaufen um das Teuerste diese Macht im Staate, die wir da wählen.

Wenn du aber glaubst, es könne dir irgendein Mensch ein Mittel verleihen, durch das du in dieser Stadt mächtig werden kannst, ohne daß du dich – sei es im Guten oder im Schlechten – ihrer Verfassung anpassest, dann bist du, glaube ich, schlecht beraten, Kallikles. Denn nicht ein Nachahmer soll man sein, sondern aus der eigenen Natur heraus mußt du diesen Leuten ähnlich werden, wenn du eine echte Freundschaft mit dem Volk der Athener erreichen willst und ebenso, bei Zeus, mit dem Sohn des Pyrilampes. Wer nun bewirken kann, daß du diesen möglichst ähnlich wirst, der wird dich zu einem Staatsmann und Redner machen, wie du einer zu sein wünschest. Denn jeder freut sich über die Reden, die nach seiner eigenen Art gesprochen werden; die fremdartigen aber sind ihm zuwider – falls du nicht anderer Meinung bist, mein teurer Freund. Haben wir etwas dazu zu sagen, Kallikles?

KALLIKLES: Ich weiß selbst nicht, wie du mir recht zu haben scheinst, Sokrates. Es geht mir aber wie den meisten Leuten: ich kann dir nicht recht glauben.

SOKRATES: Das ist, weil die Liebe zum Demos in deiner Seele ist, Kallikles, und mir Widerstand leistet. Aber wenn wir uns diese Dinge vielleicht öfter und besser überlegen, wirst du dich überzeugen lassen. Erinnere dich nun aber, daß wir sagten, es gebe für beides, für Leib und Seele, zwei Behandlungsarten: die eine geht so mit ihnen um, daß es ihnen Lust bereitet, die andere aber zu ihrem Besten, wobei sie sich nicht gefällig machen, sondern ihr Ziel durchsetzen will. War es nicht das, was wir damals erklärt haben?

KALLIKLES: Gewiß.

SOKRATES: Nicht wahr, die eine, die auf die Lust ausgeht, ist unedel und nichts anderes als Schmeichelei, oder nicht?

KALLIKLES: Sei es so, wenn du willst.

SOKRATES: Die andere aber bemüht sich, daß das, womit wir uns abgeben, sei es Körper oder Seele, nach Möglichkeit besser wird?

KALLIKLES: Gewiß.

SOKRATES: Müssen wir nun nicht versuchen, der Stadt und den Mitbürgern so zu dienen, daß wir die Bürger selbst so gut als möglich machen? Denn wie wir in unseren vorigen Untersuchungen herausgefunden haben, wäre es ohne das nutzlos, ihnen irgendeine andere Wohltat zu erweisen, wenn die Gesinnung der Leute, die zu großem Reichtum oder zur Herrschaft über andere oder sonst zu einer Macht gelangen sollen, nicht gut und edel ist. Wollen wir annehmen, es sei so?

KALLIKLES: Freilich, wenn es dir so angenehmer ist.

SOKRATES: Nehmen wir nun an, Kallikles, wir wollten uns mit den Staatsangelegenheiten beschäftigen und forderten einander auf, uns im öffentlichen Bauwesen zu betätigen, und zwar mit ganz großen Bauten an Mauern, Schiffswerften oder Tempeln: müßten wir da uns nicht selbst gründlich prüfen, zuerst, ob wir überhaupt etwas von der Baukunst verstehen oder nicht, und von wem wir sie gelernt haben? Müßten wir das oder nicht?

KALLIKLES: Wir müßten es.

SOKRATES: Und dann müßten wir doch prüfen, ob wir je schon einen privaten Bau ausgeführt hätten, für einen Freund oder für uns selbst, und ob dieser Bau gut oder schlecht sei. Finden wir nun bei dieser Überlegung, daß unsere Lehrer vorzüglich und ausgezeichnet gewesen sind und daß wir viele und schöne Bauten ausgeführt haben, teils mit ihrer Hilfe, teils allein, nachdem wir uns von unseren Lehrern getrennt hatten: dann erst wäre es vernünftig, zu öffentlicher Tätigkeit überzugehen. Könnten wir aber keinen Lehrer nennen und an Bauwerken entweder überhaupt keines oder viele, die nichts wert sind, dann wäre es doch unvernünftig, sich an öffentliche Bauten zu machen und einander dazu aufzumuntern. Halten wir das für richtig oder nicht?

KALLIKLES: Es ist richtig!

SOKRATES: Und so ist es doch mit allem anderen. Hätten wir zum Beispiel die Absicht, als Ärzte in den öffentlichen Dienst zu treten, und ermunterten uns dazu, als wären wir in diesem Berufe tüchtig, dann würden wir uns doch prüfen, ich dich und du mich: «Bei den Göttern, sprich, wie steht es denn mit der Gesundheit des Sokrates selber? Oder ist schon einmal ein anderer durch Sokrates von einer Krankheit befreit worden, ein Sklave oder ein Freier?» Ich glaube, auch ich würde über dich solche Fragen stellen. Und finden wir dann keinen, der durch uns gesund geworden ist, weder unter den Fremden noch unter den Stadtbürgern, weder Mann noch Weib, dann, Kallikles, wäre es doch, bei Zeus, wahrhaftig zum Lachen, daß Menschen in ihrer Torheit soweit kommen können: bevor wir für uns selbst manches, wie es gerade kam, manches aber auch richtig ausgeführt und uns in der Kunst hinlänglich geübt haben, versuchen wir, wie man sagt, die Töpferkunst gleich am Fasse zu lernen und wagen uns an die öffentlichen Aufgaben und ermuntern noch andere dazu, die in der gleichen Lage sind. Dünkt es dich nicht unvernünftig, so zu handeln?

KALLIKLES: Gewiß.

SOKRATES: Da du nun aber, mein Bester, selbst eben anfängst, dich in der Politik zu betätigen, und außerdem auch mich dazu aufforderst und mir Vorwürfe machst, daß ich es nicht tue – sollen wir uns da nicht gegenseitig prüfen? «Wohlan, hat Kallikles schon einen Bürger besser gemacht? Gibt es einen, der vorher schlecht war, ungerecht, zuchtlos und unbesonnen, der nun durch Kallikles gut und edel geworden ist, sei es ein Fremder oder ein Stadtbürger, ein Sklave oder ein Freier?» Sage mir: wenn einer dich das fragt, Kallikles, was wirst du antworten? Wen kannst du nennen, den du durch den Verkehr mit dir zu einem besseren Menschen gemacht hast? Was zögerst du mit der Antwort, wenn es doch ein solches Werk von dir gibt aus der Zeit, da du noch für dich allein wirktest, bevor du dich an die Staatsgeschäfte wagtest?

KALLIKLES: Du willst nur recht behalten, Sokrates.

SOKRATES: Nein, ich stelle die Frage nicht aus Rechthaberei, sondern weil ich wirklich wissen möchte, auf welche Weise man nach deiner Meinung bei uns als Staatsmann wirken soll. Wenn du zu einer öffentlichen Tätigkeit kommst, wird es dann deine einzige Sorge um uns sein, daß wir möglichst gute Bürger werden? Sind wir uns nicht schon wiederholt darüber einig geworden, daß der Politiker gerade das bewirken muß? Gaben wir das zu oder nicht? – So antworte doch! – Ja, wir haben es zugegeben: ich will für dich antworten. Wenn dies aber der Dienst ist, den ein guter Staatsmann seiner Stadt erweisen muß, so nimm nun dein Gedächtnis zu Hilfe und sage mir, ob die Männer, von denen du vorhin gesprochen hast, dir noch immer als gute Staatsmänner erscheinen: Perikles und Kimon, Miltiades und Themistokles.

KALLIKLES: Ja.

SOKRATES: Wenn sie wirklich gut waren, dann hat offenbar jeder von ihnen seine Mitbürger aus schlechteren zu besseren Menschen gemacht. Tat er das, oder nicht?

KALLIKLES: Er tat es.

SOKRATES: Als Perikles mit seiner öffentlichen Rednertätigkeit begann, waren also die Athener schlechtere Menschen als zur Zeit seiner letzten Reden?

KALLIKLES: Vielleicht.

SOKRATES: Kein «vielleicht», mein Bester! Es ergibt sich notwendig aus dem, was wir zusammen gutgeheißen haben – vorausgesetzt, daß Perikles ein guter Staatsmann war.

KALLIKLES: Was meinst du nun damit?

SOKRATES: Gar nichts; nur das sage mir noch: Sind die Athener nach der allgemeinen Ansicht durch Perikles besser geworden, oder wurden sie, ganz im Gegenteil, durch ihn verdorben? Ich höre nämlich die Behauptung, Perikles habe die Athener träge, feig, schwatzhaft und geldgierig gemacht, weil er sie zuerst zu Soldempfängern hat werden lassen.

KALLIKLES: Das hörst du von den Leuten mit zerschlagenen Ohren, Sokrates.

SOKRATES: Das folgende aber habe ich nicht nur vom Hörensagen, sondern weiß es bestimmt, ich so gut wie du: daß Perikles zuerst in hohem Ansehen stand und daß die Athener niemals ein entehrendes Urteil über ihn aussprachen, solange sie noch schlechter waren. Durch ihn aber gut und edel geworden, haben sie ihn, gegen Ende seines Lebens, wegen Unterschlagung schuldig gesprochen und sogar beinahe zum Tode verurteilt, offenbar doch, weil er nach ihrer Meinung schlecht war.

KALLIKLES: Wie denn? War Perikles deswegen wirklich schlecht?

SOKRATES: Einen Hirten von Eseln und Pferden und Rindern würde man doch sicher für schlecht halten, wenn er seine Tiere so übernommen hätte, daß sie weder ausschlugen, stießen und bissen, er sie dann aber so verwildern ließ, daß sie nun all diese Fehler zeigen. Hältst du den nicht für einen schlechten Hüter, der irgendein zahmes Tier übernimmt und es wilder macht, als er es übernahm? Scheint dir das so oder nicht?

KALLIKLES: Ja denn, dir zu Gefallen.

SOKRATES: So tu mir auch noch diesen Gefallen und sage mir: Ist auch der Mensch eine Tiergattung?

KALLIKLES: Natürlich.

SOKRATES: Perikles hat doch über Menschen Aufsicht geführt?

KALLIKLES: Ja.

SOKRATES: Wie nun? Hätten diese nicht, wie wir eben übereingekommen sind, durch ihn aus ungerechteren zu gerechteren Menschen werden müssen, wenn er sie als ein guter Staatsmann geleitet hat?

KALLIKLES: Gewiß.

SOKRATES: Nicht wahr, die Gerechten sind doch zahm, wie Homer sagt. Was meinst du? Ist es nicht so?

KALLIKLES: Doch.

SOKRATES: Und doch hat er sie wilder gemacht, als er sie übernommen hatte, und das sogar gegen sich selbst, was er doch wohl am wenigsten gewollt hat.

KALLIKLES: Willst du, daß ich dir zustimme?

SOKRATES: Wenn du glaubst, daß ich recht habe.

KALLIKLES: Gut, sei es so.

SOKRATES: Nicht wahr, wenn er sie wilder hat werden lassen, dann auch ungerechter und schlechter?

KALLIKLES: Meinetwegen.

SOKRATES: Daraus folgt, daß Perikles kein guter Staatsmann war.

KALLIKLES: Wenigstens nach deiner Ansicht.

SOKRATES: Bei Zeus, auch nach dem nicht, was du zugestanden hast. Doch sage mir weiter von Kimon: haben ihn nicht eben die, denen er gedient hatte, in die Verbannung geschickt, um zehn Jahre lang seine Stimme nicht mehr hören zu müssen? Und taten sie nicht dem Themistokles dasselbe und bestraften ihn obendrein mit völliger Landesverweisung? Den Miltiades aber, den Sieger von Marathon, hatten sie bereits in den Abgrund zu stürzen beschlossen und würden dies auch ausgeführt haben, wäre nicht der Prytane gewesen, der es verhinderte. Dies alles wäre diesen Männern doch niemals widerfahren, wenn sie, wie du behauptest, gute Staatsmänner gewesen wären. Denn nicht wahr, die guten Wagenlenker sind doch nicht die, welche anfangs nie vom Wagen herunterfallen, wohl aber, nachdem sie aber mit ihren Pferden umgehen und selbst bessere Fahrer geworden sind? Das kann nicht so sein, weder beim Wagenlenken noch bei irgendeinem anderen Beruf; oder meinst du doch?

KALLIKLES: Nein.

SOKRATES: Ich glaube also, was wir zuerst gesagt haben, war richtig: daß wir in dieser Stadt von keinem wissen, der ein guter Staatsmann gewesen ist. Du meintest aber, daß es unter den jetzigen zwar keinen gebe, hingegen unter den früheren, und du hobest die genannten Männer als Beispiele hervor. Aber es zeigte sich, daß auch diese nicht mehr wert sind als die jetzigen. Wenn sie also Redner waren, haben sie weder die wahre Redekunst angewendet – sonst wären sie nicht zu Fall gekommen – noch auch die Kunst der Schmeichelei.

KALLIKLES: Aber von den jetzigen, Sokrates, könnte doch keiner bei weitem je zustande bringen, was jeder von ihnen zuwege gebracht hat.

SOKRATES: O du Guter, ich tadle sie ja auch nicht in ihrer Eigenschaft als Diener des Staates; ich finde sogar, sie seien in ihrem Dienst eifriger gewesen als die jetzigen, und sie hätten es besser verstanden, der Stadt das zu verschaffen, wonach sie begehrte. Aber die Begierden umzuwandeln und ihnen nicht nachzugeben und die Bürger zu dem zu überreden oder zu zwingen, wovon sie sittlich besser werden können: in diesem Punkte unterscheiden sie sich sozusagen gar nicht von den heutigen; und doch ist gerade das die einzige Aufgabe eines guten Bürgers. Daß jene es besser verstanden haben als die heutigen, Schiffe, Mauern und Werften und viele andere derartige Dinge zu beschaffen, das gebe auch ich dir gerne zu. Doch wir machen in unserem Gespräch etwas ganz Lächerliches: die ganze Zeit, in der wir miteinander reden, kommen wir unaufhörlich immer wieder auf denselben Punkt zurück und mißverstehen uns dabei.

Ich glaube nun, du hast wiederholt zugegeben und eingesehen, daß es sowohl um den Körper als um die Seele zweierlei Bemühungen gibt. Die eine ist dienender Art; sie ermöglicht uns, unserem Körper Speisen zu verschaffen, wenn er Hunger hat, Getränke, wenn ihn dürstet, Kleider, Decken und Schuhe, wenn er friert, und noch anderes mehr, wonach er begehrt; – ich brauche absichtlich gerade diese Beispiele, damit du es leichter verstehst. Denn wer diese Dinge herbeizuschaffen weiß, der Krämer oder der Kaufmann oder der Handwerker, oder wer eines davon herstellt, der Bäcker oder Koch, der Weber, Schuster oder Gerber: kein Wunder, wenn so einer bei sich selber und bei den anderen als ein Pfleger des Körpers gilt, bei jedem nämlich, der nicht weiß, daß es neben diesen Betätigungen eine Gymnastik und eine Heilkunde gibt, welche den Körper wirklich pflegen und denen es auch zukommt, über all jene Künste zu herrschen und sich ihrer Erzeugnisse zu bedienen. Denn sie wissen, welche Speisen und Getränke zum Gedeihen des Körpers nützlich oder schädlich sind, während alle anderen davon nichts verstehen. Darum gelten jene anderen Künste auch als niedrig und untergeordnet und unedel in ihrer Bemühung um den Körper; die Gymnastik und die Heilkunde aber betrachten wir als ihre rechtmäßigen Herrinnen.

Wenn ich nun sage, ganz dasselbe gelte auch für die Seele, dann scheinst du zu begreifen, was ich sage, und stimmst mir zu, als wüßtest du, was ich meine. Kurz darauf aber kommst du und sagst, es habe in Athen doch gute und tüchtige Staatsmänner gegeben; und wenn ich frage, welche, dann führst du mir offenbar auf dem Gebiet der Politik ganz entsprechende Leute an, wie wenn ich dich über die Gymnastik fragte, welches denn gute Pfleger des Körpers gewesen seien oder noch sind, und du mir dann in vollem Ernst zur Antwort gäbest: Thearion, der Bäcker, und Mithaikos, der über die sizilische Kochkunst geschrieben hat, und der Schenkwirt Sarambos; das seien nämlich hervorragende Pfleger des Körpers gewesen; der eine habe wunderbare Brote geliefert, der andere Fische und der dritte Wein.

Vermutlich würdest du nun böse werden, wenn ich zu dir sagte: Guter Freund, du verstehst eben nichts von der Gymnastik. Du nennst mir da nur Diener und Leute, die für die Befriedigung der Begierden tätig sind, die aber nichts Rechtes von der Sache verstehen. Wenn es der Zufall so will, dann füllen diese freilich die Leiber der Menschen an und machen sie dick und empfangen dafür ihr Lob; sie verderben aber schließlich auch noch das ursprüngliche Fleisch. In ihrer Unkenntnis aber werden die Betroffenen die Schuld an ihren Krankheiten und am Zerfall ihrer früheren Gesundheit nicht denen zuschreiben, die sie so bewirtet haben, sondern denen, die dann gerade zufällig um sie sind und sie beraten. Diesen werden sie schuld geben und ihnen Vorwürfe machen und sie, wenn möglich, mißhandeln, nachdem ihnen, nach langer Zeit, eben dies die Krankheit eingetragen hat, daß sie sich damals ohne Rücksicht auf ihre Gesundheit so angefüllt haben; jenen früheren Leute aber, die an ihren Übeln wirklich schuld sind, werden sie loben.

Auch du, lieber Kallikles, tust nun etwas, das dem sehr ähnlich ist: du sprichst das Lob von Männern, welche die Athener bewirtet und mit dem gesättigt haben, wonach sie begehrten; man behauptet nun, diese hätten die Stadt groß gemacht; daß sie aber nur aufgedunsen und durch jene früheren Staatsmänner innerlich verdorben ist, das merkt man nicht. Denn ohne sich um Maß und Gerechtigkeit zu kümmern, haben sie die Stadt mit Hafenanlagen und Werften, Mauern, Steuern und anderen solchen Nichtigkeiten angefüllt. Wenn nun einmal der Ausbruch dieser Krankheit folgt, dann werden sie die Ratgeber beschuldigen, die dann da sind; Themistokles aber, Kimon und Perikles, die wirklichen Urheber des Unglücks, werden sie lobpreisen; vielleicht aber ergreifen sie dann dich, wenn du dich nicht in acht nimmst, und meinen Freund Alkibiades, wenn sie mit den neuen Erwerbungen auch ihre ursprünglichen Besitzungen verlieren, obgleich ihr an dem Unglück nicht schuld seid, sondern vielleicht nur mitschuldig.

Und da sehe ich nun, wie etwas sehr Unvernünftiges geschieht, und höre dasselbe auch über die Menschen früherer Zeiten. Wenn nämlich die Stadt einen Politiker als schuldig behandelt, dann stelle ich fest, daß diese Leute empört sind und daß sie jammern, als geschehe ihnen etwas Schreckliches: sie hätten doch der Stadt viel Gutes erwiesen und würden nun ungerechterweise durch sie vernichtet, so lautet ihre Klage.

Das ist aber ganz falsch. Denn kein Leiter eines Staates kann je ungerechterweise durch den Staat selbst, den er leitet, den Untergang finden. Vielleicht ist es mit den angeblichen Staatsmännern dasselbe wie mit denen, die sich für Sophisten ausgeben. Denn auch die Sophisten, wie weise sie sonst sind, verhalten sich da recht widersinnig. Obschon sie nämlich behaupten, sie seien Lehrer der Tugend, machen sie doch ihren Schülern immer wieder Vorwürfe, sie täten ihnen unrecht, weil sie ihnen den Lohn vorenthielten und sich auch sonst nicht für das Gute dankbar zeigten, das sie von ihnen erfahren hätten. Was könnte unvernünftiger sein als diese Behauptung? Menschen, die gut und gerecht geworden sind, die durch den Einfluß eines Lehrers von der Ungerechtigkeit befreit wurden und dafür in den Besitz der Gerechtigkeit kamen, die sollten durch einen Fehler, den sie jetzt nicht mehr haben, unrecht tun? Scheint dir das nicht widersinnig, mein Freund? Nun, du hast mich ja tatsächlich genötigt, eine lange Rede zu halten, Kallikles, weil du selber nicht antworten wolltest.

KALLIKLES: Kannst du denn nicht reden, wenn dir nicht einer antwortet?

SOKRATES: Offenbar! Jedenfalls dehne ich jetzt meine Reden lange aus, weil du mir nicht antworten willst. Aber, du Guter, sage mir, beim Gott der Freundschaft: scheint es dir nicht widersinnig, daß jemand behauptet, er habe einen anderen gut gemacht, und diesem dann doch vorwirft, er sei durch ihn gut geworden und sei auch jetzt gut, aber nachher doch wieder schlecht?

KALLIKLES: Freilich scheint mir das widersinnig.

SOKRATES: Hörst du nicht solche Reden von denen, die behaupten, sie erzögen die Menschen zur Tugend?

KALLIKLES: Ja; doch was willst du von Menschen reden, die nichts wert sind?

SOKRATES: Was willst du von denen sagen, die behaupten,

sie leiteten den Staat und bemühten sich darum, daß er so gut wie möglich sei, und die ihm dann, wenn es sich gerade trifft, doch wieder vorwerfen, daß er ganz schlecht sei? Meinst du, diese Leute seien besser als jene? Nein, mein Lieber: Sophist und Redner sind ganz dasselbe oder dann doch sehr nahe beieinander und sehr ähnlich, wie ich schon zu Polos gesagt habe. Du aber meinst in deiner Unwissenheit, das eine, die Redekunst, sei etwas Wunderschönes; das andere dagegen verachtest du. In Wahrheit ist aber die Sophistik um soviel schöner als die Redekunst, als die Gesetzgebung schöner ist als die Rechtspflege und die Gymnastik als die Heilkunde. Ich meinerseits glaubte, gerade die Volksredner und die Sophisten hätten kein Recht, dem Objekt ihrer Erziehung vorzuwerfen, es sei ihnen gegenüber schlecht – oder sie müssen denselben Vorwurf auch auf sich selber beziehen, daß sie nämlich denen nicht genützt haben, denen sie zu nützen versprechen. Ist dem nicht so?

KALLIKLES: Doch.

SOKRATES: Und gerade ihnen wäre es angemessen, ihre Wohltat ohne Entgelt herzugeben, wenn das wahr ist, was sie sagten. Wer irgendeine andere Wohltat empfangen hat, wen etwa der Gymnastiklehrer schnell laufen gelehrt hat, der könnte vielleicht den Dank vorenthalten, wenn es ihm nämlich sein Lehrer freigestellt und keinen Lohn mit ihm abgemacht hätte, den er empfangen solle, sobald er ihm die Schnelligkeit beigebracht habe. Denn nicht mit der Langsamkeit tun die Menschen unrecht, meine ich, sondern mit der Ungerechtigkeit. Oder nicht?

KALLIKLES: Ja.

SOKRATES: Wenn also jemand gerade die Ungerechtigkeit von einem anderen wegnimmt, so braucht er nicht mehr zu fürchten, daß ihm durch diesen je Unrecht geschieht, sondern er darf es als einziger wagen, seine Wohltat herzugeben, wenn er wirklich imstande ist, andere gut zu machen. Ist es nicht so?

KALLIKLES: Doch.

SOKRATES: Daher ist es offenbar auch gar keine Schande, sich für die Ratschläge bezahlen zu lassen, die man in anderen Dingen erteilt, etwa im Bauwesen oder in anderen Fertigkeiten.

KALLIKLES: Offenbar.

SOKRATES: Hier aber, wo es sich darum handelt, auf welche Weise einer möglichst gut sein und wie er am besten sein Haus oder die Stadt verwalten könne, hier gilt es für schimpflich, seinen Rat zu verweigern, wenn ihm der andere kein Geld dafür gibt. Es ist doch so?

KALLIKLES: Ja.

SOKRATES: Die Ursache davon liegt offenbar darin, daß dies die einzige Wohltat ist, die in dem Empfänger den Wunsch weckt, wiederum wohlzutun. Somit ist das offenbar ein gutes Zeichen für diese Wohltat, wenn sie erwidert wird, jedoch ein schlechtes, wenn das ausbleibt. Verhält es sich so?

KALLIKLES: Ja.

SOKRATES: Zu welcher Art von Tätigkeit für die Stadt rufst du mich nun auf? Bestimme mir das: dazu, bei den Athenern durchzusetzen, daß sie möglichst gut werden, wie es ein Arzt tut, oder wie ein Diener, der so mit ihnen umgeht, wie es ihnen gefällig ist? Sag mir die Wahrheit, Kallikles; denn du bist verpflichtet, mir so freimütig, wie du begonnen hast, deine Meinung bis zum Ende mitzuteilen. Sprich also offen und aufrichtig!

KALLIKLES: So sage ich denn: wie ein Diener.

SOKRATES: Du forderst mich also auf, mein Edelster, ein Schmeichler zu werden.

KALLIKLES: Sage meinetwegen: ein Myser, Sokrates; denn wenn du kein Diener werden willst ...

SOKRATES: Wiederhole nicht, was du schon oft gesagt hast:

daß mich dann jeder töten werde, dem es beliebt; sonst müßte auch ich wieder antworten, daß dann ein Schlechter einen Guten tötet. Und sage auch nicht, daß er mir wegnehmen wird, was ich besitze, sonst muß ich antworten: «Ja, aber wenn er es weggenommen hat, dann wird er nicht wissen, was er damit anfangen soll, sondern wie er es mir widerrechtlich geraubt hat, so wird er es auch ungerecht gebrauchen, wenn aber ungerecht, dann auch häßlich, und wenn häßlich, dann auch schlecht.»

KALLIKLES: Wie fest scheinst du mir daran zu glauben, Sokrates, daß dir auch gar nichts von dem widerfahren kann, als ob du ganz abseits wohntest und nicht vor Gericht geführt werden könntest, vielleicht von einem ganz üblen und schlechten Menschen.

SOKRATES: Dann bin ich also wahrhaft unverständig, Kallikles, wenn ich nicht daran glaube, daß in dieser Stadt einem jeden alles widerfahren kann, was nur möglich ist. Das indes weiß ich: wenn ich je vor Gericht komme und es steht dabei so etwas auf dem Spiele, wie du sagst, dann muß mein Ankläger ein schlechter Mensch sein; denn kein Redlicher wird einen Unschuldigen vor Gericht bringen. Es wäre auch gar kein Wunder, wenn ich sterben müßte. Soll ich dir sagen, warum ich das erwarte?

KALLIKLES: Ja.

SOKRATES: Ich glaube, einer der wenigen Athener – um nicht zu sagen der einzige – zu sein, der sich um die wahre Staatskunst bemüht, und der einzige unter meinen Zeitgenossen, der für das Staatswohl tätig ist. Denn ich richte meine Worte jeweils nicht danach, daß sie Gefallen finden, sondern bezwecke damit das möglichst Gute, nicht das möglichst Angenehme, und all die herrlichen Dinge, zu denen du mich ermunterst, will ich nicht tun; darum werde ich auch vor Gericht nichts zu sagen wissen. Dabei kommt mir der Ausspruch in den Sinn, den ich zu Polos getan habe: Ich werde so gerichtet werden wie ein Arzt, wenn Kinder über ihn zu Gericht säßen und ein Koch der Ankläger wäre. Überlege dir, was so ein Mann zu seiner Verteidigung sagen könnte, wenn er vor einem solchen Gerichtshof stände und ihn dann einer mit folgenden Worten anklagte: «Liebe Kinder, viel Übles hat dieser Mann euch zugefügt, und sogar die Jüngsten unter euch richtet er mit seinem Schneiden und Brennen zugrunde, bringt sie mit Magerkuren und Brechmitteln zur Verzweiflung; er gibt euch die bittersten Tränklein und läßt euch hungern und dürsten – anders als ich, der ich euch mit vielen angenehmen Dingen aller Art bewirte.» Was meinst du, daß ein Arzt wohl sagen kann, wenn er in so eine Lage kommt? Oder wenn er die Wahrheit sagte: «Dies alles, liebe Kinder, tat ich um eurer Gesundheit willen» – was meinst du, daß dann solche Richter für ein Geschrei erheben würden? Doch ein großes?

KALLIKLES: Vermutlich; das läßt sich ja denken.

SOKRATES: Du glaubst also auch, er werde in der größten Verlegenheit sein, was er sagen soll?

KALLIKLES: Gewiss.

SOKRATES: Gerade so, ich weiß wohl, würde es auch mir ergehen, wenn ich vor Gericht käme. Ich werde keine Vergnügungen aufzählen können, die ich ihnen bereitet habe und die sie als Wohltaten und Vorteile anerkennen, aber ich beneide weder die, die ihnen solche verschaffen können, noch die, denen sie zuteil werden. Wenn aber einer behauptet, ich verdürbe die Jugend, indem ich sie in Zweifel stürze, oder ich beschimpfte die Alten, indem ich in kleinem Kreise oder öffentlich bittere Reden führe, dann werde ich weder die Wahrheit sagen können, nämlich: «Mit Recht sage ich das alles, ihr Richter, und habe damit ja euren Vorteil im Auge», noch sonst irgend etwas; und so werde ich vermutlich, wie es auch kommt, mein Schicksal erleiden müssen.

Kallikles: Glaubst du nun, Sokrates, es stehe gut um einen Mann in der Stadt, der sich in einer solchen Lage befindet und sich selber nicht helfen kann?

Sokrates: Ja, Kallikles, wenn er nur das eine besitzt, was du oftmals anerkannt hast: wenn er sich so hat helfen können, daß er niemals, weder gegen Menschen noch gegen Götter, irgend etwas Unrechtes gesagt oder getan hat. Wir haben ja immer wieder zusammen festgestellt, daß dies die beste Hilfe für ihn bedeutet. Wenn mir nun jemand nachweist, daß ich nicht imstande sei, weder mir selber noch einem anderen diese Hilfe zu bringen, so würde ich mich schämen, ob mir das nun in der Gegenwart von vielen oder von wenigen oder nur unter vier Augen bewiesen würde. Müßte ich infolge dieses Unvermögens sterben, dann würde ich mich darüber kränken; wenn ich aber deswegen sterben müßte, weil mir die schmeichlerische Redekunst fehlt, so könntest du, wie ich sicher weiß, sehen, wie leicht ich den Tod ertrüge. Denn das Sterben selbst fürchtet doch niemand, der nicht ganz unvernünftig und unmännlich ist; aber das Unrechttun fürchtet man. Denn wenn die Seele mit vielen begangenen Ungerechtigkeiten beladen in den Hades kommt, dann ist das das schlimmste von allen Übeln. Doch wenn du Lust hast, will ich dir mit einer Geschichte zeigen, daß dem so ist.

Kallikles: Gut denn; nachdem du ja alles andere zu Ende geführt hast, erzähle auch das noch.

Sokrates: So höre denn – wie man zu sagen pflegt – einen sehr schönen Logos. Du wirst ihn zwar, wie ich glaube, für einen Mythos halten, ich halte ihn für einen Logos; denn was ich dir jetzt berichten will, erzähle ich dir als etwas, was wahr ist.

Homer erzählt, Zeus und Poseidon und Pluton hätten die Herrschaft unter sich verteilt, die sie von ihrem Vater empfangen hatten. Nun galt zur Zeit des Kronos für die Menschen das Gesetz, und bei den Göttern gilt es auch jetzt noch immer: wer von den Menschen sein Leben gerecht und fromm gelebt hat, der gelangt nach seinem Tode nach den Inseln der Seligen und wohnt dort, fern von allen Leiden, in völliger Glückseligkeit. Wer aber ungerecht und gottlos gelebt hat, der kommt in das Gefängnis der Vergeltung und Strafe, das man Tartaros nennt. Unter Kronos und noch zu Beginn der Herrschaft des Zeus waren Lebende Richter über Lebende, und sie hielten an dem Tage, da der Mensch sterben sollte, Gericht über ihn. Die Urteile, die gefällt wurden, waren deshalb schlecht. Da gingen Pluton und die Vorsteher von den Inseln der Seligen zu Zeus und beklagten sich, es kämen an beide Orte Menschen hin, die nicht dorthin gehörten. Da sprach Zeus: «Ich will dem ein Ende machen. Denn jetzt sind die Urteile schlecht, weil die zu Richtenden in ihren Kleidern beurteilt werden; denn sie leben ja noch, wenn sie gerichtet werden. Mancher, der eine schlechte Seele hat, ist mit einem schönen Körper, mit Adel und Reichtum umhüllt, und wenn die Entscheidung gefällt wird, treten viele Zeugen für ihn auf und bestätigen, daß er ein gerechtes Leben geführt hat. Die Richter lassen sich von diesen Dingen beeindrucken; außerdem richten ja auch sie in einer Umhüllung, indem sie ihre Augen und Ohren und den ganzen Körper wie Schleier vor ihre Seelen spannen. Das alles steht ihnen also im Wege, die eigenen Umhüllungen und die der Gerichteten. Als erstes nun», sagte er, «muß das aufhören, daß sie ihren Tod voraus-wissen; denn jetzt wissen sie ihn vorher. Zwar habe ich bereits Prometheus gesagt, wie er dem ein Ende machen soll. Sie müssen von allen diesen Dingen entblößt sein, wenn sie gerichtet werden; das Gericht darf also erst nach ihrem Tode stattfinden. Und auch der Richter muß nackt und ein Gestorbener sein und darf mit seiner Seele nichts als die Seele eines jeden gleich nach seinem Tode schauen, wenn sie geschieden ist von allen Verwandten und all jenen Schmuck auf der Erde zurückläßt, damit das Urteil gerecht sei. Das alles habe ich schon früher eingesehen als ihr und setzte als Richter eigene Söhne ein: zwei aus Asien, Minos und Rhadamanthys, und einen aus Europa, den Aiakos. Wenn diese dann gestorben sind, werden sie auf der Wiese Gericht halten, am Dreiweg, von wo die beiden Wege abzweigen, der eine zu den Inseln der Seligen, der andere in den Tartaros. Und Rhadamanthys wird die aus Asien richten, Aiakos die aus Europa. Dem Minos aber will ich den Vorsitz geben. Er soll die letzte Entscheidung treffen, wenn die beiden anderen einmal keinen Rat wissen, damit das Urteil, wohin die Menschen gehen müssen, so gerecht als möglich sei.»

Das ist es, Kallikles, was ich gehört habe, und ich glaube, es ist wahr. Und ich ziehe aus diesen Geschichten etwa folgenden Schluß: Der Tod ist offenbar nichts anderes als die Trennung zweier Dinge voneinander, der Seele und des Körpers. Wenn sie aber voneinander getrennt sind, dann haben beide noch etwa dieselbe Beschaffenheit wie zur Zeit, als der Mensch noch lebte. Der Körper behält seine eigene Natur und die sichtbaren Merkmale seiner Lebensweise und seiner Erlebnisse. Wenn einer von Natur oder infolge seiner Ernährung oder durch beides bei Lebzeiten einen großen Körper hatte, so ist nach seinem Tode auch sein Leichnam groß. Und wenn sein Körper dick war, ist auch der des Toten dick, und so fort. Und wenn einer gerne langes Haar trug, so hat auch sein Leichnam langes Haar. Und war wiederum einer ein Sträfling und trug bei Lebzeiten Spuren der Schläge oder Narben von Peitschenhieben oder andere Wunden an seinem Körper, dann wird man diese auch am Körper des Toten sehen können. Oder wenn jemand im Leben gebrochene oder verrenkte Glieder hatte, dann ist das auch am Toten sichtbar. Mit einem Wort: wie sich jemand im Leben seinen Leib gebildet hatte, so ist alles oder doch das meiste eine Zeitlang auch am Toten sichtbar.

Ich glaube nun aber, Kallikles, daß es mit der Seele ganz dasselbe ist. Wenn sie vom Körper befreit ist, dann wird an ihr alles sichtbar, sowohl ihre natürliche Anlage als auch die Merkmale, die der Mensch durch Beschäftigungen aller Art in seiner Seele empfangen hat. Wenn sie nun zum Richter kommen, so die aus Asien zu Rhadamanthys, so läßt dieser sie vor sich hintreten und betrachtet die Seele eines jeden, ohne zu wissen, wem sie gehört. Da hat er vielleicht die Seele des Perserkönigs oder sonst eines Königs oder Herrschers vor sich und sieht gar nichts Gesundes an ihr, sondern findet sie durchgepeitscht und voll von Narben, die von Meineid und Ungerechtigkeit stammen und die ihm jede seiner Taten in die Seele eingeprägt hat, und alles ist schief vor Lüge und Hochmut, und nichts ist gerade, weil sie ohne Wahrheit aufgewachsen ist. Und er sieht, wie die Seele durch Willkür, Üppigkeit, Übermut und Unbesonnenheit im Handeln mit Maßlosigkeit und Schändlichkeit beladen ist. Bei diesem Anblick aber schickt er diese sofort mit Schimpf und Schande in den Kerker, wo sie die verdienten Strafen erdulden soll.

Wer aber der Strafe verfallen ist und von einem anderen auf richtige Art bestraft wird, der muß entweder besser werden und davon seinen Vorteil haben oder den anderen als Beispiel dienen, damit sie, wenn sie sehen, was er leiden muß, aus Furcht sich bessern. Die aber durch die Strafe gefördert werden, welche sie von Göttern und Menschen erhalten, sind solche, die heilbare Vergehen begangen haben; dennoch wird ihnen sowohl hier wie im Hades Nutzen nur durch Schmerzen und Pein zuteil. Denn es ist nicht möglich, anders von der Ungerechtigkeit befreit zu werden. Die aber die schlimmsten Dinge begangen haben und durch solche Übeltaten unheilbar geworden sind, werden zu abschreckenden Beispielen. Sie selbst haben keinen Vorteil mehr davon, weil sie unheilbar sind; aber anderen dient es zum Nutzen, wenn sie sehen, wie diese für alle Zeiten ihrer Sünden wegen die größten, schmerzhaftesten und entsetzlichsten Leiden ausstehen und dort im Hades im Gefängnis geradezu als Beispiel aufgehängt sind, den Ungerechten, die stets neu dorthin kommen, als Schauspiel und Warnung.

Zu diesen, behaupte ich, wird auch Archelaos gehören – wenn das wahr ist, was Polos sagt – und wer sonst noch ein solcher Tyrann ist. Ich glaube übrigens, daß die meisten dieser abschreckenden Beispiele aus den Tyrannen und Herrschern und Machthabern und Politikern hervorgegangen sind; denn diese begehen wegen ihrer Machtfülle die größten und gottlosesten Verbrechen. Das bezeugt auch Homer; denn Könige und Machthaber sind es, die er im Hades ewige Strafen erdulden läßt, Tantalos, Sisyphos und Tityos. Einen Thersites aber oder sonst einen schlechten Kerl aus gewöhnlichem Stande hat niemand als unheilbar mit schweren Strafen behaftet dargestellt. Er hatte, glaube ich, auch gar nicht die Macht dazu; deshalb war er auch glücklicher als die, welche diese Möglichkeit hatten.

Nun, Kallikles, gerade unter den Mächtigen finden sich die besonders lasterhaften Menschen. Freilich hindert nichts, daß auch unter diesen gute Menschen vorkommen, und die, welche es sind, verdienen ganz besondere Bewunderung. Denn es ist schwer, Kallikles, und hohen Lobes wert, wenn einer die große Macht zum Unrechttun besitzt und sein Leben trotzdem gerecht verbringt. Solche gibt es aber nur wenige. Immerhin hat es auch hier und an anderen Orten einige gegeben und es wird sie wohl auch künftig noch geben: treffliche Männer, welche die Tugend besitzen, das gerecht zu verwalten, was man ihnen anvertraut. Einer ist sogar berühmt geworden, und zwar auch bei den anderen Hellenen:

Aristeides, der Sohn des Lysimachos. Doch die meisten Machthaber, mein Lieber, sind schlecht.

Wie ich also sagte: wenn jener Rhadamanthys einen vor sich hat, dann weiß er sonst gar nichts von ihm, nicht wer er ist und nicht von wem er stammt, sondern einzig, daß er schlecht ist. Sobald er das gesehen hat, schickt er ihn in den Tartaros, nachdem er an ihm ein Zeichen angebracht hat, ob er ihn für heilbar oder für unheilbar hält. Dieser aber kommt dorthin und erleidet, was er verdient. Manchmal aber sieht er eine andere Seele vor sich, eine, die ein frommes und ehrliches Leben geführt hat, die Seele eines gewöhnlichen Bürgers oder sonst eines Menschen, am ehesten aber, behaupte ich, lieber Kallikles, ist es die eines Philosophen, der das Seine getan und nicht allerhand unnütze Dinge getrieben hat in seinem Leben: da freut er sich und schickt ihn auf die Inseln der Seligen. Und ganz gleich macht es auch Aiakos; beide sprechen sie Recht, jeder mit einem Stab in der Hand. Minos aber sitzt allein da und führt die Oberaufsicht, er allein mit einem goldenen Szepter, wie Odysseus bei Homer erzählt, daß er ihn gesehen habe:

Haltend das goldene Szepter, spricht Recht er über die Toten.

Was nun mich betrifft, Kallikles, so habe ich mich durch diese Geschichten überzeugen lassen und trage Sorge, daß ich mit möglichst gesunder Seele vor dem Richter erscheinen kann. Die Ehren, die bei der Menge gelten, lasse ich fahren und bemühe mich, indem ich nach der Wahrheit forsche, wirklich so gut als möglich zu sein, im Leben und, wenn ich dereinst sterben muß, auch im Tode. Ich ermahne aber auch alle meine Mitmenschen, soweit ich kann, und namentlich dich ermuntere ich zu dieser Lebensweise und zu diesem Kampfe, der, wie ich glaube, wichtiger ist als jeder andere Kampf in diesem Leben; und ich mache dir zum Vorwurf, daß du dir selbst nicht wirst helfen können, wenn für dich das Gericht und die Entscheidung kommt, von der ich jetzt erzählt habe. Sondern wenn du vor den Richter, den Sohn der Aigina, trittst, und wenn er dich ergreift und vor sich führt, dann wirst du dort ebenso mit offenem Munde stehen und schwindlig sein wie ich hier, und dann schlägt man dich vielleicht schmählich an die Ohren und beschimpft dich auf alle Art.

Vielleicht kommt dir das nun wie das Märchen eines alten Weibes vor, und du achtest es gering. Und diese Geringschätzung wäre ja auch nicht verwunderlich, wenn wir mit unserem Forschen irgend etwas Besseres und Wahreres finden könnten. Aber du siehst ja, wie ihr drei, die ihr heute die weisesten unter den Hellenen seid, du nämlich und Polos und Gorgias, nicht nachweisen könnt, daß man ein anderes Leben führen soll als eines, das sich auch für das Jenseits als zuträglich erweist. Eure vielen Behauptungen sind ja alle widerlegt worden, und nur die eine davon hat standgehalten; daß man sich mehr davor hüten soll, Unrecht zu tun als Unrecht zu leiden, und daß sich der Mensch mehr als um alles andere darum bemühen soll, nicht bloß gut zu scheinen, sondern es auch zu sein, für sich selber und in der Öffentlichkeit. Wird aber einer in irgendeiner Hinsicht schlecht, dann müsse er gezüchtigt werden, und dies sei das zweite Gute nächst dem Gerechtsein: daß man gerecht wird und sich durch Züchtigung bestrafen läßt. Jede Schmeichelei aber, uns selbst oder anderen gegenüber, seien diese nun wenige oder viele, soll man meiden; und man dürfe auch von der Redekunst und von jeder anderen Tätigkeit immer nur so, für das Gerechte Gebrauch machen.

So laß dich nun überzeugen und folge mir dorthin, wo du im Leben und im Tode glücklich sein wirst, wie meine Rede es verheißt. Und laß dich nur als einen Toren verachten und beschimpfen, wenn das jemand will, und, bei Zeus, stecke auch getrost jeden schimpflichen Schlag ein; denn es kann dir nichts Schlimmes begegnen, wenn du wirklich gut und edel bist und die Tugend übst.

Erst wenn wir uns gemeinsam so geübt haben, dann wollen wir uns, wenn wir es für nötig halten, auch der öffentlichen Angelegenheiten annehmen und, wo es uns richtig scheint, unseren Rat geben, weil wir dann besser dazu befugt sind als jetzt. Denn es ist eine Schande, wenn wir uns in dem Zustande, worin wir uns jetzt offenbar befinden, noch so aufspielen, als wären wir etwas, indes wir über die gleichen Fragen niemals die gleiche Ansicht haben, und das gerade über die allerwichtigsten: so weit sind wir in unserer Unwissenheit. Wir wollen uns an diese Worte, die uns jetzt klar geworden sind, wie an einen Führer halten, sie zeigen uns, daß dies die beste Lebensweise ist: im Leben und im Tode die Gerechtigkeit und überhaupt die Tugend zu üben. Ihnen also wollen wir folgen und auch die anderen dazu aufrufen, und nicht jenen, denen du vertraust und zu denen du mich aufrufst; denn sie sind nichts wert, lieber Kallikles.

PHAIDON

EINLEITUNG

‹Apologie›, ‹Kriton› und ‹Phaidon› schließen sich (wie in der Einleitung zum ‹Kriton› erwähnt) durch ihre Rahmenhandlung zu einem einheitlichen Bild von der Standfestigkeit und Unbeirrbarkeit des Sokrates zusammen. Die gemeinsame Botschaft der drei Werke lautet: Innere Selbständigkeit gewinnt der Mensch nur durch die Philosophie.

Aus solcher thematischen Zusammengehörigkeit ergibt sich kein Argument für chronologische Nähe. ‹Apologie› und ‹Kriton› gelten als frühe (oder relativ frühe) Werke, während der ‹Phaidon› der «mittleren» Schaffensperiode Platons (in den Jahren um 380 v. Chr.) zugewiesen wird. Diese Einschätzung mag richtig sein, nur sollte man sie nicht damit begründen, daß der ‹Phaidon› einen anderen philosophischen Standpunkt repräsentiere.

Denn der Zusammenhang der drei Werke beschränkt sich nicht auf das einheitliche Sokratesporträt. Vielmehr zeigt sich eine zunehmende Deutlichkeit in der Explikation der Gründe für die unerschütterliche Todeszuversicht des Philosophen. Wieviel davon mitgeteilt wird, hängt von der Situation und von der Einstellung der Rezipienten zur Sache der Philosophie und zur Person des Philosophen ab.

Dem Tod mit Ruhe entgegensehen kann nur, wer in ihm kein Übel sieht; hierzu muß er freilich wissen, was das Sterben ist. Vor dem Geschworenengericht geht Sokrates dieser Frage nur ein kleines Stück weit nach (Apologie 40 c ff.), ohne die gängigen Vorstellungen, denen die Mehrzahl der Richter anhängt, wesentlich hinter sich zu lassen; daß es ein glückseliges Leben im Jenseits als Belohnung für gerechtes Verhalten im Leben gibt, wird als eine mögliche Auffassung eingeführt, freilich ohne definitive Entscheidung für sie. Argumentativ begründet wird sie auch im ‹Kriton› nicht, doch ist hier kein Zweifel daran gelassen, daß der Mensch sich nach dem Tod für sein Verhalten im Diesseits wird verantworten müssen. Die philosophische Begründung für diese Überzeugung liefern erst die Argumente für die Unsterblichkeit der Seele im ‹Phaidon›. So erfährt die philosophiefeindliche Menge der Richter wenig, der gleichfalls unphilosophische, aber wohlwollende Freund Kriton etwas mehr, die philosophischen Freunde im ‹Phaidon› alles über die Todeszuversicht des Sokrates.

Platon macht diesen Zusammenhang deutlich, indem er die Vorstellung der «Verteidigung» von der ‹Apologie› auch auf die anderen beiden Werke überträgt: Die personifizierten Gesetze geben Argumente für die *Verteidigung* vor dem jenseitigen Gericht (Kriton 54 b), und im ‹Phaidon› will sich Sokrates vor den Freunden «wie vor Gericht» *verteidigen* (63 b, vgl. 63 de, 69 e). Es kann kein Zweifel daran bestehen, daß erst diese letzte Verteidigung die entscheidende ist, denn nur sie erfolgt vor dem Richtstuhl der Philosophie, die freilich nicht so sehr von den kritischen Fragen der jungen Freunde repräsentiert wird als vielmehr von Sokrates selbst, der in seinen Antworten weit über die Partner hinauswächst und ihnen den Weg weist auch für ihr künftiges Suchen.

Dieses Hinauswachsen des Sokrates über die Gesprächspartner ist inszeniert als eine «Hilfe» für den eigenen Logos. Nach ‹Phaidros› 278 bc ist es ein Merkmal des Philosophen, daß er in der Lage ist, seinem Logos im Fall des Angriffs durch Argumente von höherem philosophischem Gewicht zu «helfen», das heißt, sie neu und tiefer zu begründen. In diesem Sinne erhebt sich auch hier im ‹Phaidon›, als die ersten Beweise für die Unsterblichkeit der Seele auf Kritik stoßen, die Frage, ob Sokrates seinem Logos wird «helfen» können (88 e).

Es zeigt sich, daß er dazu in sehr überlegener Weise fähig ist. Und was er zur tieferen Begründung seiner Ansicht aufbietet, sind in der Tat «wertvollere Dinge» (timiṓtera) im Sinne des ‹Phaidros›: Sokrates greift auf die Ideenlehre zurück, also auf eine umfassende ontologische Theorie, in deren Horizont sich die Frage der Unsterblichkeit der Seele neu beantworten läßt (99 c ff.).

Die «Hilfe» des Sokrates für seinen Logos ist mithin erfolgreich, und dies gehört zum platonischen Bild des *philósophos.* Desgleichen war vom ‹Phaidros› her zu erwarten, daß die Begründung im Aufstieg zu grundlegenden Erwägungen in einem schriftlich vorliegenden Logos bewußt limitiert wird (vgl. oben S. 20 ff.). Das geschieht hier durch den Hinweis auf einen «hinreichenden», das heißt den Erkenntnisdrang befriedigenden letzten Ausgangspunkt des Denkens (101 de), jenseits dessen man nichts weiter suchen werde (107 b). Solch ein Punkt ist erreichbar, der Weg dorthin wird hier freilich nur abstrakt als Methode beschrieben, nicht auch beschritten.

Die Einführung der Ideenlehre, also des Kernstücks der platonischen Ontologie, erfolgt im Rahmen eines autobiographischen Rückblicks des Sokrates auf seinen Erkenntnisweg (96 a ff.). Nach enttäuschenden Erfahrungen mit der ionischen Naturphilosophie (auch mit Anaxagoras' vielversprechender Theorie einer die Welt durchwaltenden Vernunft) habe Sokrates seine Zuflucht zur Ideenannahme als einer rein an den Begriffen orientierten Welterklärung genommen.

Man hat diese Darstellung als historisch gemeinte Biographie des Sokrates mißverstanden (J. Burnet u. a.) und so die Ideenlehre, die nach Aristoteles (Metaphysik 987 b 1–10, 1078 b 30) das entscheidende Moment am philosophischen Neuansatz Platons ausmacht, dem historischen Sokrates zuweisen wollen. In

Wirklichkeit steht Sokrates hier noch deutlicher als sonst für den idealen (platonischen) Dialektiker, der den Weg des Aufstiegs zu den Prinzipien zu gehen und anderen zu weisen vermag. Durch die «biographische» Darstellung macht Platon auch deutlich, daß er sich bewußt ist, mit seinem Ansatz die gesamte ältere Philosophie bis zu Anaxagoras hinter sich gelassen zu haben.

Die Orientierung am rein Begrifflichen schließt auch ein, daß man sich allein auf die Kraft der Argumente verläßt und bei der Suche nach der Wahrheit freihält von allen sachfremden Einflüssen und persönlichen Rücksichten. In diesem Sinne fordert Sokrates die Freunde auf, bei ihrer Kritik der Unsterblichkeitsbeweise sich auch um seine Person – seinen unmittelbar bevorstehenden Tod – nicht zu kümmern (91 c). Die Schilderung der Reaktionen der Anwesenden auf solche Kritik (88 c–e) zeigt freilich, daß zu der postulierten Trennung der Sache der Wahrheit von den Personen oder der Person, die sie suchen oder sucht, allenfalls einer fähig wäre, nämlich Sokrates selbst. Platon stellt uns also als Philosoph das Ideal der reinen Wahrheitssuche vor Augen, gleichzeitig porträtiert er als Dichter mit großer Eindringlichkeit eine Gruppe junger Menschen, die in ihrer Suche sehr stark auf den einzigartigen Meister fixiert sind. Philosophieren strebt unmittelbare Begegnungen mit der Wahrheit an und vollzieht sich dennoch zunächst nur über die Begegnung mit dem philosophischen Lehrer. Dieses spannungsreiche Zusammenwirken von Personalem und Argumentativem ist ein wesentlicher Faktor der zwingenden Wirkung, die das Drama vom Sterben des Philosophen auf den Leser ausübt. Wir bekommen nicht nur einen Erkenntnisweg verheißen, auf dem wir zu einer letzten, tragfähigen Grundlage gelangen könnten, wir werden auch hineingezogen in die Faszination durch einen Menschen, dessen Freiheit und Würde im Angesicht des Todes an die äußerste Grenze dessen, was dem Menschen möglich ist, gelangt zu sein scheint.

PHAIDON

Die Personen des Dialogs: ECHEKRATES, PHAIDON
Ort: Phleius (im Nordosten der Peloponnes), kurz nach dem Tode des Sokrates

ECHEKRATES: Phaidon, warst du selbst bei Sokrates an jenem Tage, als er das Gift trank im Gefängnis, oder hast du es von einem anderen gehört?

PHAIDON: Ich war selbst bei ihm, Echekrates.

ECHEKRATES: Was waren denn eigentlich die letzten Worte dieses Mannes? Und wie starb er? Das möchte ich gerne hören. Denn gegenwärtig kommt von meinen Mitbürgern in Phleius nicht leicht einer nach Athen, und auch von dort ist seit langer Zeit kein Gastfreund zu uns gekommen, der uns etwas Bestimmtes über diese Begebnisse hätte berichten können, außer eben, daß er den Giftbecher trank und so gestorben ist. Von den weiteren Umständen aber konnte niemand etwas erzählen.

PHAIDON: Auch vom Prozeß habt ihr nichts erfahren, wie er verlaufen ist?

ECHEKRATES: Doch, darüber hat uns jemand berichtet, und wir wunderten uns noch, daß Sokrates offenbar viel später gestorben ist, nachdem der Prozeß schon lange stattgefunden hatte. Wie war das doch, Phaidon?

PHAIDON: Ein Zufall kam ihm zustatten, Echekrates. Am Vorabend des Prozesses war eben das Heck des Schiffes bekränzt worden, das die Athener nach Delos zu schicken pflegen.

ECHEKRATES: Was ist das für ein Schiff?

PHAIDON: Das ist, so behaupten die Athener, das Schiff, in dem einst Theseus fuhr, als er jene sieben Jünglinge und sieben Jungfrauen nach Kreta brachte, die er dann rettete, und er selbst wurde auch gerettet. Man erzählt nun, sie hätten dem Apollon damals gelobt, alljährlich eine Festgesandtschaft nach Delos zu senden, wenn sie gerettet würden. Diese schicken sie seither dem Gotte immer und auch jetzt noch jedes Jahr. Sie haben aber ein Gesetz, daß vom Beginn der Festgesandtschaft an während dieser Zeit die Stadt rein gehalten werden muß und daß niemand hingerichtet werden darf, bevor das Schiff nach Delos und von dort wieder hierher gelangt ist. Das dauert zuweilen ziemlich lange, wenn etwa Winde aufkommen, die sie zurückhalten. Die Festgesandtschaft beginnt aber mit dem Augenblick, wo der Apollonpriester das Heck des Schiffes bekränzt, und das war, wie gesagt, am Tag vor der Gerichtsverhandlung geschehen. Deshalb also war Sokrates von der Verurteilung bis zu seinem Tode so lange im Gefängnis.

2. ECHEKRATES: Wie waren denn eigentlich die näheren Umstände bei seinem Tode selbst, Phaidon? Was sprach er, was tat er und wer war bei ihm von seinen Bekannten – oder ließen die Behörden ihre Gegenwart nicht zu, und starb er einsam und ohne seine Freunde?

PHAIDON: O nein, es waren einige bei ihm, und sogar recht viele.

ECHEKRATES: Sei so gut und erzähle uns das alles so genau wie möglich, wenn du nicht gerade sonst etwas zu tun hast.

PHAIDON: Nein, ich habe Zeit, und ich will versuchen, es euch zu erzählen; denn Erinnerungen an Sokrates sind für mich von allem das Schönste, sei es, daß ich selber von ihm erzählen kann oder daß ich einem anderen zuhören darf.

ECHEKRATES: Nun wahrlich, Phaidon, du hast hier Zuhörer, die ebenso denken wie du. Versuche nur, alles so genau wie möglich zu berichten.

PHAIDON: Fürwahr, seltsam war mir dabei zumute. Das Mitleid, wie wenn man dem Tode eines befreundeten Menschen beiwohnt, empfand ich nicht. Denn glücklich, Echekrates, schien er mir, in seinem Verhalten und in seinen Worten, wie er so furchtlos und beherzt in den Tod ging. Ich bekam so den Eindruck, er gehe auch in die Unterwelt nicht ohne göttliche Bestimmung, sondern nach seiner Ankunft dort werde ihm wohl sein wie nur je irgendeinem. Deshalb ergriff mich nicht das geringste Mitleid, wie es doch unter so traurigen Umständen natürlich schiene. Aber auch jene Freude, die wir sonst immer empfanden, wenn wir beim Philosophieren waren, spürte ich nicht, trotzdem unsere Unterredung von dieser Art war. Ich hatte vielmehr ein geradezu ungewöhnliches Gefühl, eine seltsame Mischung von Freude und Schmerz, wenn ich daran dachte, daß er nun bald sterben müsse. Und alle Anwesenden waren ungefähr ähnlich gestimmt: bald lachten wir, bald weinten wir wieder, besonders einer von uns, Apollodoros – du kennst ihn ja und seine Art.

ECHEKRATES: Natürlich kenne ich ihn.

PHAIDON: Also, Apollodoros war ganz in dieser Stimmung, und ich selbst war erschüttert, und auch die anderen.

ECHEKRATES: Wer war denn noch dabei, Phaidon?

PHAIDON: Von den Einheimischen war also einmal dieser Apollodoros da, dann Kritobulos und sein Vater Kriton, und Hermogenes und Epigenes und Aischines und Antisthenes; dann Ktesippos vom Demos Paiania und Menexenos und noch einige andere Einheimische; Platon aber, glaube ich, war krank.

ECHEKRATES: Waren auch Fremde dabei?

PHAIDON: Ja, der Thebaner Simmias, und Kebes und Phaidonides, und von Megara Eukleides und Terpsion.

ECHEKRATES: Und Aristippos und Kleombrotos, waren die auch da?

PHAIDON: Nein. Man sagte, sie seien in Aigina.

ECHEKRATES: War sonst noch jemand anwesend?

PHAIDON: Ich glaube, das sind ungefähr alle, die dabei waren.

ECHEKRATES: Und jetzt? Was weißt du von ihren Reden zu erzählen?

3. PHAIDON: Ich will versuchen, dir alles von Anfang an genau zu schildern. Schon die Tage vorher waren wir, ich und die anderen, jeweils zu Sokrates gegangen. Am frühen Morgen versammelten wir uns beim Gerichtsgebäude, in dem auch der Prozeß stattgefunden hatte; dieses war nämlich ganz in der Nähe des Gefängnisses. Wir warteten dann jeweilen, bis das Gefängnis geöffnet wurde, und unterhielten uns miteinander; denn es wurde nicht sehr früh geöffnet. Sobald es aber offen war, gingen wir zu Sokrates hinein und verbrachten den größten Teil des Tages mit ihm. An jenem Tage aber hatten wir uns noch früher versammelt. Als wir nämlich am Abend vorher aus dem Gefängnis kamen, hatten wir erfahren, daß das Schiff von Delos angekommen war. Wir hatten darauf miteinander verabredet, so früh als möglich am gewohnten Orte zusammenzukommen. Wir waren dann auch da, und der Türhüter, der uns gewöhnlich öffnete, kam heraus und sagte, wir müßten noch eine Weile warten und dürften nicht eintreten, bevor er uns riefe. «Denn die Elfmänner», sagte er, «lösen dem Sokrates gerade die Fesseln und verkünden ihm, daß er heute sterben muß.» Nach kurzer Zeit kam er dann und rief uns herein. Als wir eintraten, fanden wir den Sokrates eben von seinen Fesseln befreit; neben ihm saß die Xanthippe – du kennst sie ja – und hielt sein Knäblein auf dem Arm. Als sie uns sah, begann sie zu jammern und sagte allerlei, was Weiber etwa zu sagen pflegen: «Sokrates, zum letzten Male also werden jetzt deine Freunde mit dir reden und du mit ihnen.» Sokrates schaute den Kriton an; «Kriton», sagte er, «es soll sie

doch einer nach Hause bringen.» Da führten sie einige von den Leuten des Kriton weg, während sie schrie und sich an die Brust schlug.

Sokrates aber setzte sich auf seinem Lager auf, zog sein Bein an und rieb es mit der Hand; und während er so rieb, sagte er: «Wie seltsam, ihr Männer, scheint doch das zu sein, was die Menschen als angenehm bezeichnen, und wie merkwürdig sind seine Beziehungen zum Unangenehmen, das man doch für sein Gegenteil hält. Zwar wollen sich die beiden beim Menschen nie gleichzeitig einstellen; wenn aber jemand dem einen nachjagt und es erreicht, so ist er fast gezwungen, auch das andere in Kauf zu nehmen, als ob die beiden am obern Ende zusammengebunden wären. Ich glaube», sagte er, «wenn Äsop auf diesen Gedanken gekommen wäre, hätte er darüber eine Fabel geschrieben: Gott habe diese beiden Feinde versöhnen wollen, und als ihm das nicht gelungen sei, habe er ihre Köpfe zusammengebunden. Wenn sich daher bei einem Menschen das eine einstelle, folge gleich darauf auch das andere nach. Gerade so geht es nun scheinbar auch mir selber: nachdem in meinem Bein infolge der Fesseln der Schmerz saß, folgt nun offenbar die angenehme Empfindung.»

4. Jetzt nahm Kebes das Wort: «Beim Zeus, Sokrates», sagte er, «gut, daß du mich daran erinnerst. Wegen der Werke nämlich, die du verfaßt hast, wegen der äsopischen Fabeln, die du in Verse setztest, und wegen des Apollonhymnus haben mich schon einige Leute befragt und gerade letzthin wieder Euenos. Sie wollten wissen, was dir denn eingefallen sei, seitdem du dich hier befindest, diese Werke zu schreiben, nachdem du doch vorher nie etwas verfaßt hättest. Wenn es dir nun daran gelegen ist, daß ich dem Euenos antworten kann, wenn er mich wieder fragt – und ich weiß bestimmt, daß er das tun wird –, so sage mir, was ich ihm erwidern soll.»

«Sag ihm die Wahrheit, Kebes», antwortete Sokrates; «sag ihm, daß ich das nicht gedichtet habe, um mit ihm und seinen Werken zu wetteifern; ich weiß, daß das gar nicht so leicht wäre; sondern ich tat es, um damit die Deutung einiger Träume zu versuchen und um mich einer heiligen Pflicht zu entledigen, falls sie mir nämlich diese Art musischer Kunst aufgetragen haben sollten. Es verhielt sich nämlich so damit: immer wieder in dem nun vergangenen Leben kam der gleiche Traum zu mir, bald in dieser, bald in jener Gestalt. Und jedesmal sagte er dasselbe zu mir: ‚Sokrates', sprach er, ‚beschäftige dich mit allem Fleiße mit der musischen Kunst.'

Früher sah ich darin eine Mahnung und eine Aufforderung zu etwas, was ich schon immer getan hatte; so, wie man die Schnelläufer antreibt, so schien mich der Traum zu etwas zu ermuntern, was ich ohnehin schon tat, mich nämlich in der Musenkunst zu betätigen; denn das Philosophieren sei doch die höchste Musenkunst, und damit hatte ich mich ja abgegeben. Als nun aber das Urteil gegen mich gefällt war und als das Fest des Gottes meinen Tod noch hinausschob, da hielt ich es für meine Pflicht, nicht ungehorsam zu sein, falls sich die steten Mahnungen des Traumes etwa auf diese gewöhnliche Art von musischer Kunst bezogen hätten, sondern danach zu handeln. Ich glaubte, es sei doch sicherer, nicht hinwegzugehen, bevor ich meine heilige Pflicht erfüllt und diese Gedichte, dem Traum gehorchend, geschrieben hätte. So verfaßte ich denn zunächst das Gedicht auf den Gott, dessen Opferfest gerade stattfand. Und nachher bedachte ich, daß es einem Dichter zieme, wenn er schon ein Dichter sein will, Mythen zu dichten und nicht nur Reden; weil ich aber selbst kein Mythenerfinder bin, nahm ich solche, die mir gerade zur Hand waren und die ich kannte, die des Äsop nämlich, und faßte davon die in Verse, die mir gerade einfielen.

5. Dies, Kebes, magst du dem Euenos antworten. Und ich lasse ihm Lebewohl sagen, und wenn er weise ist, dann soll er mir so bald wie möglich nachfolgen. Ich werde allem Anschein nach heute noch hinweggehen; denn so gebieten es die Athener.»

Da sagte Simmias: «Sokrates, was gibst du da dem Euenos für einen Rat? Ich bin schon oft mit ihm zusammengewesen; doch nach meinem Eindruck möchte ich behaupten, daß er dir ganz gewiß nicht freiwillig folgen wird.»

«Wieso, Simmias», fragte Sokrates; «ist denn Euenos nicht Philosoph?»

«Ich glaube wohl», sagte Simmias.

«Dann wird er mir auch folgen wollen, er und jeder andere, der auf würdige Art an dieser Sache Anteil hat. Freilich wird er sich vermutlich nicht selbst Gewalt antun; denn das, sagt man, ist nicht erlaubt.»

Bei diesen Worten setzte er seine Füße auf den Boden und führte so in sitzender Stellung das Gespräch weiter. Kebes fragte ihn nun: «Wie meinst du das, Sokrates, daß es nicht erlaubt sei, sich selbst Gewalt anzutun, daß aber der Philosoph doch den Wunsch habe, dem Sterbenden nachzufolgen?»

«Wie, Kebes, habt ihr denn nie etwas über diese Dinge gehört, du und Simmias, die ihr doch mit Philolaos zusammengewesen seid?»

«Nichts Genaues, Sokrates.»

«Nun, fürwahr, auch ich rede nur vom Hörensagen darüber. Was ich aber zufällig davon vernommen habe, soll euch gerne gesagt sein. Vielleicht ziemt es sich ja für einen, der bald ins Jenseits geht, ganz besonders, daß er sich überlegt und sich eine Vorstellung davon macht, was es denn mit dieser Wanderung dorthin auf sich habe und was wir darunter verstehen sollen. Was wollte man denn in der Zeit bis zum Sonnenuntergang auch anderes tun?»

6. «Wieso kann man nun also behaupten, es sei nicht erlaubt, sich selbst umzubringen, Sokrates? Denn wie du in deiner Frage erwähnt hast, habe ich bereits von Philolaos, als er mit uns zusammen lebte, und auch schon von einigen anderen gehört, daß man das nicht tun dürfe. Aber etwas Bestimmtes darüber habe ich noch von niemandem erfahren.»

«Paß nur auf», sagte er da, «vielleicht kannst du es jetzt hören. Wahrscheinlich kommt es dir seltsam vor, daß dies als einziges von allen Dingen nur eine Seite hat und daß es sich für den Menschen niemals so verhält wie die andern. So ist es manchmal und für manchen Menschen besser, tot zu sein als zu leben; bei den Menschen aber, für die der Tod besser ist, scheint es dir vielleicht seltsam, daß diesen nicht erlaubt sein soll, sich selbst diese Wohltat zu erweisen, sondern daß sie einen fremden Wohltäter abwarten müssen.»

Da lächelte Kebes leise; «Weiß Gott», sagte er in seiner (böotischen) Mundart.

«Es mag wirklich unlogisch scheinen», fuhr Sokrates fort; «und doch steckt vielleicht ein richtiger Sinn darin. Der Satz nämlich, der in den Geheimlehren über diese Dinge verbreitet wird, daß wir Menschen hier gewissermaßen auf einem Wachtposten stehen und daß wir uns nicht selbst davon ablösen oder weglaufen dürfen, dieser Satz scheint mir etwas wahrhaft Großes zu sein und gar nicht leicht zu durchschauen. Denn auch dieses halte ich für zutreffend, Kebes, daß die Götter für uns sorgen und daß wir Menschen eines ihrer Besitztümer sind. Hältst du das nicht auch für richtig?»

«Doch», sagte Kebes.

«Wenn nun einer deiner Sklaven sich selbst umbrächte, ohne daß du ihm bedeutet hast, daß du seinen Tod wünschest – da würdest du doch auf ihn schelten und ihn bestrafen, wenn du das noch könntest?»

«Gewiß», erwiderte er.

«So aufgefaßt, ist es also vielleicht doch nicht widersinnig, daß man sich nicht selbst umbringen darf, bevor uns Gott einen schicksalhaften Zwang auferlegt, so wie er jetzt für mich besteht.»

7. «Das leuchtet mir freilich ein», sagte da Kebes. «Was du hingegen gerade vorher behauptet hast, daß nämlich die Philosophen gerne sterben möchten, das nimmt sich seltsam aus, Sokrates, besonders wenn unsere eben geäußerte Meinung richtig ist, daß Gott für uns sorge und wir sein Eigentum seien. Denn daß sich gerade die Verständigsten gerne aus diesem Dienst wegbegeben sollten, wo sie doch die besten Aufseher haben, die es überhaupt gibt, die Götter – das ist widersinnig. Es wird doch niemand glauben, er könne selbst besser für sich sorgen, wenn er frei ist. Ein unvernünftiger Mensch hingegen könnte freilich der Ansicht sein, er müsse seinem Herrn entfliehen, und würde nicht überlegen, daß man einem guten Herrn nicht fortlaufen, sondern so lange wie möglich bei ihm bleiben soll. Aus Unbedacht würde er also weglaufen. Der vernünftige dagegen möchte immer bei einem Herrn bleiben, der besser ist als er selbst. Und so ergibt sich daraus das Gegenteil von dem, was du eben gesagt hast, Sokrates: die Verständigen dürfen nur ungern in den Tod gehen, die Unverständigen aber sollen sich darüber freuen.»

Als Sokrates dies hörte, schien er am Eifer des Kebes Freude zu haben. Er schaute uns an und sagte:

«Immer spürt Kebes irgendwelche Gründe aus und läßt sich gar nicht leicht überzeugen, was einer auch behaupten mag.»

Simmias aber sprach: «Sokrates, ich habe jetzt tatsächlich auch den Eindruck, Kebes habe etwas Beachtenswertes gesagt. Warum sollten wahrhaft weise Männer ihren besseren Herren entfliehen wollen und sich gerne von ihnen wegbegeben? Kebes bezieht offenbar seine Worte auf dich, weil du es so leicht nimmst, uns zu verlassen, uns und auch die Götter, deine guten Herren, wie du sie selbst nennst.»

«Da habt ihr recht», gab Sokrates zur Antwort. «Ich nehme an, ihr meint, ich solle mich dagegen verteidigen wie vor einem Gerichtshof.»

«Gerade so ist es», erwiderte Simmias.

8. «Wohlan denn», fuhr Sokrates fort, «so will ich versuchen, mich vor euch überzeugender zu verteidigen als vor meinen Richtern. Wenn ich nicht glauben könnte, Simmias und Kebes, daß ich erstlich zu anderen weisen und guten Göttern komme und dann aber auch zu gestorbenen Menschen, und zwar zu besseren als hier auf Erden, dann hätte ich wohl unrecht, über den Tod nicht unwillig zu sein. Nun aber müßt ihr wissen, daß ich die bestimmte Hoffnung habe, zu guten Menschen zu kommen. Freilich kann ich das nicht ganz sicher behaupten; daß ich jedoch zu Göttern kommen werde, die ganz besonders gute Herren sind, das, sollt ihr wissen, möchte ich, wenn irgend etwas von diesen Dingen, mit Gewißheit behaupten. Deshalb bin ich nicht dermaßen unwillig, sondern habe die feste Hoffnung, es gebe für die Gestorbenen noch etwas, und zwar, wie man ja schon lange behauptet, für die Guten etwas viel Besseres als für die Schlechten.»

«Wie nun, Sokrates?» fragte Simmias. «Hast du im Sinn, mit dieser Einsicht, die du besitzest, von uns wegzugehen, oder willst du sie auch uns vermitteln? Mir scheint, sie ist für uns alle ein gemeinsames Gut. Zudem verteidigst du gleichzeitig auch dich selbst, wenn du uns mit deinen Worten überzeugen kannst.»

«Nun gut, ich will es versuchen», sagte Sokrates. «Zuerst aber wollen wir sehen, was uns Kriton da schon lange sagen will.»

«Nichts, Sokrates», erwiderte Kriton, «als daß der Mann, der dir das Gift reichen muß, mir schon lange sagt, man möge dir mitteilen, du sollest dich sowenig als möglich unterhalten. Er behauptet nämlich, daß man sich beim Reden eher erhitze, dies aber sei der Wirkung des Giftes unzuträglich. Denn sonst müssen die, welche das tun, zwei- oder dreimal trinken.»

«Laß ihn doch», sagte Sokrates darauf; «er soll seine Sache nur vorbereiten und mir das Gift eben zweimal reichen, wenn es sein muß, oder dreimal.»

«Das wußte ich ungefähr schon», sagte Kriton, «aber er drängt mich eben schon lange.»

«Laß ihn nur», antwortete Sokrates. «Euch aber, als meinen Richtern, will ich nun Rechenschaft darüber ablegen, daß – wie mir scheint – ein Mensch, der sein Leben wirklich im Streben nach der Weisheit verbracht hat, mit Recht guten Mutes in den Tod gehen soll und hoffen darf, er werde nach seinem Tode in jener Welt der höchsten Güter teilhaft. Wie das gemeint ist, Simmias und Kebes, das will ich euch jetzt zu erklären suchen.

9. Alle die, welche sich mit der Philosophie richtig befassen, beschäftigen sich offenbar, ohne daß die anderen es merken, eigentlich mit nichts anderem als mit dem Sterben und mit dem Totsein. Ist dem nun so, dann wäre es doch widersinnig von ihnen, das ganze Leben hindurch kein anderes Ziel vor Augen zu haben, wenn es dann aber so weit ist, über das unwillig zu sein, was sie so lange begehrt und worum sie sich bemüht haben.»

«Beim Zeus, Sokrates», sagte da Simmias und lachte, «obwohl es mir gegenwärtig gar nicht darum ist, hast du mich doch zum Lachen gebracht. Ich glaube nämlich, wenn sie dich hörten, wären die meisten der Meinung, du habest das von den Philosophen sehr treffend gesagt. Bei uns wären die Leute jedenfalls sehr damit einverstanden, daß die Philosophen wirklich sterben möchten, und sie behaupteten auch, sie wüßten genau, daß sie das verdienten.»

«Damit hätten sie auch ganz recht, Simmias, abgesehen allerdings von der Behauptung, sie wüßten, warum. Sie wissen eben gerade nicht, inwiefern die echten Philosophen sterben möchten und inwiefern sie den Tod und welchen Tod sie verdienen. Aber bleiben wir bei uns und lassen wir jene reden. Ist nach unserer Ansicht der Tod etwas?»

«Gewiß», nahm Simmias das Wort.

«Ist er nicht die Trennung der Seele vom Leib? Und ist nicht das Totsein der Zustand, wo der Leib getrennt von der Seele für sich allein, die Seele aber getrennt vom Leib für sich allein ist? Oder ist der Tod etwas anderes als das?»

«Nein, gerade das», antwortete Simmias.

«Prüfe denn, mein Guter, ob du der gleichen Ansicht bist wie ich. Ich glaube nämlich, wir können daraus größere Klarheit über das gewinnen, was wir untersuchen wollen. Glaubst du, ein Philosoph solle nach den Dingen trachten, die man Genüsse nennt, etwa nach Speise und Trank?»

«Sicher nicht, Sokrates», gab Simmias zur Antwort.

«Oder nach Liebeslust?»

«Auf keinen Fall.»

«Oder glaubst du, der Philosoph halte die übrigen Bedürfnisse des Leibes für wichtig? Etwa den Besitz von prächtigen Kleidern oder von Schuhen oder von sonstigem Putz? Was meinst du, hält er dies alles für wertvoll oder für wertlos, soweit er zu ihrem Besitz nicht gerade gezwungen ist?»

«Ich glaube, er hält es für wertlos», antwortete Simmias, «wenigstens der echte Philosoph.»

«Glaubst du nicht auch», fuhr jetzt Sokrates fort, «daß er sein ganzes Streben nicht auf den Leib richtet, sondern daß er diesen nach Möglichkeit zurückstellt, um sich ganz nur seiner Seele zuzuwenden?»

«Jawohl.»

«Darin zeigt sich doch vor allem sehr deutlich, daß der Philosoph gerne die Seele von der Gemeinschaft mit dem Leib lösen wird, eher als alle anderen Menschen?»

«Ja, das zeigt sich.»

«Und doch meinen die meisten Menschen, Simmias, daß einer, der an diesen Dingen keine Freude und keinen Anteil hat, nicht würdig sei zu leben; und wer sich nichts aus den sinnlichen Vergnügungen mache, sei beinahe schon tot.»

«Du hast vollkommen recht.»

10. «Wie verhält es sich nun aber mit dem Erwerb der vernünftigen Einsicht selbst? Ist der Leib ein Hindernis oder nicht, wenn ihn jemand beim Suchen zu Hilfe nehmen will? Ich meine dies so: vermittelt uns Menschen etwa das Gesicht oder das Gehör irgendeine Wahrheit? Oder stimmt das, was auch die Dichter uns immer vorschwatzen, daß wir etwas Genaues weder hören noch sehen? Wenn aber diese beiden Sinnesempfindungen ungenau und unzuverlässig sind, dann sind es die anderen sicher noch mehr; sind sie doch alle noch minderwertiger als sie. Bist du nicht auch dieser Meinung?»

«Gewiß.»

«Wann erfaßt denn die Seele überhaupt die Wahrheit? Solange sie mit Hilfe des Leibes etwas zu erkennen sucht, wird sie offenbar von ihm getäuscht.»

«Da hast du recht.»

«So wird ihr also, wenn überhaupt irgendwo, im vernünftigen Denken etwas vom wahren Wesen der Dinge offenbar?»

«Ja.»

«Am allerbesten aber kann sie dann vernünftig denken, wenn nichts von diesen Dingen sie stört, weder das Gehör noch das Gesicht, weder Schmerz noch Lust, sondern wenn sie möglichst für sich allein bleibt, den Leib beiseite läßt und, soweit dies geht, keine Gemeinschaft mit ihm hat und so, von ihm unberührt, nach dem Seienden trachtet.»

«Ja, so ist es.»

«Auch hierin schätzt wohl die Seele des Philosophen den Leib ganz gering, flieht vor ihm und sucht ganz für sich allein zu sein.»

«Offenbar.»

«Wie steht es nun aber mit folgendem, Simmias: Sagen wir, es gebe ein Gerechtes an sich oder nicht?»

«Das sagen wir, beim Zeus.»

«Und ein Schönes und ein Gutes?»

«Selbstverständlich.»

«Hast du nun aber schon irgendeinmal etwas Derartiges mit Augen gesehen?»

«Nein, niemals», erwiderte er.

«Oder bist du durch irgendeine andere sinnliche Wahrnehmung damit in Berührung gekommen? Ich rede nun von all diesen Dingen wie Größe oder Gesundheit oder Kraft, mit einem Wort, von allem übrigen, was ein jedes seinem Wesen nach sein mag. Kann mit Hilfe des Leibes ihr eigentlich wahres Wesen erkannt werden? Oder ist es so, daß der unter uns der Erkenntnis der Dinge am nächsten kommt, der am schärfsten und am genauesten über das nachzudenken sich anschickt, was er erkennen möchte?»

«Gewiß.»

«Und das kann doch wohl der am reinsten tun, der am meisten nur mit dem Denken an jedes Ding herantritt und der dabei weder die Augen zu Hilfe nimmt noch irgendein anderes Sinnesorgan beim vernünftigen Überlegen beizieht, sondern einzig und allein mit dem reinen Nachdenken ein jedes Ding ganz in seiner Wesensart erfassen will, möglichst ohne die Augen und ohne die Ohren, sozusagen ganz ohne den Leib, weil der Leib die Seele verwirrt und sie die wahre Erkenntnis nicht erlangen läßt, solange er mit ihr Gemeinschaft hat. Simmias, wird nicht der, wenn überhaupt einer, das Seiende erfassen?»

«Ja, Sokrates, was du sagst, ist über alle Maßen richtig», gab Simmias zur Antwort.

11. «Auf Grund von alledem», fuhr jetzt Sokrates fort, «müssen nun doch die echten Philosophen zu dieser Ansicht kommen und zueinander etwa folgendes sagen:

‚Es scheint uns doch ein gewisser Ausweg weiter zu führen: solange wir nämlich beim Forschen neben dem reinen Denken noch den Leib gebrauchen und solange unsere Seele mit diesem Übel vermengt ist, werden wir das, wonach wir begehren – nämlich die Wahrheit – niemals recht erlangen. Unendlich viele Schwierigkeiten bereitet uns der Leib schon wegen der Notwendigkeit seiner Ernährung; wenn erst noch irgendwelche Krankheiten dazu kommen, dann hindern auch sie unsere Jagd nach dem Seienden. Aber auch mit Liebesverlangen, mit Begierden, mit Furcht, mit allerlei Illusionen und mit mancherlei Torheit erfüllt uns der Leib, so daß er uns, wie man mit Recht zu sagen pflegt, ja wirklich gar nicht zur Vernunft kommen läßt. Auch Kriege und Aufstände und Schlachten haben keine andere Ursache als den Leib und seine Begierden. Wegen des Gelderwerbs nämlich entstehen alle Kriege; Geld aber müssen wir erwerben des Leibes wegen, indem wir seiner Pflege dienstbar sind; und darum haben wir aus all diesen Gründen keine Zeit mehr für die Philosophie.

Das Schlimmste von allem aber ist, daß uns der Leib auch dann, wenn er uns Zeit läßt und wir uns irgendeiner Betrachtung hingeben, mitten im Suchen immer wieder stört und verwirrt und erschreckt, so daß es seinetwegen nicht möglich ist, das Wahre einzusehen. Vielmehr ist uns in der Tat bewiesen, daß wir uns, wenn wir von irgend etwas die reine Erkenntnis erlangen wollen, von ihm losmachen und allein mit der Seele die Dinge an sich betrachten müssen. Das, wonach wir verlangen und als dessen Liebhaber wir uns ausgeben, der vernünftigen Einsicht nämlich, das wird uns offenbar erst dann zuteil werden, wenn wir gestorben sind, wie diese Untersuchung zeigt, nicht aber im Leben. Denn wenn es nicht möglich ist, in Verbindung mit dem Leibe irgend etwas rein zu erkennen, so bleibt nur eines von beiden: entweder können wir das Wissen überhaupt nicht erlangen oder erst nach unserem Tode. Dann wird die Seele ganz für sich sein, getrennt vom Leibe, vorher aber nicht. Und solange wir leben, werden wir offenbar in dem Maße dem Wissen am nächsten kommen, als wir mit dem Leibe möglichst wenig verkehren und keine Gemeinschaft mit ihm haben, soweit es nicht unbedingt notwendig ist, und uns von seiner Natur nicht erfüllen lassen, sondern uns von ihm rein halten, bis Gott selbst uns von ihm löst. Und so, rein und von der Unvernunft des Leibes befreit, werden wir dann wohl unter gleichartigen Wesen leben und durch uns selbst die ganze reine Wahrheit erkennen; und das ist dann wohl das wirklich Wahre. Denn ein Unreiner darf Reines wohl nicht erfassen.‘

So, glaube ich, Simmias, müssen alle echten Philosophen denken und zueinander reden. Bist du nicht auch dieser Meinung?»

«Durchaus, Sokrates.»

12. «Wenn dem so ist, mein Freund», fuhr Sokrates fort, «dann besteht doch für jeden, der dorthin kommt, wohin ich jetzt gehe, die große Hoffnung, an jenem Orte, wenn überhaupt irgendwo, das in reichem Maße zu erlangen, worum wir uns in dem gegenwärtigen Leben so sehr bemühen. Dann ist also die Reise, die ich jetzt antreten muß, mit einer herrlichen Hoffnung verbunden. Und das gilt auch für jeden anderen Menschen, der glaubt, dafür gesorgt zu haben, daß sein Geist gewissermaßen gereinigt ist.»

«Gewiß», sagte Simmias.

«Die Reinigung besteht aber doch darin, daß wir die Seele, wie ich in meiner Rede schon immer gesagt habe, so viel als möglich vom Leibe trennen und sie daran gewöhnen, sich allerseits von ihm zurückzuziehen und sich zu sammeln und sowohl in diesem wie im künftigen Leben möglichst allein für sich zu wohnen, gleichsam befreit von den Banden des Leibes?»

«Gewiß», gab er zur Antwort.

«Ist es denn nicht das, was wir als ‚Tod' bezeichnen: die Erlösung und Befreiung der Seele vom Leib?»

«Allerdings», sagte er.

«Wie wir aber behaupten, bemühen sich die echten Philosophen jederzeit am meisten und als einzige darum, ihre Seele loszulösen; gerade das ist doch ihr Bestreben, die Loslösung und Trennung der Seele vom Leib, oder nicht?»

«Offenbar.»

«Wäre es also nicht lächerlich, wie ich schon anfangs sagte, wenn sich ein Mensch das ganze Leben hindurch bemühte, so zu leben, daß er dem Totsein ganz nahe ist, und er sich dann unwillig gegen den Tod sträuben wollte, wenn er wirklich an ihn herantritt?»

«Freilich wäre das lächerlich.»

«In der Tat, Simmias», fuhr Sokrates fort, «bereiten sich die echten Philosophen auf das Sterben vor, und der Tod ist für sie weniger schrecklich als für alle anderen Menschen. Du kannst das aus folgendem ersehen: wenn sie sich wirklich in jeder Hinsicht mit dem Leib überworfen haben und die Seele für sich allein haben möchten, dann wäre es doch ganz widersinnig, wenn sie sich im Augenblick, da dies geschieht, fürchteten und unwillig würden und wenn sie nicht freudig an jenen Ort gingen, wo sie hoffen dürfen, bei ihrer Ankunft jene vernünftige Einsicht zu erlangen, nach der sie sich das ganze Leben hindurch gesehnt hatten, und von dem Zusammensein mit dem befreit zu werden, womit sie sich so überworfen hatten. Viele sind ja schon bereit gewesen, nach dem Tode ihrer menschlichen Geliebten oder ihrer Frauen oder ihrer Söhne freiwillig in die Unterwelt nachzufolgen, in der Hoffnung, die dort wiederzusehen, nach denen sie sich sehnten, und mit ihnen zusammen zu sein. Wenn sich nun jemand wirklich nach der vernünftigen Einsicht sehnt und wenn er die bestimmte Hoffnung hat, sie an keinem anderen Orte als in der Unterwelt wirklich zu finden, – wird er sich dann unwillig sträuben, wenn er sterben muß, und nicht freudig dorthin gehen?

Von einem echten Philosophen wenigstens, Simmias, sollte man das annehmen können; denn er wird völlig davon überzeugt sein, daß er die vernünftige Einsicht an keinem Orte in seiner Form finden kann als dort. Wenn dem aber so ist, wie ich eben sagte, dann wäre es doch völlig widersinnig, wenn so ein Mann sich vor dem Tode fürchtete.»

«Wahrlich, beim Zeus, das wäre es», antwortete er.

13. «Siehst du also einen, der unwillig wird, wenn er sterben soll, so ist das für dich ein genügender Beweis, daß er nicht die Weisheit lieb hat, sondern seinen Leib. Der ist dann wohl auch habsüchtig oder ehrgeizig, eines von beiden gewiß, oder gar beides zugleich.»

«In der Tat», erwiderte er, «es ist so, wie du sagst.»

«Nun, mein Simmias», fuhr er fort, «kommt nicht auch das, was man Tapferkeit nennt, am ehesten denen zu, die so gesinnt sind?»

«Ganz gewiß», war die Antwort.

«Und auch die Besonnenheit, das, was auch die Menge Besonnenheit nennt, daß man sich nämlich von seinen Leidenschaften nicht hinreißen läßt, sondern daß man bescheiden und ordentlich lebt, – findet sich nicht auch sie allein bei denen, die am meisten den Leib gering achten und in der Liebe zur Weisheit leben?»

«Notwendig», erwiderte er.

«Denn willst du die Tapferkeit und Besonnenheit der anderen Menschen betrachten», fuhr er fort, «so wird dir das seltsam vorkommen.»

«Wieso denn, Sokrates?»

«Du weißt», sagte dieser, «daß die anderen alle meinen, der Tod sei eines der großen Übel?»

«Freilich», war die Antwort.

«Und so ertragen denn die Tapfern unter ihnen den Tod bloß aus Furcht vor noch größeren Übeln, wenn sie ihn ertragen?»

«So ist es.»

«Weil sie ihn fürchten, und aus Furcht sind also alle tapfer, außer den Philosophen. Und doch ist es widersinnig, aus Furcht und Feigheit tapfer zu sein.»

«Gewiß.»

«Und wie ist es denn mit den Sittsamen unter ihnen? Sind sie nicht ganz im gleichen Fall? Infolge einer Art von Zügellosigkeit sind sie besonnen. Wenn wir auch behaupten, das sei unmöglich, geht es ihnen doch ganz ähnlich mit ihrer törichten Besonnenheit. Weil sie nämlich fürchten, sonst auf andere Lüste verzichten zu müssen, nach denen sie doch Verlangen tragen, enthalten sie sich der einen, indes sie von den anderen beherrscht werden. Und das nennt man doch Zügellosigkeit, von den Lüsten beherrscht zu werden. Während sie aber von den einen Lüsten beherrscht werden, gelingt es ihnen, über die anderen Herr zu werden. Und deshalb ist es ganz so, wie ich eben gesagt habe: sie sind besonnen infolge einer Art von Zügellosigkeit.»

«Ja, es scheint so.»

«Mein lieber Simmias, dies ist also schwerlich der rechte Tausch zur Erlangung der Tugend, indem man Lust gegen Lust und Schmerz gegen Schmerz und Furcht gegen Furcht eintauscht, eine größere gegen eine geringere, so wie man Geld wechselt. Vernünftige Einsicht allein ist die wahre Münze, für die man alles eintauschen soll. Und nur das alles, was mit ihr gekauft und verkauft wird, ist wirkliche Tapferkeit und Besonnenheit und Gerechtigkeit, mit einem Wort: wahre Tugend, verbunden mit vernünftiger Einsicht und unabhängig von den Lüsten und Sorgen und von allem Derartigen. Wird aber dies alles ohne die Einsicht gegeneinander eingetauscht, dann ist eine solche Tugend nur ein Trugbild und in Wirklichkeit etwas Knechtisches, das nichts Gesundes oder Wahres an sich hat. Das Wahre aber ist nichts anderes als eine Reinigung von alledem, und die Besonnenheit und die Gerechtigkeit und die Tapferkeit und die Einsicht selbst sind eine Art von Reinigung.

So mögen auch die bekannten Stifter der Geheimlehren keine geringen Leute gewesen sein, haben sie doch in Wirklichkeit schon lange angedeutet, daß, wer ohne die Weihen und ungeheiligt in die Unterwelt kommt, im Schlammstrom liegen muß, während der, der gereinigt und geweiht dorthin kommt, bei den Göttern wohnen wird. ‚Viele sind Thyrsosträger' – so sagen die in die Mysterien Eingeweihten – ‚wenige aber sind echt Begeisterte.' Dies sind aber nach meiner Meinung keine anderen als die echten Philosophen. Nach bestem Vermögen habe auch ich in meinem Leben nichts versäumt, einer von ihnen zu werden, sondern mich auf alle Art darum bemüht. Ob ich aber auf die rechte Weise und mit Erfolg danach gestrebt habe, das werde ich offenbar gleich nach meiner Ankunft dort genau erfahren, und zwar binnen kurzem, wenn es Gottes Wille ist.

Das also, Simmias und Kebes», sagte er, «kann ich zu meiner Verteidigung sagen, und damit kann ich es rechtfertigen, daß ich es so leicht nehme und nicht darüber unwillig bin, daß ich euch und die Herren dieser Welt verlassen muß. Ich glaube nämlich, dort ebenso gute Herren und gute Freunde zu finden wie hier. Ich hoffe nur, ich habe mich jetzt vor euch ein wenig überzeugender verteidigt als vor den athenischen Richtern.»

14. Als Sokrates das gesagt hatte, ergriff Kebes das Wort und sprach: «Sokrates, mit allem anderen, das du gesagt hast, bin ich ganz einverstanden; einzig deine Ansicht über die Seele erweckt bei den Menschen Zweifel; denn sie befürchten, daß die Seele gleich nach ihrer Trennung vom Leib verschwinde und daß sie am selben Tage, wo der Mensch stirbt, zerstört werde und zugrunde gehe, und daß sie sich, sobald sie sich vom Leib getrennt hat und aus ihm gewichen ist, wie der Atem oder der Rauch verflüchtigt und nichts mehr und nirgends mehr ist. Denn wenn sie irgendwo weiterexistierte, in sich gesammelt und von den Übeln, die du eben erwähnt hast, befreit, dann dürfte man allerdings die große und schöne Hoffnung haben, daß das, was du behauptest, Sokrates, auch wahr sei. Doch bedarf es wohl noch große Überredung und eines sicheren Beweises, daß die Seele nach dem Tode des Menschen weiterexistiert und daß sie dann noch irgend Vermögen und Einsicht besitzt.»

«Du hast ganz recht, Kebes», erwiderte Sokrates. «Doch was sollen wir da machen? Möchtest du, daß wir uns darüber aussprechen, ob es sich wahrscheinlich so verhalte oder nicht?»

«Ich würde freilich gerne hören, was du darüber denkst», erwiderte Kebes.

«Ich glaube wenigstens nicht», sagte da Sokrates, «daß jemand, der uns zuhörte, und wäre er auch ein Komödienschreiber, behaupten könnte, ich treibe leeres Geschwätz und rede ungehörige Dinge. Wenn ihr also meint, wollen wir die Sache untersuchen.

15. Auf folgende Weise wollen wir prüfen, ob die Seelen der Gestorbenen im Hades sind oder nicht. Ich erinnere mich an

ein altes Wort, das da sagt: sie kommen von hier und weilen dort und kommen wieder hierher zurück. Wenn dem wirklich so ist, daß von den Toten wiederum die Lebenden erstehen, dann müssen sich doch wohl unsere Seelen dort befinden; denn wenn sie nicht ein Dasein hätten, könnten sie nicht wiedererstehen. Es wäre also ein überzeugender Beweis, daß dem so ist, wenn sich tatsächlich herausstellte, daß die Lebenden nirgend anderswoher kommen als von den Toten. Ist dies aber nicht der Fall, dann bedürfte es eines anderen Beweises.»

«Gewiß», erwiderte Kebes.

«Willst du es jedoch leichter begreifen»; fuhr Sokrates fort, «so untersuche die Frage nicht nur im Hinblick auf die Menschen, sondern auch auf alle Tiere und Pflanzen. Mit einem Wort: bei allem, was entsteht, wollen wir sehen, ob denn nicht alles auf dieselbe Art entsteht, nicht anders als aus seinem Gegensatze nämlich, soweit es einen solchen hat – so wie das Schöne dem Häßlichen entgegengesetzt ist und das Gerechte dem Ungerechten und ebenso zahllose andere Dinge. Das also wollen wir untersuchen, ob nicht alles, was einen Gegensatz hat, notwendigerweise aus nichts anderem entstehen kann als aus eben diesem seinem Gegensatz. So muß zum Beispiel etwas, das größer wird, zuerst klein sein und kann dann erst größer werden, nicht wahr?»

«Ja.»

«Und wenn etwas kleiner wird, so ist es doch zuerst größer und wird nachher erst kleiner werden?»

«So ist es», gab Kebes zu.

«Und so entsteht doch auch aus dem Stärkeren das Schwächere und aus dem Langsameren das Schnellere?»

«Gewiß.»

«Und weiter: wenn etwas schlechter wird, entsteht es dann nicht auch aus Besserem, und wenn gerechter, aus Ungerechterem?»

«Ohne Zweifel.»

«Haben wir damit nicht überzeugend bewiesen, daß alles auf diese Weise entsteht: der Gegensatz aus seinem Gegensatz?»

«Doch, gewiß.»

«Liegt nun aber nicht noch jedesmal etwas zwischen den beiden Gegensätzen drin, zwei Werdeprozesse, nämlich vom einen zu seinem Gegensatz hin und dann wieder vom anderen zurück zum ersten. So liegt zwischen dem Größeren und dem Kleineren Wachstum und Abnahme, und wir bezeichnen das eine als Wachsen und das andere als Abnehmen.»

«Ja», erwiderte er.

«Und so ist es doch auch mit Trennung und Vereinigung, mit Abkühlung und Erwärmung und mit all diesen Vorgängen: manchmal haben wir zwar keine besondere Bezeichnung dafür; aber in Wirklichkeit muß es sich doch überall so verhalten, daß eines aus dem anderen entsteht und daß der Werdeprozeß von dem einen zu dem anderen verläuft, nicht wahr?»

«Ja, gewiß», antwortete er.

16. «Ist nun nicht auch dem Leben etwas entgegengesetzt», fuhr Sokrates fort, «so, wie dem Wachsein der Schlaf?»

«Doch, gewiß», war die Antwort.

«Was denn?»

«Das Totsein.»

«So entstehen also die beiden auch auseinander, wenn sie Gegensätze sind, und es gibt zwischen ihnen, da sie ihrer zwei sind, auch zwei Werdeprozesse?»

«Ohne Zweifel.»

«Das eine der beiden Paare, von denen ich eben gesprochen habe, will ich dir erklären», sagte Sokrates, «und auch die beiden Werdeprozesse – du mir dann das zweite. Ich nenne also das eine Schlafen, das andere Wachen, und aus dem Schlafen gehe das Wachen und aus dem Wachen der Schlaf hervor, und die beiden Werdeprozesse sind im einen Falle das Einschlafen, im anderen das Erwachen. Ist dir das klar oder nicht?»

«Durchaus.»

«So sage es mir jetzt auch so vom Leben und vom Tod. Behauptest du nicht, der Gegensatz zum Leben sei das Totsein?»

«Doch.»

«Und es entsteht das eine aus dem anderen?»

«Ja.»

«Was entsteht demnach aus dem Lebenden?»

«Das Tote», war die Antwort.

«Und was aus dem Toten?» fragte er weiter.

«Ich muß zugeben, daß es das Lebende ist.»

«Aus dem Toten, Kebes, entsteht also das Lebende und die Lebenden?»

«Offenbar», erwiderte er.

«So sind also unsere Seelen in der Unterwelt?»

«Es scheint.»

«Im weiteren», fuhr Sokrates fort, «ist von den beiden Werdeprozessen doch wohl der eine klar, das Sterben nämlich ist klar, oder nicht?»

«Gewiß», erwiderte er.

«Wie wollen wir nun fortfahren?» fragte Sokrates. «Müssen wir nicht den umgekehrten Werdeprozeß gegenüberstellen? Ist die Natur in diesem Punkte inkonsequent, oder müssen wir nicht dem Sterben einen entgegengesetzten Vorgang gegenüberstellen?»

«Ganz sicher», erwiderte er.

«Welchen denn?»

«Das Wiederaufleben.»

«Wenn es also ein Wiederaufleben gibt», fuhr Sokrates fort, «dann wäre das wohl das Werden aus den Toten zu den Lebenden, dieses Wiederaufleben?»

«Gewiß.»

«Wir sind uns also auch darin einig, daß die Lebenden aus den Toten entstanden sind, gleich wie die Toten aus den Lebenden. Wenn dem aber so ist, dann schien uns das ein genügender Beweis dafür, daß die Seelen der Toten irgendwo ein Dasein haben müssen, von wo sie dann wieder lebendig werden können.»

«Ja, Sokrates, ich glaube, daß sich das aus unseren übereinstimmenden Ansichten ergeben muß», antwortete er.

17. «Sieh, Kebes», sagte er, «ich habe den Eindruck, wir seien mit gutem Recht gleicher Meinung. Denn wenn nicht gleichsam im Kreislauf die Entstehungsprozesse einander entsprächen, sondern wenn das Werden sozusagen geradlinig verliefe, immer nur von dem einen zu seinem Gegensatz, ohne sich dann wieder zum ersten zurückzuwenden, und wenn es keine rückläufige Bewegung gäbe, dann hätte doch sicherlich zuletzt alles dieselbe Gestalt und befände sich im gleichen Zustand, und alles Werden müßte aufhören.»

«Wie meinst du das?» fragte Kebes.

«Es ist nicht schwer zu verstehen, was ich meine», sagte er. «Wenn es zum Beispiel nur ein Einschlafen gäbe, ohne daß ihm ein Erwachen aus dem Schlafe entspräche, dann würde sich offenbar allem nach die Sage von Endymion als Geschwätz erweisen und hätte keine Geltung mehr, weil dann zuletzt die ganze Welt so schlafen würde wie Endymion. Und wenn alles sich vermischte, aber nicht wieder geschieden würde, dann würde sich bald das einstellen, was Anaxagoras behauptet: daß alle Dinge beisammen seien. Und ganz gleich, mein lieber Kebes: wenn alles, was am Leben teil hat, stürbe und wenn es dann nach seinem Tode in dieser Gestalt verbliebe und nicht wieder auflebte, dann müßte doch unbedingt zuletzt alles tot sein und nichts mehr leben. Denn wenn zwar aus etwas anderem das Lebende entstünde, das Lebende aber stürbe, was gibt es da noch für einen Ausweg, daß nicht schließlich alles dem Totsein anheimfällt?»

«Es gibt offenbar keinen, Sokrates», erwiderte Kebes, «sondern was du sagst, scheint mir durchaus richtig.»

«Ja, Kebes, es ist ganz gewiß so», fuhr er fort, «und wir täuschen uns sicher nicht, wenn wir uns darin einig sind: es gibt tatsächlich ein Wiederaufleben und ein Werden der Lebenden aus den Toten, und die Seelen der Gestorbenen haben ein Dasein, und zwar die Guten ein besseres, die Schlechten aber ein schlechteres.»

18. «Ja, fürwahr», nahm nun Kebes das Wort, «das entspricht auch – wenn anders sie wahr ist – deiner Behauptung, Sokrates, die du häufig aufzustellen pflegtest, daß unser Lernen nichts anderes als ein Sicherinnern sei. Nach diesem Satz müssen wir doch in einer früheren Zeit das gelernt haben, woran wir uns jetzt wieder erinnern. Das wäre aber unmöglich, wenn unsere Seele nicht irgendwo gewesen wäre, bevor sie in dieser menschlichen Gestalt geboren wurde, so daß auch aus diesem Grunde die Seele offenbar etwas Unsterbliches ist.»

«Aber, mein Kebes», fiel da Simmias ein, «was gibt es denn für Beweise dafür? Rufe sie mir wieder ins Gedächtnis zurück; ich besinne mich gegenwärtig nicht mehr genau daran.»

«Ein einziger Beweis mag genügen», sprach Kebes, «und zwar ein sehr schöner. Die Menschen geben, wenn man sie richtig fragt, von selbst über alles die richtige Auskunft. Und doch wären sie dazu nicht imstande, wenn sie nicht in ihrem Innern ein Wissen besäßen und einen richtigen Begriff. Und wenn man sie auf geometrische Figuren oder sonst so etwas führt, so stellt man den deutlichsten Beweis dafür auf, daß dem so ist.»

«Wenn dich das noch nicht überzeugt, Simmias», fuhr jetzt Sokrates fort, «dann schau zu, ob du mit mir einig wirst, wenn du folgende Überlegung machst. Du glaubst also nicht, daß das, was wir ‚Lernen' nennen, ein Sichwiedererinnern ist?»

«Das glaube ich zwar schon», sagte Simmias; «nur möchte ich an mir erfahren, was diese Erinnerung eigentlich ist, von der wir reden. Was Kebes darzulegen suchte, hat mir die Sache so ziemlich wieder ins Gedächtnis zurückgerufen und mich überzeugt. Trotzdem hörte ich nun noch gerne, wie du das erklären wolltest.»

«Ich erkläre das so: wir sind uns doch darüber einig, wenn einer sich an etwas erinnern soll, so muß er das vorher schon wissen.»

«Ja, gewiß», erwiderte er.

«Und auch darüber sind wir uns wohl einig, daß es sich um ein Erinnern handelt, wenn auf folgende Art eine Erkenntnis entsteht. Ich meine das so: wenn jemand etwas sieht oder hört oder auf andere Art wahrnimmt, jedoch nicht nur den betreffenden Gegenstand erkennt, sondern sich dabei auch noch etwas anderes bewußt wird, dessen Erkenntnis nicht dieselbe, sondern eine andere ist – sagen wir da nicht mit Recht, er habe sich an das, was in seinem Bewußtsein aufgetaucht ist, erinnert?»

«Wie meinst du das?»

«Etwa so: das Wissen um einen Menschen ist doch sicher etwas anderes als das Wissen um eine Leier?»

«Selbstverständlich.»

«Du weißt aber doch», fuhr Sokrates fort, «wie es den Liebhabern ergeht, wenn sie eine Leier oder ein Kleid oder sonst etwas sehen, dessen sich ihr Liebling zu bedienen pflegt? Sie erkennen die Leier, und in ihrer Vorstellung taucht das Bild des Knaben auf, dem sie gehört. Das ist doch Erinnerung. So wie es immer wieder vorkommt, daß einer an den Kebes erinnert wird, wenn er den Simmias sieht. Und noch tausend solche Beispiele gäbe es da.»

«Ja, beim Zeus, so viele gäbe es in der Tat», sagte Simmias.

«So ist das also Erinnerung», erwiderte er, «besonders dann, wenn das jemand mit Dingen erlebt, die er vergessen hatte, weil er sie schon lange nicht mehr sah.»

«Gewiß.»

«Kann es auch sein», fuhr Sokrates fort, «daß man durch den Anblick eines gemalten Pferdes oder einer gemalten Laute an einen Menschen erinnert wird oder daß einen ein Gemälde von Simmias an Kebes erinnert?»

«Ja, freilich.»

«Aber auch an Simmias selbst erinnert man sich, wenn man ein Bild von ihm sieht?»

«Ja, allerdings.»

19. «Geht aus alledem nun nicht hervor, daß sich die Erinnerung das eine Mal aus Ähnlichem, das andere Mal aus Unähnlichem ergibt?»

«Ja.»

«Wenn man sich aber dank der Ähnlichkeit an etwas erinnert, muß man da nicht auch die weitere Erfahrung machen, daß man sich bewußt wird, ob die Ähnlichkeit dieses Dinges mit jenem anderen, an das es uns erinnert, zu wünschen übrig läßt oder nicht?»

«Notwendig», erwiderte er.

«So sieh denn», fuhr Sokrates fort, «ob das sich so verhält: Es gibt doch etwas, das wir ‚gleich' nennen? Ich meine nicht, ein Holz dem andern oder ein Stein dem andern oder sonst so etwas, sondern außer alledem noch etwas anderes: ich meine das Gleiche an sich. Gibt es das nach unserer Ansicht oder nicht?»

«Ja, freilich, beim Zeus, das behaupten wir ganz entschieden», antwortete Simmias.

«Aber wissen wir auch, was das ist?»

«Ja, gewiß.»

«Woher aber nehmen wir dieses Wissen? Doch wohl aus den Dingen, die ich eben genannt habe. Wenn wir sahen, wie Hölzer oder Steine oder andere Dinge einander gleich sind, so leiteten wir jenes daraus ab, das selbst etwas anderes ist als die genannten Dinge – oder glaubst du, es sei nicht etwas anderes? Betrachte es aber auch so: erscheinen nicht manchmal dieselben gleichen Steine oder Hölzer dem einen gleich, dem anderen aber nicht?»

«Gewiß.»

«Wie ist es aber mit dem Gleichen an sich? Ist es dir je schon als ungleich erschienen, oder die Gleichheit als Ungleichheit?»

«Niemals, Sokrates.»

«Dann ist es also nicht dasselbe», fuhr dieser fort: «diese gleichen Dinge oder das Gleiche an sich?»

«Meiner Meinung nach durchaus nicht, Sokrates.»

«Und doch hast du aus diesen gleichen Dingen, die also etwas anderes sind als jenes Gleiche an sich, vom Wissen um dieses eine Vorstellung bekommen und es erfaßt?»

«Sehr richtig», erwiderte er.

«Gleichgültig, ob es jenen Dingen ähnlich ist oder nicht?»

«Gewiß.»

«Es kommt also gar nicht darauf an», fuhr Sokrates fort. «Solange nur beim Anblick eines Gegenstandes die Vorstellung eines anderen in uns auftaucht, ob dieser nun ähnlich sei oder nicht, so ist dies», sagte er, «notwendig ein Sichwiedererinnern gewesen.»

«Ja, gewiß.»

«Wie nun? Geht es uns etwa ähnlich», fuhr er fort, «mit den Hölzern und den anderen gleichen Dingen, die wir eben genannt haben? Scheinen sie uns auf dieselbe Art gleich zu sein wie das Gleiche an sich sich selber gleich ist, oder bleiben sie hinter jenem Gleichsein zurück?»

«Sie bleiben weit dahinter zurück», antwortete Simmias.

«Darin sind wir uns aber doch einig: wenn einer etwas sieht und dabei den Eindruck hat: das, was ich eben sehe, möchte etwas anderem gleich sein, bleibt aber dahinter zurück und vermag dem anderen nicht zu entsprechen, sondern ist geringer – dann muß doch der, welcher diese Feststellung macht, jenes andere vorher einmal gesehen haben, von dem er sagt, daß dies da ihm gleiche, ohne es indes zu erreichen.»

«Notwendig.»

«Wie nun? Erging es nicht auch uns so mit den gleichen Dingen und dem Gleichen an sich?»

«Durchaus.»

«Wir müssen also das Gleiche an sich vor jener Zeit schon gekannt haben, da wir zum erstenmal beim Anblick von gleichen Dingen feststellten, daß sie sich zwar alle bemühen, dem Gleichen an sich zu entsprechen, ohne es aber zu erreichen.»

«So ist es.»

«Aber auch darin sind wir uns wohl einig: daß wir das nirgend anderswoher erkannt haben und auch nicht erkennen können als einzig durch das Sehen oder das Berühren oder durch eine andere Sinneswahrnehmung – was nach meiner Ansicht auf dasselbe herauskommt.»

«Es ist auch dasselbe, Sokrates; wenigstens für das, was du beweisen willst.»

«Durch die Sinneswahrnehmungen müssen wir also einsehen, daß alles mit den Sinnen Wahrnehmbare nach dem Gleichen an sich strebt, daß es aber hinter ihm zurückbleibt; oder wie sollen wir's sagen?»

«Gerade so.»

«Bevor wir also zum ersten Male gesehen oder gehört oder sonst etwas wahrgenommen haben, müssen wir irgendwoher das Wissen vom Wesen des Gleichen an sich gewonnen haben, um daran das messen zu können, was nach unserer Wahrnehmung gleich ist, weil sich zwar alles Derartige bemüht, jenem zu entsprechen, aber doch dahinter zurückbleibt.»

«Das geht notwendig aus dem hervor, Sokrates, was wir vorher gesagt haben.»

«Und nun haben wir doch gleich nach unserer Geburt schon gesehen und gehört und die übrigen Sinnesempfindungen gehabt?»

«Gewiß.»

«Wir müssen also, behaupten wir, das Wissen vom Gleichen an sich vorher erhalten haben?»

«Ja.»

«Schon vor der Geburt müssen wir es also offenbar erhalten haben.»

«Offenbar.»

20. «Wenn wir es nun vor der Geburt erhalten haben und mit ihm geboren wurden, so erkannten wir doch schon vor der Geburt und gleich nach ihr nicht nur das Gleiche und das Größere und das Kleinere, sondern alles Derartige insgesamt? Denn es handelt sich jetzt bei unserer Untersuchung nicht vorzugsweise um das Gleiche, sondern ebenso um das Schöne an sich und um das Gute an sich und um das Gerechte und um das Fromme und, wie gesagt, um alles, dem wir den Stempel des ‚Seins an sich' aufdrücken, sowohl mit den Fragen, die wir stellen, als auch mit den Antworten, die wir geben. Wir müssen also das Wissen von alledem vor unserer Geburt erhalten haben.»

«So ist es.»

«Und wenn wir dies, nachdem wir es einmal erhalten, nicht jedesmal wieder vergessen haben, so müssen wir also als Wissende geboren werden und das ganze Leben hindurch Wissende sein. Denn das heißt wissen: eine Erkenntnis gewinnen und sie dann behalten und nicht wieder verlieren. Oder nennen wir nicht das ‚Vergessen', Simmias, den Verlust eines Wissens?»

«Ja, durchaus, Sokrates», erwiderte er.

«Wenn wir aber, meine ich, sie vor unserer Geburt erhalten und sie dann bei der Geburt wieder verloren haben und wenn wir dann später mit Hilfe der Sinneswahrnehmungen dieselben Erkenntnisse aufs neue gewinnen, die wir schon vorher hatten, dann wäre eben das, was wir ‚Lernen' nennen, nichts anderes als das Wiedergewinnen einer Erkenntnis, die uns bereits gehört hatte. Und hätten wir nicht recht, dies als ein Sichwiedererinnern zu bezeichnen?»

«Gewiß.»

«Denn es hat sich ja als möglich erwiesen, daß man etwas wahrnimmt, indem man es sieht oder hört oder mit einem anderen Sinne erfaßt, und daß dabei eine andere Vorstellung auftaucht, und zwar von etwas, das man vergessen hatte und zu dem jene Wahrnehmung in irgendeiner Beziehung stand, ob sie ihm nun ähnlich ist oder nicht. Es ergeben sich also zwei Möglichkeiten: entweder werden wir alle mit dem Wissen von diesen Dingen geboren und behalten es unser ganzes Leben hindurch, oder dann tun diejenigen, von denen wir sagen, daß sie lernen, nichts weiter, als daß sie sich erinnern, und das Lernen überhaupt wäre dann ein Sichwiedererinnern.»

«Gerade so verhält es sich, Sokrates.»

21. «Wofür entscheidest du dich nun, Simmias: werden wir als Wissende geboren, oder erinnern wir uns später wieder an das, dessen Wissen wir früher erhalten hatten?»

«Ich weiß im Augenblick nicht, wie ich mich entscheiden soll, Sokrates.»

«Vielleicht kannst du aber folgendes entscheiden. Was meinst du: einer, der etwas weiß, sollte doch über das Rechenschaft geben können, was er weiß, oder nicht?»

«Gewiß muß er das, Sokrates», erwiderte er.

«Glaubst du auch, daß alle Menschen imstande sind, über das Rechenschaft zu geben, wovon wir jetzt gesprochen haben?»

«Ich wollte es gerne glauben», sagte Simmias, «aber ich fürchte, daß es morgen um diese Zeit keinen Menschen mehr geben wird, der das richtig zu tun vermöchte.»

«Du glaubst also, daß nicht alle dieses Wissen besitzen, Simmias?»

«Sicher nicht.»

«Sie erinnern sich also wieder an das, was sie früher einmal gelernt hatten?»

«Notwendig.»

«Wann haben denn unsere Seelen das Wissen von diesen Dingen erhalten? Gewiß nicht erst, seit wir als Menschen geboren worden sind.»

«Sicher nicht.»

«Also früher?»

«Ja.»

«So hatten also unsere Seelen schon früher ein Dasein, bevor sie in menschlicher Gestalt waren, und zwar ohne Körper, und besaßen Einsicht.»

«Es müßte denn sein, Sokrates, wir hätten diese Erkenntnisse gerade bei der Geburt erhalten. Denn einzig dieser Zeitpunkt bleibt noch übrig.»

«Gut denn, mein Freund; zu welchem anderen Zeitpunkt aber verlieren wir sie dann wieder? Wir sind doch eben übereingekommen, daß wir nicht mit ihnen geboren werden. Verlieren wir sie im selben Augenblick, wo wir sie erhalten? Oder kannst du einen anderen Zeitpunkt nennen?»

«Durchaus nicht, Sokrates; es entging mir, daß ich Unsinn sagte.»

22. «Verhält es sich nun aber nicht so, Simmias», sagte er: «wenn es das wirklich gibt, was wir immer im Munde führen, das Schöne und das Gute und all diese Wesenheiten und wenn wir darauf unsere gesamten sinnlichen Wahrnehmungen beziehen, weil diese Wesenheiten, wie wir herausgefunden ha-

ben, schon vorher in uns bestanden hatten – und wenn wir dieses mit jenem vergleichen, dann muß doch auch unsere Seele, gleich wie diese Wesenheiten, schon vor unserer Geburt existieren? Sonst haben diese Überlegungen keinen Sinn. Ist es also nicht so, daß ebenso wie diese Wesenheiten auch unsere Seelen vor unserer Geburt existieren müssen, andernfalls können es auch jene nicht.»

«Das scheint mir im höchsten Grade notwendig zu sein, mein Sokrates», gab Simmias zur Antwort; «und unsere Rede findet eine schöne Zuflucht in dem Satz, daß unsere Seele gleichermaßen vor unserer Geburt existiert wie die Wesenheit, von der du sprichst. Für mich ist nichts so klar wie der Satz, daß das Schöne und das Gute und alle diese Wesenheiten, von denen du gesprochen hast, im vollsten Sinne des Wortes existieren. Für mich wenigstens scheint dies hinlänglich bewiesen zu sein?»

«Und für Kebes?» sagte Sokrates. «Denn auch ihn müssen wir überzeugen.»

«Gewiß auch für ihn, glaube ich», sagte Simmias, «obschon er sonst so hartnäckig ist wie kein anderer in seinem Mißtrauen gegen alle Beweise. Doch glaube ich, er ist völlig davon überzeugt, daß unsere Seele vor unserer Geburt existiert hat.

23. Ob sie aber auch nach unserem Tode weiterexistieren wird, Sokrates, das halte auch ich noch nicht für bewiesen. Vielmehr besteht, wie Kebes eben gesagt hat, noch immer die Befürchtung, die auch die Menge hegt, daß beim Tode des Menschen die Seele sich auflöst und daß das für sie das Ende ihrer Existenz ist. Denn was hindert, daß sie zwar irgendwoher entsteht und sich bildet und daß sie vor ihrem Eintritt in unseren Leib schon existiert, daß sie dann aber, wenn sie in ihn gelangt ist und sich nun wieder von ihm getrennt hat, selbst auch ihr Ende findet und zugrunde geht?»

«Du hast ganz recht, Simmias», sagte Kebes. «Es scheint, es sei gewissermaßen nur die Hälfte von dem bewiesen, was nötig ist, daß nämlich unsere Seele schon vor unserer Geburt existiert hat. Es muß aber noch bewiesen werden, daß, wenn wir gestorben sind, die Seele nicht weniger existieren wird, als sie vor der Geburt existiert hat – wenn anders der Beweis vollständig sein soll.»

«Bewiesen ist es zwar auch jetzt schon, Simmias und Kebes», sagte Sokrates. «Ihr braucht nur diesen letzten Beweis mit dem anderen zu verbinden, den wir gerade vorhin als richtig anerkannt haben, daß nämlich alles Lebende aus dem Toten entstehe. Denn wenn die Seele früher schon existiert und wenn sie ferner, um ins Leben einzutreten und geboren zu werden, nirgend anderswoher kommen kann als aus dem Tode und dem Totsein, so muß sie doch auch nach dem Tode weiterexistieren, da sie doch wieder geboren werden soll.

24. Nun scheint mir aber, du und Simmias möchten diese Frage gerne noch eingehender behandeln und ihr fürchtet wie die Kinder, daß wahrhaftig der Wind die Seele bei ihrem Austritt aus dem Körper verweht und zerstreut, besonders wenn jemand zufällig nicht während einer Windstille, sondern bei großem Sturme stirbt.»

Da lachte Kebes und sagte: «So nimm denn an, wir fürchten uns, und versuche, uns zu beschwichtigen! Oder besser: nimm an, nicht wir fürchten uns, sondern vielleicht ist auch in uns noch ein Kind, das solche Furcht hegt. Dieses versuche zu beschwichtigen, daß es vor dem Tode nicht Angst hat wie vor einem Gespenst.»

«Ihr müßt aber täglich Beschwörungen vornehmen», sagte Sokrates, «bis ihr das herausbeschworen habt.»

«Woher sollen wir jetzt aber dafür einen guten Beschwörer nehmen, Sokrates, wenn du uns verlässest?» fragte er.

«Hellas ist groß, Kebes», gab Sokrates zur Antwort, «und

es gibt darin tüchtige Männer, und zahlreich sind auch die Stämme der Barbaren. Diese alle müßt ihr nach einem solchen Beschwörer durchforschen und dabei weder Geld noch Mühe sparen; denn es gibt nichts, wofür ihr euer Geld passender anwenden könnt. Aber auch unter euch selber müßt ihr suchen; denn ihr findet wohl nicht leicht jemanden, der besser dafür geeignet ist als ihr selbst.»

«Ja, das soll geschehen», sagte Kebes. «Jetzt aber wollen wir wieder dorthin zurückkehren, wo wir abgeschweift sind, wenn es dir recht ist.»

«Gewiß, mir ist es recht; wie sollte es auch nicht?»

«Gut», sagte er.

25. «Wir müssen uns doch wohl», begann Sokrates, «etwa folgende Frage stellen: Welcher Art von Dingen kommt es zu, dieses Schicksal zu erleiden, dieses Aufgelöstwerden nämlich? Bei welchen muß man also befürchten, daß ihnen das widerfährt, und bei welchen nicht? Anschließend müssen wir untersuchen, von welcher Art die Seele ist. Und demgemäß können wir für unsere Seele entweder getrost sein oder müssen für sie fürchten.»

«Du hast recht.»

«Kommt denn nicht allem, was zusammengesetzt wird oder was zusammengesetzt ist, natürlicherweise zu, daß es wieder in der Weise aufgelöst wird, wie es zusammengesetzt ist? Gibt es dagegen etwas, das nicht zusammengesetzt ist, so bleibt doch wohl dem allein, wenn überhaupt einem, dieses Schicksal erspart.»

«Mir scheint das richtig», sagte Kebes.

«Ist nun aber nicht sehr wahrscheinlich das, was stets sich selbst gleich und unveränderlich bleibt, das nicht Zusammengesetzte; was aber bald so, bald anders und nie sich selbst gleich ist, das ist das Zusammengesetzte?»

«Mir scheint das richtig.»

«Kommen wir wieder auf das zurück», fuhr er fort, «wovon wir vorhin gesprochen haben! Ist die Wesenheit, der wir in unseren Fragen und Antworten das wahre Sein zugesprochen haben, unveränderlich und sich selber gleich, oder ist sie bald so, bald wieder anders? Das Gleiche an sich, das Schöne an sich und jedes andere Ding an sich, das wirklich ist – ist dies je irgendeinem Wechsel unterworfen, welcher Art er auch sein mag? Oder bleibt jedes dieser wahren Wesen gleichförmig und sich selber gleich und verhält sich dementsprechend immer gleich und läßt niemals und in keiner Weise eine Veränderung zu?»

«Auf gleiche Weise», sprach Kebes, «und auf dieselbe Art muß es sich verhalten, Sokrates.»

«Wie ist es aber mit den vielen Einzeldingen, wie Menschen und Pferden und Kleidern und solchem mehr, das wir als gleichartig oder als schön oder ähnlich bezeichnen? Sind diese Dinge sich selber gleich, oder bleiben sie sich, im Gegensatz zu jenen, weder in bezug auf sich selbst noch in bezug aufeinander sozusagen überhaupt nie gleich?»

«Ja, so ist es wiederum», antwortete Kebes; «sie bleiben sich niemals gleich.»

«Das sind aber doch die Dinge, die du anfassen und sehen oder sonst mit einem Sinnesorgan wahrnehmen kannst; das andere aber, das sich immer gleich bleibt, kannst du einzig durch vernünftiges Denken fassen; denn es ist unsichtbar und unhörbar.»

«Du hast völlig recht», erwiderte er.

26. «Bist du also damit einverstanden», fuhr Sokrates fort, daß wir zwei Arten von Dingen annehmen, das Sichtbare und das Unsichtbare?»

«Ja», sagte er.

«Und daß das Unsichtbare immer sich selber gleichbleibt, während das Sichtbare nie gleichbleibt?»

«Auch das», sagte er, «können wir annehmen.»

«Nun denn», sagte Sokrates; «sind wir selbst nicht zum Teil Leib, zum anderen Teil Seele?»

«Ja, freilich», sagte er.

«Welcher der beiden Arten nun ist nach unserer Meinung der Leib ähnlicher und verwandter?»

«Ganz offenbar dem Sichtbaren», sagte er.

«Was aber ist die Seele? Sichtbar oder unsichtbar?»

«Für Menschen wenigstens ist sie nicht sichtbar, Sokrates», sagte er.

«Wir sprechen aber doch vom Sichtbaren und Unsichtbaren im Hinblick auf die menschliche Natur – oder meinst du, in bezug auf irgendeine andere?»

«Nur für die menschliche.»

«Was sagen wir also von der Seele? Ist sie sichtbar oder nicht sichtbar?»

«Nicht sichtbar.»

«Also unsichtbar?»

«Ja.»

«Die Seele ist also mehr als der Leib dem Unsichtbaren ähnlich; jener aber ist dem Sichtbaren ähnlicher.»

«Genau so muß es sein, Sokrates.»

27. «Haben wir nicht schon früher festgestellt, daß, wenn sich die Seele des Leibes bedient, um etwas wahrzunehmen, sei es mit dem Gesicht oder mit dem Gehör oder mit irgendeinem anderen Sinn – denn das heißt mittels des Leibes etwas wahrnehmen –, daß sie dann vom Leibe zu dem hingezogen wird, was niemals sich gleichbleibt, und daß sie selbst dann schwankt und verwirrt wird und taumelt, als ob sie trunken wäre, weil sie solche Dinge berührt.»

«Ja, gewiß.»

«Stellt sie aber durch sich selbst eine Betrachtung an, dann erhebt sie sich zum Reinen und immer Seienden und Unsterblichen und Unveränderlichen. Und da sie diesem verwandt ist, bleibt sie mit ihm verbunden, sooft sie für sich selbst bleibt und es ihr vergönnt ist. Und das Umherirren hat aufgehört, und sie bleibt sich selber gleich, da sie immerfort Dinge berührt, die auch so beschaffen sind. Das ist doch der Zustand der Seele, den wir mit vernünftiger Einsicht bezeichnen, oder nicht?»

«Ja, Sokrates; was du sagst, ist durchaus schön und wahr.»

«Welcher der beiden Arten scheint dir nun die Seele ähnlicher und verwandter zu sein nach dem, was wir früher, und nach dem, was wir jetzt eben gesagt haben?»

«Mir scheint, Sokrates», sagte Kebes, «daß jeder, auch der Ungelehrigste, nach deiner Methode zugeben muß, daß die Seele in jeder Hinsicht dem immer Gleichbleibenden ähnlicher ist als dem, was nicht gleichbleibt.»

«Und der Leib?»

«Dem anderen.»

28. «Überlege es aber auch von dieser Seite: wenn Seele und Leib vereinigt sind, so befiehlt ihm die Natur zu dienen und sich beherrschen zu lassen, ihr aber, zu herrschen und zu befehlen. Was scheint dir nun dem Göttlichen ähnlich zu sein, und was dem Sterblichen? Oder glaubst du nicht, daß das Göttliche zum Befehlen und zum Führen, das Sterbliche aber zum Beherrschtwerden und zum Dienen geschaffen ist?»

«Jawohl.»

«Welchem gleicht nun die Seele?»

«Die Seele offenbar dem Göttlichen, Sokrates, der Leib aber dem Sterblichen.»

«So sieh denn, Kebes, ob nicht aus all dem Gesagten hervorgeht, daß dem Göttlichen, dem Unsterblichen, durch Vernunft Erkennbaren, dem Eingestaltigen, dem Unauflöslichen und dem, das stets unveränderlich sich selber gleichbleibt, die

Seele am ähnlichsten ist, daß aber dem Menschlichen und Sterblichen und Vielgestaltigen und durch Vernunft nicht Erkennbaren, dem Auflösbaren und dem, das nie sich selber gleichbleibt, wiederum der Leib am ähnlichsten ist. Kann es für uns darüber eine andere Ansicht geben, lieber Kebes, daß es sich nicht so verhält?»

«Nein.»

29. «Unter diesen Umständen kommt es doch wohl dem Leibe zu, sich in kurzer Zeit aufzulösen. Die Seele dagegen muß völlig oder doch nahezu unauflöslich sein?»

«Wie wäre es anders möglich?»

«Du siehst nun aber», fuhr Sokrates fort, «daß nach dem Tode des Menschen das Sichtbare an ihm, der Leib, der auch an einem sichtbaren Orte aufgebahrt liegt, das also, was wir als ‚Leichnam' bezeichnen und dem es zukommt, sich auflösen und zerfallen zu müssen – du siehst, sage ich, daß ihm zunächst nichts Derartiges widerfährt, sondern daß es eine recht geraume Zeit unversehrt bleibt; und wenn jemand anmutigen Leibes und in der Blüte der Jugend stirbt, dann behält er diese Schönheit noch recht lange. Der eingefallene und einbalsamierte Leib, wie etwa die Mumien in Ägypten, hält sich sogar eine fast unglaublich lange Zeit, und auch nach seiner Verwesung sind doch einige seiner Teile, die Knochen und Sehnen und alles Derartige sozusagen unsterblich, oder nicht?»

«Ja.»

«Die Seele aber, das Unsichtbare, das sich an einen anderen, ihm entsprechenden, also vornehmen, reinen und unsichtbaren Ort begibt, in den Hades im wörtlichen Sinne, zu dem guten und weisen Gott, wohin, so Gott will, auch meine Seele bald gehen soll – diese unsere Seele, mit diesen Eigenschaften begabt, die sollte, wenn sie sich vom Leibe getrennt hat, sogleich verweht und zugrunde gegangen sein, wie die meisten

Menschen behaupten? Weit gefehlt, lieber Kebes und Simmias! Nein, viel eher verhält es sich so:

Wenn sie sich in reinem Zustande vom Leibe trennt und nichts mehr von ihm mit sich schleppt, weil sie schon im Leben aus freiem Willen nichts mit ihm gemein hatte, sondern ihn gemieden und sich ganz in sich selbst gesammelt hat, da das ihr stetes Streben war – das bedeutet aber nichts anderes, als daß sie auf richtige Art philosophiert und sich in Wahrheit um einen leichten Tod bemüht, oder heißt das nicht, auf den Tod bedacht sein?»

«Allerdings.»

«Wenn sie sich also in diesem Stande befindet, dann gelangt sie doch gewiß zu dem, was ihr selber ähnlich ist, dem Unsichtbaren, dem Göttlichen und Unsterblichen und Vernünftigen. Und wenn sie dorthin gelangt, darf sie glücklich sein, frei von Irrtum und von Unvernunft und von Ängsten und wilden Liebesbegierden und den anderen menschlichen Übeln. Und so, wie man es von den Eingeweihten erzählt, verbringt sie dann in Wahrheit die übrige Zeit mit den Göttern. Sagen wir, das sei so, Kebes, oder anders?»

30. «Gerade so, beim Zeus», erwiderte Kebes.

«Wenn sie sich aber, meine ich, befleckt und unrein vom Leibe trennt, weil sie immer mit ihm zusammen ist und ihm dient und ihn liebhat und sich von ihm und den Begierden und Lüsten so betören läßt, daß sie glaubt, es gebe nichts Wahres als das Körperliche, das man berühren und sehen, das man trinken und essen und zum Liebesgenuß verwenden kann, während sie das, was für die Augen dunkel und unsichtbar, dem philosophischen Denken aber erkennbar und faßbar ist, zu hassen und davor zu zittern und zu fliehen gewohnt war – glaubst du, daß eine solche Seele sich rein für sich absondern kann?»

«Ganz sicher nicht», war die Antwort.

«Ich glaube vielmehr, sie ist völlig vom Körperlichen durchdrungen, weil die Gemeinschaft und der Umgang mit dem Leibe sie ganz mit diesem verwachsen ließ, da sie immer mit ihm zusammen war und sich mit ihm abgegeben hat.»

«Ja, gewiß.»

«Dies aber, mein Freund, ist doch sicher niederdrückend und schwer und irdisch und sichtbar. Darum wird die Seele, die damit behaftet ist, beschwert und wieder in die sichtbare Welt zurückgezogen aus Furcht vor dem Unsichtbaren und dem Hades. So treibt sie sich, wie man erzählt, um die Denksteine und Gräber herum, wo man ja auch schon schattenartige Erscheinungen gesehen hat, welche von solchen Seelen stammen, die sich nicht rein getrennt, sondern noch an der sichtbaren Welt teilhaben und deshalb auch gesehen werden.»

«Ja, wahrscheinlich, Sokrates.»

«Allerdings ist das wahrscheinlich, Kebes, und auch dies, daß es nicht die Seelen der Guten, sondern die der Schlechten sind, die an solchen Orten umherirren müssen, zur Buße für ihre frühere schlechte Lebensweise. Und so lange irren sie umher, bis sie wieder an einen Leib gebunden werden, weil es das Körperliche, das sie begleitet, so verlangt.

31. Wahrscheinlich aber werden sie in ein Wesen mit solchen Gewohnheiten gebunden, deren sie sich selbst in ihrem vergangenen Leben befleißigt haben.»

«Welche meinst du, Sokrates?»

«Wer zum Beispiel ohne Rückhalt auf Völlerei und Übermut und Trunksucht bedacht war, ohne sich dabei zu schämen, der fährt vermutlich in einen Esel oder in ein Tier ähnlicher Art; glaubst du nicht auch?»

«Ja, sehr wahrscheinlich hast du recht.»

«Wer aber Ungerechtigkeit und Gewaltherrschaft und Raub über alles geschätzt hat, der fährt in einen Wolf oder Habicht oder Geier. Oder wohin glauben wir sonst, daß solche Seelen kommen?»

«Zweifellos in solche Tierarten», sagte Kebes.

«Und so ist es doch offenbar auch mit den andern: wohin ein jedes kommt, dorthin kommt es entsprechend der Ähnlichkeit in seiner Lebensführung.»

«Ja, offenbar; wie wäre es auch anders möglich?»

«Aber die unter ihnen», sagte er, «sind doch wohl am glücklichsten und kommen an den besten Ort, welche jene gewöhnliche Bürgertugend ausgeübt haben, die man Besonnenheit und Gerechtigkeit nennt und die ohne Hilfe der Philosophie und der Vernunft allein aus der Übung und aus der Gewohnheit entsteht.»

«Wieso sind diese am glücklichsten?»

«Weil sie wahrscheinlich wieder in eine ähnliche sozial gesinnte und gesittete Gattung kommen, entweder in Bienen oder Wespen oder Ameisen oder auch wieder in dieselbe menschliche Gattung; und dann gibt es aus ihnen wieder ordentliche Leute.»

«Ja, wahrscheinlich.»

32. «In der Götter Geschlecht aber darf keiner eingehen, der sich nicht der Philosophie ergeben hat und nicht völlig geläutert von hier weggeht, sondern nur der Lernbegierige. Deshalb, meine Freunde Simmias und Kebes, enthalten sich die echten Philosophen aller körperlichen Begierden und sind standhaft und geben sich ihnen nicht hin; nicht etwa, weil sie den Verlust des Vermögens oder die Armut fürchten wie die habgierige Menge, noch auch, daß sie Ehrlosigkeit und Schmach eines niedrigen Standes scheuen wie die Herrschsüchtigen und Ehrgeizigen, und sich deshalb dieser Dinge enthalten.»

«Das würde sich auch für sie nicht ziemen, Sokrates», sagte Kebes.

«Wirklich nicht, beim Zeus», erwiderte jener. «Denn die, welche sich um ihre Seele kümmern und nicht als Sklaven ihres Leibes leben, lassen jene alle ihres Weges ziehen und wandeln nicht in denselben Bahnen wie die, welche ja nicht wissen, wohin sie gehen. Sie sind vielmehr der Überzeugung, daß man der Philosophie und der Erlösung und Reinigung durch sie nicht zuwiderhandeln dürfe. Deshalb wenden sie sich ganz ihr zu und folgen ihr nach, wohin sie führt.»

33. «Wie das, Sokrates?»

«Ich will es dir sagen. Die Lernbegierigen erkennen nämlich, daß die Philosophie ihre Seele, die völlig an den Leib gebunden und fest in ihn eingefügt ist, zur Erziehung übernimmt, nachdem sie gezwungen war, durch ihn wie durch einen Käfig hindurch die Wirklichkeit zu betrachten und nicht durch sich selbst, in völliger Unwissenheit sich wälzend, und daß die Philosophie dann einsah, daß die Gewalt dieses Käfigs von den Begierden herrührt, so daß der Gefesselte selbst am meisten zu seiner Fesselung mithilft – also, wie gesagt, die Lernbegierigen erkennen, daß die Philosophie ihre Seele in diesem Zustande übernahm und daß sie ihr dann leise zuspricht und sie zu erlösen sucht, indem sie ihr klar macht, daß die Wahrnehmung durch die Augen und durch die Ohren und durch die anderen Sinnesorgane voller Täuschung ist; sie überredet sie, auf diese zu verzichten, soweit sie ihrer nicht unbedingt bedarf, und sie ermahnt sie, sie möge sich auf sich selbst zurückziehen und sich sammeln und nichts anderem Glauben schenken als sich selbst, also dem, was sie selbst durch eigene Kraft als wirkliches Wesen der Dinge erkennt. Was sie aber durch andere Mittel in dem einen so, in dem anderen anders erkennt, davon möge sie nichts für wahr halten; denn das sei das mit den Sinnen Wahrnehmbare und das Sichtbare; was sie aber selbst erkenne, das sei das mit dem Denken Faßbare und Unsichtbare. In der Überzeugung, daß sie sich solcher Erlösung nicht widersetzen dürfe, hält sich daher die Seele des echten Philosophen von den Lüsten und Begierden, den Schmerzen und den Ängsten fern, so sehr sie nur kann, weil sie sich bewußt ist, daß jemand, der heftige Lust oder Schmerz oder Angst oder Begierde empfindet, nicht so sehr ein Übel erleidet, das dorther kommt, woher er wohl meint, wie wenn er zum Beispiel krank wird oder sein Vermögen für seine Begierden verbrauchte, sondern ein Übel, das größer und schlimmer ist als alle andern – das widerfährt ihm, ohne daß er sich Rechenschaft gibt.»

«Was ist denn das, Sokrates?» fragte Kebes.

«Daß die Seele jedes Menschen, sobald sie sich über etwas heftig freut oder betrübt, zwangsläufig glauben muß, daß das, was diese Empfindung am meisten auslöst, etwas durchaus Wirkliches und Wahres sei, während es dies doch nicht ist; meistens sind es ja die sichtbaren Dinge, oder nicht?»

«Gewiß.»

«Und wird die Seele nicht gerade in diesem Zustande am ehesten vom Leib gefesselt?»

«Wieso?»

«Weil jede Lust und jedes Leid gewissermaßen einen Nagel hat und damit die Seele an den Leib annagelt und sie anheftet und sie körperhaft macht, indem sie das für wahr hält, was auch der Leib als wahr angibt. Sobald sie aber mit ihm gleicher Meinung ist und sich über dieselben Dinge freut, muß sie nach meiner Ansicht zwangsläufig auch dieselben Sitten und Gewohnheiten annehmen und kann daher niemals mehr in reinem Zustande in den Hades gelangen, sondern wenn sie den Leib verläßt, ist sie immer noch voll von ihm. Die Folge ist, daß sie sogleich wieder einem anderen Leibe verfällt und dort wie ein Saatkorn hineinwächst. Und so hat sie keinen Teil an der Gemeinschaft mit dem Göttlichen und dem Reinen und dem Eingestaltigen.»

«Wie wahr ist das, was du sagst, Sokrates», sprach Kebes.

34. «Aus diesem Grunde, Kebes, sind die wahren Freunde des Lernens zuchtvoll und tapfer, und nicht aus den gleichen Gründen wie die Menge – oder glaubst du doch?»

«Gewiß nicht.»

«Nein; denn diese Überlegungen etwa wird sich die Seele eines philosophischen Mannes machen. Und sie wird auch nicht glauben, die Philosophie müsse sie erst befreien, doch sie könne sich dann, wenn sie befreit ist, aufs neue den Freuden und Leiden hingeben und sich wiederum von ihnen binden lassen und so ein unvollendbares Werk tun, indem sie sozusagen ein Penelopegewebe in umgekehrter Weise anfertigen würde. Im Gegenteil: sie verschafft sich Ruhe vor alledem, sie nimmt Überlegung zum Führer und hält sich immer an ihn, sie schaut auf das, was wahr und göttlich und über alles bloße Meinen erhaben ist, und nährt sich davon. Sie ist der Überzeugung, daß sie auf diese Weise leben muß, solange sie lebt, und daß sie nach ihrem Tode zu dem kommen wird, das ihrem Wesen verwandt und ähnlich ist, und dann von den menschlichen Übeln befreit ist.

Bei einer solchen Nahrung, Simmias und Kebes, braucht die Seele nicht zu befürchten, daß sie bei ihrer Trennung vom Leibe durch die Winde zerstreut und zerblasen wird und verwehe und nichts mehr und nirgends mehr sei.»

35. Nach diesen Worten des Sokrates entstand ein längeres Schweigen. Wie man ihm ansehen konnte, war Sokrates selbst noch ganz in seine Rede versunken, und so auch die meisten von uns. Nur Kebes und Simmias unterhielten sich ein wenig miteinander. Sokrates sah das und fragte die beiden:

«Was ist denn», sagte er, «habe ich mich nach eurer Meinung nicht deutlich genug ausgedrückt? Es lassen sich freilich noch manche Bedenken und Einwände geltend machen, wenn jemand das ganz genau durchgehen will. Falls ihr nun etwas anderes untersucht, will ich nichts sagen; seid ihr aber irgendwie über meine Worte im unklaren, dann sprecht ohne Zögern und bringt eure Ansicht vor, wenn sie euch besser scheint, und zieht auch mich hinzu, wenn ihr glaubt, mit mir besser ans Ziel zu gelangen.»

Da sagte Simmias: «Ja, Sokrates, ich will dir die Wahrheit sagen. Schon lange sind wir beide im Zweifel, und einer stößt den andern an und heißt ihn fragen. Wir möchten wohl gerne deine Antwort hören, doch zaudern wir, dir lästig zu fallen, und fürchten, es könnte dir angesichts des gegenwärtigen Unglücks zuwider sein.»

Als Sokrates das hörte, lachte er leise. «Ach, Simmias», sagte er, «es dürfte mir wahrhaftig schwerfallen, die anderen Menschen davon zu überzeugen, daß ich mein gegenwärtiges Schicksal nicht für ein Unglück halte, wenn ich nicht einmal euch davon überzeugen kann, sondern ihr fürchtet, ich sei jetzt in einer übleren Stimmung als in meinem früheren Leben. Ihr glaubt offenbar, ich stehe mit meiner Seherkunst den Schwänen nach. Wenn diese nämlich spüren, daß sie sterben müssen, dann lassen sie, die auch in der Zeit vorher schon gesungen haben, ihre meisten und schönsten Lieder erklingen, vor Freude, daß sie zu dem Gotte abscheiden dürfen, dessen Diener sie sind. Weil sich die Menschen aber vor dem Tode fürchten, verleumden sie auch die Schwäne und behaupten, sie beklagten ihren Tod und stimmten vor Kummer ihren Gesang an, ohne dabei zu überlegen, daß kein einziger Vogel singt, wenn er Hunger hat oder friert oder wenn er sonst ein Leid hat, nicht einmal die Nachtigall oder die Schwalbe oder der Wiedehopf, von denen man erzählt, daß sie vor Kummer ihr Klagelied sängen. Aber sie und auch die Schwäne singen meiner Ansicht nach nicht vor Kummer; sondern ich glaube, weil sie als Vögel des Apollon die Gabe der Weissagung besitzen und daher zum voraus wissen, was für ein Glück im Hades sie erwartet, singen sie und freuen sich an jenem Tage wie nie zuvor. Ich meine aber, selbst auch im gleichen Dienst zu stehen wie die Schwäne; auch ich bin diesem Gotte geweiht und habe nicht weniger als jene Vögel die Gabe der Weissagung von meinem Herrn bekommen, und ich scheide ebenso frohgemut wie sie aus diesem Leben. Deshalb redet nur und fragt mich, was ihr wollt, solange die Elfmänner der Athener es erlauben.»

«Schön», sagte Simmias, «ich will dir also sagen, worüber ich im Zweifel bin; und dann wird dir auch dieser hier sagen, inwiefern er nicht mit deinen Worten einverstanden ist. Ich glaube nämlich – und vermutlich bist auch du dieser Meinung, Sokrates –, daß über diese Fragen ein sicheres Wissen in diesem Leben hier unmöglich oder doch nur sehr schwer zu erlangen ist; auf der anderen Seite zeugt es aber von einem geistig sehr trägen Menschen, wenn man die Ansichten über diese Fragen nicht nach allen Seiten untersucht und wenn man davon abläßt, bevor man sie in jeder Hinsicht geprüft hat und dann erst die Sache aufgeben mußte. Denn in diesen Dingen sollte man doch eines erreichen: entweder lernen, wie es sich verhält damit, oder es selbst herausfinden. Ist das nicht möglich, dann muß man sich eben unter den menschlichen Ansichten die beste aneignen und diejenige, die am schwersten zu widerlegen ist. Mit dieser muß man dann, wie auf einem Floß, die Fahrt durchs Leben wagen, falls man nicht sicherer und gefahrloser auf einem festeren Fahrzeug, etwa mit einem göttlichen Wort, fahren kann. So will ich denn ohne Scheu meine Fragen an dich stellen, da du mich ja selbst dazu auffordcrst; und ich werde mir dann später nicht den Vorwurf machen müssen, jetzt meine Meinung nicht gesagt zu haben. Denn wenn ich bei mir selber oder mit diesem da deine Worte prüfe, Sokrates, dann scheinen sie mir doch nicht ganz genügend zu sein.»

36. «Vielleicht ist dein Eindruck richtig», gab Sokrates zur Antwort; «doch sage mir jetzt, inwiefern nicht genügend.»

«Insofern», antwortete Simmias, «als man ganz dasselbe auch von der Harmonie und von der Leier und ihren Saiten sagen könnte, daß nämlich die Harmonie auf der gestimmten Leier etwas Unsichtbares und Körperloses und wunderbar Schönes und Göttliches ist, während die Leier selbst und ihre Saiten Körper sind und körperhaft und zusammengesetzt und irdisch und dem Sterblichen verwandt. Wenn nun jemand die Leier zerbricht und die Saiten zerschneidet und zerreißt, so könnte dann einer mit derselben Begründung wie du behaupten, daß die Harmonie auch jetzt noch bestehen müsse und nicht zerstört sei. Denn nachdem die Saiten zerrissen wurden, sei es doch nicht möglich, daß die Leier oder die Saiten selbst, die doch vergänglich sind, noch weiter existieren, während die Harmonie, die dem Göttlichen und Unsterblichen gleich und verwandt ist, untergegangen wäre, und zwar noch eher als das Sterbliche untergegangen. Nein, er würde wahrscheinlich behaupten, die Harmonie selbst existiere noch irgendwo, und zuerst müssen das Holz und die Saiten verfaulen, bevor jener etwas zustoßen könne. Sicher hast du ja auch schon erwogen, Sokrates, daß wir am ehesten folgende Annahme über die Seele machen können: als sei unser Leib eingespannt und zusammengesetzt aus Warmem und Kaltem, aus Trockenem und Feuchtem und solchem mehr, und als sei die Seele eine Mischung und Harmonie dieser Elemente, insofern nämlich diese gut und in richtigem Verhältnis miteinander gemischt sind. Wenn nun die Seele wirklich eine Harmonie ist, muß sie doch offenbar, wenn unser Leib von Krankheiten oder von anderen Übeln übermäßig erschlafft oder angespannt wird, zuerst zugrunde gehen, wiewohl sie das Göttlichste an uns ist, ganz gleich wie jene anderen Harmonien, die in den Tönen oder in allen Werken der Künstler. Eines jeden Leibes Überreste dagegen bleiben noch lange Zeit bestehen, bis sie verbrannt werden oder verwesen. Sieh nun, Sokrates, was wir dieser Ansicht gegenüber sagen sollen, wenn jemand behauptet, die Seele sei eine Mischung aus den Teilen des Leibes und gehe bei dem, was wir ‚Tod' nennen, als erstes zugrunde.»

37. Da schaute Sokrates starr vor sich hin, wie er das gerne tat, lächelte und sagte:

«Der Einwand des Simmias ist allerdings berechtigt. Wenn nun einer von euch besseren Rat weiß als ich, warum antwortet er ihm nicht? Er hat doch offensichtlich meinen Gedankengang gar nicht schlecht angegriffen. Doch ich glaube, bevor wir ihm antworten, sollten wir zuerst noch hören, was Kebes gegen meine Rede einzuwenden hat, damit wir uns in der Zwischenzeit beraten können, was wir erwidern sollen. Nachdem wir dann beide gehört haben, wollen wir ihnen entweder recht geben, wenn sie etwas vorbringen, das stimmt, andernfalls aber unsere Ansicht verteidigen. So sag uns also, Kebes, was dich beunruhigt!»

«So will ich es denn sagen», sprach Kebes. «Mir scheint, der Gedankengang stehe noch am selben Punkt wie vorhin, und unser früherer Einwand gelte noch jetzt. Daß freilich unsere Seele schon existiert hat, bevor sie in diese Gestalt kam, das bestreite ich nicht und sage nicht, daß es nicht sehr schön und, wenn ich so sagen darf, durchaus einwandfrei bewiesen ist. Daß sie aber auch nach unserem Tode noch irgendwo ein Dasein habe, das glaube ich nicht. Daß freilich die Seele nicht stärker und dauerhafter sei als der Leib – diesem Einwand des Simmias stimme ich nicht zu. Denn meiner Ansicht nach übertrifft sie das alles bei weitem. ‚Was zweifelst du also noch', könnte nun dein Gedankengang sagen, ‚wenn du doch siehst, daß nach dem Tode des Menschen das Schwächere noch weiterexistiert? Glaubst du nicht, daß dann gleichzeitig auch das Dauerhaftere an ihm sich erhalten muß?' So sieh denn, ob ich darauf etwas zu sagen habe. Ich muß mich dabei, ähnlich wie Simmias, eines Bildes bedienen. Meiner Ansicht nach ist es nämlich ungefähr dasselbe, wie wenn man von einem alten Weber, der eben gestorben ist, behauptete, er sei nicht zugrunde gegangen, sondern er existiere noch irgendwo unversehrt, und wenn man dann das damit beweisen wollte, daß das Gewand, das jener selbst gewoben und mit dem er sich bekleidet hatte, noch unversehrt und nicht zugrunde gegangen sei. Und wenn ihm das jemand nicht glaubte, käme er mit der Frage, was denn dauerhafter sei, der Mensch oder das Gewand, dessen er sich bedient und das er trägt. Und wenn man dann antwortete, der Mensch sei viel dauerhafter, dann glaubte er bewiesen zu haben, daß also der Mensch noch viel eher unversehrt bleibt, da sogar das weniger Dauerhafte nicht zugrunde gegangen ist.

Dem aber, glaube ich, ist nicht so, Simmias. Überlege dir selbst, was ich sage: Jedermann wird doch annehmen, daß jener damit etwas Einfältiges sagt. Denn unser Weber hatte viele solche Gewänder abgenützt und gewoben und ist dann allerdings nach ihnen, so viele ihrer waren, umgekommen, jedoch, meine ich, sicher eher als das letzte. Und doch ist der Mensch deshalb nicht etwa geringer oder schwächer als ein Gewand.

Dieses selbe Gleichnis aber kann man auch auf die Seele und auf den Leib anwenden; und dabei dürfte jemand meiner Ansicht nach mit Recht dasselbe darüber behaupten: daß die Seele dauerhaft, der Leib aber schwächer und kurzlebiger sei. Denn er könnte behaupten, daß jede Seele mehrere Leiber abnütze, besonders wenn sie viele Jahre lebt. Wenn nun der Leib in ständigem Flusse ist und sich, während der Mensch noch lebt, im Zustande der Auflösung befindet, indes die Seele das Abgenützte stets wieder erneuert, dann sei es freilich nötig, daß sie bei ihrem Untergang gerade ihr letztes Körpergewand anhat und daß sie früher als dieses, aber nur gerade als dieses, zugrunde geht. Mit dem Untergang der Seele aber wird der Leib sogleich das Wesen seiner Hinfälligkeit erweisen und bald verwesen und sich auflösen. Nach diesem Beweis darf niemand mehr guten Mutes sein im Glauben, unsere Seele existiere auch nach unserem Tode noch irgendwo.

Denn selbst wenn man noch weiter ginge und wenn man einem zustimmte, der noch mehr behauptete als du, daß nämlich unsere Seelen nicht nur in der Zeit vor unserer Geburt bestehen, sondern daß nichts daran hindere, daß auch nach dem Tode die Seelen einiger von uns existieren und weiterleben und immer wieder geboren werden und dann wieder sterben – weil sie nämlich von Natur etwas so Starkes sei, daß sie es aushalten könne, mehrmals geboren zu werden –: selbst wenn man also auch das zugestände, so brauchte man doch nicht zuzugeben, daß sie unter diesen vielen Wiedergeburten nicht leidet und daß sie nicht schließlich bei einem dieser Tode selbst auch völlig zugrunde geht. Niemand aber könnte wissen, so würde man sagen, welcher Tod und welche Auflösung des Leibes die sei, die auch der Seele den Untergang bringt; denn für jeden von uns wäre es unmöglich, das voraus zu merken. Wenn dem aber so ist, dann darf sich vernünftigerweise keiner vor dem Tode sicher fühlen, er könnte denn nachweisen, daß die Seele ganz und gar unsterblich und unvergänglich ist. Kann er das nicht, so muß ein jeder, wenn ihm der Tod bevorsteht, fürchten, seine Seele könnte dieses Mal bei der Auflösung des Leibes völlig mit zugrunde gehen.»

38. Als wir die Worte der beiden gehört hatten, waren wir alle peinlich berührt, wie wir uns nachher gegenseitig gestanden haben. Wir waren durch die vorangegangene Rede des Sokrates durchaus überzeugt worden; jetzt aber schienen sie uns wieder unsicher zu machen und in neue Zweifel zu stürzen, nicht nur dem gegenüber, was wir vorher vernommen hatten,

sondern auch im Hinblick auf die Reden, die noch zu erwarten waren, in den Zweifel nämlich, ob wir nicht untaugliche Richter seien und ob nicht diese Dinge überhaupt ungewiß wären.

Echekrates: Bei den Göttern, Phaidon, das kann ich euch verzeihen. Denn wenn ich dich jetzt so erzählen höre, dann möchte ich selbst fragen, welcher Rede wir nun Glauben schenken sollen. So überzeugend die des Sokrates auch war, so ist sie nun doch der Unglaubwürdigkeit verfallen. Denn seltsam hat es mir jetzt und schon immer die Ansicht angetan, daß unsere Seele eine Art Harmonie sei. Als du sie jetzt wieder aussprachst, wurde ich gewissermaßen daran erinnert, daß ich selbst diesen Gedanken früher auch schon gehabt hatte. Und ich bedarf jetzt sehr und gleichsam wieder von Anfang an eines neuen Beweises, der mich überzeugen kann, daß die Seele beim Tode des Menschen nicht auch stirbt. So sag uns denn, beim Zeus, wie Sokrates das Gespräch fortgesetzt hat, und ob auch er, wie du es von euch anderen berichtest, ärgerlich schien oder ob er ruhig seine Meinung verfocht, und ob er das überzeugend getan hat oder unzulänglich. Erzähle uns das alles möglichst genau.

Phaidon: Wahrlich, Echekrates, ich habe den Sokrates doch manchmal bewundert; aber nie war ich mehr von ihm begeistert als damals. Daß er eine Antwort bereit hatte, das ist wohl noch nichts Ungewöhnliches; was ich aber besonders an ihm bewunderte, das war erstens die freundliche, milde und respektvolle Art, mit der er die Worte dieser jungen Menschen aufnahm, dann der Scharfsinn, mit dem er herausmerkte, welchen Eindruck ihre Worte auf uns gemacht hatten, und schließlich die Geschicklichkeit, mit der er uns heilte, und wie er uns, die wir gleichsam geschlagen und auf der Flucht waren, wieder zurückrief und uns dazu brachte, daß wir ihm folgten und mit ihm zusammen die Frage überdachten.

ECHEKRATES: Wie machte er denn das?

PHAIDON: Ich will es erzählen.

Ich saß rechts von ihm neben seinem Lager auf einem Schemel; er aber saß bedeutend höher als ich. Da strich er mir über den Kopf, und indem er meine Haare im Nacken zusammenfaßte – er pflegte nämlich gerne, wenn es sich gab, mit meinen Haaren zu spielen – sagte er:

«Morgen, Phaidon, wirst du dir wohl diese schönen Haare abscheren.»

«So scheint es, Sokrates», erwiderte ich.

«Und doch nicht, wenn du mir folgst.»

«Wieso denn?» fragte ich.

«Schon heute», erwiderte er, «sollten wir es tun, ich die meinen und du die deinen, wenn nämlich unser Beweis stirbt und wir nicht die Kraft haben, ihn wieder lebendig zu machen. Wenn ich an deiner Stelle wäre und mir entginge der Beweis, so würde ich einen Eid ablegen wie die Argiver: mir die Haare nicht eher wieder wachsen zu lassen, bevor ich in einem neuen Redekampf die Ansicht des Simmias und des Kebes überwunden hätte.»

«Doch gegen zwei Gegner», antwortete ich, «soll nicht einmal Herakles etwas ausrichten können.»

«So rufe denn mich als deinen Iolaos herbei», gab er zurück, «solange es noch Tag ist.»

«Ja, ich rufe dich herbei», sagte ich, «aber nicht als Herakles, sondern so, wie Iolaos den Herakles herbeiruft.»

«Das wird auf dasselbe herauskommen», erwiderte er.

39. «Zunächst aber müssen wir uns in acht nehmen, daß uns nicht ein Mißgeschick widerfährt.»

«Was für eines?» fragte ich.

«Daß wir nicht zu Redehassern werden, so wie es Menschenhasser gibt. Denn nichts Schlimmeres kann einem widerfahren, sagte er, als wenn man Reden und Gedanken zu hassen anfängt. Es entsteht aber der Redehaß auf gleiche Weise wie der Menschenhaß. Dieser ergibt sich, wenn jemand, ohne sich recht darauf zu verstehen, einem anderen allzusehr vertraut und diesen in jeder Hinsicht für wahrhaft und lauter und treu hält und wenn man dann bald darauf entdecken muß, daß er schlecht und treulos ist – und so dann noch bei einem zweiten. Erlebt man dies aber zu wiederholten Malen und besonders auch mit solchen Menschen, die man für die vertrautesten und besten Freunde hielt, so beginnt man schließlich, wenn man immer wieder anstößt, alle zu hassen und zu glauben, es sei überhaupt an keinem etwas Gesundes. Oder hast du nicht auch schon die Beobachtung gemacht, daß es so vor sich geht?»

«Gewiß», sagte ich.

«Ist das aber nicht häßlich?» fuhr er fort. «Und kommt es nicht offenbar davon, daß so einer eben mit den Menschen verkehren wollte, ohne etwas von der Kunst der Menschenkenntnis zu verstehen? Denn wendete er bei diesem Verkehr auch nur ein wenig von dieser Kunst an, so sähe er die Sache so, wie sie wirklich ist: daß es nämlich von den Guten und von den Schlechten, von beiden nur sehr wenige gibt, vom Mittelmaß aber sehr viele.»

«Wie meinst du das?» fragte ich.

«Genau so wie mit den sehr Großen und den sehr Kleinen», erwiderte er. «Oder glaubst du, es gebe etwas Selteneres, als daß man einen ganz großen oder einen ganz kleinen Menschen oder Hund oder sonst etwas findet? Und ebenso einen besonders schnellen oder langsamen, schlechten oder guten, weißen oder schwarzen? Oder ist dir nicht aufgefallen, daß in all diesen Dingen die beiden Extreme selten und wenig zahlreich vorkommen, das Mittelmaß dagegen häufig und zahlreich?»

«Gewiß», erwiderte ich.

«Wenn also ein Wettbewerb in der Schlechtigkeit ausgesetzt würde, dann meinst du doch auch, daß nur sehr wenige an der Spitze ständen?»

«Wahrscheinlich», sagte ich.

«Ja, wahrscheinlich; aber nicht darin sind die Reden den Menschen ähnlich – ich habe mich von dir ablenken lassen – sondern in folgendem: Wenn jemand darauf vertraut, daß eine Rede wahr sei, ohne dabei die richtige Kenntnis über die Reden zu besitzen, wenn sie ihm dann aber kurz darauf, bald mit Recht oder bald mit Unrecht, als falsch erscheint, und so noch einmal und ein drittes Mal – wie du weißt, glauben dann am Ende vor allem die, die ihre Zeit mit Streitreden verbringen, sie seien besonders weise geworden und hätten als einzige herausgefunden, daß es weder an den Dingen irgend etwas Gesundes oder Sicheres gebe noch an den Reden, sondern daß sich alles Seiende wie das Wasser im Euripos einfach hinauf- und hinabkehrt und keinen Augenblick im selben Zustand verharrt.»

«Gewiß», sagte ich, «es ist so, wie du sagst.»

«Wäre es also nicht ein jämmerlicher Vorgang, Phaidon, wenn man, obschon es eine zuverlässige und sichere Rede gibt, die man als solche erkennen kann, weil man bei Reden zugegen war, die einem das eine Mal wahr scheinen, das andere Mal wieder nicht – wenn man dann nicht sich selbst und seiner Unkenntnis schuld gäbe, sondern schließlich der erlittenen Enttäuschung wegen einfach die Schuld von sich auf die Reden abwälzte und den Rest seines Lebens im Haß und mit Schmähen auf die Reden verbrächte und sich so aller Wahrheit und allen Wissens über das Seiende beraubte?»

«Beim Zeus», gab ich zur Antwort, «das wäre tatsächlich ein Jammer.»

40. «Davor wollen wir uns also ganz besonders hüten», fuhr Sokrates fort. «Und wir wollen dem Gedanken, es sei über-

haupt nichts Gesundes an den Reden, keinen Einlaß in unsere Seele gewähren. Wir wollen viel lieber zugeben, daß wir selbst noch nicht gesund sind, sondern daß wir tapfer bestrebt sein müssen, gesund zu werden, du und ihr andern um des ganzen Lebens willen, das ihr noch vor euch habt, ich aber gerade um des Todes willen, verhalte ich mich doch wohl gegenwärtig in dieser Sache nicht philosophisch, sondern rechthaberisch wie die ganz ungebildeten Menschen. Wenn diese nämlich über irgend etwas streiten, dann kommt es ihnen nicht so sehr auf die Sache an, von der sie reden, sondern ihr ganzes Streben geht dahin, wie sie den Anwesenden ihre eigene Meinung aufdrängen können. Ich glaube mich gegenwärtig nur in einem Punkte von diesen Leuten zu unterscheiden: ich werde mich nämlich nicht darum bemühen, daß den Anwesenden meine Meinung als richtig erscheint, es sei denn, dies geschehe ganz beiläufig, sondern daß ich selbst nach Möglichkeit den Eindruck gewinne, es verhalte sich so.

Ich überlege mir nämlich folgendes, mein lieber Freund – schau nur, wie eigennützig –: Wenn das, was ich behaupte, zutrifft, dann ist es ein sehr schöner Glaube; wenn aber nach dem Tode alles zu Ende ist, dann falle ich wenigstens in diesen letzten Stunden vor dem Tode den Anwesenden weniger lästig durch meine Klagen. Diese Unwissenheit wird ja auch nicht lange dauern, denn das wäre schlimm, sondern wird bald vergehen. So gerüstet also, Simmias und Kebes», sagte er, «mache ich mich an meine Rede. Ihr aber, wenn ihr mir Folge leisten wollt, sollt euch weniger um Sokrates als vielmehr um die Wahrheit kümmern; wenn euch dünkt, ich sage etwas Richtiges, so stimmt mir zu; ist dies aber nicht der Fall, so bekämpft mich mit jedem Beweismittel, und nehmt euch in acht, daß ich nicht vor lauter Eifer mich selbst und euch zugleich täusche und wie eine Biene bei meinem Weggang einen Stachel in euch zurücklasse.

41. So wollen wir denn beginnen», fuhr er fort. «Ruft mir zunächst eure Einwände wieder in Erinnerung, wenn sich zeigen sollte, daß ich sie etwa vergessen habe. Simmias, glaube ich, ist im Zweifel und befürchtet, daß die Seele, obwohl sie etwas Göttlicheres und Schöneres ist als der Leib, doch zuerst zugrunde gehe, da sie eine Art Harmonie sei. Kebes hingegen gab mir offenbar zu, daß die Seele etwas Dauerhafteres sei als der Leib; niemand aber könne wissen, ob nicht die Seele, nachdem sie zu wiederholten Malen eine Reihe von Leibern abgenützt hat, doch selbst auch zugrunde gehe, wenn sie nun den letzten dieser Leiber verläßt, und ob dieser Tod nicht der eigentliche Untergang der Seele ist; denn der Leib sei ja immerfort daran, zugrunde zu gehen. Das sind doch die beiden Fragen, Simmias und Kebes, die wir untersuchen müssen?»

Beide bestätigten, daß es diese seien.

«Und nun, bestreitet ihr alles», fragte er, «was ich vorhin gesagt habe, oder nur einen Teil davon?»

«Nur einen Teil davon», erwiderten die beiden.

«Was sagt ihr denn zu dem Beweis, wo wir behaupteten, daß das Lernen ein Sichwiedererinnern sei und daß sich deshalb unsere Seele vor der Geburt irgendwo aufhalten müsse, bevor sie an den Leib gebunden wird?»

«Ich war damals», sprach Kebes, «in wunderbarer Weise von ihm überzeugt, und ich bleibe auch jetzt noch dabei wie sonst bei keinem anderen.»

«Fürwahr», sagte Simmias, «auch mir ergeht es so, und ich müßte mich sehr wundern, wenn ich je darüber anderer Meinung würde.»

Da sagte Sokrates: «Und doch mußt du deine Ansicht ändern, mein Freund aus Theben, wenn anders deine Meinung bestehen bleibt, daß die Harmonie etwas Zusammengesetztes und daß die Seele als eine Harmonie aus den (wie die Saiten) gespannten Teilen des Leibes besteht. Denn du wirst nicht einmal dir selber zugeben, daß eine Harmonie bestehe, bevor die einzelnen Teile da sind, aus denen sie sich zusammensetzen soll. Oder nimmst du das an?»

«Auf keinen Fall, Sokrates», erwiderte er.

«Merkst du nun», fuhr Sokrates fort, «daß dir eben diese Behauptung unterläuft, wenn du sagst, die Seele existiere zwar, bevor sie in Gestalt und Leib des Menschen eingehe, sie sei aber aus Elementen zusammengesetzt, die zu dieser Zeit noch gar nicht existieren? Denn die Harmonie ist eben nicht das, womit du sie vergleichst, sondern zuerst existieren die Leier und die Saiten und die noch unharmonischen Töne, und erst zuletzt bildet sich die Harmonie und geht auch als erste wieder zugrunde. Wie will dir nun dieser Beweis mit jenem anderen zusammenstimmen?»

«Gar nicht», antwortete Simmias.

«Und doch», fuhr Sokrates fort, «sollte in keiner anderen Frage eher Übereinstimmung herrschen als über die Harmonie.»

«Ja, es sollte», gab Simmias zu.

«Aber gerade hier stimmst du mit dir selbst nicht überein. Sieh nur zu, welcher von den beiden Meinungen du den Vorzug gibst: daß das Lernen ein Sichwiedererinnern oder daß die Seele eine Harmonie sei?»

«Bei weitem der ersten, Sokrates», sagte er. «Denn die andere ergab sich mir ohne jeden Beweis, bloß ihrer Wahrscheinlichkeit und ihrer Gefälligkeit wegen, weshalb sie auch den meisten Menschen zusagt. Ich weiß aber, daß alle Reden, die bloß ihrer Wahrscheinlichkeit halber angenommen werden, trügerisch sind, und daß man sehr leicht von ihnen getäuscht wird, wenn man sich vor ihnen nicht vorsieht, in der Geometrie so gut wie auf allen anderen Gebieten. Der Satz von der Erinnerung und vom Lernen hingegen beruht auf einer Voraussetzung, die seine Annahme rechtfertigt. Es wurde nämlich gesagt, unsere Seele existiere, schon bevor sie in den

Leib eintritt, so wie die Wesenheit existiert, die man als das ‚Sein an sich' bezeichnet. Und das habe ich, wie ich überzeugt bin, in einer zureichenden und richtigen Weise angenommen. Es scheint mir also, ich dürfe deshalb weder von mir selbst noch von einem anderen die Behauptung annehmen, daß die Seele eine Harmonie sei.»

42. «Was meinst du aber zu folgendem, Simmias», fuhr er fort: «Glaubst du, daß die Harmonie oder irgendeine andere Zusammensetzung sich anders verhalten kann als die Teile, aus denen sie besteht?»

«Auf keinen Fall.»

«Und sie kann, meine ich, auch nichts anderes tun und nichts anderes erleiden als das, was auch jene tun oder erleiden.»

Er stimmte zu.

«Die Harmonie kann also den Teilen, aus denen sie zusammengesetzt ist, nicht vorangehen, sondern muß ihnen folgen.»

Er war gleicher Meinung.

«Es ist also ausgeschlossen, daß sich die Harmonie in entgegengesetzter Richtung bewegt oder anders tönt oder sich sonst irgendwie gegensätzlich verhält als ihre Teile?»

«Ausgeschlossen», sagte er.

«Ist nun aber nicht jede Harmonie in dem Grade Harmonie, als sie harmonisch gestimmt ist?»

«Das verstehe ich nicht», erwiderte er.

«Ist es nicht so», fuhr jener fort: «wenn ihre Teile mehr und voller aufeinander abgestimmt sind – nehmen wir an, das sei möglich –, dann ist doch auch die Harmonie größer und voller? Sind sie es aber weniger und in geringerem Maße, dann ist auch sie weniger und geringer.»

«Gewiß.»

«Ist es nun auch so mit der Seele? Ist da auch die eine Seele, wenn auch nur ein bißchen, mehr und vollkommener oder dann weniger und in geringerem Maße Seele als die andere?»

«Auf keinen Fall.»

«Wohlan, beim Zeus», sprach Sokrates; «man sagt doch auch, die eine Seele habe Vernunft und Tugend und sei gut, die andere aber besitze Unvernunft und Bosheit und sei schlecht? Und mit dieser Behauptung hat es doch seine Richtigkeit?»

«Allerdings.»

«Wie wird nun aber einer, der annimmt, die Seele sei eine Harmonie, die Tugend oder die Schlechtigkeit in den Seelen erklären? Etwa als eine andere Art von Harmonie und Disharmonie? Wird er sagen, die gute Seele sei harmonisch gestimmt und enthalte, während sie selbst schon Harmonie sei, in sich noch eine andere Harmonie, die andere aber sei selbst nicht harmonisch gestimmt und enthalte in sich keine andere Harmonie?»

«Ich weiß selbst nicht, was ich sagen soll», antwortete Simmias; «es ist aber klar, daß einer, der von jener Voraussetzung ausgeht, ungefähr so reden würde.»

«Wir sind aber vorhin einig geworden, daß eine Seele nicht mehr oder weniger Seele ist als eine andere. Dieser Satz, dem wir beide zustimmen, bedeutet aber, daß auch keine Harmonie mehr oder besser oder dann weniger und schlechter Harmonie ist als eine andere Harmonie; nicht wahr?»

«Ja, gewiß.»

«Und daß die Harmonie, die also nicht mehr oder weniger Harmonie ist, auch nicht mehr oder weniger harmonisch gestimmt sein kann. Ist dem so?»

«Ja.»

«Wenn sie aber weder mehr noch weniger harmonisch gestimmt ist, wird sie dann mehr oder weniger Anteil an der Harmonie haben, oder den gleichen?»

«Den gleichen.»

«Und wenn nun also eine Seele weder mehr noch weniger

Seele ist als eine andere, dann ist sie doch auch weder mehr noch weniger harmonisch gestimmt.»

«So ist es.»

«In diesem Falle könnte sie also weder an der Disharmonie noch an der Harmonie größeren Anteil haben.»

«Sicher nicht.»

«Kann in diesem Falle die eine mehr als eine andere an der Schlechtigkeit oder an der Tugend teilhaben, wenn doch die Schlechtigkeit Disharmonie, die Tugend aber Harmonie sein soll?»

«Nein.»

«Vielmehr wird doch, Simmias, wenn wir richtig überlegen, überhaupt keine Seele an der Schlechtigkeit teilhaben, wenn sie wirklich Harmonie ist; denn die Harmonie, die in vollkommenem Maße eben das ist, nämlich Harmonie, könnte doch nie an einer Disharmonie teilhaben.»

«Allerdings nicht.»

«Und also auch die Seele, wenn sie vollkommen Seele ist, nicht an der Schlechtigkeit.»

«Wie wäre das möglich nach dem, was wir eben gesagt haben?»

«Aus dieser Beweisführung folgt für uns, daß alle Seelen sämtlicher Lebewesen gleichermaßen gut sein müssen, wenn anders sie ihrer Natur nach gleicherweise eben das sind, nämlich Seelen.»

«Das glaube ich auch, Sokrates», sagte er.

«Hältst du diesen Satz als auch für richtig?» fragte Sokrates. «Und glaubst du, unsere Beweisführung hätte dieses Schicksal erlitten, wenn die Voraussetzung richtig wäre, daß die Seele eine Harmonie sei?»

«Ganz gewiß nicht», sagte er.

43. «Was meinst du aber», fragte jener weiter: «gibt es unter all den Kräften im Menschen eine andere als die Seele, zu-

mal die vernünftige, die nach deiner Meinung herrschen kann?»

«Nein.»

«Herrscht sie aber, indem sie den Zuständen des Leibes nachgibt oder indem sie ihnen Widerstand leistet? Ich meine, ob sie nicht zum Beispiel bei Hitze oder Durst zum jeweils gegensätzlichen Verhalten hinleitet, also zum Nichttrinken, und beim Hunger zum Nichtessen? Und können wir nicht in tausend anderen Fällen feststellen, daß sich die Seele den Wünschen des Leibes widersetzt, oder nicht?»

«Ganz gewiß.»

«Wir sind aber doch vorhin übereingekommen, daß die Seele, falls sie überhaupt eine Harmonie ist, niemals entgegengesetzt tönen kann als die Elemente, aus denen sie besteht, je nachdem diese gespannt oder nachgelassen oder in Schwingung versetzt werden, und was sonst mit ihnen geschieht, sondern daß sie diesen folgt und niemals selber herrscht?»

«Ja, darin stimmten wir überein. Wie wäre es anders möglich?»

«Haben wir aber nun nicht den Eindruck, daß sie gerade das Gegenteil tut, daß sie nämlich alle Teile regiert, aus denen sie zusammengesetzt sein soll, daß sie sich ihnen das ganze Leben hindurch in fast allen Dingen widersetzt und daß sie diese in jeder Weise beherrscht, indem sie sie bald härter und auf schmerzhafte Weise im Zaum hält, wie es in der Gymnastik und in der Heilkunde geschieht, bald aber wieder milder, indem sie das eine Mal droht, das andere Mal mahnt und dabei mit den Begierden und den Trieben und den Sorgen spricht, als ob sie wie eine Fremde mit einem fremden Wesen redete. Etwa so, wie es Homer in der Odyssee gedichtet hat, wo er von Odysseus sagt:

Aber er schlug an die Brust und schalt sein Herz mit den Worten:
Dulde auch dies, mein Herz; viel Schlimmeres hast du ertragen!

Oder glaubst du, er habe das in der Meinung gedichtet, die Seele sei eine Harmonie und müsse sich von den Zuständen des Leibes leiten lassen? Glaubte er nicht eher, die Seele müsse diese leiten und beherrschen und sei etwas viel Göttlicheres als eine Harmonie?»

«Beim Zeus, Sokrates, das glaube ich.»

«Wir dürfen also auf keinen Fall behaupten, mein Bester, die Seele sei eine Harmonie. Sonst, scheint mir, würden wir weder mit Homer, dem göttlichen Dichter, noch mit uns selbst übereinstimmen.»

«So ist es», sagte er.

44. «Also gut», fuhr Sokrates fort; «mit der Sache der thebanischen Harmonia ist es uns offenbar noch recht gnädig ergangen. Wie steht es aber mit der des Kadmos, mein Kebes? Wie werden wir ihn gnädig stimmen können, und mit welchem Beweis?»

«Ich glaube, das wirst du schon herausfinden», erwiderte Kebes. «Dein Beweis gegen die Harmonie wenigstens war wunderbar und hat alle meine Erwartungen übertroffen. Denn als Simmias seine Zweifel vorbrachte, da nahm es mich sehr wunder, ob überhaupt jemand darauf antworten könne. Aber nun sah ich zu meinem Erstaunen, daß er nicht einmal den ersten Ansturm deiner Widerlegung auszuhalten vermochte. Es würde mich daher nicht wundern, wenn es der Beweisführung des Kadmos ähnlich erginge.»

«Mein Guter», sagte darauf Sokrates, «mach keine so großen Worte, sonst macht uns noch ein böser Zauber das zunichte, was ich jetzt beweisen will. Doch das sei Gott überlassen. Wir aber wollen jetzt wie die Helden bei Homer zum Nahkampf antreten und untersuchen, ob deine Beweisführung richtig sei. Was du suchst, ist in der Hauptsache etwa folgendes: du möchtest einen Beweis dafür, daß unsere Seele unzerstörbar und unsterblich ist und daß daher ein Philosoph, der sich zu sterben anschickt, keine eitle und sinnlose Zuversicht hat, wenn er guten Mutes ist und daran glaubt, es werde ihm nach dem Tode im Jenseits bedeutend besser ergehen, als wenn er in einer anderen Lebensweise weiterlebend enden würde. Denn wenn wir auch zeigen können, daß die Seele etwas Starkes und Göttliches ist und daß sie schon existiert hat, bevor wir als Menschen geboren wurden, so beweist das deiner Ansicht nach noch nicht, daß sie unsterblich sei, sondern bloß, daß sie von langer Dauer ist und daß sie schon früher irgendwo unbestimmte Zeit lang existiert und manches gewußt und getan hat. Trotzdem war sie aber durchaus nicht unsterblich, sondern ihr Eintritt in den menschlichen Leib war für sie der Anfang des Untergangs, gleichsam der Beginn einer Krankheit; wenn sie sich dieses ganze Leben hindurch abgeplagt hat, geht sie schließlich in dem, was man ‚Tod' nennt, zugrunde. Es kommt also nicht darauf an, behauptest du, ob sie einmal oder öfters in den Leib eintritt: auf jeden Fall muß sich jeder von uns fürchten; denn jeder, der nicht unvernünftig ist, muß sich fürchten, wenn er nicht weiß und keinen Beweis dafür geben kann, daß sie unsterblich ist.

Dies ist, glaube ich, ungefähr deine Meinung, Kebes. Mit Absicht wiederhole ich sie öfters, damit uns ja nichts davon entgeht und damit du das, was du etwa willst, noch hinzusetzen oder abstreichen kannst.»

Und Kebes sagte: «Nein, im Augenblick habe ich nichts abzustreichen und auch nichts hinzuzusetzen, sondern gerade so meine ich's.»

45. Sokrates hielt nun eine geraume Zeit inne und dachte bei sich selber nach. «Kebes», sagte er dann, «das ist keine Kleinigkeit, die du wissen möchtest. Wir müssen da nämlich die Ursache des Werdens und des Vergehens überhaupt untersuchen. Wenn du willst, erzähle ich dir zunächst, wie es mir selbst dabei ergangen ist. Glaubst du dann, irgend etwas von

meinen Worten könne dazu dienen, um dich in der Sache, nach der du fragst, zu überzeugen, so mache Gebrauch davon.»

«Freilich», sagte Kebes, «das will ich.»

«So höre denn, was ich zu erzählen habe. In meiner Jugend, Kebes, bemühte ich mich wunder wie sehr um jene Weisheit, die man Naturkunde nennt. Denn sie schien mir etwas Herrliches zu sein: von jedem Ding die Ursachen zu kennen und zu wissen, wodurch es entsteht und wodurch es vergeht und wodurch es besteht. Vor allem untersuchte ich immer wieder nach allen Seiten etwa die folgenden Fragen: Ob, wenn das Warme und das Kalte in eine Art von Verwesung übergehen, sich dann, wie manche behaupten, die Lebewesen bilden. Und ob es das Blut sei, womit wir denken, oder die Luft oder das Feuer. Oder ob keines von diesen, sondern ob das Gehirn uns die Wahrnehmungen des Hörens, des Sehens und des Riechens vermittelt, aus denen dann die Erinnerung und die Vorstellung entstehen, und ob nicht aus der Erinnerung und aus der Vorstellung, wenn sich diese befestigt haben, in gleicher Weise das Wissen entspringt. Und wenn ich wiederum das Vergehen dieser Dinge betrachtete und alle Veränderungen im Himmel und auf Erden, kam ich schließlich mir selber für diese Untersuchung so ungeeignet wie nur möglich vor.

Ich kann dir dafür einen klaren Beweis geben: Sogar in den Fragen, die mir vorher, wie ich und die anderen glaubten, völlig klar waren, wurde ich durch dieses Suchen so blind gemacht, daß ich auch das verlernte, was ich vorher zu wissen meinte, so unter vielem anderem auch in der Frage, wodurch der Mensch wachse. Früher hatte ich angenommen, es sei jedem klar, daß dies durch das Essen und Trinken geschehe. Wenn sich nämlich aus den Speisen zum Fleische Fleisch, zu den Knochen Knochen und so entsprechend zu allem übrigen das ihm Verwandte ansetzt, dann werde zuletzt aus der geringen Masse viel, und so werde der kleine Mensch groß. So glaubte ich damals; dünkt dich nicht, ich hätte damit recht gehabt?»

«Doch», sagte Kebes.

«Bedenke nun auch noch dies: wenn ein Mensch neben einem kleinen stand und dort groß erschien, dann begnügte ich mich mit der Erklärung, er sei eben durch seinen Kopf größer, und ebenso, wenn ein Pferd neben einem anderen stand. Oder was noch deutlicher ist als dies: die Zehn schien mir deshalb größer als die Acht, weil dort noch zwei dabei sind, und die Doppelelle war meiner Ansicht nach darum größer als die einfache Elle, weil sie diese um die Hälfte übertrifft.»

«Was hältst du nun aber jetzt davon?» fragte Kebes.

«Daß ich, beim Zeus, weit davon entfernt bin, mir einzubilden, ich wüßte von irgendeinem dieser Dinge die Ursache. Glaube ich doch nicht einmal mehr daran, daß, wenn man eins zu eins hinzufügt, entweder die Eins, zu der man es hinzugefügt hat, zu zwei wurde – oder dann, daß die hinzugefügte Eins und die, zu der sie gefügt wurde, zu zwei geworden sind, weil man das eine zum anderen gefügt hat. Denn es kommt mir seltsam vor, daß die beiden, solange sie voneinander getrennt waren, jedes für sich eins war und sie damals nicht zwei waren, daß sie dann aber, als sie sich vereinigt hatten, aus diesem Grunde zwei geworden sind, wegen dieser Vereinigung also, durch die sie einander nahegebracht wurden. Und wenn eine Einheit zerspalten wird, kann ich mich ebenso wenig überzeugen, daß dann diese Spaltung der Grund dafür sei, daß zwei geworden sind. Denn dieses Mal entsteht die Zwei aus der genau entgegengesetzten Ursache: dort ist es, weil eines dem andern genähert und hinzugesetzt wurde, jetzt aber, weil das eine vom anderen weggenommen und getrennt wird. Ja, ich bilde mir nicht einmal mehr ein zu wissen, wodurch überhaupt eine Eins entsteht; mit einem Worte: ich glaube, nach dieser Art läßt sich von gar nichts feststellen, wieso es entsteht oder vergeht oder besteht, sondern ich rühre mir aufs Geratewohl eine neue Methode zusammen; die genannte aber lasse ich auf keinen Fall mehr gelten.

46. Eines Tages aber hörte ich jemandem zu, der las aus einem Büchlein des Anaxagoras vor, wie er sagte, und behauptete, es sei die Vernunft, die alles ordne und die Ursache aller Dinge sei. Da freute ich mich über diese Ursache, und es dünkte mich gewissermaßen auch richtig, daß die Vernunft die Ursache aller Dinge sei; und ich war überzeugt, daß in diesem Falle die ordnende Vernunft alles so ordne und jegliches so aufstelle, wie es am besten sei. Wenn nun jemand die Ursache finden wolle, weshalb jedes Ding entsteht oder vergeht oder besteht, so müsse er nur herausfinden, welches Sein, welches Leiden und welches Tun für dasselbe am besten sind. Nach diesem Verfahren brauche also der Mensch, sowohl was ihn selbst als auch was die übrigen Dinge betrifft, nach nichts anderem zu forschen als nach dem Trefflichsten und dem Besten; er müßte dann notwendigerweise auch das Schlechtere erkennen, da dasselbe Wissen für beide gelte.

Als ich mir das überlegte, glaubte ich zu meiner Freude für die Ursache der Dinge einen Lehrer nach meinem Sinn gefunden zu haben, eben den Anaxagoras, und glaubte, er werde mir vor allem auch sagen, ob die Erde platt oder rund sei, und mir dann auch den Grund und die Notwendigkeit dafür erklären, indem er als Ursache das ‚Bessere‘ anführen und sagen werde, daß sie eben besser so beschaffen sei, wie sie ist. Und die Behauptung, die Erde befinde sich in der Mitte des Weltalls, werde er mit der Erklärung verbinden, es sei eben besser für sie, in der Mitte zu sein. Und wenn er mir das klarmachen könnte, war ich entschlossen, nie mehr nach einer anderen Art von Ursache zu forschen. Und ebenso wollte ich auf diese Art über die Sonne Auskunft bekommen und über den Mond und über die anderen Gestirne, über ihre gegenseitige Geschwindigkeit, über ihre Umdrehungen und über ihre sonstigen Veränderungen: wie es für jedes besser sei, gerade das zu tun oder das zu erleiden, was es erleidet. Denn nachdem er einmal gesagt hatte, dies alles sei durch die Vernunft angeordnet, glaubte ich nicht, daß er mir für ihre Anordnung einen anderen Grund angeben werde als eben, es sei am besten, wenn es sich so mit ihnen verhalte, wie es sich eben verhält. Und nachdem er für alles im einzelnen und für alle Dinge gemeinsam die Ursache angegeben hatte, erwartete ich, er werde mir jetzt erklären, was das ‚Beste' für jedes einzelne Ding und was das ‚Gute' sei, das allen gemeinsam ist. Nicht um vieles hätte ich meine Hoffnungen aufgegeben, sondern nahm mit großem Eifer seine Bücher zur Hand und las darin, so schnell ich konnte, um möglichst bald das Beste und das Schlechtere zu erkennen.

47. Von dieser wunderschönen Hoffnung, mein Freund, wurde ich indes jäh herabgestürzt, als ich im Weiterlesen sah, daß dieser Mann selbst keine Vernunft anwendet und daß er für die Anordnung der Dinge keine anderen Ursachen angibt als die Luft und den Äther und das Wasser und manches Ungereimte mehr. Es schien mir, als sei ihm etwas ganz Ähnliches unterlaufen, wie wenn jemand sagte: ‚Sokrates tut alles, was er tut, mit Vernunft.' Wenn er aber nachher die Gründe für all meine Handlungen darzulegen versuchte, begänne er mit der Behauptung, ich sitze deswegen hier, weil mein Leib aus Knochen und Sehnen bestehe und weil die Knochen fest und durch Gelenke voneinander getrennt seien, während die Sehnen gespannt und wieder gelockert werden können, wobei sie die Knochen samt dem Fleisch und der Haut, die das zusammenhält, rings umgeben. Während nun die Knochen in ihren Gelenken hangen, würden die Sehnen bald gelockert, bald wieder angespannt und setzten mich dadurch instand, meine Glieder zu biegen – und das sei der Grund, weshalb ich so zusammengekauert hier sitze.

Und für mein Gespräch mit euch würde er andere Gründe dieser Art namhaft machen; er würde die Laute und den Atem und das Gehör und eine ganze Menge ähnlicher solcher Dinge als Ursache angeben und sich dabei gar nicht bemühen, die wahren Gründe zu nennen: daß es nämlich die Athener für besser befanden, mich zu verurteilen, und daß ich es daher auch meinerseits für besser befunden habe, hier zu sitzen, und für richtiger, da zu warten und die Strafe auf mich zu nehmen, welche sie auch verhängt haben mögen. Denn beim Hunde, ich glaube, diese Sehnen und Knochen wären schon längst in Megara oder bei den Boiotiern, fortgetragen von der Vorstellung des Besten, hätte ich nicht geglaubt, es sei gerechter und schöner, statt zu fliehen und wegzulaufen, das Gericht der Stadt über mich ergehen zu lassen, mag es ausfallen, wie es will.

Es ist also durchaus nicht am Platze, solche Dinge Gründe zu nennen. Wenn aber jemand behauptete, ich wäre ohne Knochen und Sehnen und was ich sonst derartiges habe, nicht imstande, das auszuführen, was mir recht scheint, so würde er wohl recht haben. Daß ich aber deswegen das tue, was ich tue, und daß ich es mit Vernunft tue, und nicht deshalb, weil ich dabei das Beste wähle – das wäre eine sehr leichtfertige Behauptung. Das hieße ja nichts anderes, als daß man nicht imstande sei, auseinanderzuhalten, was in der Tat ursächlich und was nur ein Mittel ist, ohne das aber die wahre Ursache niemals als Ursache wirken könnte.

Aber gerade das scheint mir die Menge, die gleichsam im finsteren tappt, mit einem falschen Namen als das Ursächliche zu bezeichnen. Daher umgibt der eine die Erde mit einem Wirbel unter der Himmelskugel und läßt sie in der Mitte feststehen; der andere aber legt ihr wie einem flachen Trog die Luft als Schemel unter. Die Kraft aber, die bewirkt hat, daß sie so liegt, wie es am besten ist – diese suchen sie nicht, und sie glauben auch nicht, daß eine göttliche darin wirkt, sondern sie bilden sich ein, sie hätten einen Atlas gefunden, der vielleicht noch stärker und unsterblicher sei als dieser und der noch besser das Ganze zusammenhalten könne, und sie glauben nicht daran, daß es in Wirklichkeit das Gute und das Notwendige ist, das die Welt zusammenbindet und zusammenhält. Ich wäre nun sehr gerne bei jedem in die Lehre gegangen, der mir hätte sagen können, wie es sich mit dieser Ursache verhält. Da mir aber das versagt blieb und ich es weder selber herausfinden noch von einem anderen erfahren konnte, unternahm ich die zweite Fahrt auf der Suche nach der Ursache – wenn du einverstanden bist, will ich dir davon berichten, Kebes.»

«Ja, sehr gerne bin ich einverstanden.»

48. «Nachdem ich es also aufgegeben hatte, die Dinge zu betrachten», fuhr er fort, «glaubte ich mich vorsehen zu müssen, daß mir nicht dasselbe widerfahre wie den Leuten, die eine Sonnenfinsternis beobachten und erforschen. Denn es kommt etwa vor, daß einige dabei ihr Augenlicht verlieren, wenn sie das Abbild der Sonne nicht im Wasser oder in etwas Derartigem betrachten. Etwas Ähnliches kam auch mir in den Sinn, und ich befürchtete, an meiner Seele völlig blind zu werden, wenn ich die Dinge mit meinen Augen betrachtete und wenn ich versuchte, sie mit jedem meiner Sinne zu erfassen. Ich beschloß daher, meine Zuflucht zu den Gedanken zu nehmen und in diesen die Wahrheit über das Seiende zu erforschen. Vielleicht trifft das Bild, das ich da brauche, nicht ganz zu. Denn ich gebe ja nicht etwa zu, daß derjenige, der das Seiende in den Gedanken betrachtet, es eher in Abbildern betrachtet als der, welcher es in seinen Werken beobachtet; aber ich schlug nun einmal diesen Weg ein und lege seither in jedem einzelnen Falle denjenigen Gedanken zugrunde, der mir der stärkste scheint, und nehme dann das als wahr an, was mei-

ner Ansicht nach mit ihm im Einklang steht, handle es sich nun um die Frage nach der Ursache oder um irgendeine andere; was aber nicht damit übereinstimmt, nehme ich als unwahr an. Ich will dir aber noch deutlicher zeigen, was ich meine; denn ich glaube, du verstehst es jetzt noch nicht.»

«Nein, beim Zeus», sagte Kebes, «noch nicht recht.»

49. «Doch was ich da sage», fuhr jener fort, «ist nichts Neues, sondern eben das, was ich sonst schon immer und was ich auch im Gespräch vorhin unaufhörlich gesagt habe. Wenn ich dir also zu erklären versuche, was ich als die Idee der Ursache herausgearbeitet habe, so komme ich wieder auf das zurück, worüber ich schon so oft gesprochen habe, und ich beginne mit dem grundlegenden Satz, daß es ein Schönes an sich und ein Gutes und ein Großes und so weiter gibt. Wenn du mir darin beistimmst und zugestehst, daß es das gibt, dann hoffe ich, dir von diesem Satze die Ursache darzustellen und gleichzeitig nachzuweisen, daß die Seele unsterblich ist.»

«Ja doch», sagte Kebes, «führe dies nur ohne Verzug durch, als ob ich dir zugestimmt hätte.»

«So prüfe denn», begann Sokrates, «ob du mit dem einverstanden bist, was sich daraus ergibt. Ich glaube nämlich, wenn es außer dem Schönen an sich noch etwas Schönes gibt, dann ist dies einzig deshalb schön, weil es an jenem Schönen teilhat; und das behaupte ich von allen Dingen. Bist du mit dieser Art von Ursache einverstanden?»

«Ja», sagte Kebes.

«Ich begreife nun aber alle diese anderen gelehrten Gründe nicht mehr», sagte er, «und kann sie nicht verstehen. Sondern wenn mir einer behauptet, daß irgend etwas deshalb schön sei, weil es eine glänzende Farbe habe oder eine schöne Gestalt oder sonst etwas dieser Art, dann lasse ich das alles unbeachtet, weil es mich doch nur verwirrt, und halte mich schlicht und einfach und vielleicht einfältig nur an das eine, daß gar nichts anderes es schön macht als die Gegenwart jenes Schönen oder die Gemeinschaft mit ihm, oder wie der Zusammenhang zwischen den beiden sein mag: darüber will ich nichts Bestimmtes mehr behaupten, sondern nur, daß alles Schöne durch das Schöne schön ist. Denn diese Antwort kann nach meiner Überzeugung ich und jeder andere mit unbedingter Sicherheit geben. Und wenn ich mich daran halte, dann werde ich wohl niemals straucheln, sondern kann mir und jedem anderen mit aller Bestimmtheit antworten, daß das Schöne durch das Schöne schön sei. Oder glaubst du das nicht auch?»

«Doch.»

«Und durch die Größe ist also das Große groß und das Größere größer, und durch die Kleinheit ist das Kleinere kleiner?»

«Ja.»

«Du wärest also auch nicht damit einverstanden, wenn jemand behauptete, daß einer deshalb größer sei als der andere weil er ihn um Kopfeslänge überragt, und der Kleinere aus demselben Grunde kleiner; sondern du würdest wohl beteuern, du könnest nichts anderes sagen, als daß jegliches, das größer ist als etwas anderes, durch nichts anderes größer sei als durch Größe und daß es eben deswegen größer sei, wegen der Größe, und daß das Kleinere ebenfalls durch nichts anderes kleiner ist als durch Kleinheit, und daß es eben deswegen kleiner ist, wegen der Kleinheit. Denn wenn du behaupten wolltest, es sei jemand seines Kopfes wegen größer oder kleiner, dann mußt du, meiner Meinung nach, befürchten, daß man dich mit der Feststellung widerlegt, daß dann erstens das Größere ja aus dem nämlichen Grunde größer wäre wie das Kleinere kleiner, und zweitens, daß dann der Größere wegen seines Kopfes, der selber etwas Kleines ist, größer wäre, und dies wäre doch eine ungeheuerliche Behauptung, daß jemand infolge etwas Kleinem groß sein soll. Oder müßtest du nicht diesen Einwand befürchten?»

«Doch», sagte Kebes und lachte.

«Würdest du dich also nicht zu behaupten hüten, daß die Zehn durch die Zwei mehr ist als die Acht und daß sie sie aus diesem Grunde übertreffe und nicht durch die Menge und infolge der Menge? Und daß die Doppelelle größer sei als die einfache Elle durch die Hälfte und nicht durch ihre Größe? Dasselbe Bedenken gilt doch wohl auch hier.»

«Gewiß», antwortete er.

«Wenn man aber eins und eins zusammenfügt, wagst du dann ohne weiteres zu behaupten, daß diese Hinzufügung die Ursache dafür sei, daß eins zu zwei wird, und wenn eine Einheit zerspalten wird, daß es diese Spaltung sei? Wirst du nicht vielmehr mit lauter Stimme behaupten, daß du keine andere Entstehung eines jeden Dinges kennest, als daß es an dem ihm eigenen Wesen teilhat, und daß du somit keinen anderen Grund dafür wissest, daß etwas zu einer Zweiheit wird, als die Tatsache, daß es an der Zweiheit teilhat und daß alles, was zur Zweiheit werden will, an dieser, und was zur Einheit werden will, an der Einheit teilhaben muß. Um diese Spaltungen aber und Hinzufügungen und andere solche Spitzfindigkeiten würdest du dich nicht kümmern, sondern überließest diese Antworten solchen, die weiser sind als du.

Du aber würdest dich aus Furcht vor deinem eigenen Schatten, wie man so sagt, und vor deiner Unerfahrenheit an diese sichere Grundlage halten und die entsprechende Antwort geben. Wenn aber jemand diese Voraussetzung selber angreifen wollte, dann ließest du ihn wahrscheinlich ohne Antwort, bis du die Folgerungen, die sich daraus ergeben, geprüft hättest, ob sie nach deiner Meinung miteinander übereinstimmen oder nicht. Und wenn du über jene Voraussetzung Rechenschaft geben müßtest, dann würdest du das doch in der Weise tun, daß du daneben noch eine andere Voraussetzung zugrunde legtest, diejenige nämlich, welche dir unter den übergeordneten als die beste erscheint, bis du zu etwas Zureichendem kämest. Dabei würdest du nicht alles durcheinandermengen, wie es die Streitkünstler tun, und würdest es vermeiden, vom Grundsatz und gleichzeitig von dem zu sprechen, was daraus folgt, wenn du etwas von dem Seienden finden wolltest. Denn jene verwenden auf diese Frage wahrscheinlich weder einen einzigen Gedanken noch eine Überlegung, sind sie doch imstande, vor lauter Weisheit alles durcheinanderzumengen und dabei noch mit sich selbst zufrieden zu sein. Du aber, sofern du zu den Philosophen zählst, du würdest, glaube ich, in der genannten Weise vorgehen.»

«Sehr richtig, was du sagst», stimmten ihm Simmias und Kebes zu.

ECHEKRATES: Beim Zeus, Phaidon, das taten sie mit Recht. Denn ich finde es wunderbar, wie klar das Sokrates auch für jemand gesagt hat, der nur geringen Verstand hat.

PHAIDON: Ja, gewiß, Echekrates; das war auch die Meinung aller Anwesenden.

ECHEKRATES: Und auch unsere, die wir nicht dabei waren, die wir es aber jetzt hören. Wie ging die Unterhaltung aber nachher weiter?

50. PHAIDON: Nachdem wir ihm das zugegeben hatten und mit ihm darüber einig waren, daß jede Idee ein eigenes Sein habe und daß alle übrigen Dinge ihre Namen nach ihrer Teilnahme an diesen Ideen bekommen, da stellte er, wie ich glaube, folgende Frage:

«Wenn du das wirklich so meinst, mußt du dann nicht, wenn du sagst, Simmias sei größer als Sokrates, aber kleiner als Phaidon, damit die Behauptung aufstellen, daß sich in Simmias beides findet, Größe und Kleinheit?»

«Doch.»

«Du gibst also zu», fuhr er fort, «daß das eigentlich seinem Wortlaut nach nicht stimmt, daß Simmias den Sokrates überragt. Denn Simmias überragt nicht einfach von Natur aus den Sokrates, nur deshalb, weil er eben Simmias ist, sondern wegen der Größe, die er zufällig besitzt; und ebenso überragt er nicht den Sokrates, einfach weil dieser Sokrates ist, sondern weil Sokrates Kleinheit besitzt, im Vergleich zu der Größe des Simmias; oder nicht?»

«Richtig.»

«Und dieser hinwiederum wird doch nicht deshalb von Phaidon überragt, weil Phaidon eben Phaidon ist, sondern weil Phaidon Größe besitzt gegenüber der Kleinheit des Simmias?»

«So ist es.»

«So sagt man also von Simmias, er sei groß und klein zugleich, weil er in der Mitte von beidem ist, indem er die Kleinheit des einen durch seine Größe überragt, während er dem anderen eine Größe zugestehen muß, die seine eigene Kleinheit übertrifft.»

Und lächelnd fügte er bei:

«Das scheint euch vielleicht spitzfindig; aber es ist in der Tat so, wie ich sage.»

Kebes stimmte zu.

«Ich sage dies deshalb, weil ich möchte, daß du dich meiner Meinung anschließest. Denn ich glaube, daß nicht nur die Größe an und für sich niemals gleichzeitig groß und klein sein will, sondern daß auch jene Größe, die sich in uns befindet, das Kleine jederzeit ausschließt und sich nicht überragen läßt. Nein, sondern es geschieht eines von beiden: entweder flieht sie und räumt das Feld, wenn ihr Gegensatz, das Kleine, dazukommt, oder dann geht sie bei seinem Nahen zugrunde. Aber ausharren und die Kleinheit in sich aufnehmen und etwas anderes sein als was sie war: das will sie nicht. So habe ich die Kleinheit in mir aufgenommen und ausgehalten und bin immer noch der, der ich bin – eben dieser Kleine bin ich; jenes Große aber erdreistet sich niemals, auch klein zu sein. Und so kann auch das Kleine in uns niemals groß werden oder groß sein, noch gibt es sonst etwas Gegensätzliches, das, solange es das ist, was es war, zugleich sein Gegenteil werden oder sein kann; sondern entweder räumt es das Feld, oder dann geht es bei diesem Vorgang zugrunde.»

«Ich glaube, das ist durchaus richtig», erwiderte Kebes.

51. Da sagte einer von den Anwesenden, der das gehört hatte – wer es war, erinnere ich mich nicht mehr genau:

«Bei den Göttern, war man sich in einem früheren Teil der Unterredung nicht gerade über das Gegenteil von dem einig, was du jetzt sagst: daß nämlich aus dem Kleineren das Größere entstehe und aus dem Größeren das Kleinere, und daß das eigentlich gerade der Entstehungsprozeß für alles Entgegengesetzte sei, das Werden aus seinem Gegensatz? Jetzt aber glaube ich verstanden zu haben, daß dies gar nicht möglich ist.»

Sokrates neigte seinen Kopf hin und hörte zu. Dann sagte er:

«Das hast du wacker behalten; indes verstehst du doch den Unterschied nicht zwischen dem, was ich jetzt, und dem, was ich früher behauptet habe. Vorher sagte ich nämlich, daß das entgegengesetzte *Ding* aus seinem Gegensatz entstehe; jetzt aber, daß das Entgegengesetzte selbst niemals sich selber zum Gegensatz werden könne, weder in unserer Vorstellung, noch in der Wirklichkeit. Denn damals, mein Freund, redeten wir von den Dingen, die die Gegensätze in sich enthalten, und benannten sie dabei mit deren Namen, jetzt aber von den gegensätzlichen Begriffen selbst, nach denen die Dinge, in welchen sie enthalten sind, bezeichnet werden. Von diesen aber behaupten wir, daß niemals das eine aus dem anderen seinen Ursprung nehmen will.»

Und während er zugleich den Kebes anschaute, fragte er:

«Kebes, du bist doch nicht etwa auch durch das verwirrt worden, was der da gesagt hat?»

«Dieses Mal», antwortete Kebes, «geht's mir nicht so, obwohl ich keinesfalls behaupten will, daß mich nicht manches in Verwirrung setzt.»

«Wir sind uns also darüber völlig einig», sagte Sokrates, «daß nie Entgegengesetztes sich selbst zum Gegensatz werden kann.»

«Durchaus», erwiderte er.

52. «Jetzt prüfe mir», fuhr Sokrates fort, «ob du auch im folgenden mit mir einig bist. Gibt es etwas, das du mit ‚warm' oder mit ‚kalt' bezeichnest?»

«Ja.»

«Ist es das, was du ‚Schnee' und ‚Feuer' nennst?»

«Nein, beim Zeus.»

«Also ist das Warme etwas anderes als Feuer, und das Kalte etwas anderes als Schnee?»

«Ja.»

«Doch nehme ich an, du seist der Meinung, daß der Schnee als solcher, wie wir vorhin sagten, niemals das Warme in sich aufnehmen und dann das bleiben kann, was er vorher war, nämlich Schnee und zugleich Warmes, sondern daß er beim Herannahen des Warmen entweder diesem den Platz räumen oder zugrunde gehen wird.»

«Gewiß.»

«Und wiederum das Feuer: wenn das Kalte zu ihm herankommt, dann weicht es ihm entweder aus oder geht zugrunde; sicher aber wird es die Kälte niemals in sich aufzunehmen wagen und dann trotzdem das sein, was es war, nämlich Feuer und zugleich Kaltes.»

«Du hast recht», erwiderte er.

«Es gibt also einiges», fuhr Sokrates fort, «auf dessen Namen nicht nur die betreffende Idee selbst für alle Zeit Anspruch macht, sondern auch etwas anderes, das zwar nicht die Idee selbst ist, das aber doch immer ihre Gestalt annimmt, solange es existiert. Was ich meine, wird vielleicht an folgendem Beispiel deutlicher werden: das Ungerade muß diesen seinen Namen doch immer tragen, den wir ihm jetzt geben, oder nicht?»

«Gewiß.»

«Aber als einziges von allem Seienden? – danach frage ich nämlich. Oder gibt es noch etwas anderes, das zwar nicht dasselbe wie das Ungerade ist, das man aber neben seinem eigenen Namen stets auch so bezeichnen muß, weil es seiner Natur nach so beschaffen ist, daß es sich nie vom Ungeraden trennen läßt? Ich meine damit das, wie es zum Beispiel der Dreizahl und vielem anderen ergeht. Betrachte gerade einmal die Dreizahl: glaubst du nicht, daß diese zwar immer mit ihrem eigenen Namen bezeichnet werden muß, daneben aber auch mit der Benennung ‚ungerade', obschon dies nicht dasselbe ist wie die Dreizahl? Aber trotzdem ist die Drei und die Fünf und überhaupt die Hälfte aller Zahlen so beschaffen, daß jede von ihnen, ohne dasselbe zu sein wie das Ungerade, doch eben ungerade ist; und wiederum ist die Zwei und die Vier und die ganze andere Zahlenreihe zwar nicht dasselbe wie das Gerade, aber jede von ihnen ist doch immer gerade. Gibst du das zu oder nicht?»

«Selbstverständlich», erwiderte er.

«Sieh nun, was ich dir damit klarmachen will», sagte er; «es ist folgendes: Offenbar schließen nicht nur jene Gegensätze einander aus, sondern auch das, was einander zwar nicht entgegengesetzt ist, aber immer jene Gegensätze in sich schließt. Auch diese Dinge können offenbar keine Idee in sich aufnehmen, die derjenigen entgegengesetzt ist, die sich in ihnen selber findet; sondern wenn diese hinzutritt, gehen sie zugrunde oder räumen das Feld. Oder werden wir nicht sagen, daß die Drei eher zugrunde geht oder irgend etwas Ähnliches erleidet, als daß sie duldet, daß sie weiter drei bleibt und dabei gerade wird?»

«Gewiß», antwortete Kebes.

«Und doch», fuhr er fort, «ist die Zwei nicht der Drei entgegengesetzt.»

«Sicher nicht.»

«So sind es also nicht nur die gegensätzlichen Ideen, die einander nicht aushalten, wenn sie zusammentreffen, sondern es gibt auch andere Dinge, die einem Gegensatz nicht standhalten können, wenn dieser hinzutritt.»

«Du hast durchaus recht», erwiderte Kebes.

53. «Bist du damit einverstanden», fuhr er fort, «daß wir diese bestimmen, soweit wir dazu imstande sind?»

«Sehr gerne.»

«Es sind doch wohl diejenigen, Kebes, die alles, was sie in ihren Bereich ziehen, nicht nur zwingen, ihre eigene Idee festzuhalten, sondern auch eine, die zu etwas anderem im steten Gegensatz steht.»

«Wie meinst du das?»

«Wie wir es eben gesagt haben. Du weißt doch wohl, daß das, wovon die Idee der Dreizahl Besitz ergreift, notwendig nicht nur drei ist, sondern auch ungerade.»

«Allerdings.»

«Zu etwas Derartigem, sagen wir, werde wohl nie die Idee hinzutreten, die jener Gestalt, durch die dies bewirkt wird, entgegengesetzt ist.»

«Freilich nicht.»

«Bewirkt hat dies aber die Gestalt des Ungeraden?»

«Ja.»

«Dieser entgegengesetzt ist doch aber die des Geraden?»

«Ja.»

«So wird sich also mit der Dreizahl niemals die Idee des Geraden verbinden?»

«Gewiß nicht.»

«Die Drei hat also keinen Anteil am Geraden?»

«Nein.»

«Also ist die Drei ungerade?»

«Ja.»

«Das wollte ich aber eben bestimmen: wie beschaffen die Dinge sind, die einem anderen zwar nicht entgegengesetzt sind, die aber trotzdem dieses Gegensätzliche ausschließen, so wie hier die Drei dem Geraden zwar nicht entgegengesetzt ist, es aber nichtsdestoweniger ausschließt; denn sie trägt immer etwas in sich, das zu jenem im Gegensatz steht, und ebenso die Zwei zum Ungeraden und das Feuer zur Kälte, und so noch manches andere. So sieh denn, ob du es nicht so bestimmen kannst: Nicht nur ein Gegensatz schließt seinen Gegensatz aus, sondern auch das, was etwas Gegensätzliches zu dem hinzubringt, auf das es zugeht – auch dieses Bringende wird den Gegensatz des Gebrachten ausschließen. Rufe dir das nochmals ins Gedächtnis zurück; denn es schadet nichts, es öfters zu hören. Die Fünf schließt die Idee des Geraden aus, und die Zehn, also das Doppelte, die des Ungeraden; dieses ist zwar selbst nicht der Gegensatz zu etwas anderem; trotzdem schließt es die Idee des Ungeraden aus. Und in gleicher Weise schließen alle Brüche mit dem Nenner zwei, wie zum Beispiel drei Zweitel, die Idee des Ganzen aus, weil sie immer ein Halbes sind, oder ebenso das Drittel und alle Brüche mit dem Nenner drei – falls du mir folgen kannst und mit mir einverstanden bist.»

«Ich bin durchaus derselben Meinung», erwiderte er, «und kann dir folgen.»

54. «So wiederhole es mir noch einmal von Anfang an», fuhr Sokrates fort, «und antworte mir dabei nicht mit den Ausdrücken meiner Frage, sondern so, wie ich dir jetzt zeigen will. Ich sage das nämlich, weil mir neben jener Art von sicherem Antwortgeben, die ich zuerst genannt habe, aus dem eben Gesagten eine neue Art von Sicherheit aufgegangen ist. Wenn du

mich nämlich fragtest, was in einem Körper vorhanden sein müsse, damit er warm sei, dann gebe ich nicht mehr jene zwar sichere, aber doch recht einfältige Antwort, daß Wärme in ihm sei, sondern – entsprechend dem eben Gesagten – eine feinere, nämlich, daß Feuer in ihm sein müsse. Und fragst du, was einem Körper innewohnen wird, wenn dieser krank ist, dann antworte ich nicht ‚Krankheit', sondern ‚Fieber'. Und fragst du, was in einer Zahl enthalten sei, wenn sie ungerade ist, so sage ich nicht: ‚Ungeradheit', sondern ‚Einheit' und so weiter. Sieh, ob du nun zur Genüge verstehst, was ich will.»

«Es genügt vollständig», sprach er.

«So antworte nun», fuhr Sokrates fort: «was muß dem Leibe innewohnen, wenn er leben soll?»

«Eine Seele», sagte er.

«Und ist das immer so?»

«Ja, selbstverständlich.»

«Wird also die Seele, wovon sie auch Besitz ergreift, immer das Leben mit sich bringen?»

«Ja, das wird sie.»

«Gibt es aber etwas, das dem Leben entgegengesetzt ist, oder nicht?»

«Es gibt etwas.»

«Was?»

«Den Tod.»

«So wird also die Seele das Entgegengesetzte von dem, was sie immer mit sich bringt, ausschließen – darüber sind wir uns nach dem Vorangegangenen doch einig?»

«Ganz gewiß», antwortete Kebes.

55. «Wie nannten wir nun aber soeben das, was die Idee des Geraden ausschließt?»

«Ungerade», erwiderte er.

«Und was das Gerechte oder was das Musische ausschließt?»

«Das nennen wir unmusisch», sagte er, «und jenes ungerecht.»

«Gut. Wie nennen wir aber das, was den Tod ausschließt?»

«Unsterblich», sagte er.

«Nun schließt doch die Seele den Tod aus?»

«Ja.»

«So ist also die Seele unsterblich?»

«Ja, unsterblich.»

«Gut», sprach er; «können wir das als erwiesen betrachten, oder was meinst du?»

«Ja, und zwar ganz zur Genüge, Sokrates.»

«Wie nun aber, Kebes», fuhr jener fort, «wenn das Ungerade notwendigerweise unzerstörbar wäre, müßte dann nicht auch die Dreizahl unzerstörbar sein?»

«Selbstverständlich.»

«Oder wenn das Nichtwarme notwendigerweise unzerstörbar wäre, dann müßte doch, sooft jemand etwas Warmes zum Schnee bringt, der Schnee unversehrt darunter weggehen, ohne geschmolzen zu werden. Denn er würde weder zugrunde gehen noch standhalten und die Wärme in sich aufnehmen.»

«Du hast recht», erwiderte er.

«Und ganz gleich wäre es nach meiner Ansicht mit dem Nichtkalten; wäre es unzerstörbar, dann könnte wohl etwas Kaltes zum Feuer kommen, dieses würde dennoch nie verlöschen oder zugrunde gehen, sondern unversehrt entweichen und sich entfernen.»

«Notwendig», sagte er.

«Muß man nicht auch vom Unsterblichen dasselbe sagen?» fuhr Sokrates fort. «Wenn das Unsterbliche auch unzerstörbar ist, dann kann die Seele nicht zugrunde gehen, wenn der Tod zu ihr tritt. Denn aus dem vorhin Gesagten geht hervor, daß sie den Tod ausschließt und daß sie nicht gestorben sein wird, so wie wir gesagt haben, daß weder die Drei noch eine andere ungerade Zahl jemals gerade sein kann und wie das Feuer oder die Wärme im Feuer niemals kalt ist.

Vielleicht könnte jetzt einer sagen: ‚Das Ungerade kann allerdings nicht gerade werden, wenn das Gerade dazutritt: darüber sind wir uns einig; was hindert aber, daß das Ungerade zugrunde geht und daß dann ein Gerades an seinen Platz tritt?‘ Diesem Einwand gegenüber könnten wir kaum behaupten, daß es nicht zugrunde geht; denn das Ungerade ist nicht unzerstörbar. Freilich, wenn wir das zugestanden hätten, dann dürften wir ohne weiteres behaupten, daß beim Dazutreten des Geraden das Ungerade und die Dreizahl verschwinden. Und das gleiche könnten wir vom Feuer und vom Warmen und von allem anderen behaupten, oder nicht?»

«Ja, gewiß.»

«Ist es nun nicht auch so mit dem Unsterblichen: sind wir uns darüber einig, daß es auch unvergänglich ist, dann wäre auch die Seele nicht nur unsterblich, sondern dazu auch unvergänglich. Ist das aber nicht der Fall, so bedürfte es eines anderen Beweises.»

«Nein, das ist deswegen nicht nötig», sagte Kebes; «denn schwerlich könnte sich dann überhaupt etwas dem Untergang entziehen, wenn das Unsterbliche, das doch ewig ist, den Untergang erleiden muß.»

56. «Der Gott, glaube ich», fuhr Sokrates fort, «und die Idee des Lebens selbst und was es sonst noch Unsterbliches gibt: daß diese nie zugrunde gehen, darüber sind sich wohl alle einig.»

«Ja, beim Zeus; darüber sind sich alle einig, die Menschen und erst recht die Götter, glaube ich.»

«Wenn aber das Unsterbliche zugleich unzerstörbar ist, so muß doch die Seele, wenn sie unsterblich ist, auch unvergänglich sein.»

«Ganz notwendig.»

«Wenn also der Tod an den Menschen herantritt, dann stirbt offenbar nur das, was sterblich ist an ihm; das Unsterbliche aber entschwindet heil und unversehrt und entrinnt dem Tode.»

«Offenbar.»

«Eher als alles andere, mein Kebes, ist also die Seele unsterblich und unvergänglich, und unsere Seelen werden in der Tat im Hades sein.»

«Ich wenigstens, Sokrates», erwiderte Kebes, «kann dem nichts entgegenhalten oder deinen Gründen irgendwie den Glauben versagen. Wenn aber Simmias da oder sonst jemand etwas dagegen vorzubringen hat, dann wäre es gut, das jetzt nicht zu verschweigen. Ich weiß nicht, auf welche andere Gelegenheit als diese jetzt er das verschieben könnte, wenn er über diese Dinge etwas reden oder hören will.»

«Nein», sagte Simmias, «auch ich wüßte nicht, wie ich nach diesen Worten noch zweifeln sollte. Infolge der großen Bedeutung des Themas, von dem sie handeln, und in Anbetracht der menschlichen Schwäche bin ich freilich genötigt, bei mir selbst über das Gesagte noch einige Zweifel zu hegen.»

«Nicht nur das, Simmias», sagte Sokrates, «sondern wie du darin recht hast, so müssen auch unsere Voraussetzungen, so sicher sie uns scheinen mögen, doch noch genauer geprüft werden. Habt ihr sie dann genügend überdacht, so werdet ihr, glaube ich, dem Gedanken folgen, soweit es einem Menschen nur möglich ist, ihm zu folgen. Und wenn euch das klargeworden ist, dann werdet ihr nicht mehr weiter suchen.»

«Du hast recht», erwiderte er.

57. «Doch auch das, ihr Männer», fuhr Sokrates fort, «muß gerechterweise überdacht werden: wenn die Seele unsterblich ist, dann bedarf sie sorgfältiger Pflege, nicht nur für diese Zeit, die das umfaßt, was wir ‚Leben' nennen, sondern für alle Zeit, und es dürfte sich jetzt gezeigt haben, wir furchtbar die Ge-

fahr ist, wenn sie jemand vernachlässigt. Wäre nämlich der Tod eine Trennung von allem, dann bedeutete das für die Schlechten einen unverhofften Vorteil, daß sie im Sterben von ihrem Leib und zugleich von ihrer Seele samt ihrer Schlechtigkeit getrennt würden. Da die Seele nun aber offenbar unsterblich ist, gibt es für sie keine andere Zuflucht und keine andere Rettung vor den Übeln, als daß sie möglichst gut und vernünftig wird. Denn nichts anderes kann sie in den Hades mitbringen als ihre Bildung und ihre Erziehung, und das wird, wie man sagt, dem Verstorbenen am meisten nützen oder schaden, schon gleich am Anfang der Reise dorthin. Denn es heißt ja, daß einen jeden der eigene Daimon, der einen fürs Leben erlost hatte, nach dem Tode an einen bestimmten Ort zu führen anhebt. Dort müssen sich die Gestorbenen versammeln, um dann, wenn das Gericht über sie ergangen ist, mit jenem selben Führer in den Hades zu wandern, der schon die Aufgabe hat, sie von hier dorthin zu bringen. Wenn ihnen aber dort zuteil geworden ist, was sie verdient haben, und wenn sie die vorgeschriebene Zeit dort geblieben sind, bringt sie ein anderer Führer nach vielen und langen Zeitläufen wieder hierher. Diese Wanderung ist also nicht so, wie es der Telephos des Aischylos erzählt. Er sagt nämlich, daß ein einfacher Weg zum Hades führe; ich glaube aber, er sei weder einfach noch gebe es nur einen einzigen. Sonst brauchte man doch keinen Führer; denn wenn es nur einen Weg gäbe, könnte sich gewiß niemand verirren. Nun aber weist er offenbar Abzweigungen und zahlreiche Querpfade auf; ich schließe das aus den Opfern und den religiösen Bräuchen hier auf Erden.

Die gesittete und verständige Seele folgt nun und versteht, was sich abspielt. Die Seele aber, die sich begierig am Leibe festhält, bewegt sich, wie ich früher erklärt habe, die längste Zeit angstvoll um ihn und um die sichtbare Stätte herum, und erst nach langem Sträuben und vielen Leiden wird sie mühsam und mit Gewalt von dem ihr zubestimmten Daimon weggeführt. Wenn sie aber dort ankommt, wo die anderen sind, und ist sie unrein und hat etwas Derartiges getan, indem sie frevelhafte Mordtaten verübt oder andere Verbrechen begangen hat, was damit verwandt oder das Werk verwandter Seelen ist, dann meidet sie jeder und wendet sich von ihr ab, und niemand will ihr Begleiter oder Führer sein. Sie aber irrt in völliger Hilflosigkeit umher, bis eine gewisse Zeit vorüber ist, nach deren Verlauf sie zwangsweise in die Behausung gebracht wird, die ihr gebührt. Die Seele aber, die rein und maßvoll ihr Leben verbracht hat, bekommt Götter zu Begleitern und Führern, und jede erhält den Wohnsitz, der ihr zukommt.

58. Es gibt aber viele und wunderbare Orte auf der Erde, und diese selbst ist, wie ich mich von einem habe überzeugen lassen, weder so beschaffen noch so groß, wie diejenigen glauben, die von ihr zu reden pflegen.»

Da sagte Simmias: «Wie meinst du das, Sokrates? Über die Erde habe ich schon viele Ansichten gehört, nie aber die deine. Jetzt möchte ich diese gerne hören.»

«Nun, Simmias, um nur das zu erzählen, was es ist, dazu braucht es, glaube ich, nicht die Redekunst eines Glaukos; aber zu beweisen, daß das auch wahr sei, das halte ich für schwieriger – dazu genügt wohl selbst die Kunst des Glaukos nicht. Ich wäre vermutlich gar nicht dazu fähig; wenn ich es aber auch verstände, dann würde nach meiner Meinung, Simmias, mein Leben für eine so lange Erörterung doch nicht mehr ausreichen. Hingegen meine Überzeugung von der Gestalt der Erde und von ihren Örtlichkeiten mitzuteilen, daran hindert mich nichts.»

«Aber auch das genügt uns», erwiderte Simmias.

«Ich bin also überzeugt», begann er, «daß erstlich die Erde, wenn sie rund ist und sich in der Mitte des Himmelsraumes befindet, weder der Luft noch einer anderen Stütze bedarf, um nicht zu fallen, sondern daß die allseitige Gleichheit des Himmels mit sich selbst und das eigene Gleichgewicht der Erde genügen, um sie zu halten. Denn ein Körper, der sich im Gleichgewicht befindet und in die Mitte eines gleichmäßigen Raumes gesetzt ist, hat keinen Anlaß, sich nach irgendeiner Richtung mehr oder weniger zu neigen, sondern er bleibt, ohne sich zu neigen, in der gleichen Lage. Dies ist das erste, wovon ich überzeugt bin.»

«Und das mit Recht», sagte Simmias.

«Ferner», fuhr er fort, «daß sie etwas gewaltig Großes ist und daß wir vom Phasis bis zu den Säulen des Herakles nur in einem kleinen Teil von ihr wohnen, rings um das Meer, so wie Ameisen oder Frösche um einen Tümpel herum, während noch viele andere anderswo an vielen ähnlichen Orten hausen. Denn rings um die ganze Erde herum gibt es zahlreiche Vertiefungen, mannigfach in ihrer Gestalt und Größe; in diese sind das Wasser und der Nebel und die Luft zusammengeflossen. Die eigentliche Erde aber erhebt sich rein in den reinen Himmelsraum, wo die Sterne sind und welchen die meisten, die von diesen Dingen reden, Äther nennen. Wasser, Nebel und Luft aber sind der Niederschlag davon und fließen fortwährend in den Vertiefungen der Erde zusammen. Wir aber wohnen in ihren Vertiefungen, ohne es zu wissen – sondern glauben uns auf der Oberfläche der Erde zu befinden, wie wenn jemand auf dem Meeresgrunde wohnte und dabei die Überzeugung hätte, er wohne auf dem Meere, und, wenn er durch das Wasser hindurch die Sonne und die anderen Gestirne sieht, er das Meer für den Himmel hielte; seiner Schwerfälligkeit und seiner Schwäche wegen wäre er nämlich nie auf die Oberfläche des Wassers gelangt und hätte auch nie, heraufsteigend und aus dem Meere in unsere Region auftauchend, gesehen, wieviel reiner und schöner es hier ist als bei ihm unten; und er hätte es auch nie von einem anderen vernommen, der es gesehen hat.

Gerade so ergeht es auch uns: wir wohnen in einer der Vertiefungen der Erde und glauben dabei, auf ihrer Oberfläche zu wohnen, und die Luft nennen wir ‚Himmel', als wäre sie der Himmelsraum, durch den die Sterne wandeln. Und es hat damit ganz dieselbe Bewandtnis: wegen unserer Schwerfälligkeit und Schwäche sind wir nicht imstande, bis an den äußersten Rand der Luft vorzudringen. Denn wenn jemand auf ihre Oberfläche gelangte oder wenn er Flügel bekäme und hinauffliegen könnte, dann würde er dort auftauchen und hinabblicken, und so wie hier die Fische, die aus dem Meere emportauchen, unsere Welt sehen, so würde er jene andere Welt erblicken. Und wenn seine Natur stark genug wäre, diesen Anblick auszuhalten, dann würde er erkennen, daß dort der wahre Himmel ist und das wahrhafte Licht und die wahre Erde.

Denn unsere Erde da und die Steine und die ganze Örtlichkeit hier ist verwittert und zerfressen, so wie das, was im Meere ist, durch das Salzwasser. Im Meere wächst ja auch nichts, was der Rede wert ist, und es gibt darin sozusagen nichts Vollkommenes, sondern überall, wo irgend noch Erde ist, finden sich da nur ausgehöhlte Klippen und Sand und gewaltige Schmutz- und Schlamm-Massen, und es gibt dort gar nichts, was man mit den Schönheiten unserer Erde vergleichen könnte. Der Unterschied zwischen jener höheren Welt und der unsrigen wird aber noch viel größer erscheinen.

Denn wenn ich einen Mythos erzählen darf, so lohnte es wohl zu hören, Simmias, wie jene Dinge beschaffen sind, die sich auf der Erde unter dem Himmel befinden.»

«Wahrlich, Sokrates, diesen Mythos möchten wir gerne hören», sagte Simmias.

59. «Zum ersten, mein Freund», begann er, «soll diese Erde, von oben gesehen, so anzuschauen sein wie die aus zwölf Le-

derstücken zusammengesetzten Bälle: bunt und abgetrennt in verschiedene Farben, von denen die Farben, die unsere Maler hier verwenden, gleichsam nur Muster sind. Dort aber besteht die ganze Erde aus solchen, ja aus Farben, die noch viel leuchtender und reiner sind als diese hier. Der eine Teil sei nämlich aus Purpur und von wunderbarer Schönheit, der andere aus Gold, ein dritter aus einem Weiß, das glänzender ist als Gips oder als Schnee, und ebenso sei sie aus den übrigen Farben zusammengesetzt, aus noch mehr und schöneren, als wir sie hier je gesehen haben. Und sogar jene Vertiefungen der Erde, die mit Wasser und Luft angefüllt sind, gewähren einen farbigen Anblick, mitten in der Buntheit der übrigen Farben glänzend, so daß die Erde als ein einheitliches, buntes Farbenbild erscheint. Was aber auf dieser Erde wächst, Bäume, Blumen und Früchte, das entspricht durchaus ihrer Schönheit. Und ebenso sind auch die Berge, und die Gesteine sind entsprechend: glätter und durchsichtiger und schöner in den Farben; kleine Teilchen davon sind unsere beliebten Edelsteine, der Karneol, der Jaspis, der Smaragd und wie sie alle heißen. Dort aber ist alles so oder noch viel schöner als das Genannte. Das kommt daher, daß die Steine dort rein und nicht wie die unsrigen zerfressen und verwittert sind durch die Fäulnis und das Salzwasser der Niederschläge, die hier zusammengeflossen sind und die die Steine und die Erde und alle Lebewesen und Pflanzen verunstalten und krank machen. Die wirkliche Erde aber ist mit all dieser Pracht geschmückt, und dazu noch mit Gold und Silber und dergleichen mehr. Und das alles ist deutlich sichtbar, da es in gewaltiger Masse und Größe überall auf der Erde vorkommt, so daß ihr Anblick ein Schauspiel für selige Betrachter ist.

Lebewesen aber gibt es vielerlei auf ihr, unter anderen auch Menschen. Diese wohnen zum Teil in der Mitte der Erde, zum Teil am Rande der Luft, so wie wir am Rande des Meeres, wieder andere aber auf Inseln, die die Luft in der Nähe des Festlandes umfließt. Mit einem Wort: was uns das Wasser und das Meer für unser Bedürfnis ist, das ist dort die Luft; und was für uns die Luft, das ist für jene der Äther. Die Jahreszeiten bei ihnen sind aber von einer so günstigen Mischung, daß jene Menschen nie krank sind und viel länger leben als die hier. Und an Sehschärfe und an Gehör und an Verstand und all diesen Dingen übertreffen sie uns im selben Maße, wie die Luft das Wasser und wie der Äther die Luft an Reinheit übertreffen. Ja sogar Götterhaine und Tempel gibt es dort, in denen tatsächlich Götter wohnen; und diese Götter reden zu ihnen mit Stimmen und Weissagungen und Erscheinungen und verkehren so mit ihnen. Und die Sonne und den Mond und die Sterne sehen sie, wie sie wirklich sind, und ihre übrige Glückseligkeit ist dementsprechend.

60. So also ist die ganze Erde und das, was um sie herum ist, von Natur beschaffen. In ihrem Inneren aber finden sich, entsprechend ihren Vertiefungen (auf der Oberfläche) rings um sie herum zahlreiche Örtlichkeiten. Die einen sind tiefer und ausgedehnter als die Höhlung, in der wir wohnen, die anderen zwar tiefer, aber mit einer engeren Öffnung als unser Ort; schließlich gibt es noch solche, die weniger tief sind als die unsrigen, und breiter. Diese alle aber sind unter der Erde vielfach durch bald engere, bald weitere Gänge miteinander verbunden und haben Durchlässe, durch die vom einen zum andern viel Wasser fließt wie in Mischkrüge. Und gewaltige, nie versiegende Ströme fließen unter der Erde, bald mit warmem, bald mit kaltem Wasser, und viel Feuer und mächtige Feuerströme. Und in großer Zahl auch solche, die flüssigen Schlamm, teils reineren, teils wieder schmutzigeren mit sich führen, wie die Schlammströme, die in Sizilien der Lava vorangehen und wie die Lava selbst. Durch diese werden dann jeweils die Räume ausgefüllt, zu welchen sie der Kreislauf gerade bringt. Das

Ganze aber bewegt sich auf und ab, wie wenn eine Art Schaukel in der Erde wäre. Die Bewegung dieser Schaukel beruht ungefähr auf folgender natürlicher Ursache: unter den Schlünden der Erde ist einer, der größte von allen, der ganz durch sie hindurchgeht. Diesen meint Homer, wenn er sagt:

Fern, wo der tiefste Schlund sich findet unter der Erde.

An anderer Stelle hat er ihn mit vielen anderen Dichtern ‚Tartaros‘ genannt. In diesen Schlund fließen alle Ströme zusammen, und ihm entströmen sie auch wieder; und alle nehmen die Beschaffenheit des Erdbodens an, durch den sie fließen. Daß sie aber alle von dort ausfließen und nachher wieder dort einströmen, das hat seinen Grund darin, daß dieses Gewässer keinen Grund und Boden hat. So bleibt es denn in der Schwebe und bewegt sich auf und ab, und die Luft und der Wind um es herum tun dasselbe; denn sie folgen ihm, ob es sich nach der anderen Seite der Erde bewegt oder nach der unsrigen hin. Wie beim Atmen die Luft fortwährend aus- und wieder einströmt, so erregt dort die Luft, die sich mit dem Wasser auf und ab bewegt, bei ihrem Aus- und Einströmen heftige und ungeheure Stürme. Wenn nun das Wasser in den Raum zurückströmt, den wir mit ‚unten‘ bezeichnen, dann fließt es durch die Erde hindurch in die Gänge der Ströme und füllt sie aus, wie wenn man Wasser hineinpumpt. Wenn es aber von dort wieder zurücktritt und sich zu uns hin bewegt, dann füllt es wieder die Gänge aus, die sich hier befinden, und strömt durch die Kanäle und durch die Erde und gelangt an die Orte, wohin ihm jedesmal der Weg gebahnt ist, und bildet Meere und Seen und Flüsse und Quellen. Von hier aus dringen dann diese Gewässer wieder unter die Erde; und nachdem die einen größere und mehr, die anderen weniger und kürzere Räume durchflossen haben, münden sie wieder in den Tartaros ein, die einen weit, die anderen aber wenig unterhalb der Stelle, wo sie herausgepumpt worden waren; doch fließen alle unterhalb ihrer Austrittsstelle wieder ein. Bei einem Teil von ihnen geschieht das auf der entgegengesetzten, bei einem anderen Teil aber auf der gleichen Seite, wo sie ausgetreten waren. Doch gibt es auch solche, die sich rings im Kreise ganz herumziehen und sich ein- oder auch mehreremal wie Schlangen um die Erde herumwinden und dann möglichst tief unten wieder einströmen. Auf beiden Seiten können sie sich aber bis zur Mitte der Erde hinabsenken, weiter nicht; denn beiderseits geht dann der Weg für die Strömungen wieder aufwärts.

61. Unter den vielen großen und verschiedenartigen Strömen sind nun aber vier besonders zu nennen: der größte von ihnen, der auch am weitesten im Kreise herumfließt, ist der sogenannte Okeanos. Diesem gegenüber strömt in entgegengesetzter Richtung der Acheron, der erst durch andere einsame Gegenden zieht, dann aber unterirdisch in den acherusischen See mündet, wohin auch die Seelen der meisten Gestorbenen hingelangen. Dort bleiben diese während einer bestimmten Zeit, die einen länger, die anderen weniger lang, und werden dann wieder zur Geburt neuer Lebewesen emporgesandt.

Der dritte Fluß aber entspringt mitten zwischen diesen beiden und ergießt sich nicht weit von seinem Ursprung in ein großes, feuergefülltes Becken und bildet dort einen See, größer als bei uns das Meer, kochend von Wasser und Schlamm. Von dort setzt er trübe und schlammig seinen kreisenden Lauf fort und gelangt in seinen Windungen um die Erde da- und dorthin und so auch an das äußerste Ende des acherusischen Sees, ohne sich aber mit dessen Wasser zu vermischen. Nach vielen Windungen unter der Erde mündet er dann aber weiter unten in den Tartaros. Diesen Fluß aber nennt man den Pyriphlegeton, und wo auf der Erde Lavaströme ausbrechen, da sprühen sie Stücke von ihm herauf.

Diesem wieder gegenüber entspringt der vierte Fluß. Er stürzt sich zuerst, erzählt man, in eine furchtbare und wilde

Gegend, die eine azurblaue Farbe hat und die man die stygische nennt; der See aber, den der einfallende Fluß bildet, heißt Styx. Nachdem er aber hier hineingestürzt und in seinem Wasser gewaltige Kräfte gewonnen hat, versinkt er unter die Erde, fließt darauf in gewundenem Lauf in umgekehrter Richtung zum Pyriphlegeton weiter und begegnet ihm dann wieder von der entgegengesetzten Seite her am acherusischen See. Und auch sein Wasser vermischt sich mit keinem anderen, sondern er fließt ringsum und mündet dem Pyriphlegeton gegenüber in den Tartaros. Sein Name aber ist, wie die Dichter sagen, Kokytos.

62. So hat die Natur dies angeordnet. Wenn nun die Gestorbenen an den Ort gelangen, wohin einen jeden sein Daimon führt, dann wird zuerst Gericht über sie gehalten, über die, welche gut und fromm, und auch über die, welche nicht so gelebt haben. Deren Lebenswandel als mittelmäßig befunden wird, die nehmen ihren Weg zum Acheron, besteigen die Schiffe, die für sie bereit sind, und gelangen mit diesen zum See. Dort wohnen sie, und wenn sie sich gereinigt und für ihre Sünden gebüßt haben, werden sie erlöst, wenn einer etwas Unrechtes begangen hat; für ihre guten Werke aber werden sie belohnt, ein jeder nach seinem Verdienst. Doch wer wegen der Größe seiner Verfehlungen als unheilbar befunden wird, weil er große Tempelräubereien oder zahlreiche ungerechte und gesetzwidrige Mordtaten oder andere derartige Verbrechen begangen hat – diese wirft das gerechte Schicksal in den Tartaros, von wo sie nie wieder heraufkommen. Die aber, deren Verbrechen zwar als groß, aber doch als heilbar befunden werden, indem sie zum Beispiel im Zorn gegen ihren Vater oder gegen ihre Mutter Gewalt angewendet, ihr weiteres Leben dann aber in Reue verbracht haben, oder die auf ähnliche Art zu Mördern geworden sind: diese müssen zwar ebenfalls in den Tartaros gestürzt werden; sind sie aber ein Jahr lang dort ge-

wesen, dann wirft sie die Woge wieder aus, die Mörder in den Kokytos, wer sich an Vater oder Mutter vergangen hat, in den Pyriphlegeton. Wenn sie dann in die Nähe des acherusischen Sees getragen werden, beginnen sie zu schreien und rufen nach denen, die sie umgebracht oder mißhandelt haben, und wenn sie dann diese herbeigerufen haben, so flehen sie sie an und bitten sie, sie möchten sie in den See aussteigen lassen und sie aufnehmen. Wenn sie sie dazu bewegen können, so steigen sie heraus und werden von ihren Leiden befreit; andernfalls trägt sie die Strömung wieder in den Tartaros und von dort wieder in die Flüsse. Und dieses Geschick müssen sie so lange erleiden, bis sie bei ihren Opfern Erhörung finden; das ist die Strafe, die ihnen von den Richtern auferlegt ist.

Welche aber in ihrem Lebenswandel als besonders heilig befunden werden, die bleiben von diesen unterirdischen Orten verschont und wie aus Kerkern entlassen; sie fahren auf zu jener reinen Stätte und erhalten ihre Wohnungen über der Erde. Aber die unter ihnen, die sich durch die Philosophie genügend geläutert haben, leben körperlos in alle Ewigkeit und bekommen noch herrlichere Wohnsitze als jene; die zu beschreiben ist nicht leicht, und jetzt reicht auch die Zeit nicht mehr dazu.

63. Aber schon um dessentwillen, was ich jetzt geschildert habe, Simmias, müssen wir alles aufbieten, um uns in unserem Leben Tugend und Vernunft zu eigen zu machen. Denn schön ist der Preis und die Hoffnung groß.

Daß freilich alles genau so sei, wie ich es geschildert habe, das dürfte ein verständiger Mensch wohl nicht behaupten. Daß sich aber die Sache mit unseren Seelen und mit ihren Wohnsitzen so oder doch ähnlich verhält, das dürfte, da ja unsere Seele ohne allen Zweifel unsterblich ist, ein berechtigter Glaube sein und wert, daß man es wagt, sich ihn zu eigen zu machen; denn schön ist dieses Wagnis, und wir brauchen ja so etwas, gleichsam um uns damit zu bezaubern. Deshalb verweile ich auch so lange bei diesem Mythos. Und darum darf denn auch jeder um seine Seele unbesorgt sein, der in seinem Leben den leiblichen Lüsten und allem äußeren Putz als wesensfremden Dingen, die seiner Überzeugung nach das Übel nur schlimmer machen, nichts nachgefragt, der sich dagegen der Lust am Lernen hingegeben und so seine Seele geschmückt hat, nicht mit fremdem, sondern mit dem zu ihr gehörigen Schmuck, mit Besonnenheit, Gerechtigkeit, Tapferkeit, Freiheit und Wahrheit: so wartet er auf die Fahrt nach dem Hades, zum Aufbruch bereit, wenn das Schicksal ruft.

Ihr nun, Simmias und Kebes», fuhr er fort, «und ihr andern, ihr werdet später aufbrechen, jeder zu seiner Zeit. Mich aber ruft das Schicksal schon heute, wie ein Tragiker sagen würde, und es ist wohl an der Zeit, daß ich mich ins Bad begebe. Denn ich ziehe es vor, zuerst zu baden und dann erst das Gift zu trinken und so den Weibern die Mühe zu ersparen, meinen Leichnam zu waschen.»

64. Als er so gesprochen, sagte Kriton: «Gut denn, Sokrates; doch hast du nicht noch irgendeinen Auftrag für diese Männer oder für mich, deiner Kinder wegen oder sonst in einer Sache, wo wir dir noch einen Gefallen tun könnten?»

«Einzig, was ich schon immer sage, Kriton», gab er zur Antwort, «und gar nichts Neues: wenn ihr zu euch selber Sorge tragt, dann tut ihr alles, was ihr macht, mir und den Meinen und euch selber zu Gefallen, auch wenn ihr es jetzt nicht versprecht. Wenn ihr euch aber vernachlässigt und wenn ihr dem, was ich jetzt und früher gesagt habe, nicht nachleben wollt, gewissermaßen seinen Fußstapfen folgend, dann werdet ihr nichts erreichen, auch wenn ihr mir jetzt noch so manches und noch so eifrig versprecht.»

«Wir wollen uns Mühe geben, also zu tun», sagte Kriton. «Auf welche Weise aber sollen wir dich begraben?»

«Wie ihr wollt», gab Sokrates zur Antwort, «wenn ihr mich fangen könnt und ich euch nicht entwische.» Dazu lachte er leise, sah uns an und sagte: «Liebe Freunde, ich kann den Kriton einfach nicht davon überzeugen, daß ich hier der Sokrates bin, der jetzt mit euch redet und ein jedes, was gesagt wird, an seinen Platz stellt, sondern er hält mich für jenen anderen, den er in kurzem als Leichnam sehen wird, und fragt deshalb, wie er mich begraben soll. Meine ganze lange Rede, in der ich euch auseinandergesetzt habe, daß ich, wenn ich das Gift getrunken habe, nicht mehr bei euch bleiben, sondern entweichen und zum herrlichen Leben der Seligen eingehen werde – diese Rede halte ich offenbar für ihn vergeblich, als sagte ich das nur zum Trost für euch und für mich selbst. Seid darum meine Bürgen bei Kriton», fuhr er fort, «und leistet bei ihm die umgekehrte Bürgschaft als die, welche er bei den Richtern für mich geleistet hat. Er bürgte nämlich dafür, daß ich ganz sicher hier bleiben werde; ihr dagegen sollt euch dafür verbürgen, daß ich sicher nicht bleiben, sondern gleich nach dem Tode hinweggehen werde; so wird es Kriton leichter ertragen, und wenn er sieht, wie mein Leichnam verbrannt oder begraben wird, grämt er sich dann nicht um mich, als ob ich etwas Furchtbares erleiden müßte. Und er wird bei meinem Begräbnis dann auch nicht sagen, das sei Sokrates, den er aufbahrt oder hinausträgt oder beerdigt. Denn merke dir wohl, mein bester Kriton», wandte er sich an diesen, «solche unrichtigen Behauptungen sind nicht nur an und für sich falsch, sondern sie üben auch einen schlechten Einfluß aus auf unsere Seelen. Du sollst vielmehr guten Mutes sein und sagen, es sei ja nur mein Leib, den du begräbst. Und bestatte ihn so, wie du gerne willst und wie du glaubst, daß es am ehesten dem Brauche entspricht.»

65. Nach diesen Worten stand er auf und ging in ein anderes Gemach, um dort zu baden. Und Kriton folgte ihm; uns aber

hieß er bleiben. So warteten wir denn und unterhielten uns miteinander über das, was geredet worden war, und überdachten es noch einmal; doch dann kamen wir wieder auf das Unglück zu sprechen, das uns betroffen hatte, und es kam uns ganz so vor, wie wenn uns ein Vater entrissen würde und wir unser ferneres Leben als Waisen verbringen müßten.

Als er dann gebadet hatte, brachte man seine Kinder zu ihm – er hatte zwei kleine Knaben und einen größeren –, und auch die Frauen aus seiner Verwandtschaft kamen herein. Und er redete mit ihnen in Kritons Gegenwart und gab ihnen noch einige Aufträge. Dann hieß er die Weiber und Kinder weggehen; er selbst kam wieder zu uns. Die Sonne war schon nahe am Untergehen; denn er hatte recht lange im inneren Gemach verweilt. Nun kam er und setzte sich, frisch gebadet; doch redete er jetzt nicht mehr viel. Und schon kam der Diener der Elfmänner herein, trat zu ihm und sagte:

«Sokrates, über dich werde ich mich nicht beklagen müssen wie über andere, daß sie auf mich böse werden und mich verfluchen, wenn ich ihnen im Auftrage der Archonten verkünden muß, daß sie das Gift trinken sollen. Dich habe ich in dieser Zeit als den edelsten und mildesten und besten von all den Männern kennengelernt, die je hierhergekommen sind; und auch jetzt weiß ich sehr wohl, daß du nicht mir zürnst, sondern den wahren Schuldigen, die du ja kennst. Jetzt aber – du weißt, was ich dir verkünden muß –, lebe wohl und versuche, das Unvermeidliche so leicht als möglich zu tragen.»

Damit wandte er sich um und ging weinend hinaus. Und Sokrates schaute zu ihm auf und sagte: «Auch du, lebe wohl; und wir werden dies tun.»

Und zugleich sprach er zu uns: «Wie fein ist doch dieser Mensch. Während der ganzen Zeit kam er zu mir herein und unterhielt sich manchmal mit mir. Er war der beste aller Menschen, und jetzt weint er gar so herzlich um mich. Aber wohlan, Kriton, wir wollen ihm gehorchen. Es bringe einer das Gift herein, wenn es gerieben ist; wenn nicht, so soll es der Mann reiben.»

Und Kriton sagte: «Ich glaube, Sokrates, die Sonne steht noch auf den Bergen und ist noch nicht untergegangen. Und ich weiß auch von anderen, daß sie erst viel später getrunken haben, nachdem es ihnen befohlen war; zuerst aber haben sie noch gut gegessen und getrunken und waren mit denen zusammen, nach welchen sie gerade Verlangen trugen. Drum dränge nicht; es hat ja noch Zeit.»

Aber Sokrates sprach: «Wenn jene das tun, von denen du erzählst, dann haben sie ganz recht: sie glauben nämlich, damit etwas zu gewinnen; aber mit ebensolchem Recht werde ich nicht so handeln; denn ich glaube nicht, daß ich damit etwas gewinne, wenn ich ein wenig später trinke, höchstens, daß ich mich vor mir selbst lächerlich mache, wenn ich so am Leben hange und spare, wo doch nichts mehr ist. Geh also nur», schloß er, «und gehorche mir ohne Widerrede.»

66. Auf diese Worte hin gab Kriton dem Diener, der in der Nähe stand, ein Zeichen. Und der Knabe ging hinaus und kam nach einer Weile wieder mit dem Manne, der das Gift reichen sollte, das er gerieben in einem Becher mit sich brachte. Als Sokrates den Mann sah, sagte er:

«Also gut denn, mein Bester; du weißt ja darüber Bescheid: was soll ich tun?»

«Wenn du getrunken hast», sagte er, «brauchst du nur hin und her zu gehen, bis dir deine Glieder schwer werden, und dann mußt du dich niederlegen; so wird es schon von selbst wirken.»

Zugleich reichte er dem Sokrates den Becher. Und der nahm ihn, und mit heiterer Miene, Echekrates, ohne zu zittern, ohne sich zu verfärben und ohne das Gesicht zu verziehen, sondern ganz nach seiner Gewohnheit blickte er dem Manne fest in die

Augen und fragte ihn: «Was meinst du, soll man auch von diesem Trank eine Spende vergießen? Ist das erlaubt oder nicht?»

«Sokrates», erwiderte jener, «wir reiben davon gerade so viel, wie wir glauben, daß es zum Trinken richtig sei.»

«Ich verstehe», sagte er; «aber es ist wohl erlaubt und auch notwendig, zu den Göttern zu beten, daß die Fahrt von hier ins Jenseits glücklich verlaufen möge. Darum bitte ich jetzt, und so möge es geschehen.» Mit diesen Worten setzte er an und trank gelassen und heiter aus.

Bis dahin waren wir fast alle so ziemlich imstande gewesen, die Tränen zurückzuhalten. Als wir aber sahen, wie er trank und wie er dann getrunken hatte, da konnten wir es nicht mehr, sondern mir selbst drangen mit Gewalt die Tränen in Strömen hervor, so daß ich mich verhüllte und um mich weinte. Denn ich weinte nicht etwa um ihn, sondern um mein eigenes Unglück, daß ich einen solchen Freund verlieren sollte. Kriton hatte schon früher als ich seine Tränen nicht mehr zurückhalten können und war hinausgegangen. Apollodoros aber hatte schon vorher unaufhörlich geweint; jetzt aber schrie er laut auf, weinte und jammerte, und unter den Anwesenden war keiner, den das nicht erschütterte, außer Sokrates selbst. Der aber sagte:

«Was macht ihr denn, ihr wunderlichen Leute? Ich habe doch die Frauen nicht zuletzt deshalb weggeschickt, damit sie sich nicht so töricht aufführen. Denn ich habe mir sagen lassen, daß man unter andächtigem Schweigen sterben soll. So seid denn ruhig und beherrscht euch.»

Als wir das hörten, schämten wir uns und hörten auf zu weinen. Er aber ging hin und her; dann sagte er, er spüre jetzt, wie seine Glieder schwer würden, und legte sich auf den Rükken; denn so hatte es ihm der Mann, der das Gift brachte, befohlen. Jetzt fühlte ihn dieser an, und nach einiger Zeit prüfte er seine Füße und Beine; dann drückte er heftig den Fuß und fragte ihn, ob er etwas spüre. «Nein», sagte er. Und darauf dann die Unterschenkel, und indem er immer weiter hinauffühlte, zeigte er uns, wie er allmählich kalt und steif wurde. Und er faßte ihn wieder an und sagte, wenn es bis zum Herzen fortgeschritten sei, dann werde er scheiden. Schon war um seinen Unterleib fast alles erkaltet, da deckte er sich noch einmal auf – er hatte sich schon ganz verhüllt –, und sagte:

«Kriton», und das waren seine letzten Worte, «wir schulden dem Asklepios einen Hahn; entrichtet ihm den und versäumt es nicht.»

«Das soll geschehen», sagte Kriton; «aber sieh, ob du nicht sonst noch etwas zu sagen hast.»

Auf diese Frage gab er keine Antwort mehr. Kurz darauf machte er noch eine Bewegung, und dann deckte ihn der Mann auf, und da war sein Blick gebrochen.

Als Kriton das sah, schloß er ihm den Mund und die Augen.

67. Dies, Echekrates, war das Ende unseres Freundes, eines Mannes, von dem wir sagen dürfen, daß er unter all seinen Zeitgenossen, die wir gekannt haben, der beste und überhaupt der Vernünftigste und Gerechteste gewesen ist.

SYMPOSION

EINLEITUNG

In der gesamten philosophischen Literatur von der Antike bis heute werden sich nicht viele Werke finden lassen, die gerade außerhalb des engen Kreises der Fachphilosophen einen vergleichbaren Grad von Bekanntheit, ja Beliebtheit erreicht hätten wie das ‹Symposion›. Das liegt nicht etwa daran, daß dieser Dialog primär für Laien gedacht wäre und dem Philosophen weniger zu bieten hätte. «Populär» ist das ‹Symposion› nicht geschrieben, wohl aber mit einer literarischen Brillanz, die selbst innerhalb des platonischen Œuvres als ein Höhepunkt gelten kann.

Im Mittelpunkt steht die Gestalt des Sokrates. Platon ist es gelungen, diesen älteren Mann von auffälliger Häßlichkeit, der zudem quer zu allen Konventionen der Gesellschaft steht, mit einer Faszination auszustatten, die diejenige von Vornehmheit, Schönheit und Jugend weit hinter sich läßt: Alkibiades, dem all diese Qualitäten eignen, muß die Überlegenheit des Sokrates zugeben(215 a–222 b). Das Porträt des ungewöhnlichen Mannes ist einerseits in höchstem Maße individuell, andererseits in schwer beschreibbarer Weise mit den Sachthemen des Dialogs – Idee, Eros, Philosophie – so zu einem Ganzen verschmolzen, daß die Elemente zu trennen an manchen Stellen schwerfiele.

Anläßlich einer Feier im Haus des Tragödiendichters Agathon halten die Teilnehmer, darunter der Komödiendichter Aristophanes, reihum Reden über Wesen und Macht des Gottes Eros. Solche Reden waren nicht neu in der griechischen Literatur; Platon nimmt die tradierte Form, variiert sie in überlegener Weise von Sprecher zu Sprecher (auch seine Erfindung eines «komischen» Mythos im Mund des Aristophanes ist ein perfektes Beispiel seiner Gattung), um sie in der großen Eros-Rede des Sokrates (201 d–212 c) in etwas ganz Neues zu verwandeln. Der Eros wird hier begriffen als eine Macht der Vermittlung zwischen Menschen und Göttern, zwischen dem Sterblichen und dem Unsterblichen, zwischen der vergänglichen Erscheinung und der unwandelbaren Idee. Eros waltet nicht nur über dem Streben und Sehnen in der Natur und in der menschlichen Liebe, er treibt auch das Verlangen vom sinnlich Schönen weiter in Richtung auf «das Schöne selbst», das heißt die Idee des Schönen. Die Erkenntnis dieser Idee ist eine «plötzlich» (210 e) eintretende Schau, die den, der so weit gelangt, wahrhaft glücklich macht. Der Eros ist mithin die eigentliche Triebkraft des philosophischen Strebens und umgekehrt die philosophische Ideenschau die wahre Erfüllung, die alle «Erotik» letztlich anstrebt.

Wie so oft, wenn er positive Belehrung anzubieten hat, beruft sich Sokrates auch hier auf fremde Weisheit: Das Wesen des Eros habe ihm die Seherin Diotima von Mantinea enthüllt. Die Zuweisung der tiefsten Einsicht in die Liebe an eine Frau erhöht zweifellos den Reiz des fiktiven Berichtes – wobei der philosophische Umgang des Sokrates mit Diotima selbstverständlich gänzlich frei ist von «erotischen» Obertönen im üblichen Sinn.

Nicht so das Verhältnis des Sokrates zu Alkibiades, dessen plötzliches Auftreten – er gehörte nicht zu den geladenen Gästen – nach der Diotima-Rede ein männliches und sehr diesseitiges Gegengewicht zur jenseitsorientierten Liebesauffassung der philosophischen Seherin schafft. Er berichtet, wie Sokrates ihn einst «erotisch» verfolgt habe, was er als homoerotisches Begehren seiner jugendlichen Schönheit auslegte. Fasziniert von der Persönlichkeit des älteren Freundes, sei er schließlich bereit gewesen zu päderastischer Liebe – nur um zu erfahren, daß Sokrates daran nicht interessiert war.

Das Verhalten des Sokrates blieb dem von allen umworbenen und begehrten Alkibiades letztlich unverständlich. Kein Wunder – er hat ja die Diotima-Rede, die den Schlüssel zum Verständnis des «erotischen» Philosophierens enthält, hier und jetzt nicht gehört, und die von ihm selbst erzählte Geschichte seines Umgangs mit Sokrates zeigt, daß es dem Lehrer auch früher nicht gelungen war, ihn auf Dauer für die Philosophie zu gewinnen und zur Erkenntnis des wahren Wesens des Eros zu führen. So blieb in Alkibiades nur die Faszination durch die *Person* des Philosophen, dazu freilich das quälende Bewußtsein, der *Sache* der Philosophie nicht gewachsen gewesen zu sein. Das Zuspätkommen des Alkibiades im Dialog symbolisiert das bleibende Ausgeschlossensein dieses an sich begabten Bewerbers um die Philosophie.

Denn *er* ist der Bewerber um die Gunst des Sokrates und damit der Philosophie, nicht, wie es anfänglich aussehen mochte, Sokrates der Bewerber um seine Gunst. Alkibiades spricht es wörtlich aus, daß der «erotische» Verfolger Sokrates regelmäßig zum Begehrten und Verfolgten wird (222 b). Die Sokratesgestalt steht hier symbolisch für die Philosophie selbst: Diese muß zwar protreptisch beginnen, das heißt in Reden und Schriften um die Seelen der Hörer und Leser werben; über kurz oder lang aber muß der Adressat, vom philosophischen Eros angesteckt, seinerseits zum Werbenden werden. Nur wer sich mit Ernst und Ausdauer um die Philosophie bemüht, wird in die entscheidenden «Mysterien» (209 e–210 a) eingeweiht. Manche bleiben, wie Alkibiades, für immer davon ausgeschlossen.

Die Datierung des Werkes in die sogenannte mittlere Schaffensperiode (die Jahre um 380 bis etwa 370 v. Chr.) wird heute von Interpreten aller Richtungen vertreten. Da gerade im ‹Symposion› die Forderung begegnet, ein und derselbe Dichter müsse in der Lage sein, sowohl Tragödien als auch Komödien zu verfassen (223 d), liegt es nahe, diesen Dialog mit dem ‹Phaidon› in Beziehung zu setzen; die komplementären Teile des einheitlichen Sokratesbildes verhielten sich dann zueinander wie Weltverneinung und Diesseitsbejahung, oder wie «Tragödie» und «Komödie».

SYMPOSION

Personen des Dialogs: APOLLODOROS und EIN FREUND

APOLLODOROS: Ich glaube, für das, was ihr von mir wissen wollt, bin ich nicht unvorbereitet. Denn als ich neulich gerade von zu Hause, vom Phaleron, zur Stadt hinaufging, sah mich einer meiner Bekannten von hinten, und indem er dabei einen Scherz machte, rief er mich mit den Worten an: «Du dort aus Phaleron, Apollodoros, willst du nicht warten?» Ich blieb stehen und wartete. Da sagte er: «Wahrhaftig, Apollodoros, schon kürzlich war ich auf der Suche nach dir, weil ich gerne Genaueres erfahren hätte über das Zusammensein von Agathon und Sokrates und Alkibiades und der anderen, die damals bei dem gemeinsamen Mahl zugegen waren, und was das für Reden auf den Eros waren, die sie hielten. Zwar hat mir schon ein anderer davon berichtet, der es von Phoinix, dem Sohn des Philippos, gehört hatte; er bemerkte aber, auch du wissest darüber Bescheid. Doch da er nichts Genaues sagen konnte, so erzähle denn du mir, ist doch niemand so befugt wie du, die Reden deines Freundes wiederzugeben. Sage mir aber vor allem», fuhr er fort, «warst du selbst bei dieser Gesellschaft zugegen oder nicht?»

Ich erwiderte: «Es macht mir ganz den Eindruck, als habe dir dein Berichterstatter nichts Genaues erzählt, wenn du meinst, daß die Gesellschaft, nach der du fragst, erst kürzlich stattgefunden habe, so daß auch ich mit dabei gewesen sei.»

«Freilich glaubte ich das.»

«Woher auch, Glaukon?» sagte ich. «Weißt du nicht, daß Agathon schon viele Jahre nicht mehr im Lande ist? Seitdem aber ich mit Sokrates verkehre und darum bemüht bin, jeden Tag zu wissen, was er sagt und was er tut, sind es noch nicht drei Jahre her. Vordem trieb ich mich umher, wie es sich gerade traf, und glaubte, damit etwas Rechtes zu tun, war dabei aber schlimmer daran als irgend jemand, gerade so wie du jetzt, der du meinst, man müsse alles andere eher tun als philosophieren.»

Und er: «Mach dich nicht lustig über mich, sondern sage mir, wann diese Gesellschaft stattgefunden hat.»

«Als wir noch Knaben waren», erwiderte ich, «damals, als Agathon mit seiner ersten Tragödie den Sieg davontrug, und zwar am Tage, nachdem er mit seiner Chorgesellschaft das Opferfest für seinen Sieg gefeiert hatte.»

«Offenbar ist das also schon lange her», gab er zurück. «Aber wer hat dir davon erzählt? Etwa Sokrates selbst?»

«Nein, beim Zeus», erwiderte ich, «sondern derselbe, der es auch dem Phoinix erzählte. Da war doch ein gewisser Aristodemos aus dem Demos Kydathenai, ein Kleiner, der immer ohne Schuhe herumlief. Der hatte an der Gesellschaft teilgenommen, indem er damals ein besonders eifriger Liebhaber des Sokrates war, wie ich den Eindruck habe. Indes habe ich auch den Sokrates über einiges befragt, was ich von jenem gehört hatte, und er hat mir seine Aussagen bestätigt.»

«Nun denn», sagte er, «willst du mir nicht erzählen? Unser Weg zur Stadt ist ja ganz wie dazu gemacht, im Gehen zu reden und zu hören.»

Damit gingen wir und sprachen dabei über jene Dinge, so daß ich also, wie ich anfangs schon gesagt habe, nicht unvorbereitet bin. Wenn ich es nun auch euch erzählen muß, so soll es denn geschehen. Geht es mir ja auch sonst so: sooft ich über Philosophie entweder selbst rede oder andere reden höre, freue ich mich maßlos darüber, ganz abgesehen von dem

Nutzen, den ich darin sehe. Höre ich dagegen andere Gespräche, insbesondere von euch, die ihr reiche Leute und Geldmenschen seid, dann habe ich selbst Verdruß daran; euch aber, ihr Freunde, bedaure ich, weil ihr meint, damit etwas Wesentliches zu leisten, während ihr doch nichts ausrichtet. Vielleicht haltet ja auch ihr mich für einen armen Teufel, und ich glaube, daß ihr damit recht habt; von euch aber meine ich es nicht nur, sondern weiß es bestimmt.

DER FREUND: Du bist stets der gleiche, Apollodoros; denn immer schmähst du dich selbst und die anderen, und ich glaube, du hältst alle Menschen für völlig unglücklich außer Sokrates – angefangen bei dir selbst. Woher du eigentlich diesen Namen bekommen hast, daß man dich den «Verrückten» nennt, das weiß ich zwar nicht; wenn du redest, bist du freilich immer so: gallig gegen dich selbst und gegen die anderen, außer gegen Sokrates.

APOLLODOROS: Ja, mein bester Freund, so ist es freilich klar: wenn ich von mir und von euch so denke, bin ich freilich verrückt und von Sinnen.

DER FREUND: Es lohnt sich jetzt nicht, darüber zu streiten, Apollodoros. Doch tu jetzt das, worum ich dich gebeten habe, und erzähle, was das für Reden gewesen sind.

APOLLODOROS: Es waren also etwa die folgenden ... Doch nein, ich will lieber versuchen, euch ebenfalls, wie Aristodemos es tat, von Anfang an zu erzählen.

2. Er sagte also, Sokrates sei ihm begegnet, gewaschen und mit eleganten Sandalen an den Füßen, was sonst selten bei ihm vorkam. Und auf die Frage, wohin er denn gehe, so schön angetan, habe er ihm geantwortet: «Zum Gastmahl bei Agathon. Denn gestern bei der Siegesfeier bin ich ihm ausgewichen, aus Scheu vor der Menschenmenge. Ich sagte ihm aber meine Anwesenheit für heute zu. Darum habe ich mich ja auch so herausgeputzt, um als Schöner zu dem Schönen zu ge-

hen. Doch wie hast du's?» fuhr er fort. «Möchtest du nicht ungeladen zum Mahl mitkommen?»

«Darauf erwiderte ich», erzählte Aristodemos: «Ich halte es gerade so, wie du's verlangst.»

«So begleite mich also», sprach er. «Damit machen wir dann auch das Sprichwort zuschanden, indem wir ihm die neue Wendung geben, daß auch Gute von selbst zum Mahl der Guten gehen. Denn Homer, fürchte ich, hat wohl dieses Sprichwort nicht nur verfälscht, sondern es geradezu mit Füßen getreten. Stellt er doch den Agamemnon als hervorragend tüchtigen Krieger, den Menelaos aber als ‚schwächlichen Lanzenschwinger' dar. Wenn aber Agamemnon ein Opfer veranstaltet und dazu einlädt, so läßt er den Menelaos doch ungeladen zum Gastmahl kommen, den Schlechteren also zu dem des Tüchtigeren.»

Auf das hin habe er geantwortet: «Vielleicht mag es auch mir so ergehen, nicht so, wie du sagst, Sokrates, sondern wie Homer sagt, daß ich nämlich als Unwerter ungeladen zum Mahle eines weisen Mannes komme. Sieh nur zu, wenn du mich dort einführst, was du zu meiner Entschuldigung vorbringen willst; werde ich doch nicht zugeben, daß ich nicht geladen bin, sondern sagen, ich sei von dir aufgefordert worden. Zu zweit wollen wir uns denn auf den Weg machen und uns überlegen, was wir sagen wollen. Gehen wir also!»

Unter solchen Gesprächen etwa, erzählte er, hätten sie sich aufgemacht. Sokrates aber sei unterwegs, irgendwie in seine Gedanken versunken, allmählich zurückgeblieben, und als er auf ihn warten wollte, habe er ihm gesagt, er solle nur vorangehen. Als er nun zum Hause des Agathon gekommen, habe er die Türe offen gefunden, und da sei ihm, so berichtete er, etwas ganz Komisches widerfahren. Es sei ihm nämlich von drinnen sogleich ein Knabe entgegengekommen und habe ihn dorthin geführt, wo die anderen schon bei Tische lagen, und er traf sie, als sie eben mit dem Essen beginnen wollten. Sobald ihn nun Agathon erblickte, habe er ausgerufen: «Aristodemos, du kommst gerade zur rechten Zeit, um mitzuhalten. Wenn du aber aus irgendeinem anderen Grunde herkamst, so verschiebe das auf ein andermal. Denn schon gestern suchte ich dich, um dich einzuladen, konnte dich aber nirgends ausfindig machen. Aber wieso bringst du uns den Sokrates nicht mit?»

«Da drehte ich mich um», erzählte er, «und sah, daß mir Sokrates gar nicht nachfolgte. Ich sagte nun, daß ich auch wirklich mit Sokrates komme und daß er mich hierher zum Essen eingeladen habe.»

«Da tatest du gut daran», sagte Agathon, «aber wo ist er denn?»

«Er kam eben hinter mir herein; mich nimmt selbst wunder, wo er steckt.»

«So schau denn nach, Knabe», habe Agathon befohlen, «und führe Sokrates herein. Du aber, Aristodemos», fügte er hinzu, «laß dich neben Eryximachos nieder.»

3. Darauf habe ihm, erzählte er, ein Knabe die Füße gewaschen, damit er sich dann niederlegen konnte. Und da sei ein anderer von den Dienern hereingekommen mit der Meldung: «Der vermißte Sokrates hat sich in die Vorhalle des Nachbarhauses zurückgezogen; dort steht er nun und will trotz meiner Aufforderung nicht eintreten.»

«Wunderliche Dinge erzählst du da», habe Agathon geantwortet. «Ruf ihn doch herein und laß ihn nicht weggehen.»

Doch er, Aristodemos, habe erwidert: «Ja nicht, sondern laß ihn nur; das ist so eine Gewohnheit von ihm: manchmal tritt er beiseite und bleibt stehen, wo es gerade ist. Er wird bald kommen, glaube ich. Stört ihn nur nicht, sondern laßt ihn.»

«Gut, machen wir es so, wenn du meinst», habe Agathon erwidert. «Uns andere aber, ihr Knaben, bedient nun. Tragt alles auf, was ihr wollt, da euch ja niemand Vorschriften macht – was ich übrigens nie getan habe; stellt euch nun vor, daß auch ich von euch zu Tische geladen sei wie die anderen da, und bedient uns jetzt so, daß wir euch loben können.»

Daraufhin, sagte er, hätten sie gegessen; Sokrates aber sei nicht hereingekommen. Agathon wollte nun immer wieder Befehl geben, den Sokrates hereinzuholen; doch er habe es nicht zugelassen. Schließlich sei er dahergekommen, mit weniger Verspätung als gewöhnlich; doch seien sie gerade schon mitten im Mahle gewesen. Agathon nun, der allein auf dem äußersten Polster lag, habe ihn angeredet: «Komm her, Sokrates, nimm neben mir Platz, damit ich durch die Berührung mit dir etwas von dem Einfall genieße, der dir im Vorraum zugekommen ist. Denn offenbar hast du ihn gefunden und hältst ihn fest; vorher hättest du ja nicht abgelassen.»

Sokrates habe sich niedergesetzt und gesagt: «Wie schön, Agathon, wenn die Weisheit dergestalt wäre, daß sie einfach von dem Volleren in den Leereren fließt, wenn wir einander berühren, wie das Wasser, das durch einen Wollfaden vom volleren Becher in den leereren rinnt. Wenn sich das auch mit der Weisheit so verhält, dann halte ich den Platz neben dir für sehr kostbar; dann hoffe ich nämlich, von dir mit vieler und schöner Weisheit erfüllt zu werden. Die meine ist doch wohl wenig wert und fragwürdig wie ein Traum. Deine dagegen ist herrlich und hat großen Erfolg, hat sie doch von dir trotz deiner Jugend so glänzend ausgestrahlt und ist gestern offenbar geworden vor mehr als dreißigtausend Hellenen, die Zeugen waren.»

«Du bist eben ein Spötter, Sokrates», erwiderte Agathon. «Die Sache mit der Weisheit werden wir ein wenig später miteinander ausmachen, ich und du, und dabei Dionysos zum Schiedsrichter nehmen; jetzt aber wende dich zunächst dem Essen zu.»

4. Hierauf habe Sokrates Platz genommen und mit den anderen gegessen, und sie hätten das Trankopfer gebracht und

dem Gott zu Ehren gesungen und sonst noch getan, was gebräuchlich ist, und sich dann ans Trinken gemacht. Und nun habe Pausanias etwa mit folgenden Worten begonnen: «Wohlan denn, ihr Freunde», habe er gesagt, «auf welche Weise werden wir am gemütlichsten trinken? Meinerseits muß ich euch gestehen, daß ich mich vom gestrigen Trinken gar nicht wohl fühle und daß ich einige Erholung nötig habe, ich glaube aber, auch die meisten von euch; ihr waret ja gestern mit dabei. Überlegt also, wie wir am gemütlichsten trinken können.»

Darauf habe Aristophanes erwidert: «Da hast du ganz recht, Pausanias, daß wir uns auf jede Weise eine Erleichterung im Trinken schaffen müssen; ich selbst bin ja einer von denen, die gestern gehörig naß geworden sind.»

Als das Eryximachos, der Sohn des Akumenos, gehört hatte, habe er gesagt: «Wohl gesprochen! Aber noch von einem unter euch möchte ich hören, wie es mit ihm steht: Magst du noch trinken, Agathon?»

«Auch ich fühle mich ganz und gar nicht bei Kräften», habe dieser erwidert. «So wäre es denn offenbar ein rechter Glücksfall für uns», fuhr er fort, «für mich und Aristodemos und Phaidros und die anderen hier, wenn ihr, die ihr sonst die Trinkfestesten seid, heute versagt habt; denn wir anderen vertragen ja auch sonst immer nur wenig. Den Sokrates aber nehme ich dabei aus; er ist zu beidem fähig, so daß er es zufrieden sein wird, wie wir es auch machen. Nachdem ich nun den Eindruck habe, daß keiner der Anwesenden Lust hat, viel Wein zu trinken, so werde ich heute vielleicht weniger lästig fallen, wenn ich euch über die Betrunkenheit einmal die Wahrheit sage. Mir ist nämlich aus der ärztlichen Kunst klargeworden, daß der Rausch den Menschen unzuträglich ist. Ich selbst möchte im Trinken nicht gern zu weit gehen, noch einem anderen das raten, erst recht nicht, wenn man noch vom Vorabend her einen schweren Kopf hat.»

«Gewiß», sei ihm da Phaidros, der Myrrhinusier, ins Wort gefallen, «ich pflege dir in allen Dingen Folge zu leisten, besonders wenn du etwas sagst, was die ärztliche Kunst betrifft; heute werden das aber auch die anderen tun, sofern sie gut beraten sind.»

Daraufhin wären alle einverstanden gewesen, beim heutigen Zusammensein nicht auf einen Rausch auszugehen, sondern nur so zu ihrem Vergnügen zu trinken.

5. Und Eryximachos habe gesagt: «Nachdem also abgemacht ist, daß jeder nur so viel trinkt, wie er will, und daß kein Zwang herrschen soll, mache ich nun den weiteren Vorschlag, daß wir die Flötenspielerin, die eben hereingekommen ist, wieder gehen lassen; mag sie sich selbst eins vorspielen oder, wenn sie lieber will, den Frauen im Hause. Wir aber wollen unser heutiges Zusammensein mit Reden verbringen, und wenn ihr einverstanden seid, will ich euch gerade auch sagen, mit was für Reden.»

Da hätten sich alle einverstanden erklärt und verlangt, er möge seinen Vorschlag machen. Und Eryximachos habe gesagt: «Meine Rede beginnt nach der ‚Melanippe' des Euripides: Nicht von mir ist die Rede, die ich halten will, sondern von Phaidros da. Phaidros pflegt mich nämlich bei jeder Gelegenheit zu schelten: ‚Ist es nicht arg, Eryximachos', sagt er, ‚daß auf alle anderen Götter von den Dichtern Hymnen und Paiane gedichtet worden sind; auf den Eros aber, der doch ein so mächtiger und großer Gott ist, hat noch nie unter all den vielen Dichtern auch nur einer ein Loblied gesungen. Und wenn du sehen willst, wie es die tüchtigen Sophisten machen, so sind es Herakles und andere, deren Lob sie in Prosa abfassen, wie zum Beispiel der vorzügliche Prodikos. Und das ist ja noch nicht allzu verwunderlich; aber ich las schon das Buch eines gescheiten Mannes, in dem das Salz mit einem wunderbaren Lob bedacht war, im Hinblick auf seinen Nutzen; und noch viele andere Dinge kannst du finden, die man gepriesen hat. Für derartiges hat man sich also große Mühe gegeben; aber das Lob des Eros auf würdige Art zu singen, das hat bis auf den heutigen Tag noch kein Mensch gewagt, und so ist ein solch großer Gott unbeachtet geblieben.' Ich glaube, Phaidros hat da ganz recht. Einerseits habe ich nun den Wunsch, ihm einen Dienst zu erweisen und eine Freude zu machen; zugleich aber glaube ich, es zieme sich in diesem Augenblick für uns Anwesende hier, den Gott zu feiern. Wenn ihr also einverstanden seid, dann könnten wir wohl in solchen Reden genügenden Stoff zur Unterhaltung finden; ich meine, es sollte ein jeder von uns, rechts herum, eine Lobrede auf den Eros halten, so schön er es nur kann. Den Anfang aber soll Phaidros machen, da er auch den ersten Platz einnimmt und zugleich der Vater unseres Themas ist.»

«Niemand wird gegen deinen Vorschlag stimmen, Eryximachos», habe da Sokrates erwidert. «Ich selbst werde ihn gewiß nicht ablehnen, behaupte ich doch, mich auf nichts anderes so zu verstehen wie auf die Dinge der Liebe; aber auch Agathon und Pausanias nicht, oder gar Aristophanes, der es ja ganz nur mit Dionysos und Aphrodite zu tun hat, und auch sonst niemand von denen, die ich da sehe. Freilich sind wir, die wir hier auf den letzten Plätzen liegen, im Nachteil; doch wenn die vor uns geschickt und schön reden, wollen wir es zufrieden sein. Nun aber soll Phaidros beginnen und den Eros preisen – wir wünschen ihm Glück dazu.»

Dem stimmten auch alle anderen bei und schlossen sich der Aufforderung des Sokrates an. Was nun ein jeder einzelne gesprochen hat, daran konnte sich Aristodemos nicht mehr genau erinnern, und auch ich weiß nicht mehr alles, was dieser berichtet hat. Doch das Wesentliche davon und die Reden, die mir der Erwähnung wert schienen, die will ich euch eine nach der anderen wiedergeben.

6. Den Anfang habe also, wie gesagt, Phaidros gemacht und seine Rede etwa damit begonnen: daß Eros ein großer Gott sei und auf vielfache Art bei Menschen und Göttern Bewunderung verdiene, besonders aber im Hinblick auf seine Herkunft. Denn daß er zu den ältesten Göttern gehöre, sagte er, das mache ihn ehrwürdig. Beweis dafür aber sei: es gibt keine Eltern des Eros, und es werden auch keine erwähnt, von niemandem, weder von einem Laien noch von einem Dichter. Dagegen sagt Hesiod, als erstes sei das Chaos entstanden,

aber darauf dann
Ward die geräumige Erde, ein ewiger Wohnsitz für alle,
Eros sodann ...

Er sagt also, nach dem Chaos seien diese beiden entstanden, die Erde und der Eros. Parmenides aber sagt von der Göttin der Schöpfung:

Als den ersten von allen Göttern ersann sie den Eros ...

Mit Hesiod aber stimmt auch Akusilaos überein. So ist man sich also von vielen Seiten einig, daß Eros der allerälteste ist.

Als der älteste ist er aber für uns der Urheber größter Güter. Denn ich wüßte nicht zu sagen, was gleich schon für einen jungen Menschen ein größeres Gut wäre als ein wackerer Liebhaber, und für den Liebhaber ein Geliebter. Denn was Menschen in ihrem ganzen Leben leiten soll, wenn sie schön leben wollen, das vermag weder Verwandtschaft in sie hineinzubringen, noch Ehrungen, noch Reichtum, noch sonst etwas – als der Eros. Was meine ich nun aber damit? Es ist die Scham beim Häßlichen, beim Schönen aber der Ehrgeiz; denn ohne das kann weder eine Stadt noch ein Einzelner große und gute Werke vollbringen. Ich behaupte nämlich: wenn ein Mann, der liebt, dabei betroffen wird, wie er etwas Häßliches tut oder sich aus Feigheit ohne Gegenwehr so etwas geschehen läßt, dann wird er es weniger schmerzlich empfinden, wenn er von seinem Vater oder von einem seiner Freunde, als wenn er von seinem Geliebten gesehen wird. Und dasselbe bemerken wir bei dem Geliebten: daß er sich ganz besonders vor seinen Liebhabern schämt, wenn er bei etwas Häßlichem gesehen wird. Ja, wenn man es irgendwie einrichten könnte, daß eine Stadt oder ein Heer aus lauter Liebhabern und Geliebten entstände, dann könnten sie wohl ihre Stadt nicht besser verwalten, als daß sie sich aller häßlichen Dinge enthielten und miteinander in Wettbewerb träten. Wenn sie dann nebeneinander kämpften, müßten solche Streiter, auch wenn ihrer nur wenige wären, sozusagen gegen die ganze Menschheit den Sieg davontragen. Denn ein Liebender würde es eher ertragen, von jedem anderen als von seinem Geliebten gesehen zu werden, wie er die Schlachtreihe verläßt oder seine Waffen fortwirft, und hundertmal lieber würde er sterben als das. Aber gar seinen Geliebten zu verlassen und ihm nicht zu Hilfe zu kommen, wenn er in Gefahr ist – da ist keiner so feig, den nicht Eros selbst so zur Tapferkeit begeisterte, daß er dem ebenbürtig würde, der von Natur aus ein Held ist. Und wenn Homer sagt, daß der Gott einigen von den Helden «Mut einhaucht», so gewährt das Eros gewiß den Liebenden, als eine Gabe, die von ihm kommt.

7. Ja, selbst füreinander zu sterben sind nur die Liebenden bereit, nicht nur Männer, sondern sogar Frauen. Einen gültigen Beweis für diese Behauptung gibt schon Alkestis, die Tochter des Pelias, vor allen Hellenen; sie allein wollte für ihren Gatten sterben, obschon er noch Vater und Mutter hatte. Sie aber übertraf diese dermaßen an Liebe, daß sie damit zeigte, wie jene ihrem Sohne fremd und nur dem Namen nach angehörig seien. Und die Tat, die sie vollbracht hatte, schien nicht nur den Menschen, sondern auch den Göttern so schön, daß ihr die Götter jenes Ehrengeschenk verliehen, das sie nur einer wohlbemessenen Zahl unter den Vielen gewähren, die viele und schöne Taten vollbracht haben, daß sie nämlich ihre Seele

wieder aus dem Hades entlassen. Ihre Seele aber ließen sie wieder herauf, aus Bewunderung über ihre Tat. So ehren auch die Götter den Eifer und die Tüchtigkeit in der Liebe über alles. Den Orpheus aber, den Sohn des Oiagros, schickten sie unverrichteterdinge aus dem Hades zurück. Sie zeigten ihm wohl den Schatten der Frau, um die er gekommen war; sie selbst aber gaben sie ihm nicht, weil er als Spielmann ein Weichling schien und nicht den Eindruck machte, als wagte er um der Liebe willen den Tod zu erleiden wie Alkestis, sondern mit allen Mitteln erreichen wollte, als Lebender in den Hades einzudringen. Darum bestraften sie ihn und machten, daß er von Weibern seinen Tod fand, während sie den Achilleus, den Sohn der Thetis, ehrten und auf die Inseln der Seligen sandten. Denn als dieser von seiner Mutter erfahren hatte, daß er sterben müsse, wenn er den Hektor tötete, andernfalls aber nach Hause zurückkehren und in hohem Alter sterben werde, da wagte er es dennoch, lieber seinem Liebhaber Patroklos zu Hilfe zu kommen und ihn zu rächen und dabei nicht nur für ihn zu sterben, sondern sogar dem toten Freunde nachzusterben. Darum bewunderten ihn auch die Götter aufs höchste und verliehen ihm besondere Ehren, weil er seinen Liebhaber so wert hielt.

Aischylos aber fabelt, wenn er behauptet, Achilleus sei der Liebhaber des Patroklos; war er doch schöner, nicht nur als Patroklos, sondern als alle anderen Helden, und noch bartlos, und außerdem viel jünger, wie Homer sagt.

In der Tat ehren also die Götter diese Tüchtigkeit am meisten, die aus dem Eros entsteht; indes bewundern und schätzen und belohnen sie es mehr, wenn der Geliebte dem Liebhaber, als wenn der Liebende seinem Geliebten zugetan ist. Der Liebhaber ist göttlicher als der Geliebte; denn in ihm wohnt der Gott. Deshalb ehrten sie auch den Achilleus höher als die Alkestis und sandten ihn auf die Inseln der Seligen.

So behaupte ich denn, Eros ist der älteste und ehrwürdigste von den Göttern und ausschlaggebend für die Menschen zum Erwerben von Tüchtigkeit und Glückseligkeit, im Leben und nach dem Tode.

8. Diese Rede ungefähr habe Phaidros gehalten, erzählte Aristodemos. Auf Phaidros aber seien noch einige andere gefolgt, an die er sich aber nicht mehr recht erinnerte. Er überging sie denn auch und berichtete von der Rede des Pausanias. Dieser habe folgendes gesagt:

«Das Thema, Phaidros, ist uns offenbar nicht richtig aufgegeben worden, indem man uns so schlechthin aufgefordert hat, den Eros zu preisen. Wenn es freilich nur einen Eros gäbe, dann wäre das ganz schön. Nun gibt es aber nicht nur einen, und weil es nicht nur einen gibt, ist es richtiger, wenn wir zunächst bestimmen, welchen es zu loben gilt. Ich will also versuchen, das richtigzustellen: zuerst gebe ich an, welchen Eros man loben muß, und dann preise ich ihn, wie es des Gottes würdig ist.

Wir wissen ja alle, daß es ohne Eros auch keine Aphrodite gibt. Gäbe es nun nur eine Aphrodite, so gäbe es auch nur einen Eros; da es aber zwei gibt, muß es auch zwei Eroten geben. Wie sollten es aber nicht zwei Göttinnen sein? Die eine ist doch die ältere, die mutterlose Tochter des Uranos, der wir denn auch den Beinamen der himmlischen geben. Die jüngere dagegen ist die Tochter des Zeus und der Dione, und wir nennen sie die gewöhnliche. Es muß also auch der Eros, der der Gehülfe der einen ist, richtigerweise der gewöhnliche heißen, der andere dagegen der himmlische.

Preisen soll man zwar alle Götter; was nun aber einem jeden von beiden zukommt, das muß ich zu zeigen versuchen. Denn mit jedem Tun verhält es sich so: an sich ist es, wenn es getan wird, weder schön noch häßlich. So ist zum Beispiel nichts von dem, was wir jetzt tun, ob wir trinken oder singen oder miteinander reden, an sich schön, sondern erst aus der Art, wie dieses

Tun ausgeübt wird, ergibt sich das: was schön und richtig gemacht wird, das wird schön; was nicht richtig, das wird häßlich. So denn auch das Lieben; und nicht jeder Eros ist schön und wert, gepriesen zu werden, sondern nur der, der schön zu lieben antreibt.

9. Der Eros nun, der zur gewöhnlichen Aphrodite gehört, ist in Wahrheit gewöhnlich und wirkt, was sich gerade trifft, und er ist es auch, dem die Menschen von geringer Art ergeben sind. Solche richten ihre Liebe auf Weiber ebenso wie auf Knaben, bei denen sodann, die sie lieben, mehr auf den Leib als auf die Seele, und überdies nach Möglichkeit auf die Unvernünftigsten, da sie einzig darauf schauen, an ihr Ziel zu kommen, unbekümmert, ob auf schöne Art oder nicht. Daraus ergibt sich dann auch, daß sie alles tun, wie es gerade kommt, Gutes ganz ebenso wie das Gegenteil. Denn dieser Eros stammt ja auch von der Göttin, die viel jünger ist als die andere und in ihrem Ursprung am Weiblichen und am Männlichen teilhat. Der andere dagegen stammt von der himmlischen Göttin, die erstens nicht am Weiblichen, sondern nur am Männlichen teilhat (und dies ist der Eros, der sich auf Knaben richtet), und außerdem von der älteren Göttin, die am Übermut keinen Anteil hat. Daher wenden sich denn auch die von diesem Eros Beseelten dem Männlichen zu, weil sie das von Natur Stärkere und Vernünftigere lieben. Und auch in der Knabenliebe selbst kann man die wohl erkennen, die rein von diesem Eros getrieben werden; denn diese richten ihre Liebe nicht auf junge Knaben, sondern auf solche, die schon anfangen, Verstand zu zeigen, und das ist gegen die Zeit des ersten Bartwuchses hin. Wer aber dann zu lieben anfängt, der ist, denke ich, auch bereit, sein ganzes Leben hindurch zusammen zu sein und ein gemeinsames Dasein zu führen, nicht aber den Geliebten zu betrügen, wenn er ihn in seiner jugendlichen Torheit gewonnen hat, und dann lachend von ihm weg zu einem anderen zu

laufen. Es sollte auch ein Gesetz geben, daß man keine jungen Knaben lieben darf, damit nicht so viel Eifer aufs Ungewisse hin verschwendet wird; denn bei Knaben ist es noch ungewiß, ob ihre Entwicklung zur Tüchtigkeit oder zur Schlechtigkeit der Seele und des Leibes ausgehen wird. Die Guten nun stellen sich selbst dieses Gesetz freiwillig auf. Man sollte aber auch jene gewöhnlichen Liebhaber zu solchem zwingen, wie wir sie ja auch nach Möglichkeit dazu zwingen, ihre Liebe nicht auf die freien Frauen zu richten. Sie sind es ja auch, die diese Sache in Mißkredit gebracht haben, so daß manche zu behaupten wagen, es sei häßlich, sich den Liebhabern hinzugeben. Das sagen sie aber im Hinblick auf jene, weil sie ihre Taktlosigkeit und Unredlichkeit sehen. Denn nichts, was auf anständige und ordentliche Art getan wird, kann ein gerechter Tadel treffen.

Was nun aber auf dem Gebiet des Eros bei den anderen Städten Brauch ist, das ist leicht zu verstehen; die Bestimmungen sind dort einfach, hier aber und in Lakedaimon sind sie kompliziert. In Elis und in Boiotien nämlich und wo man sonst im Reden nicht geschickt ist, hat man eindeutig als Brauch eingeführt, daß es schön sei, sich den Liebhabern hinzugeben, und niemand, weder alt noch jung, würde behaupten, es sei häßlich. Somit, denke ich, brauchen sie auch keine Mühe aufzuwenden, die Jünglinge durch Überredung zu gewinnen, da sie sich ja doch nicht aufs Reden verstehen. In Ionien dagegen und an vielen anderen Orten, so weit man unter Barbarenherrschaft wohnt, gilt es als häßlich. Die Barbaren halten dies nämlich mit Rücksicht auf die tyrannische Staatsordnung für schändlich, ebenso wie die Liebe zur Weisheit (Philosophie) und die zur Gymnastik; denn ich denke, es ist den Regierenden nicht zuträglich, wenn bei den Regierten große Gedanken aufkommen oder starke Freundschaften und Gemeinschaften; gerade das aber und alles andere pflegt der Eros in den Menschen zu bewirken. In der Tat haben das auch unsere Tyrannen hier erfahren; denn die Liebe des Aristogeiton und des Harmodios, zu einer festen Freundschaft geworden, machte ihrer Herrschaft ein Ende. Wo es also für häßlich erklärt wurde, sich den Liebhabern hinzugeben, da beruht das auf der Schlechtigkeit der Gesetzgeber, auf der Herrschsucht der Regierenden einerseits und auf der Gefügigkeit der Regierten andererseits. Wo es aber schlechthin als schön erklärt wurde, da infolge der Stumpfheit derer, die das so festgesetzt haben.

10. Bei uns aber ist die Sitte viel schöner und, wie ich gesagt habe, nicht leicht zu verstehen. Man bedenke nur: es gilt für schöner, öffentlich zu lieben als heimlich, und zwar vor allem die Edelsten und Tüchtigsten, mögen sie auch häßlicher sein als andere; man bedenke weiter, wie erstaunlich die Ermunterung ist, die der Liebende von allen Seiten erfährt, gar nicht wie für einen, der etwas Häßliches tut; und wenn einer an sein Ziel kommt, dann hält man es für schön, wenn es ihm aber nicht gelingt, für häßlich. Ferner: wenn einer an sein Ziel zu kommen sucht, dann hat ihm die Sitte freigestellt, recht verwunderliche Dinge zu tun und dafür noch gelobt zu werden. Wenn einer sich diese zu tun getraute und dabei etwas anderes als das verfolgte oder erreichen wollte, dann würde ihm das von der Philosophie den größten Tadel eintragen. Wenn er nämlich, um von jemandem Geld zu bekommen oder um ein Amt oder sonstwie Einfluß zu erlangen, eben das tun wollte, was die Liebhaber in bezug auf ihre Geliebten tun: daß sie demütig flehen und bitten, daß sie Eide ablegen, auf der Türschwelle nächtigen und sich zu jedem niedrigen Dienst bereit zeigen, den sonst nicht einmal ein Sklave leisten wollte – da würden ihn Freunde und Feinde daran hindern, die Sache so zu betreiben; die einen würden ihm Schmeichelei und unwürdiges Benehmen vorwerfen, die anderen würden ihm den Kopf zurechtsetzen und sich für ihn schämen. Tut aber einer das

alles aus Verliebtheit, so bleibt man ihm erst recht gewogen, und es ist ihm von der Sitte erlaubt, ohne Vorwurf so zu handeln, als beginge er damit die allerschönste Tat. Und was das Ungeheuerlichste ist: ihm allein, so behauptet die Menge, verzeihen es die Götter, wenn er die Eide übertritt, die er geschworen hat; denn ein Liebesschwur gelte nicht, sagen sie. So haben denn Götter und Menschen dem Liebenden alle Freiheit gegeben – so bestimmt es hierzulande die Sitte.

Danach sollte man nun glauben, es gelte in dieser Stadt für etwas besonders Schönes, wenn man liebt oder wenn man sich den Liebhabern freundlich erweist. Andererseits aber stellen die Väter für die Knaben, die geliebt werden, Hauslehrer an und verbieten ihnen, mit ihren Liebhabern zu reden (was dem Hauslehrer besonders eingeschärft wird), und Altersgenossen und Freunde tadeln es, wenn sie sehen, daß so etwas doch vorkommt, und auf der anderen Seite halten die älteren Leute diese Tadler nicht zurück oder verweisen ihnen ihre Vorwürfe als unberechtigt – wenn jemand wiederum das sieht, so kommt er wohl zu der Meinung, daß man dergleichen hierzulande für etwas besonders Schimpfliches hält.

Damit, glaube ich, verhält es sich aber folgendermaßen: wie ich schon von Anfang an gesagt habe, ist die Sache an sich nicht schlechthin schön oder häßlich, sondern, wenn es auf schöne Art geschieht, ist es schön, wenn aber auf häßliche Art, ist es häßlich. Häßlich ist es nun zwar, sich einem Bösen und auf böse Art hinzugeben, schön aber, einem Edlen und auf schöne Art. Böse ist aber jener gewöhnliche Liebhaber, der den Leib mehr liebt als die Seele; ist er doch auch nicht beständig, wie ja auch der Gegenstand seiner Liebe nicht beständig ist. Denn sobald die Blüte des Leibes, der seine Liebe gegolten hatte, vorüber ist, fliegt er davon und verschwindet und macht seine vielen Worte und Versprechungen zuschanden. Wer aber die Gesinnung liebt, weil diese gut ist, der bleibt sein ganzes

Leben hindurch beständig, weil er etwas Beständigem verbunden ist. Unsere Sitte will also, daß man die Liebhaber gut und genau prüft und dann den einen sich hingibt, die anderen aber meidet. Deshalb schreibt sie auch vor, daß die einen verfolgen, die anderen aber fliehen sollen, wobei sie selbst den Wettkampf anordnet und prüft, zu welchen wohl der Liebende zählt und zu welchen der Geliebte. So gilt es denn aus diesem Grunde vor allem für schimpflich, sich rasch zu ergeben, soll doch dazwischen einige Zeit verstreichen, die ja offenbar in der Regel einen guten Prüfstein darstellt. Und dann gilt es auch für schimpflich, sich durch Geld oder politischen Einfluß gewinnen zu lassen, sei es, daß sich einer unter übler Behandlung duckt und sich nicht dagegen wehrt, oder daß einer es nicht verschmäht, sich zu Geld oder zu politischem Erfolg verhelfen zu lassen. Denn nichts von dem scheint sicher oder beständig zu sein, abgesehen davon, daß daraus auch keine edle Freundschaft erwachsen kann.

Und so bleibt nach unserer Sitte ein einziger Weg übrig, wenn ein Geliebter sich seinem Liebhaber auf schöne Weise hingeben will. Denn so wie es nicht als tadelnswerte Schmeichelei galt, wenn die Liebhaber den Geliebten aus freien Stücken jedweden Dienst leisteten, so bleibt denn nach unserer Sitte auch nur eine einzige andere freiwillige Dienstbarkeit, die nicht als tadelnswert gilt, und das ist die um der Tüchtigkeit willen. [11.] Denn das ist die bei uns gültige Sitte; wenn jemand einem anderen dienstbar sein will in der Meinung, daß er durch ihn besser werden könne in irgendeiner Weisheit oder sonst in einem Teile der Tüchtigkeit, dann gilt diese freiwillige Knechtschaft nicht als schimpflich und auch nicht als Schmeichelei. Wir müssen nun diese beiden Anschauungen, nämlich die über die Knabenliebe und die über die Liebe zur Weisheit (Philosophie) und zur übrigen Tüchtigkeit miteinander vereinigen, wenn es sich als etwas Schönes erweisen soll, daß sich der Geliebte dem Liebhaber hingibt. Wenn sich nämlich Liebhaber und Geliebter so finden, daß jeder seinem Gesetze folgt: der eine, daß er recht daran tue, wenn er dem Geliebten, der sich ihm hingibt, jeden Dienst erweist, der andere, daß er ebenfalls recht daran tue, wenn er dem, der ihn weise und gut macht, auf jede Art behilflich ist, und wenn dann der eine auch imstande ist, die Einsicht und die übrige Tüchtigkeit zu fördern, der andere aber das Bedürfnis hat, sich zur Förderung seiner Bildung und seiner übrigen Weisheit etwas geben zu lassen, dann also, wenn die beiden Sitten sich miteinander vereinigen, einzig und allein da trifft es zu, daß es schön ist, wenn sich der Geliebte seinem Liebhaber hingibt, sonst aber nirgends. In diesem Falle ist es auch nicht schimpflich, getäuscht zu werden; sonst aber bringt es auf jeden Fall Schande, mag man nun getäuscht werden oder nicht. Denn wenn jemand seinem Liebhaber, den er für reich hält, des Reichtums wegen seine Gunst gewährt hat, dann aber betrogen wird und kein Geld bekommt, indem sich nämlich zeigt, daß der Liebhaber arm ist, dann ist das um nichts weniger häßlich. Denn soviel an ihm liegt, scheint so einer doch zu zeigen, daß er um des Geldes willen einem jeden zu jedem Dienst gefügig ist, und das ist nicht schön. Umgekehrt aber: wenn jemand dem, den er für gut hält, seine Gunst gewährt, um durch die Freundschaft des Liebhabers selbst besser zu werden, und dann getäuscht wird, indem sich zeigt, daß jener schlecht ist und die Tüchtigkeit nicht besitzt, dann wäre diese Täuschung gleichwohl schön. Denn dieser wiederum hat offenbar, soweit es an ihm lag, doch gezeigt, daß er, um der Tüchtigkeit willen und um besser zu werden, einem jeden zu jedem Dienst bereit wäre, und das ist doch das Schönste von allem. So ist es also auf jede Weise schön, um der Tüchtigkeit willen sich hinzugeben.

Das ist der Eros, der von der Göttin Urania stammt, der himmlische, und er ist für die Stadt und für jeden einzelnen von großem Wert, weil er den Liebenden wie auch den Geliebten nötigt, auf die eigene Tüchtigkeit große Sorgfalt anzuwenden. Jeder andere Eros aber stammt von der anderen Göttin, der gewöhnlichen.

Das ist es», sagte er, «was ich dir, Phaidros, als unvorbereiteten Beitrag zum Preis des Eros bieten kann.»

Pausanias machte nun eine Pause (denn so im Gleichklang lehren mich die Redekünstler sprechen). Wie Aristodemos erzählte, hätte jetzt Aristophanes reden sollen; es hatte ihn aber, weil er zuviel getrunken hatte oder sonst aus einem Grunde, ein Schlucken befallen, und er habe deshalb nicht reden können. Sondern er sagte zum Arzt Eryximachos, der gerade neben ihm gelegen habe: «Eryximachos, du hast nun die Aufgabe, entweder meinen Schlucken zum Aufhören zu bringen oder an meiner Stelle zu sprechen, bis er mir vergeht.» Eryximachos habe nun erwidert: «So will ich denn beides tun. Ich spreche an deiner Stelle, und du dann, wenn du ihn los bist, an meiner. Während ich aber spreche, wird der Schlucken wohl aufhören, wenn du eine Zeitlang den Atem anhältst; wenn nicht, so mußt du mit Wasser gurgeln. Ist er jedoch besonders hartnäckig, so führe irgend etwas in die Nase, um sie zu kitzeln, und niese dann, und wenn du das ein- oder zweimal gemacht hast, wird er aufhören, mag er auch noch so hartnäckig sein.»

«So fange nur gleich zu reden an», habe Aristophanes erwidert, «und ich will es so machen.»

12. Eryximachos habe also begonnen: «Nachdem Pausanias seine Rede zwar schön angefangen hat, aber doch zu keinem rechten Ende gekommen ist, scheint es mir nun doch nötig, daß ich versuchen muß, seiner Rede einen Schluß zu geben. Die Unterscheidung mit dem zweifachen Eros scheint er mir zwar richtig gemacht zu haben; daß er aber nicht nur in den Seelen der Menschen waltet und nicht nur in bezug auf schöne

Knaben, sondern daß er, auf alle anderen Dinge bezogen, auch in allen anderen Wesen waltet, in den Leibern aller Tiere und in den Pflanzen, die aus der Erde sprießen, und sozusagen in allem Seienden, das glaube ich aus der Heilkunde, aus meiner Kunst, ersehen zu haben: daß er ein großer und bewundernswerter Gott ist und daß er sich auf alles erstreckt, auf die menschlichen Dinge ebenso wie auf die göttlichen.

Ich will meine Rede mit der Heilkunde beginnen, um doch meiner Kunst die Ehre anzutun. Auch in der Natur des Leibes gibt es nämlich diesen doppelten Eros; denn das Gesunde im Leibe und das Kranke sind zugestandenermaßen etwas Verschiedenes und nicht das Gleiche; etwas Ungleiches aber begehrt und liebt auch etwas anderes. Ein anderer Eros waltet also über das Gesunde, und ein anderer über das Kranke. Wie nun vorhin Pausanias sagte, daß es schön sei, sich den guten Menschen hinzugeben, den zügellosen aber häßlich, so ist es auch mit den Leibern selbst: dem, was gut und gesund ist an einem jeden Leibe, ist schön zu willfahren, und man soll es auch tun: das ist es eben, was wir Heilkunde nennen. Dem Schlechten aber und Krankhaften zu willfahren ist häßlich, und es darf ihnen nicht willfahren, wer ein Sachverständiger sein will. Die ärztliche Kunst ist nämlich, kurz gesagt, die Wissenschaft von den Liebestrieben des Leibes in bezug auf Sättigung und Entleerung, und wer dabei den schönen und den häßlichen Eros unterscheiden kann, der ist der tüchtigste Arzt. Und wer einen Wandel zustande bringt, daß man den einen Eros durch den anderen ersetzt, und wer sich darauf versteht, denen, die keinen Eros in sich haben, aber doch einen haben sollten, ihn zu verschaffen, und denen, die ihn in sich haben, ihn wegzunehmen, der ist dann wohl ein tüchtiger Meister. Denn man muß bewirken können, daß das, was sich im Leibe am feindseligsten ist, befreundet wird und sich liebt; das Feindseligste aber ist das Gegensätzlichste: Kaltes und Warmes, Bitteres und Süßes, Trockenes und Feuchtes und dergleichen mehr. Diesen Gegensätzen Liebe und Eintracht beizubringen, das verstand unser Ahnherr Asklepios, wie unsere Dichter sagen und ich ihnen glaube, und dadurch hat er unsere Kunst begründet.

Die ärztliche Kunst wird also, behaupte ich, ganz von diesem Gott geleitet, und ebenso die Gymnastik und der Landbau. Und daß es sich bei der Musik ganz ähnlich verhält wie bei diesen, ist jedem klar, der auch nur ein wenig darüber nachdenkt. Das will vermutlich auch Heraklit sagen, nur drückt er sich in seinen Worten nicht richtig aus. Das eine, sagt er nämlich, indem es auseinanderstrebt, stimme mit sich selbst überein, wie die Harmonie bei Bogen und Leier. Es ist aber ein völliger Widersinn, zu behaupten, eine Harmonie strebe auseinander oder sie bestehe aus etwas, das noch auseinanderstrebt. Aber vielleicht wollte er damit sagen, sie sei aus dem Hohen und Tiefen, das zunächst auseinanderstrebte, dann aber übereinstimmte, durch die Musenkunst entstanden; denn solange Hohes und Tiefes noch auseinanderstreben, kann es daraus doch gewiß keine Harmonie geben. Denn die Harmonie ist Zusammenklang, Zusammenklang aber ist eine Art Übereinstimmung; Übereinstimmung von Auseinanderstrebendem kann es aber unmöglich geben, solange es wenigstens auseinanderstrebt. Auseinanderstrebendes und Übereinstimmung nicht Ausschließendes kann man dagegen wohl zusammenfügen; so ist ja auch der Rhythmus aus dem Schnellen und dem Langsamen entstanden, aus Elementen also, die zuerst auseinandergestrebt hatten, nachher aber übereinstimmten. Die Übereinstimmung aber verleiht alledem wie dort die Heilkunde, so hier die Musenkunst, indem sie gegenseitige Liebe und Eintracht einflößt. Auch die Musenkunst ist also eine Wissenschaft von den Liebestrieben in bezug auf Harmonie und Rhythmus. Und es ist auch gar nicht schwer, in dem Gefüge von Harmonie und Rhythmus die Liebestriebe zu erkennen, und auch der zweifache Eros findet sich noch nicht darin. Wenn es aber gilt, Rhythmus und Harmonie vor den Menschen anzuwenden, sei es, daß man sie schafft (was man Tonsetzen nennt), oder daß man die geschaffenen Weisen und Metren richtig verwenden soll (was man musische Bildung genannt hat), dann ist es schwer und bedarf eines tüchtigen Meisters. Denn hier gilt nun wieder derselbe Satz: daß man den gesitteten Menschen – und damit die, die es noch nicht sind, gesitteter werden – willfahren und ihren Eros bewahren soll. Und das ist der schöne, der himmlische Eros, der Sohn der Muse Urania. Der andere aber stammt von der Polymnia, der gewöhnliche, den man bei denen, wo man ihn zuführt, nur vorsichtig zuführen darf, damit man zwar seine Lust erntet, aber keine Zügellosigkeit erregt. Wie es auch in unserer Kunst eine große Leistung bedeutet, die Begierden im Bereiche der Kochkunst gut zu verwenden, so daß man, ohne krank zu werden, die Lust erntet. In der Musik sowohl als in der ärztlichen Kunst und in allen anderen, in menschlichen und in göttlichen, soll man also, soweit es tunlich ist, auf beiderlei Eros achten; denn beide finden sich darin.

13. Auch die Anordnung der Jahreszeiten ist von diesen beiden erfüllt; denn wenn die Gegensätze, die ich eben genannt habe, das Warme und das Kalte, das Trockene und das Feuchte, in ihrem Verhältnis vom ordentlichen Eros bestimmt werden und zu einer Harmonie und weisen Mischung kommen, so bringen sie Gedeihen und Gesundheit für Menschen und Tiere und Pflanzen mit sich und richten keinen Schaden an. Wenn aber der übermütige Eros über die Jahreszeiten die Oberhand gewinnt, dann verdirbt er manches und richtet Schaden an; denn daraus entstehen gerne die Seuchen und mancherlei andere Krankheiten bei Tieren und Pflanzen; denn auch Reif und Hagel und Meltau entstehen, wenn gegenseitig Maßlosigkeit und Unordnung in diesen Liebestrieben aufkommen. Die Wis-

senschaft davon, die sich auf den Umlauf der Gestirne und die Jahreszeiten bezieht, nennt man Astronomie.

Und dann sind auch alle Opfer und alles das, worüber die Seherkunst waltet (es betrifft dies den gegenseitigen Verkehr von Göttern und Menschen) zu keinem anderen Zwecke da als zur Bewachung und Heilung des Eros; denn alle Gottlosigkeit kommt gewöhnlich daher, wenn sich jemand nicht dem ordentlichen Eros hingibt und ihm bei allem Tun Ehre und Achtung erweist, sondern dem anderen, und zwar in seinem Verhalten zu den Eltern, mögen sie noch am Leben oder schon gestorben sein, wie zu den Göttern. Da ist es nun also die Aufgabe der Seherkunst, die Eroten zu überwachen und zu heilen; ferner ist sie die Stifterin der Freundschaft zwischen Göttern und Menschen, indem sie sich auf jene Art von Liebesregungen bei den Menschen versteht, die sich auf Recht und Frömmigkeit beziehen.

So viele und so große, ja mehr noch: alle Gewalt überhaupt besitzt der Eros in seiner Gesamtheit; der Eros aber, der sich, bei uns wie bei den Göttern, mit Besonnenheit und Gerechtigkeit am Guten auswirkt, der hat die größte Macht in Händen und bereitet uns jede Glückseligkeit und macht uns fähig, Gemeinschaft und Freundschaft zu pflegen, sowohl unter uns als auch mit denen, die stärker sind als wir, den Göttern. Vielleicht nun, daß auch ich bei meinem Lobe auf den Eros manches auslasse, doch gewiß nicht mit Absicht. Aber wenn ich etwas weggelassen habe, so ist es deine Aufgabe, Aristophanes, das zu ergänzen. Oder hast du die Absicht, den Gott auf irgendeine andere Art zu preisen? So preise ihn nur; denn auch dein Schlucken hat ja nun aufgehört.»

Darauf, erzählte Aristodemos, habe Aristophanes das Wort ergriffen und gesagt: «Gewiß hat er aufgehört, freilich erst, als ich ihm mit dem Niesen zu Leibe gerückt bin, so daß ich mich wundern muß, daß das Geziemende im Leibe nach solchem Geräusch und Kitzel begehrt, wie es das Niesen ist. Denn er hörte sofort auf, als ich das Niesen dagegen anwandte.»

Darauf habe Eryximachos gesagt: «Mein bester Aristophanes, sieh dich vor, was du tust. Du machst Späße, wenn du reden solltest, und zwingst mich, deine Rede zu überwachen, ob du nicht etwas Lächerliches sagst, während du doch in Frieden hättest sprechen können.»

Da habe Aristophanes lachend erwidert: «Du hast recht, Eryximachos, und ich will nichts gesagt haben. Aber erspar mir die Beaufsichtigung; denn bei dem, was ich sagen will, fürchte ich mich nicht davor, daß ich etwas Lächerliches sage (das wäre ja nur ein Gewinn und gehörte in das Gebiet unserer Muse), sondern daß ich etwas Spöttisches sage.»

«Zuerst hast du geschossen, Aristophanes», habe Eryximachos erwidert, «und nun meinst du, du könnest dich aus dem Staube machen. Doch paß nun auf und sprich so, als müßtest du dich verantworten; wenn's mir einfällt, lasse ich dich vielleicht laufen.»

14. «Und nun, Eryximachos», hätte Aristophanes gesagt, «habe ich freilich vor, auf andere Art zu sprechen, als ihr beide, du und Pausanias, gesprochen habt. Habe ich doch den Eindruck, daß die Menschen die Macht des Eros durchaus noch nicht erkannt haben; denn wäre das der Fall, so würden sie ihm die größten Heiligtümer und Altäre errichtet haben und die größten Opfer bringen, nicht so wie jetzt, wo nichts von alledem geschieht, obschon es doch höchst nötig wäre, daß es geschehe. Ist er doch der menschenfreundlichste unter den Göttern, ein Helfer der Menschen und ein Arzt für die Leiden, von denen geheilt zu werden für das Menschengeschlecht größte Glückseligkeit bedeuten würde. Ich will nun versuchen, euch seine Macht vor Augen zu führen, und ihr werdet dann wieder die Lehrer der anderen sein.

Zuerst aber müßt ihr die menschliche Natur und ihre Schicksale kennenlernen; denn unsere Natur war ehemals nicht so wie jetzt, sondern ganz anders. Am Anfang gab es dreierlei Geschlechter von Menschen, nicht nur zwei wie heute, ein männliches und ein weibliches, sondern dazu noch ein drittes, das gemeinsam zu diesen beiden gehörte; sein Name ist noch geblieben, während es selbst verschwunden ist. Das androgyne war dieses eine, das es damals noch gab, und Gestalt und Name waren aus den beiden anderen, dem männlichen und dem weiblichen, zusammengesetzt; jetzt aber besteht es nur noch als Name, und der ist ein Schimpfwort. Ferner war damals die Gestalt eines jeden Menschen völlig gleichmäßig; rundherum gingen Rücken und Seiten im Kreise. Vier Hände hatte er und ebenso viele Beine wie Hände, und auf einem runden Hals zwei Gesichter, beide völlig gleich, und über diesen beiden Gesichtern, die einander abgewandt waren, nur einen Schädel, ferner vier Ohren und doppelte Schamteile und alles übrige so, wie man sich das dementsprechend vorstellen kann. Sein Gang aber war nicht nur aufrecht wie heute, nach Belieben vorwärts oder rückwärts, sondern wenn einer rasch laufen wollte, so machte er es, wie wenn man ein Rad schlägt, indem man die Beine senkrecht in die Luft wirft und sich so im Kreise dreht: so stießen sie mit ihren damaligen acht Gliedmaßen ab und bewegten sich rasch im Kreise. Diese drei Geschlechter gab es aber deshalb, weil das männliche ursprünglich von der Sonne abstammte, das weibliche von der Erde und das, welches an beiden teilhat, vom Monde, da ja auch der Mond an beidem teilhat; und rund waren sie selbst und ihr Gang, weil sie damit ihren Eltern ähnlich waren. Sie zeigten also gewaltige Kraft und Stärke und hatten verwegene Gedanken, nahmen sie es doch sogar mit den Göttern auf, und was Homer von Ephialtes und Otos erzählt, das berichtet man auch von ihnen: daß sie einen Aufstieg zum Himmel unternommen hätten, um die Götter anzugreifen.

15. Zeus und die anderen Götter berieten nun, was man gegen sie unternehmen sollte, und sie wußten keinen Rat; denn sie konnten sie doch nicht einfach umbringen und ihr Geschlecht wie die Giganten mit Blitzen vernichten (damit wären ja auch die Ehrungen und Opfer der Menschen zunichte gemacht worden), noch konnte man sie weiter so freveln lassen. Endlich kam Zeus doch auf einen Gedanken und rief: ‚Ich glaube, ich habe jetzt ein Mittel, wie es weiterhin Menschen geben kann und sie doch mit ihrer Zügellosigkeit aufhören müssen, weil sie dazu zu schwach geworden sind. Denn jetzt', sagte er, ‚will ich einen jeden in zwei Hälften schneiden. So werden sie schwächer sein und gleichzeitig nützlicher für uns, weil sie dann zahlreicher sind. Und sie werden aufrecht auf zwei Beinen gehen. Sollte es aber den Anschein machen, daß sie weiter freveln und keine Ruhe halten wollen, so werde ich sie', sagte er, ‚noch einmal entzweischneiden; dann mögen sie sich auf einem Beine hüpfend fortbewegen.' So sprach er und schnitt die Menschen in zwei Stücke, wie man Arlesbeeren zum Einmachen oder wie man Eier mit einem Haar entzweischneidet. Und jedesmal, wenn er einen zerschnitten hatte, befahl er dem Apollon, sein Gesicht und die Hälfte des Halses nach der Schnittfläche herumzudrehen, damit der Mensch sein Zerschnittensein vor Augen habe und sittsamer werde; und auch das übrige ließ er ihn zuheilen. Dieser also drehte das Gesicht herum, und indem er von allen Seiten die Haut über die Stelle zog, die wir nun den Bauch nennen, band er es – wie bei den zugeschnürten Geldbeuteln – in eine Mündung mitten auf dem Bauche zu dem zusammen, was man als Nabel bezeichnet. Die anderen Runzeln strich er die meisten glatt und bildete die Brust mit einem Werkzeug, wie es etwa die Schuster haben, wenn sie über dem Leisten die Falten des Leders glattstreichen; nur einige wenige ließ er stehen, die um den Bauch und den Nabel, zur Erinnerung an seinen früheren Zustand.

Nachdem nun also seine Gestalt in zwei Stücke geschnitten war, sehnte sich ein jeder nach seiner Hälfte und kam mit ihr zusammen. Und sie umarmten einander und umschlangen sich vor Begierde, wieder zusammenzuwachsen; und sie erlagen dem Hunger und der allgemeinen Untätigkeit, weil der eine nichts ohne den anderen tun wollte. Und jedesmal, wenn eine von den beiden Hälften gestorben war und die andere übrigblieb, so suchte die überlebende eine andere und umschlang sie, mochte sie nun auf die Hälfte eines ganzen Weibes stoßen (also auf das, was wir heute ein Weib nennen) oder auf die eines Mannes. Und so gingen sie zugrunde. Aber Zeus bekam Mitleid mit ihnen und gab ein anderes Mittel: er setzte ihre Geschlechtsteile nach vorn. Bis dahin trugen sie sie nämlich hinten und zeugten und gebaren nicht ineinander, sondern in die Erde wie die Zikaden. Er versetzte sie nun also an ihre vordere Seite und bewirkte dadurch, daß die Zeugung in ihrem Inneren stattfand, durch das Männliche im Weiblichen, deshalb, damit sie in der Umarmung, wenn ein Mann einem Weibe begegnet, zeugen sollten und damit gleichzeitig die Gattung hervorgebracht werde, und falls ein Mann einem Manne begegnet, doch wenigstens Sättigung am Zusammensein entstehe und sie dann wieder aufhören und sich ihrer Arbeit zuwenden und sich um ihr sonstiges Leben kümmern. Es ist nun also seit so langer Zeit die Liebe zueinander den Menschen eingepflanzt; sie führt die ursprüngliche Natur wieder zusammen und versucht, aus zweien eins zu machen und die menschliche Natur zu heilen.

16. Jeder von uns ist also Bruchstück eines Menschen, da wir zerschnitten sind wie die Flundern, aus einem zwei; es sucht denn auch ein jeder immerfort sein anderes Stück. Alle Männer nun, die ein Teilstück jenes Ganzen sind, das damals Mannweib genannt wurde, sind Liebhaber der Weiber, und die meisten Ehebrecher stammen aus diesem Geschlecht; und

andererseits kommen auch die Weiber, welche Männer lieben, und die Ehebrecherinnen aus diesem Geschlecht. Alle Weiber dagegen, die Teilstück eines Weibes sind, richten ihr Sinnen keineswegs auf die Männer, sondern sind mehr den Weibern zugewendet, und aus diesem Geschlecht stammen die Tribaden. Die aber Teilstück eines Mannes sind, die trachten nach dem Männlichen; solange sie Knaben sind, lieben sie – als Teilstücke des Mannes – die Männer und freuen sich, wenn sie bei Männern liegen und sie umarmen können. Und es sind dies die besten unter den Knaben und Jünglingen, da sie die männlichsten sind von Natur; freilich behaupten einige, sie seien schamlos, aber das lügen sie; denn sie tun das nicht aus Schamlosigkeit, sondern aus Mut und Tapferkeit und Mannhaftigkeit und haben das gern, was ihnen ähnlich ist. Dafür zeugt ein großer Beweis: wenn sie völlig erwachsen sind, dann wenden sich einzig Männer dieser Art den Staatsgeschäften zu. Sind sie aber Männer geworden, so lieben sie Knaben und richten ihren Sinn von Natur aus weder auf die Ehe noch auf das Kinderzeugen, sondern lassen sich nur durch das Gesetz dazu nötigen; sie wären es zufrieden, unverehelicht miteinander zu leben. So wird denn so einer ganz und gar ein Liebhaber von Knaben und ein Freund seines Liebhabers und hat allezeit das gern, was ihm verwandt ist.

Wenn nun auch er, der Liebhaber von Knaben oder jeder andere, seiner eigenen Hälfte begegnet, dann werden sie wundersam ergriffen von einem Gefühl der Freundschaft und Zusammengehörigkeit und Liebe, und sie wollen sich sozusagen nicht mehr voneinander trennen, auch nicht für eine kurze Zeit. Und wenn sie dann ihr ganzes Leben miteinander verbunden bleiben, dann könnten sie nicht einmal sagen, was sie voneinander erwarten. Denn es wird kaum jemand glauben, daß es der gemeinsame Liebesgenuß sei, weswegen sich der eine so leidenschaftlich darüber freut, mit dem anderen zusammen zu sein.

Sondern es ist klar, daß die Seele von beiden etwas anderes will, das sie nicht nennen kann, sondern sie ahnt nur, was sie will, und läßt es dunkel erraten. Und wenn nun, während sie beisammen liegen, Hephaistos mit seinen Werkzeugen zu ihnen träte und sie fragte: ‚Was wollt ihr denn eigentlich voneinander, ihr Menschen?' – und wenn sie dann verlegen wären und er sie wiederum fragte: ‚Möchtet ihr etwa das: einander so nah als möglich zu sein, daß ihr Tag und Nacht nicht voneinander ablassen müßt? Wenn ihr das begehrt, so bin ich bereit, euch zusammenzuschmelzen und aneinanderzuschweißen, daß ihr aus zweien einer werdet und, solange ihr lebt, beide gemeinsam als einer lebt und, wenn ihr gestorben seid, auch dort im Hades statt zweien einer seid, in gemeinsamem Tode. So seht denn, ob ihr das wünscht und ob ihr zufrieden seid, wenn ihr das bekommt.' Wenn er das hört, wissen wir, wird keiner ablehnen oder einen anderen Wunsch zu erkennen geben, sondern jeder wäre der festen Meinung, er habe gerade das gehört, wonach er schon längst begehrte, nämlich mit dem Geliebten vereinigt und verschmolzen und aus zweien einer zu werden.

Das hat seine Ursache darin, daß unsere ursprüngliche Natur so war und daß wir einmal ganz waren; von dem Verlangen und dem Streben nach dem Ganzen hat Eros seinen Namen. Und vordem, wie gesagt, waren wir eins; jetzt aber wurden wir, der Ungerechtigkeit wegen, von dem Gotte gespalten, wie die Arkadier von den Lakedaimoniern. Wenn wir nun gegen die Götter nicht sittsam sind, so ist zu befürchten, daß wir noch einmal gespalten werden und dann so herumgehen wie die Reliefs, die, mit zersägten Nasen, auf den Grabstelen eingemeißelt sind, oder wie mitten durchgeschnittene Würfel. Deshalb muß jeder Mann einen jeden ermahnen, die Götter zu fürchten, damit wir dem einen Schicksal entgehen und das andere erlangen, wozu uns Eros Führer und Feldherr sei. Dem soll nun niemand zuwiderhandeln (das tut aber, wer immer sich den Göttern verhaßt macht); wenn wir nämlich ihre Freunde geworden und mit dem Gott versöhnt sind, dann werden wir die uns wesenseigenen Geliebten finden und gewinnen, was von den heutigen nur wenige tun. Und Eryximachos unterstelle mir nun nicht, meine Rede zur Komödie machend, daß ich damit Pausanias und Agathon meine; denn vielleicht gehören auch sie gerade zu diesen und sind beide von männlicher Natur. Ich für mein Teil spreche aber ganz allgemein von den Männern und Weibern, daß nur so unser Geschlecht glückselig werden könne, wenn wir es in der Liebe zur Vollendung bringen und wenn ein jeder seinen wesenseigenen Geliebten gewinnt und so wieder zu seiner ursprünglichen Natur zurückkehrt. Wenn dies aber das beste ist, so muß von dem, was uns jetzt zu Gebote steht, das am besten sein, was diesem am nächsten kommt, und das ist den Geliebten finden, der nach unserem Sinn geartet ist.

Wenn wir nun also den Gott preisen wollen, dem wir das verdanken, so müssen wir gerechterweise den Eros preisen, der uns schon jetzt am meisten Gutes erweist, weil er uns zu dem hinführt, was uns verwandt ist, und der uns für die Zukunft die größten Hoffnungen haben läßt, wenn wir uns nur den Göttern gegenüber fromm erzeigen; dann versetzt er uns in den ursprünglichen Zustand und heilt uns und macht uns damit glücklich und selig.

Dies, Eryximachos», sagte er, «ist meine Rede auf den Eros, von anderer Art als die deine. Doch wie ich dich schon ersucht habe: mache sie nicht zur Komödie; möchten wir doch auch noch hören, was ein jeder von den anderen zu sagen hat, oder besser: jeder von den beiden; denn es bleiben ja nur noch Agathon und Sokrates übrig.»

17. «Nun gut, ich will gehorchen», habe Eryximachos gesagt. «Deine Rede hat mir ja auch ganz gut gefallen, und wenn

ich nicht wüßte, daß Sokrates und Agathon in den Dingen der Liebe sehr bewandert sind, so müßte ich gar wohl befürchten, das Reden bringe sie in Verlegenheit, weil schon so manches und so Verschiedenartiges gesagt wurde. Nun aber bin ich gleichwohl zuversichtlich.»

Nun hätte Sokrates erwidert: «Du selbst hast ja sehr schön abgeschnitten in unserem Wettkampf, Eryximachos. Wenn du aber jetzt an meinem Platze ständest oder vielleicht eher noch dort, wo ich stehen werde, wenn auch noch Agathon eine gute Rede gehalten hat, dann wäre dir gewiß bange, und es würde dir ganz so zumute sein wie jetzt mir.»

«Du willst mich behexen, Sokrates», habe Agathon gerufen, «damit ich in Verwirrung gerate, in der Meinung, das Publikum hege große Erwartungen, daß ich gut sprechen werde.»

«Ich müßte freilich sehr vergeßlich sein, Agathon», habe Sokrates erwidert, «wenn ich angesichts der männlichen Haltung und des Selbstbewußtseins, mit dem du neben deinen Schauspielern auf die Bühne tratest und ein so gewaltiges Publikum, dem du Werke von dir selbst vorführen wolltest, vor dir sahest, ohne auch nur im geringsten befangen zu sein – wenn ich jetzt meinte, du würdest wegen uns paar Männern in Verwirrung geraten.»

«Wie denn, Sokrates», hätte Agathon gesagt, «du glaubst doch nicht, ich habe meinen Kopf so voll vom Theater, daß ich nicht wüßte, wie einem Vernünftigen ein paar wenige kluge Leute viel mehr Angst machen als noch so viele Unwissende?»

«Da täte ich freilich nicht gut daran, Agathon», habe er geantwortet, «wenn ich von dir etwas Unfeines erwartete. Nein, ich weiß bestimmt: wenn du mit Leuten zusammenkämest, die du für kundig hältst, dann wirst du dir mehr aus ihnen machen als aus der Menge; aber wer weiß, ob wir zu diesen gehören? Denn wir waren ja dort auch dabei und gehörten mit zu der Menge. Wenn du aber anderen Kundigen begegnetest, so würdest du dich wohl vor ihnen schämen, wenn du etwa glaubtest, etwas Häßliches zu tun; oder wie meinst du?»

«Du hast recht», habe jener erwidert.

«Vor der Menge aber würdest du dich nicht schämen, wenn du glaubtest, etwas Häßliches zu tun?»

Da habe Phaidros das Wort ergriffen und gesagt: «Lieber Agathon, wenn du dem Sokrates antwortest, dann wird es ihm gar nicht darauf ankommen, wie das alles hier weitergeht, wenn er nur einen hat, mit dem er sich unterreden kann, besonders wenn es ein schöner Jüngling ist. So gern ich aber Sokrates bei seinen Gesprächen zuhöre, so ist es nun doch meine Pflicht, mich um das Lob des Eros zu kümmern und von jedem von euch eine Rede entgegenzunehmen. Wenn ihr also beide dem Gott eure Schuldigkeit getan habt, dann könnt ihr euch so miteinander unterhalten.»

«Ja, du hast recht, Phaidros», habe Agathon erwidert, «und nichts hindert mich zu sprechen. Denn mit Sokrates ein Gespräch zu führen, wird mir auch später noch oft vergönnt sein.

18. So will ich denn zuerst sagen, wie ich zu reden habe, und dann reden. Ich habe nämlich den Eindruck, daß alle meine Vorredner nicht den Gott loben, sondern die Menschen glücklich preisen wegen der Gaben, die sie dem Gott verdanken. Was für einer aber er selbst ist, der das alles geschenkt hat, das hat niemand gesagt. Die einzig richtige Art aber, irgend jemanden zu loben, ist die, daß wir zuerst das Wesen dessen, von dem die Rede ist, darstellen und dann die Dinge, deren Urheber er ist. Demnach ist es recht und billig, daß auch wir den Eros auf diese Weise loben: zuerst sein Wesen und dann seine Gaben.

Ich behaupte nun, unter all den glückseligen Göttern sei Eros (wenn es gestattet und nicht vermessen ist, das zu sagen) der glückseligste; denn er ist der schönste und beste. Der schönste aber ist er, weil so geartet: zuerst ist er der jüngste unter den Göttern, Phaidros. Einen eindrücklichen Beweis für diese Behauptung gibt er uns selbst: die Flucht, mit der er sich dem Alter entzieht, das selbst doch offenbar schnell ist, kommt es doch schneller zu uns als nötig. Gegen das hat also Eros einen natürlichen Haß und nähert sich ihm auch nicht von weitem. Der Jugend aber gesellt er sich bei und ist immer bei ihr. Der alte Satz aber behält recht, daß Gleiches sich immer zu Gleichem geselle. In wie vielem ich sonst dem Phaidros zustimme, darin bin ich nicht mit ihm einverstanden, daß Eros älter sei als Kronos und Iapetos. Ich behaupte im Gegenteil, er sei der Jüngste unter den Göttern und selbst ewig jung. Die alten Göttergeschichten aber, die Hesiod und Parmenides erzählen, sind der Ananke und nicht dem Eros widerfahren, wenn jene überhaupt die Wahrheit gesagt haben. Denn sie hätten einander nicht entmannt und gefesselt und sonst auf mannigfache Weise Gewalt angetan, wenn Eros unter ihnen gewesen wäre, sondern in Frieden und Eintracht gelebt wie jetzt, seitdem Eros über die Götter herrscht.

Er ist also jung, und außer dem, daß er jung ist, ist er zart, und es braucht einen Dichter, wie Homer einer war, um die Zartheit des Gottes darzustellen. Denn Homer erzählt von Ate, sie sei eine Göttin und zart; ihre Füße wenigstens nennt er zart, indem er sagt:

... ihre Füße sind zart; denn nimmer dem Boden
Nahet sie, sondern sie wandelt über den Köpfen der Männer.

Mir scheint, daß er so mit einem schönen Bild ihre Zartheit kennzeichnet, daß sie nicht auf dem harten Boden schreitet, sondern auf etwas Weichem. Denselben Beweis wollen wir denn auch für die Zartheit des Eros anwenden. Denn er schreitet nicht auf der Erde und auch nicht auf den Köpfen, die ja auch nicht besonders weich sind, sondern auf dem Weichsten, das es gibt, wandelt er und wohnt auch dort: in den Gemütern und Seelen von Göttern und Menschen hat er sich seinen Wohnsitz errichtet. Und wiederum nicht ohne Unterschied in allen Seelen; denn wenn er einer begegnet, die von rauher Art ist, wendet er sich weg; wo aber eine weiche ist, da nimmt er seinen Wohnsitz. Weil er nun allezeit, mit seinen Füßen und mit allem anderen, nur das Weichste unter dem Weichen berührt, muß er selbst von außerordentlicher Zartheit sein.

Er ist also der Jüngste und der Zarteste. Und außerdem ist er von geschmeidiger Gestalt. Denn sonst könnte er sich nicht überall anschmiegen und unvermerkt in jede Seele zuerst hineinkommen und sie dann wieder verlassen, wenn er ungelenk wäre. Für seine ebenmäßige und geschmeidige Gestalt haben wir einen eindrücklichen Beweis in seiner Anmut, die Eros nach dem übereinstimmenden Urteil aller in reichem Maße besitzt; denn Häßlichkeit und Eros leben stets auf Kriegsfuß miteinander. Auf die Schönheit seiner Farbe aber weist seine Lebensweise unter Blumen. Wo etwas nicht blüht oder wo es verwelkt, ein Leib oder eine Seele oder sonst etwas, da wohnt Eros nicht darin; wo dagegen ein blütenschöner und wohlduftender Ort ist, da nimmt er bleibenden Wohnsitz.

19. Von der Schönheit des Gottes mag das genügen, und es bleibt auch manches übrig; nun ist aber noch von der Tüchtigkeit des Eros zu sprechen.

Das Größte an Eros ist, daß er kein Unrecht tut und kein Unrecht erleidet, weder von einem Gott noch an einem Gott, weder von einem Menschen noch an einem Menschen. Denn weder widerfährt ihm selbst etwas durch Gewalt, wenn je ihm etwas widerfährt (denn Gewalt berührt den Eros nicht), noch wendet er Gewalt an bei dem, was er tut (denn jedermann leistet dem Eros freiwillig jeden Dienst). Was aber jemand freiwillig einem Freiwilligen zugesteht, das erklären die ‚Könige der Stadt', die Gesetze, für gerecht.

Außer der Gerechtigkeit aber ist ihm höchste Besonnenheit zu eigen. Denn Besonnenheit – darüber ist man sich doch einig – bedeutet nichts anderes als über die Lüste und Begierden zu herrschen. Und keine andere Lust sei stärker als die des Eros. Wenn aber die anderen, als die schwächeren, von Eros beherrscht werden und er die Oberhand hat, dann muß doch Eros, weil er über Lüste und Begierden herrscht, ganz besonders besonnen sein.

In der Tapferkeit aber kann wahrlich nicht einmal Ares mit Eros wetteifern. Denn nicht Ares hält den Eros, sondern Eros hält den Ares gefesselt, der Eros zur Aphrodite nämlich, wie die Sage erzählt. Wer aber jemanden gefangenhält, der ist stärker als der Gefangene. Und wer den Tapfersten unter allen anderen besiegt hält, der muß wohl selbst der Tapferste von allen sein.

Von der Gerechtigkeit, der Besonnenheit und der Tapferkeit des Gottes haben wir nun also gesprochen, und es bleibt noch, von seiner Weisheit zu reden. Soweit das möglich ist, muß ich nun versuchen, auch hier nicht zurückzubleiben. Vor allem nun – damit auch ich unserer Kunst die Ehre erweise, wie Eryximachos der seinen – ist der Gott ein so kundiger Dichter, daß er auch andere dazu macht. Denn jeder, auch ‚wer den Musen vorher fremd war‘, wird ein Dichter, wenn Eros ihn berührt. Und das muß uns zum Zeugnis dienen, daß Eros der große Schöpfer ist, vor allem in jedem Schaffen der Musenkunst. Denn das, was einer nicht hat und nicht weiß, das kann er wohl auch keinem anderen geben und es auch niemanden lehren. Und nun erst die Schöpfung aller lebenden Wesen insgesamt – wer kann da bestreiten, daß es die Weisheit des Eros ist, durch die alle Lebewesen entstehen und geschaffen werden? Von der schöpferischen Tätigkeit in den Künsten aber, da wissen wir doch, daß jeder, der diesen Gott zum Lehrer hat, zu Berühmtheit und Ansehen gelangt, daß aber jeder im Dunkel bleibt, den Eros nicht berührt hat. Die Bogenkunst, die Heilkunst und die Kunst des Sehers hat Apollon erfunden, und Begehren und Liebe haben ihn dabei geleitet. So ist denn auch er ein Schüler des Eros, und ebenso die Musen in der Musenkunst und Hephaistos in der Schmiedekunst und Athene in der Kunst des Webens und Zeus in der Kunst, über Götter und Menschen zu regieren. Daher sind denn auch die Angelegenheiten der Götter ins reine gekommen, als Eros unter sie trat, als Liebe zur Schönheit natürlich; denn mit der Häßlichkeit hat Eros nichts zu schaffen. Vordem aber, wie ich schon am Anfang sagte, soll sich unter den Göttern viel Schreckliches ereignet haben infolge der Herrschaft der Ananke. Als aber dieser Gott geboren wurde, entstand aus der Liebe zum Schönen alles Gute, für Götter und für Menschen.

So glaube ich, Phaidros, daß Eros erstlich in seinem Wesen der Schönste und Beste und im weiteren für die anderen der Spender all dieser Gaben ist. Es kommt mich aber an, in Versen zu sagen: er sei es, der da bewirkt

Frieden unter den Menschen, dem Meere ruhige Glätte,
Stille vom Sturm, und ruhigen Schlaf dem sorgenden Herzen.

Er nimmt uns das Gefühl der Fremdheit und schenkt uns dafür das der Vertrautheit, und wo gemeinsam wir uns auf solchen Wegen finden, da ordnet er unsern Gang: bei Festen, bei Chorreigen und wenn wir Opfer bringen, da ist er unser Führer, Milde uns spendend, das Wilde abwendend, Wohlwollen schenkend, Übelwollen von uns lenkend; gnädig ist er und gut; die Weisen sehen ihn gerne, und die Götter bewundern ihn; neidenswert ist er den Unglücklichen, ein erwünschter Besitz den Glückbegabten; des Wohllebens, der Behaglichkeit, der Üppigkeit, der Anmut, des Sehnens, des Verlangens Vater; besorgt um die Guten, unbesorgt um die Schlechten; in Not und Furcht, beim Verlangen und bei der Rede der beste

Steuermann, Mitkämpfer, Helfer und Retter; aller Götter und Menschen Zier, der schönste und beste Führer, dem jeder Mann mit Lobgesang folgen soll, schön einstimmend in das Lied, das er erklingen läßt, bezaubernd aller Götter und Menschen Gemüt.

Diese Rede, Phaidros», sagte er, «sei von mir dem Gott dargebracht; sie enthält zum Teil Scherz, zum Teil mäßigen Ernst, soweit ich es vermag.»

20. Als Agathon seine Rede beendet hatte, so erzählte Aristodemos, seien alle Anwesenden in Beifall ausgebrochen, wie würdig der Jüngling gesprochen habe, würdig seiner selbst wie auch des Gottes. Nun habe Sokrates den Eryximachos angeschaut und zu ihm gesagt: «Denkst du wohl, Sohn des Akumenos, ich hätte vorhin einer grundlosen Furcht nachgegeben und nicht eher als ein Seher gesprochen, als ich soeben sagte, daß Agathon wunderbar reden, ich dagegen in Verlegenheit geraten werde?»

«Das eine», habe Eryximachos erwidert, «scheinst du mir freilich wie ein Seher vorausgesagt zu haben, daß Agathon gut reden werde; daß du aber in Verlegenheit geraten wirst, das glaube ich dir nicht.»

«Und wie, du Glücklicher», habe Sokrates geantwortet, «soll ich nicht in Verlegenheit geraten, ich so gut wie jeder andere, der sprechen soll, nachdem eine so schöne und vielseitige Rede gehalten worden ist? Wohl war das übrige nicht im selben Maße bewundernswert; aber gegen den Schluß hin – wer wäre da beim Zuhören nicht hingerissen worden durch die Schönheit seiner Worte und Wendungen? Als ich mir bewußt wurde, daß ich selbst niemals imstande bin, auch nur annähernd etwas so Schönes zu sagen, da wäre ich vor Scham beinahe davongelaufen, wenn ich nur irgendwie gekonnt hätte. Denn die Rede erinnerte mich an Gorgias, so daß ich geradezu das erlebte, was Homer erzählt: ich bekam Angst, daß mir

Agathon das Haupt des Gorgias, des gewaltigen Redners, am Schluß seiner Rede gegen meine Rede vorschicken werde und mir dadurch die Sprache raube und mich so zum Steine mache.

Da sah ich denn ein, wie lächerlich es von mir war, als ich euch versprach, ich würde, wenn die Reihe an mir sei, mit euch zusammen den Eros preisen, und als ich behauptete, ich verstünde mich auf die Dinge der Liebe, indes ich nicht einmal wußte, wie man überhaupt das Lob irgendeiner Sache sprechen muß. In meiner Einfalt meinte ich nämlich, man müsse über jedes, was man lobt, die Wahrheit sagen, und das sei die Voraussetzung. Und dann müsse man daraus das Schönste auswählen und es möglichst nett zusammenstellen; und so bildete ich mir recht viel darauf ein, wie gut ich sprechen werde, in der Meinung, ich wüßte Bescheid über die wahre Art, etwas zu loben. Doch war das offenbar gerade nicht das richtige Loben, sondern es kommt vielmehr darauf an, der Sache so Großes und Schönes wie nur möglich beizulegen, gleichviel ob es sich so verhält oder nicht. Wenn es falsch ist, so macht es auch nichts aus. Denn offenbar hatte man vorher verabredet, daß sich jeder von uns nur den Anschein geben solle, den Eros zu preisen, nicht daß er ihn wirklich preise. Darum, glaube ich, setzt ihr alle Gründe in Bewegung und legt sie dem Eros bei und behauptet, er sei so oder so beschaffen und so vieler Dinge Urheber, damit er möglichst schön und gut erscheint, das heißt für die, welche ihn nicht kennen, aber wohl kaum für die, die ihn kennen, und so wird die Lobrede schön und erhaben. Ich verstand mich aber eben nicht auf diese Art des Lobens, und weil ich nichts davon verstand, habe ich euch die Zusage gegeben, daß ich, wenn die Reihe an mir sei, selbst auch eine Lobrede halten werde; die Zunge nun hat es versprochen, nicht aber das Herz. Lassen wir es also bleiben! Denn auf diese Art will ich nicht noch eine Lobrede halten; ich könnte es auch gar nicht. Wenn ihr aber einverstanden seid, will ich die Wahrheit sagen, auf meine Art und nicht so, wie eure Reden waren, damit ich mich nicht lächerlich mache. Sieh nun zu, Phaidros, ob du auch eine solche Rede brauchen kannst, bei der du über den Eros die Wahrheit zu hören bekommst, in den Ausdrücken und Wendungen jedoch so, wie es mir gerade einfällt.»

Phaidros und auch die andern, sagte er, hätten ihn nun reden heißen, und zwar so, wie er meine, daß man reden müsse.

«Noch etwas, Phaidros», habe Sokrates gesagt; «erlaube mir, daß ich Agathon noch einige kleine Fragen stelle, damit ich mich zuerst mit ihm ins Einvernehmen setze, bevor ich rede.»

«Natürlich erlaube ich das», habe Phaidros erwidert, «frage nur!»

Auf das hin, erzählte Aristodemos, habe Sokrates etwa folgendermaßen begonnen:

21. «Ich hatte in der Tat den Eindruck, Agathon, du habest deine Rede schön angefangen, als du sagtest, man müsse zuerst zeigen, wie beschaffen Eros selbst ist, und dann erst seine Werke darstellen; dieser Anfang gefällt mir sehr. So sage mir denn, nachdem du das Wesen des Eros im übrigen so prächtig geschildert hast, auch das noch von ihm: ist der Eros so beschaffen, daß er Liebe ist zu irgend jemand oder zu niemand? Ich frage nicht, ob er die Liebe einer Mutter oder eines Vaters ist (das wäre doch eine lächerliche Frage, ob der Eros Liebe einer Mutter oder eines Vaters sei), sondern wie wenn ich in bezug auf eben dieses Wort ‚Vater' die Frage stellte: Ist denn der Vater Vater von irgend jemandem oder nicht? Wenn du da richtig antworten wolltest, würdest du mir wohl sagen, der Vater sei doch Vater eines Sohnes oder einer Tochter, oder nicht?»

«Ja, gewiß», sagte Agathon.

«Und mit der Mutter ist es doch ebenso?»

Auch das gab er zu.

«So fahre noch ein wenig fort mit Antworten», habe Sokrates gesagt, «damit du besser begreifst, was ich will. Wenn ich dich fragte: Wie steht es aber mit dem Bruder: ist er das, was er ist, nämlich ein Bruder – ist er das von jemandem oder nicht?»

«Das ist er», habe er gesagt.

«Doch wohl von einem Bruder oder einer Schwester?»

«Ja.»

«So versuche denn», habe er gesagt, «dasselbe auch vom Eros zu sagen: Ist der Eros Liebe zu nichts oder zu etwas?»

«Gewiß ist er's zu etwas.»

«Behalte das vorläufig für dich, zu wem», habe Sokrates gesagt. «Aber so viel sage uns: begehrt der Eros nach dem, dessen Liebe er ist, oder nicht?»

«Gewiß», habe er erwidert.

«Besitzt er denn das, wonach er begehrt und was er liebt, und begehrt und liebt es dann trotzdem, oder besitzt er es nicht?»

«Vermutlich besitzt er es nicht», habe er erwidert.

«So sieh denn», habe Sokrates gesagt, «ob es statt ‚vermutlich' nicht notwendig so ist, daß das Begehrende das begehrt, wessen es bedarf, und daß es nicht begehrt, wenn es nicht bedürftig ist. Mir wenigstens scheint das völlig selbstverständlich, Agathon; und dir?»

«Auch mir», habe dieser erwidert.

«Du hast recht. Oder möchte etwa einer, der schon groß ist, groß sein? Oder ein Starker stark?»

«Unmöglich nach dem, was wir zugegeben haben.»

«Denn es bedarf doch niemand dessen, was er schon ist.»

«Du hast recht.»

«Denn», habe Sokrates gesagt, «wenn einer, der stark ist, stark sein wollte, und wer schnell ist, schnell, und wer gesund ist, gesund ... (denn vielleicht könnte man ja auch bei all diesen Dingen meinen, daß auch diejenigen, die schon so sind und es schon besitzen, das noch begehren, was sie bereits haben: damit wir uns da nicht irren, deshalb sage ich das) – wenn du dir das überlegst, Agathon, so müssen diese doch gegenwärtig alle diese Dinge besitzen, die sie besitzen, ob sie es nun wollen oder nicht. Wer aber möchte denn so etwas noch begehren? Nein, wenn jemand behauptet: ich bin zwar gesund, will aber doch auch gesund sein, oder ich bin reich, will aber auch reich sein, und ich begehre das, was ich schon besitze – dann würden wir ihm sagen: Du, Mensch, der du Reichtum und Gesundheit und Kraft besitzest, willst das auch für die Zukunft besitzen; denn gegenwärtig hast du es ja, ob du willst oder nicht. Wenn du nun erklärst: Ich begehre etwas von dem Gegenwärtigen, so sieh zu, ob du damit nicht das sagen willst: ich möchte, daß mir das, was ich gegenwärtig besitze, auch in der kommenden Zeit zur Verfügung steht. Das müßte er dann doch wohl zugeben?»

Dem habe Agathon zugestimmt. So fuhr denn Sokrates fort: «Das bedeutet aber doch, daß man das liebt, was einem noch nicht zur Hand ist und was man noch nicht besitzt, wenn man wünscht, daß einem diese Dinge auch für die Zukunft erhalten und gegenwärtig bleiben?»

«Ja, gewiß.»

«Dieser und jeder andere Begehrende verlangt also nach dem, was ihm nicht zur Hand und nicht gegenwärtig ist. Und was er nicht hat und was er selbst nicht ist und wessen er bedarf – das sind die Dinge, auf die sich die Begierde und der Eros richten.»

«Ja, gewiß», habe er geantwortet.

«Einigen wir uns also noch einmal über das Gesagte», hätte Sokrates fortgefahren. «Der Eros ist also erstens etwas, das sich auf etwas richtet, und zweitens richtet er sich auf Dinge, wonach er ein Bedürfnis hat.»

«Ja», habe er erwidert.

«Erinnere dich nun, von welchen Dingen du in deiner Rede gesagt hast, daß sich der Eros nach ihnen richtet. Oder wenn es dir lieber ist, will ich sie dir ins Gedächtnis zurückrufen. Ich glaube, du hast das etwa so gesagt: die Angelegenheiten der Götter seien in Ordnung gebracht worden durch die Liebe zum Schönen; denn zum Häßlichen gebe es keine Liebe. Hast du dich nicht ungefähr so ausgedrückt?»

«Ja, das sagte ich», habe Agathon erwidert.

«Das ist gerade die Aussage, die wir brauchen, mein Freund», habe Sokrates gesagt. «Und wenn dem so ist, dann wäre also der Eros die Liebe zur Schönheit und nicht zur Häßlichkeit?»

Das gab er zu.

«Nun sind wir aber doch übereingekommen, daß man das liebt, dessen man bedürftig ist und das man nicht besitzt?»

«Ja», habe er gesagt.

«Also ist der Eros der Schönheit bedürftig und besitzt sie nicht.»

«Notwendig», habe er erwidert.

«Was nun aber der Schönheit bedürftig ist und was die Schönheit durchaus nicht besitzt – kannst du von dem sagen, es sei schön?»

«Gewiß nicht.»

«Behauptest du also noch immer, daß Eros schön sei, wenn sich das so verhält?»

Da habe Agathon gesagt: «Sokrates, ich habe wohl von dem, was ich vorhin sagte, nichts verstanden.»

«Und doch hast du eine schöne Rede gehalten, Agathon», erwiderte Sokrates. «Doch beantworte mir noch eine kleine Frage: glaubst du nicht, daß das Gute auch schön ist?»

«Doch.»

«Wenn aber nun der Eros des Schönen bedürftig ist und

das Gute schön ist, so muß er doch auch des Guten bedürftig sein.»

«Ich kann dir nicht widersprechen, Sokrates», habe er erwidert. «Sei es also so, wie du sagst.»

«Nein, lieber Agathon», sagte Sokrates, «der Wahrheit kannst du nicht widersprechen; dem Sokrates zu widersprechen böte gar keine Schwierigkeit.

22. Doch jetzt will ich dich in Ruhe lassen. Die Rede über den Eros aber, die ich einstmals von einer Frau aus Mantineia, von Diotima, gehört habe, die in diesen Dingen und in vielem anderen weise war und den Athenern durch ein Opfer vor einer Pest einst zehn Jahre Aufschub der Krankheit verschaffte und die auch mich in den Dingen der Liebe unterrichtet hat – die Rede also, die sie gehalten hat, will ich wiederzugeben versuchen, von dem ausgehend, worüber ich mich mit Agathon geeinigt habe, aber nun doch für mich allein, so gut ich es vermag. Wie du erklärt hast, Agathon, muß ich also zuerst darlegen, wer Eros und von welcher Art er ist, und anschließend erst seine Werke. Es scheint mir nun, dies sei am leichtesten so zu behandeln, wie es damals die Fremde tat, indem sie auf meine Fragen antwortete. Auch ich sagte nämlich beinahe dasselbe zu ihr wie nunmehr Agathon zu mir: Eros sei ein großer Gott und er richte sich auf das Schöne. Sie überführte mich aber mit denselben Worten wie ich ihn hier: daß er nach meiner eigenen Aussage weder schön sei noch gut.

‚Wie meinst du das, Diotima', erwiderte ich. ‚Ist demnach Eros häßlich und schlecht?'

‚Willst du wohl nicht lästern!' rief sie. ‚Oder meinst du, was nicht schön sei, das müsse notwendig häßlich sein?'

‚Ganz gewiß.'

‚Und also auch unwissend, was nicht weise ist? Oder hast du nicht gemerkt, daß es ein Mittleres zwischen Weisheit und Unwissenheit gibt?'

‚Was ist das?‘

‚Das Meinen des Richtigen, ohne Rechenschaft darüber geben zu können. Weißt du nicht‘, sagte sie, ‚daß das weder ein Wissen ist (denn wie könnte etwas, für das man keine Gründe anzugeben weiß, ein Wissen sein?) noch Unwissenheit (denn wie wäre das Unwissenheit, was doch das Seiende trifft?). Also ist offenbar die richtige Meinung so ein Mittleres zwischen Einsicht und Unwissenheit.‘

‚Du hast recht‘, sagte ich.

‚Behaupte also nicht mit aller Gewalt, daß das, was nicht schön ist, häßlich sei, und was nicht gut ist, schlecht. Und ebenso mit dem Eros: nachdem du nun selber zugibst, daß er weder gut noch schön ist, so glaube trotzdem nicht, daß er häßlich und schlecht sein muß, sondern etwas zwischen diesen beiden‘, sagte sie.

‚Und doch‘, erwiderte ich, ‚sind sich alle darüber einig, daß er ein großer Gott ist.‘

‚Meinst du alle Unwissenden‘, erwiderte sie, ‚oder auch die Wissenden?‘

‚Alle zusammen doch.‘

Da lachte sie und sagte: ‚Sokrates, wie könnte er denn von denen als großer Gott anerkannt werden, die behaupten, daß er nicht einmal ein Gott sei?‘

‚Wer sind denn die?‘ fragte ich.

‚Einer bist du‘, erwiderte sie, ‚und eine bin ich.‘

Da sagte ich: ‚Wie meinst du das?‘

‚Das ist ganz leicht‘, versetzte sie. ‚Sage mir doch: behauptest du nicht, daß alle Götter selig und schön seien? Oder möchtest du es wagen, einen von den Göttern nicht schön und selig zu nennen?‘

‚Ich gewiß nicht, beim Zeus‘, erwiderte ich.

‚Du nennst aber doch diejenigen glücklich, die das Gute und das Schöne besitzen?‘

‚Ja, gewiß.'

‚Du hast aber doch zugegeben, daß Eros aus Mangel an dem Guten und Schönen eben nach dem begehrt, dessen er bedarf.'

‚Ja, das habe ich zugegeben.'

‚Wie sollte er also nun ein Gott sein, der er doch am Guten und Schönen keinen Anteil hat?'

‚Auf keinen Fall, wie mir scheint.'

‚Du siehst also', sagte sie, ‚daß auch du den Eros nicht für einen Gott hältst.'

23. ‚Was mag denn also der Eros sein?' fragte ich. ‚Etwa ein Sterblicher?'

‚Das am allerwenigsten.'

‚Aber was denn?'

‚So wie vorhin', sagte sie: ‚ein Mittleres zwischen sterblich und unsterblich.'

‚Was denn, Diotima?'

‚Ein großer Daimon, Sokrates; denn alles Daimonische steht in der Mitte zwischen Gott und Sterblichem.'

‚Und was für eine Bedeutung hat es?' fragte ich weiter.

‚Es verdolmetscht und überbringt den Göttern, was von den Menschen kommt, und den Menschen, was von den Göttern kommt: von den einen die Gebete und Opfer, von den anderen die Befehle und die Vergeltung für die Opfer. Es steht in der Mitte zwischen beiden und füllt die Kluft aus, so daß das All in sich verbunden ist. Durch dieses Daimonische geht auch alle Mantik und die Kunst der Priester, die sich auf die Opfer und Weihen und Beschwörungen und auf alle Wahrsagung und Zauberei verstehen. Ein Gott aber verkehrt nicht mit einem Menschen, sondern durch dieses Daimonische geschieht aller Umgang und alle Zwiesprache zwischen Göttern und Menschen, im Wachen wie im Schlafen. Und wer sich darauf versteht, der ist ein daimonischer Mann; wer aber sonst auf einem Gebiet Bescheid weiß, in irgendwelchen Künsten oder

Handwerken, der ist ein gewöhnlicher Mann. Diese Daimonen aber sind zahlreich und mannigfaltig, und einer von ihnen ist der Eros.‘

‚Von welchem Vater aber‘, fragte ich, ‚und von welcher Mutter stammt er?‘

‚Das ist zwar etwas weitläufiger zu erzählen‘, sagte sie; ‚ich will es dir aber doch sagen. Als nämlich Aphrodite geboren wurde, hielten die Götter ein Mahl; unter ihnen war auch Poros, der Sohn der Klugheit. Als sie nun gespeist hatten, erschien die Armut, um zu betteln, da es doch ein Festmahl war, und stand an der Türe. Da ging Poros, berauscht vom Nektar (es gab ja damals noch keinen Wein), in den Garten des Zeus und fiel in einen schweren Schlaf. Die Armut faßte nun in ihrer Ratlosigkeit den Plan, mit Poros ein Kind zu erzeugen; sie legte sich zu ihm und empfing den Eros. Deshalb ist auch Eros ein Begleiter und Diener der Aphrodite geworden, weil er an ihrem Geburtstage gezeugt und gleichzeitig von Natur ein Liebhaber des Schönen ist und weil auch Aphrodite schön ist.

Und weil Eros der Sohn des Poros und der Armut ist, befindet er sich nun auch in folgender Lage. Erstlich ist er allezeit arm und bei weitem nicht so zart und schön, wie die meisten Leute glauben, sondern herb, rauh, unbeschuht und ohne Haus, da er stets auf der Erde und ohne Decken liegt und vor Türen und auf Wegen unter freiem Himmel schläft und, der Natur seiner Mutter gemäß, immer der Dürftigkeit Genosse ist. Nach der Art seines Vaters dagegen stellt er allem Schönen und Guten nach, ist tapfer, draufgängerisch und energisch, ein gewaltiger Jäger, der stets irgendwelche Ränke schmiedet, begierig nach Einsicht und gewandt, sein ganzes Leben hindurch philosophierend, ein gewaltiger Zauberer und Hexenmeister und Sophist. Er ist weder wie ein Unsterblicher veranlagt noch wie ein Sterblicher, sondern bald blüht und lebt er an ein und demselben Tag, wenn alles gut geht, bald stirbt er dahin und lebt wieder auf, gemäß der Natur seines Vaters. Das Erworbene aber zerrinnt immer wieder, so daß Eros weder Mangel leidet noch jemals reich ist.

Und auch zwischen Weisheit und Unwissenheit steht er in der Mitte. Damit verhält es sich nämlich so: kein einziger von den Göttern philosophiert oder begehrt, weise zu werden (denn er ist es schon), und auch wer sonst weise ist, der philosophiert nicht. Die Unwissenden hinwiederum philosophieren auch nicht, noch begehren sie, weise zu werden. Denn das ist ja gerade das Schlimme an der Unwissenheit, daß man weder edel noch verständig und dabei doch der Meinung ist, man könne sich selbst genügen. Wer also nicht glaubt, bedürftig zu sein, der begehrt auch nicht nach dem, dessen er nicht zu bedürfen glaubt.‘

‚Wer, Diotima, sind nun die Weisheitsliebenden‘, fragte ich, ‚wenn es weder die Weisen noch die Unwissenden sind?‘

‚Das muß doch schon jedem Kinde klar sein‘, erwiderte sie, ‚daß die es sind, die in der Mitte zwischen den beiden stehen und zu denen wohl auch Eros zählt. Denn zu den schönsten Dingen gehört doch die Weisheit, und Eros ist Liebe zum Schönen; so muß also notwendig Eros weisheitsliebend sein. Indem er aber das ist, steht er in der Mitte zwischen dem Weisen und dem Unwissenden. Auch daran ist seine Herkunft schuld, stammt er doch von einem weisen und klugen Vater, aber von einer unweisen und unklugen Mutter. Gerade das ist nun aber die Natur des Daimons, Sokrates. Mit deiner Meinung über den Eros ist dir aber gar nichts Verwunderliches widerfahren. Du glaubtest, wie ich offenbar aus deinen Worten schließen kann, das Geliebte sei Eros, nicht das Liebende. Aus diesem Grunde, glaube ich, erschien dir Eros völlig schön. Denn das Liebenswerte ist auch das wirklich Schöne und Zarte und Vollkommene und Preiswürdige; das Liebende aber hat eine andere Gestalt, so eine, wie ich sie beschrieben habe.‘

24. Da sagte ich: ‚Gut denn, fremde Frau, du hast recht. Wenn nun Eros so beschaffen ist, welche Bedeutung hat er dann für die Menschen?'

‚Das will ich dich eben zu lehren versuchen, Sokrates', sagte sie. ‚So beschaffen also und so entstanden ist Eros, und er richtet sich nach dem Schönen. Wenn uns nun jemand fragte: Was bedeutet denn ‚Liebe zum Schönen', Sokrates und Diotima? Oder noch deutlicher so: Inwiefern liebt der Liebende das Schöne?'

‚Daß es ihm zuteil werde', erwiderte ich.

‚Diese Antwort', fuhr sie fort, ‚ruft aber noch nach einer weiteren Frage, nämlich: Was geschieht dem, welchem das Schöne zuteil wird?'

Ich erklärte, daß ich auf diese Frage keine Antwort mehr zur Hand habe.

Sie erwiderte: ‚Wenn aber zum Beispiel jemand die Begriffe vertauschte und statt dem ‚Schönen' das ‚Gute' einsetzte und dann die Frage stellte: Nun, Sokrates, inwiefern liebt der Liebende das Gute?'

‚Daß es ihm zuteil werde', sagte ich.

‚Und was geschieht dem, welchem das Gute zuteil wird?'

‚Da fällt mir die Antwort leichter', sagte ich. ‚Er wird selig sein.'

‚Durch den Besitz der Güter nämlich', fuhr sie fort, ‚sind die Seligen selig. Und hier braucht man nun nicht mehr weiter zu fragen, warum jemand selig sein will, wenn er es will, sondern das Fragen ist hier offenbar am Ende angelangt.'

‚Du hast recht', erwiderte ich.

‚Dieser Wille nun und diese Liebe – glaubst du, sie seien allen Menschen gemeinsam und alle wünschen, die Güter immer zu besitzen – oder wie meinst du?'

‚Ja, gerade so', erwiderte ich, ‚das ist allen gemeinsam.'

‚Warum aber, Sokrates', fuhr sie fort, ‚sagen wir denn nicht, daß alle lieben, wenn doch alle nach demselben trachten und allezeit, sondern sagen nur von den einen, daß sie lieben, von den anderen aber nicht?'

‚Darüber wundere ich mich selbst auch', erwiderte ich.

‚Nein, wundere dich nur nicht', sagte sie. ‚Wir nehmen eben eine bestimmte Art des Liebens heraus und nennen es Eros, indem wir ihm den Namen des Ganzen zulegen; für die übrigen Arten aber verwenden wir andere Bezeichnungen.'

‚Zum Beispiel?' fragte ich.

‚Wie das folgende: du weißt doch, daß «Schaffen» («Dichten») vielerlei bedeutet. Denn dafür, daß irgend etwas aus dem Nichtseienden in das Seiende übergeht, dafür ist insgesamt das Schaffen (Dichten) der Grund, und so sind auch die Werke in allen Künsten ein Schaffen (Dichten), und alle Meister sind Schöpfer (Dichter).'

‚Du hast recht.'

‚Und doch weißt du', fuhr sie fort, ‚daß man sie nicht Dichter nennt, sondern daß sie andere Namen tragen. Von dem Gesamtbegriff des Schaffens (Dichtens) hat man nämlich den einen Teil abgesondert, der sich auf die Tonkunst und die Versmaße bezieht, und dem legt man nun den Namen des Ganzen bei. Denn nur das nennt man Dichtung, und wer diesen Teil des Schaffens innehat, wird als Dichter bezeichnet.'

‚Du hast recht', sagte ich.

‚Ebenso ist es nun auch mit dem Eros. Im ganzen genommen ist das gesamte Verlangen nach den Gütern und dem Seligsein für einen jeden der größte und listenreiche Eros. Doch von den einen, die sich ihm sonst auf alle mögliche Art zuwenden, sei es zum Gelderwerb oder zur Freude an den Leibesübungen oder zur Philosophie, von diesen sagt man nicht, daß sie liebten oder Liebhaber seien. Die anderen aber, die nur auf eine bestimmte Art ausgehen und ihr nachstreben, erhalten den Namen des Ganzen: da spricht man von Liebe und vom Lieben und von Liebhabern.'

‚Du hast wohl recht', erwiderte ich.

‚Und nun geht ja freilich die Rede', sagte sie, ‚daß diejenigen lieben, die nach ihrer Hälfte suchen. Nach meiner Rede aber geht der Eros weder auf ein Halbes noch auf ein Ganzes, wenn es nicht zugleich ein Gutes ist, mein Freund. Lassen sich doch die Menschen ihre eigenen Füße und Hände abhauen, wenn diese, obgleich sie zu ihnen gehören, schlecht scheinen. Nicht das Eigene, glaube ich, bejaht ein jeder, falls man nicht das Gute als zugehörig und sein eigen und das Schlechte als fremd bezeichnet. So daß das, was die Menschen lieben, nichts anderes ist als das Gute. Oder glaubst du etwa doch?'

‚Nein, beim Zeus, ich gewiß nicht', erwiderte ich.

‚So können wir also schlechthin sagen', fuhr sie fort, ‚daß die Menschen das Gute lieben?'

‚Ja', erwiderte ich.

‚Müssen wir aber nicht hinzufügen', sagte sie, ‚daß sie verlangen, daß das Gute ihnen auch gehört?'

‚Ja, das müssen wir.'

‚Und weiter', sagte sie, ‚daß es ihnen nicht nur gehört, sondern auch für immer gehört?'

‚Auch das müssen wir hinzufügen.'

‚Der Eros', sagte sie, ‚geht also, mit einem Wort, darauf aus, daß einem das Gute für immer gehören soll?'

‚Du hast vollkommen recht', erwiderte ich.

25. ‚Wenn also darauf der Eros ausgeht', fuhr sie fort, ‚bei welcher Art, es zu verfolgen, und bei welchem Tun kann man dann diesen Eifer und diese Anstrengung als Eros bezeichnen? Kannst du mir sagen, was das für ein Werk ist?'

‚Dann würde ich ja nicht dich, Diotima, um deine Weisheit bewundern', sagte ich, ‚und zu dir kommen, um gerade das zu lernen.'

‚So will ich es dir sagen', erwiderte sie. ‚Es ist dies die Zeugung im Schönen, sowohl nach dem Leibe als nach der Seele.'

‚Der Seherkunst bedarf das, was du da sagst‘, erwiderte ich, ‚und ich verstehe es nicht.‘

‚So will ich denn deutlicher sprechen‘, sagte sie. ‚Alle Menschen möchten nämlich Frucht tragen, Sokrates, an Leib und Seele, und wenn sie in eine gewisse Reife gekommen sind, dann verlangt unsere Natur zu zeugen. Im Häßlichen zu zeugen vermag sie aber nicht, sondern nur im Schönen. (Denn des Mannes und Weibes Vereinigung bedeutet Zeugung.) Es ist dies aber eine göttliche Sache, und auch im sonst sterblichen Lebewesen ist dies als etwas Unsterbliches enthalten, das Zeugen und das Gebären. Das kann aber unmöglich im Ungemäßen geschehen; ungemäß aber ist für jedes Göttliche das Häßliche, das Schöne dagegen ist ihm gemäß. Schicksalsmacht und Geburtshelferin ist also für die Fortpflanzung die Göttin der Schönheit. Wenn sich daher das Zeugungsbereite dem Schönen nähert, so wird es froh und von Freude durchströmt und zeugt und pflanzt sich fort. Nähert es sich aber dem Häßlichen, so zieht es sich finster und betrübt in sich zusammen, wendet sich ab, schrumpft ein und zeugt nicht, sondern hält seine Fülle zurück und trägt sie als schwere Last. Daher kommt also für den Zeugungsbereiten und Schwellenden die große Neigung zum Schönen. Denn der Eros, Sokrates‘, sagte sie, ‚richtet sich nicht eigentlich auf das Schöne, wie du meinst.‘

‚Sondern worauf denn?‘

‚Auf die Fortpflanzung und die Zeugung im Schönen.‘

‚Das mag sein‘, erwiderte ich.

‚Ja, gewiß‘, sagte sie. ‚Wieso nun aber auf die Fortpflanzung? Weil die Fortpflanzung etwas Immerwährendes und Unsterbliches ist, soweit das im Sterblichen sein kann. Nach der Unsterblichkeit aber muß man mit dem Guten streben, wie sich aus dem ergibt, was wir zusammen festgestellt haben, wenn wirklich der Eros darauf ausgeht, daß einem das Gute für immer gehören soll. Aus diesem Satz ergibt sich also die Notwendigkeit, daß der Eros auch auf die Unsterblichkeit ausgeht.‘

26. Alles das lehrte sie mich, wenn sie über die Dinge der Liebe sprach, und einmal stellte sie mir die Frage: ‚Was meinst du, Sokrates, ist die Ursache dieses Eros und der Begierde? Oder merkst du nicht, in welch unheimlichem Zustand alle Tiere sind, wenn sie zeugen wollen, die auf der Erde ebenso wie die Vögel, wie sie alle krank und verliebt sind, zunächst auf ihre Begattung hin, und dann bei der Ernährung der Jungen, und wie sie da bereit sind, für sie zu kämpfen, sogar die Schwächsten gegen die Stärksten, und für sie zu sterben, und wie sie sich selbst vom Hunger quälen lassen, um sie zu ernähren, und sonst alles Mögliche tun. Bei den Menschen‘, sagte sie, ‚wird man ja annehmen können, daß sie aus Überlegung so handeln. Aus welchem Grunde aber zeigen sich die Tiere so verliebt – kannst du mir das sagen?‘

Ich versetzte wiederum, ich wüßte es nicht. Sie aber fuhr fort: ‚Und da gedenkst du nun in den Dingen der Liebe tüchtig zu werden, wenn du das nicht verstehst?‘

‚Gerade aus diesem Grunde, Diotima, wie ich ja eben schon sagte, komme ich zu dir, weil ich weiß, daß ich Lehrer brauche. So gib mir auch davon den Grund an, gleich wie von allem anderen, was den Eros betrifft.‘

‚Wenn du also glaubst‘, sagte sie, ‚daß der Eros von Natur auf das ausgeht, worüber wir uns nun schon wiederholt geeinigt haben, so wundere dich weiter nicht. Denn hier wie dort sucht die sterbliche Natur, nach Möglichkeit ewig und unsterblich zu sein. Sie kann das aber allein auf die Weise, durch die Fortpflanzung, daß sie stets ein Junges an Stelle des Alten hinterläßt. Denn auch hier sagt man von jedem Lebewesen, es lebe und sei dasselbe, wie denn jemand von Kindheit an denselben Namen trägt, bis er ein Greis geworden ist. Wird dieser doch derselbe genannt, obwohl er niemals dasselbe in sich hat, sondern stets neu wird und anderes dafür verliert, an seinen Haaren ebenso wie am Fleisch und an den Knochen und am ganzen Leibe.

Und nicht nur an seinem Leibe, sondern auch an seiner Seele: die Gewöhnungen, Charaktereigenschaften, Meinungen, Begierden, Freuden, Schmerzen und Ängste – das alles ist bei einem jeden Menschen niemals gleich, sondern das eine wird, das andere vergeht. Und noch viel sonderbarer ist es, daß auch unser Wissen bald entsteht und bald wieder vergeht und daß wir auch in bezug auf das Wissen niemals dieselben sind, sondern daß jedes einzelne Wissen dasselbe erleidet. Denn was man «Übung» nennt, das setzt voraus, daß uns das Wissen entschwinden kann; denn das Vergessen ist das Entschwinden des Wissens, die Übung dagegen rettet das Wissen, indem es ein neues Gedächtnis an Stelle des entschwindenden einpflanzt, so daß der Eindruck entsteht, es sei dasselbe. Denn auf diese Weise wird jegliches Sterbliche gerettet, nicht dadurch, daß es schlechthin immer dasselbe ist wie das Göttliche, sondern dadurch, daß das, was entschwindet und alt wird, wieder ein Junges von derselben Art hinterläßt, wie es selbst war. Durch dieses Mittel, Sokrates', sagte sie, ‚hat Sterbliches an der Unsterblichkeit teil, der Leib ebenso wie alles andere; beim Unsterblichen aber geschieht das auf andere Art. Wundere dich also nicht, wenn ein jegliches von Natur aus das wert hält, was von ihm abstammt; denn um der Unsterblichkeit willen steht einem jeden dieser Eifer und diese Liebe zur Seite.'

27. Als ich diese Rede hörte, geriet ich in Staunen und sagte: ‚Wohl denn, hochweise Diotima du: verhält sich das in der Tat so?'

Da antwortete sie wie die vollendeten Sophisten: ‚Darauf kannst du dich verlassen, Sokrates. Denn auch wenn du auf die Ehrliebe der Menschen schauen willst, könntest du dich über ihre Unvernünftigkeit wundern, wenn du nicht das bedenkst, was ich gesagt habe, und dir bewußt bist, wie unheimlich sie durch den Eros dazu gestimmt sind, namhaft zu werden und unsterblichen Ruhm für ewige Zeit zu gewinnen. Und dafür sind sie bereit, alle Gefahren auf sich zu nehmen, noch mehr als für die Kinder, und ihr Vermögen aufzuwenden und jedwede Mühe zu ertragen, ja sogar dafür zu sterben. Denn meinst du', sagte sie, ,Alkestis wäre wohl für Admetos gestorben oder Achilleus dem Patroklos nachgestorben oder euer Kodros für die Königsherrschaft seiner Söhne vorweggestorben, wenn sie nicht geglaubt hätten, daß um ihrer Tüchtigkeit willen ein unsterbliches Gedächtnis an sie bleiben werde, wie wir es ja jetzt auch bewahren. Weit gefehlt', sagte sie. ,Vielmehr glaube ich, daß alle um der unsterblichen Tüchtigkeit und um eines solch rühmlichen Rufes willen alles tun – je besser sie sind, desto mehr. Denn ihre Liebe gilt dem Unsterblichen.'

,Die nun vom leiblichen Zeugungsdrang erfüllt sind', fuhr sie fort, ,wenden sich mehr den Weibern zu, und hierauf richtet sich ihr Liebestrieb, daß sie, indem sie Kinder zeugen, nach ihrer Meinung für sich selbst Unsterblichkeit und Gedächtnis und Seligkeit für alle kommende Zeit erwerben. Die aber in der Seele zeugungsbereit sind – es gibt nämlich solche', sagte sie, ,die mehr noch in den Seelen als in den Leibern zeugen wollen, nämlich das, was der Seele zu zeugen und zu gebären gemäß ist. Was aber ist ihr gemäß? Einsicht und die übrige Tüchtigkeit. Zu deren Erzeugern zählen doch auch die Dichter alle und von den Handwerkern alle die, welche man als Erfinder bezeichnet. Weitaus die größte und schönste Einsicht aber', sagte sie, ,ist die, welche die Verwaltung der Städte und Hauswesen betrifft, die man bekanntlich Zucht und Gerechtigkeit nennt. Wer nun mit diesen, als ein Mensch von göttlicher Art, schon von Jugend auf in seiner Seele erfüllt ist und dann, wenn seine Reife kommt, zu zeugen und fortzupflanzen begehrt, der geht dann auch, denke ich, umher und sucht das Schöne, in dem er zeugen könnte; denn im Häßlichen wird er niemals zeugen. An den schönen Leibern hat er also mehr Freude als an den häßlichen, da er ja zeugen möchte. Und wenn er dann einer schönen, edlen und wohlgeratenen Seele begegnet, dann hat er an beidem zusammen große Freude, und sogleich und mit Leichtigkeit findet er diesem Menschen gegenüber Reden über die Tüchtigkeit und darüber, wie der rechte Mann sein und was er treiben soll, und versucht ihn zu erziehen. Denn wenn er, denke ich, das Schöne berührt und mit ihm verkehrt, so zeugt er und pflanzt das fort, wovon er erfüllt war, und in der Nähe und in der Ferne denkt er daran und erzieht das Erzeugte gemeinsam mit jenem auf. Und so haben die Menschen dieser Art eine viel tiefere Gemeinschaft miteinander als die zu leiblichen Kindern, und eine festere Freundschaft, da sie ja auch schönere und unsterblichere Kinder miteinander haben. Und ein jeder möchte wohl lieber, er hätte solche Kinder bekommen als die menschlichen, wenn er auf Homer schaut oder auf Hesiod und die anderen guten Dichter und sie darum beneidet, was für Nachkommen sie hinterlassen, die ihnen unsterblichen Ruhm und Gedächtnis verschaffen, so wie sie selbst auch unsterblich sind.

Oder Kinder, wenn du willst‘, sagte sie, ‚wie sie Lykurgos in Lakedaimon als Retter von Lakedaimon und sozusagen von ganz Hellas hinterließ. In Ehren steht bei euch auch Solon wegen der Gesetze, die er gezeugt hat, und viele andere Männer da und dort, bei den Hellenen und bei den Barbaren, die viele schöne Werke ans Licht gebracht und mancherlei Tüchtigkeit erzeugt haben. Ihnen hat man schon zahlreiche Tempel errichtet um der Kinder dieser Art willen, aber noch nie jemandes menschlicher Kinder wegen.

28. In diese erotischen Mysterien kannst vielleicht auch du, Sokrates, eingeführt werden. Die letzten Weihen aber und die höchste Schau, auf die auch das hinausgeht, wenn einer den

richtigen Pfad beschreitet – da weiß ich nicht, ob du dazu fähig bist. Ich will sie nun aber vortragen', sagte sie, ,und es an gutem Willen nicht fehlen lassen. Und du versuche zu folgen, wenn du dazu imstande bist.

Wer den richtigen Weg zu dieser Sache geht', begann sie, ,muß in seiner Jugend damit anfangen, daß er den schönen Leibern nachgeht und, wenn sein Führer ihn richtig leitet, zuerst einen Leib lieben und dort schöne Reden erzeugen. Dann aber soll er gewahr werden, daß die Schönheit an irgendeinem einzelnen Leibe mit der an jedem anderen verschwistert ist, und daß es höchste Einsichtslosigkeit wäre – wenn anders man dem Schönen an der äußeren Gestalt nachgehen muß –, die Schönheit an allen Leibern nicht für eine und dieselbe zu halten. Wer das aber eingesehen hat, muß zum Liebhaber aller schönen Leiber werden, in dieser heftigen Liebe zu jenem einen aber nachlassen, sie gering schätzen und für unwichtig ansehen.

Dann aber wird er die Schönheit in den Seelen für köstlicher halten als die im Leibe, so daß es ihm genügt, wenn einer an seiner Seele wohlgeartet ist, mag er auch nur einen geringen Reiz haben; ihn wird er lieben und Sorge zu ihm tragen und solche Reden zeugen und suchen, wie sie junge Leute besser machen können. Jetzt aber wird er gezwungen, auf das Schöne in den Einrichtungen und Gesetzen zu schauen und dabei innezuwerden, daß alles in sich verwandt ist, damit er dann das Schöne im Bereich des Leibes für etwas Geringes hält.

Nach den Einrichtungen aber muß man ihn zu den Wissenschaften führen, damit er nunmehr auch die Schönheit der Wissenschaften schaut und in einer Sicht, die bereits die Fülle des Schönen umfaßt, nicht mehr in sklavischer Gebundenheit an das Schöne bei einem Einzelnen so niedrig und engherzig bleibt, daß er sich mit der Schönheit eines Knaben oder eines bestimmten Menschen oder einer einzelnen Einrichtung begnügt, sondern sich auf das weite Meer des Schönen wendet und im Betrachten viele schöne und herrliche Reden und Gedanken zeugt in ungemessener Weisheitsliebe, bis er, dort gestärkt und gefördert, dann ein einzigartiges Wissen von solcher Art zu Gesicht bekommt, das sich auf ein Schönes von folgender Art bezieht. Versuche mir nun', sagte sie, ,so aufmerksam als möglich zu folgen.

29. Wer bis dahin in der Liebe erzogen ist, indem er die schönen Dinge der Reihe nach richtig betrachtet, der gelangt nunmehr zur Vollendung in der Liebeskunst und erblickt plötzlich ein Schönes von erstaunlicher Natur, eben jenes, Sokrates, um deswillen ja auch alle früheren Mühsale da waren. Es ist erstens ein immer Seiendes, das weder entsteht noch vergeht, weder zunimmt noch abnimmt. Zweitens ist es nicht teilweise schön und teilweise häßlich, auch nicht zuweilen schön, zuweilen nicht, auch nicht in bezug auf das eine Ding schön, auf das andere dagegen häßlich, auch nicht hier schön, dort aber häßlich, als sei es nur für die einen schön, für die anderen dagegen häßlich. Dieses Schöne zeigt sich ihm auch nicht als bloße Erscheinung, wie ein Antlitz oder wie Hände oder sonst etwas, woran der Leib teilhat, aber auch nicht als irgendeine Aussage oder ein einzelnes Wissen, noch irgend als ein Seiendes, das sich irgendwo an einem anderen findet, etwa an einem Lebewesen oder an der Erde oder am Himmel oder sonst an etwas, sondern es ist es selbst, an sich selbst, mit sich selbst, eingestaltig und immer seiend. Alles andere Schöne aber hat an jenem Anteil, etwa in der Weise, daß dieses andere entsteht und vergeht, während es selbst weder mehr oder weniger wird noch sonst in irgendeiner Hinsicht etwas erleidet. Wenn also jemand dadurch, daß er auf die rechte Art Knaben liebt, von diesen Dingen aus hinansteigt und jenes Schöne zu schauen beginnt, so wird er wohl nahezu an das Letzte rühren. Denn das bedeutet den rechten Weg zu den Dingen der Liebe ge-

hen oder von einem anderen geführt werden, daß man, mit diesen schönen Dingen hier beginnend, um jenes Schönen willen immer weiter hinaufsteigt, wie auf Stufen: von einem schönen Leibe zu zweien und von zweien zu allen schönen Leibern, und von den schönen Leibern zu den schönen Einrichtungen und von den Einrichtungen zu den schönen Wissenschaften, bis man dann von den Wissenschaften aus zu jener Wissenschaft gelangt, die die Wissenschaft von nichts anderem als von jenem Schönen selbst ist, und er schließlich das erkennt, was das Schöne selbst ist.

An dieser Stelle im Leben, mein lieber Sokrates', sagte die fremde Frau aus Mantineia, ,wenn überhaupt irgendwo, ist das Leben für den Menschen lebenswert: wenn er das Schöne selbst schaut. Wenn du es einmal erblickst, so wirst du den Eindruck haben, daß es ganz anders ist als Gold und Gewänder und als die schönen Knaben und Jünglinge, bei deren Anblick du jetzt erschüttert wirst und bereit bist, du genau so wie viele andere, den Geliebten anzusehen, immer mit ihm zusammen zu sein und womöglich weder zu essen noch zu trinken, sondern immer nur zu schauen und beisammen zu sein. Was glauben wir erst', sagte sie, ,wenn es einem zuteil würde, das Schöne selbst lauter, rein und unvermischt zu sehen, nicht voll von menschlichem Fleisch und von Farben und von all dem anderen sterblichen Flitter, sondern wenn er das göttliche Schöne selbst in seiner Eingestaltigkeit zu sehen vermöchte? Glaubst du', sagte sie, ,es werde ein Mensch ein schlechtes Leben führen, der dorthin schaut und das anblickt und mit ihm zusammen ist? Oder denkst du dir nicht', sagte sie, ,daß dort und dort allein, wenn er das Schöne schaut durch das, wodurch es sichtbar wird, ihm das zuteil wird, daß er nicht nur Schattenbilder der Tüchtigkeit zeugt, da er ja auch nicht ein Schattenbild berührt, sondern das Wahre, weil er das Wahre berührt. Und wenn er die wahre Tüchtigkeit erzeugt und aufgezogen hat, ist ihm vergönnt, gottgeliebt zu werden, und dann kann, wenn überhaupt ein Mensch, auch er unsterblich sein.‘

Das also, Phaidros und ihr anderen, sprach Diotima, und ich bin davon überzeugt. Und aus dieser Überzeugung versuche ich auch die anderen davon zu überzeugen, daß, um zu diesem Besitz zu gelangen, nicht leicht jemand der menschlichen Natur einen besseren Helfer finden könnte als den Eros. Darum sage ich denn auch, es müsse jedermann den Eros ehren, und ich selbst ehre alles, was zu ihm gehört, und übe mich darin mit Vorliebe und ermuntere auch die anderen dazu. Und jetzt und allezeit preise ich die Macht und die Tapferkeit des Eros, so sehr ich kann. So laß denn auch, wenn du willst, Phaidros, diese Rede als ein Lob auf den Eros gesprochen sein; andernfalls nenne sie, was und wie es dir Vergnügen macht.»

30. Als nun Sokrates so gesprochen, hätten ihn die übrigen gelobt; Aristophanes aber habe eben etwas sagen wollen, weil Sokrates in seinen Ausführungen auf ihn wegen seiner Rede angespielt hatte. Doch da wurde plötzlich an die Türe geschlagen, und es gab einen großen Lärm wie von Nachtschwärmern, und man hörte die Töne einer Flötenspielerin. Da befahl Agathon:

«Seht einmal nach, ihr Knaben, und wenn es ein Bekannter ist, so ruft ihn herein; sonst sagt ihm, daß wir nicht mehr am Trinken sind, sondern eben gerade aufhören.»

Kurz darauf habe man in der Vorhalle die Stimme des Alkibiades gehört. Der war mächtig betrunken und fragte mit lauter Stimme, wo Agathon sei, und verlangte, man solle ihn zu ihm führen. Da faßte ihn denn die Flötenspielerin unter dem Arm, und sie und einige andere von dem Gefolge führten ihn zu ihnen herein. An der Türe sei er stehengeblieben, mit einem dichten Kranz von Efeu und Veilchen bekränzt und mit einer Menge Bänder um das Haupt, und habe gerufen:

«Seid gegrüßt, ihr Männer! Mögt ihr einen schwer betrunkenen Mann als Trinkgenossen bei euch aufnehmen? Oder sollen wir wieder abziehen, nachdem wir nur den Agathon mit dem Kranz umwunden haben, weswegen wir nämlich gekommen sind? Denn gestern», habe er fortgefahren, «konnte ich nicht zu dir kommen. Jetzt aber bin ich da, mit den Bändern auf dem Kopf, um sie von meinem Haupt abzunehmen und damit das Haupt des weisesten und schönsten Mannes, wenn ich so sagen darf, zu umwinden. Lacht ihr mich etwa aus, weil ich betrunken bin? Ich weiß aber doch genau, daß ich recht habe, auch wenn ihr darüber lacht. Doch sagt mir nun auf der Stelle: Darf ich unter diesen Bedingungen eintreten oder nicht? Wollt ihr mit mir trinken oder nicht?»

Da hätten ihm alle zugejubelt und verlangt, er solle eintreten und sich niederlassen, und auch Agathon lud ihn ein. So sei er nun eingetreten, gestützt von seinen Leuten, und habe sogleich die Bänder ringsum abgenommen, um Agathon damit zu umwinden. Da er sie gerade vor seinen Augen hielt, konnte er Sokrates nicht sehen, sondern setzte sich neben Agathon, mitten zwischen ihm und Sokrates. Dieser rückte nämlich beiseite, um ihm Platz zu machen. Als er sich nun neben Agathon niedergelassen hatte, habe er ihn umarmt und mit den Bändern bekränzt. Nun habe Agathon befohlen:

«Nehmt dem Alkibiades die Sandalen ab, Knaben, damit er sich mit uns zu dritt niederlassen kann.»

«Also gut», hätte Alkibiades erwidert, «aber wer ist denn da der dritte Zechgenosse?»

Dabei drehte er sich um und sah nun Sokrates. Als er ihn erkannte, sprang er auf und rief:

«Beim Herakles, was ist denn das? Sokrates ist da? Hast du dich wieder einmal nach mir auf die Lauer gelegt, so wie du immer gerade dort aufzutauchen pflegst, wo ich dich am wenigsten vermutete? Warum bist du jetzt wieder da? Und warum hast du dich gerade an diesen Platz gelegt – nicht etwa neben Aristophanes oder sonst neben einen, der ein Spaßmacher ist oder sein will, sondern du hast erreicht, daß du neben den Schönsten von allen, die hier sind, zu liegen kamst.»

Da habe Sokrates gesagt: «Sieh zu, Agathon, daß du mir zu Hilfe kommst. Denn die Liebe dieses Menschen ist mir zu einer lästigen Sache geworden. Seit der Zeit nämlich, da ich mich in ihn verliebte, darf ich keinen einzigen schönen Mann mehr ansehen oder mich mit ihm unterhalten, sonst macht der da, voller Eifersucht und Neid, die wunderlichsten Dinge, bricht in Schimpfworte aus und wird beinahe handgreiflich. Sieh also zu, daß er nicht auch jetzt wieder etwas anstellt, sondern versöhne uns und, wenn er Gewalt anwenden will, so hilf mir, habe ich doch die größte Angst vor seiner Raserei und seiner Verliebtheit.»

«Nein, zwischen dir und mir gibt es keine Versöhnung», habe Alkibiades gesagt; «doch dafür will ich dich ein andermal bestrafen. Jetzt aber gib mir einige von deinen Bändern zurück, Agathon», fuhr er fort, «damit ich auch dieses Mannes wunderbares Haupt umwinde und er mir nicht zum Vorwurf macht, daß ich dich bekränzt habe, ihn dann aber unbekränzt ließ, der doch mit seinen Reden alle Menschen besiegt, nicht nur kürzlich einmal wie du, sondern jederzeit.»

31. Zugleich habe er einige Bänder genommen und Sokrates damit bekränzt und sich dann hingelegt. Und als er sich niedergelassen hatte, habe er gesagt: «Wohlan denn, ihr Männer, mir scheint, ihr seid ja noch recht nüchtern. Das darf man euch aber nicht zulassen, sondern ihr müßt trinken; so haben wir es doch zusammen abgemacht. Nun wähle ich mich selbst zum Vorsitzenden beim Gelage, bis auch ihr genug getrunken habt. Agathon soll einen großen Humpen bringen lassen, wenn einer da ist. Doch nein, das ist nicht nötig, sondern du da – sagte er zu einem Sklaven – bring jenen Kühleimer dort»; er hatte einen gesehen, der mehr als acht Becher faßte. Diesen füllte er und

trank ihn zuerst selber aus; dann ließ er ihn für Sokrates füllen und sagte dazu: «Dem Sokrates gegenüber, ihr Männer, nützt mir dieses Kunststück nichts; denn so viel ihm einer zumutet, so viel trinkt er aus und wird dabei trotzdem nie betrunken.»

Als nun der Knabe eingeschenkt, hätte Sokrates getrunken. Da habe Eryximachos gesagt: «Wie wollen wir es nun halten, Alkibiades? So, daß wir beim Becher gar nichts reden oder singen, sondern einfach nur trinken, wie wenn man Durst hat?»

Alkibiades erwiderte: «O Eryximachos, sei mir gegrüßt, du bester Sohn des besten und verständigsten Vaters!»

«Danke, gleichfalls», habe Eryximachos erwidert. «Doch wie wollen wir es nun halten?»

«Genau so, wie du es verlangst; denn dir muß man doch gehorchen;

Denn ein Arzt ist höher als viele andre zu achten.

Schreib uns also vor, was du willst.»

«So höre mich an», habe Eryximachos erwidert. «Bevor du eintratest, hatten wir beschlossen, daß rechts herum jeder von uns abwechslungsweise eine möglichst schöne Rede auf den Eros halten und ihn preisen müsse. Wir anderen haben nun alle gesprochen; nur du hast noch nicht geredet und nun doch schon ausgetrunken, darum ist es nun gerechterweise an dir zu sprechen. Ist das geschehen, so kannst du dem Sokrates vorschreiben, was du willst, und dieser dann seinem Nachbar rechts und so weiter.»

«Dein Vorschlag, Eryximachos», habe Alkibiades erwidert, «ist ganz schön; aber es ist doch nicht billig, daß ein trunkener Mann mit Nüchternen im Reden wetteifern soll. Und zudem, mein Guter, glaubst du denn irgend etwas von dem, was Sokrates eben gesagt hat? Weißt du nicht, daß bei allem, was er sagte, gerade das Gegenteil wahr ist? Wenn ich nämlich in seiner Gegenwart irgendeinen anderen lobe, so wird er sich nicht enthalten, Hand an mich zu legen.»

«Willst du wohl schweigen?» habe Sokrates gesagt.

«Beim Poseidon», erwiderte Alkibiades, «sage nichts dawider; denn wenn du da bist, werde ich doch keinen anderen loben.»

«Dann mach das nur so», habe Eryximachos gesagt, «wenn du willst; lobe den Sokrates.»

«Wie meinst du das?» fragte Alkibiades. «Glaubst du, das müsse sein, Eryximachos? Soll ich mich über den Mann hermachen und ihn in eurer Gegenwart abstrafen?»

«Du da», habe Sokrates gesagt, «was hast du eigentlich vor? Willst du mich mit deinem Lob lächerlich machen, oder was hast du vor?»

«Die Wahrheit will ich sagen; doch sieh zu, ob du mir das erlaubst.»

«Freilich», erwiderte er, «die Wahrheit zu reden erlaube ich dir und verlange es sogar.»

«So will ich gleich beginnen», habe Alkibiades gesagt. «Und du mache folgendes: wenn ich etwas Unwahres sage, so unterbrich mich mittendrin, wenn du willst, und sage, daß ich das lüge. Denn absichtlich werde ich nicht lügen. Wenn ich indes aus der Erinnerung bald etwas von hier, bald etwas von dort vorbringe, so darfst du dich nicht wundern. Denn in meinem Zustande ist es nicht leicht, dein wunderliches Wesen mit Fug und der Reihe nach zu schildern.

32. Den Sokrates zu loben, ihr Männer, will ich nun aber so versuchen, daß ich dazu zwei Bilder verwende. Er wird zwar vielleicht meinen, das geschehe, um ihn lächerlich zu machen. Das Bild soll aber der Wahrheit und nicht dem Spott dienen. Ich behaupte nämlich, er gleiche ganz und gar jenen Silenen, die sich in den Werkstätten der Bildhauer finden, wie die Meister, mit Syringen oder Flöten in der Hand, sie anfertigen: wenn man sie in der Mitte auseinandernimmt, so zeigt sich, daß sie in ihrem Innern Götterbilder enthalten. Und ferner be-

haupte ich, er gleiche dem Satyr Marsyas. Daß du diesen in deinem Aussehen ähnlich bist, wirst du selbst nicht bestreiten; daß du ihnen aber auch im übrigen gleichst, das höre nun. Du bist doch ein Übermütiger, oder nicht? Wenn du das nicht zugibst, kann ich Zeugen beibringen. Und bist du nicht auch ein Flötenspieler, und zwar ein noch viel bewundernswerterer als Marsyas? Denn er bezauberte die Menschen mit Hilfe seines Instrumentes vermöge der Gewalt, die von seinem Munde ausging, und so auch heute noch ein jeder, der seine Weisen vorträgt. Denn was Olympos auf der Flöte gespielt hat, weise ich dem Marsyas zu, der es ihn gelehrt hat. Und seine Weisen, mag sie nun ein guter Flötenspieler oder eine unbedeutende Flötenspielerin vortragen, sind die einzigen, die uns fesseln, und weil sie selbst göttlich sind, verraten sie die, welche der Götter und ihrer Weihen bedürfen. Du aber unterscheidest dich von ihm nur dadurch, daß du ohne Instrument, durch deine bloßen Reden, genau dieselbe Wirkung hervorbringst. Bei uns wenigstens ist es so: wenn wir von einem anderen, auch noch so guten Redner andere Reden hören, so macht sich sozusagen niemand etwas daraus. Wenn aber jemand dir zuhört oder einem anderen, der deine Reden vorträgt, und wäre auch der Sprechende ein ganz unbedeutender Mann und mag es Weib, Mann oder Kind sein, der dir zuhört: da sind wir außer uns und ergriffen.

Ich wenigstens, ihr Männer, könnte euch unter Eid erzählen, wenn ich euch nicht völlig trunken vorkommen müßte, was mir selbst bei den Reden dieses Mannes widerfahren ist und mir heute noch widerfährt. Denn wenn ich ihn höre, dann klopft mir das Herz heftiger als den vom korybantischen Taumel Ergriffenen, und die Tränen kommen mir bei seinen Worten, und ich sehe, daß es noch sehr vielen anderen so geht. Wenn ich dagegen Perikles oder andere gute Redner hörte, dann dünkte mich wohl, sie sprächen gut – doch so etwas habe ich nie dabei empfunden, und meine Seele geriet auch nicht in Verwirrung oder wurde unwillig, daß ich in einer Verfassung sei, die eines freien Mannes unwürdig ist. Aber von diesem Marsyas da bin ich schon oft in eine Stimmung versetzt worden, daß ich glaubte, ich könne in diesem Zustande nicht mehr weiterleben. Und auch davon, Sokrates, wirst du nicht sagen können, es sei nicht wahr. Auch jetzt noch bin ich mir ganz genau bewußt, daß, wenn ich dir Gehör schenken wollte, ich mich nicht in der Gewalt haben könnte, sondern daß es mir wieder so erginge. Er nötigt mich nämlich zu dem Zugeständnis, daß ich mich selbst, obschon mir so vieles mangelt, doch immer noch vernachlässige und mich statt dessen um die Angelegenheiten der Athener kümmere. Ich halte mir also mit Gewalt, wie vor den Sirenen, die Ohren zu und fliehe von dannen, um nicht an Ort und Stelle sitzenzubleiben und neben dem da zum alten Manne zu werden. Einzig bei ihm unter allen Menschen ist mir das widerfahren, was wohl niemand bei mir zu finden erwartet: daß ich mich vor jemandem schäme; aber nur vor ihm allein schäme ich mich. Denn ich bin mir bewußt, daß ich tun müßte, was er verlangt, und daß ich ihm nicht zu widersprechen vermag; wenn ich aber von ihm weggegangen bin, unterliege ich vor dem Volke von neuem meinem Ehrgeiz. So laufe ich denn weg und fliehe ihn, und wenn ich ihn erblicke, schäme ich mich dessen, was ich ihm zugestanden habe. Ja manchmal sähe ich es gerne, wenn er nicht mehr unter den Menschen weilte; sollte das aber wirklich eintreten, dann wäre ich, das bin ich mir bewußt, noch viel tiefer betrübt. Ich weiß also gar nicht mehr, wie ich es mit diesem Menschen halten soll.

33. Solches haben also ich und auch viele andere durch diese Flötenweisen von diesem Satyr erlitten. Laßt mich aber noch weiter ausführen, wie ähnlich er jenen ist, mit denen ich ihn verglichen habe, und was für eine wunderbare Gewalt er aus-

übt. Denn ihr wißt ja ganz gut, daß ihn niemand von euch wirklich kennt. Ich aber will ihn nun offenbaren, nachdem ich einmal damit begonnen habe. Ihr seht ja, wie Sokrates in schöne Jünglinge verliebt ist und daß er stets um sie herum und von ihnen entzückt ist; auf der anderen Seite aber weiß und versteht er von allem nichts, wie er sich den Anschein gibt. Ist das denn nicht ganz die Art eines Silens? – Ja, durchaus; hat er doch das nur als äußere Hülle um sich herumgenommen wie der geschnitzte Silen. Wenn man ihn aber öffnet, da glaubt ihr gar nicht, ihr Zechgenossen, von wieviel Besonnenheit sein Inwendiges erfüllt ist. Denn wisset, daß es ihm gar nicht darauf ankommt, ob einer schön ist; im Gegenteil: er schätzt das so gering, wie niemand es glauben würde. Auch darauf nicht, ob jemand reich ist oder sonst einen der Vorzüge besitzt, die von der Menge gepriesen werden; allen diesen Besitztümern legt er keinen Wert bei, und uns achtet er für nichts, das sage ich euch. Sein ganzes Leben verbringt er damit, daß er sich den Menschen gegenüber naiv stellt und sein Spiel mit ihnen treibt. Wenn er aber ernst macht und sein Inneres öffnet – da weiß ich nicht, ob schon jemand die Götterbilder in seinem Inneren gesehen hat. Aber ich habe sie schon einmal gesehen, und sie schienen mir so göttlich und golden und herrlich schön und wunderbar, daß ich ohne Zögern tun zu müssen glaubte, was Sokrates verlangte.

Da ich nun der Meinung war, daß er es ernstlich auf meine jugendliche Schönheit abgesehen hätte, hielt ich es für ein Gottesgeschenk und für einen wunderbaren Glücksfall für mich, daß ich, wenn ich dem Sokrates zu willen sei, alles hören dürfe, was er selbst wisse; ich hielt nämlich wunder wie große Stücke von meiner Jugendschönheit. Nun war ich bisher nicht gewohnt, ohne einen Diener allein mit ihm zusammen zu sein; doch als ich diese Erwägung machte, schickte ich den Diener weg und blieb mit ihm allein. Denn ich muß euch die ganze

Wahrheit sagen; so merkt also auf, und wenn ich lüge, Sokrates, so erhebe Einspruch. Ich war also ganz allein mit ihm zusammen, ihr Männer, und erwartete, er werde nun sofort so mit mir reden, wie ein Liebhaber in der Einsamkeit mit seinem Liebling spricht, und ich freute mich darauf. Es geschah aber gar nichts Derartiges, sondern er unterhielt sich mit mir ganz wie gewohnt, und nachdem er den Tag mit mir verbracht hatte, ging er nach Hause. Auf das hin schlug ich ihm vor, wir wollten gemeinsam unsere Leibesübungen machen, und turnte mit ihm in der Meinung, ich könnte so etwas erreichen. Er machte also mit mir seine Übungen und rang auch öfters mit mir, ohne daß jemand zugegen war. Doch was braucht es noch mehr der Worte? Es kam dabei nichts weiter für mich heraus. Da ich nun so auf keine Weise zum Ziele kam, glaubte ich, ich müßte dem Mann kräftiger zusetzen und nicht nachgeben, nachdem ich einmal den Versuch unternommen hatte, sondern ich wollte endlich erfahren, wie die Sache stehe. Ich lud ihn deshalb zu mir zum Essen ein, ganz so, wie ein Liebhaber seinem Geliebten nachstellt. Nicht einmal das sagte er mir sogleich zu, doch ließ er sich immerhin mit der Zeit überreden. Als er dann das erstemal zu mir kam, wollte er nach dem Essen gleich wieder weggehen, und aus lauter Scham ließ ich ihn diesmal noch fort. Das nächstemal stellte ich es aber schlauer an: nach dem Essen redete ich die ganze Nacht hindurch mit ihm, und als er weggehen wollte, brauchte ich den Vorwand, es sei schon spät, und nötigte ihn zum Bleiben.

Er legte sich nun auf dem Polster nieder, das gerade neben dem meinigen stand und auf dem er auch gegessen hatte, und niemand sonst schlief in dem Gemach als wir ... Bis hierher nun könnte man die Geschichte jedermann ohne Bedenken erzählen. Was aber nun folgt, das würdet ihr aus meinem Munde nicht vernehmen, wenn nicht erstens, wie das Sprichwort sagt, der Wein – mit oder ohne Kinder – die Wahrheit sagte, und wenn es mir ferner nicht unrecht schiene, eine erhabene Tat des Sokrates zu verschweigen, nachdem ich einmal daran bin, ihn zu loben. Und im weiteren geht es mir wie denen, die von der Natter gebissen sind: man behauptet nämlich, daß einer, dem das widerfahren ist, niemandem erzählen wolle, wie es war, als denen, die auch schon gebissen wurden, weil sie allein verstehen und verzeihen können, wenn er im Schmerz vor keiner Tat und vor keiner Rede zurückschreckt. Ich aber bin nun von etwas gebissen, das mehr weh tut, und an der Stelle, wo man einen Biß am empfindlichsten spürt, im Herzen nämlich oder an der Seele, oder wie man das nennen will, bin ich getroffen und gebissen von den Worten der Philosophie, die sich heftiger einbeißen als eine Natter, wenn sie die Seele eines wohlgearteten Jünglings ergreifen und sie dazu bringen, daß sie alles mögliche tut oder redet. Und nun sehe ich da einen Phaidros vor mir und einen Agathon, einen Eryximachos, einen Pausanias, einen Aristodemos und einen Aristophanes – was brauche ich noch den Sokrates selbst zu nennen und alle die anderen: denn ihr alle habt Anteil bekommen an der Raserei und dem bacchischen Taumel der Philosophie. Deshalb sollt ihr es alle hören. Denn ihr werdet verzeihen können, was damals geschehen ist und was jetzt erzählt wird. Die Diener aber und wenn sonst ein Ungeweihter und Ungebildeter da ist: ihr sollt ganz große Riegel vor eure Ohren legen.

34. Als nun nämlich, ihr Männer, die Lampe ausgelöscht und die Diener draußen waren, da glaubte ich, ich sollte nun keine weiteren Umstände mehr mit ihm machen, sondern frei heraussagen, wie ich es meinte. Ich stieß ihn also an und sprach: ‚Sokrates, schläfst du?‘

‚Nein‘, erwiderte er.

‚Weißt du, was ich im Sinn habe?‘

‚Was denn?‘ fragte er.

‚Ich habe den Eindruck', fuhr ich fort, ‚du seist der einzige Liebhaber, der meiner wert ist, du scheinst dich aber zu scheuen, mit mir davon zu reden. Ich aber stelle mich so dazu: nach meiner Meinung wäre es sehr töricht, wenn ich mich dir darin nicht ebenso gefällig zeigen wollte, wie wenn du sonst etwas von meiner Habe oder von meinen Freunden bedürftest. Denn für mich ist nichts wichtiger, als daß ich so trefflich werde wie nur möglich; dazu aber, glaube ich, gibt es für mich keinen geeigneteren Helfer als dich. Wollte ich mich also einem solchen Manne nicht gefällig zeigen, so müßte ich mich viel mehr vor den Vernünftigen schämen als vor der Menge und den Unvernünftigen, falls ich ihm zu Willen bin.'

Als er das gehört hatte, da sagte er so ganz in seiner gewohnten ironischen Art: ‚Lieber Alkibiades, du scheinst ja wirklich nicht dumm zu sein, wenn das wahr ist, was du von mir behauptest, und es in mir eine Kraft gibt, durch die du besser werden kannst. Du mußt wohl in mir eine unwiderstehliche Schönheit sehen, die deine Wohlgestalt weit übertrifft. Wenn du sie nun siehst und daraufhin an ihr teilzuhaben und deine Schönheit gegen meine Schönheit einzutauschen versuchst, so gedenkst du mich nicht wenig zu übervorteilen, versuchst du doch, für den bloßen Schein des Schönen sein wahres Wesen zu erwerben, und denkst in der Tat, Gold für Erz einzutauschen. Doch sieh genauer zu, mein Verehrter, damit dir nicht etwa entgeht, daß an mir eigentlich nichts ist. Der Blick des Geistes beginnt ja dann erst scharf zu sehen, wenn der der Augen in seiner Sehkraft nachzulassen anfängt; bei dir aber ist das noch lange nicht so weit.'

Als ich das gehört hatte, sagte ich: ‚Was mich betrifft, so ist dem so; und ich habe dabei nichts anderes gesagt, als was ich denke. Du aber überlege dir nun selbst, was du für dich und für mich als das Beste ansiehst.'

‚Ja', sagte er, ‚da hast du recht; in Zukunft wollen wir immer zuerst überlegen und dann tun, was uns in diesen und anderen Dingen das Beste scheint.‘

In dieser Rede und Antwort hatte ich gleichsam meine Pfeile verschossen und glaubte nun, er sei verwundet. Ich stand also auf und ließ ihn nicht mehr weiterreden, sondern deckte ihn mit meinem Oberkleid zu (es war Winter), legte mich unter seinen Mantel und schlug meine beiden Arme um diesen wahrhaft dämonischen und wunderbaren Menschen, und so lag ich die ganze Nacht. Und auch hier, Sokrates, wirst du nicht behaupten, daß ich lüge. Aber als ich das getan hatte, da zeigte er mir so sehr seine Überlegenheit und verachtete und verlachte meine Schönheit und verhöhnte sie; und gerade auf sie hatte ich mir doch etwas eingebildet, ihr Richter – denn Richter seid ihr nun über des Sokrates Hochmut. Denn wißt nur, bei den Göttern und Göttinnen: nachdem ich mit Sokrates geschlafen hatte, stand ich nicht anders auf, als wenn ich mit dem Vater oder einem älteren Bruder geschlafen hätte.

35. Was meint ihr nun, wie mir darauf zumute war, da ich mich einerseits gekränkt fühlte und andererseits doch seine Natur und seine Besonnenheit und Tapferkeit bewunderte, da ich einem Manne begegnet war, wie ich ihn nie zu finden erwartet hatte an Einsicht und Seelenstärke? Ich vermochte ihm also weder zu zürnen und mich seines Umgangs zu berauben, noch fand ich einen Weg, um ihn für mich zu gewinnen. Denn das wußte ich ganz genau: daß er durch Geld noch viel weniger verwundbar sei als Aias durch Eisen; und bei dem einzigen Mittel, durch das ich ihn zu fangen geglaubt hatte, war er mir entwischt. Ich wußte also keinen Ausweg mehr und ging umher, so in der Gewalt dieses Mannes wie noch nie einer in der eines anderen.

Das alles war mir nämlich schon widerfahren, bevor wir gemeinsam am Feldzug nach Poteidaia teilnahmen und dort am selben Tische saßen. Da übertraf er nun erstens im Ertragen von Anstrengungen nicht nur mich, sondern auch alle anderen. Wenn wir irgendwo abgeschnitten waren, wie es auf Feldzügen vorkommen kann, und dann fasten mußten, da konnten das die anderen lange nicht so gut aushalten. Durften wir es uns aber wohl sein lassen, so vermochte er als einziger das zu genießen, besonders wenn er, was ihm freilich zuwider war, zum Trinken genötigt wurde: da übertraf er uns alle. Und worüber man sich am meisten wundern muß: kein Mensch hat jemals den Sokrates betrunken gesehen. Davon, glaube ich, werde ich jetzt dann gerade einen neuen Beweis bekommen. Im Ertragen der Kälte wiederum (die Winter sind dort sehr streng) leistete er Erstaunliches, besonders einmal, als der Frost gerade am stärksten war und alle anderen entweder überhaupt nicht hinausgingen oder, wenn es einer doch wagte, er wunder wieviel an Anzügen und Schuhwerk trug und seine Füße in Filz und Schafpelze eingewickelt hatte. Er aber ging unter ihnen in derselben Bekleidung hinaus, die er auch sonst zu tragen pflegte, und schritt barfuß mit größerer Leichtigkeit über das Eis hin als die anderen in ihren Schuhen. Die Soldaten aber sahen ihn scheel an, als wollte er sich über sie lustig machen. [36.] Das wäre nun das eine;

doch wie der mächtige Held auch jenes bestand und ertragen,

damals auf dem Feldzuge, das lohnt sich zu hören. In irgendeinen Gedanken vertieft, stand er nämlich vom Morgen an auf demselben Fleck und überlegte, und als es ihm nicht gelingen wollte, gab er nicht nach, sondern blieb nachsinnend stehen. Inzwischen war es schon Mittag geworden; da merkten es die Leute, und verwundert erzählte es einer dem anderen, daß Sokrates schon seit dem Morgen dastehe und über etwas nachdenke. Schließlich, als es schon Abend war, trugen einige von den Ioniern, als sie gegessen hatten, ihre Schlafpolster hinaus (damals war es Sommer); so schliefen sie in der Kühle und konnten gleichzeitig beobachten, ob er auch in der Nacht dort stehen bleibe. Und er blieb wirklich stehen, bis es Morgen wurde und die Sonne aufging. Dann verrichtete er noch sein Gebet an die Sonne und ging weg.

Wollt ihr nun auch hören, wie er in der Schlacht war? Es ist doch wohl billig, ihm auch hier sein Lob zu entrichten. Als nämlich die Schlacht stattfand, nach der mir die Feldherren sogar den Preis der Tapferkeit zuerkannten, da war es der da und kein anderer, der mich gerettet hat. Denn als ich verwundet war, wollte er mich nicht verlassen, sondern brachte meine Waffen und mich selbst in Sicherheit. Ich war es dann auch, Sokrates, der damals die Feldherren aufgefordert hat, den Preis dir zuzusprechen; da wirst du mich wohl nicht schelten oder sagen, daß ich lüge. Als aber die Feldherren auf meinen Rang Rücksicht nahmen und die Auszeichnung mir geben wollten, da bestandest du noch eifriger als die Feldherren darauf, daß ich und nicht du sie bekommen sollte. Und erst recht, ihr Männer, hätte man den Sokrates sehen sollen, als das Heer auf der Flucht von Delion zurückwich. Es traf sich, daß ich zu Pferd nebenher ritt, während er schwerbewaffnet zu Fuß ging. Er befand sich also auf dem Rückzug, als die Leute schon zerstreut waren, und Laches war bei ihm. Ich kam nun gerade dazu, und als ich sie sah, rief ich ihnen sogleich zu, sie sollten guten Mutes sein, und versprach ihnen, sie nicht im Stich zu lassen. Da konnte ich denn den Sokrates noch schöner beobachten als bei Poteidaia; ich selbst hatte ja weniger Furcht, weil ich zu Pferde war: zuerst, wie er den Laches an gefaßter Haltung übertraf. Und im weiteren hatte ich den Eindruck, daß er dort genau so wie hier in der Stadt einherging, wie du ihn schilderst, Aristophanes: ‚sich brüstend und die Augen zur Seite werfend', und den Blick gelassen auf Freund und Feind richtend, so daß es jedem schon von weitem klarwurde, daß sich dieser Mann sehr kräftig wehren werde, wenn ihn einer angreifen sollte. So kam er denn auch ungeschoren davon, er selbst und auch der andere; denn in der Regel greifen sie im Kriege die nicht an, die eine solche Haltung zeigen, sondern verfolgen nur die Hals über Kopf Fliehenden.

Noch manches andere und Bewundernswerte gäbe es an Sokrates zu rühmen. Doch was die übrigen Gebiete seiner Tätigkeit betrifft, da könnte man ja vielleicht auch von einem anderen ähnliches erzählen; daß er aber keinem anderen Menschen vergleichbar ist, weder aus früherer Zeit noch von heute, das ist doch aller Bewunderung wert. Denn wie Achilleus war, damit könnte man wohl auch den Brasidas und andere vergleichen, und wiederum, wie Perikles war, den Nestor und den Antenor, und es gibt auch noch andere, und auch für alle übrigen könnte man in entsprechender Weise einen Vergleich finden. So aber, wie dieser Mensch ist mit der ganzen Seltsamkeit in seinem Wesen und in seinen Reden – da könnte man wohl bei weitem nichts Ähnliches finden, weder unter den Heutigen noch unter den Früheren, es müßte ihn denn schon jemand nicht mit einem Menschen, sondern mit jenen Wesen vergleichen, die ich eben erwähne, mit den Silenen und Satyrn, ihn selbst und auch seine Reden.

37. Denn das habe ich ja am Anfang noch beiseite gelassen, daß auch seine Reden größte Ähnlichkeit mit den Silenen haben, die man öffnen kann. Will nämlich jemand die Reden des Sokrates hören, so werden sie ihm zunächst sehr lächerlich vorkommen, hüllen sie sich doch außen in solche Wörter und Redensarten ein wie in das Fell eines übermütigen Satyrs. Denn er redet von Packeseln und Schmieden und Schustern und Gerbern und scheint immer auf dieselbe Art dasselbe zu sagen, so daß jeder unerfahrene und unverständige Mensch über seine Worte lachen möchte. Wer sie aber geöffnet sieht und in ihr Inneres eindringt, der wird finden, daß sie erstens allein unter allen Reden Vernunft haben, und sodann, daß sie von göttlichster Art sind und die schönsten Bilder der Tüch-

tigkeit in sich tragen, und daß sie auf das meiste Bezug haben, ja sogar auf alles, worauf derjenige bedacht sein muß, der gut und edel werden will.

Das ist es, ihr Männer, was ich zum Lobe des Sokrates sagen möchte. Und auch, was ich an ihm tadle, habe ich beigemischt und euch gesagt, womit er mich gekränkt hat. Und nicht nur mit mir ist er so verfahren, sondern auch mit Charmides, mit Euthydemos, dem Sohn des Diokles, und mit sehr vielen anderen, denen er vortäuscht, er sei ihr Liebhaber, während er doch vielmehr aus dem Liebhaber zum Geliebten wird. Und das sage ich nun auch dir, Agathon, damit du dich nicht von ihm täuschen lassest, sondern dir meine Erfahrungen merkst und auf der Hut bist und nicht, wie das Sprichwort sagt, ‚wie ein Tor erst durch Schaden klug wirst'.»

38. Als Alkibiades so gesprochen hatte, sei ein Gelächter entstanden über den Freimut seiner Erzählung, weil er noch immer in Sokrates verliebt schien. Sokrates aber habe gesagt: «Ich habe den Eindruck, du seist noch ganz nüchtern, Alkibiades. Sonst hättest du dich nicht so elegant im Kreise gedreht und das zu verbergen gesucht, weswegen du ja eigentlich das Ganze vorgebracht hast, und es dann ans Ende gesetzt, als wäre es bloß eine Nebensache; als ob du nicht alles nur deshalb gesagt hättest, um mich und Agathon auseinanderzubringen, in der Meinung, ich dürfe nur dich und sonst niemanden lieben, und Agathon wieder dürfe nur von dir und sonst von niemandem geliebt werden. Aber du hast das nicht verbergen können, und dein Satyr- und Silenspiel ist an den Tag gekommen. Deshalb, lieber Agathon, soll er keinen Vorteil davon haben, sondern sorge dafür, daß mich und dich niemand auseinanderbringt.»

Darauf hätte Agathon versetzt: «Ja, Sokrates, vielleicht hast du ganz recht. Ich schließe das auch daraus, daß er sich gerade mitten zwischen mir und dir niedergelassen hat, um uns auch so voneinander zu trennen. Das wird ihm aber nichts helfen, sondern ich komme jetzt zu dir und lege mich dort nieder.»

«Ja, gut», habe Sokrates erwidert, «komm nur und leg dich hier gerade neben mich.»

«O Zeus», habe Alkibiades ausgerufen, «was muß ich doch von diesem Menschen wieder erleben! Er meint, er müsse sich mir bei jeder Gelegenheit überlegen zeigen. Aber wenn es denn nicht anders geht, du Wunderlicher, so laß wenigstens Agathon in der Mitte zwischen uns Platz nehmen.»

«Nein, das geht unmöglich», habe Sokrates erwidert. «Denn du hast mich nun gelobt; somit muß wiederum auch ich meinen Nebenmann zur Rechten loben. Wenn nun aber Agathon unten an dir Platz nimmt, so wird er mich doch nicht etwa noch einmal loben wollen, bevor er zuerst von mir gelobt worden ist? Nein, laß uns nur, du Schwieriger, und mißgönne dem Jüngling das Lob nicht, das ich ihm sprechen will; ich brenne nämlich darauf, ihn zu loben.»

«Bravo», habe Agathon gerufen, «jetzt kann ich unmöglich mehr hier bleiben, Alkibiades, sondern muß auf alle Fälle meinen Platz wechseln, um von Sokrates gelobt zu werden.»

«Da haben wir wieder die gewohnte Geschichte», habe Alkibiades gesagt: «wenn Sokrates da ist, kann niemand sonst etwas von den Schönen haben. Und wie geschickt hat er auch jetzt wieder einen einleuchtenden Vorwand gefunden, daß dieser neben ihm Platz nehmen soll.»

39. Agathon sei darauf aufgestanden, um sich neben Sokrates niederzulassen. Da sei plötzlich eine ganze Menge von Nachtschwärmern an die Türe gekommen, und als sie diese offen fanden, weil gerade jemand hinausgegangen war, seien sie einfach hereingekommen und hätten sich bei ihnen niedergelassen. Und alles sei voll Lärm gewesen, und ohne irgendwelche Ordnung mehr sei man gezwungen worden, sehr viel Wein zu trinken.

Eryximachos, Phaidros und einige andere, so erzählte Aristodemos, seien nun nach Hause gegangen. Ihn selbst aber habe der Schlaf übermannt, und er habe recht lange geschlafen, weil die Nächte damals ja lang waren. Gegen Morgen sei er dann aufgewacht, als schon die Hähne krähten, und habe gesehen, daß die anderen entweder schliefen oder weggegangen waren. Nur Agathon und Aristophanes und Sokrates seien noch wach gewesen und hätten, nach rechts herum, aus einer großen Schale getrunken, und Sokrates habe ein Gespräch mit ihnen geführt. Worüber sie sonst geredet haben, sagte Aristodemos, könne er sich nicht mehr erinnern, sei er doch nicht von Anfang an dabei gewesen, und zudem hätte er zwischenhinein ein wenig geschlummert. In der Hauptsache aber sei es darum gegangen, sagte er, daß Sokrates sie zuzugeben genötigt habe, ein und derselbe Mann müsse sich darauf verstehen, eine Tragödie und eine Komödie zu schreiben, und der kunstgemäße Tragödiendichter sei auch Komödiendichter. Dies also sei ihnen abgenötigt worden; sie hätten aber nicht so recht folgen können und seien eingenickt. Und zwar sei zuerst Aristophanes eingeschlafen und dann, als es schon Tag wurde, auch Agathon.

Nachdem nun Sokrates die beiden so zum Schlafen gebracht hatte, sei er aufgestanden und weggegangen, und Aristodemos, nach seiner Gewohnheit, mit ihm. Er sei ins Lykeion gekommen, habe gebadet und dann den übrigen Tag wie sonst zugebracht; darauf habe er sich gegen Abend nach Hause zur Ruhe begeben.

PHAIDROS

EINLEITUNG

Vielleicht das Erstaunlichste an diesem in vieler Hinsicht erstaunlichen Dialog ist, daß er von Kennern der Antike als besonders «jugendlich» eingeschätzt werden konnte und noch von Fr. Schleiermacher, dem Begründer des modernen Platonverständnisses, für das früheste Werk gehalten wurde. «Jugendlichen» Schwung der Sprache und eine kühne Phantasie zeigt allerdings der berühmteste Teil des Dialogs, der Mythos von der Auffahrt der geflügelten Seelengespanne; das Ganze jedoch macht den Eindruck eines reifen und raffiniert ausgeklügelten Werkes. Heute wird nur noch die Datierung ans Ende der «mittleren» Periode (etwa 370 v. Chr.) oder aber in die Mitte der «späten» Periode (360 v. Chr.?) diskutiert.

Verblüffend wie beim ‹Protagoras› ist die stilistische und thematische Vielfalt: wir finden einen Beweis für die Unsterblichkeit der Seele, der in Sprache und Duktus an Texte der ionischen Naturphilosophie erinnert (245 c–246 a); dann das erwähnte breit ausgeführte Bild von der Auffahrt der Götter und in ihrem Gefolge der Seelengespanne zum Himmelsrand, mit deutlichen Reminiszenzen an Homer (246 a–249 d); zu Beginn die Schilderung eines Ausflugs vor die Tore der Stadt, die die Stimmung zur Zeit der Mittagshitze einfängt (227 a–230 e); daneben die bald kühle, bald teilnehmende Beschreibung des Verhaltens Verliebter in den drei Erosreden, ferner viel «sokratischen» Dialog im zweiten Teil, dann wieder eine kleine «mythische» Skizze von der Verwandlung musikseliger Menschen in ewig singende Zikaden (259 a–d), schließlich ein bei großer

Schlichtheit der Sprache tiefsinniges Gebet an Pan (279 bc).

Mit dem ‹Symposion› hat der ‹Phaidros› das Thema Eros gemeint, jedenfalls im ersten Teil. Auch hier knüpft Platon an eine gegebene literarische Form an: ein «Paignion» des Lysias wird verlesen, das heißt die spielerische Behandlung eines paradoxen Themas in ausgefeilter Kunstprosa. (Ob Platon wirklich einen fremden Text über Seiten – 230 d–234 c – wörtlich wiedergibt oder vielmehr lysianischen Stil zum eigenen Vergnügen reproduziert, ist bis heute umstritten.) Phaidros – der einzige Gesprächspartner dieses Dialogs – findet die Rede des Lysias hinreißend; Sokrates hält sie für albern und abstoßend – so wird er aufgefordert, selbst Besseres zu bieten (234 d–237 b). Dem ausgefeilten Elaborat des Lysias setzt er eine improvisierte Rede entgegen (237 b–241 d), die gleichwohl, wie später (262 c ff.) festgestellt wird, gerade auch in formaler Hinsicht überlegen ist. Inhaltlich hält sich diese erste Rede an die These des Lysias, daß es für einen Knaben besser ist, mit einem nicht verliebten «Verehrer» Umgang zu haben als mit einem verliebten, denn die Verliebtheit sei ein schlimmer Wahnsinn. Doch sogleich reut es Sokrates, die schändliche These vertreten zu haben, und er setzt zu einer zweiten Improvisation an, die die erste an Umfang, sprachlichem Glanz und inhaltlichem Gewicht weit hinter sich läßt. Die Palinodie (243 e–257 b) erkennt zwar an, daß die Verliebtheit ein Wahnsinn ist, doch gibt es auch Formen des Wahnsinns (der *manía)*, die den Menschen von den Göttern zu ihrem Wohl gegeben wurden, und die edelste davon ist der Eros. Was der Eros ist, läßt sich erst verstehen, wenn man Herkunft und Bestimmung der Seele kennt: sie ist unsterblich (245 c) und hat vor dem Eintritt in die Körperwelt die Welt des wahren Seins, die transzendente (am «überhimmlischen Ort» befindliche: 247 c) Ideenwelt erblickt. In ihren irdischen und vergänglichen «Abbildern» sind die Ideen oft schwer zu erkennen, sie strahlen nicht aus ihnen hervor (250 b) – außer der Idee der Schönheit.

Daher die Faszination des Schönen, der die Seele um so mehr erliegt, je mehr sie einst von der Idee sah. Der Anblick des Schönen erweckt das Verlangen, ihm nahe zu sein; der begehrliche Teil der Seele ist dabei auf Lustgewinn aus, der vernünftige Teil (den der «muthafte» unterstützt) ist bestrebt, gemeinsam mit dem Objekt des Verlangens vom sinnlich Schönen aufsteigend zur (Wieder-)Erkenntnis des idealen Schönen auch im Diesseits zu gelangen. Der Weg zu diesem Ziel ist das gemeinsame Philosophieren der Liebenden. Eros ist also die treibende Kraft im Streben nach der Ganzheit der Seele, die sie einst bei der jenseitigen Ideenschau besaß (250 c) und deren Wiedergewinnung ihre eigentliche Bestimmung ist.

Auf diesen in hohem Stil geschriebenen Grundtext dessen, was man später «platonische Liebe» nannte (und unter diesem Namen oft mißdeutete), folgt ein nüchtern argumentierender zweiter Teil, der den mündlichen und schriftlichen Gebrauch des Wortes auf seine Bedingungen, seine Zielsetzung und seinen Wert hin untersucht (257 b–279 c). Die Erörterung, die die zeitgenössische Rhetorik souverän analysiert und zum Postulat einer auf Wissen gegründeten philosophischen Redekunst führt (266 d–274 d), mündet schließlich in die berühmte Kritik der Schriftlichkeit (274 b–278 c), die als einzige Form der Schrift, die Wert hat, die für sich selbst und seinesgleichen gefertigten Gedächtnisstützen des Philosophen übrig läßt (278 a) und den Philosophen dadurch definiert, daß er seine Schrift mündlich durch «Wertvolleres» zu überbieten weiß (278 cd).

Der stilistische Bruch zwischen erstem und zweitem Teil hat immer wieder Anstoß erregt. Der Übergang vom Thema Seele zum Thema Rede, Redekunst, Schrift schien die Einheit des Dialogs zu zerstören. Manche Interpreten sprachen von verfehlter Komposition.

Ein harter Schnitt liegt gewiß vor in 257 b, doch besteht kein Grund, die Einheit des Dialogs zu leugnen. Thema ist von Anfang an die Frage, was den Wert eines «Logos» (einer mündlichen oder schriftlichen «Rede») ausmacht und wodurch ein Logos dem anderen überlegen ist. Die Antwort (die schon in 234 e–236 b vorgezeichnet ist) gibt Platon im Entwurf einer philosophischen Rhetorik (bes. 273 d–274 a) und in der Schriftkritik: Letztlich beruht der Wert eines Logos ganz auf dem Wissen, aus dem heraus er gesprochen oder geschrieben wird; zur tieferen Begründung seiner Schrift in mündlicher Darlegung durch «Wertvolleres» muß der Philosoph stets gerüstet sein – was nun allerdings impliziert, daß er nicht alles, was er zu sagen hat, der Schrift anvertrauen wird (ebensowenig wie ein kluger Bauer alles, was er an Saatgut hat, in «Adonisgärtchen» säen wird: 276 bc). Wie aber die mündliche «Hilfe» für den eigenen Logos (vgl. 275 e–276 a, 278 c) aussehen muß, dafür bietet die Steigerung von der ersten Eros-Rede des Sokrates zur zweiten und von dort zur begrifflichen Analyse der Reden (262 c ff.) ein instruktives Beispiel. Die Einheit des ‹Phaidros› ist also durch die fortlaufende Explikation der richtigen Art der philosophischen Mitteilung gegeben, die konsequent zur Abwertung der Schriftlichkeit gegen die Mündlichkeit führt. – Zur Bedeutung der Schriftkritik für Platons Dialoge und für seine Konzeption von philosophischer Esoterik siehe oben, Einführung S. 14ff.

PHAIDROS

Personen des Dialogs: SOKRATES, PHAIDROS
Ort: Am Ufer des Ilissos vor den Mauern Athens

SOKRATES: Lieber Phaidros, wohin denn und woher?

PHAIDROS: Von Lysias, Sokrates, dem Sohn des Kephalos. Doch jetzt gehe ich vor der Stadtmauer spazieren, nachdem ich die ganze Zeit, vom frühen Morgen an, dort gesessen bin. Auf den Rat unseres gemeinsamen Freundes Akumenos mache ich aber meine Spaziergänge jeweils den Straßen entlang; er behauptet nämlich, das sei weniger ermüdend als in den Wandelhallen.

SOKRATES: Damit hat er ganz recht, mein Freund. Aber offenbar war also Lysias in der Stadt?

PHAIDROS: Ja, bei Epikrates, in dem Hause des Morychos, in der Nähe des Olympions.

SOKRATES: Wie habt ihr euch denn da die Zeit vertrieben? Oder es ist ja klar, daß euch Lysias mit seinen Reden bewirtet hat?

PHAIDROS: Du kannst es erfahren, wenn du Zeit hast, mich im Weitergehen anzuhören.

SOKRATES: Glaubst du denn nicht, daß es mir, wie Pindar sagt, «über jedes andere Geschäft geht» zu hören, wie du und Lysias euch die Zeit vertrieben habt?

PHAIDROS: So setze also deinen Weg fort.

SOKRATES: Und du rede.

PHAIDROS: Und es handelt sich auch in der Tat um etwas, Sokrates, das du hören solltest. Denn das Thema, über das wir uns unterhielten, betraf gewissermaßen die Liebe. Lysias hatte nämlich eine Schrift verfaßt über einen schönen Knaben, der in Versuchung geführt wird, jedoch nicht von einem Liebhaber. Gerade darin liegt aber die besondere Feinheit, behauptet er doch, man sollte einem Nichtverliebten eher zu Gefallen sein als einem Verliebten.

SOKRATES: Der edle Mann! Hätte er doch gesagt, man müsse das eher einem Armen als einem Reichen, oder eher einem Älteren als einem Jüngeren, und was sonst noch auf mich paßt und auf die meisten von uns! Ja, dann wären seine Worte wirklich artig und von allgemeinem Nutzen. Ich bin nun auf das Hören dermaßen begierig geworden, daß ich nicht von dir weichen will, auch wenn du deinen Spaziergang bis nach Megara ausdehnen und dann wie Herodikos wieder der Mauer entlang zurückkehren wolltest.

PHAIDROS: Wie redest du denn da, mein bester Sokrates? Glaubst du etwa, das, was Lysias in langer Zeit und in aller Muße verfaßt hat – er, der gegenwärtig der größte Meister unter den Schriftstellern ist –, das könne ich als Laie bloß aus der Erinnerung auf angemessene Art wiedererzählen? Da fehlt mir viel dazu, obschon mir das lieber wäre, als zu großem Reichtum zu kommen.

2. SOKRATES: Phaidros, wenn ich den Phaidros nicht kennte, dann müßte ich auch meiner selbst vergessen haben. Aber weder das eine noch das andere ist der Fall. Ich weiß ganz genau: wenn er eine Rede des Lysias hören konnte, dann hat er sich diese nicht bloß einmal angehört, sondern hat sie sich immer wieder von ihm vortragen lassen, und jener ließ sich gar nicht ungern überreden. Aber auch das genügte ihm nicht, sondern schließlich hat er das Buch zur Hand genommen und das nachgelesen, was ihm am besten gefiel. So beschäftigt, saß er seit dem frühen Morgen da. Schließlich wurde er es müde und machte sich auf den Spaziergang; dabei, glaube ich, beim Hunde, wußte er die Rede schon auswendig, sofern sie nicht

allzu lange war. Seinen Weg aber nahm er vor die Stadtmauer, um sich dort vorzubereiten. Wie er nun aber einem begegnete, der auch von der Sucht befallen ist, Reden anzuhören, da freute er sich, als er sah, daß er einen Genossen seiner Begeisterung gefunden hatte, und bat ihn, er solle ihn begleiten. Als ihn aber dieser Redenliebhaber zu sprechen bat, zierte er sich, als hätte er keine Lust dazu; schließlich aber würde er doch mit aller Gewalt reden wollen, auch wenn ihm niemand gerne zuhören möchte. Du nun, Phaidros, bitte ihn, was er doch bald auf jeden Fall tun wird, doch lieber jetzt gleich zu tun.

PHAIDROS: Es ist wahrhaft weitaus am besten, wenn ich so gut rede, wie ich es eben vermag. Denn mir scheint, du wirst mich auf keinen Fall gehen lassen, bevor ich irgendwie rede.

SOKRATES: Dieser Eindruck, den du von mir hast, ist durchaus richtig.

3. PHAIDROS: Ich will es also so machen. Denn in Wirklichkeit, Sokrates, habe ich den Wortlaut ganz und gar nicht auswendig gelernt. Dagegen den Sinn von beinahe allen jenen Aussprüchen, worin er sagte, daß sich der Stand des Liebenden vom Nichtliebenden unterscheide – den will ich dir in den Hauptpunkten darstellen, der Reihe nach, von Anfang an beginnend.

SOKRATES: Zuerst aber zeige mir, lieber Freund, was du da unter dem Mantel in deiner linken Hand hältst. Ich vermute fast, du hast da die Rede selber. Sollte dem so sein, dann denke von mir wie folgt: ich habe dich zwar sehr lieb; wenn aber auch Lysias anwesend ist, dann bin ich durchaus nicht gesonnen, mich dir zu Übungszwecken darzubieten. Komm also, laß sehen!

PHAIDROS: Halt ein, Sokrates! Die Hoffnung, mich an dir üben zu können, hast du zunichte gemacht. Aber wo schlägst du vor, daß wir uns zum Lesen hinsetzen sollen?

SOKRATES: Verlassen wir diesen Pfad und gehen zum Ilissos hinab: dort können wir uns dann, wo es uns gefällt, an einem ruhigen Platz niederlassen.

PHAIDROS: Da trifft es sich offenbar gerade gut, daß ich barfuß bin; du bist es ja jederzeit. Am bequemsten ist es nun, wenn wir, im Wässerchen die Füße netzend, hinuntergehen; so ist es auch recht angenehm, besonders in dieser Jahreszeit und zu dieser Stunde.

SOKRATES: So geh also voran und halte dabei Umschau, wo wir uns setzen wollen.

PHAIDROS: Siehst du dort jene höchste Platane?

SOKRATES: Wie sollte ich nicht?

PHAIDROS: Dort ist Schatten und ein mäßiger Wind, auch ein Rasenplatz, wo wir uns setzen oder, wenn wir lieber wollen, uns ausstrecken können.

SOKRATES: Also, geh voran!

PHAIDROS: Sage mir, Sokrates, erzählt man sich denn nicht, daß hier irgendwo am Ilissos Boreas die Oreithyia geraubt habe? Oder war es beim Areopag? Denn andererseits hört man auch die Version, sie sei dort und nicht hier geraubt worden.

SOKRATES: Ja, das behauptet man.

PHAIDROS: Nun, vielleicht also doch hier? Lieblich und klar und durchsichtig zeigt sich jedenfalls das Wässerchen, so recht dazu angetan, daß Mädchen daran spielen.

SOKRATES: Nein, nicht hier, sondern etwa zwei oder drei Stadien weiter unten, wo wir zum Tempel von Agra hinübergehen; dort irgendwo ist auch ein Altar des Boreas.

PHAIDROS: Den habe ich noch gar nie bemerkt. Aber, beim Zeus, sage mir, Sokrates, glaubst du, daß diese Sage wahr ist?

4. SOKRATES: Wenn ich daran zweifelte, wie das die Sophisten tun, dann würde ich damit weiter nicht auffallen. Ich würde dann schlau erklären, es habe sie der Wind Boreas von den nahen Felsen herabgestoßen, während sie mit Pharmakeia

spielte, und nachdem sie so den Tod gefunden, habe man behauptet, sie sei vom Gotte Boreas geraubt worden. Was mich betrifft, Phaidros, so halte ich derlei Geschichten im übrigen für ganz nett, nur daß es dazu einen sehr kunstreichen Mann braucht, der vor keiner Mühe zurückschreckt und auch nicht eben glücklich ist, und zwar aus keinem anderen Grunde, als weil er dann notwendig auch das Bild der Hippokentauren und darauf auch das der Chimaira berichtigen muß. Und dann kommt auch die ganze Schar dieser Gorgonen und Pegasen und die Unmenge von unerklärlichen Wesen mitsamt ihren Seltsamkeiten an die Reihe, von denen man Wunderdinge erzählt. Wenn jemand an diesen zweifelt und jedes von ihnen auf etwas Wahrscheinliches zurückführen will, so wird er dafür recht viel Zeit brauchen, weil er sich dazu mit einer grobschlächtigen Weisheit behelfen muß. Mir aber steht für solche Dinge überhaupt keine Zeit zur Verfügung. Und zwar hat das folgende Ursache, mein Lieber: bis jetzt bin ich noch nicht imstande, gemäß der Inschrift in Delphi mich selbst zu erkennen. So kommt es mir denn lächerlich vor, solange ich dieses Wissen nicht besitze, mich mit anderen Dingen zu befassen. Deshalb kümmere ich mich nicht weiter um diese Geschichten und glaube eben das, was man davon allgemein für wahr hält. Und wie ich vorhin sagte, befasse ich mich nicht damit, sondern mit mir selbst, ob ich etwa auch so ein Ungetüm sei, noch viel verschlagener und aufgeblähter als Typhon, oder ein sanfteres und einfacheres Wesen, das seiner Natur nach an einer göttlichen und maßvolleren Art Anteil hat. Doch, mein Freund, ich muß mich selbst unterbrechen: war das nicht dieser Baum, zu dem du uns führen wolltest?

PHAIDROS: Ja, gerade der.

5. SOKRATES: Nun, bei Hera, das ist eine schöne Ruhestätte! Ist doch diese Platane von gewaltiger Breite und Höhe, und die Krone des Baumes und der Schatten, den sie wirft, ist wun-

derschön; und wie steht er doch in voller Blüte, daß der ganze Ort so herrlich davon duftet! Und unter der Platane sprudelt eine wunderliebliche Quelle mit frischestem Wasser, wie sich erweist, wenn man den Fuß hineinhält. Auch scheint hier, nach den Statuen und Bildern, das Heiligtum einiger Nymphen und des Acheloos zu sein. Und wenn du ferner willst: wie lieblich und angenehm ist der Luftzug an diesem Orte, und wie ertönt in ihm die helle Sommermelodie des Grillenchores! Das Allerherrlichste aber ist der Rasen, der so üppig wächst am sanft ansteigenden Rain, daß er eine gar schöne Unterlage bietet, wenn man das Haupt darauf legt. Deine Führung, lieber Phaidros, war also ganz ausgezeichnet.

PHAIDROS: Du aber, Bewundernswerter, scheinst ein besonders merkwürdiger Mensch zu sein. Denn wie du sagst: du gleichst ganz und gar einem Fremden, der sich führen läßt. So wenig kommst du aus der Stadt oder gar ins Ausland; ja du gehst offenbar nicht einmal vor die Stadtmauern hinaus.

SOKRATES: Nimm mir's nicht übel, mein Bester. Ich möchte eben immerzu lernen; doch die Felder und die Bäume wollen mich nichts lehren, sondern nur die Menschen in der Stadt. Du scheinst nun aber freilich das Mittel gefunden zu haben, mich zum Ausgehen zu bewegen; denn so wie man das hungrige Vieh führen kann, indem man ihm Laub oder eine Frucht vorhält, so kannst du mich offenbar durch ganz Attika führen oder wohin du sonst noch willst, indem du mir nur Bücher mit Reden vorzuzeigen brauchst. Nachdem ich nun aber an diesen Platz gelangt bin, will ich mich, glaube ich, hier niedersetzen. Und du wähle die Stellung, die dich zur Lektüre am bequemsten dünkt, und beginne zu lesen.

PHAIDROS: So höre denn:

6. «Über meinen Fall bist du unterrichtet und hast auch gehört, was uns nach meiner Ansicht unter diesen Umständen zuträglich ist. Ich möchte aber, daß mir nicht etwa deshalb

meine Bitte nicht erfüllt wird, weil ich zufällig nicht dein Liebhaber bin. Denn gerade jene Leute reut das dann jeweils, was sie etwa Gutes getan haben, sobald ihre Begierde gestillt ist; den anderen aber ziemt es zu keiner Zeit, ihre Gesinnung zu ändern. Denn nicht aus Zwang, sondern freiwillig und wie es ihnen im Hinblick auf ihre Verhältnisse am geratensten scheint, erweisen sie Gutes, soweit es ihre Mittel erlauben. Und weiter: die Verliebten untersuchen jeweils, inwiefern sie der Liebe wegen ihr Eigentum schlecht verwaltet und was sie andererseits Gutes erwiesen haben. Und wenn sie dann noch die aufgewendete Mühe dazurechnen, sind sie der Meinung, sie hätten ihren Geliebten den schuldigen Dank schon längst erwiesen. Die Nichtverliebten dagegen können weder vorschützen, sie hätten deswegen ihre eigenen Verhältnisse vernachlässigt, noch können sie die gehabten Mühen in Anschlag bringen oder die Streitigkeiten mit ihren Verwandten beklagen. Nachdem aber so viele Übel in Wegfall kommen, bleibt ihnen nichts übrig, als bereitwillig das zu tun, womit sie nach ihrer Ansicht jenen eine Freude machen können. Und weiter: wenn die Verliebten aus dem Grunde hoch geehrt zu werden verdienen, weil sie behaupten, sie seien denen über alles ergeben, nach welchen sie Verlangen tragen, und weil sie bereit sind, auch wenn sie sich bei den anderen verhaßt machen, den Geliebten mit Wort und Tat gefällig zu sein, so kann man leicht feststellen, ob sie die Wahrheit sagen, nämlich daran, daß sie diejenigen, in die sie sich etwa später verlieben werden, höher schätzen werden als die früheren, und daß sie diesen, wenn es jenen so gefällt, sogar auch Böses erweisen. Und doch, wie wäre es billig, ein solches Tun einem Menschen zu gestatten, der von einem Übel befallen ist, das abzuwenden sich nicht einmal jemand getrauen möchte, der Erfahrung besitzt. Geben sie doch selbst zu, daß sie eher krank als bei gesunden Sinnen sind, und sind sich wohl bewußt, daß es mit ihrem Verstand übel bestellt ist; doch vermögen sie ihrer selbst nicht Herr zu werden. Wie sollten sie also, wenn sie wieder bei gutem Verstande sind, das für richtig halten, was sie in diesem Zustande planen? Und übrigens: wenn du dir unter den Verliebten den Besten auswählen wolltest, dann hättest du wohl die Wahl nur unter wenigen; willst du aber aus den anderen denjenigen wählen, der dir am besten paßt, dann unter vielen, so daß du viel größere Hoffnung haben kannst, daß sich unter den vielen auch jener findet, der deiner Freundschaft wert ist.

7. Solltest du aber mit Rücksicht auf das, was als bräuchlich gilt, die Befürchtung haben, die Leute könnten es erfahren und dich würde dann ein Tadel treffen, so ist doch folgendes anzunehmen: da die Verliebten des Glaubens sind, die anderen seien auf sie ebenso eifersüchtig, wie sie es untereinander sind, haben sie den Drang, von der Sache zu reden, und den Ehrgeiz, allen zu verkünden, daß ihre Bemühungen nicht ohne Erfolg geblieben sind. Die Nichtverliebten dagegen, die ihrer selbst Herr sind, ziehen das wahre Beste dem Ruhm unter den Leuten vor. Im weiteren ist es unvermeidlich, daß viele erfahren und es auch selbst sehen, wie die Verliebten den Geliebten nachgehen und das recht eigentlich zu ihrer Beschäftigung machen. Wenn man sie dann miteinander reden sieht, so glaubt man bei ihrem Beisammensein, die Befriedigung ihrer Begierde habe gerade stattgehabt oder stehe eben bevor. Bei Nichtverliebten aber denkt niemand daran, ihnen wegen ihres Zusammenseins einen Vorwurf zu machen. Die Leute wissen ja, daß es sich ganz von selbst ergibt, daß man sich miteinander unterhält, sei es aus Freundschaft oder weil es einem sonst Vergnügen macht. Und sollten dir dann Bedenken kommen beim Gedanken, daß eine Freundschaft nur schwer Bestand halten kann und daß, wenn sonst irgendwie ein Zerwürfnis eintreten sollte, die Unannehmlichkeit dann beide gemeinsam trifft und daß du dann, wenn du dein Kostbarstes daran gegeben hast,

einen großen Schaden davonträgst, so hast du die Verliebten mit Recht noch mehr zu fürchten. Gibt es doch gar manches, was sie betrübt, und von allem glauben sie, es geschehe zu ihrem Schaden. Deshalb suchen sie auch ihre Geliebten vom Umgang mit den anderen Leuten abzuhalten, weil sie fürchten, die Reichen möchten sie an Vermögen übertreffen und die Gebildeten könnten ihnen an Intelligenz überlegen sein, und sie wehren sich gegen den Einfluß eines jeden, der sonst ein Gut besitzt. Wenn sie dich nun überreden können, daß du dich mit jenen überwirfst, so bringen sie es dazu, daß du ohne Freunde dastehst. Bist du aber auf deinen wahren Vorteil bedacht und bewahrst ein besseres Urteil als sie, so bekommst du Streit mit ihnen. Alle jene aber, die nicht als Verliebte, sondern durch ihre menschliche Tüchtigkeit an das Ziel ihrer Wünsche kommen, werden sich nicht eifersüchtig zeigen, wenn andere mit dir zusammen sind, sondern es denen übelnehmen, die das nicht wollen. Meinen sie doch, sie würden von jenen verächtlich angesehen, während sie von deinen Gesellschaftern einen Vorteil haben könnten. Somit besteht viel größere Hoffnung, daß ihnen aus diesem Verhältnis Freundschaft erwachsen werde als Feindschaft.

8. Und im weiteren begehren eben viele unter den Verliebten eher nach dem Leibe, als daß sie die Wesensart kennengelernt und sich mit den übrigen Eigenheiten vertraut gemacht haben; darum ist es ungewiß, ob sie auch dann noch ihre Freunde sein wollen, wenn sie ihre Begierde gestillt haben. Die Nichtverliebten dagegen waren schon lange miteinander befreundet, bevor sie sich die letzte Gunst gewährten. Bei ihnen ist denn auch nicht wahrscheinlich, daß ihre Freundschaft geringer wird infolge dessen, was sie sich zuliebe getan haben; eher wird ihnen das eine bleibende Erinnerung für die Zukunft sein. Ja, du darfst wohl eher erwarten, zu einem besseren Menschen zu werden, wenn du mir statt einem Liebhaber gehorchst.

Denn jene loben auch gegen das Beste alles, was du sagst und tust, weil sie erstens fürchten, sich unbeliebt zu machen, und weil sie zweitens infolge der Leidenschaft in ihrer Urteilskraft selbst auch beschränkt werden. Solches aber bringt die Liebe zutage: sie bewirkt, daß die Unglücklichen das, was anderen Leuten keine Sorgen macht, für gräßlich halten; die Glücklichen aber nötigt sie, auch dem ihr Lob zu spenden, was keiner Freude wert ist. So daß es also viel eher am Platze ist, die Verliebten zu bemitleiden als sie zu beneiden. Schenkst du aber mir Gehör, so werde ich, wenn ich mit dir zusammen bin, nicht in erster Linie nur auf das augenblickliche Vergnügen bedacht sein, sondern darauf, daß künftig ein Nutzen daraus entsteht. Ich werde nicht von der Liebe besiegt sein, sondern mich selbst besiegen, nicht kleiner Ursachen wegen eine große Feindschaft erheben, sondern nur wegen wichtiger Dinge und nur langsam ein wenig zornig werden, und ich werde für unabsichtliche Fehler Verzeihung gewähren, gegen absichtliche aber mich zu wehren versuchen. Denn das sind die Merkmale einer Freundschaft, die lange Zeit währen soll. Wenn dir aber das Bedenken gekommen ist, daß eine feste Freundschaft unmöglich entstehen könne, wenn einer nicht verliebt ist, so magst du überlegen, daß wir dann weder unsere Kinder noch unsere Eltern wertschätzen und auch keine treuen Freunde besitzen könnten, da diese Verhältnisse ja nicht auf einer solchen Leidenschaft, sondern auf Beziehungen ganz anderer Art beruhen.

9. Und dann noch etwas: wenn man wirklich denen am ehesten gefällig sein soll, die das Bedürfnis danach haben, dann gehört es sich, daß auch die anderen nicht den Besten, sondern den Bedürftigsten Gutes tun; weil diese dann vom größten Ungemach befreit sind, werden sie ihnen auch den größten Dank wissen. Auch zum Mahl im eigenen Hause müßte man dann jeweils nicht seine Freunde einladen, sondern die Bettler

und solche, die wieder einmal satt werden möchten. Diese werden ihm dann auch ihre Anhänglichkeit beweisen, und seine Gefolgsleute werden vor seine Tür kommen und die größte Freude bezeigen und den meisten Dank wissen und alles Gute auf ihn herabflehen. Und doch gehört es sich vermutlich, daß man sich nicht den Bedürftigsten am meisten gefällig zeigt, sondern denen, die am ehesten in der Lage sind, sich wieder erkenntlich zu erweisen; und nicht den Verliebten allein, sondern denen, die der Wohltat wert sind, und auch nicht denen, die deine Jugend genießen möchten, sondern denen, die dir auch, wenn du älter geworden bist, von ihren eigenen Gütern mitteilen, und auch nicht denen, die nachher bei anderen prahlen, wenn sie ans Ziel gekommen sind, sondern denen, die zurückhaltend vor allen anderen darüber schweigen. Auch nicht denen, die sich nur kurze Zeit um dich bemühen, sondern jenen, die ihr ganzes Leben hindurch gleichermaßen deine Freunde sein werden, und schließlich auch nicht denen, die nach dem Vorwand zu einem Zerwürfnis suchen, wenn sie ihre Begierde gestillt haben, sondern jenen, die dann erst ihre menschliche Tüchtigkeit zum Vorschein bringen, wenn deine Jugendblüte vorüber ist. Du aber denke an diese Worte und überlege dir auch, daß die Verliebten von ihren Freunden getadelt werden, weil ihre Handlungsweise schlecht sei, daß aber den Nichtverliebten noch nie jemand aus seiner Verwandtschaft getadelt hat, daß er deshalb in seinen Angelegenheiten schlecht beraten sei.

Vielleicht fragst du mich nun, ob ich dir denn zumute, allen Nichtverliebten gefällig zu sein. Nach meiner Ansicht wird dich aber auch der Verliebte nicht heißen, gegen alle Verliebten diese Gesinnung zu zeigen; denn das würde, bei richtiger Überlegung, weder ihm gleich dankenswert erscheinen, noch wäre es dir, da du doch willst, daß es den anderen verborgen bleibt, gleicherweise möglich. Es soll aber daraus kein

Nachteil, sondern für beide nur Vorteil entstehen. Meinerseits glaube ich nun, daß das Gesagte genügen sollte; wünschest du aber noch etwas, weil du glaubst, es sei ausgelassen worden, so frage nur.»

10. Was meinst du nun zu dieser Rede, Sokrates? Ist sie nicht ganz vorzüglich abgefaßt, sowohl im allgemeinen als besonders auch in ihren Formulierungen?

SOKRATES: Geradezu göttlich ist sie, mein Freund; ich bin ganz erschüttert davon. Und dieses Erlebnis wurde mir durch dich zuteil, mein Phaidros, bei deinem Anblick, weil mir schien, du strahltest beim Lesen vor Freude, unter dem Eindruck der Rede. Ich bin dir ja auch gefolgt, weil ich der Meinung war, du verstehest mehr von diesen Dingen als ich, und indem ich dir folgte, bin ich mit dir in Entzücken geraten, du göttliches Haupt!

PHAIDROS: Gut denn. Auf diese Art also glaubst du zu scherzen?

SOKRATES: Du meinst, ich scherze und rede nicht im Ernst?

PHAIDROS: Nein, durchaus nicht, Sokrates. Aber, beim Gotte der Freundschaft, sag mir nun der Wahrheit gemäß: glaubst du, irgendein anderer Grieche wüßte etwas anderes über dieses Thema zu sagen, etwas, das größer und bedeutender wäre?

SOKRATES: Ist es denn meine und deine Aufgabe, die Rede auch in der Hinsicht zu loben, daß der Verfasser das Richtige gesagt hat, und nicht nur darin, daß er jeden Ausdruck klar und schön abgerundet und ganz genau ausgefeilt hat? Wenn es denn freilich sein soll, dann muß ich es dir zuliebe eben zugeben. Mir ist es nämlich entgangen infolge meiner Unzulänglichkeit; denn ich richtete meine Aufmerksamkeit einzig und allein auf seine Redekunst, und damit, glaubte ich, würde sich nicht einmal Lysias selbst begnügen. Auch hatte ich den Eindruck, Phaidros – falls du nicht etwa anderer Ansicht bist –, daß er zwei- oder dreimal dasselbe gesagt hat, gerade als ob es ihm nicht eben leicht fiele, über ein und dasselbe Thema vieles zu sagen, oder als ob ihm vielleicht auch nicht sehr daran gelegen sei. Er kam mir also vor wie ein junger Mann, der zeigen will, daß er imstande ist, über das nämliche bald so und bald wieder so zu reden, und zwar beidemal sehr gut zu reden.

PHAIDROS: Damit sagst du gar nichts, Sokrates. Denn gerade das enthält ja seine Rede, und zwar im höchsten Maße: von alledem, was zu diesem Thema gesagt zu werden verdient, hat er nichts beiseite gelassen. Es dürfte also nie jemand in der Lage sein, neben dem, was er gesagt hat, noch mehr und Bedeutenderes zu sagen.

SOKRATES: Das ist nun etwas, wo ich dir keinen Glauben mehr schenken kann. Denn alte und weise Männer und Frauen, die über dieses Thema geredet und geschrieben haben, werden mich widerlegen, wenn ich da dir zuliebe ein Zugeständnis mache.

PHAIDROS: Wer sind diese, und wo hast du Besseres als das gehört?

11. SOKRATES: Ich kann das jetzt nicht einfach so sagen. Sicher habe ich es von jemandem gehört, sei es von Sappho, der Schönen, oder von Anakreon, dem Weisen, oder auch von irgendeinem Prosaschriftsteller. Soll ich sagen, woraus ich das schließe? Ganz erfüllt ist mein Herz, du Wunderlicher, und so fühle ich, daß ich noch ganz andere Dinge als das zu sagen hätte, und nicht geringere. Daß ich mir aber nichts davon aus eigenem ersonnen habe, weiß ich bestimmt, bin ich mir doch meiner Unwissenheit wohl bewußt. So bleibt denn nur, glaube ich, daß ich aus irgendwelchen anderen Quellen durch das Gehör erfüllt worden bin, ähnlich wie ein Gefäß. Aus lauter Stumpfsinn habe ich aber auch das wieder vergessen, wie und von wem ich es gehört habe.

PHAIDROS: Das hast du doch aber sehr schön gesagt, du Edelster. Denn durch wen und auf welche Weise du das gehört hast, das verlange ich durchaus nicht zu hören; mach es nur gerade so, wie du sagst. Du hast versprochen, Besseres und nicht Unbedeutenderes als das zu sagen, was in diesem Buche steht, ohne dich davon beeinflussen zu lassen. Und ich verspreche dir, wie die neun Archonten, dir ein lebensgroßes goldenes Standbild in Delphi aufzustellen, und zwar nicht nur meines, sondern auch das deine.

Sokrates: Du bist sehr lieb und wahrhaft goldig, mein Phaidros, wenn du glaubst, ich wolle behaupten, daß Lysias seine Sache überhaupt ganz falsch gemacht habe und daß es möglich sei, dem allem gegenüber etwas anderes zu sagen. Ich glaube, das könnte nicht einmal dem allerübelsten Schriftsteller begegnen. Doch nun gerade zur Frage, von der die Rede ist. Was glaubst du: wenn jemand sagt, daß man einem Nichtverliebten eher gefällig sein soll als einem Verliebten, wenn er aber dabei unterläßt, das Vernünftige des einen zu loben und das Unvernünftige des anderen zu tadeln (was doch ganz notwendig wäre) – wird dieser dann imstande sein, sonst noch etwas zu sagen? Ich glaube vielmehr, auf derartiges muß man gar nicht weiter eingehen und es dem Redenden einfach zugeben. Auch soll man bei solchen Dingen nicht den Einfall, sondern nur die Darstellung loben; bei solchen dagegen, die sich nicht von selbst verstehen, sondern wo es schwierig ist, daraufzukommen, da soll man neben der Darstellung auch den Einfall loben.

12. Phaidros: Ich schließe mich dem an, was du sagst; scheint mir doch, du habest das Richtige getroffen. Und ich will es nun auch so halten: Daß der Verliebte schwerer krank ist als der Nichtverliebte, davon auszugehen erlaube ich dir. Wenn du aber im übrigen etwas Besseres und Wertvolleres sagen kannst als das, was Lysias gesagt hat, so sollst du, in getriebener Arbeit, neben dem Weihgeschenk der Kypseliden in Olympia stehen.

Sokrates: Du bist in Eifer geraten, Phaidros, weil ich, um dich zu necken, deinen Liebling angegriffen habe, und meinst nun wirklich, ich werde versuchen, neben seiner Weisheit etwas anderes, Kunstvolleres zu sagen?

Phaidros: Was das anbetrifft, mein Freund, gibst du mir dieselbe Blöße. Denn reden mußt du nun auf jeden Fall, und zwar so, wie du eben imstande bist. Damit wir aber nicht genötigt sind, das lästige Spiel der Komiker zu treiben, wo einer dem anderen dasselbe zurückgibt, so hüte dich und veranlasse mich nicht, jenes zu sagen: «Sokrates, wenn ich den Sokrates nicht kennte, dann müßte ich auch meiner selbst vergessen haben», und: «Er hätte zwar gerne reden wollen, doch zierte er sich.» Sondern bedenke, daß wir nicht von hier weggehen, bevor du sagst, was du in deiner Brust zu tragen behauptest. Wir beide sind jetzt allein in dieser Einsamkeit; aber ich bin der Stärkere und Jüngere. Aus alledem heraus merke dir, was ich sagen will, und laß dich doch ja nicht lieber nötigen, als daß du freiwillig redest.

Sokrates: Aber, mein glücklicher Phaidros: ich, als Laie, werde mich ja lächerlich machen neben einem so trefflichen Dichter, wenn ich da aus dem Stegreif über dasselbe Thema spreche.

Phaidros: Weißt du was? Hör auf, dich vor mir zu zieren; ich weiß nämlich etwas – wenn ich das sage, so werde ich dich schon zum Sprechen bringen.

Sokrates: So sag das ja nicht!

Phaidros: Doch, nun sage ich es gerade. Das Wort aber wird mir wie ein Eid gelten. Ich schwöre dir also – ja, bei wem denn und bei welchem Gotte? Oder willst du, bei dieser Platane da? – Wahrlich, wenn du mir auf meine Rede nicht die Gegenrede hältst, so werde ich dir nie mehr eine Rede irgendeines Menschen weder vorlesen noch zeigen.

Sokrates: O weh, du Schlimmer, wie gut hast du das Mittel herausgefunden für einen redeliebenden Mann, daß er tut, was du wünschest.

PHAIDROS: Was hast du also, daß du dich noch sträubst?

SOKRATES: Gar nichts mehr, nachdem du dies geschworen hast. Denn wie könnte ich wohl auf einen solchen Genuß verzichten?

PHAIDROS: So rede denn!

SOKRATES: Weißt du, wie ich es nun machen will?

PHAIDROS: Wie denn?

SOKRATES: Verhüllt will ich reden, damit ich so schnell als möglich an das Ende der Rede gelange und nicht aus Verlegenheit steckenbleibe, wenn ich dich anblicke.

PHAIDROS: Rede nur; im übrigen halte es ganz, wie du willst.

SOKRATES: Nun denn, ihr Musen – gleichgültig, ob ihr wegen der Art eures Gesanges die Hellstimmigen heißt oder ob ihr diesen Beinamen wegen des musischen Geschlechtes der Ligurer tragt –: Nehmt mit mir das Werk dieser Rede auf, die zu sprechen mich dieser Beste hier zwingt, damit sein Freund, der ihm schon vorher weise zu sein schien, ihm nun noch mehr so erscheine.

Es war also ein Knabe, oder fast eher schon ein Jüngling, der war sehr schön, und er hatte eine große Zahl von Liebhabern. Einer von diesen aber war besonders listig: obschon er nicht weniger verliebt war als irgendeiner, wußte er den Knaben zu überzeugen, daß er nicht ihn liebe. Und als er eines Tages um seine Gunst bat, redete er ihm ein, daß man einem Nichtverliebten eher als dem Verliebten zu Gefallen sein müsse. Er sagte das mit folgenden Worten:

14. «In jeder Sache, lieber Knabe, gibt es einen Ausgangspunkt, den man wählen muß, wenn man den richtigen Entschluß fassen will. Man muß nämlich wissen, worüber die Beratung gehen soll, sonst wird man notwendig das Ganze ver-

fehlen. Die meisten merken nun aber nicht daß sie das Wesen eines jeden Dinges nicht kennen. Doch gleich als ob sie es kennten, setzen sie sich am Anfang der Untersuchung gar nicht erst darüber ins Einvernehmen; wenn sie dann weiter vordringen, müssen sie das büßen, weil sie weder mit sich selbst noch mit den anderen übereinstimmen. Wir beide möchten nun aber nicht, daß uns das widerfahre, was wir anderen zum Vorwurf machen. Sondern nachdem sich dir und mir die Frage gestellt hat, ob man eher mit einem Verliebten oder mit einem, der es nicht ist, eine Freundschaft eingehen soll, wollen wir zunächst in gegenseitigem Einverständnis eine Begriffsbestimmung vornehmen, was die Liebe ist und welche Kraft sie hat. Und dann wollen wir im Hinblick und in Beziehung darauf die weitere Untersuchung anstellen, ob sie Nutzen oder Schaden bringt.

Daß nun die Liebe ein Begehren ist, wird jedem klar sein. Daß aber auch die Nichtverliebten nach den Schönen begehren, wissen wir ebenfalls. Wie unterscheiden wir also den Verliebten von denen, die es nicht sind? Wir müssen also feststellen, daß in jedem von uns zwei beherrschende und bewegende Kräfte sind, denen wir folgen, wohin sie uns auch führen: die eine, uns eingeboren, ist das Begehren nach Lust, die andere, als zuerworbene Gesinnung, ist die, welche nach dem Besten strebt. Die beiden stimmen in uns zuweilen überein; es kommt aber auch vor, daß sie uneins sind, wobei bald die eine, bald wieder die andere die Oberhand hat. Wenn dies nun eine Denkart ist, die uns mittels der Vernunft zum Besten führt und uns beherrscht, so heißt diese Herrschaft *Besonnenheit*. Wenn uns aber die Begierde ohne Vernunft zur Lust hinzieht und in uns regiert, dann nennt man diese Herrschaft *Frevelmut*. Frevelmut aber kann freilich vielerlei bedeuten; denn er ist vielteilig und vielgestaltig. Und diejenige von diesen Arten, die gerade überwiegt, deren Name dient zur Bezeichnung ihres Trägers.

und das ist weder ein schöner noch ein wünschenswerter Name. Eine Begierde zum Beispiel, die auf das Essen gerichtet ist und die sowohl die Einsicht in das Beste als auch die sonstigen Begierden beherrscht, ist Völlerei und wird auch ihrem Träger diesen Namen zuziehen. Und wenn die herrscht, die auf das Trinken geht, und wenn sie ihren Träger in dieser Richtung zieht, so ist klar, welchen Namen sie bekommen wird. Und auch sonst: wie die verwandten Namen der verwandten Begierden lauten müssen, wenn sie gerade vorherrschen, ist auch zum voraus klar. Welcher Begierde wegen aber alles das Vorige gesagt worden ist, das wird nun so gut wie offenbar sein; doch wenn wir es ausdrücklich sagen, so wird es noch klarer, als wenn es nicht gesagt wird: Die Begierde, die ohne Vernunft über die auf das Richtige ausgehende Denkart herrscht – wenn sie zur Lust an der Schönheit geführt wird und dann, kräftig gestärkt, von den ihr verwandten Begierden wiederum zur Schönheit der Leiber geführt wird, dann erhält sie, durch die Führung gestärkt, eben von dem Begriff der Stärke (rhome) den Namen und wird Eros genannt.»

15. Doch, mein lieber Phaidros, hast du nicht, wie ich selbst auch, den Eindruck, daß mir etwas Göttliches widerfahren ist?

PHAIDROS: Ja, freilich, Sokrates; ein ganz ungewohnter Redefluß hat dich ergriffen.

SOKRATES: So schweige denn und höre mich weiter an. Dieser Ort scheint ja in der Tat göttlich zu sein. Wenn ich also im weiteren Verlauf der Rede immer wieder von den Nymphen ergriffen werde, so darfst du dich nicht wundern. Denn was ich nunmehr hören lasse, ist nicht mehr weit entfernt von Dithyramben.

PHAIDROS: Da hast du sehr recht.

SOKRATES: Ja, und daran bist du schuld. Doch höre nun den Schluß, sonst könnte vielleicht das, was über mich kommen will, wieder verscheucht werden. Nun, das sei Gott anheimgestellt; doch wir wollen uns mit der Rede wieder dem Knaben zuwenden.

«Also gut, mein Bester, was es also ist, worüber wir uns beraten müssen, das ist gesagt und bestimmt. Das wollen wir im Auge behalten und nun das übrige sagen, nämlich welcher Nutzen oder welcher Schaden von seiten des Verliebten oder des Nichtverliebten voraussichtlich dem erwachsen wird, der ihm zu Gefallen ist. Wer von der Begierde beherrscht wird und der Lust dient, der wird sich notwendigerweise seinen Geliebten so formen, daß er für ihn möglichst angenehm ist. Einem Kranken aber ist alles angenehm, was ihm nicht widerstrebt; Besseres aber und Gleiches ist ihm zuwider. Weder daß er besser, noch daß er gleich ist, wird also ein Liebhaber bei seinem Geliebten gern haben wollen, sondern wird ihn immer geringer und unvollkommener machen. Geringer aber ist der Unwissende als der Weise, der Feige als der Held, der Unberedte als der gebildete Redner, der Schwerfällige als der Raschdenkende. Wenn also solche Übel und noch andere mehr im Geiste des Geliebten entstehen oder schon von Natur darin vorhanden sind, so muß sich der Verliebte notwendig darüber freuen, ja er wird sogar selbst dafür sorgen, daß sie entstehen, oder dann muß er auf das augenblicklich Angenehme verzichten. Er muß also eifersüchtig sein, und indem er ihn von manchen anderen und nützlichen Verbindungen abhält, durch die er am ehesten zum Manne werden könnte, fügt er ihm großen Schaden zu – den größten aber dort, wo er wohl zur höchsten Erkenntnis kommen könnte. Das aber ist die göttliche Philosophie, von der der Liebhaber seinen Liebling in weiter Ferne halten muß, aus lauter Angst, er möchte sonst von ihm verachtet werden. Und auch im übrigen wird er es darauf anlegen, daß er in jeder Hinsicht unwissend bleibt und in allem auf den Liebhaber sehen muß. Ist er dann so, dann wird er diesem sehr zur Lust, sich selbst aber zu größtem Schaden sein. Für den Geist also ist ein Mann, der Liebe empfindet, als Aufseher oder als Genosse keineswegs förderlich.

16. Nun aber zum Befinden und zur Pflege des Leibes: wie muß dieses Befinden sein, und welche Pflege wird dem Leibe, über den er Herr geworden ist, der angedeihen lassen, der unter dem Zwang steht, statt dem Guten dem Angenehmen nachzustreben: das müssen wir nunmehr untersuchen. Man wird ihn aber sehen, wie er einem weichlichen und nicht einem kräftigen Jüngling nachgeht, einem, der nicht in der hellen Sonne aufgewachsen ist, sondern im dumpfen Schatten, und einem, der nichts weiß von männlichen Strapazen und harten Anstrengungen, der aber an einen weichlichen und unmännlichen Lebenswandel gewohnt ist, mit fremden Farben und mit fremdem Schmuck geschmückt, weil er keinen eigenen hat, und beschäftigt mit alledem, was sonst noch damit zusammenhängt. Doch das ist ja wohlbekannt, und es lohnt nicht, daß wir weiter darauf eintreten, sondern wenn wir *einen* Hauptpunkt bestimmt haben, können wir zu etwas anderem übergehen: Ein solcher Leib bewirkt im Krieg und in allen anderen großen Schwierigkeiten, daß die Feinde Mut fassen, während die Freunde und die Liebhaber selbst in Furcht geraten.

Das können wir nun als bekannt beiseite lassen und vom folgenden reden, nämlich welchen Nutzen oder welchen Schaden für den *Besitz* uns der Umgang und die Aufsicht des Verliebten bringen wird. Klar ist doch dies einem jeden – und besonders dem Liebhaber –, daß er vor allem wünschen möchte, der Geliebte wäre seiner liebsten und holdesten und göttlichsten Besitztümer beraubt. Würde er doch begrüßen, wenn dieser seinen Vater und seine Mutter, seine Verwandten und Freunde verlöre, weil er in diesen die Störer und Tadler seines süßesten Umganges mit ihm sieht. Aber auch vom Besitzer von Geld oder von sonst einem Besitz wird er annehmen, daß er nicht leicht zu erobern sei und auch nicht leicht zu behandeln, wenn er ihn erobert hat. Daraus ergibt es sich als ganz notwendig, daß der Liebhaber auf seinen Liebling eifersüchtig ist, wenn dieser ein Vermögen besitzt, daß er sich aber freut, wenn er es verliert. Und dann möchte der Liebhaber erst noch, daß sein Liebling möglichst lange unverheiratet, kinderlos und ohne Heim ist, aus dem Wunsch heraus, die süße Frucht so lange als möglich für sich zu genießen.

17. Es gibt ja nun auch noch weitere Übel; aber ein Daimon hat den meisten für den Augenblick ein Vergnügen beigemischt. So hat auch die Natur einem Schmeichler, diesem furchtbaren Untier und großen Schädling, doch auch ein Vergnügen beigemischt, das nicht ohne Feinheit ist. Und so wird man zwar auch eine Hetäre als etwas Verderbliches tadeln und sonst noch manches von solchem Gezücht und solchen Beschäftigungen; und doch kann man ihnen nicht absprechen, daß sie für den Augenblick sehr angenehm sind. Für den Liebling aber ist der Liebhaber, außer daß er ihm schädlich ist, auch für den täglichen Umgang denkbar unerfreulich. Jedes Alter, sagt schon ein altes Sprichwort, freut sich am Gleichaltrigen; denn die Gleichheit der Jahre, glaube ich, führt zu den gleichen Vergnügungen und bewirkt durch diese Ähnlichkeit auch Freundschaft. Und im weiteren sagt man ja, daß der Zwang einem jeden unter allen Umständen lästig sei; der aber ist, neben der Ungleichheit, im Verkehr des Liebhabers zu seinem Liebling in hohem Maße vorhanden. Denn wenn er als Älterer dem Jüngeren verbunden ist, so will er bei Tag und bei Nacht nur ungern von ihm lassen, so wird er vom Zwang und vom Stachel getrieben, der ihm zwar dabei immer wieder Vergnügen bereitet, indem er den Geliebten sehen und hören und berühren und mit allen Sinnen in sich aufnehmen kann, so daß er ihm mit Freuden verbunden ist und ihm dient. Welchen Trost aber und welche Freuden kann er nun dem Geliebten

geben, um zu bewirken, daß dieser nicht schließlich im höchsten Maße Überdruß empfindet, wenn er all diese Zeit mit ihm zusammen ist? Wenn also dieser eine Gestalt vor sich sieht, die schon ältlich wird und nicht mehr in der Blüte der Jugend steht, und wenn dann noch all das übrige dazukommt, was schon unerfreulich ist, wenn man nur davon spricht, und erst recht in Wirklichkeit, wenn ständig der Zwang vorliegt, sich mit ihm abzugeben? Und wenn er sich außerdem bei allem und im Verkehr mit allen Leuten von mißtrauischen Wachen beobachtet sieht? Und unangebrachte und übertriebene Lobhudeleien anhören muß? Und ebenso wieder Vorwürfe, die man schon aus dem Munde eines Nüchternen unerträglich findet, die aber von einem Trunkenen nicht bloß unerträglich, sondern geradezu schändlich sind, wenn er da so mit maßloser und unverhüllter Dreistigkeit daherredet?

18. Solange er liebt, ist er also ebenso schädlich als widerwärtig. Ist jedoch die Liebe erkaltet, so ist er ihm in der Folgezeit treulos, für die er ihn unter vielen, von Schwüren und Bitten begleiteten Versprechungen vertröstet hatte, um ihn mühsam dafür zu gewinnen, seinen Umgang, der ihm damals schon lästig war, zu ertragen, in der Hoffnung auf irgendwelche Vorteile. Jetzt, da er seine Verpflichtungen erfüllen sollte, hat er einen neuen Herrn und Gebieter in seinem Inneren gefunden, nämlich Vernunft und Besonnenheit an Stelle von Liebe und Leidenschaft, und ist ein anderer geworden, ohne daß der Liebling das gemerkt hat. Dieser verlangt nun seinen Dank für das Damalige und erinnert ihn an das, was der Verliebte getan und gesagt hatte, als ob er noch mit demselben Menschen redete. Aus lauter Scham aber getraut sich dieser nicht zu sagen, daß er ein anderer geworden ist, und er weiß auch nicht, wie er die Schwüre und Versprechungen aus jener früheren Zeit, wo er von Unvernunft beherrscht war, erfüllen soll, jetzt, da er zu Vernunft gekommen und besonnen geworden ist. Sonst müßte

er ja wieder so handeln wie früher und jenem alten Menschen ähnlich und wieder derselbe werden. Er wird also zum Ausreißer aus dieser Vergangenheit, und indem er sich der Sache notgedrungen entzieht, wendet sich nun der ehemalige Liebhaber, nachdem nun das Los anders gefallen ist, zur Flucht. Der andere aber muß ihn nunmehr verfolgen und ruft voller Unwillen die Götter herbei. Denn er hat von Anbeginn überhaupt nicht begriffen, daß er eben schon damals dem Verliebten und somit notwendig Unvernünftigen nicht hätte zu Gefallen sein dürfen, sondern viel eher dem Nichtverliebten und Vernünftigen, oder daß er sich andernfalls notwendig einem Treulosen hingebe und einem, der unzufrieden, eifersüchtig, widerwärtig und verderblich ist für sein Vermögen und nicht weniger verderblich für das Befinden seines Leibes, am allerverderblichsten aber für die Bildung seiner Seele, und das ist doch das Wertvollste, was es in Wahrheit für Menschen und Götter gibt und geben wird.

Das also mußt du bedenken, lieber Knabe, und mußt wissen, daß die Freundschaft des Liebhabers nicht seinem Wohlwollen entspringt, sondern daß sie nach Art des Essens nur die Befriedigung eines Bedürfnisses ist: so wie die Wölfe die Schafe lieben, ‚so lieben den Knaben Verliebte'.»

19. Das also ist es, Phaidros. Und nun wirst du von mir kein Wort mehr hören, sondern meine Rede soll damit ihr Ende haben.

PHAIDROS: Und ich war doch des Glaubens, du wärest erst in der Mitte und würdest nun auch das Entsprechende über den Nichtverliebten sagen, daß man nämlich viel eher ihm zu Gefallen sein müsse, indem du etwa darlegtest, wie viele Vorteile das mit sich bringt. Warum hörst du also jetzt auf, Sokrates?

SOKRATES: Hast du denn nicht bemerkt, du Glücklicher, daß ich bereits epische Verse und nicht mehr nur Dithyramben hören lasse, und das beim Tadeln? Wenn ich nun erst beginnen sollte, das Lob des anderen zu sprechen, was glaubst du, daß ich dann erst machen müßte? Weißt du, daß ich von den Nymphen, denen du mich mit Absicht überantwortet hast, mich sicher werde begeistern lassen? Ich sage es also mit einem Satz: in dem Maße, wie ich den einen gescholten habe, muß nun im Gegensatz dazu dem anderen Gutes zugebilligt werden. Was bedarf es der langen Rede? Damit ist doch über beide genug gesagt. Und so mag denn meinem Märchen widerfahren, was ihm zukommt: ich überschreite nun diesen Fluß und mache mich davon, bevor ich von dir zu etwas noch Ärgerem genötigt werde.

PHAIDROS: Nein, noch nicht, Sokrates, bis die Hitze vorüber ist. Siehst du denn nicht, wie nahe schon der Mittag ist, der hohe Mittag, wo die Sonne, wie man sagt, im Zenith steht? Da wollen wir doch noch warten und uns dabei über das Gesagte aussprechen; sobald es dann kühler wird, wollen wir gehen.

SOKRATES: Du bist ja göttlich in deinen Reden, Phaidros, und voll und ganz zu bewundern. Ich glaube, von all den Reden, die zu deinen Lebzeiten schon entstanden sind, hat niemand eine größere Zahl zum Entstehen gebracht als du, sei es, daß du sie selbst gehalten, oder sei es, daß du andere irgendwie dazu genötigt hast. Nur den Thebaner Simmias nehme ich aus; alle anderen aber übertriffst du bei weitem. Und gerade jetzt bist du mir offenbar wieder zum Anlaß geworden, daß ich eine Rede halten muß.

PHAIDROS: Was du mir da sagst, ist kein Grund zum Streiten! Doch wie meinst du es, und was ist das für eine Rede?

20. SOKRATES: Als ich eben durch den Fluß gehen wollte, mein Guter, da geschah es, daß sich mir das Daimonion und das gewohnte Zeichen zeigte, das mich stets zurückhält, wenn ich etwas tun will. Ich meinte, eine Stimme von dorther zu hören, die mich nicht weitergehen ließ, bevor ich mich gerei-

nigt hätte, als ob ich mich gegen das Göttliche vergangen habe. Ja, ich bin also ein Seher, kein bedeutender zwar, aber doch etwa so wie die geringen Schriftsteller, also gerade genügend für mich selbst. Nun kenne ich auch schon ganz deutlich meinen Fehler. Ja, auch die Seele, mein Freund, ist etwas, das wahrsagen kann; hat mich doch schon die längste Zeit, während ich die Rede vortrug, etwas beunruhigt, und irgendwie empfand ich eine geheime Scheu, ob ich nicht etwa gegen die Götter, wie Ibykos sagt,

Frevle, doch dafür bei Menschen Ruhm erwerbe.

Jetzt aber habe ich meinen Fehler erkannt.

PHAIDROS: Was meinst du denn für eine?

SOKRATES: Eine arge Rede, Phaidros, eine ganz arge hast du selbst mitgebracht, und eine ebensolche hast du mich zu halten genötigt.

PHAIDROS: Wieso denn?

SOKRATES: Ja, eine einfältige und in gewissem Sinne auch gottlose. Kann es da wohl eine ärgere geben als diese?

PHAIDROS: Nein, sofern du wirklich die Wahrheit sagst.

SOKRATES: Wie denn? Du hältst doch auch den Eros für Aphrodites Sohn und für einen Gott?

PHAIDROS: So wird wenigstens behauptet.

SOKRATES: Aber nicht von Lysias und auch nicht von deiner Rede, die durch meinen von dir verzauberten Mund vorgetragen worden ist. Ist aber der Eros, wie es in der Tat der Fall ist, ein Gott oder doch etwas Göttliches, dann wird er wohl auch nichts Schlechtes sein. Die beiden Reden aber, die nun eben über ihn gehalten wurden, sprachen von ihm so, als wäre er etwas Derartiges, und damit haben sie sich nun eben an Eros verfehlt. Im übrigen erwies sich ihre Einfalt freilich als recht artig, haben sie doch, während sie nichts Gesundes und auch nichts Wahres aussagten, sich den äußeren Anschein gegeben, als wären sie weiß was, wenn sie ein paar Leutchen zum besten haben und ihre Anerkennung finden könnten. Ich sehe mich also genötigt, eine Reinigung vorzunehmen, mein Lieber. Für solche, die sich in der Götterlehre verfehlen, gibt es aber eine alte Art der Reinigung. Homer kannte sie freilich noch nicht, wohl aber Stesichoros; als er nämlich sein Augenlicht verlor, weil er Helena geschmäht hatte, da blieb er, anders als Homer, nicht im Ungewissen, sondern als musisch Gebildeter sah er den Grund ein und dichtete sogleich sein:

Unrichtig war, was ich behauptet:
Nie hast du jenes Schiff bestiegen,
Nie hast du Troias Burg erreicht.

Sobald er dann die ganze sogenannte Palinodie verfaßt hatte, wurde er augenblicklich wieder sehend. Ich will nun aber klüger sein als die beiden, wenigstens in dieser Beziehung. Bevor mir nämlich etwas zustößt, weil ich den Eros geschmäht habe, versuche ich, ihm die Palinodie zu entrichten, mit entblößtem Haupt, und nicht aus Scham verhüllt wie vorhin.

PHAIDROS: Das ist das Allerangenehmste, Sokrates, was du mir sagen kannst.

21. SOKRATES: Du siehst also ein, wie unverschämt der Wortlaut der beiden Reden war, sowohl der meinen wie auch der anderen, die du aus deinem Büchlein vorgelesen hast. Wenn uns da zufällig jemand zugehört hätte, irgendein edler Mann von sanftem Gemüt, der in einen anderen von ebensolcher Art verliebt wäre oder früher einmal verliebt gewesen ist – wenn er uns also zugehört hätte, wie wir behaupteten, daß die Liebhaber wegen kleinlicher Ursachen einen großen Streit erheben und wie sie auf ihre Lieblinge eifersüchtig seien und sich als verderblich erwiesen, glaubst du wohl nicht, es wäre ihm so vorgekommen, als hörte er Leuten zu, die unter Matrosen aufgewachsen sind und nie eine edle Liebe gesehen haben? Und daß er uns nicht von ferne zustimmen würde, wie wir den Eros tadelten?

PHAIDROS: Beim Zeus, das ist wohl möglich, Sokrates.

SOKRATES: Aus Scham vor diesem Manne also und weil ich den Eros selbst fürchte, möchte ich gleichsam mit dem frischen Trank einer Rede den salzigen Geschmack von dem abspülen, was wir vorhin gehört haben. Aber auch Lysias gebe ich den Rat, er möge so rasch als möglich schreiben, daß man – unter gleichen Umständen – eher einem Liebhaber als einem Nichtverliebten zu Gefallen sein soll.

PHAIDROS: Nun ja, sei gewiß, daß das so geschehen wird. Denn wenn du das Lob des Verliebten sprichst, dann muß unter allen Umständen Lysias von mir genötigt werden, auch hierüber eine Rede zu schreiben.

SOKRATES: Ja, das glaube ich auch, solange du der bleibst, der du bist.

PHAIDROS: So beginne also getrost mit deiner Rede!

SOKRATES: Doch wo ist denn der Knabe, zu dem ich vorhin sprach? Er soll nun auch das Folgende hören und nicht etwa dem Nichtverliebten zu Gefallen sein, nur weil er das nicht gehört hat.

PHAIDROS: Da, neben dir ist er, ganz nahe, und immer ist er hier, sooft du nur willst.

22. SOKRATES: So wisse denn, schöner Knabe, daß die vorige Rede von Phaidros war, dem Sohne des Pythokles, einem Mann aus Myrrhinos; dagegen die, die ich jetzt halten will, von Stesichoros, dem Sohne des Euphemos, aus Himera. Ihr Wortlaut aber soll folgender sein:

«Unrichtig ist, wenn jemand behauptet, daß man, wenn ein Liebhaber zur Stelle ist, doch eher dem Nichtverliebten zu Gefallen sein soll, und zwar deshalb, weil jener von Sinnen, dieser aber bei gesundem Verstande sei. Ja, wenn es einfach so wäre, daß der Wahnsinn etwas Schlechtes ist, dann würde das freilich richtig sein. Nun verdanken wir aber die Entstehung der größten Güter einem Wahnsinn, freilich einem, der durch göttliche Gabe gegeben wird. Denn die Prophetin in Delphi und die Priesterinnen in Dodona haben ja im Wahnsinn für Griechenland viel Gutes getan, in privaten und in öffentlichen Angelegenheiten; waren sie aber bei gesundem Verstande, so leisteten sie nur Kärgliches oder gar nichts. Und wollten wir auch die Sibylle und noch alle anderen erwähnen, die durch die göttliche Sehergabe manchen Menschen vieles vorausgesagt und sie damit für die Zukunft auf den richtigen Weg gewiesen haben, dann müßten wir allbekannte Dinge erzählen und viel zu ausführlich werden.

Doch das verdient als Zeugnis vermerkt zu werden, daß auch diejenigen unter den Alten, die die Namen geprägt haben, den Wahnsinn weder für schändlich noch für einen Schimpf gehalten haben; sonst hätten sie nicht die schönste Kunst, durch die die Zukunft beurteilt wird, gerade mit diesem Namen in Beziehung gebracht und sie ‚Wahnsagekunst' (Manike) genannt. Aber sie haben es so festgesetzt, weil sie der Meinung waren, sie sei etwas Schönes, sofern sie durch göttliche Schikkung entsteht. Weil aber die heutigen Menschen nicht mehr wissen, was schön ist, haben sie an Stelle des N ein R gesetzt und sie ‚Wahrsagekunst' (Mantike) genannt. Ebenso nannten sie ja auch jene Art der Zukunftserforschung, wie sie von den Verständigen mit Hilfe der Vögel und anderer Zeichen betrieben wird, ‚Wißsagekunst' (Oionoistike), weil sie durch vernünftige Überlegung dem menschlichen Wissen Einsicht und Kenntnis verleiht, und diese nennen nun die Neueren ‚Weissagekunst' (Oiōnistike), wobei sie mit dem langen ō wichtig tun. Soviel nun die Wahrsagekunst die Weissagekunst an Vollkommenheit und Würde übertrifft, dem Namen und auch der Sache nach, um so schöner ist auch nach dem Zeugnis der Alten der Wahnsinn als der gesunde Verstand; denn jener kommt vom Gotte, dieser aber vom Menschen.

Aber auch gegen Krankheiten und die schwersten Prüfungen, die irgendwoher aus einem alten Zorn einigen Geschlechtern auferlegt sind, hat der Wahnsinn das Mittel zur Befreiung gefunden, wenn er in ihnen auftrat und denen, die dessen bedurften, die Zukunft enthüllte, indem er seine Zuflucht zu Gebeten und zum Dienst an den Göttern nahm; dadurch gelangte er zu Reinigungen und Weihen und machte den von ihm Berührten gesund, für die gegenwärtige und für die zukünftige Zeit, und fand für den echten Wahnsinnigen und Besessenen das Mittel zur Befreiung von den vorhandenen Übeln.

Die dritte Art der Besessenheit und des Wahnsinns aber kommt von den Musen. Wenn sie eine empfindsame und unberührte Seele ergreift, erweckt sie sie und begeistert sie zu Gesängen und anderen Werken der Dichtkunst, und indem sie tausend Taten der Alten verherrlicht, bildet sie die Nachkommen. Wer aber zu den Türen der Dichtung kommt ohne den Wahnsinn, der von den Musen stammt, und überzeugt ist, daß er allein dank der Kunstfertigkeit ein rechter Dichter werden könne, der ist selbst der Weihe bar, und auch die Dichtkunst dessen, der bei gesundem Verstande ist, wird von der des Wahnsinnigen völlig in den Schatten gestellt.

23. So vieles und noch mehr kann ich dir von den guten Werken des Wahnsinns sagen, der von den Göttern kommt. Wir wollen uns also vor der Sache selbst nicht fürchten und uns auch durch keine Aussage verwirren lassen, die uns mit der Behauptung in Schrecken versetzen möchte, daß man lieber den Besonnenen als den leidenschaftlich Bewegten zum Freunde nehmen soll. Erst dann mag sie den Siegespreis davontragen, wenn sie außerdem noch bewiesen hat, daß die Liebe dem Verliebten und dem Geliebten nicht zum Heil von den Göttern gesandt wird. Wir haben im Gegenteil zu beweisen, daß es zum höchsten Glücke dient, wenn die Götter diese Art von Wahnsinn verleihen. Dieser Beweis wird den

klugen Köpfen zwar unglaubwürdig erscheinen, den wahren Weisen aber glaubhaft. Wir müssen also zuerst über die Natur der Seele, der göttlichen und der menschlichen, die richtige Einsicht gewinnen, indem wir ihre Leiden und Taten betrachten.

24. Am Anfang des Beweises aber steht der Satz: Eine jede Seele ist unsterblich. Denn das aus sich selbst Bewegte ist unsterblich; was aber anderes bewegt und von anderem bewegt wird, das zeigt in seiner Bewegung und damit auch in seinem Leben einen Unterbruch. Einzig das sich selbst Bewegende, weil es nämlich sich selbst nie verläßt, hört auch nie auf, bewegt zu werden, sondern wird auch für alles andere, was bewegt wird, Quelle und Ursprung der Bewegung. Der Ursprung aber ist ungeworden; denn aus einem Ursprung muß alles Werdende entstehen; er selbst aber kommt aus nichts. Denn wenn der Ursprung aus irgend etwas entstünde, so könnte er doch wohl nicht aus dem Ursprung entstehen. Nachdem er also keine Entstehung hat, muß er notwendigerweise auch unzerstörbar sein. Denn wenn der Ursprung zugrunde ginge, könnte weder er selbst je aus irgend etwas entstehen, noch etwas anderes aus ihm, da ja alles aus dem Ursprung entstehen muß. So ist also der Ursprung der Bewegung das sich selbst Bewegende; dies aber kann weder untergehen noch entstehen, sonst müßte alles, sowohl der Himmel als die ganze Schöpfung, zusammenfallen und stillstehen, und sie hätten nie wieder etwas, durch das sie bewegt und zum Entstehen gebracht werden könnten. Nachdem sich also gezeigt hat, daß das von sich selbst Bewegte unsterblich ist, wird sich niemand zu sagen scheuen, daß eben dies das Wesen und der Begriff der Seele sei. Denn jeder Leib, der seine Bewegung von außen her erhält, ist unbeseelt, wer sie aber in sich selbst und aus sich selbst hat, der ist beseelt; denn gerade darin besteht die Natur der Seele. Wenn sich das aber so verhält, daß nichts anderes als die Seele

das sich selbst Bewegende ist, dann muß doch wohl die Seele unentstanden und unsterblich sein.

25. Damit genug über ihre Unsterblichkeit; von ihrem Wesen ist nun folgendes zu sagen: zu schildern, wie sie wirklich ist, das bedürfte in jeder Hinsicht einer ganz und gar göttlichen und langen Abhandlung; doch wem sie gleicht, das kann man mit einer menschlichen und kürzeren darstellen, und auf diese Art wollen wir nun vorgehen. Sie gleicht also der Kraft, die einem befiederten Gespann und einem Wagenlenker innewohnt. Pferde und Wagenlenker der Götter nun sind alle gut und von guter Herkunft; die der anderen aber sind gemischt. Bei uns nun lenkt zunächst der Führer das Gespann; darauf erweist sich ihm das eine Pferd als fromm und gut und von ebensolcher Herkunft, das andere dagegen von entgegengesetzter Herkunft und Beschaffenheit. Die Lenkung des Wagens ist also bei uns notwendig beschwerlich und mühsam. Wieso nun ein Lebewesen ‚sterblich' und ‚unsterblich' genannt werden kann, das müssen wir nun zu sagen versuchen. Alles, was Seele ist, sorgt für das gesamte Unbeseelte; es durchzieht den ganzen Himmelsraum, bald in dieser, bald in jener Gestalt. Ist sie nun vollkommen und befiedert, so schwebt sie in der Höhe und durchwaltet die ganze Welt. Hat sie aber die Federn verloren, so schwebt sie umher, bis sie auf etwas Festes stößt, wo sie seßhaft wird und einen erdigen Leib annimmt, der sich selbst zu bewegen scheint, dank der ihr eigenen Kraft, und dieses Ganze, Seele und Leib zusammengefügt, wurde ‚Lebewesen' genannt und bekam den Beinamen ‚sterblich'. Den Namen ‚unsterblich' dagegen erhält sie auch nicht aus einem einzigen erwiesenen Grunde, sondern ohne einen Gott zu sehen und zu erkennen, bilden wir ihn uns als ein unsterbliches Lebewesen, das zwar eine Seele, doch auch einen Leib hat, bei dem diese aber für alle Zeit zusammengefügt sind. Mag sich das nun so verhalten, wie es dem Gotte gefällt, und so sei auch

davon geredet; nun wollen wir uns aber mit der Ursache für den Verlust der Federn befassen, warum diese von einer Seele abfallen. Es ist ungefähr folgende:

26. Das Vermögen des Gefieders ist es, das Schwere hinaufzuführen und es in die Höhe zu heben, wo das Geschlecht der Götter wohnt, und von allem, was zum Leibe gehört, hat es am meisten Anteil am Göttlichen verliehen. Das Göttliche aber ist das Schöne, das Weise und alles Derartige. Davon also nährt sich und wächst die Seele am meisten; durch das Häßliche aber und Schlechte und alles Gegenteilige schwindet sie und geht zugrunde. Zeus aber, der große Führer im Himmel, lenkt seinen gefiederten Wagen und fährt als erster einher und ordnet und waltet über alles. Hinter ihm folgt das Heer der Götter und Dämonen, in elf Scharen geordnet; denn Hestia bleibt im Hause der Götter, als einzige. Alle anderen, die in der Zahl der Zwölf als regierende Götter eingereiht sind, führen ihre Schar in der Reihenfolge, in der sie eingereiht sind. Zahlreich und herrlich schön sind denn auch die Schauspiele und Umzüge im Himmelsraum, die das Geschlecht der seligen Götter aufführt, wozu jeder von ihnen das Seine beiträgt. Und wer immer das will und vermag, der folgt ihnen; denn der Neid ist vom göttlichen Reigen ausgeschlossen. Wenn sie aber zum Mahle und Gelage gehen, nehmen sie ihren Weg bergauf, das steile Himmelsgewölbe hinan. Da fahren denn die Wagen der Götter mit Leichtigkeit, sind sie doch im Gleichgewicht und deshalb nicht schwer zu zügeln. Die anderen aber haben die größte Mühe; denn das eine Pferd, das an der Schlechtigkeit Anteil hat, drückt hinunter; es drängt zur Erde und macht sich dem Wagenlenker schwer, von dem es nicht gut erzogen worden ist. Da steht denn der Seele Mühsal und äußerster Kampf bevor. Diejenigen Seelen zwar, die unsterblich genannt werden, setzen ihren Weg, wenn sie oben sind, nach außen fort und stehen nun auf dem Rücken des Himmelsgewölbes. Wenn

sie aber dort stehen, trägt sie der Kreislauf ringsum, und sie schauen, was außerhalb des Himmels ist.

27. Den überhimmlischen Ort aber hat noch nie ein Dichter dieser Welt besungen, und es wird ihn auch nie einer würdig besingen. Damit hat es aber folgendes auf sich – denn wenn man je das Wagnis auf sich nehmen soll, die Wahrheit zu sagen, so ist es dann, wenn man ohnehin gerade über die Wahrheit reden will. Das farblose, formlose und stofflose wahrhaft seiende Wesen, das einzig dem Führer der Seele, der Vernunft, sichtbar ist und um sich das Geschlecht des wahren Wissens schart, es hält diesen Ort inne. Und da sich nun der Geist eines Gottes von unvermischtem Verstand und Wissen nährt, und ebenso eine jede Seele, die gerne das aufnehmen möchte, was ihr zukommt, so freut sie sich, im Laufe der Zeit das Seiende zu schauen, und nährt sich vom Anblick des Wahren und labt sich daran, bis sie der Kreislauf ringsum wieder an die vorige Stelle zurückbringt. Auf dieser Umfahrt aber sieht sie die Gerechtigkeit selbst, sieht auch die Besonnenheit und sieht das Wissen, nicht jenes, dem ein Werden zukommt, auch nicht jenes, das ein anderes ist, je nachdem es sich auf den oder jenen von den Gegenständen bezieht, die wir jetzt als seiende bezeichnen, sondern das wahrhafte Wissen, das sich an dem wahrhaft Seienden zeigt. Und nachdem sie gleicherweise auch das andere Seiende gesehen und sich daran erlabt hat, senkt sie sich wieder ins Innere des Himmels und kommt nach Hause zurück. Und wenn sie heimkommt, stellt der Wagenlenker die Pferde an die Krippe und wirft ihnen Ambrosia vor und gibt ihnen nachher Nektar zu trinken.

28. Das ist die Lebensweise der Götter. Von den anderen Seelen aber erhebt diejenige, die den Göttern am besten Gefolge leistete, das Haupt ihres Wagenlenkers in den Raum außerhalb und wird im Kreislauf mit herumgeführt, voller Angst zwar vor den Pferden und deshalb das Seiende kaum sehend.

Eine zweite erhebt sich bisweilen, taucht aber dann wieder unter, und von den Rossen gewaltsam dahingerissen, sieht sie zwar einiges, aber anderes wieder nicht. Und die übrigen sehnen sich zwar nach oben und folgen alle; doch fehlt ihnen die Kraft, und sie werden unter der Oberfläche herumgetrieben, wobei sie einander schlagen und stoßen und jede sich der anderen vorzudrängen sucht. So entsteht denn Verwirrung und Streit und bitterer Schweiß, wobei infolge der Untüchtigkeit der Wagenlenker viele Seelen lahm geschlagen werden und viele sich viele Federn zerbrechen. Sämtliche aber ziehen nach allen Anstrengungen von dannen, ohne daß ihnen der Anblick des Seienden zuteil geworden ist, und nach ihrem Weggang halten sie sich an eine Nahrung, die aus bloßen Meinungen besteht. Daher kommt auch der große Eifer zu sehen, wo sich das Feld der Wahrheit befindet: erstens stammt die Weide, die dem edelsten Teile der Seele angemessen ist, aus jener Wiese, und zweitens ist das eben die Nahrung für die Natur des Gefieders, durch das die Seele emporgehoben wird.

Und das ist nun die Satzung der Adrasteia: Jede Seele, die im Gefolge eines Gottes etwas von den wahren Dingen geschaut hat, ist ungefährdet bis zum nächsten Kreislauf, und wenn sie das stets wieder zustande bringt, bleibt sie allezeit unbeschädigt. Wenn sie aber nichts sieht, weil sie nicht nachzufolgen vermag, und sie durch irgendein Mißgeschick von Vergessenheit oder Schlechtigkeit erfüllt und davon niedergedrückt wird und deshalb die Flügel sinken läßt und auf die Erde herabfällt, dann gilt es als Gesetz, diese Seele bei der ersten Zeugung noch in keine tierische Natur einzupflanzen. Jene, die am meisten gesehen hat, geht ein in den Lebenskeim eines Mannes, der ein Freund der Weisheit (Philosoph) oder der Schönheit oder ein Mensch mit musischer Bildung werden soll, oder einer, der sich auf die Liebe versteht; die zweite in den Keim eines Königs, der den Gesetzen gehorcht oder ein guter Krieger ist oder sich wohl auf das Herrschen versteht; die dritte in den eines Politikers, eines Wirtschafts- oder Finanzmannes; die vierte in den eines Wettkämpfers, der anstrengende Übungen liebt, oder eines, der sich mit der Heilung des Leibes befassen wird. Die fünfte wird das Leben eines Sehers oder sonst eines Priesters führen; zu der sechsten wird das Leben eines Dichters oder eines anderen nachahmenden Künstlers passen, zu der siebenten das eines Handwerkers oder Bauers, zu der achten das eines Sophisten oder Volksschmeichlers, zu der neunten schließlich das eines Tyrannen.

29. Von diesen allen nun erhält der, der gerecht lebt, ein besseres Teil, wer aber ungerecht lebt, ein schlechteres. Denn dorthin, wo jede Seele herkommt, kehrt sie im Laufe von zehntausend Jahren nicht wieder zurück; vor dieser Zeit wird sie nämlich nicht befiedert, ausgenommen die Seele des Menschen, der sich ehrlich der Philosophie ergeben oder auf philosophische Art Knaben geliebt hat. Diese können im dritten tausendjährigen Kreislauf, wenn sie dreimal hintereinander ein solches Leben gewählt haben und dadurch befiedert worden sind, im dreitausendsten Jahre wieder zurückkehren. Die anderen dagegen, sobald sie ihr erstes Leben beendet haben, kommen vor Gericht, und nach dem Urteilsspruch gehen die einen in die Zuchthäuser unter der Erde und verbüßen dort ihre Strafe, während die anderen durch das Gericht an einen himmlischen Ort erhoben werden und dort ein Leben verbringen, das dem entspricht, das sie in der menschlichen Gestalt geführt haben. Aber im tausendsten Jahre kommen diese und jene zur Verlosung und zur Wahl ihres zweiten Lebens, und da wählt dann ein jeder, welches er will. Dabei geht auch etwa eine menschliche Seele in das Leben eines Tieres ein, und aus einem Tier, wer früher ein Mensch gewesen ist, wieder in einen Menschen. Aber eine Seele, die niemals die Wahrheit geschaut hat, kann auch nie in diese Gestalt eintreten.

Denn der Mensch muß gemäß dem, was man Idee nennt, Einsicht gewinnen, indem er von den zahlreichen Wahrnehmungen zu dem kommt, das durch die Überlegung zu einer Einheit zusammengefaßt wird. Das aber ist nichts anderes als die Wiedererinnerung an das, was unsere Seele einst gesehen hat, als sie gemeinsam mit dem Gott dahinfuhr, als sie auf das herabsah, von dem wir nun sagen, daß es *sei*, und als sie ihren Blick zu dem wahrhaft Seienden emporhob. Deshalb ist es auch gerecht, daß einzig das Denken des Philosophen beflügelt wird; denn mit seiner Erinnerung ist er stets nach Kräften bei jenen Dingen, dank denen ein Gott eben göttlich ist, dadurch, daß er sich mit ihnen beschäftigt. Der Mensch allein, der nun von solchen Erinnerungen auf richtige Art Gebrauch macht und immer in vollkommenen Weihen geweiht ist, wird wahrhaft vollkommen. Indem er aber die menschlichen Bestrebungen aufgibt und mit den göttlichen umgeht, wird er von der Menge zurechtgewiesen, weil er verdreht sei; daß er aber gottbegeistert ist, das hat die Menge nicht gemerkt.

30. Und das ist nun der Punkt, zu dem unsere ganze Untersuchung über die vierte Art des Wahnsinns gelangt ist: wenn man sich beim Anblick der Schönheit hienieden an jene wahre Schönheit erinnert, so bekommt man Flügel, und wenn man dann neu befiedert ist und auffliegen möchte, dazu aber nicht imstande ist, sondern wie ein Vogel hinaufschaut und sich um die Dinge hier unten nicht kümmert, so gibt das Anlaß zu der Beschuldigung, man befinde sich im Zustand des Wahnsinns. Somit ist also dies unter allen Arten von göttlicher Besessenheit die beste und die mit der besten Herkunft, sowohl für den, der sie hat, als für den, der mit ihr in Berührung kommt. Und der Verliebte, der an dieser Art Wahnsinn teilhat, wird ein Liebhaber des Schönen genannt. Denn, wie gesagt, jede Seele eines Menschen hat schon von Natur das Seiende geschaut; sonst wäre sie gar nicht in dieses Lebewesen hineingekommen.

Es ist aber nicht für jede leicht, sich vom Hiesigen aus an jenes zu erinnern, weder für die, die damals das Jenseitige nur kurz geschaut haben, noch für die, die hierher gefallen sind und dann das Unglück hatten, daß sie sich durch irgendwelchen Umgang zur Ungerechtigkeit verleiten ließen und das Heilige, das sie damals geschaut, wieder vergessen haben. Nur wenige bleiben also übrig, die über eine genügend starke Erinnerung verfügen. Wenn diese aber die Abbilder des Jenseitigen sehen, werden sie erschüttert und sind ihrer selbst nicht mehr mächtig. Worin aber dieses Erlebnis besteht, wissen sie nicht, weil sie es nicht genügend wahrnehmen können.

Denn von Gerechtigkeit und Besonnenheit und allem, was sonst den Seelen ehrwürdig ist, findet sich in den Abbildern hienieden kein Glanz; sondern durch trübe Organe schauen nur wenige mit Mühe die Herkunft des Nachgebildeten, indem sie auf die Bilder zugehen. Die Schönheit aber war damals herrlich anzusehen, als wir, zu einem glücklichen Chor vereint, im Gefolge des Zeus und andere mit einem anderen Gotte, den seligen und göttlichen Anblick schauten und mit jener Weihe geweiht wurden, die man als die glückseligste bezeichnen darf. Diese feierten wir, selbst noch ohne Fehl und unberührt von den Übeln, die unser in späterer Zeit warteten, und von fehlerlosen, einfachen, unwandelbaren und beglückenden Gesichten wurden wir geweihte Zeugen, in reinem Glanze selbst rein seiend und unbelastet von dem, was wir heute als Leib bezeichnen und mit uns herumtragen, wie in eine Art Muschel eingeschlossen. Dies sei der Erinnerung zuliebe gesagt; ihretwegen haben wir nun, aus Sehnsucht nach jenen Erlebnissen, ausführlicher erzählt.

31. Was nun die Schönheit betrifft, so strahlte sie, wie gesagt, als wirklich seiende unter jenem anderen Seienden. Und auch, als wir hierher gekommen, erfaßten wir sie durch den hellsten unserer Sinne als das, was am hellsten strahlte. Denn

das Gesicht ist bei uns der schärfste der leiblichen Sinne, durch den freilich die Einsicht nicht geschaut wird. Denn gar wundersame Begierden würde sie in uns entstehen lassen, wenn sie ein solch klares Bild von sich in unser Gesicht eingehen ließe, und so auch alles andere, was liebenswert ist. Einzig der Schönheit ist das nun zuteil geworden, so daß sie das ist, was am meisten hervorleuchtet und zur Liebe reizt.

Wer nun nicht neu geweiht oder wer verdorben ist, den zieht es von hier nicht heftig dorthin, zu der Schönheit selbst, wenn er das sieht, was hier ihren Namen trägt; darum verehrt er auch nicht im Anschauen, sondern gibt sich der Lust hin und sucht auf viehische Art sich zu vermischen und zu begatten, und, dem Frevelmut gesellt, scheut er sich nicht und schämt sich nicht, widernatürlicher Lust nachzugehen. Wer aber eben wieder geweiht ist und wer die damaligen Dinge vielfach geschaut hat: wenn der ein gottähnliches Angesicht, als ein vollkommenes Abbild der Schönheit, oder die (entsprechende) Erscheinung eines Leibes sieht, so erfaßt ihn zuerst ein Schauder, und es befällt ihn etwas von den Ängsten von damals. Dann aber blickt er es (den schönen Gegenstand) an; er verehrt ihn wie einen Gott, und wenn er nicht den Ruf eines übertriebenen Wahnsinns fürchtete, würde er seinem Liebling wie einem Bilde oder einem Gott Opfer darbringen. Bei seinem Anblick aber befällt ihn, wie nach einem Fieberschauer, eine Verwandlung, mit Schweißausbruch und ungewohnter Hitze. Denn indem er die Ausströmung der Schönheit durch die Augen aufnimmt, wird er durchwärmt, und dadurch wird das Gefieder befeuchtet. Die Erwärmung aber bewirkt, daß um den Keim des Gefieders das wegschmilzt, was sich schon lange in Verhärtung um ihn zusammengeschlossen und ihn am Wachstum verhindert hat. Wenn ihm nun aber Nahrung zufließt, schwillt der Kiel der Federn und drängt, aus der Wurzel hervorzuwachsen, an der ganzen

Gestalt der Seele; denn ehemals war sie ganz befiedert. [32.] Dabei wallt und quillt alles an ihr auf, und was für die Zahnenden die Schmerzen an ihren Zähnen sind, wenn diese eben hervorwachsen: ein Jucken und ein Unbehagen, genau dasselbe empfindet die Seele dessen, dem das Gefieder hervorzuwachsen beginnt: sie wallt auf, empfindet ein Unbehagen und einen Juckreiz, wenn sie das Gefieder hervorbrechen läßt.

Wenn nun die Seele die Schönheit des Knaben erblickt und die von dorther einfallenden und herbeiströmenden Teilchen (mere) in sich aufnimmt und dadurch befeuchtet wird (was man deshalb als Sehnsucht [himeros] bezeichnet), so erholt sie sich von ihrem Schmerz und ist froh. Bleibt sie aber einsam und trocknet aus, so verdorren die Enden der Ausgänge, wo das Gefieder durchstößt, schrumpfen zusammen und hemmen dadurch den Wachstumsdrang des Gefieders. Doch dieser, zusammen mit der Sehnsucht eingeschlossen, klopft innen wie die Pulsadern und stößt gegen den Ausgang, bei dem er sich gerade befindet, so daß die Seele ringsum überall von den Stichen rasenden Schmerz empfindet; andererseits aber macht die Erinnerung an den Schönen sie froh. Die Mischung dieser beiden Gefühle bewirkt, daß sich die Seele über diesen widersinnigen Zustand quält und in ihrer Hilflosigkeit rasend wird, und in ihrer Raserei kann sie weder in der Nacht schlafen noch bei Tage irgendwo Ruhe finden. Sehnsüchtig läuft sie dann überallhin, wo sie meint, sie könne den erblicken, der die Schönheit besitzt. Hat sie ihn dann gesehen und neue Sehnsucht in sich aufgenommen, so beginnt sie das zu lösen, was sich vorher zusammengekrampft hatte. Sie kann wieder aufatmen, fühlt sich frei von Stichen und Schmerzen und genießt für den Augenblick wieder jene süßeste Lust. Deshalb verläßt sie auch aus freien Stücken den Schönen nicht und zieht ihm auch keinen anderen vor, sondern vergißt Mutter und Brüder und alle Freunde und kümmert sich nicht darum, wenn ihr Hab und Gut infolge ihrer Gleichgültigkeit zugrunde geht. Und indem sie alles Bräuchliche und Anständige, worauf sie sich vorher soviel zugute getan hat, gering schätzt, ist sie bereit, als Sklave zu dienen und, wo es einer nur zuläßt, möglichst nahe beim Gegenstand ihrer Sehnsucht zu ruhen. Denn außer ihrer Verehrung für den, der die Schönheit besitzt, hat sie in ihm auch den einzigen Arzt für die größten Schmerzen gefunden. Und diesen Zustand, du schöner Knabe, an den ich meine Rede richte, bezeichnen die Menschen als Liebe; wenn du aber hörst, wie die Götter ihn nennen, so wirst du wahrscheinlich lachen, weil dir der Ausdruck so neuartig vorkommt. Ich glaube, es sind einige Homeriden, die in ihren unbekannten Schriften zwei Verse auf den Eros sprechen, von denen der zweite recht mutwillig und nicht eben wohllautend ist. So singen sie:

Wahrlich, die Sterblichen nennen ihn den geflügelten Eros,
Pteros aber die Götter, vom Zwange, sich zu befiedern.

Es steht dir nun frei, ihnen zu glauben; es steht dir auch frei, das nicht zu tun. Auf alle Fälle aber trifft es zu, daß gerade das der Zustand der Liebenden und die Ursache davon ist.

33. Wenn nun einer ergriffen wird, der zu den Begleitern des Zeus gehört, so vermag er die Last des geflügelten Gottes würdevoller zu ertragen. Die Diener des Ares dagegen und alle, die mit ihm ringsum gewandelt sind, wenn sie vom Eros ergriffen werden und meinen, es geschehe ihnen von seiten des Geliebten ein Unrecht, so sind sie bereit, zu morden und sich selbst und den Liebling hinzuopfern. Und so einem jeden Gott gemäß, zu dessen Chor ein jeder gehört hat; ihn ehrend und ihn nach Möglichkeit nachahmend, lebt er, solange er noch unverdorben ist und sein erstes Dasein hienieden durchlebt, und auf diese Weise benimmt er sich auch im Verkehr mit seinen Geliebten und den anderen. Und auch in der Liebe zu schönen Knaben, da trifft ein jeder die Wahl nach seiner Art,

und wie wenn dann der Geliebte der Gott selbst wäre, so macht er ihn für sich zurecht und schmückt ihn wie ein Götterbild, um ihn zu verehren und zu feiern. Die dem Zeus gehören, suchen danach, daß die Seele dessen, der von ihnen geliebt wird, eine Art Zeus sei. Sie sehen also darauf, ob er ein Philosoph und eine Führernatur ist, und wenn sie ihn dann gefunden und liebgewonnen haben, tun sie alles, daß er es wirklich wird. Und wenn das eine Beschäftigung ist, auf die sie sich früher nicht eingelassen haben, so versuchen sie es jetzt zu lernen, wo sie nur können, oder gehen selbst der Forschung nach. Indem sie nun diesen Spuren folgen, gelangen sie dazu, bei sich selbst die Natur ihres eigenen Gottes zu finden, weil sie genötigt sind, angespannt auf den Gott zu blicken. Und indem sie ihn mit der Erinnerung anrühren, nehmen sie voll Begeisterung von ihm Sitten und Bestrebungen an, so weit es einem Menschen möglich ist, an einem Gotte Anteil zu bekommen, und indem sie dies dem Geliebten zuschreiben, schätzen sie ihn um so mehr. Und wenn sie von Zeus schöpfen, so lassen sie es wie die Bacchantinnen auf die Seele des Geliebten überfließen und machen ihn ihrem Gotte so ähnlich als möglich. Die aus dem Gefolge der Hera aber suchen einen von königlicher Art, und wenn sie ihn finden, tun sie an ihm ganz dasselbe. Und die dem Apollon oder sonst einem Gotte angehören, richten ihren Gang nach dem Gotte und suchen bei ihrem Knaben die entsprechende Anlage. Und wenn sie ihn gefunden haben, so führen sie ihn dazu, so weit es jedem möglich ist, daß er in seinen Bestrebungen und in seinem Aussehen jenem Gotte gleich wird, indem sie selbst diesen nachahmen und indem sie ihren Liebling dazu überreden und nach diesem Maße bilden. Dabei lassen sie ihrem Liebling gegenüber keinen Neid und keine kleinliche Mißgunst aufkommen; vielmehr tun sie es in der Weise, daß sie versuchen, ihn möglichst zur völligen Ähnlichkeit mit ihnen selbst und mit dem Gotte zu führen, den sie verehren. So schön und beglückend also ist der Eifer der wahrhaft Liebenden und die Weihe, sofern sie das, wonach sie eifern, auf dem Wege zu verwirklichen suchen, den ich weise – so schön und beglükkend also sind Eifer und Weihe, die dem Geliebten von einem durch den Eros wahnsinnigen Freunde zuteil werden, wenn er einmal erobert ist. Wer aber erobert ist, wird auf folgende Weise gewonnen:

34. Wir haben zu Beginn dieses Mythos an jeder Seele drei Teile unterschieden, nämlich zwei pferdeartige Gestalten und als dritte die Gestalt eines Wagenlenkers; dabei wollen wir auch jetzt bleiben. Von den beiden Pferden, sagten wir, sei das eine gut, das andere nicht. Worin aber die Vortrefflichkeit des guten und die Schlechtigkeit des schlechten besteht, das haben wir nicht erörtert; doch jetzt soll es gesagt sein. Das eine also von den beiden, das sich in besserem Zustande befindet, ist von geradem Wuchs und wohlgegliedert, hält den Nacken hoch, hat eine leicht gebogene Linie, weiße Haare und schwarze Augen; es zeigt Ehrliebe, verbunden mit Besonnenheit und Schamhaftigkeit, ist ein Gefährte der wahren Meinung und wird ohne Schläge, nur durch Ermahnung und Wort gelenkt. Das andere dagegen ist krumm, klobig, schlecht gebaut, hart im Nacken, mit kurzem Hals und stumpfer Nase, von schwarzer Farbe, mit glasigen und blutunterlaufenen Augen, ein Gefährte von Übermut und Prahlerei, zottig um die Ohren, stumpf und kaum der stachelbesetzten Peitsche nachgebend. Wenn nun der Wagenlenker den liebreizenden Anblick sieht und, durch diesen Eindruck in seiner Seele durchglüht, ganz erschüttert wird durch den Stachel des Kitzels und der Sehnsucht, so hält das Pferd, das dem Führer wohl gehorcht und das immer und auch jetzt von der Scham beherrscht wird, sich selbst zurück und bespringt den Geliebten nicht; das andere aber kehrt sich nicht mehr weder an Stachel noch an Peitsche des Wagenlenkers, sondern stürzt mit heftigen

Sprüngen dahin, und indem es seinen Gespanen und den Wagenlenker in die größte Schwierigkeit versetzt, zwingt es sie, zum Liebling heranzugehen und der Freuden der Liebeslust zu gedenken. Am Anfang stemmen sich zwar die beiden dagegen und wehren sich, daß man sie zu etwas Schlimmem und Gesetzwidrigem nötigen will. Wenn sich dann aber das Übel nicht eindämmen läßt, werden sie eben mitgerissen, geben den Widerstand auf und willigen in das ein, was man von ihnen verlangt.

35. Sie kommen also zu ihm hin und sehen des Lieblings strahlendes Angesicht. Sieht das nun der Wagenlenker, so wird seine Erinnerung zum Wesen der Schönheit getragen, und er sieht sie wieder, wie sie mit der Besonnenheit auf heiligem Boden steht. Und wenn er das sieht, so erbebt er und fällt vor Ehrfurcht rückwärts, und gleichzeitig muß er die Zügel so heftig zurückreißen, daß beide Pferde sich auf ihre Hüften setzen, das eine freiwillig, weil es sich nicht dagegen sperrt, das ungebärdige aber nur mit großem Widerstreben. Und indem nun beide weiter zurückgehen, benetzt das eine vor Scham und Schrecken die ganze Seele mit Schweiß; das andere aber, sobald der Schmerz vorüber ist, den ihm das Gebiß und der Sturz beigebracht hatte, und es sich kaum erst erholt hat, beginnt vor Zorn zu schimpfen und den Wagenlenker und seinen Gespanen mit Schmähungen zu überschütten, sie hätten aus Feigheit und Unmännlichkeit ihren Platz verlassen und ihre Zusage gebrochen. Und indem es sie neuerdings nötigt, gegen ihren Willen vorwärts zu gehen, läßt es sich kaum erbitten, das auf ein anderes Mal zu verschieben. Ist dann aber die festgesetzte Zeit gekommen und jene tun dergleichen, als dächten sie nicht mehr daran, so erinnert es sie mit Gewalt, beginnt zu wiehern und schleppt sie gewaltsam dahin, daß sie sich dem Geliebten wieder mit denselben Worten nahen. Sind sie dann in seiner Nähe, bückt es sich nach vorn, stellt den Schweif in die Höhe, beißt in den Zaum und

zieht ohne Zurückhaltung. Doch der Wagenlenker fühlt noch stärker als vorhin dieselbe Empfindung; er beugt sich rückwärts, als sähe er die Schranke vor sich, und reißt den Zaum in den Zähnen des ungebärdigen Pferdes noch gewaltsamer zurück, bringt die schmähsüchtige Zunge und die Backen zum Bluten und bereitet ihm Schmerzen, indem er seine Beine und Schenkel zu Boden drückt. Ist aber das schlechte Pferd zu wiederholten Malen so behandelt worden und hat von seinem Übermut abgelassen, so folgt es nun demütig der vernünftigen Leitung des Wagenlenkers und vergeht vor Scham, wenn es den Schönen erblickt. So ergibt es sich dann, daß die Seele des Liebhabers dem Liebling zurückhaltend und ängstlich nachfolgt.

36. Und diesem wird nun jede Verehrung dargebracht wie einem Gott, wobei der Verliebte sich nicht nur den Anschein gibt, sondern es ihm in der Tat so zumute ist, während er selbst eine natürliche Freundschaft zu dem empfindet, der ihm zu Diensten ist. Und wenn er auch vordem von seinen Freunden oder sonst von jemandem zu Unrecht überredet worden ist durch die Behauptung, es sei schimpflich, sich einem Verliebten zu nahen, und er deswegen den Liebenden abwies, so führen ihn nun doch im weiteren Verlauf der Zeit seine Jugend und der Zwang der Umstände so weit, daß er ihm den Verkehr erlaubt. Denn es ist ja nicht gesagt, daß ein Schlechter nur mit einem Schlechten befreundet sein könne oder daß ein Guter nicht der Freund eines Guten werden dürfe. Wenn er ihn nun aber zuläßt und ihm Gespräch und Umgang erlaubt, so setzt das Wohlwollen des Verliebten, das er nun aus der Nähe spürt, den Geliebten in Erregung, da er nun innewird, daß alle anderen Freunde und Verwandten ihm überhaupt keine Freundschaft erweisen im Vergleich zu seinem begeisterten Freunde. Führt er nun aber eine Zeitlang mit diesem Tun fort und nähert sich ihm in vertrautem Verkehr auf den Turnplätzen und wo sie sonst zusammenkom-

men, so ergießt sich die Quelle jenes Stromes, den Zeus, in Ganymed verliebt *Liebreiz* genannt hat, in reichem Maße zu dem Liebhaber; ein Teil davon ergießt sich in ihn, während ein anderer, wenn dieser davon erfüllt ist, wieder hinausfließt. Und so wie ein Windstoß oder ein Widerhall von glatten und harten Gegenständen zurückprallt und dorthin zurückgeworfen wird, wo er herkam, so geht auch der Strom des Schönen wiederum durch die Augen zum schönen Knaben zurück, und wenn er auf dem Wege, der natürlicherweise in die Seele führt, dort angekommen ist und sie erfüllt hat, so befeuchtet er die Stellen, wo die Federn herauskommen, und fördert das Wachstum der Flügel und erfüllt auch die Seele des Geliebten mit Liebe.

So liebt er nun, weiß aber nicht, wen, und weiß auch nicht, wie ihm geschehen ist, noch vermöchte er es zu erklären. Sondern wie wenn jemand von einem anderen die Augenkrankheit bekommen hat, kann er den Grund davon nicht angeben, und es entgeht ihm, daß er sich selbst in dem Liebenden wie in einem Spiegel sieht: wenn jener anwesend ist, wird er, gerade so wie dieser, von seinem Schmerz befreit; ist er aber nicht anwesend, so sehnt er sich wiederum gerade so, wie er selbst ersehnt wird, indem er die Gegenliebe als Abbild der Liebe in sich trägt. Er nennt sie aber nicht Liebe und hält sie auch nicht für das, sondern für Freundschaft. Und ähnlich wie jener, nur nicht so heftig, begehrt er ihn zu sehen, zu berühren, zu küssen und bei ihm zu liegen, und wie zu erwarten ist, tut er auch bald darauf alles das. Wenn sie nun beisammenliegen, hat das unbändige Pferd des Liebhabers dem Wagenlenker manches zu sagen und verlangt als Entgelt für die vielen Mühen einen kleinen Genuß. Das des Lieblings dagegen weiß nichts zu sagen; aber von Begierde erfüllt und ohne sich darüber klar zu sein, umfängt es den Liebhaber und küßt ihn und herzt ihn als seinen wohlwollendsten Freund. Und wenn sie beisammenliegen, dann ist er so weit, daß er sich wohl nicht mehr weigert, seinerseits dem Liebenden zu Gefallen zu sein, wenn er darum bittet. Der Gespane andererseits, im Verein mit dem Wagenlenker, sträubt sich aber dagegen, aus Scham und aus Vernunft.

37. Wenn nun die besseren Kräfte der Seele, die zu einer geordneten Lebensweise und zur Philosophie hinführen, die Oberhand gewinnen, so verbringen sie schon hier ein glückseliges und einträchtiges Leben, da sie sich selbst beherrschen und gesittet sind, indem sie das in sich unterworfen haben, worin die Schlechtigkeit der Seele, das aber befreit haben, worin ihre Tüchtigkeit wohnte. Sterben sie aber, so haben sie, beflügelt und leicht geworden, in dem einen dieser drei wahrhaft olympischen Kämpfe schon gesiegt, und das bedeutet ein Gut, wie es kein größeres weder menschliche Besonnenheit noch göttlicher Wahnsinn einem Menschen zu geben vermag. Führen sie aber ein weniger edles, unphilosophisches, aber doch ehrliebendes Leben, so werden leicht einmal, beim Trunk oder sonst in einem sorglosen Augenblick, die beiden zügellosen Pferde die Seelen unbewacht finden und sie zusammenführen, daß sie das wählen, was die Menge für das Seligste hält, und es vollbringen. Und haben sie das einmal vollbracht, so genießen sie es auch in der Folgezeit wieder, freilich nur selten, weil es doch etwas ist, das sie nicht mit der Zustimmung des ganzen Denkens tun. Freunde sind nun also auch diese beiden, freilich in geringerem Maße als jene; sie leben füreinander, solange ihre Liebe dauert, und auch noch, wenn sie darüber hinaus sind, im Bewußtsein, gegenseitig die größten Treupfänder gegeben und empfangen zu haben, die man nach ihrer Meinung nicht wieder auflösen darf, um eines Tages wieder in Feindschaft zu geraten. Bei ihrem Tode aber verlassen sie ihren Leib, unbefiedert zwar, doch bestrebt gewesen, sich zu befiedern, und tragen so einen nicht geringen Preis für ihren Liebeswahnsinn davon. Denn in die Finsternis und zum Gang unter die

Erde zu kommen, ist für die, die schon den himmlischen Wandel angetreten haben, durch das Gesetz nicht mehr bestimmt; sondern sie dürfen ein lichtes Leben führen und mit den anderen selig dahinwandeln, und wenn sie befiedert werden, dann dürfen sie es, um ihrer Liebe willen, gleichzeitig werden.

38. Diese so großen und so göttlichen Gaben, mein Lieber, wird dir die Freundschaft des Liebhabers schenken. Die Vertraulichkeit aber von seiten des Nichtverliebten, gemischt mit sterblicher Besonnenheit, waltet auch nur über Sterbliches und Kärgliches und erzeugt in der geliebten Seele jene Unfreiheit, die zwar von der Menge als Tüchtigkeit gelobt wird, und bringt sie dazu, daß sie neuntausend Jahre lang ruhelos auf der Erde und vernunftlos unter der Erde weilen muß.

Das ist unsere Palinodie, geliebter Eros, die schönste und beste, die wir nach unseren Kräften dargebracht und als unsere Schuld entrichtet haben und die wir, in jeder Hinsicht und besonders in den einzelnen Ausdrücken, des Phaidros wegen, ein wenig in dichterischer Sprache abfassen mußten. Mögest du der ersten Rede Verzeihung und dieser zweiten da deine Gunst schenken und mir, huldvoll und gnädig, die Kunst der Liebe, die du mir verliehen hast, nicht wieder im Zorn wegnehmen oder abschwächen. Sondern verleihe mir, daß ich noch mehr als jetzt von den Schönen geschätzt werde. Haben wir aber, Phaidros und ich, in der vorigen Rede etwas gesagt, das dein Mißfallen erregt, so gib die Schuld dem Lysias, dem Vater der Rede, und mach, daß er keine solchen Reden mehr verfaßt, sondern lenke ihn zur Philosophie, wie sich sein Bruder Polemarchos ihr zugewendet hat, damit auch sein Liebhaber hier nicht mehr nach beiden Seiten schwankt, sondern nach philosophischen Grundsätzen sein Leben schlechthin nach der Liebe richte.»

39. Phaidros: Ich schließe mich deinem Gebet an, Sokrates, daß es so geschehen möge, wenn das für uns besser ist.

Über deine Rede aber bin ich schon lange voll Bewunderung, wieviel schöner du sie abgefaßt hast als die erste. Ich muß deshalb befürchten, Lysias könnte mir kläglich vorkommen, wenn er die Absicht haben sollte, ihr eine andere gegenüberzustellen. Denn gerade kürzlich, du Wunderbarer, hat ihm einer von unseren Politikern in einer Schmährede eben das vorgeworfen und ihn während seiner ganzen Schmährede einen Redenschreiber (Logographen) genannt. Wohl möglich, daß er sich nun aus Empfindlichkeit des Schreibens enthalten wird.

SOKRATES: Das ist doch eine lächerliche Meinung, junger Mann, die du da vorbringst. Und was deinen Freund betrifft, da gehst du völlig fehl, wenn du ihn für so empfindlich hältst. Aber vermutlich meinst du gar, der Schmähende habe das, was er ihm sagte, wirklich als Tadel gemeint.

PHAIDROS: Offenbar war es ja so, Sokrates. Und du weißt selbst auch ganz genau, daß die einflußreichsten und geachtetsten Männer in den Städten sich scheuen, Reden zu schreiben und eigene Schriften zu hinterlassen, weil sie den Ruf fürchten, man könnte sie in der Folgezeit als Sophisten bezeichnen.

SOKRATES: Eine glückliche Wendung, Phaidros! (wobei dir entgangen ist, daß der Ausdruck von der «großen Wendung des Nils» herkommt). Und, abgesehen von der Wendung, entgeht dir auch, daß gerade die unter den Staatsmännern, die am meisten auf sich halten, auch den größten Drang haben, Reden zu verfassen und Schriften zu hinterlassen. Sie sind es ja auch, die, wenn sie eine Rede geschrieben haben, für ihre Lobsprecher eine solche Vorliebe zeigen, daß sie am Anfang diejenigen erwähnen, die ihnen jeweils ihr Lob spenden.

PHAIDROS: Wie meinst du das? Ich verstehe dich nicht.

SOKRATES: Du weißt doch, daß bei der Schrift eines Staatsmannes am Anfang der Name des Lobsprechers geschrieben steht?

PHAIDROS: Wieso?

SOKRATES: «Es hat gefallen», so beginnt er etwa, «dem Rat» oder «dem Volk» oder beiden zusammen, und «Der und der hat vorgeschlagen ...», womit der Schreiber sich selbst sehr ehrenvoll erwähnt und lobend hervorhebt. Und daraufhin fährt er fort, indem er den Lobsprechern seine Weisheit dartut, und verfaßt manchmal eine ellenlange Schrift. Oder scheint dir, ein solches Schriftstück sei etwas anderes als eine schriftlich abgefaßte Rede?

PHAIDROS: Nein.

SOKRATES: Bleibt nun eine solche Rede auf dem Programm, so verläßt der Verfasser voller Freude den Schauplatz. Wird sie aber gestrichen und bleibt ihm der Ruhm des Logographen und die Verfasserwürde vorenthalten, so trauert er mit seinen Freunden.

PHAIDROS: Ja, sogar sehr.

SOKRATES: Und offensichtlich nicht deshalb, weil sie diese Bestrebung verachten, sondern weil sie sie bewundern.

PHAIDROS: Ja, gewiß.

SOKRATES: Wenn nun ein Redner oder ein König so weit kommt, daß er das Ansehen eines Lykurgos oder Solon oder Dareios gewinnt und zugleich in seiner Stadt ein unsterblicher Logograph wird – kommt sich der nicht schon zu seinen Lebzeiten selbst wie ein Gott vor, und die nach ihm kommen, haben dieselbe Meinung von ihm, wenn sie auf seine Schriften schauen?

PHAIDROS: Ja, sogar sehr.

SOKRATES: Glaubst du, daß einer von diesen, mag er auch dem Lysias noch so abgeneigt sein, ihm nun gerade das vorwerfen wird, nämlich daß er Reden schreibt?

PHAIDROS: Das ist nicht eben wahrscheinlich nach dem, was du sagst. Sonst müßte er offenbar gerade das zum Vorwurf machen, was er selbst mit Leidenschaft betreibt.

40. SOKRATES: Das ist also jedermann klar, daß das Redenschreiben an sich keine Schande ist.

PHAIDROS: Wie sollte es auch?

SOKRATES: Dagegen, glaube ich, ist es dann schändlich, wenn man nicht gut spricht oder schreibt, sondern häßlich und schlecht.

PHAIDROS: Ja, das ist klar.

SOKRATES: Worin besteht nun aber das Wesen des schönen oder des häßlichen Schreibens? Sollen wir uns, Phaidros, darüber etwa bei Lysias erkundigen oder sonst bei jemandem, der irgendeinmal geschrieben hat oder noch schreiben wird, sei es eine politische Schrift oder eine private, in gebundener Form als Dichter oder in ungebundener als Laie?

PHAIDROS: Du fragst, ob wir sollen? Warum sollte denn sozusagen einer leben, wenn nicht um dieser Freuden willen? Doch sicher nicht für die, bei denen man sich zuerst abplagen muß, weil man sonst nicht zum Genuß kommt, wie das ja bei fast allen leiblichen Vergnügungen der Fall ist; deswegen bezeichnet man sie ja auch mit Recht als niedrig.

SOKRATES: Es scheint ja, wir haben Zeit genug. Zudem glaube ich, daß die Grillen, die nach ihrer Art im heißen Sommer über unseren Köpfen zirpen und sich unterhalten, dabei auf uns herabschauen. Wenn die nun sähen, daß auch wir beide, gerade wie die anderen Leute zur Mittagszeit, nicht miteinander reden, sondern aus geistiger Trägheit einnicken und uns von ihnen in Schlaf singen lassen, dann würden sie uns wohl mit Recht auslachen und meinen, es seien ein paar Knechte bei ihnen eingekehrt, gerade wie Schafe, die bei der Quelle ihr Mittagsschläfchen halten. Wenn sie dagegen sehen, daß wir miteinander reden und an ihnen wie an Sirenen vorbeifahren, ohne uns einschläfern zu lassen, dann werden sie uns wohl die Ehrengabe, die ihnen die Götter für die Menschen verliehen haben, voller Hochschätzung zuwenden.

41. PHAIDROS: Was haben sie denn für eine Gabe? Ich glaube, das habe ich noch nie gehört.

SOKRATES: Das darf aber doch nicht sein, daß ein Musenfreund von diesen Dingen nichts gehört hat. Also man erzählt, die Grillen seien einst Menschen gewesen, und zwar von denen, die vor der Geburt der Musen lebten. Als aber die Musen geboren wurden und der Gesang ans Licht trat, da sind einige von den Menschen jener Zeit so außer sich geraten vor Lust, daß sie singend Speise und Trank vergaßen und dahinstarben, ohne es zu merken. Aus diesen entsteht seitdem das Geschlecht der Grillen, und die Musen verliehen ihnen die Gabe, daß sie von Geburt an keiner Speise bedürfen, sondern ohne zu essen und zu trinken sogleich singen, bis sie sterben, und daß sie dann nachher zu den Musen kommen und ihnen melden, wer von den Menschen hier eine jede von ihnen verehre. Der Terpsichore geben sie die an, die sie in den Tanzchören verehrt haben, und empfehlen sie ihrer Vorliebe; der Erato die, die ihr mit Liebesliedern huldigten, und so auch den anderen Musen, entsprechend der Art, wie jede geehrt wurde. Der ältesten aber, Kalliope, und Urania, die gleich nach ihr kommt, geben sie die an, die ihr Leben mit der Philosophie verbringen und die Kunst dieser beiden Musen ehren, indem sie ja vor allen übrigen Musen die schönsten Stimmen hören lassen, da sie über den Himmel und über die göttlichen und menschlichen Reden gesetzt sind. Aus manchen Gründen also müssen wir etwas reden und dürfen am Mittag nicht schlafen.

PHAIDROS: So wollen wir also reden.

42. SOKRATES: Nicht wahr, was wir zu untersuchen uns vorgenommen haben, das wollen wir nun erörtern, nämlich die Frage, auf welche Art das Reden und das Schreiben schön ist, und auf welche nicht.

PHAIDROS: Offenbar.

SOKRATES: Ist es denn für das, was gut und schön geredet werden soll, nicht eine Voraussetzung, daß das Denken des Redenden die Wahrheit über das weiß, was er sagen will?

PHAIDROS: Mir ist darüber folgendes zu Gehör gekommen: es sei für den, der ein Redner werden will, nicht nötig, das zu lernen, was tatsächlich richtig ist, sondern nur das, was den Leuten, die darüber zu entscheiden haben, so scheint; und auch nicht das, was tatsächlich gut oder schön ist, sondern was so scheint. Denn nur daraus ergebe sich das Überreden, und nicht aus der Wahrheit.

SOKRATES: «Niemals wahrlich darf man verwerfen ein Wort», Phaidros, das Weise gesprochen haben, sondern muß prüfen, ob sie nicht etwas Richtiges sagen; und so darf denn auch das eben Gesagte nicht übergangen werden.

PHAIDROS: Ja, du hast recht.

SOKRATES: So wollen wir es denn auf folgende Art untersuchen.

PHAIDROS: Auf welche?

SOKRATES: Nimm einmal an, ich wollte dich überreden, du solltest dir ein Pferd anschaffen, um gegen die Feinde zu ziehen, wir wüßten aber beide nicht, was ein Pferd ist, hingegen wäre mir zufällig über dich gerade das bekannt, daß Phaidros unter den zahmen Tieren das für ein Pferd hält, das die längsten Ohren hat ...

PHAIDROS: Das wäre ja zum Lachen, Sokrates.

SOKRATES: Das noch nicht. Aber wenn ich dich dann ernsthaft überreden wollte und eine Rede verfaßte, ein Lob auf den Esel, und ihn als «Pferd» bezeichnete und sagte, daß es von größtem Wert sei, dieses Tier zu besitzen, zu Hause wie auch im Felde, brauchbar, um von seinem Rücken herab zu kämpfen, und tüchtig, das Gepäck zu tragen, und noch zu manch anderem verwendbar ...

PHAIDROS: Das wäre nun freilich ganz und gar lächerlich.

Sokrates: Aber ist es denn nicht besser, es sei jemand ein lächerlicher Freund als ein ernst zu nehmender Feind?

Phaidros: Offenbar.

Sokrates: Wenn nun der ausgebildete Redner, der nicht weiß, was gut und was böse ist, es mit einer Stadt zu tun hat, in der es ebenso steht, und sie überreden will, wobei er keinesfalls über einen Esel sein Lob spricht, als sei er ein Pferd, sondern über das Schlechte, als sei es etwas Gutes, und wenn er so die Leute, um deren Meinungen er sich bemüht hat, nun überredet, Schlechtes zu tun statt Gutes – was für eine Frucht, glaubst du, wird die Redekunst dann aus dieser Saat ernten?

Phaidros: Wohl keine anständige.

43. Sokrates: Doch haben wir etwa, mein Bester, die Kunst der Rede härter geschmäht, als sich gebührt? Sie könnte vielleicht sagen: «Was schwatzt ihr denn da, ihr wunderlichen Leute? Ich zwinge ja niemanden, der die Wahrheit nicht kennt, reden zu lernen; sondern, wenn mein Rat etwas gilt, so erwirbt er sich zuerst jene und nimmt dann mich noch dazu. Das aber behaupte ich nun mit allem Nachdruck, daß auch der, der das Seiende weiß, ohne mich nicht imstande ist, kunstgerecht zu überreden.»

Phaidros: Und hätte sie nicht recht mit diesen Worten?

Sokrates: Einverstanden, sofern wenigstens die Reden, die gegen sie auftreten, das Zeugnis ablegen, daß sie eine Kunst ist. Denn mir ist, als höre ich einige Reden auftreten, die behaupten, sie lüge und sie sei gar keine Kunst, sondern nur ein kunstloses Treiben. «Eine echte Kunst des Redens», sagt der Lakonier, «ohne die Wahrheit erfaßt zu haben, gibt es nicht und wird es auch später nie geben.»

Phaidros: Diese Reden brauchen wir, Sokrates. Führe sie herein und frage sie aus, was sie sagen und wie sie es sagen.

Sokrates: So kommt herbei, ihr hübschen Kinderlein, und überzeugt den Phaidros da, den Vater schöner Kinder, daß er, wenn er nicht genügend philosophiert, auch nie über irgend etwas wird reden können. Phaidros soll also antworten.

PHAIDROS: Fragt nur!

SOKRATES: Ist denn, im ganzen gesehen, die Rhetorik nicht eine Kunst der Seelenführung durch Worte, nicht nur vor Gericht und bei den anderen öffentlichen Versammlungen, sondern auch bei privaten Zusammenkünften, und zwar eine Kunst, die sich gleich bleibt, ob es um geringe oder um große Fragen geht, und von gleichem Wert ist, sofern sie wenigstens richtig angewendet wird, ob sie sich auf schwerwiegende oder auf unwichtige Dinge bezieht. Oder was hast du darüber gehört?

PHAIDROS: Ganz etwas anderes, beim Zeus! Sondern es wird eigentlich nur über die Rechtshändel kunstmäßig geredet und geschrieben, und auch in Volksreden spricht man so; von weiterem aber habe ich nichts gehört.

SOKRATES: Hast du denn einzig von den «Anleitungen zur Redekunst» des Nestor und des Odysseus gehört, die sie vor Ilion in ihrer Mußezeit geschrieben haben, und von denen des Palamedes ist dir nie etwas zu Gehör gekommen?

PHAIDROS: Nein, beim Zeus, nicht einmal von denen des Nestor, falls du nicht etwa den Gorgias zu einer Art Nestor oder den Thrasymachos oder den Theodoros zu einem Odysseus machst.

44. SOKRATES: Mag sein – doch lassen wir diese. Sage mir lieber, was tun denn vor Gericht die gegnerischen Parteien? Reden sie nicht gegeneinander? Oder wie sollen wir das nennen?

PHAIDROS: Ja, gerade so.

SOKRATES: Und zwar über das Gerechte und das Ungerechte?

PHAIDROS: Ja.

SOKRATES: Nicht wahr, wer das mit Kunst tut, der wird zustande bringen, daß ein und dasselbe den gleichen Leuten das einemal als gerecht, wenn er dagegen will, auch als ungerecht erscheint?

PHAIDROS: Ohne Zweifel.

SOKRATES: Und in der Rede vor dem Volk, daß der Stadt ein und dasselbe bald als gut und bald wiederum als das Gegenteil erscheint?

PHAIDROS: Ja, so ist es.

SOKRATES: Und nun zum Eleaten Palamedes: wir wissen doch, daß er mit solcher Kunst redet, daß den Zuhörern ein und dasselbe als gleich und ungleich, als eines und vieles, und ferner als ruhig und bewegt erscheint.

PHAIDROS: Jawohl.

SOKRATES: Nicht nur vor Gericht also kommt die Kunst der Gegenrede vor und vor dem Volk, sondern es wird offenbar für alles, was geredet wird, nur diese eine Kunst geben – sofern es überhaupt eine gibt –, durch die man in den Stand gesetzt wird, jedes Ding jedem anderen Ding ähnlich zu machen, und zwar vor allen möglichen Leuten, und, wenn ein anderer es ähnlich macht und es dann verbirgt, das ans Licht zu bringen.

PHAIDROS: Wie meinst du denn das?

SOKRATES: Wer sucht, meine ich, dem wird es dadurch klar. Entsteht eher Täuschung in den Dingen, die stark voneinander verschieden sind, als in denen, die es nur schwach sind?

PHAIDROS: In denen, die nur wenig verschieden sind.

SOKRATES: Doch wenn du nur Schritt für Schritt vorgehst, dann wirst du doch eher unvermerkt zum Gegenteil gelangen, als wenn du einen großen Schritt machst.

PHAIDROS: Wie wäre das anders möglich?

SOKRATES: Wer also einen anderen täuschen will, selbst aber nicht getäuscht sein möchte, der muß die Ähnlichkeit und die Unähnlichkeit des Seienden genau auseinanderkennen.

PHAIDROS: Ja, das ist allerdings nötig.

SOKRATES: Wenn aber jemand die Wahrheit über etwas nicht kennt, wird er dann imstande sein, die Ähnlichkeit mit dem, was er nicht kennt, in anderen Dingen festzustellen, mag diese nun klein oder groß sein?

PHAIDROS: Unmöglich!

SOKRATES: Wenn man sich also eine Meinung bildet, die dem Seienden nicht entspricht, sondern wenn man sich darüber täuscht, dann ist doch klar, daß dieses Übel infolge irgendwelchen Ähnlichkeiten in uns eingedrungen ist.

PHAIDROS: Ja freilich, so geht es.

SOKRATES: Ist es nun möglich, daß jemand über die Kunst verfügt, Schritt für Schritt vorzugehen, indem er auf Grund der Ähnlichkeiten immer wieder von dem Seienden zu seinem Gegenteil ableitet, oder aber sich selbst vor dieser Methode zu hüten, wenn er nicht erkannt hat, was ein jedes von dem Seienden wirklich ist?

PHAIDROS: Niemals.

SOKRATES: Wer also die Wahrheit nicht weiß, mein Freund, sondern nur Meinungen nachgejagt ist, der wird offenbar nur eine lächerliche Redekunst zustande bringen und eine, die gar keine Kunst ist.

PHAIDROS: Das wird wohl so sein.

45. SOKRATES: Willst du nun in der Rede des Lysias, die du auf dir trägst, und in den beiden, die ich vorgetragen habe, etwas von dem sehen, das wir entweder als kunstvoll oder als kunstlos bezeichnen?

PHAIDROS: Mit größter Vorliebe; denn jetzt reden wir nur so daher, ohne schlüssige Beispiele.

SOKRATES: Und doch sind offenbar durch einen glücklichen Zufall jene beiden Reden so gesprochen worden, daß sie wohl ein Beispiel enthalten, wie jemand, der die Wahrheit weiß, mit Worten spielend seine Zuhörer irreführen kann. Ich schreibe das freilich den Göttern zu, lieber Phaidros, die an diesem Orte wohnen; vielleicht sind es aber auch die Künder der Musen, die Sänger über unseren Häuptern, die uns mit ihrem Hauch diese Gabe geschenkt haben. Denn ich habe doch sonst an der Kunst des Redens keinen Anteil.

PHAIDROS: Das mag so sein, wie du sagst; nur mach uns klar, was du meinst.

SOKRATES: Nun denn, so lies von der Rede des Lysias den Anfang!

PHAIDROS: «Über meinen Fall bist du unterrichtet und hast auch gehört, was uns nach meiner Ansicht unter diesen Umständen zuträglich ist. Ich möchte aber, daß mir nicht etwa deshalb meine Bitte nicht erfüllt wird, weil ich zufällig nicht dein Liebhaber bin. Denn gerade jene Leute reut das dann jeweils ...»

SOKRATES: Hör auf! Wir müssen nun also sagen, worin dieser einen Fehler macht und gegen die Regeln der Kunst verstößt; oder nicht?

PHAIDROS: Ja.

46. SOKRATES: So viel ist doch nun jedem klar, daß wir über einige dieser Fragen gleicher Meinung, über andere aber uneinig sind.

PHAIDROS: Ich glaube, ich verstehe, was du meinst; doch sag es noch deutlicher.

SOKRATES: Wenn jemand das Wort «Eisen» oder «Silber» ausspricht, so verstehen wir doch alle dasselbe darunter?

PHAIDROS: Ja, durchaus.

SOKRATES: Wie ist es aber, wenn er sagt «gerecht» oder «gut»? Neigt da nicht der eine zu dem, der andere zu jenem, und wir selbst befinden uns gegenseitig und mit uns selbst in einem Zwiespalt?

PHAIDROS: Ja, gewiß.

SOKRATES: In einigem stimmen wir also überein, in anderem dagegen nicht.

PHAIDROS: So ist es.

SOKRATES: In welchem Falle sind wir nun leichter zu täuschen, und in welchen Fällen hat also die Rhetorik größere Macht?

PHAIDROS: Offenbar dort, wo wir schwanken.

SOKRATES: Wer also die Kunst der Rhetorik ausüben will, der muß zuerst diese beiden Fälle methodisch getrennt und ein Kennzeichen für die beiden Arten erfaßt haben, sowohl für die, wo die Menge notwendig schwanken muß, als für die, wo sie nicht schwankt.

PHAIDROS: Ja, wer das erfaßt hat, Sokrates, der dürfte freilich einen richtigen Begriff von der Sache gewonnen haben.

SOKRATES: Und daraufhin, glaube ich, darf er bei keinem Fall, an den er herantritt, im unklaren bleiben, sondern muß genau wahrnehmen, zu welcher der beiden Arten das nun gegehört, worüber er sprechen will.

PHAIDROS: Ohne Zweifel.

SOKRATES: Und nun die Liebe: sagen wir wohl, sie gehöre zu dem, was strittig ist, oder zu dem, was nicht strittig ist?

PHAIDROS: Doch sicher zu dem, was strittig ist. Oder meinst du, sie hätte dich sonst sagen lassen, was du nun eben über sie gesagt hast: daß sie ein Verderben sei für den Geliebten wie für den Liebenden, und dann doch wieder, daß sie das größte der Güter sei?

SOKRATES: Sehr wohl gesprochen! Doch sag nun auch – denn vor lauter Begeisterung kann ich mich nicht mehr so recht erinnern –, ob ich am Anfang meiner Rede den Begriff der Liebe bestimmt habe.

PHAIDROS: Ja, beim Zeus, und zwar mit unübertrefflicher Genauigkeit.

SOKRATES: O wieviel kunstvoller in Reden sind doch nach deinen Worten die Nymphen des Acheloos und Pan, der Sohn des Hermes, als Lysias, des Kephalos Sohn! Oder habe ich nicht recht, und hat vielmehr Lysias am Anfang seiner Rede uns genötigt, die Liebe als eines von dem Seienden aufzufassen, wie er selbst es gewollt hat? Und hat er dann im Hinblick darauf alles zusammengestellt und den übrigen Teil seiner Rede zu Ende geführt? Möchtest du, daß wir ihren Anfang noch einmal lesen?

PHAIDROS: Ja, wenn du meinst. Was du freilich suchst, steht nicht darin.

SOKRATES: Lies, damit ich ihn selbst höre!

47. PHAIDROS: «Über meinen Fall bist du unterrichtet und hast auch gehört, was uns nach meiner Ansicht unter diesen Umständen zuträglich ist. Ich möchte aber, daß mir nicht etwa deshalb meine Bitte nicht erfüllt wird, weil ich zufällig nicht dein Liebhaber bin. Denn gerade jene Leute reut das dann jeweils, was sie etwa Gutes getan haben, sobald ihre Begierde gestillt ist ...»

SOKRATES: Er scheint freilich bei weitem nicht das zu tun, was wir verlangen, versucht er doch, nicht einmal vom Anfang, sondern vom Ende aus seine Rede rückwärts in umgekehrter Richtung zu durchschwimmen, und beginnt mit dem, was ein Liebhaber zu seinem Geliebten sagen würde, wenn er am Ende angekommen ist. Oder habe ich nicht recht, Phaidros, geliebtes Haupt?

PHAIDROS: Ja, es ist freilich ein Ende, Sokrates, über das er seine Rede hält.

SOKRATES: Und im übrigen? Hast du nicht den Eindruck, daß der ganze Inhalt seiner Rede wirr durcheinandergeworfen ist? Oder erscheint irgendein zwingender Grund, warum das, was an zweiter Stelle gesagt wurde, gerade an die zweite Stelle gesetzt werden mußte, oder sonst etwas, was er gesagt hat? Denn ich, der ich freilich nichts davon verstehe, hatte den Eindruck, der Verfasser habe ganz wacker das gesagt, was ihm gerade einfiel. Hast du aber einen zwingenden Grund, der sich aus der Kunst des Redenschreibens ergibt, nach dem er das gerade so in dieser Reihenfolge hat nebeneinandersetzen müssen?

PHAIDROS: Das ist brav von dir, daß du mir die Fähigkeit zutraust, seine Absichten so genau zu durchschauen.

SOKRATES: Aber das wirst du doch zugeben, denke ich: daß jede Rede wie ein Lebewesen organisch aufgebaut sein und ihren eigenen Leib haben muß, so daß sie weder ohne Kopf noch ohne Füße ist, sondern Mitten und Enden hat, die so geschrieben sind, daß sie zueinander und zu dem Ganzen in einem passenden Verhältnis stehen?

PHAIDROS: Wie sollte ich nicht?

SOKRATES: So untersuch nun die Rede deines Freundes, ob sie dem entspricht oder nicht, und du wirst finden, daß sie sich in nichts von der Grabschrift unterscheidet, die, wie man behauptet, für den Phryger Midas verfaßt worden ist.

PHAIDROS: Was ist das für eine, und was hat es damit für eine Bewandtnis?

SOKRATES: Sie lautet so:

Eherne Jungfrau bin ich und lieg auf dem Grabe des Midas.
Wenn noch Wasser fließt und ragende Bäume erblühen,
Bleibe ich hier am Orte, am vielbeweineten Grabe,
Tue den Wanderern kund: allhier liegt Midas begraben.

Daß es hier nicht darauf ankommt, was man zuerst und was man zuletzt liest, das, denke ich, merkst du doch.

PHAIDROS: Du spottest über unsere Rede, Sokrates.

48. SOKRATES: So lassen wir sie beiseite, sonst wirst du noch verärgert – wenn sie mir auch viele Beispiele zu enthalten scheint, aus deren Betrachtung man Nutzen ziehen könnte, nur darf man ja nicht versuchen, sie nachzuahmen. Doch gehen wir zu den anderen Reden über; denn ich habe den Eindruck, daß in ihnen etwas enthalten war, das denen zu beachten wohl ansteht, die Betrachtungen über Reden anstellen wollen.

PHAIDROS: Was meinst du denn?

SOKRATES: Sie standen sich doch wohl als Gegner gegenüber. Die eine behauptete nämlich, daß man dem Verliebten, die andere, daß man dem Nichtverliebten zu Gefallen sein muß.

PHAIDROS: Und zwar eine jede auf sehr mannhafte Art.

SOKRATES: Ich glaubte schon, du würdest den richtigen Ausdruck brauchen: auf wahnsinnige Art. Denn gerade das war der, den ich suchte. Eine Art Wahnsinn sei nämlich die Liebe, sagten wir doch; nicht wahr?

PHAIDROS: Ja.

SOKRATES: Und vom Wahnsinn gebe es zwei Arten: die eine sei aus menschlichen Krankheiten entstanden, die andere aus einer göttlichen Abweichung von den gewöhnlichen Normen.

PHAIDROS: Ja, gewiß.

SOKRATES: Den göttlichen Wahnsinn aber teilten wir nach vier Göttern in vier Teile, wobei wir die seherische Inspiration dem Apollon zuschrieben, die der Weihen dem Dionysos, die dichterische wiederum den Musen, die vierte aber der Aphrodite und dem Eros, wobei wir diese als Liebeswahnsinn bezeichneten und sagten, er sei der beste von allen. Und indem wir, ich weiß nicht wie, den Zustand der Verliebtheit schilderten und dabei vielleicht etwas Wahres berührten, vielleicht aber auch nach einer anderen Seite gerieten, haben wir eine nicht ganz unglaubwürdige Rede zusammengemischt und so, züchtig und fromm, einen mythischen Hymnos auf Eros angestimmt, auf meinen und deinen Herrn, Phaidros, und den Beschützer schöner Knaben.

PHAIDROS: Ja, und ich freute mich sehr, ihn anzuhören.

49. SOKRATES: Das wollen wir nun also daraus entnehmen, wie von dem Tadeln die Rede zum Loben hinüberwechselte.

PHAIDROS: Wie meinst du nun das?

SOKRATES: Mir scheint, daß sonst wirklich alles nur im Scherz gesprochen wurde. Was aber die beiden Dinge betrifft, die uns ein Zufall hat sagen lassen, so wäre es wohl etwas Dankbares, wenn wir ihre Bedeutung kunstgemäß erfassen könnten.

PHAIDROS: Von welchen denn?

SOKRATES: Daß man das vielfach Zerstreute zusammenschauend zu einer einzigen Sicht (Idee) bringt, so daß man, jedes einzelne bestimmend, klarmacht, worüber man jedesmal gerade lehren will, wie wir es eben jetzt mit dem Eros gemacht haben: nachdem einmal, ob gut oder schlecht, gesagt worden war, was er nach unserer Bestimmung ist, hat die Rede von da aus wenigstens das eine bekommen, daß sie klar ist und mit sich selbst übereinstimmt.

PHAIDROS: Was verstehst du aber unter der zweiten Redeform, Sokrates?

SOKRATES: Daß man dann wiederum imstande ist, nach Einzelideen zu zerlegen, nach den Gliedern, wie sie von Natur gewachsen sind, und nicht zu versuchen, ein einzelnes Stück nach Art eines schlechten Koches zu zerbrechen. Vielmehr so wie vorhin die beiden Reden das Unverständige des Denkens als einen Begriff zusammennahmen, und so wie aus unserem Leibe, als aus einem, zweifache und gleichnamige Teile herauswachsen, die man als rechte und linke bezeichnet, so glaubten die Reden, daß auch der Teil der Uneinsichtigkeit in uns als ein einheitlicher von Natur in uns gewachsen sei, und so schnitt die eine den einen Teil auf der Linken ab und zerschnitt ihn dann nochmals und ließ nicht eher ab, bis sie darin eine sozusagen linke Liebe fand und diese dann schmähte, mit vollem Recht übrigens, während uns die andere zu dem führte, was vom Wahnsinn auf der rechten Seite liegt. Und indem sie dort eine Liebe fand und vor Augen stellte, die zwar denselben Namen trägt wie jene, aber von göttlicher Art ist, pries sie diese, weil wir ihr die größten Güter verdankten.

PHAIDROS: Da hast du völlig recht.

50. SOKRATES: Davon bin ich selbst ein Liebhaber, Phaidros, von den Einteilungen und Zusammenfassungen, um sowohl reden als denken zu können. Und wenn ich einem anderen die Fähigkeit zutraue, daß er von Natur sein Augenmerk auf das Eine und das Viele richten kann, so folge ich seiner Spur wie der eines Gottes. Ob ich nun denjenigen, die das zu tun vermögen, den richtigen Namen gebe oder nicht, das weiß Gott; ich nenne sie aber bis jetzt Dialektiker. Doch sage nun auch, wie man die nennen soll, die ihre Belehrung von dir und von Lysias empfangen haben. Oder ist etwa das die Kunst der Reden, die Thrasymachos und die anderen angewendet haben und durch die sie selbst im Reden gewandt worden sind und auch andere dazu machen, falls es welche gibt, die bereit sind, ihnen wie Königen Geschenke zu bringen?

PHAIDROS: Königartige Männer sind sie zwar; aber das verstehen sie doch nicht, wonach du fragst. Doch glaube ich, daß du recht hast, wenn du diese Art als die dialektische bezeichnest; die rhetorische hingegen scheint sich unserer Kenntnis noch zu entziehen.

SOKRATES: Wie meinst du das? Das wird wohl etwas Schönes sein, was nach Wegfall von dem doch noch durch bloße Kunst erlangt werden kann. Dabei brauchen wir das durchaus nicht gering zu achten, du nicht und ich nicht, sondern wollen sagen, was das ist, das von der Rhetorik dann noch übrigbleibt.

PHAIDROS: Noch sehr viel, Sokrates, nämlich alles das, was in den Büchern über die Redekunst steht.

51. SOKRATES: Gut, daß du daran erinnerst. Erstens also, denke ich, die Einleitung, mit der man eine Rede beginnen soll. Das ist es doch, nicht wahr, was du als die Feinheiten der Rede bezeichnest?

PHAIDROS: Ja.

SOKRATES: Und zweitens dann die Darstellung und darin die Zeugnisse; als drittes die Beweise und als viertes die Wahrscheinlichkeiten. Und dann auch noch von einer Beglaubigung und Nebenbeglaubigung, meine ich, spricht jener Mann aus Byzanz, der gewissermaßen der geschickteste Daidalos der Rede ist.

PHAIDROS: Du meinst den wackeren Theodoros?

SOKRATES: Wen sonst? Und daß man eine Widerlegung und eine Nebenwiderlegung vorbringen müsse, bei der Anklage wie bei der Verteidigung. Und den Euenos, den allerschönsten Mann aus Paros, werden wir den nicht ins Treffen führen, ihn, der als erster die Andeutung erfunden hat und das Nebenlob? Einige sagen sogar, er habe auch den Nebentadel in Verse gebracht, dem Gedächtnis zuliebe; denn er ist ein gescheiter Mann. Den Teisias aber und den Gorgias wollen wir ruhen lassen, welche entdeckt haben, daß man das Scheinbare höher schätzen müsse als das Wahre, und die machen, daß das Kleine groß und das Große klein erscheint durch die Gewalt der Rede, die vom Neuen auf altertümliche und vom Alten auf moderne Art reden und die die Gedrängtheit der Rede und ebenso die unendliche Länge über jeden Gegenstand erfunden haben. Als mich aber eines Tages Prodikos davon sprechen hörte, lachte er und behauptete, er allein habe erfunden, was für Reden die Kunst brauche; sie dürften nämlich weder lang noch kurz, sondern müßten von mittlerer Länge sein.

PHAIDROS: Sehr gescheit bemerkt, Prodikos!

SOKRATES: Und von Hippias wollen wir nicht reden? Ich glaube, dieser Gast aus Elis stimmte ihm auch bei.

PHAIDROS: Warum auch nicht?

SOKRATES: Und wie wollen wir ferner der Sammlung von Reden des Polos Erwähnung tun, zum Beispiel des Abschnittes von der Wiederholung der Wörter und von der Anwendung von Sinnsprüchen und bildlichen Reden, und ebenso des Likymnios Wörtersammlung, die er jenem zum Geschenk gemacht hat zur Erzielung des Wohlklangs der Rede?

PHAIDROS: Fand sich aber nicht auch bei Protagoras einiges dieser Art, Sokrates?

SOKRATES: Ja, einiges über das richtige Sprechen, lieber Knabe, und sonst noch manches Schöne. Doch in den jammervollen Klagereden, die man anwendet, um über das Alter oder die Armut zu klagen, da scheint mir doch die Kraft des Chalkedoniers Meister geworden zu sein. Und im weiteren hat sich der Mann auch fähig gezeigt, eine Menge in Wut zu versetzen und zugleich auch wieder, die Erzürnten durch die Zauberkraft seiner Rede zu besänftigen, wie er sagte. Und seine besondere Stärke hatte er im Verleumden und im Entkräften von Verleumdungen, aus welchem Grund auch immer. Über den Schluß der Reden aber herrscht offenbar bei allen dieselbe Meinung, wobei ihn einige als Wiederholung bezeichnen und andere ihm einen anderen Namen geben.

PHAIDROS: Du meinst damit, daß man am Ende in einer Zusammenfassung den Zuhörern noch einmal alles in Erinnerung ruft, was man gesagt hatte.

SOKRATES: Ja, das meine ich. Und wenn du sonst noch irgend etwas über die Kunst der Reden zu sagen hast ...

PHAIDROS: Nur noch Kleinigkeiten, die nicht der Rede wert sind.

SOKRATES: Lassen wir also die Kleinigkeiten! Das Gesagte aber wollen wir uns bei Lichte noch etwas besser besehen: welche Bedeutung es nämlich hat hinsichtlich der Kunst, und wann es die hat.

PHAIDROS: Doch eine sehr große, Sokrates, wenigstens dort, wo viele Leute zusammenkommen.

SOKRATES: Ja, das hat sie. Doch sieh nun zu, mein sehr Verehrter, ob auch du denselben Eindruck hast wie ich, daß nämlich ihr Gewebe locker geworden ist.

PHAIDROS: Zeig es doch!

52. SOKRATES: So sage mir einmal: wenn jemand zu deinem

Freunde Eryximachos oder zu seinem Vater Akumenos käme und sagte: «Ich verstehe mich darauf, dem Körper solche Mittel zu verabreichen, daß ich ihn, wenn ich will, erhitzen oder abkühlen kann oder ihm Erbrechen oder, je nach meinem Belieben, Abführen verursache und sonst noch vieles dieser Art. Und weil ich mich darauf verstehe, erhebe ich den Anspruch, ein Arzt zu sein und jeden anderen auch dazu zu machen, dem ich die Kenntnis von diesen Dingen vermittle» – was, meinst du, werden sie sagen, wenn sie das gehört haben?

PHAIDROS: Was sonst, als ihn fragen, ob er dazu auch wisse, wem und zu welcher Zeit er jedes von diesen Mitteln anwenden müsse, und bis zu welchem Grade?

SOKRATES: Wenn er nun erwiderte: «Nein, davon weiß ich gar nichts, sondern ich verlange, daß der, der das von mir gelernt hat, von sich aus das leisten kann, was du fragst»?

PHAIDROS: Ich glaube, dann würde er sagen: «Dieser Mensch ist verrückt. Weil er irgendwo aus einem Büchlein etwas vernommen oder zufällig zu ein paar Heilmitteln gekommen ist, meint er nun, er sei ein Arzt, obschon er gar nichts von dieser Kunst versteht.»

SOKRATES: Und ferner, wenn nun jemand zu Sophokles oder zu Euripides käme und behauptete, er verstehe sich darauf, über eine geringe Sache endlose, oder über eine große Sache ganz kurze Reden abzufassen oder, ganz nach seinem Belieben, auch klägliche oder, im Gegensatz dazu, furchterregende und drohende ... und was dergleichen mehr ist. Und wenn er dann glaubt, indem er das lehre, vermittle er die Kunst, eine Tragödie zu dichten?

PHAIDROS: Ich denke, auch sie würden lachen, Sokrates, wenn einer meint, eine Tragödie sei etwas anderes als die Komposition aus diesen Teilen, und zwar so, daß sie gegenseitig zueinander und zum Ganzen passen.

SOKRATES: Freilich würden sie ihm wohl nicht einen groben Verweis geben, sondern so, wie wenn ein musikalisch Gebildeter einem Manne begegnet, der meint, er verstehe etwas von Harmonie, weil er zufällig weiß, wie man eine Saite ganz hoch oder ganz tief stimmen kann. Der würde auch nicht grob zu ihm sagen: «Du spinnst ja, du Wicht!» Sondern als Musiker wird er sich etwas feiner ausdrücken: «Mein Bester, natürlich muß das einer auch können, wenn er etwas von Harmonie verstehen will; das hindert indes nicht, daß einer, der deine Fertigkeit besitzt, auch nicht einen Deut von der Harmonie versteht. Denn du besitzest nur die Kenntnisse, die der Harmonie notwendig vorausgehen müssen, aber noch nichts von dem, was die Harmonie selbst ausmacht.»

PHAIDROS: Sehr richtig!

SOKRATES: Und auch Sophokles würde zu dem, der sich vor ihm und Euripides aufspielen will, wohl sagen, er besitze wohl die Vorkenntnisse zur Tragödie, aber nicht das, was die Tragödie selbst ausmacht. Und auch Akumenos würde sagen, das sei das, was der Heilkunde vorausgehen muß, aber nicht die Heilkunde selbst.

PHAIDROS: Ja, allerdings.

53. SOKRATES: Was aber, glauben wir, würde der Adrastos mit der honigsüßen Stimme oder auch Perikles sagen, wenn ihnen das zu Ohren käme, wie wir jetzt die wunderschönen Kunststücke behandelt haben, die Kurzreden und die Gleichnisreden und all das übrige, von dem wir bei der Besprechung sagten, wir müßten es uns bei Lichte besehen – würden sie sich wohl verdrießlich zeigen und sich, wie ich und du in unserer Unfeinheit, gegen jene unhöflich äußern, die das geschrieben haben und die das lehren, als sei es eine wirkliche Kunst der Rhetorik? Oder würden sie, weil sie gescheiter sind als wir, auch uns beide schelten und sagen: «O Phaidros und Sokrates, man darf doch nicht böse werden, sondern muß Nachsicht üben, wenn ein paar Leute, die über die Dialektik

nicht Bescheid wissen, dann auch nicht imstande waren, das Wesen der Rhetorik zu bestimmen, und wenn sie sich, aus diesem Mangel heraus, eingebildet haben, weil sie die notwendigen Vorkenntnisse für diese Kunst besitzen, hätten sie die Rhetorik selbst gefunden, und wenn sie dann anderen diese Einzelkenntnisse beibringen und dabei meinen, sie hätten sie in vollendeter Art in der Rhetorik unterwiesen – jedoch die einzelnen dieser Elemente glaubwürdig anzubringen und das Ganze zusammenzustellen, was übrigens eine Kleinigkeit sei, das müßten sich die Schüler von sich aus bei ihren Reden selbst verschaffen»?

PHAIDROS: Ja, wahrhaftig, Sokrates, so mag es um diese Kunst bestellt sein, die diese Männer bei ihrem Unterricht und in ihren Schriften als Rhetorik ausgeben, und ich glaube, was du gesagt hast, ist richtig. Nun aber die Kunst des wirklichen und überzeugenden Redners, wie und wo kann man sich die verschaffen?

SOKRATES: Mit dem Vermögen, Phaidros, zu einem vollkommenen Kämpfer zu werden, ist es wahrscheinlich, ja sogar notwendig genau gleich wie auf anderen Gebieten: Hast du von Natur die Anlage zum Redner, so wirst du ein berühmter Redner werden, sofern du auch Wissenschaft und Übung damit verbindest. Wo es dir aber an den beiden fehlt, da wirst du auch unvollkommen bleiben. Soweit es sich aber dabei um Kunst handelt, scheint mir doch der Weg, den Lysias und Thrasymachos eingeschlagen haben, nicht der richtige zu sein.

PHAIDROS: Sondern welcher denn?

SOKRATES: Es scheint doch, mein Bester, daß wahrscheinlich Perikles in der Rhetorik von allen der Vollkommenste gewesen ist.

PHAIDROS: Wieso?

54. SOKRATES: Alle wirklich bedeutenden Künste verlangen doch außerdem nach jenem geschwätzigen und erhabenen

Gerede über die Natur; denn das Hoheitsvolle und allseitig Erfolgreiche kommt scheinbar von dort her. Und eben das hatte sich Perikles zu seiner guten Begabung hinzu erworben. Denn ich glaube, weil er mit Anaxagoras, der ja von solcher Art war, zusammengekommen ist, weil er von jenem erhabenen Gerede erfüllt wurde und weil er zur Natur der Einsicht und der Uneinsicht vordrang, über die ja Anaxagoras seine vielen Reden hielt: so hat er von daher in die Redekunst das hinübergezogen, was ihr förderlich war.

PHAIDROS: Wie meinst du das?

SOKRATES: Mit der Heilkunst verhält es sich doch gerade so wie mit der Redekunst.

PHAIDROS: Wieso denn?

SOKRATES: Bei beiden gilt es, die Natur zu erkennen, bei der einen die des Leibes, bei der anderen die der Seele, sofern du nicht nur durch Routine und Erfahrung, sondern mit bewußter Kunst jenem durch Vermittlung von Arzneien und Speisen Gesundheit und Kraft verschaffen, dieser durch vorbildliches Reden und Betragen die gewünschte Überzeugung und Tüchtigkeit beibringen willst.

PHAIDROS: Es macht wenigstens den Anschein, Sokrates, es sei so.

SOKRATES: Glaubst du nun, du könnest die Natur der Seele richtig erkennen, unabhängig von der Natur des Ganzen?

PHAIDROS: Wenn man freilich dem Asklepios-Schüler Hippokrates glauben soll, so ist es nicht einmal beim Leibe möglich, ohne auf diesem Wege vorzugehen.

SOKRATES: Ja, mein Freund, er hat ganz recht. Doch müssen wir neben dem Hippokrates auch unsere Vernunft fragen und sehen, ob sie damit übereinstimmt.

PHAIDROS: Das gebe ich zu.

55. SOKRATES: So prüfe denn, was Hippokrates und die wahre Vernunft von der Natur sagt. Muß man nicht in dieser

Weise über die Natur eines jeden Dinges nachdenken: zuerst, ob das einfach ist, worin wir selber Künstler sein und dann auch einen anderen darin gewandt machen wollen? Dann aber, wenn es einfach ist, müssen wir sein Vermögen betrachten: wie dieses sei von Natur, mit dem es wirkt, und worauf es sich auswirkt, und wie jenes sei, das auf es wirkt und woher es sich auswirkt. Hat es aber mehrere Gestalten, so müssen wir sie zählen und sehen, wie dort bei der einen, so nun bei jeder einzelnen, was jede ihrer Natur nach ausrichten und was sie erleiden kann und von wem.

PHAIDROS: So mag es wohl geschehen, Sokrates.

SOKRATES: Ohne das würde die Methode freilich dem Gang eines Blinden gleichen. Aber man darf doch jemanden, der bei irgendeinem Gegenstand auf kunstgemäße Art vorgeht, nicht mit einem Blinden oder Tauben vergleichen, sondern wenn jemand einem anderen auf kunstgemäße Art Reden mitteilt, so wird er selbstverständlich das Wesen der Natur jenes Gegenstandes genau aufzeigen, auf den er seine Worte bezieht. Und das wird wohl die Seele sein.

PHAIDROS: Was denn sonst?

SOKRATES: Darauf ist ja seine ganze Anstrengung gerichtet. Denn hier will er doch Überzeugung hervorbringen. Nicht wahr?

PHAIDROS: Ja.

SOKRATES: Es ist also klar, daß Thrasymachos, oder wer es sonst sei, der eine ernstgemeinte «Kunst der Rhetorik» herausgibt, zunächst mit allem Scharfsinn die Seele beschreiben und anschaulich machen wird, ob sie eins und gleichartig ist, oder vielartig wie die Gestalt des Leibes. Denn das heißt nach unserer Meinung die Natur eines Gegenstandes zeigen.

PHAIDROS: Ja, allerdings.

SOKRATES: Und dann zweitens, wodurch sie eine Wirkung ausübt und was für eine, oder eine Wirkung erfährt und von wem.

PHAIDROS: Zweifellos.

SOKRATES: Drittens dann, wenn er die Arten der Rede und der Seele und ihr verschiedenes Verhalten auseinandergesetzt hat, durchgeht er ihre Gründe, indem er ihre gegenseitigen Beziehungen feststellt und lehrt, was für eine Seele durch welche Reden und aus welchem Grunde im einen Falle notwendigerweise überredet wird, im anderen aber nicht.

PHAIDROS: Ja, so wäre es freilich am schönsten, scheint mir.

SOKRATES: Auf keinen Fall, mein Lieber, kann man das, was auf andere Weise dargelegt oder gesprochen wird, je auf kunstgemäße Art sagen oder schreiben, weder das noch etwas anderes. Die Leute aber, von denen du gehört hast, daß sie jetzt eine «Kunst der Reden» schreiben, sind Schelme und Hehler, obschon sie über die Seele ganz schön Bescheid wissen. Bevor sie aber auf diese Art reden und schreiben, lassen wir uns von ihnen nicht weismachen, daß sie kunstgemäß schreiben.

PHAIDROS: Auf welche Art?

SOKRATES: Die bestimmten Ausdrücke dafür anzuwenden ist nicht leicht. Doch wie man schreiben muß, daß es so kunstgemäß als möglich ist, das will ich sagen.

PHAIDROS: So sag es denn!

56. SOKRATES: Nachdem das Vermögen der Rede einmal darin besteht, daß sie eine Seelenführung ist, muß derjenige, der ein rechter Redner sein will, unbedingt wissen, wie viele Arten die Seele aufweist. Es gibt also soundso viele und so oder so beschaffene, woher es auch kommt, daß die einen Menschen so, die anderen anders geartet sind. Hat man nun diese Unterscheidung so getroffen, so gibt es im weiteren auch soundso viele Arten von Reden, eine jede von besonderer Beschaffenheit. Die einen Menschen nun, die so beschaffen sind, lassen sich von den so beschaffenen Reden aus dem so beschaffenen Grunde leicht zu den so beschaffenen Dingen überreden, während sich die anders beschaffenen aus dem anderen Grunde nur

schwer überreden lassen. Hat er das hinlänglich begriffen, so muß er nachher sehen, wie diese Dinge in der Wirklichkeit sind und sich dort auswirken, und muß das mit feinem Spürsinn verfolgen können, sonst wird er nie mehr als nur gerade die Reden wissen, die er damals als Schüler gehört hat. Wenn er dagegen richtig zu sagen weiß, was für einer durch was für Worte überzeugt werden kann, und auch imstande ist, wenn er ihn antrifft, ihn zu erkennen und zu sich selbst zu sagen: Das ist nun der, und so eine Natur, von der damals die Rede war, steht nun in Wirklichkeit vor dir, bei der du gerade diese Worte auf diese Art anwenden mußt, um sie von diesen Dingen zu überzeugen – wenn er nun alle diese Bedingungen erfüllt und dazu nun noch den richtigen Zeitpunkt zu wählen weiß, wo er reden und wo er innehalten muß, und wenn er ferner für die kurzgefaßten und die mitleid- oder furchterregenden Reden und für alle anderen Arten, die er etwa gelernt hat, den günstigen und den ungünstigen Augenblick unterscheiden kann – dann hat seine Kunst Schönheit und Vollkommenheit erreicht, früher aber nicht. Denn wenn es jemand auch nur an einem davon fehlen läßt, beim Reden, beim Lehren oder beim Schreiben, und dann aber doch behauptet, daß er kunstgemäß rede, so hat eben der recht, der ihm das nicht glaubt. «Nun also, Phaidros und Sokrates», wird vielleicht unser Schriftsteller sagen, «seid ihr auch dieser Meinung?» Oder müssen wir wohl unter der sogenannten «Kunst der Reden» etwas anderes verstehen?

PHAIDROS: Etwas anderes ist nicht möglich, Sokrates. Und doch scheint sie eine schwierige Aufgabe zu sein.

SOKRATES: Du hast recht. Wir müssen deswegen alles Gesagte von Grund auf umstürzen und erwägen, ob sich zu ihr nicht irgendwo ein leichterer und kürzerer Weg zeigt, damit wir nicht unnötigerweise einen langen und beschwerlichen einschlagen, während es doch einen kurzen und bequemen gibt. Doch wenn du von irgendwoher Hilfe weißt, als Hörer des Lysias oder eines anderen, so rufe dir das wieder ins Gedächtnis und versuche, es zu sagen.

PHAIDROS: Wenn es bloß auf einen Versuch ankäme, wüßte ich wohl etwas. Doch jetzt habe ich gerade nichts so zur Hand.

SOKRATES: Willst du also, daß ich dir einen Ausspruch sage, den ich von Leuten gehört habe, die sich mit diesen Dingen abgeben?

PHAIDROS: Warum nicht?

SOKRATES: Nun also, Phaidros, man sagt, es sei gerecht, auch die Sache des Wolfes zu vertreten.

PHAIDROS: So mach das nur!

57. SOKRATES: Sie behaupten also, man dürfe da nicht so wichtig tun damit und es mit geschraubten Worten so hoch hinauf erheben. Denn wie wir ja auch schon am Anfang dieses Gesprächs gesagt haben, braucht der, der künftig ein tüchtiger Redner sein will, von der Wahrheit ganz und gar nichts zu besitzen, weder darüber, welche Dinge gerecht und gut seien, noch darüber, welche Menschen von Natur oder durch Erziehung so beschaffen sind. Denn vor Gericht kümmere sich niemand auch nur im geringsten um die Wahrheit in diesen Dingen, sondern einzig darum, ob es überzeugend sei; das aber sei das Vermutbare; daran müsse sich also halten, wer kunstgemäß reden wolle. Denn andererseits dürfe man manchmal das wirklich Geschehene gar nicht sagen, sofern es nicht die Vermutbarkeit für sich habe, sondern eben nur das Vermutbare, sowohl in der Anklage als in der Verteidigung. Und der Redner müsse also ganz und gar auf das ausgehen, was wahrscheinlich ist, und dem Wahren freundlich Lebewohl sagen; denn daß sich jenes in der ganzen Rede findet, das mache die ganze Kunst aus.

PHAIDROS: Du hast ja nun gerade das vorgebracht, Sokrates, was jene behaupten, die sich anheischig machen, die wahren Künstler im Reden zu sein. Denn ich erinnere mich, daß wir vorhin etwas Derartiges kurz berührt haben; offenbar ist das für die, die sich mit diesen Dingen abgeben, ein sehr wichtiger Punkt.

SOKRATES: Aber du hast ja fürwahr den Teisias selbst gar ausführlich studiert! So mag uns denn Teisias auch sagen, ob er unter dem Vermutbaren etwas anderes versteht als die Meinung der Menge.

PHAIDROS: Was denn sonst?

SOKRATES: Da hat er also offenbar einen wahren Fund von Weisheit und Kunstverständnis zugleich getan, als er schrieb, wenn ein Schwacher und gleichzeitig Tapferer einen Starken und Feigen niedergeschlagen und ihm den Mantel oder sonst etwas weggenommen habe und dann vor Gericht geführt werde, dann dürfe keiner von den beiden die Wahrheit sagen. Der Feige könne nicht gestehen, daß er von jenem Tapferen allein niedergeschlagen worden sei, und dieser müsse dartun, daß sie allein waren, müsse aber dabei das Argument geltend machen: «Wie könnte ich, mit meinen schwachen Kräften, mich an so einen Mann wagen?» Und dieser wiederum wird seine Feigheit kaum eingestehen; aber wenn er es mit einer anderen Lüge versucht, wird er vielleicht gerade damit seinem Gegner irgendeinen Beweis in die Hand geben. Nicht wahr, Phaidros?

PHAIDROS: Ja, natürlich.

SOKRATES: O weh, da hat offenbar Teisias auf schreckliche Art eine Geheimkunst entdeckt, er oder sonst jemand, wer das auch sein mag und wie auch der Name lautet, mit dem er sich gerne nennen läßt. Doch, mein Freund, wollen wir folgendes zu ihm sagen oder nicht ...?

PHAIDROS: Was denn?

58. SOKRATES: «Lieber Teisias, schon lange bevor auch du herkamst, haben wir gerade gesagt, daß sich dieses Vermutbare für die Menge aus einer Ähnlichkeit mit dem Wah-

ren ergibt. Doch haben wir jetzt eben dargetan, daß überall der die Ähnlichkeiten am besten zu finden weiß, der auch über die Wahrheit Bescheid weiß. Wenn du also irgend etwas Neues über die Kunst der Reden sagen willst, hören wir dir gerne zu; im anderen Fall halten wir uns an das, was wir uns jetzt eben zurechtgelegt haben: wenn jemand nicht die verschiedenen Naturen der Zuhörer aufzählen und die Gegenstände nach ihren besonderen Arten auseinanderhalten und jedes einzelne unter einen Begriff zusammenfassen kann, so wird er nie ein wahrer Künstler in den Reden sein, soweit das für einen Menschen überhaupt möglich ist. Dazu aber wird er es niemals bringen, ohne daß er sich häufig praktisch darin übt; doch dieser Mühe wird sich der Besonnene nicht unterziehen, um mit den Menschen zu reden und zu verhandeln, sondern damit er das reden kann, was den Göttern wohlgefällig ist, und in allem nach Kräften ihnen wohlgefällig handelt. Denn das, Teisias, sagen doch die Leute, die weiser sind als wir: der Einsichtige muß sich nicht bemühen, seinen Mitknechten gefällig zu sein, oder dann das nur nebenbei, sondern den Herren, die gut sind und aus dem Guten stammen. Du darfst dich also nicht wundern, wenn der Weg lang ist; denn um großer Dinge willen müssen wir ihn durchlaufen und nicht wegen dessen, was du meinst. Es wird aber, wie unsere Rede dartut, auch das aufs schönste aus jenem anderen sich ergeben, wenn jemand nur will.»

PHAIDROS: Sehr schön scheint mir das gesagt, Sokrates – vorausgesetzt, daß einer auch dazu imstande ist.

SOKRATES: Für den, der nach dem Schönen strebt, ist es auch schön, das auf sich zu nehmen, was sich einem daraus zu ertragen ergibt.

PHAIDROS: Ja, sicherlich.

SOKRATES: Damit soll es genug sein über die Frage von Kunst und Unkunst hinsichtlich der Reden.

PHAIDROS: Ja, allerdings.

SOKRATES: Es bleibt also noch die Angemessenheit oder Unangemessenheit des Schreibens übrig, wo seine Anwendung schicklich ist und wo sie sich nicht ziemt. Nicht wahr?

PHAIDROS: Ja.

59. SOKRATES: Weißt du denn, wie du in bezug auf die Reden Gott am ehesten gefallen kannst, indem du sie praktisch übst oder indem du darüber sprichst?

PHAIDROS: Durchaus nicht; aber etwa du?

SOKRATES: Ich kann wenigstens eine Sage darüber erzählen, die von den Früheren stammt. Und diese wissen ja die Wahrheit; wenn wir sie aber selbst finden könnten, würden wir uns da wohl noch irgendwie um die menschlichen Meinungen kümmern?

PHAIDROS: Eine lächerliche Frage! Doch erzähle nun, was du gehört haben willst.

SOKRATES: Nun also, ich habe gehört, in der Nähe von Naukratis in Ägypten sei einer von den dortigen alten Göttern gewesen, dem auch der Vogel, den man Ibis nennt, heilig war; der Gott selbst habe Theuth geheißen. Der habe als erster die Zahl und das Rechnen erfunden, auch die Geometrie und die Astronomie, ferner die Brettspiele und Würfelspiele, und schließlich auch die Buchstaben. Im weiteren habe damals König Thamus über ganz Ägypten regiert, und zwar in der großen Stadt des oberen Landes, die die Hellenen das ägyptische Theben nennen; den Gott aber heißen sie Ammon. Zu diesem sei Theuth gekommen und habe ihm seine Künste vorgeführt und gesagt, man sollte diese auch den übrigen Ägyptern mitteilen. Der König fragte, was für einen Nutzen denn jede dieser Künste bringe, und als jener es erklärte, tadelte er das eine und lobte das andere, je nachdem ihm diese Erklärung gut schien oder nicht. Zu jeder dieser Künste also habe Thamus dem Theuth manches dafür und manches dagegen eröffnet;

doch würde es zu weit führen, das alles zu erzählen. Als nun aber die Reihe an den Buchstaben war, sagte Theuth: «Diese Kenntnis, o König, wird die Ägypter weiser und ihr Gedächtnis besser machen; denn als ein Heilmittel für das Gedächtnis und für die Weisheit ist sie erfunden worden.» Der König erwiderte: «Kunstvollster Theuth, der eine hat die Fähigkeit, das hervorzubringen, was zu einer Kunst gehört, der andere vermag zu beurteilen, welches Maß von Schaden oder Nutzen sie denen bringt, die sie anwenden wollen. Du, der Vater der Buchstaben, sagtest nun aus Voreingenommenheit gerade das Gegenteil von dem, was sie bewirken. Denn diese Erfindung wird die Lernenden in ihrer Seele vergeßlich machen, weil sie dann das Gedächtnis nicht mehr üben; denn im Vertrauen auf die Schrift suchen sie sich durch fremde Zeichen außerhalb, und nicht durch eigene Kraft in ihrem Innern zu erinnern. Also nicht ein Heilmittel für das Gedächtnis, sondern eines für das Wiedererinnern hast du erfunden. Deinen Schülern verleihst du aber nur den Schein der Weisheit, nicht die Wahrheit selbst. Sie bekommen nun vieles zu hören ohne eigentliche Belehrung und meinen nun, vielwissend geworden zu sein, während sie doch meistens unwissend sind und zudem schwierig zu behandeln, weil sie sich für weise halten, statt weise zu sein.»

Phaidros: Sokrates, wie leicht verstehst du doch Geschichten zu erzählen, die aus Ägypten stammen oder sonst irgendwoher, wo du nur willst.

Sokrates: Es gibt aber auch Leute, mein Freund, die behaupten, die Reden der Eiche im Heiligtum des Zeus zu Dodona seien die ersten Wahrsagungen gewesen. Die damaligen Menschen, weil sie nicht so weise waren wie wir jüngere, brauchten also in ihrer Einfalt bloß auf eine Eiche oder einen Felsen zu hören, wenn diese nur wahrsagten. Dir aber kommt es vielleicht sehr darauf an, wer das ist, der etwas sagt, und woher er stammt; denn du schaust nicht nur darauf, ob sich die Sache so verhält oder nicht.

PHAIDROS: Du hast recht mit deinem Tadel; auch mir scheint es sich mit den Buchstaben so zu verhalten, wie der Thebaner sagt.

60. SOKRATES: Wer also glaubt, er habe in seinen Schriften eine Kunstanweisung hinterlassen, und auch, wer diese in der Meinung aufnimmt, es werde sich aus den Schriften etwas Genaues und Sicheres ergeben, der ist wohl von großer Einfalt erfüllt und weiß in der Tat nichts von der Voraussage des Ammon; denn er meint, geschriebene Reden seien etwas mehr als eine Gedächtnisstütze für den, der das ohnehin weiß, worüber die Schriften handeln.

PHAIDROS: Sehr richtig.

SOKRATES: Denn dieses Mißliche, Phaidros, hat eben die Schrift an sich und ist darin in Wahrheit der Malerei ähnlich. Auch deren Erzeugnisse stehen ja da wie lebendige Wesen; wenn du sie aber etwas fragst, dann schweigen sie sehr erhaben still. Genau so die Reden: du könntest meinen, sie verständen etwas von dem, was sie sagen. Willst du aber über das Gesagte noch etwas erfahren und stellst ihnen eine Frage, so sagen sie immer nur ein und dasselbe aus. Ist sie aber einmal geschrieben, so treibt sich eine jede Rede überall umher, bei denen, die sie verstehen, ganz ebenso wie bei denen, für die sie sich nicht ziemt, und sie weiß nicht, zu wem sie reden soll und zu wem nicht. Wird sie aber beleidigt und ungerecht geschmäht, so bedarf sie stets der Hilfe ihres Vaters. Denn allein vermag sie sich nicht zu ehren noch sich zu helfen.

PHAIDROS: Ja, auch das hast du ganz richtig gesagt.

SOKRATES: Wollen wir uns denn also nicht nach einer anderen Rede umsehen, einer echtbürtigen Schwester von dieser: wie sie entsteht und wieviel besser und zu größerer Wirkung sie gedeiht als jene?

PHAIDROS: Welche meinst du, und wie soll sie entstehen?

SOKRATES: Es ist jene, die, mit einem Wissen verbunden, in der Seele des Lernenden geschrieben wird, die sich selbst zu wehren vermag und die am richtigen Ort zu reden und zu schweigen weiß.

PHAIDROS: Du meinst die lebendige und beseelte Rede des Wissenden, von der man wohl die geschriebene mit Recht ein Abbild nennen darf?

61. SOKRATES: Ja, allerdings. So sage mir denn folgendes: Wird ein einsichtiger Bauer den Samen, an dem ihm besonders liegt und aus dem er Früchte ziehen möchte, in allem Ernst des Sommers in die Adonisgärtchen streuen und sich dann freuen, wenn er diese in acht Tagen schön aufgehen sieht? Oder macht er das wohl nur des Spiels und des Festes wegen so, sofern er es überhaupt macht, während er das, woran ihm ernstlich liegt, in Anwendung der Kunst des Landbaus an den passenden Ort säen und dann zufrieden sein wird, wenn das, was er gesät hat, im achten Monat zur völligen Reife kommt?

PHAIDROS: Ja, Sokrates, so etwa wird er es machen: hier im Ernst, dort im anderen Sinne, wie du sagst.

SOKRATES: Wenn aber jemand das Wissen vom Gerechten und Schönen und Guten hat, können wir dann von ihm sagen, er besitze weniger Einsicht als der Bauer, was seinen Samen betrifft?

PHAIDROS: Ganz gewiß nicht.

SOKRATES: Im Ernst wird er also seine Sache nicht ins Wasser schreiben, das heißt mit Tinte durch ein Rohr in Form von Reden aussäen, die doch nicht imstande sind, sich selbst durch das Wort zu helfen, aber auch nicht imstande, auf rechte Art die Wahrheit zu lehren.

PHAIDROS: Wahrscheinlich nicht.

SOKRATES: Nein, sicher nicht. Sondern diese Gärtchen in Form von Buchstaben wird er offenbar nur aus Spielerei besäen und vollschreiben, und zwar so, daß er beim Schreiben einen Schatz von Erinnerungen sammelt, für sich selbst auf die Zeit hin, wo er in das vergeßliche Alter gelangt, und auch für jeden anderen, der seiner Spur folgt. Er wird sich freuen, wenn er sieht, wie sie zart gedeihen. Und wenn sich andere mit anderen Spielen abgeben, an Trinkgelagen sich begießen und was sonst noch dazu gehört, dann wird jener, glaube ich, statt dessen mit den genannten Reden spielen und seine Zeit so verbringen.

PHAIDROS: Ein wunderschönes Spiel stellst du einem nichtswürdigen gegenüber, Sokrates: das des Mannes, der mit Reden spielen kann, indem er Mythen dichtet über die Gerechtigkeit und über anderes, wovon du sprichst.

SOKRATES: So ist es freilich, mein lieber Phaidros. Noch viel schöner aber, glaube ich, wird der ernsthafte Eifer um diese Dinge, wenn sich jemand eine geeignete Seele auswählt und dann, mit Hilfe der dialektischen Kunst, in ihr Reden pflanzt und sät, die vom Wissen begleitet sind, Reden, die sich selbst und dem Pflanzenden helfen können und nicht unfruchtbar sind, sondern Samen tragen, aus dem je nach den verschiedenen Charakteren auch andere Reden erwachsen, die imstande sind, den Betreffenden für immer unsterblich zu erhalten und ihren Besitzer so glückselig zu machen, als das einem Menschen überhaupt möglich ist.

PHAIDROS: Was du sagst, ist freilich noch viel schöner.

62. SOKRATES: Nachdem wir uns über diesen Punkt verständigt haben, Phaidros, können wir nun auch über den anderen entscheiden.

PHAIDROS: Worüber denn?

SOKRATES: Eben das, was wir eigentlich haben betrachten wollen und was uns dann hierher geführt hat: daß wir uns mit dem Tadel auseinandersetzen wollten, den man dem Lysias wegen des Redenschreibens gemacht hat, und untersuchen wollten, welche von den Reden selbst mit Kunst und welche ohne Kunst geschrieben würden. Ich habe nun den Eindruck, daß ganz ordentlich klar geworden ist, was kunstvoll sei und was nicht.

PHAIDROS: Ja, diesen Eindruck hatte ich auch. Doch wiederhole mir noch einmal, wie das war.

SOKRATES: Bevor jemand die Wahrheit weiß über alles das, wovon er redet und schreibt; bevor er imstande ist, ein jedes gemäß seiner besonderen Art zu bestimmen, und wenn er es bestimmt hat, es wiederum in seine Arten bis zum Unteilbaren zu teilen; bevor er ferner auch über die Natur der Seele in gleicher Weise durch und durch Bescheid weiß und dadurch die zu jeder Seele passende Art herausfindet und seine Rede entsprechend gestaltet und ausschmückt, indem er einer vielgestaltigen Seele auch vielgestaltige und alle Töne umfassende, einer einfachen aber auch einfache Reden bietet – bevor das der Fall ist, werde es also nicht möglich sein, daß das Geschlecht der Reden kunstgemäß und entsprechend seiner Eigenart behandelt wird, weder zum Zweck der Belehrung noch zu dem der Überredung, wie uns die ganze vorangehende Untersuchung gezeigt hat.

PHAIDROS: Ja, durchaus. Gerade so etwa ist uns die Sache erschienen.

63. SOKRATES: Wie steht es aber mit der Frage, ob es etwas Schönes oder etwas Häßliches ist, Reden zu halten oder schriftlich abzufassen, und in welchem Fall es berechtigt sei, das als einen Grund zum Tadel zu bezeichnen? Hat uns denn das, was wir eben vorhin sagten, keine Klarheit verschafft …?

PHAIDROS: Was denn?

SOKRATES: Wenn Lysias oder sonst jemand irgendwann etwas geschrieben hat oder schreiben wird, sei es zu privaten oder öffentlichen Zwecken, indem er etwa Gesetze vorschlägt oder eine politische Schrift verfaßt, und wenn er dann glaubt, es sei da eine große Zuverlässigkeit und Klarheit darin, daß in diesem Falle der Schreibende einen Tadel verdient, mag diesen jemand aussprechen oder nicht. Denn im Wachen und im Schlafen keine Einsicht zu haben, was gerecht und was ungerecht oder was gut und was schlecht ist, das kann in der Tat dem verdienten Tadel nicht entgehen, und wenn auch die ganze Menge es lobte.

PHAIDROS: Nein, gewiß nicht.

SOKRATES: Wer sich dagegen bewußt ist, daß in der geschriebenen Rede, und zwar über jeden Gegenstand, notwendig ein gutes Stück Spiel dabei sein muß und daß keine solche Rede, weder in gebundener noch in ungebundener Form, es je verdient, allzu ernst genommen zu werden weder beim Schreiben noch beim mündlichen Vortrag (so wie etwa die Rhapsoden ihre Reden ohne echte Fragestellung und ohne belehrende Absicht, bloß zum Zweck der Überredung vortragen), sondern daß in Wirklichkeit auch die besten unter ihnen bloß als Gedächtnisstütze für die Wissenden entstanden sind, daß dagegen allein nur in jenen gesprochenen Reden etwas Einleuchtendes und Vollkommenes und den Eifer Lohnendes enthalten sei, die belehren wollen und der Unterweisung halber vorgetragen werden und die in Tat und Wahrheit in die Seele hineingeschrieben werden und das Gerechte, das Schöne und das Gute zum Gegenstand haben; solche Reden aber müsse einer gleichsam als seine eigenen und echten Kinder bezeichnen, zuerst wenn eine in ihm steckt, die er selbst erfunden hat, und dann, wenn Abkömmlinge von ihr, die zugleich ihre Brüder sind, in würdiger Gestalt in den Seelen anderer erwachsen sind; alle anderen aber läßt er beiseite – so beschaffen wird etwa der Mann sein, Phaidros, wie wir beide, ich und du, wünschen möchten, daß du und ich so würden.

PHAIDROS: Ja, gerade das möchte und wünsche ich, was du da sagst.

64. SOKRATES: Und nun haben wir wohl genug gescherzt über die Reden. Geh du jetzt zu Lysias und sag ihm, wir beide seien zu der Quelle und zum Musensitz der Nymphen hinabgestiegen und hätten uns dort Reden angehört, die uns für Lysias einen Auftrag gaben und für jeden, der sonst noch Reden verfaßt, und auch für Homer und jeden anderen, der Verse mit oder ohne Begleitung von Gesang gedichtet hat, und drittens für Solon und jeden, der auf dem Gebiet der politischen Reden Schriften verfaßt hat, die er als «Gesetze» bezeichnete; einem jeden von diesen sollten wir sagen: Wenn er dies verfaßt hat und dabei wußte, wie sich das Wahre verhält, und wenn er, indem er sich auf die Beweisführung über das, was er geschrieben hat, einläßt, demselben Hilfe zu leisten weiß und so zu reden vermag, daß er selbst dadurch zeigt, wie wenig das Geschriebene daneben wert ist – daß man einen solchen Mann nicht wie jemanden bezeichnen muß, der seinen Namen nach diesen Dingen trägt, sondern nach jenen, auf die er im Ernst sein Streben gerichtet hat.

PHAIDROS: Und welche Namen teilst du ihm also zu?

SOKRATES: Ihn einen Weisen zu nennen, Phaidros, scheint mir zwar etwas zu hoch gegriffen und sich allein für einen Gott zu gebühren. Aber einen Freund der Weisheit, einen Philosophen, oder so etwas Ähnliches: das würde eher für ihn passen und ihm besser anstehen.

PHAIDROS: Und würde auch nicht gegen die Sitte verstoßen.

SOKRATES: Wer dagegen nichts Wertvolleres hat als das, was er nach langem Hinundherdrehen und Aneinanderfügen und Auseinandernehmen verfaßt und geschrieben hat, den wirst du wohl mit Recht einen Dichter oder Verfasser von Reden oder Gesetzschreiber nennen?

PHAIDROS: Warum auch nicht?

SOKRATES: Das also sage deinem Freunde.

PHAIDROS: Und du? Wie wirst du's halten? Denn auch deinen Freund dürfen wir nicht übergehen.

SOKRATES: Welchen denn?

PHAIDROS: Den schönen Isokrates. Was willst du dem für eine Botschaft bringen? Und was wollen wir sagen, daß er für ein Mensch sei?

SOKRATES: Isokrates ist noch jung, Phaidros; was mir aber von ihm ahnt, will ich dir sagen.

PHAIDROS: Was ist das denn?

SOKRATES: Ich habe den Eindruck, daß seine natürlichen Anlagen zu gut sind, als daß man ihn mit den Reden nach der Art des Lysias vergleichen dürfte, und daß er dazu auch einen edleren Charakter hat. Es wäre also gar kein Wunder, wenn er mit vorrückendem Alter gerade auf dem Gebiet der Reden, an denen er sich gegenwärtig versucht, alle anderen, die sich je mit Reden befaßt haben, weiter hinter sich zurückließe, als wenn sie Kinder wären; und wenn ihn das nicht mehr befriedigte, daß ihn dann ein göttlicher Trieb zu noch Größerem führte. Denn von Natur aus, Phaidros, wohnt dem Denken dieses Mannes eine Art Weisheitsliebe (Philosophie) inne. Das ist es also, was ich, im Namen dieser Götter hier, meinem Liebling Isokrates verkünden will – und du das andere dem deinen, dem Lysias.

PHAIDROS: Das soll geschehen. Aber jetzt wollen wir gehen, nachdem nun auch die Hitze gelinder geworden ist.

SOKRATES: Es gehört sich doch, daß wir zuerst den Göttern hier ein Gebet sprechen, bevor wir gehen?

PHAIDROS: Ja, gewiß.

SOKRATES: «Lieber Pan und ihr anderen Götter, die ihr an diesem Orte wohnt! Verleihet mir, in meinem Inneren schön zu werden, und daß alles, was ich von außen her habe, dem Inneren befreundet sei. Als reich möge mir der Weise gelten, und ich möchte gerade eine solche Menge Geld besitzen, wie sie nur ein Maßvoll-Besonnener tragen und mit sich führen kann.»

Bedürfen wir noch etwas anderes, Phaidros? Für mich ist dieses Gebet angemessen.

PHAIDROS: Schließe auch mich in deine Bitten ein; denn Freunde haben alles gemeinsam.

SOKRATES: Und nun wollen wir gehen.

ANHANG

ERLÄUTERUNGEN

Apologie

47 *Die Apologie des Sokrates:* Der Prozeß des Sokrates fand 399 v. Chr. statt. Richter waren 501 athenische Bürger, die durch das Los zu Geschworenen bestellt waren. – Der erste Teil (bis 35d) enthält die eigentliche Verteidigung; im zweiten (35e–38b) geht es um das Strafmaß; nach der Verurteilung zum Tod spricht Sokrates im dritten Teil noch einmal zu seinen Richtern.

48 *Anytos:* demokratischer Politiker, der wichtigste von Sokrates' Anklägern; wohlhabender Besitzer einer Gerberei; politisch tätig ca. 410–384.

er mache die schlechtere zur besseren Sache: polemische Verwendung eines Schlagworts der sophistischen Rhetorik; rednerische Schulung solle dazu befähigen, aus Unrecht Recht zu machen.

49 *Komödiendichter:* Aristophanes' grotesk verzerrende Verspottung des Sokrates in den ‹Wolken› (423 v. Chr.) ist erhalten; auch andere Dichter wie Ameipsias, Kratinos und Eupolis brachten Sokrates auf die Bühne.

50 *in der Komödie des Aristophanes:* s. Wolken 112ff., 218ff.

Gorgias ... Prodikos ... Hippias: Führende Sophisten des 5. Jh; bekannt vor allem (außer durch Fragmente) als Dialogpartner in Platons ‹Protagoras›, ‹Gorgias›, ‹Kleinerer› und ‹Größerer Hippias›.

51 *einen aus Paros:* Euenos von Paros, Dichter und «Sophist», von Platon auch Phaidon 60d, 61c und Phaidros 267a erwähnt.

Kallias: reicher Athener; in seinem Haus findet die Begegnung des Sokrates mit mehreren illustren Sophisten im Dialog ‹Protagoras› statt.

fünf Minen: andere Sophisten waren wesentlich teurer; Hippias prahlte mit seinen hohen Einnahmen; Protagoras nahm nach Diogenes Laertios (9, 52) 100 Minen.

52 *Chairephon:* weilte 404–403 v. Chr. zur Zeit der «Dreißig Ty-

rannen» im Exil; wird als Freund des Sokrates auch von Xenophon (Memorabilien 2, 14) und Aristophanes (Wolken 144ff.) erwähnt.

54 *beim Hund:* wohl umgangssprachliche, auch für Griechen leicht komisch wirkende Beteuerungsformel.

Etwas Ähnliches ...: zu Platons Theorie des dichterischen «Enthusiasmos» vgl. den Dialog Ion (bes. 533fff.) und Timaios 71dff.

56 *Meletos, Anytos und Lykon:* zu Anytos s.o. zu 18b; die beiden anderen Ankläger hatten kaum politisches Gewicht.

57 *dämonische Wesen:* Gemeint ist das «Daimonion» des Sokrates, eine innere Stimme, auf die er sich auch in Platons Dialogen öfters beruft, z.B. Phaidros 242bc, Euthyphron 3b, Theaitetos 151a.

58 *Ratsherren:* die Mitglieder der *Bulē*, die aus 500 Bürgern bestand und eines der wichtigsten Organe der athenischen Demokratie war.

59 *absichtlich oder unabsichtlich:* Es war Sokrates' Überzeugung, daß niemand absichtlich (oder freiwillig, d.h. im vollen Wissen um sein Tun) Unrecht tut. Tugend ist Wissen, Schlechtigkeit ist Unwissen.

61 *Anaxagoras aus Klazomenai:* (in Kleinasien); Naturphilosoph des 5. Jh., nicht viel älter als Sokrates, lebte zeitweilig in Athen.

Orchestra: wohl ein Teil des Marktes.

62 *daß es Dämonen gibt:* zu den *daimones* als vermittelnden Zwischenwesen zwischen Menschen und Göttern vgl. Symposion 202eff.

64 *Sohn der Thetis:* Achilleus; Sokrates referiert im folgenden Ilias 18, 80ff.

bei Poteidaia, bei Amphipolis und bei Delion: Bei den Kämpfen um Poteidaia (auf der Chalkidike in Nordgriechenland) im Jahr 432 v. Chr. zeichnete sich Sokrates durch Tapferkeit aus (vgl. Symposion 220d e), ebenso anläßlich der bei Delion in Böotien verlorenen Schlacht 424 v. Chr.; die Schlacht von Amphipolis in Thrakien fand 422 v. Chr. statt.

65 *und folgtet dem Anytos:* zur führenden Rolle des Anytos als Ankläger s.o. zu 18b.

69 *etwas Göttliches und Dämonisches in mir:* s.o. zu 24c.

70 *Mitglied des Rates:* vgl. o. zu 25a. Die 10 Phylen, in die die attische Bevölkerung gegliedert war, entsandten jeweils 50 Ver-

treter in den Rat; jede Phyle hatte für 36 Tage im Jahr den Vorsitz; die geschäftsführenden Ratsmitglieder hießen Prytanen.

in der Seeschlacht: bei den Arginusen 406 v. Chr. (Sieg der Athener über die Spartaner).

die Dreißig: die sog. Dreißig Tyrannen, die nach der Niederlage Athens im Peloponnesischen Krieg eine oligarchische Gewaltherrschaft errichteten, die sich mehrere Monate hindurch halten konnte (404/403 v. Chr.).

die Tholos: ein Rundbau auf dem Markt *(Agorá)* von Athen, Amtssitz der Prytanen (s. o.).

Leon aus Salamis: Der Vorfall ist auch in Platons 7. Brief erwähnt (324 e f.).

71 *... sie seien meine Schüler:* Alkibiades und Kritias hatten in ihren jungen Jahren Beziehungen zu Sokrates, wandten sich jedoch bald von ihm ab. Kritias wurde ein extremistisches Mitglied der «Dreißig Tyrannen».

72 *Kriton ...*: Einige der im folgenden genannten Personen sind auch in anderen Werken Platons als Mitglieder des Kreises um Sokrates erwähnt oder als Gesprächspartner eingeführt (so Kriton in dem nach ihm benannten Dialog, Adeimantos, der Bruder Platons, im ‹Staat›; zu Kritobulos, Aischines, Epigenes vgl. Phaidon 59 b, zu Theages Staat 496 b–c und den wohl unechten Dialog Theages). Andere, wie Antiphon, Nikostratos, Paralos sind sonst nicht bekannt.

73 *das Wort Homers:* Odyssee 19, 163; Platon spielt auch Staat 544 d, Phaidros 275 b darauf an.

75 *so über mich zu urteilen:* Zunächst geht es nur um die Frage «schuldig/nicht schuldig».

dreißig Stimmen: Nach Diogenes Laertios 2, 41 stimmten 281 Geschworene für «schuldig»; hätten 30 anders gestimmt, also nur 251 für «schuldig», so hätte das bei Stimmengleichheit zum Freispruch geführt – doch kommt man bei dieser Berechnung auf 502 Geschworene. Bei der üblichen Zahl von 501 Geschworenen hätten 31 Stimmen anders ausfallen müssen; vielleicht ist 30 als abgerundete Zahl zu nehmen.

76 *den fünften Teil der Stimmen:* Wer in einem Asebie-Prozeß weniger als 20 Prozent der Stimmen erreichte, hatte seinerseits mit der genannten Geldstrafe und anderen schwerwiegenden Konsequenzen zu rechnen. Sokrates meint offenbar, das Mele-

tos ohne die beiden anderen Ankläger nur auf ein Drittel der 281 verurteilenden Stimmen gekommen wäre, was weniger als 20 Prozent der gesamten Stimmenzahl gewesen wäre.

77 *im Prytaneion:* im oben erwähnten Rundbau, der Tholos (s.o. zu 32a b und c). Hier speisten die Prytanen, ferner Staatsgäste und, als Ehrung durch den Staat, die Olympiasieger.

andernorts: gemeint ist wohl Sparta.

den Elfmännern: Diese Behörde hatte die Aufsicht über die Gefängnisse und die Vollstreckung der Urteile.

79 *eine Silbermine:* ein sehr geringer Geldbetrag, der von den Richtern, ebenso wie der Antrag auf Speisung im Prytaneion, als Hohn empfunden werden mußte. Daher die Erhöhung der Summe durch Sokrates' Freunde auf das Dreißigfache. Gleichwohl erkannten die Richter in der jetzt (nach 38b) folgenden Abstimmung auf die Todesstrafe.

81 *ihr Richter:* Das wäre von Anfang an die richtige, d.h. übliche Bezeichnung für die Geschworenen gewesen; doch Sokrates erkennt eben nur die als wirkliche Richter an, die ihn freisprachen.

83 *der Perserkönig:* der «Großkönig», für die Griechen der Inbegriff von Macht, Reichtum, Glück.

Minos und Rhadamanthys, Aiakos ...: galten allen Griechen als die drei Richter in der Unterwelt; Triptolemos, ein Heros von Eleusis, ist hier für das athenische Publikum hinzugefügt.

Orpheus und Musaios: waren mythische Sänger; mit ihnen sind die historischen Gestalten Homer und Hesiod (7./6. Jh.) zusammengestellt.

Palamedes und Aiax: die beiden mythischen Beispiele für Justizirrtum bzw. -mord. Beide gehören in den troischen Sagenkreis. Palamedes wurde auf Grund gefälschter Indizien des Verrats bezichtigt und gesteinigt, Aias wurden die Waffen des gefallenen Achilleus, die ihm als dem Tapfersten zustanden, nicht zugesprochen, worauf er im Wahnsinn sich selbst tötete.

der das große Heer ...: Agamemnon. Sisyphos, ein Frevler, gehört nicht in den Kreis der zuletzt genannten Trojakämpfer Palamedes, Aias, Agamemnon, Odysseus.

89 *Ist etwa das Schiff ... zurückgekommen?* Was gemeint ist, ergibt sich aus Phaidon 58a–c: jedes Jahr sandten die Athener, angeblich seit Theseus' Zeiten, ein Schiff mit einer Festgesandtschaft nach Delos zum Apollonfest; solange das Schiff nicht zurück war, durfte kein Todesurteil vollstreckt werden.
Wahrlich ...: Zitat aus Homer, Ilias 9, 363, wo Achilleus von der Rückkehr in seine Heimat Phthia redet; daher ist der Traum «nur allzuklar» wie Kriton sagt.

91 *Simmias ... Kebes:* Zwei Philosophen aus Theben; sie kamen von dem dort lehrenden Pythagoreer Philolaos zu Sokrates. Platon machte sie zu Gesprächspartnern des Sokrates im ‹Phaidon›.

92 *schon die Einbringung ...:* Sokrates hätte vor der Klageerhebung fliehen können, was sogar legal gewesen wäre.

98 *oft gemeinsam festgestellt:* Die für den ‹Kriton› grundlegende Maxime, daß Unrechttun in jedem Fall verwerflich ist, wird als etwas Bekanntes, schon anderweitig Erarbeitetes eingeführt. Ausführlich handelt hiervon der ‹Gorgias›.

101 *Ehegesetze ... Gesetze ... für deine leibliche und geistige Bildung:* Seit 451 v. Chr. war eine Ehe nur rechtsgültig, wenn beide Partner attische Bürger waren; eine standesgemäße Erziehung der Kinder legte das Gesetz zwar nicht fest, doch waren Kinder, die keine Ausbildung erhalten hatten, nicht verpflichtet, ihre Eltern im Alter zu versorgen.

102 *eines Besseren zu belehren:* Die athenische Demokratie kannte die Möglichkeit, zu Beginn eines jeden Jahres bestehende Gesetze zu kritisieren. Änderungsvorschläge wurden vom Gremium der «Nomotheten» beraten und gegebenenfalls verwirklicht.
Bürgerlisten: Die Einschreibung in die Bürgerliste bei der Gemeinde (Demos) erfolgte mit 18 Jahren; nach 2 Jahren Militärdienst erhielt man das volle Bürgerrecht. Ein athenischer Bürger konnte seine Heimat zwar frei verlassen (im Gegensatz zu den Bürgern Spartas); es war jedoch (von Ausnahmen abgesehen) nicht möglich, in einem anderen Stadtstaat das Bürgerrecht zu erwerben. Auch Athen gewährte Fremden nur die Niederlassung, nicht dagegen die politischen Rechte.

103 *zu einem Festspiel ... auf den Isthmos:* Die Isthmischen Spiele bei Korinth waren ein wichtiges, alle zwei Jahre stattfindendes Sportereignis.
wenn du in den Krieg zogst: Im Peloponnesischen Krieg nahm Sokrates dreimal an Feldzügen teil; s. Apologie 28e und die Erläuterung dazu.
104 *weder Lakedaimon noch Kreta:* Diese konservativen dorischen Staaten galten vor allem bei Kritikern der athenischen Demokratie als vorbildlich wegen ihrer guten staatlichen Ordnung *(eunomía).*
107 *die korybantisch Verzückten:* Die Korybanten, Diener der Göttin Kybele, brachten sich durch Tänze zu orgiastischer Musik in Trance.

Protagoras

112 *Alkibiades:* Sohn des Kleinias, Neffe des Perikles, in dessen Haus er aufwuchs, lebte ca. 450–404 v. Chr.; zum fiktiven Zeitpunkt des Gesprächs – um 435 oder wenig später – war er also noch nicht voll erwachsen. Die Geschichte seiner philosophisch-erotischen Beziehung zu Sokrates erzählt er Symposion 215a ff.
Homer: Ilias 24, 348; Odyssee 10, 279.
zu meinen Gunsten: s. unten 336b, 347b ff.
113 *Protagoras:* aus Abdera (Nordgriechenland); Begründer und bedeutendster Vertreter der Sophistik, lebte ca. 485–415; kam seit der Jahrhundertmitte wiederholt nach Athen.
Hippokrates: kommt sonst weder in den Dialogen noch in anderen Quellen vor.
114 *Oinoe:* Name zweier Demen (im Nordosten und Nordwesten von Attika); es bleibt unklar, welcher von beiden gemeint ist.
115 *Kallias:* vornehmer und sehr reicher Athener, Förderer der neuen intellektuellen Richtung der Sophistik.
Hippokrates aus Kos: der berühmteste Arzt der Antike, ca. 460–370 v. Chr.
Polykleitos: von Argos; (tätig ca. 450–410 v. Chr.), arbeitete in Erz (erhalten sind römische Marmorkopien). *Pheidias* von Athen (tätig ca. 460–430), arbeitete in Marmor, war zudem Maler und Toreut; schuf u.a. die Goldelfenbeinstatuen des

Zeus in Olympia und der Athena Parthenos in Athen, hatte maßgeblichen Anteil am plastischen Schmuck des Parthenon.

120 *wir sind noch zu jung:* Sokrates ist in diesem Gespräch als ein Mann von ca. 35–37 Jahren vorgestellt, Hippokrates mag um 20 sein.

Hippias aus Elis: Sophist und vielseitiger Gelehrter; jünger als Protagoras. Von Platon stets mit viel Ironie bedacht.

Prodikos aus Keos: Sophist und Rhetor; achtete besonders auf Sprachliches. Bekannt war sein Mythos von Herakles am Scheideweg (s. Xenophon, Memorabilien, 2, 1, 21 ff.).

121 *Neben ihm gingen ...:* Mehrere der in der folgenden Schilderung genannten Personen treten in anderen Dialogen als Gesprächspartner auf, so Charmides, Kritias, Eryximachos, Phaidros, Pausanias, Agathon; die vier zuletzt genannten erscheinen zusammen im ‹Symposion›. Charmides und Kritias (316a) waren Verwandte Platons, sie gehörten später zu den «Dreißig Tyrannen».

Homer: Zitiert ist Odyssee 11, 601 und, wenig später *(ich erkannte auch Tantalos)* 11, 582. Platon belebt seine ohnehin schon witzige Aufzählung durch Anlehnung an Odysseus' Begegnung in der Unterwelt mit den Seelen verstorbener Heroen.

123 *Orpheus und Musaios:* Diese mythischen Sänger sind hier zusammen mit den historischen Dichtern Homer, Hesiod und Simonides genannt, weil unter ihren Namen wohlbekannte religiöse Dichtungen im Umlauf waren.

Ikkos aus Tarent: Athlet, auch in Gesetze 839e f. erwähnt.

Herodikos von Selymbria: Arzt, Mitte 5. Jh.; im ‹Staat› (406a ff.) mit wenig Respekt erwähnt.

124 *Agathokles:* Lehrer des berühmten Musiktheoretikers Damon; *Pythokleides:* war der Musiklehrer des Perikles.

126 *Zeuxippos aus Herakleia:* wahrscheinlich identisch mit dem berühmten Maler Zeuxis von Herakleia in Unteritalien; kam vor 425 nach Athen.

Orthagoras aus Theben: Flötenlehrer des thebanischen Politikers und Feldherrn Epaminondas.

einen Seitenblick auf Hippias: Der vielseitige Hippias war auch in den mathematischen Fächern bewandert.

127 *Prytanen:* die geschäftsführenden Mitglieder des Rates von Athen.

128 *Ariphron:* Bruder des Perikles.

129 *Mythos/Vortrag:* griechisch *mythos/logos.* «Mythos» hat in dieser Entgegensetzung die Bedeutungsnuance «Erzählung, (bloße) Geschichte», während «Logos» die argumentierende Darlegung meint. Protagoras' «Geschichte» geht übrigens bereits ab 323a in Argumentation über, also lange bevor er es selbst vermerkt (324d). – Eine Rekonstruktion der Kulturentstehung hatte Protagoras in seiner Schrift ‹Über den Urzustand› gegeben; allgemein wird angenommen, daß Platon hier den Inhalt dieser Schrift wiedergeben will – allerdings läßt sich nicht bestimmen, wie weit die Anlehnung in Stil und Inhalt geht.

Prometheus und Epimetheus: Söhne des Titanen Iapetos. Es handelt sich um sprechende Namen: «Vorbedacht» und «Nachbedacht».

131 *Wachen:* Gemeint sind wohl *Kratos* (Kraft) und *Bia* (Gewalt), s. Hesiod, Theogonie 385 und (Aischylos) Prometheus 1.

134 *nicht des begangenen Unrechts wegen:* Diese Auffassung der Strafe findet sich bei Platon auch im ‹Gorgias› (525b) und in den ‹Gesetzen› (934a b); häufiger begegnet jedoch die Auffassung als Vergeltung und Sühne (Gorgias 476a ff., Staat 613a, Gesetze 864e, 872d ff.).

135 *nicht wieder einen Mythos:* s.o. zu 320c.

138 *im vorigen:* s.o. 323a ff.

139 *Pherekrates:* Dichter der Alten Komödie; die Lenäen waren ein Dionysios-Fest mit dramatischen Aufführungen, vergleichbar den Großen Dionysien, jedoch weniger bedeutend. Pherekrates' Komödie ‹Die Wilden› wurde 420 v. Chr. aufgeführt (nach Athenaios V. 218 D).

Eurybatos und Phrynondas: berüchtigte Verbrecher, auch bei Aristophanes erwähnt (Thesmophoriazusen 861).

140 *Polykleitos:* s.o. zu 311c.

141 *wie die Bücher:* Die Grundgedanken der Schriftkritik, die Platon im (relativ) späten Dialog ‹Phaidros› dargelegt hat, waren ihm, wie diese Stelle zeigt, auch in früheren Werken schon geläufig. Zur Bedeutung der Schriftkritik s. Einführung S. 10ff.

in deinem Vortrag: s.o. 323a, e, 325a.

150 *ein vergeßlicher Mensch:* Wie wenig vergeßlich Sokrates ist, zeigt etwa seine Behandlung des Simonides-Gedichtes (unten 342d ff.). Ein gutes Beispiel sokratischer «Ironie»: das griechische Wort *eironeia* meint die Verkleinerung der eigenen Fähigkeiten.

152 *Krison aus Himera:* (Sizilien); Olympiasieger 448, 444 und 440 v. Chr.; von Platon erwähnt in Gesetze 840a.

155 *von Natur, nicht nach Gesetz:* die von der Sophistik entdeckte und in allen Bereichen diskutierte Antithese Nomos-Physis. Vgl. Gorgias 483b ff.

157 *Simonides:* von Keos (ca. 556–466 v. Chr.); erfolgreicher Dichter (Chorlyrik und Epigramme). Er erhielt häufig Einladungen von Herrschern und Tyrannen. Skopas war ein thessalischer Fürst. – Die folgenden Zitate (bis 346c) erlauben es, das Gedicht (Simonides 37 = PMG 542) fast vollständig zu rekonstruieren.

Pittakos: von Mytilene auf Lesbos lebte im frühen 6. Jh. v. Chr.; man übertrug ihm im Bürgerkrieg die Alleinherrschaft, die er nach zehn Jahren freiwillig niederlegte. Galt später als einer der Sieben Weisen, s. u.

158 *Homer:* Ilias 21, 308f.

159 *Hesiod:* Werke und Tage 287ff.

161 *in einer barbarischen Sprache:* Platon karikiert Prodikos offenbar als Puristen, für den das äolische Griechisch der Insel Lesbos schon «barbarisch» klingt.

162 *vorhin:* vgl. o. 316d.

zerschlagen sich die Ohren: Das Boxen ging in der Antike mit blutigen Verletzungen einher; besonders gefährdet waren die Ohren.

vertreiben sie ... die Fremden: Fremdenvertreibungen in Sparta sind historisch belegt: vgl. Thukydides 2, 39, 1.

163 *Thales aus Milet ...:* Dies ist die erste Erwähnung der Sieben Weisen als einer zusammengehörigen Gruppe. *Myson* ist sonst unbekannt; an seiner Stelle steht in anderen Aufzählungen Periander von Korinth.

165 *von einem anderen Dichter:* Den Verfasser dieses Verses (den auch Xenophon, Memorabilien 1, 2, 20 zitiert) kennen wir nicht.

167 *als ob es Menschen gäbe ... tun:* Was Sokrates hier als Ansicht des Simonides und überhaupt aller Weisen ausgibt, ist nichts anderes als der Grundsatz seiner eigenen Ethik, daß niemand «freiwillig», d.h. im vollen Wissen um die Konsequenzen, Unrecht tut (vgl. z.B. Gorgias 467c ff., 509e). Das Wissen des Richtigen führt unmittelbar zum Tun des Richtigen («sokratischer Intellektualismus»).

169 *miteinander vereinbart haben:* s.o. 338c–e.
Flötenbläserinnen: zur Illustration vgl. Symposion 176e: Eine zur Unterhaltung der Gesellschaft eingeladene Flötenspielerin steht bereit, wird aber entlassen, denn die hier Versammelten sind eben nicht Männer von «mangelhafter Bildung»; sie bestreiten die Unterhaltung mit eigenen improvisierten Reden auf den Eros.

170 *mittendrin abgebrochen:* Die Diskussion über die Einheit der Tugenden wurde 334c durch den Methodendisput unterbrochen.
Homer: Ilias 10, 224f.

171 *die Fragen, die ich ... zu Beginn gestellt habe:* s.o. 329cd.

173 *«Da gibst du nicht gut wieder ...»:* Im folgenden Abschnitt (bis 351b) moniert Protagoras einen logischen Fehler in der Argumentation des Sokrates. Ob ein Fehler wirklich vorliegt, ist bei den Interpreten durchaus strittig. Da Sokrates auf den Vorwurf nicht eingeht, sondern ab 351b sein Beweisziel auf einem ganz anderen Weg ansteuert (und es schließlich auch erreicht: 358dff.), können wir nicht sicher sein, wie Platon den formalen Aspekt des Argumentes beurteilte. Angesichts der überall durchgehaltenen Überlegenheit des Sokrates ist anzunehmen, daß er Protagoras auch hier nur den Schein eines logischen Triumphes gönnen wollte.

176 *bald Leidenschaft ...:* Daß wir die durchaus vorhandene richtige Einsicht aus einer Vielzahl von Gründen nicht verwirklichen können, beklagt Phaidra in Euripides' Hippolytos 375ff.; vgl. Medea 1078ff.

177 *vorhin:* in 352b.

182 *einander entweder übertreffen oder einander nachstehen:* Das hier begegnende Gegensatzpaar Überschuß-Mangel *(hyperbolḗ – elleipsis),* das natürlich den Begriff der Mitte *(to meson)* als Bestimmung des ethisch Richtigen impliziert, gewinnt nicht nur im späten Dialog Politikos (283cff.) zentrale Bedeutung, sondern ist grundlegend auch für die aristotelische Ethik (vgl. Nikomachische Ethik 1104a 11ff. u.ö.).

183 *Kunst des Messens:* zum ethischen Urteil als einer Meßkunst (metrētikḗ technē) mit Hilfe eines absoluten Maßstabs vgl. Politikos 284eff. (ferner Gorgias 500a, Phaidon 68eff.).

184 *ein andermal untersuchen:* Eine für das Verständnis des Ganzen wesentliche Frage wird also mit vollem Bedacht nicht be-

handelt; solche Formeln des Abbrechens bzw. Aussparens sind für die platonischen Dialoge typisch – sie beanspruchen nirgends, inhaltlich autark zu sein (s. Einführung S. 14–26, bes. 25f.). Das hier ausgesparte Thema wird aufgegriffen Politikos 284eff.

187 *am Anfang/später:* 320dff. und 349b ff.

188 *«Du hast ... soeben gezeigt:* s.o. 358cff.

189 *so haben wir uns doch vorhin geeinigt:* 358b; das Schöne und das Gute sind für Platon untrennbar.

191 *wie am Anfang:* s.o. 349d und 359b.

192 *wie ich schon von Anfang an sagte:* s.o. 320dff., 321c d.

Gorgias

196 *Kallikles:* Die Figur läßt sich historisch nicht nachweisen (manche wollten hinter seiner Person Politiker wie Kritias oder Alkibiades erkennen).

196 *Chairephon:* ein treuer Freund des Sokrates; brachte nach ‹Apologie› 21a das Orakel aus Delphi, daß niemand weiser sei als Sokrates. Während der Zeit der «Dreißig Tyrannen», einer nach dem Ende des Peloponnesischen Krieges in Athen herrschenden oligarchischen Clique, lebte er im Exil (404 bis 403).

Gorgias: einer der bedeutendsten Sophisten und Redner des 5.Jh.; etwa 485 in Leontinoi auf Sizilien geboren, kam 427 als Gesandter seiner Heimatstadt nach Athen, wo er schnell bekannt wurde. Die folgenden Jahre führten ihn als Vortragsredner und Redelehrer durch ganz Griechenland. Seine Leistung liegt vor allem in der Einbeziehung des Psychologischen. Durch einen höchst kunstvollen Satzbau und gezielten Einsatz sprachlicher Klangmittel suchte er in das Gemüt des Hörers einzudringen – wie er selbst formuliert, die Seele mit der Rede so zu treffen, wie die Arznei den Leib (Lob der Helena, 14).

Polos: Polos von Akragas (5./4. Jh.), Schüler und Begleiter des Gorgias, Verfasser eines rhetorischen Lehrbuches.

197 *Herodikos:* Bruder des Gorgias (vgl. 456b), nicht identisch mit dem Arzt Herodikos, der Protagoras 316e, Staats 406a–b und Phaidros 227d erwähnt wird.

198 *Aristophon:* Sein Bruder ist der berühmte Maler Polygnot aus Thasos, dessen Schaffenszeit hauptsächlich in die erste Hälfte des 5. Jh. fällt.

... mehr in der sogenannten Redekunst geübt: Der Gegensatz zwischen der belehrenden Rede und dem Gespräch (Rhetorik–Dialektik), an dem Platon auch anderswo gelegen ist, z.B. Phaidros 266b ff.

199 *wie nach Homer «zu heißen ich mich rühme»:* ein bei Homer mehrfach vorkommender Ausdruck (z.B. Ilias 6, 211).

202 *Bei einigen unter allen Künsten ...:* Eine ähnliche Differenzierung der Künste *(technai)* gibt Platon in Charmides 165 e, Politikos 258 d ff. und Philebos 55 d ff.

204 *Skolion:* ein kurzes Lied, das beim Symposion gesungen wurde; es gab eine Anzahl bekannter Skolien, daneben wurde improvisiert.

205 *wo es nur eine politische Versammlung geben mag:* vgl. Phaidros 261 a–c.

206 *Zeuxis:* von Herakleia (Unteritalien); bedeutender Maler des 5. Jh.

211 *die ganze Macht der Redekunst:* vgl. Protagoras 319 b–322 d.

die Mauern von Athen: Themistokles (ca. 524–459 v. Chr.) setzte nach dem Sieg gegen die Perser bei Salamis (480) die Befestigung Athens und des Hafens Piräus mit einem neuen Mauerring gegen den Einspruch Spartas durch. Perikles (ca. 495–429) ließ die sog. Langen Mauern bauen (nach Thukydides 1, 67 zwischen 461 und 456), die die zwei voneinander getrennten Ummauerungen der Stadt und des Hafens zu einer großen Festung, der stärksten in der griechischen Welt, verbanden. Die im folgenden erwähnte *mittlere Mauer* ist nicht sicher zu datieren (vielleicht 444–442).

214 *... und unser Gespräch abbrechen:* ein Schachzug des Sokrates an kritischen Stellen (vgl. 506 a und Protagoras 335 c).

216 *sobald es unsere Untersuchung fordert:* vgl. 466 a ff.

217 *Und auch wer das Gerechte gelernt hat ...:* Nach Aristoteles (Eudemische Ehtik 1216 b 6) hat der historische Sokrates diese Gleichsetzung vorgenommen.

218 *was du eben vorhin sagtest:* s.o. 456 d.

223 *doch Polos da ist eben noch jung und hitzig:* Anspielung auf das griechische Wort *pōlos* (Fohlen).

Ich will zu erklären versuchen: Die systematische Zergliederung von Begriffen *(dihaíresis)* wird vor allem in den Dialogen Sophistes und Politikos durchgeführt.

225 *Anaxagoras:* bedeutender Naturphilosoph aus Klazomenai (ca. 500–428; vgl. Apologie 26d), dessen Werk ‹Über die Natur› mit den Worten begann: «Alle Dinge waren beisammen» (Frg. B 1). Eine Kritik seiner Lehre im ‹Phaidon› (72cff.).

227 *Nein – so sagt wenigstens Polos:* Die Taktik des platonischen Sokrates besteht darin, daß er seinen Gesprächspartnern im geeigneten Augenblick einmal gegebene Antworten vorhält.

228 *Glaubst du, die Menschen wollen das ...:* Die wichtige Unterscheidung zwischen Mittel und Zweck wird auch in Lysis 219d und Laches 185d gegeben.

233 *große Macht zu besitzen ...:* vgl. 466b.

234 *Archelaos:* König von Makedonien 414–399 v. Chr., zog viele Künstler und Dichter an seinen Hof in Pella, darunter die Tragiker Euripides und Agathon.

Großkönig: Der Perserkönig, der bei den Griechen «der große König» hieß, war der Inbegriff des größten Glücks (vgl. Apologie 40d, Euthydemos 274a).

236 *in der Redekunst wohl ausgebildet ...:* vgl. Anm. zu 448d.

Nikias: Führer der konservativen Partei im Peloponnesischen Krieg (431–404), brachte 421 den nach ihm benannten Frieden mit Sparta zustande, kam 413 als Mitfeldherr in der sog. sizilischen Expedition ums Leben.

Aristokrates: einer der Feldherren in der Arginusenschlacht, in der die Athener 406 v. Chr. die spartanische Flotte schlugen. Da nicht alle Schiffbrüchigen gerettet werden konnten, wurde den Strategen der Prozeß gemacht, der mit dem Todesurteil endete.

237 *Perikles:* der bedeutendste athenische Staatsmann (ca. 495–429) in den fünfzig Jahren zwischen den Perserkriegen und dem Peloponnesischen Krieg, Führer der demokratischen Partei; setzte im Inneren demokratische Reformen durch, außenpolitisch stärkte er Athens Position durch die Umgestaltung des attischen Seebundes in ein Seereich.

238 *... von Göttern und Menschen Strafe zuteil wird:* vgl. Staat 392a–c.

240 *... durch das Los in den Rat kam:* Die athenische Bürgerschaft war in zehn Abteilungen gegliedert (Phylen), von denen jede für den Rat der 500 fünfzig Mitglieder stellte. Für ein Zehntel

des Jahres waren diese jeweils die Ratsherren, die die laufenden Geschäfte führten und die Leitung der Volksversammlung innehatten. Sokrates gehörte nur einmal zu den geschäftsführenden Ratsherren, und zwar, wie wir aus der ‹Apologie› 32a–b erfahren, als über die Feldherren der Arginusenschlacht (s. Anm. zu 472a) geurteilt wurde.

242 *das Schöne werde durch die Lust ...:* vgl. Protagoras 333d.

244 *Du siehst nun also ...:* s.o. 472c.

247 *was wir vorhin anerkannt haben:* s.o. 475a.

253 *und dann auch seine Verwandten:* Gewalt gegen Angehörige wurde in Sophistenkreisen diskutiert, wie aus der grotesken Verzerrung in Aristophanes' ‹Wolken› 1405 ff. zu erschließen ist.

254 *Alkibiades:* Athener aus adligem Geschlecht, wirkte in der zweiten Hälfte des Peloponnesischen Krieges als Politiker; Vertreter des schärfsten Imperialismus, Hauptinitiator der sizilischen Expedition, die mit einer vollständigen Niederlage der Athener endete (415–413). Über sein Verhältnis zu Sokrates, das auch am Beginn des ‹Protagoras› (s. Anm. zu 309a) anklingt; vgl. die Rede des Alkibiades im ‹Symposion› (215a–219d).

Demos: Der Name des Pyrilampessohnes lautet wie das griechische Wort für «Volk» *(dēmos)*.

255 *beim Hunde, dem Gotte der Ägypter:* Der scherzhafte Schwur (vgl. Phaidros 228b, Apologie 21e) wird hier auf den ägyptischen Totengott Anubis bezogen, der die Gestalt eines Hundes hatte.

256 *Polos sagte nämlich:* s.o. 461b–c.

Und er machte sich damals ...: s.o. 473e.

was von Natur aus ... Gesetz: Kallikles nimmt Bezug auf den von den Sophisten diskutierten Gegensatz zwischen *physis* (Natur) und *nomos* (Gesetz), zwischen dem ewigen, ungeschriebenen Gesetz der Natur und der von Menschen geschaffenen Satzung (auch im Sinne des überlieferten Brauches).

257 *Doch die Gesetze ...:* Mit dem Ursprung der Gesetze beschäftigt sich Platon auch im ‹Staat› (358e ff.).

Xerxes: König der Perser 485–65 v. Chr., sein Zug gegen Griechenland scheiterte mit der Seeschlacht bei Salamis (480). Sein Vater und Vorgänger Dareios (521–486 v. Chr.) unternahm eine erfolglose Expedition gegen die Skythen (514), ein Nomadenvolk im nördlichen Raum des Schwarzen Meeres.

258 *Pindar:* Frg. 169. Kallikles interpretiert das Gedicht des Chorlyrikers (* ca. 522) in seinem Sinne. Pindars Nomosbegriff ist in Wirklichkeit weit entfernt vom sophistischen Naturrecht des Stärkeren.
Herakles: Eine der zwölf «Arbeiten» des Herakles bestand darin, die Rinderherden des Ungeheuers Geryon zu rauben, den er samt Hirten und Hund erschlug.

260 *wie der Dichter sagt:* vgl. Homer, Ilias 9, 441.
Euripides: In dem Stück ‹Antiope›, aus dem Kallikles bereits zitiert hat, kam es zu einem Wortstreit zwischen Amphion und Zethos, den Zwillingssöhnen der Antiope und des Zeus. Von völlig verschiedener Wesensart – Amphion widmete sich dem Lyraspiel, Zethos war ein tüchtiger Jäger und Sportler – verteidigen sie völlig entgegengesetzte Lebensweisen.

261 *Denn wenn jetzt jemand dich ...:* die erste Bezugnahme auf das Schicksal des Sokrates, der 399 v. Chr. wegen angeblicher Asebie (Frevel gegen die Religion) zum Tode verurteilt wurde. S. auch unten 522 b ff.
wenn die Kunst ... macht: die kursiv gesetzten Worte in Anlehnung an Euripides, Frg. 186 N^2.
höre auf ... bewohnen wirst: Die kursiv gesetzten Worte entsprechen wiederum einem Fragment des Euripides (188 N^2).

262 *Teisandros ... Andron ... Nausikydes:* Über sie ist sonst kaum etwas bekannt.

264 *Ja, das sagte ich:* s. o. 483 d, 484 c.

265 *... du soeben auch geäußert hast:* s. o. 483 c.
Dann hast du vorhin ...: s. o. 482 e–483 a.

266 *Du spöttelst, Sokrates:* Kallikles gebraucht das Verb *eirōneúesthai.* Was er Sokrates vorwirft, ist die für die platonische Figur so charakteristische Haltung der «Ironie».

268 *in einem fort redest du von Schustern ...:* Alkibiades verteidigt im ‹Symposion› (221 d ff.) diese Methode.

270 *ich habe das schon vorhin gesagt:* s. o. 483 c.

271 *Euripides:* Frg. 638 N^2. Vgl. Apologie 42 a.
Und vielleicht sind wir wirklich tot ...: Das Folgende verdankt viel orphisch-pythagoreischer Lehre, von der Platon auch in anderen Dialogen Kenntnis zeigt (z. B. Phaidon 62 b). Zu der Vorstellung, daß der Leib ein Grab sei (prägnant auch in dem Wortspiel *sōma – sēma* formuliert), vgl. Phaidon 82 d ff.
Hades: Die etymologische Deutung des Hades als «der Un-

sichtbare» (gr. *aidēs*) begegnet auch in Phaidon 81c und Kratylos 403a.

274 *... daß «angenehm» und «gut» dasselbe seien:* gegen die Gleichsetzung vgl. besonders Protagoras 351b ff.

275 *Und sagtest du nicht eben ...:* s.o. 491a–b.

... als sei Tapferkeit etwas anderes als Wissen: zur Definition der Tapferkeit als Wissen vgl. Protagoras 349d ff.

279 *die großen Weihen eher ...:* Die Einweihung in die eleusinischen Mysterien erfolgte, wie jedem Athener bekannt war, in Stufen; die Einweihung in die «Großen Mysterien» ohne Kenntnis der «Kleinen» wäre ein Verstoß gegen die kultische Ordnung gewesen. Vgl. auch die Einleitung, S. 195.

284 *... meinten wir beide:* s.o. 468b.

Erinnern wir uns ...: s.o. 465a.

287 *Betrachten wir zunächst die Kunst des Flötenspiels ...:* Kritik an der *musikē*, die Musik, Tanz und Dichtkunst bezeichnet, übt Platon auch im ‹Staat› (376e ff., 595a ff.).

Kinesias: Kinesias von Athen (5. Jh.), verwendete in seinen Dithyramben einen neuen Musikstil; die Komödie verspottete ihn ausgiebig (z.B. Aristophanes, Vögel 1373 ff., Frösche 1437).

sein Vater Meles: Er wurde ebenfalls von der Komödie verspottet (z.B. von Pherekrates, Frg. 6 Kock).

288 *Und wie ist es denn ... Tragödie:* Platon urteilt auch im ‹Staat› 378e ff. nicht sehr wohlwollend über die Tragödie.

290 *Themistokles ...:* athenische Staatsmänner des 5. Jh. (s. auch Anm. zu 516d), Perikles starb im Jahre 429 (s. Anm. zu 472b).

was du vorhin als solche bezeichnet hast: s.o. 491e–492a.

was wir im späteren Verlauf ...: s.o. 499e ff.

292 *Wird nun nicht jener Redner ...:* Die Aufgaben einer philosophischen Redekunst bestimmt Platon im zweiten Teil des ‹Phaidros›, 257c–274a.

... mit einem Körper zu leben, der sich in schlechtem Zustand befindet: vgl. 512a–b.

293 *wie du noch eben selbst meintest:* s.o. 491e ff.

einen Kopf aufsetzen: gängige Redensart der Griechen im Sinne von «etwas zu Ende bringen».

295 *Zethos:* s. Anm. zu 485e.

296 *der Gute aber muß ...:* Die Ausdrücke *eu prattein* und *kakōs prattein* sind nicht eindeutig zu übersetzen. Sie bezeichnen gewöhnlich ein gutes bzw. schlechtes Befinden, können aber auch

(wie in der Übersetzung Rufeners verstanden) das gute bzw. das schlechte Handeln bedeuten.

297 *Die weisen Männer:* Der antike Kommentator verweist mit Recht auf die Pythagoreer. Der Philosoph Pythagoras von Samos gründete im 6. Jh. in Unteritalien eine Gemeinschaft, die nach seiner Lehre lebte. Sie verlangte eine reine Lebensführung, die den Aufstieg der Seele bei ihrer Wanderung erleichtern half. *geometrische Gleichheit:* Das Prinzip ist zuerst für den Pythagoreer Archytas von Tarent belegt (Frg. B 2), mit dem Platon auf seinen sizilischen Reisen zusammengekommen sein dürfte. Politische Dimension erhält die geometrische (d.h. die der Würde und dem Verdienst eines Menschen proportionale) Gleichheit im ‹Staat› (558c) und in den ‹Gesetzen› (757b–c), wo Platon sie der arithmetischen (d.h. absoluten) Gleichheit vorzieht.

298 *was es mit den Vorwürfen auf sich hat ...:* s.o. 486a–b. *schon oft geäußert:* s.o. 480a–481b.

300 *in unserem vorigen Gespräch:* s.o. 467c–468e.

301 *der Ähnliche dem Ähnlichen:* vgl. z.B. Homer, Odyssee 17, 218.

304 *ein elendes Dasein führen:* vgl. Kriton 47e.

305 *thessalische Frauen:* Ihre Zauberkünste führte der Mythos auf Medea zurück. Vgl. auch Aristophanes, Wolken 749f.

306 *die Liebe zum Demos:* Wortspiel mit dem Namen von Kallikles' Liebhaber (s. Anm. zu 481d). *in unseren vorigen Untersuchungen:* s.o. 504d–e.

308 *die Töpferkunst gleich am Fasse zu lernen:* ein Sprichwort, das sich gegen das Weglassen von Vorübungen richtet. Vgl. Sokrates' Kritik in 497c. *... Vorwürfe machst, daß ich es nicht tue:* s.o. 485d ff.

309 *von denen du vorhin gesprochen hast:* s.o. 503c. *Perikles:* s. Anm. zu 472b. *zu Soldempfängern:* Perikles führte die Besoldung der Richter ein. *... von den Leuten mit zerschlagenen Ohren:* die Bewunderer spartanischer Lebensart und Geisteshaltung in Athen (vgl. Protagoras 342b); beim Boxen nach Art der Spartaner wurden besonders die Ohren der Sportler beschädigt. *daß Perikles zuerst in hohem Ansehen ...:* vgl. Thukydides 2, 65.

310 *wie Homer sagt:* vgl. z.B. Odyssee 6, 120.

311 *Kimon:* Sohn des Miltiades (ca. 510–449 v. Chr.), konservativer athenischer Politiker, setzte 462 die Entsendung eines Hilfskorps nach Sparta durch, mit dem er wieder heimgeschickt wurde, bevor es zum entscheidenden Einsatz kam. Dafür verbannten ihn die Athener im folgenden Jahr, holten ihn jedoch 457 wieder zurück.

Themistokles: athenischer Staatsmann (ca. 524–459), Stratege in der gegen die Perser siegreichen Schlacht bei Salamis (480), wurde ca. 471 verbannt, flüchtete zum Perserkönig, der ihn freundlich aufnahm.

Miltiades: Stratege in der Schlacht bei Marathon (490), in der Athen über die Perser siegte, versuchte 489 die Inseln von der persischen Herrschaft zu befreien, scheiterte jedoch auf Paros und mußte, durch einen Unfall krank, ohne Erfolg heimkehren. Die Athener verurteilten ihn zu einer hohen Geldbuße, die, nachdem Miltiades als gebrochener Mann gestorben war, sein Sohn Kimon (s.o.) bezahlte.

313 *Thearion ... Mithaikos ... Sarambos:* sonst nicht bekannte Personen.

314 *Alkibiades:* s. Anm. zu 481d. Das vaticinium ex eventu bezieht sich auf einen kurz vor der sizilischen Expedition verübten Religionsfrevel (415), dessen Alkibiades verdächtigt und dafür in Abwesenheit zum Tode verurteilt wurde, seine Abkehr von Athen, seine Rückholung (411) und endgültigen Sturz, nachdem er in der Schlacht bei Notion (406) den Spartanern unterlegen war.

316 *Ich meinerseits glaubte:* s.o. 465c.

317 *ein Myser:* Das kleinasiatische Volk der Mysier galt als feige, mysische Sklaven waren besonders verachtet (vgl. auch Theaitetos 209b).

Wiederhole nicht ...: s.o. 486b und 511a.

318 *Wie fest scheinst du mir daran zu glauben:* deutlicher Bezug auf das Ende des Sokrates (vgl. Anm. zu 486a).

der einzige unter meinen Zeitgenossen: vgl. 473e.

der Ausspruch ... den ich zu Polos getan habe: s.o. 464d.

319 *«Liebe Kinder, viel Übles ...»:* In dieser Rede spielt Platon auf zwei später gegen Sokrates erhobene Vorwürfe an, er richte die Jugend zugrunde und bringe die Leute zum Verzweifeln, d.h. in Situationen, in der sie keine Antwort mehr wüßten.

320 *was du oftmals anerkannt hast:* s.o. 509b–c.
So höre denn: Worte, die gern als Einleitung für eine Erzählung gebraucht wurden. Der folgende Jenseitsmythos (auch der ‹Phaidon› und der ‹Staat› schließen mit eschatologischen Mythen) hat mehrere Quellen: Homer und die Orphiker stehen fest, ein großer Teil dürfte von Platon erfunden sein.
Homer: Ilias 15, 187ff.

321 *Prometheus:* In der Tragödie ‹Der Gefesselte Prometheus› ist in der Tat den Menschen, indem Prometheus ihnen blinde Hoffnungen einsetzte, die Voraussicht auf den Tod genommen (v. 248ff.).

322 *als Richter eigene Söhne:* In der ‹Apologie› (41a) wird der üblichen Trias Rhadamanthys, Aiakos und Minos der attische Heros Triptolemos beigestellt.
... auf der Wiese Gericht halten, am Dreiweg: zu dieser Vorstellung vgl. Staat 614b–e.
Dem Minos aber ...: In der ‹Odyssee› (11, 568ff.) erscheint er als einziger Totenrichter.
Der Tod ... die Trennung zweier Dinge: vgl. Phaidon 64c.

323 *Die aber die schlimmsten Dinge begangen haben ...:* vgl. Phaidon 113e.

324 *... was Polos sagt:* s.o. 471a ff.
Homer: vgl. Odyssee 11, 576ff.
Thersites: häßlich und feige, der Exponent des niederen Volkes in der ‹Ilias› (2, 212ff.); vgl. Staat 620c.

325 *Aristeides:* athenischer Politiker des 5.Jh., Stratege in der Schlacht bei Marathon (490) und bei Plataiai (479). Die Athener gaben ihm den Beinamen «der Gerechte».
Odysseus bei Homer: Odyssee 11, 569.

326 *Aigina:* Die Nymphe Aigina war von Zeus die Mutter des Aiakos (vgl. Pindar, Isthmien 8, 19ff.).
... nicht bloß gut zu scheinen, sondern es auch zu sein: vgl. 459e.

Phaidon

333 *Echekrates:* Angehöriger der Pythagoreergemeinde in seiner Heimatstadt Phleius.
Phaidon: treuer Schüler des Sokrates; gründete nach dem Tode des Meisters eine Philosophenschule in seiner Heimat Elis.
Prozeß: Sokrates wurde im Jahre 399 v. Chr. nach einer öffentlichen Anklage wegen Asebie (Frevel gegen die Religion) zum Tode verurteilt. Seine Verteidigungsrede ist Inhalt der ‹Apologie›.
Delos: Insel in der Ägäis, Geburtsstätte des Gottes Apollon.
334 *Theseus:* Held der attischen Sage, tötete das Ungeheuer Minotauros im Labyrinth von Kreta und befreite dadurch Athen von dem Tribut an König Minos, der in der regelmäßigen Sendung von sieben Knaben und sieben Mädchen bestand, die dem Minotauros geopfert wurden.
Deshalb also ...: Sokrates verdankt die Verlängerung seines Lebens Apollon. Er nennt sich Diener dieses Gottes (85 b), in der ‹Apologie› (21 a) steht Apollons Orakel, daß niemand weiser sei als Sokrates.
Behörden: die «Elfmänner»; s. 59 e.
335 *Apollodoros:* Schüler des Sokrates, erwähnt auch in der ‹Apologie› (34 a), Erzähler des Dialogs ‹Symposion›.
Wer war denn noch dabei: Im folgenden werden Freunde und Schüler des Sokrates aufgezählt. Die wichtigsten neben Platon selbst und Apollodoros sind Antisthenes, Aristippos und Eukleides, die eigene Schulen gründeten, Kriton und Menexenos, nach denen platonische Dialoge benannt sind, Hermogenes, Gesprächspartner im Kratylos, Simmias und Kebes, die ihr Vermögen für die Befreiung des Sokrates einsetzen wollten (vgl. Kriton 45 a–b).
336 *Elfmänner:* s. Anm. zu Apologie 37 c.
337 *Da führten sie einige ... weg:* Durch den Weggang der Frau des Sokrates bleibt die Runde von Philosophen übrig, die die Anlage des Gesprächs verlangt.
Äsop: Schreiber oder Erzähler von Fabeln in Prosa, seine Lebenszeit ist unsicher (vielleicht 6. Jh.).
Euenos: Sophist und Dichter des 5. Jh. (vgl. Apologie 20 b und Phaidros 267 a)

339 *Philolaos:* berühmter Pythagoreer aus Kroton (Unteritalien), lehrte später in Theben; Verfasser der ersten Schrift über die pythagoreische Lehre, Zeitgenosse des Sokrates.
Sonnenuntergang: Hinrichtungen fanden aus religiösen Gründen nicht vor Sonnenuntergang statt.

340 *in seiner (böotischen) Mundart:* Kebes stammt aus Theben in Böotien.
Geheimlehren: sehr wahrscheinlich die Lehre der Orphik, einer seit 600 v. Chr. sich verbreitenden mystischen Sekte.

344 *der echte Philosoph:* Als Gegenbild des echten Philosophen stellt Platon den Sophisten Hippias in den gleichnamigen Dialogen dar, der auf den Besitz solcher Dinge stolz ist.

345 *beinahe schon tot:* So nennt Sophokles in der ‹Antigone› 1165 ff. einen lebenden Leichnam, wer die Sinnenfreuden verloren hat.

351 *außer den Philosophen:* Platon trennt zwischen der Tugend, die auf Gefühl und Gewohnheit beruht, und derjenigen, die volle Einsicht voraussetzt. Eine Kritik der ersteren im Dialog ‹Protagoras› 352e ff.

352 *Geheimlehren:* Gemeint ist die orphische Lehre (s. Anm. zu 62b).
Thyrsosträger: Der Thyrsos, ein mit Efeu und Weinlaub umwundener Stab, wurde im Kult des Dionysos getragen. – Der Vers, auf den Platon anspielt, entspricht etwa dem christlichen Wort «Viele sind berufen, aber wenige sind auserwählt».

353 *Komödienschreiber:* Platon scheint auf Eupolis (Frg. 352) und Aristophanes (Wolken 1480) anzuspielen, die dem Sokrates Geschwätz vorwarfen.

354 *altes Wort:* wohl ein Spruch aus der orphischen Lehre.

357 *Endymion:* Endymion erhielt von Zeus ewigen Schlaf und ewige Jugend und wurde Geliebter der Mondgöttin Selene.
Anaxagoras: s. Anm. zu Gorgias 465d. Veränderung stellt sich ihm als Mischung oder Trennung qualitativ unveränderbarer stofflicher Partikel dar. Das Zitat aus dem Beginn seines Werkes ‹Über die Natur› beschreibt den Urzustand.

358 *geometrische Figuren:* Im Dialog Menon (81 ff.) zeigt Sokrates an einem Sklaven, daß Lernen in der Geometrie die Wiedererinnerung an ein bereits vorhandenes Wissen bedeutet.

365 *keinen Menschen:* Sokrates wird morgen tot sein.

367 *vorhin:* s.o. 71c–72e.

369 *vorhin:* s.o. 74a–d, 75c–d.

370 *früher:* s.o. 65a–b.

372 *Hades:* Platon verbindet hier «Hades» mit dem griechischen Wort *aidēs*, «unsichtbar» (vgl. 81c).

374 *... und deshalb auch gesehen werden:* Auf attischen Vasen finden sich Abbildungen derartiger Erscheinungen.

375 *Bürgertugend:* vgl. Anm. zu 68d.

378 *Penelopegewebe:* Penelope trennt in der ‹Odyssee› 19, 136ff. nachts auf, was sie tags am Sargtuch für ihren Vater neu gewebt hat. Da es vor der Hochzeit vollendet sein soll, kann sie dadurch ihre Freier hinhalten. Die falschen Philosophen verfolgen dagegen das umgekehrte Ziel, zuerst die Trennung, dann die Vereinigung.

379 *Gotte:* Apollon.

Schwäne: Die Sage vom Schwanengesang, die sich durch das gesamte Altertum zieht, findet sich schon bei Hesiod (bzw. Pseudo-Hesiod), Aspis 309ff.

Nachtigall ... Schwalbe ... Wiedehopf: Dahinter steht die Geschichte vom thrakischen König Tereus, der die Schwester seiner Gattin vergewaltigte. Die Geschwister töteten daraufhin seinen Sohn Itys und setzten ihn dem Tereus zum Mahl vor. Zur Strafe wurden die drei in Vögel verwandelt: Philomele in eine Nachtigall, Prokne in eine Schwalbe, Tereus in einen Wiedehopf.

380 *Elfmänner:* s. Anm. zu Apologie 37c.

382 *am selben Punkt wie vorhin:* vgl. 77a–b.

383 *Weber:* Der Weber steht für die Seele, das Gewand für den Leib. Wie der Weber zum Gewand, so verhält sich die Seele zum Leib, die Seele bringt also gleichsam ihren eigenen Leib hervor.

385 *Echekrates:* Das Eingreifen des Echekrates, der bis jetzt stiller Zuhörer war, markiert die Wende des Gesprächs; siehe auch nächste Anm.

ob er ruhig seine Meinung verfocht ... unzulänglich: Im griechischen Text begegnet hier der Ausdruck «dem Logos helfen» (boēthein tōi logōi). Nach Phaidros 276a, 277a, 278c–d ist es das Merkmal des Philosophen, daß er seinem Logos zu Hilfe kommen kann, indem er auf «Wertvolleres» *(timiōtera)* zurückgreift. Eben das tut Sokrates hier; daß seine «Hilfe» erfolgreich war, wird 102a ausdrücklich festgestellt.

386 *Haare abscheren:* Die Griechen schnitten sich die Haare zum Zeichen der Trauer.
Argiver: Der Geschichtsschreiber Herodot berichtet von den Argivern, daß sie nach dem Verlust der Landschaft Thyrea an die Spartaner geschworen hätten, man dürfe erst dann wieder langes Haar tragen, wenn das Gebiet zurückerobert sei (Historien 1, 82).
Herakles ... Iolaos: Beim Kampf gegen die lernäische Schlange wurde Herakles von einem Krebs angegriffen, so daß er seinen Wagenlenker Iolaos zu Hilfe rufen mußte.

388 *Euripos:* Im Euripos, der Meerenge zwischen Böotien und Euböa, wechselt die Strömung mehrmals täglich.

390 *Beweis:* vgl. 72e–77a.

391 *Es wurde nämlich gesagt:* s.o. 76d.

395 *Vorhin übereingekommen:* 93a–c.
Homer: Odyssee 20, 17f.

396 *Harmonia:* Harmonia war die Gattin des mythischen Königs Kadmos von Theben.

398 *Ob, wenn das Warme ...:* Platon nimmt Bezug auf die sog. vorsokratischen Philosophen: Archelaos leitet die Entstehung der Lebewesen aus der Fäulnis her (Frg. A1, A4), nach Empedokles ist das Blut Träger des Denkens (Frg. B 105), nach Anaximenes (Frg. A23) und Diogenes von Apollonia (Frg. B5) die Luft, nach Heraklit das Feuer, das Gehirn als Mittler der Wahrnehmungen lehrt Alkmaion von Kroton (Frg. A5).

400 *Anaxagoras:* Anaxagoras (vgl. Anm. zu Gorgias 265d) setzte neben den Seins-Partikeln als Stoffursache den Nus (Geist) als letzten Grund aller Bewegungen und Veränderungen an (Frg. B12).

402 *Wirbel unter der Himmelskugel:* Empedokles (vgl. Aristoteles, Über den Himmel 295a 16ff.).
die Luft als Schemel: Anaximenes, Anaxagoras, Demokrit.

403 *zweite Fahrt:* Der Ausdruck entstammt der Sprache der Schiffer, die bei mangelndem Fahrtwind die Ruder benutzen.

404 *im Gespräch vorhin:* s.o. 74a–76a.

407 *Streitkünstler:* eine Anspielung auf die Sophisten und Rhetoren (vgl. 90b–c).
Denn ich finde es wunderbar ...: s.o. zu 88e («seinem Logos helfen»).

409 *in einem früheren Teil der Unterredung:* s.o. 70d–e.

410 *wie wir vorhin sagten:* s.o. 102e.
413 *zuerst genannt:* s.o. 100d.
418 *Hades:* Der Beginn des mythischen Teils über das Totengericht und das Schicksal der Seelen im Jenseits. Jenseitsmythen schließen auch die Dialoge ‹Gorgias› (523a ff.) und ‹Staat› (614b ff.) ab.
Daimon: Nach antiker Vorstellung besitzt jeder Mensch einen Geist, der ihn führt, einen Daimon. Vgl. auch Staat 617de, 620de und Timaios 90a.
Telephos des Aischylos: eine Tragödie des Aischylos (525/4–456/5), die uns nicht erhalten ist. Telephos, Fürst der Mysier, kämpfte gegen die Griechen, die auf der Suche nach Troja in sein Land eingefallen waren.
den religiösen Bräuchen: Man opferte der Hekate als Schützerin der Weggabelungen.
wie ich früher erklärt habe: s.o. 81c–d.
419 *die Redekunst eines Glaukos:* Der Ursprung dieser Redewendung ist unklar.
420 *vom Phasis bis zu den Säulen des Herakles:* Die bekannte Welt reichte vom Schwarzen Meer, in das von Osten der Fluß Phasis mündet, bis zur Meerenge von Gibraltar, die die Griechen «Säulen des Herakles» nannten.
424 *Homer:* Ilias 8, 14.
425 *Okeanos ... Acheron ...:* Die Flüsse entsprechen im wesentlichen der Darstellung bei Homer, Odyssee 10, 508ff.
430 *Elfmänner:* s. Anm. zu Apologie 37c.
432 *eine Spende vergießen:* das übliche Trankopfer (Libation) für die Götter.
Apollodoros: s. Anm. zu 59a.
433 *Asklepios:* der griechische Heilgott. Bei der Therapie in seinem Heiligtum wurden die Kranken in einen Schlaf versetzt.

Symposion

439 *Apollodoros:* einer der treuesten Anhänger des Sokrates; war nach ‹Phaidon› 59a–b bei dessen Tod im Gefängnis anwesend.
Phaleron: der Hafen Athens bis zum Ausbau des Piräus Anfang des 5. Jahrhunderts.
indem er dabei einen Scherz machte: Der Scherz liegt in der

Beifügung des Heimatortes, was nur bei offiziellen Anlässen üblich war.

Phoinix: Über ihn ist nichts weiter bekannt.

Glaukon: nicht identisch mit dem 222b erwähnten Vater des Charmides. Vielleicht Platons Bruder Glaukon.

Agathon: Der Tragödiendichter Agathon (* um 440) errang seinen ersten Sieg im Jahre 416, bei welcher Gelegenheit das Gastmahl stattgefunden haben soll. Etwa zehn Jahre später verließ er Athen und ging – wie vor ihm schon Euripides – an den Hof des Makedonenkönigs Archelaos in Pella.

440 *Aristodemos:* ein Schüler des Sokrates, über den wir sonst nichts wissen.

442 *schwächlichen Lanzenschwinger:* Ilias 17, 588.

ungeladen zum Gastmahl: Ilias 2, 408.

Zu zweit wollen wir ...: Anspielung auf einen bekannten Vers der ‹Ilias› (10, 224).

443 *Eryximachos:* Der Arzt, Sohn des Akumenos, wird auch im ‹Phaidros› (268a) erwähnt.

444 *vor mehr als dreißigtausend Hellenen:* Agathon hat bei einem Theaterfest mit seinen Stücken den ersten Platz errungen.

Dionysos zum Schiedsrichter: Dionysos ist der Gott des Weines.

445 *Pausanias:* Wir wissen von Pausanias nur, daß er der Liebhaber des Agathon war, erwähnt auch im ‹Protagoras› (315d–e).

Aristophanes: der Komödiendichter (* ca. 445), der Sokrates in den ‹Wolken› als Sophisten verspottet und ihm dadurch bei den Athenern nicht wenig geschadet hat, erscheint hier in freundschaftlichem Verhältnis zu diesem.

Phaidros: Phaidros aus dem attischen Demos Myrrhinus ist die Titelfigur des Dialogs ‹Phaidros›. Über sein Leben ist nicht viel bekannt.

446 *‹Melanippe› des Euripides:* ein nicht erhaltenes Stück des athenischen Tragikers Euripides (ca. 485–406).

Herakles: Der Sophist Prodikos von Keos (* ca. 470) schrieb die berühmte Parabel von ‹Herakles am Scheidewege›.

447 *Dionysos und Aphrodite:* Im heiligen Bezirk des Theatergottes Dionysos fanden die dramatischen Wettbewerbe statt. Aphrodite steht den Dichtern als Göttin der Liebe nahe.

448 *Hesiod:* Der im 7. Jh. v. Chr. lebende Dichter Hesiod beschreibt in seinem Werk ‹Theogonie› (Götterentstehung) die

Entwicklung der Welt aus chaotischer Unordnung. Das Zitat v. 116ff.

Parmenides: von Elea in Unteritalien, vorsokratischer Philosoph (frühes 5. Jh.). Zitiert ist Fragment B 13.

Akusilaos: Akusilaos von Argos, griechischer Historiker und Mythograph (um 500), setzte die Gedichte Hesiods in Prosa um.

449 *Homer:* z.B. Ilias 10, 482; 15, 262.

Alkestis: Alkestis opferte ihr Leben für das Leben ihres Gatten Admetos. Euripides behandelte den Mythos in dem erhaltenen Stück ‹Alkestis›, wo allerdings Herakles dem Totengott Thanatos die Alkestis abringt, bevor sie den Hades erreicht, während hier die Götter von sich aus handeln.

450 *Orpheus:* Die hier gegebene Version des Orpheus-Mythos ist sonst nicht bekannt.

Achilleus: Die Prophezeiung der Thetis wird erwähnt ‹Ilias› 9, 410ff., 18, 95f.; in der ‹Odyssee› (11, 467) erscheint Achill wie die anderen Helden im Hades.

Aischylos: Der Tragödiendichter Aischylos (525/4–456/5) behandelte den Troja-Mythos in einer Trilogie (‹Achilleis›).

Homer: Ilias 11, 786f.

454 *die Liebe des Aristogeiton und des Harmodios:* Harmodios und Aristogeiton sind die berühmten Mörder des Tyrannen Hipparchos. Im Jahre 514 v. Chr. töteten sie diesen Sohn des Peisistratos aus Rache für die Demütigung, die er dem Harmodios zugefügt hatte, weil er die Liebe des Tyrannen zurückwies. Ausführlich berichtet davon der Historiker Thukydides (6, 54ff.).

455 *fliegt er davon und verschwindet:* eine Wendung aus der ‹Ilias› (2, 71).

458 *Pausanias machte nun eine Pause:* Solche Wortspiele waren durch den Sophisten und Redelehrer Gorgias von Leontinoi (* ca. 485) in Mode gekommen.

460 *Asklepios:* Gott der Heilkunst.

Heraklit: Heraklit von Ephesos (ca. 550–480) lehrte die Einheit der Gegensätze. Die Ordnung der Welt versteht er als kontinuierliche Veränderung, als Abwechslung von Gegensätzen, die sich zu einer Einheit zusammenschließen.

464 *Homer:* Odyssee 11, 305ff.

467 *Tribaden:* Lesbierinnen.

468 *wie die Arkadier von den Lakedaimoniern:* Platon bezieht sich (in einem Anachronismus) auf die Teilung der arkadischen Stadt Mantinea durch die Spartaner im Jahre 385 v. Chr.
mit zersägten Nasen: Halbplastiken.
mitten durchgeschnittene Würfel: Die Hälften eines Würfels dienten Gastfreunden als Erkennungszeichen.

472 *Kronos und Iapetos:* Titanen, Söhne des Uranos und der Gaia.
Hesiod und Parmenides: Hesiod in seinem Werk ‹Thegonie› (Götterentstehung); Zeugnisse für Parmenides fehlen.
Homer: Ilias 19, 92f.

473 *‹Könige der Stadt›:* Zitat des Redners Alkidamas von Elaia.

474 *wie die Sage erzählt:* vgl. Odyssee 8, 266ff.
‹wer den Musen vorher fremd war›: Euripides, Stheneboia Frg. 663.

477 *Haupt des Gorgias:* Platon spielt mit dem Namen des Sophisten Gorgias und den sagenhaften Gorgonen, deren Anblick den Betrachter zu Stein werden ließ.
vorher verabredet: 180d.
die Zunge nun hat es versprochen ...: Anspielung auf Euripides, Hippolytos 612.

482 *Diotima:* eine von Platon wohl erfundene Figur.

485 *Poros:* Personifikation des Weges (besonders im Sinne der Mittel und des Ausweges).

488 *«Schaffen» («Dichten»):* Das griechische Wort poíēsis bezeichnet ein herstellendes Tun, in einem besonderen Sinn die Tätigkeit des Dichtens von Versen.

493 *Kodros:* sagenhafter König von Athen, verhinderte durch seinen Opfertod den Fall der Stadt. Zu den anderen Beispielen siehe die Anm. zu 179b und 179e.

494 *Lykurgos:* der legendäre Gesetzgeber Spartas.
Solon: athenischer Staatsmann, erließ 594 v. Chr. als Schlichter zwischen Volk und Adel eine Reihe von Gesetzen zur Wirtschafts- und Sozialordnung.

501 *Denn ein Arzt ist höher als viele andre zu achten:* Ilias 11, 514.

502 *Silenen:* Begleiter des Dionysos, Wesen mit Menschengestalt, aber Pferdeschwanz und Pferdeohren, oft auch Hufen.
Syringen: Die Syrinx ist eine Hirtenflöte aus zusammengebundenen Schilfrohrstücken.

503 *Satyr Marsyas:* Satyrn werden zumeist mit den Silenen identifiziert. Marsyas fand nach der Sage die Flöte, die Athene erfun-

den, aber, weil das Blasen ihr Gesicht entstellte, weggeworfen hatte. Er wurde so geschickt im Flötespielen, daß er Apollon zum Wettstreit herausforderte.

Olympos: Wird als Liebling und Schüler, manchmal als Vater des Marsyas genannt. Die Antike sah in ihm zumeist eine historische Figur, den Schöpfer von Flötenmusik.

Korybanten: Diener der kleinasiatischen Göttin Kybele, deren Kult mit orgiastischen Tänzen begangen wurde.

506 *wie das Sprichwort sagt:* Zwei Sprichwörter werden im folgenden miteinander verbunden: «Im Wein die Wahrheit» und «Wein und Kinder sprechen die Wahrheit».

508 *Gold für Erz:* Anspielung auf Glaukos und Diomedes, die ihre ungleichen Rüstungen tauschten (Ilias 6, 234 ff.).

509 *Aias:* Der Griechenheld vor Troja hatte einen siebenfachen Schild.

Poteidaia: 432 v. Chr. fiel die Stadt auf der Chalkidike von Athen ab, sie wurde von den Athenern belagert und 429 erobert.

510 *doch wie der mächtige Held auch jenes bestand und ertragen:* Odyssee 4, 243.

511 *Delion:* Ort im östlichen Böotien; hier wurden die Athener 424 v. Chr. von den Thebanern schwer geschlagen.

Laches: einer der athenischen Heerführer im Peloponnesischen Krieg (431–404 v. Chr.), Titelfigur des platonischen Dialogs ‹Laches›, wo die Tapferkeit des Sokrates ebenfalls erwähnt wird (181 a–b).

Aristophanes: Wolken 362.

512 *Achilleus:* tapferster Held der Griechen vor Troja, Sohn der Göttin Thetis.

Brasidas: erfolgreicher spartanischer Feldherr im Peloponnesischen Krieg, der 422 in einer siegreichen Schlacht bei Amphipolis fiel.

Nestor ... Antenor: Der greise Nestor wird wegen seiner sprichwörtlichen Beredsamkeit, der Troer Antenor wegen seiner Klugheit mit dem athenischen Staatsmann Perikles (ca. 495–429) verglichen.

513 *Charmides ... Euthydemos:* Nach Charmides ist ein platonischer Dialog benannt, dagegen ist der hier erwähnte Euthydemos wohl nicht mit dem Sophisten des gleichnamigen Dialogs zu identifizieren.

515 *Lykeion:* ein Gymnasion (Sportstätte) im Nordosten Athens, wo später Aristoteles seine Schule gründete.

Phaidros

521 *Phaidros:* Über die Titelfigur des Dialogs, die auch im ‹Protagoras› (315c) und im ‹Symposion› (176d–180b) eine Rolle spielt, ist wenig bekannt.

Lysias: bedeutender attischer Redner (ca. 445–380), Verfasser von Prozeßreden, später als Meister des schlichten Stils bewundert.

Akumenos: ein Arzt, der im frühen 5. Jh. in Athen gewirkt haben muß; sein Sohn Eryximachos ist Gesprächsteilnehmer im ‹Symposion›.

Epikrates: Ob dieser Epikrates mit dem Demagogen identisch ist, gegen den sich die 27. Rede des Lysias richtet, ist nicht mit Sicherheit zu sagen.

in dem Hause des Morychos: Das Haus heißt nach seinem ersten Besitzer; er soll nach einem antiken Kommentator ein stadtbekannter Schlemmer gewesen sein.

Olympion: Der Tempel des Olympischen Zeus im Südwesten Athens, etwa 150 m vom Ilissos entfernt.

Pindar: Isthmien 1, 2.

522 *Megara:* Stadt auf der Landverbindung zwischen Attika und der Peloponnes, ca. 40 km von Athen entfernt.

Herodikos: Arzt aus Selymbria (ursprünglich Megara, vgl. Protagoras 316e), vertrat eine strenge Gesundheitslehre (vgl. Staat 406a–b), die auch vor Gewaltkuren nicht zurückschreckte.

beim Hunde: Von Sokrates öfters verwendete Beteuerungsformel (vgl. Apologie 21e, Gorgias 482b), die einen ironischen Unterton trägt. Auch in der Komödie war sie üblich (z.B. Aristophanes, Wespen 83).

524 *Ilissos:* ein Flüßchen, das, vom Hymettos-Gebirge im Osten Athens kommend, im Süden an der antiken Stadt vorbeifloß; führt heute im Sommer kein Wasser.

Boreas: Gott des Nordwindes, entführte Oreithyia, die Tochter des Königs Erechtheus von Athen in seine Heimat Thrakien.

Areopag: Hügel westlich der Akropolis von Athen, wo der älteste Rat und Gerichtshof tagte.

Stadien: Ein attisches Stadion mißt ungefähr 178 m.
zum Tempel von Agra: Tempel der Göttin Artemis im Stadtbezirk (Demos) Agrai.
Sophisten: Im griechischen Text steht *hoi sophoi* («die Weisen» oder «die Klugen»). Gemeint sind offensichtlich nicht nur die Sophisten, etwa Prodikos und Protagoras, sondern auch vorsokratische Philosophen wie Anaxagoras, Empedokles oder Xenophanes. Eine Anspielung auf die von diesen Denkern versuchte rationalistische oder allegorische Deutung des Mythos könnte der Name Pharmakeia («Giftmischerei») sein, der sonst nirgends belegt ist.

525 *Hippokentauren:* Mischwesen mit Pferderumpf und menschlichem Oberkörper.
Chimaira: Feuerspeiendes Ungetüm mit Löwenkopf, Ziegenkörper und Drachenschwanz.
Gorgonen: drei Töchter des Phorkys (Euryale, Stheno, Medusa), meist geflügelt und mit gewaltigen Zähnen dargestellt; ihr Anblick ließ den Betrachter zu Stein werden.
Pegasen: Pegasos hieß das geflügelte Pferd, das dem Blut der Medusa entsprang.
Inschrift in Delphi: der Spruch «Erkenne dich selbst» in der Vorhalle des Apollontempels in Delphi.
Typhon: ein hundertköpfiges Ungeheuer, wurde im Kampf gegen Zeus von dessen Blitz getroffen und in den Vulkan Ätna eingeschlossen (vgl. Pindar, Pythien 1, 15 ff. und [Aischylos], Prometheus 351 ff.).

526 *Acheloos:* Fluß in Westgriechenland, im Mythos personifiziert als höchster Flußgott, Sohn des Okeanos und der Tethys, Vater der Sirenen.
Bücher mit Reden: Die Echtheit der dem Lysias zugeschriebenen Rede ist umstritten.

533 *Sappho ... Anakreon:* berühmte Lyriker des 6. Jh.; im Gegensatz zu Lysias betonen sie die Liebe des Verlassenen oder Verschmähten.

534 *Archonten:* Die neun Archonten, die obersten Beamten Athens, mußten bei ihrem Amtsantritt schwören, im Fall einer Annahme von Geschenken eine goldene Statue zu stiften.
Kypseliden: die Söhne des Tyrannen Kypselos von Korinth (7. Jh.); sie oder ihr Vater stellten eine wertvolle Lade («Kypseloslade») im Heratempel in Olympia auf.

536 *Ligurer:* Volk an der Südküste Galliens und des benachbarten Italien (die heutige Riviera), das als besonders musikalisch galt. Sein griechischer Name lautet Ligyer, was Platon zu der Verbindung mit dem Adjektiv *ligys* («hochstimmig») veranlaßt.

538 *Dithyramben:* Der Dithyrambos ist ursprünglich ein Kultlied zu Ehren des Dionysos, zu dessen Gefolge auch Nymphen gehören. Die Wendung «von den Nymphen ergriffen» *(nympholēptos)* bedeutet auch «außer sich», «von Sinnen».

543 *Flucht:* Hinter der Redewendung steht ein Kinderspiel, bei dem eine hochgeworfene Tonscherbe entschied, welche Gruppe fliehen bzw. verfolgen mußte.

‹so lieben den Knaben Verliebte›: Schluß eines Hexameters; die Herkunft des Zitates ist uns nicht bekannt.

epische Verse: Das Versmaß des Epos ist durchgängig der daktylische Hexameter, während Dithyramben nicht an ein strenges Schema gebundene, freie Rhythmen verwenden.

544 *Simmias:* Simmias und Kebes sind Gesprächspartner des Sokrates im ‹Phaidon›, ihre Einwände (84c–88c) veranlassen ihn zu einer erneuten Aufnahme der Frage nach der Unsterblichkeit der Seele.

Daimonion: Von einer «inneren Stimme», die auf göttlicher Eingebung beruht, spricht Sokrates an mehreren Stellen des platonischen Werkes (z.B. Apologie 31c–d, Euthydemos 272e, Staat 496c, Theaitetos 151a).

545 *Ibykos:* Ibykos aus Rhegion (Unteritalien), Sänger und Chorlyriker des 6. Jh. Zitiert ist Frg. 24.

546 *Stesichoros:* Chorlyriker (ca. 640–555) aus Himera auf Sizilien; er behandelte mit mancher Änderung die überlieferten Stoffe des Epos. Zitiert ist Frg. 32.

547 *Euphemos:* Der Name ist wohl nicht authentisch, sondern gewählt – er bedeutet «einer, der im guten Sinn spricht» – um die zweite Rede des Sokrates, die den Göttern nichts Schlechtes vorwirft, von der ersten abzuheben.

548 *Delphi:* Die Orakel Apollons vermittelte die «Pythia», eine, später zwei oder drei Frauen aus Delphi.

Dodona: Das alte Orakel in Dodona (Nordwestgriechenland) war dem Zeus heilig; gedeutet wurde das Rauschen der heiligen Eiche, später der Klang von Erzbecken.

Sibylle: Name mehrerer Wahrsagerinnen, allmählich zu einem allgemeinen Begriff geworden für eine Frau, die ohne die bei Orakeln übliche Anfrage weissagt.

‹Wahnsagekunst› ...: Die – nicht allzu ernst zu nehmenden – Etymologien lassen sich im Deutschen nur unzureichend wiedergeben. *Mantikḗ*, die allgemeine Bezeichnung für die Vorhersage der Zukunft, sei durch Einsetzen des Buchstabens τ («t») aus *manikḗ* entstanden, das sich von *manía* (Wahnsinn) ableite. *Oiōnistikḗ*, die Kunst der Vogelschau (das griechische Wort für Vogel lautet *oiōnós*), sei durch Änderung des kurzen «o» in das lange «o» aus *oionoistikḗ* entstanden, das Platon von dem griechischen Wort *oíēsis* (Wissen) herleitet.

549 *... aus einem alten Zorn einigen Geschlechtern auferlegt sind:* Der Geschlechterfluch ist eine verbreitete Vorstellung der Griechen (so geht z. B. das Unglück des Atridenhauses auf den Ahnherr Tantalos zurück, der den Göttern seinen eigenen Sohn zum Mahl vorsetzte). Der befreiende Wahnsinn (die zweite Art) wird unten 265 b dem Dionysos zugeschrieben.

550 *Denn das aus sich selbst Bewegte:* Die Übersetzung folgt der Lesart *autokínēton*. Cicero, der in seinem Werk ‹Tusculanen› (1, 53 f.) eine wörtliche Übersetzung der Stelle gibt, folgt einer Handschrift, die *aeikínēton* («das stets Bewegte») bietet.

551 *... die Seele unentstanden und unsterblich sein:* Der Gedanke wird vor allem im ‹Phaidon› entwickelt (70 c ff., 79 a ff., 105 b ff.), vgl. auch Staat 608 c ff.

zu schildern, wie sie wirklich ist ...: Im folgenden Bild vom Seelengespann wird nicht begründet, warum wir uns die Seele als dreiteilig zu denken haben; eine Begründung gibt Platon jedoch im ‹Staat› 435 e ff. Die «göttliche und lange Abhandlung», die hier im ‹Phaidros› nicht gegeben wird, ist nicht etwa dem Menschen prinzipiell unerreichbar, vielmehr ist eine philosophische Darlegung, die einen Sachverhalt auf die Prinzipien zurückführt, für Platon «göttlich».

doch wem sie gleicht: Im ‹Staat› (588 b ff.) gebraucht Platon das Bild einer aus verschiedenen Lebewesen zusammengewachsenen Gestalt.

552 *Hestia:* Hestia bleibt als Göttin des Herdfeuers als einzige im Haus zurück.

denn der Neid ist ... ausgeschlossen: Platon setzt sich über die Vorstellung hinweg, die den Menschen zum Spielball der Götter macht und ihn gerade im größten Glück durch den Neid der

Götter stürzen läßt. Vor allem der Geschichtsschreiber Herodot hat in seinem Werk diese Haltung vertreten (vgl. 1, 32; 3, 40; 7, 10).

554 *Adrasteia:* Ursprünglich eine phrygische Berggöttin, später als Schicksalsgöttin verstanden (die etymologische Deutung lautet «die Unentrinnbare»).

Jene, die am meisten gesehen hat...: Im ‹Staat› (473 c–d) fordert Platon die Vereinigung von Philosophie und Königsherrschaft. Der Tyrann nimmt auch dort die letzte Stelle ein (vgl. 571 a ff.).

555 *... eine menschliche Seele in das Leben eines Tieres:* Der im 6. Jh. lebende Pythagoras von Samos lehrte die Seelenwanderung, bei der die Seele eines Menschen auch in ein Tier übergehen kann (daraus resultiert das Verbot des Fleischgenusses), ein frühes Zeugnis ist eine Elegie des Xenophanes von Kolophon (Frg. B7).

557 *geweihte Zeugen:* Platon läßt die Einweihung in einen Mysterienkult anklingen.

560 *wie die Götter ihn nennen:* Verschiedene Bezeichnungen für dieselbe Sache bei Göttern und Menschen erwähnt mehrfach Homer, z. B. Ilias 14, 291; 20, 74.

Homeriden: Sängergilden, Rhapsoden, die sich auf die homerischen Gedichte spezialisierten.

So singen sie: Die Quelle der folgenden Verse läßt sich nicht nachweisen; manche Interpreten vermuteten, sie könnten von Platon selbst stammen.

561 *ob er ein Philosoph und eine Führernatur ist:* vgl. Anm. zu 248 d.

562 *zu Beginn dieses Mythos:* s. o. 246 a–b.

564 *Wohlwollen des Verliebten:* Platon idealisiert die gleichgeschlechtliche Liebe, die als Paiderastie (Knabenliebe) gesellschaftlich anerkannt und fester Bestandteil der griechischen Erziehung war. Die Überwindung des Sexuellen steht im ‹Symposion› im Vordergrund.

565 *Ganymed:* Der schönste aller Sterblichen wurde von Zeus geraubt und zum Mundschenk an der Tafel der Götter gemacht.

566 *olympischen Kämpfe:* Als Sieger im Ringkampf in Olympia galt, wer den Gegner dreimal geworfen hatte.

567 *Polemarchos:* Gastgeber im ‹Staat›; mit seinem Liebhaber ist Phaidros gemeint.

568 *Redenschreiber:* Lysias (s. Anm. zu 227a) verfaßte Reden für Gerichtsparteien. Der Vorwurf macht ihn zu einem Berufsrhetor, der mit Prozeßreden sein Geld verdient.
als Sophisten bezeichnen: Für die Sophisten war nicht nur charakteristisch, daß sie (bezahlten) Unterricht gaben, sondern auch, daß sie ihr Wissen in schriftlichen Abhandlungen verbreiteten.
von der «großen Wendung des Nils»: Der griechische Text lautet etwa: «Den süßen Bogen hast du nicht bemerkt». Die Bedeutung dieser Redensart läßt sich nicht mehr mit Sicherheit ermitteln.

569 *«Es hat gefallen ...»:* Feststehende Einleitung von Gesetzestexten (im Sinne von: «Es schien (dem Volk) gut oder richtig», d.h. «das Volk beschloß»).
Lykurgos ... Solon ... Dareios: die berühmten Gesetzgeber Spartas, Athens und des Perserreichs.

570 *Sirenen:* sagenhafte Wesen, die mit ihrem Gesang die Seefahrer bannten und sie an ihrer Insel stranden ließen.

571 *... zu den Musen kommen und ihnen melden:* Nach antiker Vorstellung ist jede der neun Musen für ein bestimmtes Gebiet verantwortlich. Kalliope und Urania wird hier zusätzlich der Bereich der Philosophie zugeteilt.

572 *«Niemals ... ein Wort»:* Ilias 2, 361.

574 *«Anleitungen zur Redekunst»:* Platon spielt scherzhaft darauf an, daß es üblich war, den Ursprung aller Wissenschaften auf Homer zurückzuführen.
Gorgias: einer der berühmtesten Sophisten und Redner des 5. Jh. (s. Anm. zu Gorgias 447a); um 485 geboren, soll er ein Alter von 100 Jahren erreicht haben. Nestor war der älteste Grieche vor Troja und bekannt für seine Beredsamkeit.
Thrasymachos ... Theodoros: Die zu dem Vergleich führende Gemeinsamkeit zwischen diesen Rednern und Sophisten (vgl. Staat 343a ff. und Phaidros 266e–267a) und Odysseus ist unklar.

575 *zum Eleaten Palamedes:* Zenon von Elea, griechischer Philosoph des 5. Jh., Schüler und Freund des Parmenides, wird mit dem mythischen Erfinder Palamedes verglichen. Zenon versuchte durch sich widersprechende Folgerungen («Paradoxien») aus den Lehren der Gegner die Lehre des Parmenides, nach der es keine Vielheit und keine Bewegung gibt, zu verteidigen.

576 *... eine, die gar keine Kunst ist:* Die Charakterisierung mit dem griechischen Wort *átechnos* gebraucht Platon im ‹Sophistes› (225 c) auch für das Wesen der Sophistik.

577 *Denn gerade jene Leute reut ...:* vgl. 231 a.

578 *Nymphen des Acheloos und Pan:* Zu Acheloos siehe Anm. zu 230b, Pan ist ein arkadischer Jäger- und Hirtengott. Dem Lysias nützte offensichtlich die rhetorische Technik nichts, Sokrates hat mit einfachen Mitteln die bessere Rede gehalten.

579 *Denn gerade jene Leute reut ...:* vgl. 231 a und 262 e.
Phaidros, geliebtes Haupt: Nachahmung Homers (z. B. Ilias 8, 281), vgl. Euthydemos 293 e.

580 *Midas:* Zwei Erzählungen ranken sich um Midas, den König der Phryger: Der Gott Dionysos erfüllte ihm aus Dankbarkeit, daß er einen betrunkenen Silen gastlich aufnahm, den Wunsch, daß alles, was er berühre, zu Gold werde. In einem Wettstreit zwischen Apollon und Pan gab Midas dem Pan den Sieg, woraufhin ihm Apollon Eselsohren wachsen ließ, die er fortan unter einer Kappe zu verbergen suchte. Die folgende Grabinschrift geht nach Diogenes Laertios 1, 89 f. auf Kleobulos aus Lindos (um 600 v. Chr.) zurück.

581 *Den göttlichen Wahnsinn:* s. die Darstellung 244 a–245 a.
Dionysos: vgl. Anm. zu 244 d.
einen mythischen Hymnos: das Bild vom Seelenwagen und was darauf folgt, 246 a–256 e.

582 *eine sozusagen linke Liebe:* Das griechische Wort *skaiós* («links)» bedeutet im übertragenen Sinn «Unglück verheißend», «ungünstig».

583 *... seiner Spur wie der eines Gottes:* Es handelt sich hier um den Schluß eines Hexameters; Dichterzitat ist wahrscheinlich (vgl. Odyssee 5, 193).
Dialektiker: Die Bezeichnung leitet sich ab von dem Verb *dialégesthai* («sich unterhalten», «sich besprechen»). Die Art des Dialektikers ist es, eine Sache von verschiedenen Seiten zu beleuchten, durch Frage und Antwort ihr wirkliches Wesen zu erhellen. Den Gegensatz bildet die großangelegte, belehrende Rede, als deren Vertreter hier Thrasymachos genannt wird (im ‹Protagoras› und ‹Gorgias› richtet sich Platons Kritik gegen die jeweiligen Titelgestalten).

584 *Theodoros:* Theodoros von Byzanz (spätes 5. Jh.) verfaßte ein Lehrbuch der Redekunst, in dem er eine neue Art der Disposi-

tion vorstellte (vgl. die Kritik des Aristoteles, Rhetorik 1414 b 13–15).

Euenos: Euenos von Paros, Sophist und Dichter des 5. Jh., wird auch in der ‹Apologie› (20b–c) und im ‹Phaidon› (60d) erwähnt.

Teisias ... Gorgias: Teisias von Syrakus (5. Jh.), Schüler des Korax, begründete mit diesem die Technik der Gerichtsrede; als seine Schüler werden Gorgias (s. Anm. zu Gorgias 447a), Lysias (s. Anm. zu 227a) und Isokrates (s. Anm. zu 278e) angesehen.

Die Gewalt der Rede ...: Entsprechendes sagt Isokrates im 1. Kap. seines ‹Panegyrikos›.

Gedrängtheit der Rede ...: Gorgias rühmt sich im gleichnamigen Dialog (449c) der Fähigkeit, sich so kurz wie möglich zu fassen, zugleich gibt er Beispiele für die großangelegte Rede.

Prodikos: Prodikos von Keos (* ca. 470), ein bekannter Sophist, der als Gesandter seiner Heimat nach Athen kam. Platon erwähnt ihn mehrfach (z.B. Staat 600c, Kratylos 384b); vgl. Anm. zu Protagoras 314c.

Hippias: s. Anm. zu Protagoras 314c.

Polos: s. Anm. zu Gorgias 447a.

Likymnios: Likymnios von Chios, auch er ein Schüler des Gorgias, behandelte in seinem Lehrbuch die Klangwirkung der Wörter.

585 *Protagoras:* s. Anm. zu Protagoras 309d.

... die Kraft des Chalkedoniers: Platon meint Thrasymachos von Chalkedon (erwähnt bereits 261c und 266c).

586 *Eryximachos ... Akumenos:* s. Anm. zu 227a.

Sophokles ... Euripides: Neben Aischylos die schon nach zeitgenössischem Urteil bedeutendsten Tragiker des 5. Jh.

587 *Adrastos:* Sagenhafter König von Argos, führte den Zug der «Sieben gegen Theben» an, den er als einziger überlebte; von der «honigsüßen Stimme des Adrastos» spricht bereits Tyrtaios (Frg. 7.8).

Perikles: s. Anm. zu Gorgias 472b.

588 *... nach jenem geschwätzigen und erhabenen Gerede:* Platon nimmt ironisch einen gegen die Philosophen erhobenen Vorwurf auf (vom «Geschwätz» des Sokrates spricht z.B. Aristophanes, Wolken 1480).

589 *Anaxagoras:* s. Anm. zu Gorgias 465d; er traf in Athen mit

Perikles zusammen, der ihm, als er wegen Gottlosigkeit angeklagt war, zur Flucht verhalf (450 oder 430). Eine gegenüber der vorliegenden Stelle scharfe Kritik des Anaxagoras findet sich im ‹Phaidon› (97b–99d), des Perikles im ‹Gorgias› (515c–516d).

Hippokrates: Hippokrates von Kos (* ca. 460 v. Chr.), der berühmteste Arzt der Antike (die Bezeichnung «Asklepios-Schüler», weil er der Gilde des Heilgottes Asklepios angehörte); eine umfangreiche Sammlung von Schriften ist unter seinem Namen überliefert, von denen nur die wenigsten auf ihn zurückgehen dürften.

590 *Thrasymachos:* s. Anm. zu 261c.

591 *... die Arten der Rede und der Seele:* Die Rhetorik wird zu einer didaktischen Kunst, die auf die Anlagen des einzelnen Menschen Rücksicht nimmt.

592 *wenn er ferner für die kurzgefaßten ...:* Platon verwendet absichtlich Termini der zeitgenössischen Rhetorik.

593 *am Anfang dieses Gesprächs:* s.o. 259e–260a.

594 *Denn ich erinnere mich, daß wir vorhin:* s.o. 259e–260a.
Teisias: s. Anm. zu 267a.

595 *Doch haben wir jetzt eben dargetan:* s.o. 259e–262c.
... seinen Mitknechten gefällig zu sein: Die Vorstellung, daß die Menschen Knechte (Sklaven) der Götter sind, entstammt orphischer Lehre. Auch in anderen Dialogen erscheint sie, z.B. im ‹Phaidon› (62b, 63a ff.).

596 *Nun also, ich habe gehört ...:* Die folgende mythische Erzählung hat sehr wahrscheinlich Platon erfunden. Die im Nildelta gelegene Stadt Naukratis war seit dem 7. Jh. v. Chr. griechischer Handelsplatz und stand allen Griechen offen. Der ägyptische Gott Theuth hatte die Gestalt eines Ibis, er galt als Gott des Wissens und der Wissenschaft, als Schützer der Heiligen Schriften und der Schreiber. Ammon war seit etwa 2000 v. Chr. Staatsgott des Pharaonenreiches, ursprünglich Stadtgott von Theben.

597 *Dodona:* s. Anm. zu 244b.
... auf eine Eiche oder einen Felsen zu hören: Anklang an eine Redensart (vgl. z.B. Ilias 22, 126; Odyssee 19, 163).

599 *Adonisgärtchen:* Töpfe, Krüge und Körbe zum Adonisfest, die mit schnell wachsenden Pflanzen besät wurden, die in der Sommerhitze freilich auch schnell verwelkten. Adonis, ein wohl aus

dem Orient kommender Fruchtbarkeitsgott, durfte der Sage nach sechs Monate des Jahres auf der Erde verbringen; er ist Sinnbild für das immer wiederkehrende Dahinwelken und Erblühen der Natur.

ins Wasser schreiben: sprichwörtliche Redensart für eine unsinnige Tätigkeit.

602 *Rhapsoden:* Sänger, die, von Ort zu Ort wandernd, die Gedichte Homers und anderer Epiker vortrugen.

604 *Isokrates:* Isokrates von Athen (436–338), bedeutender Redner, hatte eine eigene Schule in Athen, beeinflußte mit seinen Musterreden auch die öffentliche Meinung.

LITERATURHINWEISE

Ausgaben

Platonis Opera, hrsg. von I. Burnet, 5 Bde., Oxford 1900–1907.
Platon, Werke in acht Bänden, hrsg. von G. Eigler, Darmstadt 1990[2-3] (mit deutscher Übersetzung).

Übersetzung

Platon, Sämtliche Werke in acht Bänden, übertragen von R. Rufener, Zürich-München 1960–86[1-2] (hieraus wurde die vorliegende Auswahl entnommen).

Ausgaben, Kommentare und Interpretationen der einzelnen Dialoge

Th. Meyer, Platons Apologie, Stuttgart 1961.
E. Wolff, Platos Apologie, Berlin 1929.
A. D. Woozley, Law and Obedience – The Arguments of Plato's Crito, London 1979.
C. C. W. Taylor, Plato: Protagoras, Oxford 1976 (englische Übersetzung mit Kommentar).
E. R. Dodds, Plato: Gorgias, Oxford 1959 (Text mit Kommentar).
T. Irwin, Plato: Gorgias, Oxford 1979 (englische Übersetzung mit Kommentar).
D. Gallop, Plato: Phaedo, Oxford 1975 (englische Übersetzung mit Kommentar).
R. G. Bury, The Symposium of Plato, Cambridge 1909 (Text mit Kommentar).
C. J. Rowe, Plato: Phaedrus, Warminster 1986 (Text mit englischer Übersetzung und Kommentar).
J. Annas, An Introduction to Plato's Republic, Oxford 1981.

Monographien

W. Bröcker, Platons Gespräche, Frankfurt/M. 1964.
M. Erler, Der Sinn der Aporien in den Dialogen Platons, Berlin 1987.
P. Friedländer, Platon, 3 Bde., Berlin 1964–75[3].
K. Gaiser, Platons ungeschriebene Lehre, Stuttgart 1968[2].
Ders., Plato's Enigmatic Lecture on the Good, in: Phronesis 25, 1980, 32–50.
A. Graeser, Platons Ideenlehre – Sprache, Logik und Metaphysik, Bern 1975.
W. K. C. Guthrie, A History of Greek Philosophy, Bd. 4–5: Plato, Cambridge 1975–78.
T. Irwin, Plato's Moral Theory, Oxford 1977.
H. J. Krämer, Arete bei Platon und Aristoteles, Heidelberg 1959.
Ders., Plato and the Foundations of Metaphysics, Albany, N. Y. 1990.
Th. A. Szlezák, Platon und die Schriftlichkeit der Philosophie – Interpretationen zu den frühen und mittleren Dialogen, Berlin 1985.
H. Thesleff, Studies in the Styles of Plato, Helsinki 1967.
Ders., Studies in Platonic Chronology, Helsinki 1982.
W. Wieland, Platon und die Formen des Wissens, Göttingen 1982.
U. von Wilamowitz-Moellendorff, Platon, 2 Bde., Berlin 1919.

INHALT

Anhang